西學東漸
中學西傳

甲午年湯月 崔希亮題

深切悼念傅高义和魏柳南先生

傅高义简介

2020年12月20日，1930年出生于美国俄亥俄州犹太人之家的美国著名汉学家、中国问题专家、哈佛大学费正清东亚研究中心主任、社会学家傅高义（Ezra Feivel Vogel）先生在美国马萨诸塞州逝世，享年90岁。傅高义毕业于俄亥俄卫斯理大学、哈佛大学。1961年学习中文和中古历史时被称为“中国先生”，精通中文和日文，曾获日本关西学院大学、山口大学和美国蒙特雷科技大学、马里兰大学、马萨诸塞大学、维滕贝格大学、鲍林格林州立大学、阿尔比恩大学、俄亥俄卫斯理大学，中国香港中文大学荣誉学位。1972年，作为费正清的继任人，他成为东亚研究中心的第二任主任。1998年，被选入美国人文社会科学院，一直是受中国政府重视的汉学家和中国问题专家。著有《日本第一》《日本的中产阶级》《重整旗鼓：重建美国实例分析》《共产主义制度下的广州：一个省会的规划和政治（1949—1968年）》。以十年的功夫，写出全面研究邓小平的著作《邓小平时代》（直译《邓小平与中国的变革》，*Deng Xiaoping and the Transformation of China*），此书荣获加拿大多伦多大学莱昂内尔·盖尔伯奖（Lionel Gelber Prize）。此外，还以于光远1998年出版的《我亲历的那次历史转折》为蓝本编著了《邓小平震撼世界》。他为此书的英译本写了序言和导论，仅注释就有199条。2013年3月23日，在上海社会科学院举办的“中国现代化：道路与前景”第五届世界中国学论坛上，傅高义被授予“世界中国学贡献奖”。

本刊主编阎纯德（右）与魏柳南合影

魏柳南简介

魏柳南(Lionel Vairon) 博士，法国汉学家，1960年6月22日出生于法国海外属地新喀里多尼亚首府努美阿。其祖父与父亲都是抗击德国法西斯的英雄。他在法国南方读中学，又在艾克斯马赛第一大学中文系学习中文。1984年，我们相识于普罗旺斯。他又在艾克斯第四大学读硕士，毕业后进入法国外交部工作，担任过记者与编辑，先后在柬埔寨、泰国和伊拉克担任外交官，致力于中国和中东问题的研究，任非洲多国总统顾问，曾在国立巴黎东方语言文化学院、国防高级研究院和圣西尔军校授课；生前担任卢森堡 CECCONSULTING 咨询公司总裁。作为国际问题的“中国问题”专家，曾多次对我说：“研究中国，出于正义，秉承良心！”2018年起，《汉学研究》为他开设“魏柳南专栏”。他是英文版《中国日报》专栏作家，在《欧洲时报》开设《柳南呷语》专栏，面向西方，发表了大量的关于中国问题的文章。著有《中国的威胁？》(王宝泉、叶寅晶译，2009年，人民日报出版社)、《伟大的变革：中国追梦新时代》(韩冰、骜龙译，2021年，东方出版中心)。他对中国问题的论述，是从人类历史发展与人民对于和平的愿望出发，是用真情和真话，坦率地论述自己独到的见解，是国际上认识中国的一面镜子。

2021年1月1日阎纯德小记

总第三十集
2021年春夏卷
CSSCI来源集刊
北京语言大学主办

阎纯德　主编

语言资源高精尖创新中心支持项目

漢學研究

Chinese Studies

學苑出版社

图书在版编目（CIP）数据

汉学研究．总第三十集 ：2021年．春夏卷 / 阎纯德主编．-- 北京 ：学苑出版社，2021.8
ISBN 978-7-5077-6243-3

Ⅰ．①汉… Ⅱ．①阎… Ⅲ．①汉学－文集 Ⅳ．① K207.8-53

中国版本图书馆 CIP 数据核字 (2021) 第 166269 号

责任编辑：杨　雷　张敏娜
封面题字：朱天曙
出版发行：学苑出版社
社　　址：北京市丰台区南方庄 2 号院 1 号楼
邮政编码：100079
网　　址：www.book001.com
电子信箱：xueyuanpress@163.com
销售电话：010-67601101（销售部）　67603091（总编室）
经　　销：新华书店
印 刷 厂：北京虎彩文化传播有限公司
开本尺寸：710mm × 1000mm　1/16
印　　张：40.125
字　　数：600 千字
版　　次：2021 年 8 月第 1 版
印　　次：2021 年 8 月第 1 次印刷
定　　价：80.00 元

卷前絮语

一

古今中外，世道人心！宇宙千变万化，世事潮起潮落！地球村，总会慢慢走向命运与共的和平。

我们不惧前路之险恶，因为，路是会变的，走出荆棘和泥淖，就会有宽阔的阳光大道。“和为贵”“和合共生”就是我们的暖阳，前方即使有冰天雪地，也必然会有春暖花开；春天必至，那时必然会“绿杨烟外晓寒轻，红杏枝头春意闹”……

二

汉学（Sinology），在学术上也算一个“国际话题”；我的“絮语”常常就中国与世界相关的“国际问题”自说自话絮叨些自己的观点。

我们的《汉学研究》不仅在意“传统汉学”，20 世纪 40 年代以降的“中国学”也是同样在关注之中。不仅如此，我主观上，始终是将“汉学”“中国学”视为一体，将它们视为一个学术范畴。根据西方绝大多数汉学家的观点，“Sinology”是完全可以包容外国学者（汉学家）对于中国古今文化、社会、政治等诸多领域研究的。汉学与当今世界，其实就是中国文化与世界文化的当今世界。我们说“重建”传统汉学，是要将“汉学是个坏东西”这一学术之误予以彻底“平反”，21 世纪之后我国学术界风起云涌地“修建”起来“汉学研究基地”“中国学研究中心”“汉学研究院”“汉学研究所”以及一百多家杂志争发关于“汉学”“中国学”研究论文之趋势，便充分说明“汉学”（中国学）是个“好东西”。

当今学术上的 Sinology，在中外关系上并非就是“无能之辈”，汉学是可以促使对话，化解冲突以影响政治的。

三

2021 年《汉学研究》春夏卷的编辑过程中，竟然几乎天天接到高质量的赐稿，作者遍布全国各大著名高校及社科院所。另外，作者队伍早已从纯粹的中国文化学者，过渡到越来越多的从事外语教学与研究的学者。

来稿质量较高，不合本刊“宗旨”的文稿不到三分之一。尽管本刊是国内少有的“大杂志”，但刊期长，文稿多，压力大，致使个别文稿拖了两三年才得以刊出。我们很想将其改成季刊或“四月刊”（春夏卷、夏秋卷、秋冬卷），但如此“刊期”国内罕见；另外，人力与财力也无情地束缚着我们的手脚。

这一集增加了一个新专题“侨易学专栏”，这是叶隽教授一两年前就开始策划的一个专题。“侨易学”对一般学人来说比较生疏。叶隽说，“侨易学”的基本理念是因“侨”而致“易”，前者强调空间维度的整合，后者关注时间维度的演进，其中既包括物质移位、精神漫游所造成的个体思想观念形成与创生，也包括不同的文化子系统如何相互作用与精神变形。它一方面致力于探寻异文化间相互关系及人类文明结构形成的总体规律，另一方面又努力成为一种实用的具体操作模式。叶隽还说，如何开拓出一种新学域的“新汉学”，这是颇费思量的“学术考题”。

这集“春夏卷”原本有22个专题，因为篇幅限制，不得不将“中国新文学外译研究”等两个专题移至今年的“秋冬卷”。

作者的来稿比较集中于“法国汉学研究”“俄罗斯汉学研究”“美国汉学研究”“德国汉学研究”“日本汉学（中国学）研究”“朝鲜半岛汉学研究”和“中国文化经典域外传播与研究”等栏目；基于此，我们特别重视那些来稿较少的一些国家的汉学研究。汉学（Sinology）与比较文学、比较文化较为接近，或者说是你中有我，我中有你；但是，两者毕竟不同，有的来稿只是“中外文学比较”，且是一个很小的边边角角，有的离“汉学”太远。

这一集还是有不少作者高风亮节，主动同意将自己的文章延迟发表，如此支持编辑工作，令我们深为感动！

阎纯德

于2021年3月27日　神州半岛

目　录

Contents

Translated by Yang Yuying
Revised by Xiong Wenhua

·国学特稿·

欲把金针度与人

——胡小石师《楚辞专论》全录纪言

王立兴

摘　要：南京大学一代学术宗师胡小石（1888—1962）先生是楚辞研究的顶级专家，从1921—1955年，先生先后在十多所高校、二十多次讲授楚辞。《楚辞专论》（胡小石讲授，吴翠芬笔录，王立兴整理，南京大学出版社，2020年）是先生楚辞研究成果的结晶，其所建构的认知体系和精深造诣，生动展示了东南学术文化的特异风采。本文简要论述了此书的学术成就和贡献，并就此书的整理过程做了说明。

关键词：楚辞　《楚辞专论》　胡小石

胡小石先生1907年（19岁）考入两江师范学堂农博科。1913年开始研究楚辞，考证其中的花草树木。1921年任北京女子高等师范学校教授兼国文部主任，开始讲授楚辞。此后数十年，先生先后在武昌高等师范学校、南京金陵大学、东南大学、第四中山大学、国立中央大学、重庆中央大学等高校讲授楚辞。中华人民共和国成立后，先生又于1954年9月—1955年6月为南京大学中文系三、四年级学生开设了"楚辞专论"课。吴翠芬和我当时都是三年级学生，她有幸成为该课的课代表，负责师生的沟通。这门课她听得特别认真，课堂笔记（包括图表）也记得很详细，并不时向先生讨教问学。正是在先生的教诲启迪下，她对古代诗歌产生了浓厚的兴趣，并确立了终生的专业方向。大学毕业时，恰逢全国首次招收副博士研究生（硕士），学校确定先生招收四名，先生当时点名翠芬免试做了他的研究生。从此翠芬受业于先生门下，学习讨教了更多的楚辞问题。1957年，我和翠芬结婚时，先生作为我们的主婚人，参加了在南京大学小礼堂举行的简约婚礼，对我们勖勉有加。此情此景，先生的关爱之情，永刻于心。

胡小石先生1962年逝世后，学校成立了“胡小石教授遗著整理委员会”，将先生有关书学史、楚辞札记、各类手稿及诗词创作等材料一并集中于中文系小楼上，并由专人负责保管。不幸的是，“文革”初期先生的整箱资料被抄没，从此散失，不知所踪。这一不可弥补的损失，令翠芬痛心疾首，也正因此，翠芬对所记先生的两本“楚辞专论”笔记十分珍惜。“文革”以后，历经多次搬家，很多材料都舍弃了，唯独这两本笔记翠芬始终珍藏着。改革开放以后，看到先生的一些著作开始整理出版，翠芬也萌生了整理先生“楚辞专论”的念头，只是当时赴美讲学在即，回国后任务繁重，事情太多，无法付诸实践。翠芬罹患癌症后，在整理书稿时，又取出这两本笔记，抚摸叹气。见此情景，我宽慰她说，等你身体好后，我来协助你一同整理，不会让恩师的楚辞研究成果在我们手中湮没。如今翠芬走了，我决定完成她的心愿，在整理出版了她的《流星集》《散花集》两本著作后，就立即投入了此项整理工作。历经三个寒暑，三易其稿：第一稿，抄录笔记，含翠芬研究生期间先生授课时所涉及的楚辞内容；第二稿，逐字逐句、逐章逐节地查证核实引用材料，做出注释；第三稿，对文字的修润、誊清。如今终于完成，已交南京大学出版社审核。本书出版，当可告慰天国中的翠芬，也是我们向天国中恩师的一个回报、礼敬。

胡小石先生是楚辞研究的顶级专家，从1921—1955年，先生先后在十多所高校、二十多次讲授楚辞。“楚辞专论”是先生最后一次为学生系统地讲授楚辞了。此后由于身体原因，先生除做过一两次有关楚辞的讲座外，就再也没有系统地讲授过。可以说，《楚辞专论》是先生楚辞研究成果的结晶，弥足珍贵，其所建构的认知体系，学术价值无须赘言。

胡小石先生是当代著名的文字学家、文史学家、书学史家、文物考古学家，学问渊博、治学精审。数十年来，长期在高校讲授中国文学史、中国文学批评史、古代诗歌、楚辞、杜诗、唐人七绝诗以及中国书学史、《说文解字》、程瑶田考古学等，尤潜心于中国书学史、古文字学、古音韵学及屈原、陶谢、杜甫、唐人七绝诗的研究。

先生也是著名的书法家和诗人。他的书法师从李瑞清先生的金石书派，并博采众家之长，兼容各体，孤峻横绝，遒劲灵动，自成一体。先生为金陵书法界领军人物，闻名遐迩。今有书学史专著、书法集传世。[①] 先生早年从陈三立先生受诗学，由唐人七绝入手，兼习各体。他所作七绝风神隽永，直逼中晚唐，三立先生赞其诗"仰追刘宾客（禹锡），为七百年来罕见"。钱仲联先生主编的《近代诗钞》辑入先生诗作八十多首，赞其诗"玄思窅想，百锻千炼"。可见先生在近代诗坛的地位。

"从来才大人，面目不专一。"[②] 可以想见，先生以此博学多才所开设的"楚辞专论"课，自有其独到之处和特异风采。

小石先生继承了清儒朴学的成就，从小学入手，贯通群经、子史、文学，综览百家、经纬古今。先生尤精于古文字学、古音韵学的研究，著有《古文变迁论》《齐楚古今表》《甲骨文例》《读契札记》《金文释例》《说文部首疏证》《说文古文考》《声统表》《广韵正读》等，[③] 对古文字的源流演变，对各体文字结体的析释，对文字形、音、义关系的论述，[④] 都能条分缕析，新义迭出。先生以此深厚学养讲授楚辞，自能探其幽奥，发其精微，叩开楚辞的堂庑。我们看到，先生在讲解《离骚》《九歌》《招魂》时，对文字本源及其在诗句中的内在蕴含，都逐字逐词逐句地加以训释，逐章逐节地加以分析，使原本古奥难解的楚辞文字跃然鲜活了起来，从而使我们触摸到诗歌语言的张力及诗人心灵的律动。

针对屈原诗歌中涉及的很多古代名物、典章制度和古史内容，先生以广博的文献学、博物学、神话学、民俗学的知识，都一一做了疏证。除了文字的训解外，先生还特地制作了各类图表，让我们可以简明直观地了解诗中的含义。一学年下来，先生根据诗中语境，前后共绘制了四十多幅图表，小者如兰草、蕙草、白芷、荃荪图，粱、稷、黍图，凿、枘图，排箫图，戈、戟图，战国铜剑图，冠缨图，跪、坐、箕踞图等；大者如夏王朝更迭兴亡表，

① 胡小石著，游寿整理《中国书学史——金石书派　百年传承》，中国文史出版社，2014年；胡小石《胡小石书法选集》，江苏美术出版社，1988年。

② 龚自珍《题王子梅盗诗图》。

③ 以上各文，分别见《胡小石论文集》，上海古籍出版社，1982年；胡小石《胡小石论文集三编》，上海古籍出版社，1995年。《广韵正读》已完成平、上、去三声，为未完稿，惜"文革"时散失。

④ 戴震《转语二十章序》："疑于义者，以声求之；疑于声者，以义正之。"先生据此音义对转的辩证方法，训释了屈原诗作中不少难解的问题。

夏正图，古冀州图，昆仑山位置图，东周宫室及庭堂乐舞演奏陈列图，经堂入奥图，五架梁房屋结构图，车制分解图，战车驾御图，六博行棋图等。为了让我们对诗中写到的一些花草树木有亲切感受，他还让我们去寻访南京沿玄武湖城墙上的薜荔、鸡鸣寺香市水塘边的泽兰、南大校园中的木兰树。为了便于了解屈原生平及其遭际，先生还绘制了屈原年表、楚世系及屈原祖系表、屈原流放图、楚国疆域图（局部）等。先生这种图文并茂、注重实物的授课方式，大大拓宽了我们的视野，激发了我们探究屈原及其作品的浓厚兴趣。

小石先生曾和我们说："一个好的大学老师，既要授人以鱼，也要授人以渔。"先生是这样教导我们的，他自己也是这样身体力行的。他的楚辞课教学，不仅授人以知识，而且精心传授了科学理念和科学研究的方法。

先生在开篇的"楚辞导读"三个专题中，介绍了研读楚辞的必要参考书、楚辞辨名、屈原生平及其作品，为我们开启了研究屈原及楚辞学的门径。结合对屈原作品的解读，教我们如何阅读先秦典籍，如何辨析各种文献材料，如何使用各种工具书，如何从名物、训诂、音韵、校勘诸方面来训释勘正作品中的文字，等等。这种通过例证来训练我们分析问题和解决问题的方法，实起到举一反三的效果。

先生早年在两江师范学堂攻读农博科时，即接受了系统的科学方法训练，所以他在研究楚辞时，已经突破了章句考订之学的樊篱，从语法的角度对屈原作品做整体的排比分类，厘定其在诗句中的作用。他说，读古书一定要懂得文法。早在1921年，先生在北京女高师讲授楚辞时，就写了《离骚文例》① 一文，以油印本发给学生。《离骚文例》共三十二例，若干例下又分列诸小项，均举出例证，加以辨析。这种从语法角度和修辞角度研读楚辞，找出内在语言规律的方法，实开了楚辞研究的先河。② 除虚词外，先生还就屈原作品中使用实词的一些特点也作了语法分析，如三动词可以连用③，三形容词

---

① 《离骚文例》，见《楚辞专论》。

② 《离骚文例》之后，先生还写了《甲骨文例》《金文释例》，从语法结构角度诠释甲骨、金文，在甲骨、金文研究中也是开创性的，为学术界所称许。

③ 三动词连用，如《离骚》："薋菉葹以盈室兮，判独离而不服。""览相观于四极兮，周流乎天余乃下。"

可以连用[①]，但三名词不可以连用，其首个名词必为动词[②]。再如屈原作品中的“余”必为领格，“予”必为宾格，但“余”如在句中间有时则变性为连词。[③] 屈原诗中语法常有变化，如《离骚》：“既替余以蕙纕兮，又申之以揽茝。”“蕙”为名动结构，“擥茝”为动名结构。名词在前，动词在后，在先秦语言中多见，如《天问》，即“问天”也。另外，先生还总结出楚辞中“同名异义”的用词原则，指出，同一词语在不同语境中意象也不同。如“皇”“灵”“陆离”“偃蹇”等都有多种意象；同一名物，如“兰”，既有草本植物的泽兰、石兰，又有木本植物的木兰。屈原用词灵巧多变，如果不辨析清楚，就很难理解诗中的意韵。先生以“屈”解“屈”，在“楚”言“楚”，从诗歌本身找材料做比较分析，这是一种科学的方法。

总之，先生严谨求实的科学精神和科学方法，贯穿课堂的始终。他不放过屈原作品的每一个字，循名责实、言必有据，对王逸注释文字的肯定与否定，都有大量证明，务求精审准确，实在无法解释的诗句或注文，则说现在还讲不清楚，不能乱猜。他对廖平、胡适等人否定屈原的存在提出批评，指出历史是多方面的，研究历史说“有”容易、说“无”难，所以说“无”要十分谨慎，廖平、胡适否定屈原的存在，就是犯了这样的错误。这真是为学的经验之谈。先生说，科学研究不能掺入任何杂质。他鼓励我们要长期积累资料、打好基础，培育科学精神，掌握科学方法，这样才能有所发现、有所突破。先生的言传身教，使我们终身受益。

小石先生还不止一次地说：“学有造诣的人应兼具‘儒林’‘文苑’之所长，既能搞研究，又能搞创作，在知识领域要达到既深且广，在创作领域也要有所历练，做到科学精神与艺术探讨的结合，这样的楚辞研究才能进入一个新的境界。”先生鼓励我们尝试一下诗歌创作，因为有无创作经验对屈原作品的领会是不一样的。

---

① 三形容词连用，是屈原的创例，如《招魂》：“像设君室，静闲安些。”“九侯淑女，多迅众些。”

② 《离骚》“薋菉葹以盈室兮”句，王逸注：“三者皆恶草。”“薋，蒺藜也。”先生认为屈原作品中三名词并列没有先例，两名词前的“薋”字必为动词。他据《诗经·小雅·甫田》“如茨如梁”句，《毛传》训茨为积也。而“茨”为“薋”的本字，故《离骚》此处“薋”字应为动词。

③ 如《离骚》：“忳郁邑余侘傺兮，吾独穷困乎此时也。”“驷玉虬以乘鹥兮，溘埃风余上征。”此两处“余”为连词，犹“而”也。

事实确实如此。先生身兼“儒林”与“文苑”之长，将两者完美地融通起来，这就使他的楚辞教学、楚辞研究呈现出很多新的景象。

试举数例说明之。

例一，关于屈原流放问题。自古至今学术界认为屈原被流放一至两次，而先生则根据屈原作品及有关古文献材料，认为屈原遭到三次流放。第一次，由郢都流放到汉北；第二次，由郢都流放到夏口；第三次，由夏口流放到溆浦；最后由溆浦东行至汨罗江自沉。先生以历史地理学的文献材料，论证二放时《哀郢》记叙的“过夏首而西浮兮”句，“西浮”当为“东浮”之误，“东浮”才能“遵江夏以流亡”；《哀郢》中的“陵阳”，从文意看，不是地名，而是传说中的“波神”。先生认为《涉江》中“山皋”与“方林”对举，系指三放时所经地貌，“枉渚”系指枉水上的一片小洲，“辰阳”系指辰水之北，“溆浦”系指溆水之滨，都不是特定地名。从文学角度考量，这里泛指更好，泛指地域更广，更贴合诗意。而王逸指为地名，未免偏隘了些，且还有错判，因辰阳汉才置县，溆浦地名唐代才有呢。

例二，关于灵氛、巫咸劝屈原去留的问题。学界历来有两种意见，多数人认为灵氛、巫咸均劝屈原去国他适；少数人认为巫咸和灵氛的意见不同，系劝屈原留国求合。如清人梅曾亮就说：“灵氛劝其去而之他，巫咸则劝其留而求合。‘勉升降’二句，是求合之大旨也。”① 先生是赞同其意见的。但梅曾亮语焉不详，先生从三个方面做了补充，其一，从文情看，巫咸的占词是劝其留。巫咸为天上大神，地位在灵氛之上，而文中只提到灵氛的“吉占”，未提及巫咸，显然是对劝其留的否定。其二，从艺术构思上看，屈原两卜，如灵氛、巫咸都主张去，则文气平直，而两卜一去一留，则文气跌宕，更有韵味，这正是诗人艺术构思的精妙处。其三，有文献材料可证。《礼记·曲礼上》：古代求占，“卜筮不过三，卜筮不相袭”。即古代求占可一卜，一卜有疑虑，可以再卜，甚至三卜，以定吉凶休咎，但事不过三。还规定一卜、二卜占词不能因袭、重复。可见诗人行文符合古代求占的礼仪规定。

例三，关于巫咸的历史定位问题。王逸和洪兴祖都认为巫咸是殷人，殷人何能知悉其后的吕望与文王、宁戚与齐桓事。表面看很有道理，其实他们的失误有二：一是他们未厘清巫咸从黄帝、炎帝、帝尧、殷商到战国时都有，

① 见马其昶《屈赋微》引梅曾亮语。

巫咸已是通名，不是专指某一个人；二是《离骚》是文学作品，即使巫咸是殷人，那也是屈原以幻想手法请来千年前的人迎神问卜，与之对话。文学作品不必过于拘于史实，就像相声“关羽战秦琼”，《儒林外史》中王员外请关羽降坛填《西江月》词一样，超越时空，这只是文学创作的一种手法。先生结合历史文献从文学角度来解读巫咸其人，当然较王、洪要通达得多。

先生很重视对屈原作品艺术成就和诗美的发掘。他说，分析文学作品首先应从作品的艺术性入手，文学作品是通过艺术构思、艺术手段、艺术语言来表情达意的，诗歌尤其如此。不管什么类型的文学作品，如果没有高超的艺术表现力，都不能给人以心灵的启示和美的享受，思想内容再好也是苍白无力的。像屈原这样大情怀、大格局、大手笔的作家，他的作品所以能横空出世、光耀千古，就在于诗人立足于现实，思接千古、视通万里，以卓绝的艺术创造力，将自己清贞高洁的思想情愫艺术地呈现给人世大众。“谁会灵均九死心。”[①] 先生的心与屈原的心是相通的。先生以对诗人的景仰之情，从大文化视域，将科学性与艺术性结合起来，高屋建瓴地诠释屈原及其作品，对屈原真幻圆融的创作思想，匠心独运的结构安排，香草美人的象征方法，以类相从的藻采手段，鲜活多姿的文辞运转，都做了全方位分析和会心评价。先生还以自己的艺匠诗心，对其中一些诗句做出细致分析。先生认为，诗重想象，想象力是诗人特有的思维能力，如“老冉冉其将至兮”（《离骚》），将抽象事物化为动态的具体形象；“光风转蕙，泛崇兰些”（《招魂》），将听觉印象化为有色的视觉形象；“娭光眇视，目曾波些”（《招魂》），将目光形容如水波一样流转美滟；“桂棹兮兰枻，斫冰兮积雪”（《九歌·湘君》），用斫冰如积雪来形容波涛；这些极富创造力的意象都很美。先生对屈赋中的一些名句也很关注，如《离骚》：“亦余心之所善兮，虽九死其犹未悔。”“路漫漫其修远兮，吾将上下而求索。”《九歌·云中君》：“览冀州兮有余，横四海兮焉穷。”《九歌·少司命》：“悲莫悲兮生别离，乐莫乐兮新相知。”“孔盖兮翠旌，登九天兮抚彗星。”等等，都做了精到的分析。先生认为艺术就是要用心灵表现别人想不到的刹那间的独特感受，屈原的高明处就在于此。记得先生在讲《九歌·湘夫人》时，为我们吟诵了《九歌·湘夫人》全诗，吟诵完后，他微闭着眼睛，赞叹道：“啊！诗情画意，真是太美了，太美了，美得无

① 胡小石诗《十七夜楼对月》，见《胡小石论文集》一编“附录”，上海古籍出版社，1982年。

可言表。”先生沉浸在浓郁的诗美中，也把我们引入了美的艺术殿堂。

小石先生的教学艺术也是有口皆碑的。楚辞课条理明贯、脉络清楚、开合有致、卷展自如，无论是诗句的内核还是外延都讲得十分通透。楚辞字句艰深，先生除运用文字、音韵、训诂之学加以剖析外，还不时引用历史人物和历史掌故，随口背诵古人诗词加以印证，使原本困惑的问题一下子昭昭然。先生有一股清冽温润之气，讲课时雍容仁和、不疾不徐、循循善诱、入理入心，加上遒美的板书和板画，整个讲堂上似乎有一个强大的气场，深深地吸摄着我们。真是如听乐音，如沐春风，淬炼心智，净化心灵。可以说，聆听先生的每一节课，都是极大的精神享受。先生倾盖相与、真诚奉献的风范，永远定格在我们的心中。

欲把金针度与人。小石先生捧着一颗赤子之心，滋兰树蕙、传道授业、培根铸魂。屈原的精神气骨，先生的精神气骨，已然汩汩流淌在莘莘学子的血脉中。

本书“附录一”收了小石先生已经发表的五篇楚辞论著，以便较完整地将先生的楚辞研究成果呈献给读者。在辑录过程中，五篇论著都重新作了校订。其中如《〈楚辞〉郭注义征》一文，就根据郭璞注《山海经》《穆天子传》《尔雅》《方言》《史记·子虚赋、上林赋》《文选·子虚赋》《文选·上林赋》，以及《艺文类聚》辑录的郭璞楚辞注，还有郭璞《山海经图赞》、道藏本《山海经图赞》、《尔雅图赞》有关楚辞条目，都逐条做了核实，补正了原先出版时校订中的一些失误。也深叹先生搜辑之广，用力之勤。本书“附录二”收入了周勋初先生《胡小石文史论丛导读·楚辞》的部分及翠芬的《独向深山深处行———忆胡小石师》一文，以便读者进一步了解小石先生及其楚辞研究。

需要说明的是，先生的“楚辞专论”课，除开篇“楚辞导读”三个专题外，原计划对屈原的重要篇章《离骚》、《九歌》、《天问》、《九章》（一部分）、《招魂》等做系统讲授。因时间不够，只讲授了《离骚》（全部）、《九歌》（十一篇选七）、《招魂》（全部），而《天问》《九章》虽有所涉及，但未能做完整讲授，这不能不是一个缺憾。本书收录的《答诸生问》，系根据先生第二学期期中解答学生提出的一些问题整理的。

（王立兴　南京大学文学院教授）

墨子与佛教

——学术史视角*

陈　洁　解启扬

摘　要： 墨家思想与佛教思想均为人类文明轴心时代的思想遗产，但其思想碰撞却在其产生的1000多年后的宋代方才开始。论文从学术史视角检视墨子与佛教对比研究，从目前的史料看，最早的墨学与佛教对比研究见于宋代儒家学者朱熹，朱熹以儒学为本位，指斥墨学与佛教均为异端，只不过佛教思想比墨家思想更为高明。其后到清代《四库全书总目提要》、谭嗣同、江瑔等著作或学者均有会通佛墨。民国学术界在学术论战中讨论墨学与佛教，以方授楚与胡怀琛最为典型。但上述佛墨关系均较为表面化。当代学者李贤中试图从思想上汇通佛墨，是一次有益的尝试。思想是人类构建美好生活方式在观念上的反映，会通墨学与佛教，仍然是个有待深化的学术问题。

关键词： 墨学　佛教　会通

人类文明的轴心时期，思想上群星璀璨，异彩纷呈。约公元前6世纪，释迦牟尼在古印度创立佛教，其思想影响及宗教传播在古代即跨过印度次大陆，波及中国及东亚其他国家，进而影响世界，成为世界三大宗教之一。墨子诞生于公元前5世纪的中国，创立墨家学派，在先秦显赫一时，与儒家学派并为先秦思想双峰。[①] 其思想影响虽然在秦汉之后呈衰颓之势，但其“摩顶放踵利天下”的精神仍体现在民间的侠义精神之中。近世以降，墨家思想在中国复兴，亦为西方思想界所重视。但墨子与佛教，无论是就形式还是思想内容来说，2000年来交流不多，大概由于佛教传入中国之后，墨子思想影响

* 本文为“北京高校中国特色社会主义理论研究协同创新中心（中国政法大学）”阶段性成果。

① 《韩非子·显学》说：“世之显学，儒墨也。”

已弱。再者，墨家思想从未成为官方意识形态，对佛教传播不构成任何负面影响。回顾千年学术史，墨家与佛教并称的，既不是在佛教界，也不是在墨学界，倒是在儒家学派中曾被数次提及，被提及的原因也值得关注，俱被视为异端而比较并列。梳理这一学术史领域，别有一番趣味。

一

从学术史上看，在宋代，墨子与佛教曾被并称，但均为异端。理学创立者朱熹在自己的著作中多处把墨子与佛教一并提及，言多批评。

《朱子语类》卷二十四有一段对话中把墨子与佛教放置一起来讨论，原文兹录如下：

> 攻乎异端章
>
> 或问"攻乎异端"。
>
> 曰："攻者，是讲习之谓，非攻击之攻。这处须看他如何是异端，如何是正道。异端不是天生出来。天下只是这一个道理，缘人心不正，则流于邪说。习于彼，必害于此；既入于邪，必害于正。异端不止是杨墨佛老，这个是异端之大者。"
>
> …………
>
> 问："程子曰：'佛氏之言近理，所以害甚于杨墨。'看来为我疑于义，兼爱疑于仁，其祸已不胜言。佛氏如何又却甚焉？"
>
> 曰："杨墨只是硬恁地做。佛氏最有精微动得人处，本朝许多极好人无不陷焉。"如李文靖、王文正、谢上蔡、杨龟山、游先生诸人。〔贺孙〕
>
> …………
>
> 问："只说释氏，不说杨墨，如何？"
>
> 曰："杨墨为我、兼爱，做出来也淡而不能惑人。只为释氏最能惑人。初见他说出来自有道理，从他说愈深，愈是害人。"
>
> 曰："杨氏为我，'拔一毛而利天下不为'；墨氏兼爱，至不知有父。如此等事，世人见他无道理，自不去学他。只如墨者夷之厚葬，自打不过，缘无道理，自是行不得。若佛氏则近理，所以惑人。此事难说，观

其书可见。”〔明作〕①

朱熹在其他著作中也表达了类似的意思，他在《论语集注》中说：

子曰：“攻乎异端，斯害也已！”范氏曰：“攻，专治也，故治木石金玉之工曰攻。异端，非圣人之道，而别为一端，如杨墨是也。其率天下至于无父无君，专治而欲精之，为害甚矣！”程子曰：“佛氏之言，比之杨墨，尤为近理，所以其害为尤甚。学者当如淫声美色以远之，不尔，则骎骎然入于其中矣。”②

朱熹在《孟子集注》中说：

吾为此惧，闲先圣之道，距杨墨，放淫辞，邪说者不得作。作于其心，害于其事；作于其事，害于其政。圣人复起，不易吾言矣。为，去声。复，扶又反。闲，卫也。放，驱而远之也。作，起也。事，所行。政，大体也。孟子虽不得志于时，然杨墨之害，自是灭息，而君臣父子之道，赖以不坠。是亦一治也。程子曰：“杨墨之害，甚于申韩；佛氏之害，甚于杨墨。盖杨氏为我疑于义，墨氏兼爱疑于仁，申韩则浅陋易见。故孟子止辟杨墨，为其惑世之甚也。佛氏之言近理，又非杨墨之比，所以为害尤甚。”③

上述三段文字，朱熹引用二程之言，把墨子思想与佛教思想并称异端，加以批判，以肃清其“毒”。朱熹认为，佛教思想更为精致，更容易为人接受，其毒害比墨子思想更胜一筹。朱熹著作也在其他地方把墨子与佛教并称比较，从内容来看，朱熹对墨子思想的理解受孟子影响较大，如“墨氏谓‘爱无差等’，欲人人皆如至亲，此自难从，故人亦未必信也”④。“爱无差等”出自《孟子·滕文公章句上》，语出墨家信徒夷子之口，完整的表达是“爱无

① 朱熹《朱子全书》（第十四册）第854—855页，上海古籍出版社、安徽教育出版社，2002年。

② 《四书章句集注》，见《朱子全书》（第六册）第79页。

③ 《四书章句集注》，见《朱子全书》（第六册）第332页。

④ 《朱子语类》第126卷，见《朱子全书》（第十八册）第3924页。

差等，施由亲始”，夷子以此来反驳孟子批评他厚葬自己的父母，违反了墨家“兼爱”观念，因为墨家是主张“节葬”的，孟子辩论的方式是以其人之道还治其人之身。而夷子为自己辩护，指出人对人的爱没有亲属厚薄的区别，只不过实行起来从自己的父母开始罢了。朱熹抱持儒家观念，大概对夷子的辩解是不以为然的。

朱熹对于佛教思想的批判，也是以儒家思想为正统贬抑佛教，他在《朱子语类·释氏》中说：

> 因论释氏，先生曰：“自伊洛君子之后，诸公亦多闻辟佛氏矣。然终竟说他不下者，未知其失之要领耳。释氏自谓识心见性，然其所以不可推行者何哉？为其于性与用分为两截也。圣人之道，必明其性而率之，凡修道之教，无不本于此。故虽功用充塞天地，而未有出于性之外者。释氏非不见性，及到作用处，则曰无所不可为。故弃君背父，无所不至者，由其性与用不相管也。”①

朱熹分析儒、佛的“性”，指出儒家于“性”是体用一源，“性者，心之理。情者，心之动”②，“性即理也。在心唤做性，在事唤做理”③。性即理。而佛教虽然说“明心见性”，但把“性”体与用分开。不过，朱熹仍然认为，佛学对于“心性”问题的阐述比墨家更胜一筹。“佛家说心处，尽有好处，胜于杨、墨。”④ 可见，朱熹的“理学”以“性即理”为特征，对于佛学的心性论有所汲纳。比较墨子与佛教，朱熹认为佛教的心性论胜于墨子。可见，朱熹对于墨子与佛教的比较研究已经触及思想内容了，只是没有进一步的论证研究。此后相当长一段时间，关于墨子与佛教关系的比较研究基本未见。

二

从现有历史文献来看，宋代之后把墨子与佛教相提并论的是清代中叶永

---

① 《朱子全书》（第十八册）第 3962 页。

② 《朱子语类》第 5 卷，《朱子全书》（第十四册）第 215 页。

③ 《朱子语类》第 5 卷，《朱子全书》（第十四册）第 216 页。

④ 《朱子语类》第 5 卷，《朱子全书》（第十四册）第 226 页。

瑢、纪昀编纂的《四库全书总目提要》，在“提要”第117卷“墨子”部分写道：

> 墨家者流，史罕著录，盖以孟子所辟，无人肯居其名。然佛氏之教，其清净取诸老，其慈悲则取诸墨。韩愈《送浮屠文畅序》，称儒名墨行，墨名儒行。以佛为墨，盖得其真。而读《墨子》一篇，乃称墨必用孔，孔必用墨。开后人三教归一之说，未为笃论。①

韩愈《送浮屠文畅序》原文不长，通篇颂儒而非佛，无关墨子。倒是在韩愈《读墨子》中，虽然对墨子有批评，但还是认为“儒墨同出尧舜，同非桀纣，……孔子必用墨子，墨子必用孔子”。似乎有调和儒墨的倾向，两篇不长的文章看不出他把墨子与佛教相联系。倒是上述这段文字，把墨子与佛教相提并论，以为佛教的“慈悲”思想源于墨子，至于“慈悲”思想源自《墨子》哪种思想，这里没有交代，后继者们一般把“慈悲”与“兼爱”相会通，或许其来有自。从思想发展逻辑顺序来看，观点明显与学术界主流思想不一致。当代学术界普遍认为，佛教创始人乔达摩·悉达多生于古印度，约略与中国孔子同时代，早于墨子近100年。从思想产生的时间先后来说，佛教的“慈悲”思想早于墨子的“兼爱”思想。另一方面，中印文化是在各自的土壤中孕育发展的，从当时的文化交流来看，没有证据表明中国和印度两大文化系统在当时就有交流的迹象。

此种观点在今天看似荒诞，但在当时不足为怪。考察学术史，自明末既有“西学中源”说，或许佛教“慈悲取诸墨”受到了“西学中源”说的一些影响，认为佛教思想也来自于墨子思想，表现出一种本位文化的优越感。当时清王朝闭关锁国，对异域文化了解依然较少，对于外来文明，更不愿意平等对待，文化情感上也接受不了。所以，视佛教思想取法道、墨，就不足为奇了。即便是后来，外来的船坚炮利打开了中国国门，西方文明强势东渐，中国一部分知识人依然抱持“西学中源”说的观点，这也成为墨学在近代复兴的动因之一。

---

① 永瑢等撰《四库全书总目提要》（第二十三册）第3页，王云五主编万有文库本，商务印书馆，1923年。

三

近代思想家谭嗣同受墨子思想影响颇多，他在《仁学》自序中说：“吾自少至壮，遍遭纲伦之厄，涵泳其苦，殆非生人所能任受，濒死累矣，而卒不死。由是益轻其生命，以为块然躯壳，除利人之外，复何足惜。深念高望，私怀墨子摩顶放踵之志矣。”① 由此可见，他汲纳的是墨子思想的实践精神，用于振世救弊。

在谭嗣同《仁学》一书中，对墨子学说与佛教思想的会通着力不少，可以从统计数字来体现。《仁学》一书大概5.5万多字，其中“佛”字出现111次，“墨”字出现14次，反映佛教思想的“慈悲”出现10次，反映墨子思想的“兼爱”出现7次。由此可见，佛、墨思想是谭嗣同“仁学”建构的重要思想基础。在有关佛、墨的论述中，会通佛墨的地方有三处：

> 能为仁之元而神于无者有三：曰佛，曰孔，曰耶。佛能统孔、耶，而孔与耶“仁”同，而所以仁不同。能调燮联融于孔与耶之间，则曰墨。周秦学者必曰孔、墨，孔、墨诚仁之一宗也。惟其尚俭非乐，似未足进于大同。然既标兼爱之旨，则其病亦自足相消，盖兼爱则人我如一，初非如世之专以尚俭非乐苦人也。故墨尚俭非乐，自足与其兼爱相消，犹天元代数之以正负相消，无所于爱焉。墨有两派：一曰“任侠”，吾所谓“仁”也，在汉有党锢，在宋有永嘉，略得其一体；一曰“格致”，吾所谓“学”也，在秦有《吕览》，在汉有《淮南》，各识其偏端。仁而学，学而仁，今之士其勿为高远哉！盖即墨之两派，以近合孔、耶，远探佛法，亦云汰矣。②（《仁学》自序）
>
> 凡为仁学者，于佛书当通《华严》及心宗、相宗之书；于西书当通《新约》及算学、格致、社会学之书；于中国书当通《易》《春秋公羊传》《论语》《礼记》《孟子》《庄子》《墨子》《史记》，及陶渊明、周茂叔、张横渠、

① 谭嗣同《仁学：谭嗣同集》第5页，辽宁人民出版社，1994年。

② 《仁学：谭嗣同集》第4—5页。

陆子静、王阳明、王船山、黄梨洲之书。[1]（仁学界说·二十五）

遍法界、虚空界、众生界，有至大至精微，无所不胶粘、不贯洽、不筦络、而充满之一物焉，目不得而色，耳不得而声，口鼻不得而臭味，无以名之，名之曰"以太"。其显于用也，孔谓之"仁"，谓之"元"，谓之"性"；墨谓之"兼爱"；佛谓之"性海"，谓之"慈悲"；耶谓之"灵魂"，谓之"爱人如己""视敌如友"；格致家谓之"爱力""吸力"；咸是物也。法界由是生，虚空由是立，众生由是出。[2]

于此可见，谭嗣同认为，墨子与儒学、佛学可以会通，墨子的"兼爱"与佛教的"慈悲"有相近的内涵。在《仁学》中谭嗣同还指出："善学佛者，未有不震动奋厉而雄强刚猛者也。"[3] "救人之外无事功，即度众生之外无佛法。"[4] 虽然指的是大乘佛教的"菩萨行"精神，拔苦救难，亦与墨子"摩顶放踵"的振世救弊精神相契合，这种精神汇聚在谭嗣同的思想中即为《仁学》，汇聚在谭嗣同社会活动中，即为革命的动力。

四

继谭嗣同之后，广东人江瑔试图会通佛墨。江瑔出身书香世家，有深厚的家学渊源，亦曾留学日本。著有《读子卮言》，在该书第十四章"论墨子非姓墨"有言：

窃疑墨家之学，内则薄葬，外则兼爱，无亲疏之分，无人我之辨，示大同于天下，与《礼运》所谓"不独亲其亲，不独子其子"之义同。以宗族姓氏为畛域之所由生，故去姓而称号，以充其"兼爱""上同"之量，又与释氏之法同。[5]

① 《仁学：谭嗣同集》第 9 页。

② 《仁学：谭嗣同集》第 10 页。

③ 《仁学：谭嗣同集》第 48 页。

④ 《仁学：谭嗣同集》第 115 页。

⑤ 江瑔《读子卮言》第 105 页，华东师范大学出版社，2012 年。

江瑔认为《礼记·礼运·大同》篇思想与墨家相同，学术界有所讨论，在此不论。由墨家“无亲疏之分，无人我之分”，“去姓而称号”，推衍出“兼爱”的观点，则对墨学有所误解，颠倒了墨家思想的逻辑顺序。墨学核心观念是“兼爱”，由“兼爱”而推衍出伦理平等观念。至于“去姓而称号”是认为“墨”非墨子姓氏，甚至引起了民国时期关于墨子姓氏里籍的论争。学术界一般并不认同江瑔的观点。江瑔以为，墨家的“兼爱”与佛教思想契合，未见江瑔的进一步论证，考察“兼爱”，由此而生伦理平等观念。佛教也有“众生平等”的观念，大概是江瑔认为二者契合之处。墨家的平等观念是由“兼爱”而产生的伦理上的平等，而非权利上的平等，否则很难解释墨家的“尚同”思想。“兼相爱，交相利”，则有着功利主义伦理观的特征，是底层人的朴素的生产生活经验的总结，在社会活动中产生的。佛教的“众生平等”也不是权利上的平等，与佛教的“空”的哲学观念有着必然的逻辑联系，因缘所生法，缘起缘灭，是平等的。佛教的平等观的另一表现是佛性的平等，一切众生，皆有佛性。

虽然墨子与佛教在“平等”观念上有较大的差异，但江瑔从“兼爱”会通佛墨，依然有着重要的思想价值与意义。人类的思想有共通之处，碰撞与交融是必然的趋势。

五

1928 至 1930 年间，学术界爆发了一场关于墨子与佛教的学术论战，起因是 1928 年皖南学人胡怀琛于 1928 年 4 月在《东方杂志》上发表《墨翟为印度人辩》，指出墨子是印度人。胡怀琛从墨子姓名与思想两个方面论证墨子是印度人。他把自己的观点归纳如下：

> 吾于是可得一点结束曰：一、墨翟者，墨狄也。因面黑或衣黑而称墨，因外国人而称狄。二、墨翟，印度人也。三、兼爱、节用，佛学也。四、天志、明鬼佛教也。五、名学，因明也。六、无父，出家也。七、摩顶放踵，秃头赤足之僧装也。八、索卢参，印度字之译音也。

在胡怀琛归纳的八点中，三、四、六、七均为会通佛墨，“兼爱”“非攻”与佛教相合，其中第三点是佛墨思想内容的会通，四、六、七是墨家组织形式与佛教组织形式的会通。

支持胡怀琛观点的有著名学者卫聚贤，他于1929年在为胡怀琛《墨子学辩》所作的序言中，从古史辨派疑古问题出发赞扬胡怀琛的探索精神，批评那些驳斥胡怀琛观点的人缺乏证明。

胡怀琛观点在当时受到诸多批驳，主要有郑师许、吴进修、陈登源、许慕贤、静因、方授楚等。1928年8月，郑师许在《东方杂志》第25卷16号上发表《〈墨翟为印度人辨〉驳议》，吴进修在同刊同期上发表的《正胡怀琛墨子为印度人》[①]，许慕贤发表《墨子为印度人问题》，静因发表《墨子与穆勒是否为中国人的问题》等批判胡怀琛的观点。其中以方授楚的批驳最为有力，他批评胡怀琛的文章后来收集到《墨学源流》（下卷）之中。

方授楚对胡怀琛观点的批评摘录如下：

> 夫兼爱非攻节用之指，岂惟墨子与佛教相合，即孔老之说，耶稣之教，东西圣哲之学，亦不甚远也。墨子所谓天，“兼而爱之，兼而利之；兼而有之，兼而食焉。”此岂佛力所可比伦？而所谓鬼者，虽福善祸淫，报应不爽；此乃春秋时代旧说也，墨子无所发明。
>
> 无父与禽兽，同为由兼爱推论之辞，原非叙述之语。
>
> 至“摩顶放踵，利天下为之。”乃与杨子拔一毛而利天下不为，相对成义；所以见墨子救世之殷，而非言其状貌也。
>
> 至如巨子制度，似禅宗之衣钵相传。固也。然不能以此为佛教制度，而证墨子为印度人。盖禅宗晚出，在中国成于达摩，后墨子约千载。[②]

方授楚早年读章太炎、梁启超、谭嗣同等人著作，受他们影响，偏爱墨学。后来研究墨学，对墨子救世精神多有褒扬，他对胡怀琛的批评，或许有情感因素，未必客观。但这次论争，对于佛墨的会通还是有重要意义的。

---

① 1934年，吴进修又发表《正胡怀琛墨子书中答字》。

② 方授楚《驳墨子为印度佛教徒说》，见《墨学源流》（下卷）第12—24页，中华书局、上海书店，1989年。

六

如果说此前学者在佛墨会通上立足墨子来谈佛教，那么，日本学者山内晋卿（1866—1946）的《墨子与佛教》则从另一个视角来论墨子与佛教的关系。山内晋卿，日本佛教学者，著有《中国佛教史研究》等，他的《墨子与佛教》论文原载于日本 1919 年出版的《六条学报》，经潘公望翻译，作为佛教文献刊载于《海潮音》1931 年第 12 卷第 7 期。[①] 此时关于墨子国籍问题的讨论已经暂时告一段落。回顾该文，可以看出山内晋卿对中国学术史上墨子与佛教的关系颇为了解。文中提到韩愈、《四库总目提要》、江瑔等人和书籍会通佛墨的问题，颇有学术史价值。山内最为值得一提的观点为："总之，墨子与佛教之间，有一二类似之点，实在不是过甚的废话。不过就思想方面说，二者当然不能说他是绝对不相同。而就历史的关系考察起来，二者就完全不一致了。所以我们不能说一致，而只可说是类似。"山内晋卿没有像此前的诸多学人以墨学统摄佛教、会通佛墨，而是站在一个比较中立的立场来讨论墨子与佛教的关系。也许正因为如此，才能于佛教重镇刊物《海潮音》刊载。

七

回顾近代墨子与佛教会通的可能性尝试的讨论，并检讨其方法与意义。人类思想虽然发端于不同地域，但寻求美好的生活方式是人类思想共同的价值追求，虽然在追求路径上呈多元化样态。思想是人类追求美好生活方式在观念上的反映，墨子与佛教，虽然对美好生活及其方式理解不尽相同，但都关怀人类的命运及其生活方式，墨家提出了以"兼爱"为核心的思想体系，对于解决现代社会人与人、人与社会、人与自然的矛盾有着重要的价值。佛教虽然以现实人生为"苦"，但并不逃避现实，而是怀着慈悲的态度来关怀自己、他人和社会。会通佛墨，有重要的思想价值和实践意义，对于构建人类的美好生活方式亦有镜鉴意义。在当代佛学研究者中，会通佛墨的成果比较

---

① 在《海潮音》登载这篇文章时，把"山内晋卿"误作"山内晋乡"，大概是繁体字"卿"与"鄉"接近的缘故。

少见。但在墨学研究者中，已经做了一些有益的尝试，较有代表性的成果有台湾大学李贤中教授的文章《从墨家“兼爱”观佛家“慈悲”》，该文发表于2002年华梵大学举办的“第六届儒佛会通学术研讨会”的论文集，当时作者在东吴大学任教。李贤中从四个方面论证了会通“兼爱”与“慈悲”的可能性与途径，具体为：“兼爱”与“慈悲”的意义，“兼爱”的价值根源与“慈悲”的预设，“兼爱”的伦理原则与“慈悲”的层次，“兼爱”“慈悲”的思维情境与实践。从而认为，墨家肯定现实世界生活的真实性，其“兼爱”的目的在于改善天下人生活。佛教的“慈悲”精神不是肯定物我的重要性，而是在空寂的意义上取消物我的差别，以平等的观念来对待一切。“慈悲”并非对现实存在的依恋或执着，而是对超越的追求。如果说“兼爱”追问的是如何使天下人生活过得好，那么，“慈悲”追问的是什么才是真正的好、永恒的好。“兼爱”与“慈悲”不应仅局限于理论上的比较，更重要的是时间上的融通。①

考察佛墨会通的学术轨迹，二程及朱熹均以儒学为本位站在辟佛、墨的立场把佛、墨相提并论，其中二程只是继承孟子对墨子的批判立场批判墨家以及佛教，未见论证。朱熹比二程对佛、墨批判有所深入，但也未见详细论证，因而谈不上佛墨会通。乾嘉以来仅仅停留在概念的比附上，少有内容的融通，更缺乏方法的建构与现代性诠释。学术的接力棒交给了当代学人，李贤中教授对“兼爱”与“慈悲”的诠释与融通是一种有益的尝试。《墨子》思想贡献于世界，研究其思想中具有普适性的基因，并予以现代性诠释，是当代墨学研究者重要的使命。今天的思想界基本上接受了文化多元化与价值多样性的存在及其意义，墨子学说与佛教思想不是非此即彼的选择问题，而是多元文化具体体现，墨子学说与佛教思想并不是对立的关系，其中有契合的基点：一是他们都关怀人类的命运，都在孜孜寻求美好的生活方式，并提出自己的方法与途径；二是墨学的根本观念“兼爱”与佛教的“慈悲”精神都是对人、对社会的终极关怀，虽然在人生观上不尽一致；三是墨子是中华文明的产物，其“兼相爱、交相利”的伦理原则可以为中国民众接受，且具有普适性、通约性；佛教虽然起源于古印度，但佛教传播到中国后与本土文化碰撞，成为中华文化的有机组成部分，深入中国人的精神世界；四是墨子

① 参见李贤中《从墨家“兼爱”观佛家“慈悲”》，载《第六次儒佛会通论文集》（台湾），2002年。

与佛教的思想均具有开放性特征，会通的终极目的不是用墨子或佛教思想来取代其他文化或文明，而是立足于中华文化的世界贡献，为多样化的世界文化提供可能的生活图景。

必须指出，墨子与佛教的会通不仅仅是“兼爱”与“慈悲”的会通，墨子思想汲纳佛教的超越性思想，创造性地构建墨学的形而上的终极关怀。墨子思想关怀现实的生活与政治，其终极愿景是构建一个“兼相爱、交相利”的和谐社会。虽然墨子也提出以“天志”作为价值判断的标准，但纵观墨子原典，不具有超越性的价值。根据傅伟勋先生的观点，人的生命应该有“十大层面”，即身体活动层面、心理活动层面、政治社会层面、历史文化层面、知性探求层面、美感经验层面、人伦道德层面、实存主体层面、生死解脱层面、终极存在层面。[①] 墨子思想在人的生死解脱与终极存在上付之阙如，不得不说，作为一个完整的思想体系，这是一个遗憾。因而，汲取佛教对生死解脱与终极存在层面的丰富思想，会通墨子与佛教，进而构建形而上的墨子哲学思想完整体系，对于墨学的创造性发展大有裨益。

（陈洁　北京理工大学人文学院副教授；解启扬　中国政法大学教授）

① 傅伟勋《从西方哲学到禅佛教》第 477 页，生活·读书·新知三联书店，1989 年。

自然·重生·贵真

——李贽对《庄子》思想的接受与超越*

唐季冲

摘　要：晚明李贽在诗文创作中对《庄子》的接受较为全面，从思想内容到艺术风格、文体、字句，以及从文学角度对《庄子》理性观照等多方面，均有涉及。一方面，在思想内容、文学创作上，李贽将《庄子》重自然思想、重生与隐逸思想以及贵真思想发展到新的高度。另一方面，又在与《庄子》的视域融合中，对《庄子》做出合乎其审美期待视野的创造性接受，具体表现在李贽提倡"童心说"，推崇真情、崇尚个性、强调自我，主情观得到空前强调，从而突破了《庄子》复远古思想，使"求真、至情、个性"的文学思想迈出了新的步伐。因此，通过两者的互动性接受，可以看出李贽对《庄子》思想的接受与超越。

关键词：李贽　《庄子》思想　接受　超越

明代中叶前，以"前后七子"为代表的复古派垄断文坛，倡言"文必秦汉，诗必盛唐"，以拯救当时萎靡不振的诗风、文风。但是由于过分强调复古，文学的创造性显得不足，致使一些文人学者在散文创作中一味以模拟秦汉古人为能事，其作品毫无灵魂。明后期以"童心说"为代表的李贽，文学主张自由、自治，反对封建礼教的束缚，针对当时文坛上盛行的"文必秦汉，诗必盛唐"的复古主张，李贽提出"诗何必古选，文何必先秦"①，主张古诗文创作要表现"童心"，也就是"真心"。

虽然李贽著作在明代一再受到禁毁，直到清代编《四库全书》，仍不收李

* 基金项目：国家社科基金项目"明清雅俗文学创作与理论批评交叉研究"（01BZW023）。

① （明）李贽《焚书》第67页，中华书局，2009年。

贽的著作，但是他的思想深入人心，产生了深远的影响。汪本钶在《续刻李氏书序》中说："一点搀自足天下万世之是非，而一咳唾实关天下万世之名教，不但如嬉笑怒骂尽成文章已也。盖言语真切至到，文辞惊天动地，能令聋者聪，聩者明，梦者觉，酲者醒，病者起，死者活，躁者静，聒者结，肠冰者热，心炎者冷，柴栅其中者拔，倔强不降者亦无不意俯而心折焉。"[①] 汪本钶对李贽创作予以高度评价，谈论其创作以抒写个性为特色，文章言语真切感人，对于李贽不幸逝世表示深深的遗憾。

一、《庄子》思想对李贽的影响

在"泰州学派"思想影响下，李贽打破传统思想禁锢，独立思考，主张文学创作率性任真，提出了为世瞩目的"童心说"。李贽张扬个性，追求纯粹的创作主张，受到《庄子》关注个体生命保全和精神自由等思想的影响，主要有以下三方面。

(一)"由乎自然、关注个体"：受庄子"重自然思想"的影响

庄子思想奇特瑰丽，文笔优美飘逸，鲁迅曾把《庄子》誉为"汪洋辟阖，仪态万方，晚周诸子之作，莫能先也"[②]。在品评文学作品时，庄子提倡以"自然"为美，以人工雕饰为劣。《庄子·骈拇》中记载："是故骈于明者，乱五色，淫文章，青黄黼黻之煌煌非乎？而离朱是已。多于聪者，乱五声，淫六律，金石丝竹黄钟大吕之声非乎？而师旷是已。……故此皆多骈旁枝之道，非天下之至正也。"李贽提倡"发于情性，由乎自然"[③]。只要是自然发于"情性"的，那么各种文体都是"至文"，各种文风均属自然。李贽在《焚书·童心说》中言道：

> 苟童心常存，则道理不行，闻见不立，无时不文，无人不文，无一样创制体格文字而非文者。诗何必古选，文何必先秦，降而为六朝，变而为近体。……为今之举子业大贤言圣人之道，皆古今至文，不可得而

① （明）李贽《续焚书》第4页，中华书局，2009年。

② 鲁迅《汉文学史纲要》第103页，人民文学出版社，1973年。

③ 陆钦《庄子通义》第99页，吉林人民出版社，1994年。

时势先后论也。[①]

“自然观”是庄子思想的机枢，庄子提倡自然而然，强调事物的本然状态。在创作上，天下至文应由创作者感于时事，触景生情而为之，如果仅仅强调形式，不注重内容，只是无病呻吟之作，不算至文。“不愤而作，譬如不寒而颤，不病呻吟也，虽作何观乎？”[②]“文非感时发己，或出自家经画康济，千古难易者，皆是无病呻吟，不能工。”[③]“皆不可语天下之至文。”[④]那么，“至文”是怎样创作出来的呢？李贽在《焚书·杂说》中表示，天下间真正能写好文章的人绝非一开始想要创作，而是在内心逐渐蓄积情感，直到见景生情，将内心久已蓄积的情感化为文字语言，倾诉心中所想：

> 世之真能文者，比其初皆非有意于为文也。其胸中有如许无状可怪之事，其喉间有如许欲吐而不敢吐之物，其口头又时时有许多欲语而莫可所以告语之处……宁使见者闻者切齿咬牙，欲杀欲割，而终不忍藏于名山，投之水火。[⑤]

如果把李贽一生十分看重且不懈追求的核心价值观念概括为一个字，便是“真”字。李贽的这种“真”，是自然之性，不容着一点人力的痕迹，这与老庄提倡的自然之性相关联。李贽将老庄的“自然之性说”移入“童心说”，将“童心说”释为真心，如此，童心与自然天性、真心等皆以自然纯净为基础，统一为一个相同性的概念——“真”。李贽在《读律肤说》中谈道：“盖声色以来，发乎性情，出乎自然，是可以牵合矫强而致乎？”[⑥]所以，李贽反对建立于道德本体论基础上强调文学社会功用的传统文学思想，而呼唤童心文学观。正如李贽《读律肤说》阐述的：“所谓自然者，非有意为自然而

① 《汉文学史纲要》第67页。
② 《焚书》第109页。
③ 《续焚书》第31页。
④ 《汉文学史纲要》第67页。
⑤ 《汉文学史纲要》第66页。
⑥ （明）李贽《李贽文集》第123页，社会科学文献出版社，2000年。

遂以为自然也。若有意为自然，则与矫强何异？故自然之道未易言也。”①

在文学上，李贽的自然观体现在写“真人”“真事”。李贽推崇《西厢记》《水浒传》等为“天地间之至文”，此类文章有天然之美，无雕琢的痕迹，犹如大自然的草木花卉一样，天然无雕琢之痕迹，是天地化育、自然而然形成的。正如李贽在《杂说》中言：“夫所谓画工者，以其能夺天地之化工，而其孰知天地之无工乎？今夫天之所生，地之所长，百卉具在，人见而爱之矣，至觅其工，了不可得……文章之事，寸心千古，可悲也夫！”② 天地有自然之美，画工即使画艺再高超，也难以描绘出天地的自然之美。创作的道理也一样，如果没有真情流露，一味追求文字技艺，那么写出的文章也非上品。由此，李贽阐述的自然生动的文章决不会追求一字一句的奇妙，而会遵循常理，合于法度。李贽在《杂说》又言道：“且吾闻之，追风逐电之足，决不在于牝牡、骊黄之间。声应气求之夫，决不在于寻行数墨之士。风行水上之文，决不在一字一句之奇……首尾相应，虚实相生；种种禅病皆所以语文，而皆不可以语于天下之至文也。”③

如何达到自由的理想境界？庄子将“道”视为万物之源、宇宙之本，将虚静归为道的本质状态。只有保持心灵的虚静，方可在天人和谐中体会到精神的自由，《庄子·天道》中言：

> 圣人之静也，非曰静也善，故静也；万物无足以铙心者，故静也。……夫虚静、恬淡、寂漠、无为者，天地之平而道德之至，故帝王圣人休焉。休则虚，虚则实，实者伦矣。虚则静，静则动，动则得矣。静则无为，无为也则任事者责矣。④

虚静如何能达到，庄子提出通过心斋、坐忘、外物、齐物、顺化等途径，排除一切搅扰，充分享受精神安宁自由的愉悦。李贽又在《老子解》中解释了《老子》“万物皆备于我”的思想，心若虚静，方可得道：

---

① 《汉文学史纲要》第91页。

② 《汉文学史纲要》第65页。

③ 《焚书》第65页。

④ （战国）庄周《庄子》，载《南华真经》（卷五）第103—104页，四部丛刊景明世德堂刊本。

虚者，道之常；静者，道之根。……惟至虚极静笃，然后即万物之并作，而能观万物之复命。……如此者，是为明道静极而光生矣；如此者，则能有容万物皆备于我矣。①

我心能至虚极静，便能得道。既然道从我出，天下万物皆明于心，万物皆为我所备，故曰：“万物皆备于我矣。”

万历十年（1582），李贽将《庄子》内七篇重新加以注释。左东岭先生曾在《李贽与晚明文学》第三章中分析了李贽解老与解庄各有侧重点，李贽解老注重个体，而其解庄则重在对个性舒展与超越精神之阐发。事实上，李贽注释《庄子》，一方面将庄子自然之性，无处不在的思想与“童心说”结合起来，形成了以不受人力所染的自然之性为真为空。另一方面，庄子“物固有所然”“物皆自是”的个体独立意识与李贽的“童心说”相结合，形成了尊重个体独立意识的自然心性观。例如，李贽认为读孔子的书，不能拘泥于其书，要敢批评其书，说孔子未说之话，这才是真正以生命去体验其精神。李贽又在《答耿中丞》中说：“夫天生一人，自有一人之用，不待取给于孔子而后足也。若必待取给于孔子，则千古以前无孔子，终不得为人乎?”② 这种道法自然思想也源于老庄的万物皆有个性，“物皆自是”观，因此不必以他人人之性为己之性，不必以他人是非为己是非。

李贽的一生是寻求快乐的一生，他曾弃官、弃家、谴妻归女、剃发入寺，摆脱一切束缚，以求身心自在。他追求的“道”本身就是真率、是快乐，沈铁在《李卓吾传》中言道：“且曰（李贽曰）：‘道，原自真率，存一去妄心，便非真境矣；道，原自快乐，存一戒俱心，便非乐境矣。老氏静虚，庄氏逍遥，皆从此勘破者。’”③ 得道之后，便是忘我、解脱之乐，李贽在《续焚书·与陆天溥》中表示：

到游艺时，则如鱼游水，不见其水；如水裹鱼，不见有鱼。自相依附，不知其孰为依附；……世出世间，无拘无碍，资深逢源，故曰：“鱼

① 《李贽文集》第8页。

② 《汉文学史纲要》第16页。

③ 何乔远《畜德志·上》，载《闽书》第一百五十二卷，崇祯四年刻本。

相忘乎江湖，人相忘乎道术”，故学至游艺，至矣，不可以有加矣。管见如此幸与诸友商之。①

鱼儿游于水，能相忘于江湖，人学道也能相忘于道术，学到之后便解脱，以此获得自由。在李贽生命中，自然、真率、快乐是他人生价值的追求，也是其美学思想的核心。

（二）“养生、身心俱隐”：受庄子“重生与隐逸思想”的影响

庄子重视生命，在《庄子·让王》讲述了宁可保全自己一只手臂，也不要整个天下的故事，显示了生命在庄子心中的重要性。《庄子·让王》：“子华子曰：‘今使天下书铭于君之前’，书之言曰：‘左手攫之则右手废，右手攫之则左手废，然而攫之者必有天下。君能攫之乎？’昭僖侯曰：‘寡人不攫也。’子华子曰：‘甚善！自是观之，两臂重于天下也，身亦重于两臂。’”② 《庄子·让王》反映庄子不仅重视生命，还注意到读书、创作的养生功能：“孔子问颜回曰：‘回，来！家贫居卑，胡不仕乎？’颜回对曰：‘不愿仕。回有郭外之田五十亩，足以给飦粥；郭内之田十亩，足以为丝麻，鼓琴，足以自娱；所学夫子之道者，足以自乐也。回不愿仕。’”③ 庄子借颜回之口，说读书为了愉悦身心。

魏晋南北朝时期，老庄极受文人重视，阮籍、嵇康很崇拜老子、庄子，并身体力行道家养生方术。例如阮籍在《达庄论》中表示羡慕庄子：“述道德之妙，叙无为之本，寓言以广之，假物以延之，聊以娱无为之心，而逍遥于一世。岂将以希咸阳之门，而与稷下争辩也哉！”④ 嵇康曾撰《养生论》，但李贽批评嵇康不懂养生，比不上同为“竹林七贤”的阮籍、向秀。李贽在《焚书》卷五《养生论》中说：

嵇、阮称同心，而阮则体妙心玄，一似有闻者，观其放言与孙登之啸可睹也。若向秀注《庄子》，尤为已见大意之人，真可谓庄周之惠施

① 《续焚书》第3—4页。

② 《庄子》，《南华真经》（卷五）第203页。

③ 《庄子》，《南华真经》（卷五）第205页。

④ （明）张溥《魏阮籍集》，载《汉魏六朝一百三家集》（卷三十四）第635页，文渊阁四库全书本。

矣。康与二子游，何不就彼问道？……虽然，若其人品之高，文辞之妙，则岂“七贤”之所可及哉！[①]

李贽指出阮籍体妙心玄，向秀领会《庄子》大意而注《庄子》，但是嵇康比不上他们，却又不肯向他们学习，所以很遗憾。不过李贽还是承认嵇康的“人品之高”和“义辞之妙”，是七贤中其他人所不可企及的。

在这举世皆浊我独清，众人皆醉我独醒的社会里，庄子提倡清静无为的主张，但是因为现实原因不得实现，那种孤独感可想而知。庄子在《庄子·天地》中言道：“三人行而一人惑，所适者犹可致也，惑者少也；二人惑则劳而不至，惑者胜也。而今也以天下惑，予虽有祈向，不可得也。不亦悲乎！”[②] 所以庄子选择了隐退。

“隐士”一词也首见于《庄子·缮性》：“古之所谓隐士者，非伏其身而弗见也，非闭其言而不出也，非藏其知而不发也，时命大谬也。当时命而大行乎天下，则反一无迹；不当时命而大穷乎天下，则深根宁极而待；此存身之道也。”[③] 当然远在传说时代已有著名隐士许由、巢父、伯夷、叔齐、介子推等人，还有老子、孔子，但他们没有建立一套完整的隐逸理论，而庄子是第一个建立了较为完整的隐逸理论。《庄子》包含庄子的隐逸思想，好比一首悲凉的隐士之歌，它体现了隐士入世不得，出世不甘心的矛盾心理。在《庄子》书中沿着由仕到隐的思想发展线索，隐士们隐逸前后矛盾心态被揭示得淋漓尽致。例如《庄子·人间世》前半部抒发了当治国大臣的远大理想，后半部分阐述避世归隐的好处，一篇文章显现了两种不同的态度，凸显了隐士们的思想发展脉络。《庄子·人间世》：

凡事若小若大，寡不道以欢成。事若不成，则必有人道之患；事若成，则必有阴阳之患。若成，若不成，而后无患者，唯有德者能之。……事若不成，必有人道之患是两也，为人臣者不足以任之。[④]

---

① 李贽《李温陵集》（卷二）第199页，明刻本。

② 沈一贯《庄子通》（卷五），明万历刻本。

③ 《庄子》，载《南华真经》（卷五）第121页。

④ （唐）成玄英《南华真经注疏》（卷二）第54—55页，古逸丛书景宋本年。

当官者如果事情没办好，免不了受君主惩罚，而办成了，内心高兴，引起体内阴阳失调。所以，无论成与不成，从政会影响自己的身心健康。因此，庄子以“无用”作为生命的评价标准和达到精神自由的重要手段，大瓠、大樗、散人等于世无用、于己有用的形象成为庄子笔下歌颂的对象，无用而逍遥的状态成为庄子期待向往的精神境界。

受庄子隐逸思想影响，李贽在《庄子解·隐者说》中将隐者的境界由低到高依次分为“时隐”“身隐心不隐”与“身心俱隐”三层，而“大隐居朝市”又为“身心俱隐”的最高境界。所以，李贽称赞像阮籍（字嗣宗）一样的隐者，做到“身心俱隐”，在《李温陵集》中言道：

> 时隐者，时当隐而隐，所谓邦无道则隐是也。此其人固有保身之哲矣，然而稍有志者亦能之，未足为难也。若夫身隐者，以隐为事，不论时世是也。……盖身虽隐而心实未尝隐也。此其隐盖高矣，然犹未大也，必如阮嗣宗等始为身心俱隐，无得而称焉。①

同样是隐退，李贽隐居之后著书立说，相忘于江湖，以求身心自在，而庄子隐退后仍未能忘怀政治，渴望留功德于竹帛、遗宏论于万世，甚至四处游历，在政治的边缘徘徊观望。《庄子·让王》：“身在江海之上，心居乎魏阙之下。”② 看来还是李贽真正做到了隐者的最高境界：“身心俱隐。”

（三）“童心说”：受庄子“贵真思想”的影响

庄子贵“真”，讲求保持自己的真情本性，不改变它、扭曲它。《庄子·渔父》论述“真”：“孔子愀然曰：‘请问何谓真？’客曰：‘真者，精诚之至也。不精不诚，不能动人。故强哭者虽悲不哀，强怒者虽严不威，强亲者虽笑不和。真悲无声而哀，真怒未发而威，真亲未笑而和。’”③ 而儒家讲究“诚”，具有功利性，不主张将真情实感流露出来，与庄子的“真”不同。例如《孟子·离娄上》说：“居下位而不获于上，民不可得而治也。获于上有道，不信于友，弗获于上矣……思诚者，人之道也。”④《大学》说：“物格而

---

① 《李温陵集》（卷二）第192页。

② 《李温陵集》（卷二）第206页。

③ 《庄子》，载《南华真经》（卷五）第218—219页。

④ （清）惠栋《周易述》卷二十三，第356页，清文渊阁四库全书本。

后知至，知至而后意诚，意诚而后心正，心正而后身修，身修而后家齐，家齐而后国治，国治而后天下平。”[①] 也就是说，庄子的“真”提倡情感真实，反对作假，儒家的“诚”要人们诚心诚意改变自己不合礼教的情感。

李贽提出的“童心说”与庄子的“贵真思想”相符，他认为儒家伦理的弊端在于一个“假”字，不敢正视人的“童心”。如果“童心”丧失，那么说假话、做假事、作假文的伪君子增多，整个社会都是“假”。李贽在《童心说》中说：“夫既以闻见道理为心矣，则所言者，皆闻见道理之言，非童心自出之言也。言虽工，于我何与？……无所不假，则无所不喜，满场是假，矮场何辩也？”[②] 而圣人之所以为圣人，就在于圣人“纵多读书，亦以护此童心而使之勿失”。因此，李贽将“童心”定义为“最初一念之本心”。接着，李贽提出“天下之至文，未有不出于童心焉者也”的著名论断，反对明代文坛前后七子“文必秦汉，诗必盛唐”的复古思想，认为只要有童心，文章创作可不分文体，不辨时代。李贽在《焚书·童心说》中说：

> 天下之至文，未有不出于童心焉者也。苟童心长存，则道理不行，闻见不立，无时不文，无人不文，无一样创制体格文字而非文者。诗何必古选，文何必先秦，降而为六朝，变而为近体，又变而为传奇，变而为院本，为杂剧，为《西厢》，为《水浒传》。为今之举子业，大贤言圣人之道，皆古今至文，不可得而时势先后论也。故吾因是而有感于童心者之自文也。[③]

文体无高下，有了童心，无论何时、何地，用何种文体，都可以成为真正的文学作品。

庄子的“真”是指弃除后天人为，自然而然的本然状态。庄子追求达到人与自然无碍，天人合一的人生境界。《庄子·列御寇》中说：“真者，所以受于天也，自然不可易也。”[④] 徐克谦先生曾在《论庄子哲学中的“真”》一文提出，庄子的“真”以“真人”“真知”“真性”三个意象性概念作为表

---

① （汉）郑玄《礼记》卷十九，第354—355页，四部丛刊景宋本。

② 《焚书》第67页。

③ 《焚书》第67页。

④ 《李温陵集》（卷二）第219页。

述。而李贽所谓的“真”与《庄子》的“真”美学思想保持了一致，是指一种真性情，这种真性情在文学创作上要求表达“真情实感”。另外，这种真性情也体现在李贽对“真人”人格的追求上。何谓“真人”？万历十年（1582）李贽写完《庄子解》，在龙湖上谈论“以任真自得为趣”，此处的“真”源于老庄思想。《庄子·大宗师》中称“任真自得者”为“真人”：“知天之所为，知人之所为者，至矣。知天之所为者，天而生也。知人之所为者，以其知之所知，以养其知之所不知，终其天年而不中道夭者，是知之盛也。”① 李贽在《庄子·大宗师第六》中对“真”做了更详细的阐述：“古之真人，知天知人。知天，则知人乃天之所生；知人，则知天非人之所能。……吾所谓天，绝非人之所能为乎？所谓人，岂非天之所以生乎？知此者是谓真知，是谓真人也矣。”② 只有理解人的自然之性与天地万物自然之性的关系，方可称为真人。

除了欣赏“真人”，在文学创作上，李贽主张抒发一己真情。戴峰先生在《庄子、李贽“贵真”思想辨析》中认为庄子与李贽共同以“真”为贵，但是两者在文艺观上侧重不一样，庄子以真实天然为美，李贽将作家真实自然之情作为文艺创作的第一要素。③ 李贽欣赏何心隐的率真与骨气，在《续焚书·与焦漪园太史》中说：“何心老英雄莫比，观其羁绊缧绁之人，所上当道书，千言万语，滚滚立就，略无一毫乞怜之态。”④ 同时，李贽也赞赏苏轼其人，更喜苏轼其文，在《焚书·复焦弱侯》中说：“苏长公何如人，故其文章自然惊天动地。……至其真洪钟大吕，大扣大鸣，小扣小应，俱系精神髓骨所在。”⑤

抒发真情，须有抒发真情的方法，李贽讲求方法。其一，借助于外部自然环境表达情感。例如李贽在《初潭集》中叙述伯牙学琴的故事：

> 伯牙学琴于成连先生，三年不成。成连云：“吾师方子春在东海中，能移人情。”乃与伯牙俱往。至蓬莱山，留伯牙曰：“子居习之，吾将返之。”……乃援琴而歌《水仙》之操。曲终成连，回刺船迎之，以还伯

---

① 《庄子》，《南华真经》（卷五）第51—52页。

② 李贽《庄子解·大宗师第六》。

③ 戴峰《庄子、李贽“贵真”思想辨析》，载《山东社会科学》2005年第8期。

④ 《焚书》第19页。

⑤ 《焚书》第31页。

牙，遂为天下妙矣。[①]

李贽批道："嗟夫！学道之若是矣。学人者未至，舍己者未尽。乃至海天一色，四顾无依，惊怪骇愕，不能以己，不可致思，矧可晤语，自然之音见矣。"[②] 当然也可借助想象的环境，使得作品的抒情更灵活自如，使物情感化、自我化、人格化，李贽在《方竹图卷文》中说："今之爱竹者，吾感焉。彼其于王，子不类也……则虽爱竹，竹固不之爱矣。夫使若人而不为竹所爱也，又何以爱竹为也？"[③] 李贽认为寄情于物，爱此物方可描绘得形神兼具，从而增强文学的魅力。

与抒发真情相联系，李贽主张创新，显示自己的性格文格，不随人半步，称赞何心隐"其文章高妙，略无一字袭前人"。当然创新也指前人未有见解，而我有自己的见解。比如人言王维之文不如其禅，更不如其诗，而李贽发现王维的散文《六祖塔铭》写得甚为清妙，不亚于其诗文。如其所言："《弘明集》无可观者，只有一件最得意事；昔时读《谢康乐》，自负慧业文人，颇疑其夸……千载高贤，埋没至今，得我方尔出见于世，此一喜也。"[④]

李贽喜欢真，追求心真、人真、情真，希望天下一切都复现其真情。除此之外，李贽对真石也非常喜欢，在《焚书·三大像士议》中言道："石果真矣，此非我喜真也，佛是一团真者，故世有真人，然后知有真佛……不但我爱此真石，即此一粒真石，亦惓惓欲人知其为真，而不欲人以腐草诬之，以为不真也。"[⑤] 李贽像热爱生命一样喜欢真，所以对于他喜欢的东西，无论是人、石、草、佛，皆赋之于真情。

二、李贽对《庄子》思想的创造性接受

李贽对《庄子》的接受呈现互动性，一方面，李贽思想在不同层面上受到《庄子》的影响，既有心学思潮、地域文化、文学潮流等客观因素，也包

① 李贽《初潭集》（卷十四）第82页，明万历刻本。
② 《初潭集》（卷十四）第82—83页。
③ 《初潭集》（卷十四）第90页。
④ 《李温陵集》（卷二）第16—17页。
⑤ 《初潭集》（卷十四）第170—171页。

括李贽个人经历、知识结构、文学主张等主观因素；另一方面，在与《庄子》的思想融合中，李贽对《庄子》做出合乎其审美期待视野的创造性接受。李贽注释《庄子》，从总体上合乎庄子思想，同时也融入自己的见解，表现在三方面：其一，李贽在阐发庄子“道法自然”的思想同时，显示出强烈的自然个体意识；其二，论述个体自然意识的同时，肯定自然之真，否定非自然之假的真假观念；其三，以个体自然意识为基调，构成了李贽“自然、直率、快乐”的思想观。

首先，《庄子》（内七篇）论述的核心是“道”，解释了“道”一是万物的自然属性，二是万物保存其自然属性的方法。李贽在注解庄子思想时，突出了自然之性的个体与主体性。比如李贽在《庄子·大宗师》中讲何谓“真人”，其有云：“不以心捐道，不以人助天，是之谓真人。”[①] 这里的“真人”可指个体，也可指群体。又比如李贽在《庄子·应帝王》中讲“无为之治”。晚明杰出的思想家焦竑与李贽交往深厚，他在《老子翼》中解释老子“无为而治”的思想：

> 夫天下之人，各一其心也久矣。圣人则合天下之人，而浑为一心。百姓皆注其耳目，以我观彼，以此视我，各相是非，不可一也。……圣人无常心，以百姓之心为心也。如此，此太上治世之大旨，所以能无为者哉。[②]

焦竑指出圣人无常心，会聚合天下人的心为一心，所以能够无为而治。而李贽从被治者角度讲自治，无须他治，立足于自然之个体：“夫人人能内自治矣，尚可待圣人之治，岂非欲以治外乎！”[③] 此处突出个体主观能动性，如果人人能自治，天下便不治而治。

其次，《庄子》提倡万物皆有自然之性，不赞成以仁义一性拘囿万物之性。李贽不仅接受了庄子这一思想，更突出个体自然之性，以此自然之性反对仁义道德的思维模式。例如《人间世》一文记载庄子嘲讽孔子之徒好名好

---

① 《庄子》，《南华真经》（卷五）第82页。

② （明）焦竑《老子翼》（卷四）第77页，民国金陵丛书本。

③ 许建平《由“真空”说到“自然真空”说——论万历九年至十三年李贽思想的演进》，载《中国文学研究》2007年第8期。

德：“德之所以流荡者，矜名故也，知之所以横出者，争善故也。虽复桀跖，其所矜惜，无非名善也。”① 李贽大加发挥道：“然则向说许多方法，亦皆为有用之枝，神人所不载矣……不知无用之用其福易载，有用之用其祸至重，故曰：‘殆乎殆乎！’”② 又如李贽在《大宗师》中言道：“其知天之所为，知人之所为者，至矣……孔某勤行，皆自谓人定胜天者也。忘身不真，非知道也，不可以游于大宗师之门者也。”③

另外，庄子对情与欲持否定态度，庄子主张无欲，在他看来欲望的存在便意味着人与天的分离，不利于对道的体悟和臻抵，是应坚决予以摒弃的。在《庄子·马蹄》中有言：“同乎无欲，是谓素朴。”④ 又在《庄子·秋水》中言：“故素也者，谓其无所与杂也。纯也者，谓其不亏其神也。能体纯素，谓之真人。”⑤ 所以庄子主张无情无欲，但是情感又无法避免，只能让它自然地来，自然地去，不去人为压抑，也不去人为鼓励。庄子在《庄子·德充符》中说：“吾所谓无情者，言人之不以好恶内伤其身，常因自然而不益生也。”⑥ 庄子追求以无己、无待、无为为特征，以心斋、坐忘为途径的理想境界。这种宁静平和、逍遥自适的理想境界，决定了庄子不会放纵情感，而会以种种有形无形的框架来对之进行规范约束，使之归于淡然平和。但是，李贽主张扬情，强调源于主体的真实情感，讲究痛快淋漓地宣泄。他们欣赏、提倡情感表达具有激烈奋发的强劲色彩，在传统所推崇的温和平雅之情外，突显了与之对应的情感类型具有感人的魅力。例如李贽会在文中倾诉心中久已郁积、不得不吐之意，情感之强烈浓郁，令其在喷珠吐玉之后，仍然发狂大叫，流涕恸哭，不能自止。他是在为自己的思想、情感得到表达而激动不已。

结　语

李贽的一生仕途坎坷，经历人世沧桑，所以在其《庄子解》《焚书》《说

① 《庄子》,《南华真经》（卷五）第 32 页。

② 许建平《明清文学论稿》第 173 页，河南人民出版社，2017 年。

③ 《李温陵集》（卷二）第 312—341 页。

④ 《庄子》,《南华真经》（卷五）第 77 页。

⑤ 《庄子》,《南华真经》（卷五）第 119—120 页。

⑥ 《庄子》,《南华真经》（卷五）第 51 页。

书》等著作中融合了个人经历、审美理想的感悟，作品呈现出对《庄子》重自然、重生、贵真思想的接受。另外，李贽宣扬无为，以求达到虚己状态，他不仅侧重于保持宁静淡泊、自由无拘的状态，以此表现对庄子雅、淡、逸等美学风格的接受，又继承“泰州学派”反道学的思想传统，打破思想禁锢，主张独立思考，张扬了主体精神。这样不仅丰富了《庄子》接受的态式，也使李贽对《庄子》思想接受呈现出外向、直露、激烈的特点，为其后“公安派”“竟陵派”等性灵派文学流派发展，奠定了良好的思想基础。

（唐季冲　南京师范大学文学院博士研究生）

·窗外的风景·

从《论天》到《寰有诠》的嬗变

——亚里士多德宇宙论在明末中国的译介

祝海林

摘　要：《论天》是亚里士多德宇宙论作品，在欧洲新科学诞生之前一直统领西方世界的宇宙观。1628年，它的中译本《寰有诠》在杭州刻印传播，由耶稣会士傅汎际与儒士李之藻合译而成。这部译作的底本是葡萄牙柯因布拉大学编的拉丁文《亚里士多德〈论天〉讲义》，此讲义除了把原希腊文全部翻译成拉丁文外，还附加了经院哲学视角的详细注解和大量辩证式讨论，成为一部经院化的亚里士多德宇宙论著作。虽然如此，西方读者并不会因此把它当成神学作品，而它的中译本《寰有诠》则面临另一种境遇。译者的改写使它的神学色彩更为浓厚，已嬗变为一部基督神学宇宙论作品，这给不熟悉中世纪神学与哲学融合背景的中国读者带来认知困境，他们更容易看到的是神学光环，而非隐藏其中的理性之光，这种神学宇宙论与中国的宇宙论也存在根本的差异。因此，翻译产生的嬗变制约了他在中国的广泛传播。本文将基于三个文本的调查，为这一判断提供依据，以此来探究《论天》在中国的译介特征及其影响。这个跨文化哲学翻译案例为我们思考明清之际中西对话中神学与哲学的调和问题带来启示。

关键词：经院哲学　亚里士多德　《寰有诠》　宇宙论

一、引　言

1628年，葡萄牙籍耶稣会士傅汎际（Francisco Furtado，1587—1653）与中国儒士李之藻（1565—1630）合译而成的中世纪宇宙论作品《寰有诠》在杭州出版，底本为葡萄牙柯因布拉大学（Universide de Coimbra）所编的拉丁文《亚里士多德〈论天〉讲义》（后简称《论天》讲义，1593）。[①] 这本大学讲义完整翻译了亚里士多德希腊文《论天》，且加入了对原句的详细注解和大篇幅的问题讨论（正反论述），其中大量引用奥古斯丁、阿奎那和新柏拉图主义的思想，也融入了亚里士多德《形而上学》《生成与消灭》《物理学》《气象学》作品中的论述，是亚里士多德哲学经院化的集合体。《寰有诠》的译者对拉丁文原作的内容做了有意的筛选，《论天》原文四十章中翻译了二十章；原作64个辩证式的问题讨论中涉及48个，有的完全翻译，有的部分翻译，这些问题讨论在文中出现的前后次序上与原文并不一致。同时值得注意的是，受到传教目的驱使，此书被赋予了浓厚的中世纪神学思想。例如第一卷是阿奎那关于唯一天主存在的五证明、天主全能和圣经中的天主创世说，原讲义并无此内容，另外，神学思想也融入了各卷的注解与问题讨论中。由此可见，《寰有诠》并非只是一部传播亚里士多德宇宙论的作品，它还涵盖了亚里士多德的形而上学思想、自然哲学和新柏拉图主义，更植入了神学家奥古斯丁和阿奎那的神学思想，这种多元因素的融合使此书在明清中西文化交流史中显示出独特价值，也制约了它在中国的传播与接受。《论天》经历了两次翻译与诠释成为《寰有诠》在中国传播，这一过程中所发生的现象及其意义是本文主要探寻的目标，相关的翻译背景调查和文本的考据则是实现这一目标的主要手段。目前学界对《寰有诠》的研究多集中在天文学上的影响，然而此书本来的价值远超于此，可是事实上它未能发挥出更深远的影响。本研究区别于前人的是将三个文本一起纳入考察对象，从三者差异中窥探这些翻译现象中所蕴含的译者的翻译动机、背景、变化及其译介影响。中世纪神学与哲学融合而成的经院哲学是当时西方的主导思想，而当这样一部代表性作品输入到中国文化语境经历的是一种他者视角的检阅，对这一翻译个案的研究有助于我们反思跨文化传播中神学与哲学的界限问题。

二、翻译与诠释的动机与背景

《论天》并不是供一般读者阅读的作品，而是亚里士多德自己和学生教学

---

① *In Quatuor Libros Aristotelis De Coelo*. Lisbon：Collegium Conimbricense，1593. 此书为拉丁文，中译为《亚里士多德〈论天〉讲义》，是葡萄牙柯因布拉大学教师编辑的哲学讲义中（Commentarii Collegii Conimbricensis）的一部，1593年首次出版。

与研究的手稿，汇集了亚里士多德宇宙论思想，也是他自然哲学系列中的重要组成部分。亚里士多德对宇宙的解释在西方天文学上长期占有统治地位，直到西方18世纪启蒙时代和近代科学的来临才让位于新科学。然而它的影响力并非仅来自于《论天》本身，大量的中世纪经院哲学家对它进行拉丁文翻译和注疏，据爱德华·格兰特（Edward Grant）统计在1200至1687年间有278部注疏作品流传。[①] 这些注疏本的广泛流传扩大和延续了原本的影响力。1592至1606年间，由耶稣会管理的柯因布拉大学人文学院先后出版了8部拉丁语亚里士多德作品的注疏本系列讲义，1593年出版的《〈论天〉讲义》就是其中一本。全套讲义在欧洲大学中发挥了重要作用，17世纪前一直是欧洲多所大学的哲学教科书。[②]

柯因布拉大学讲义的孕育可追溯到1555年，葡萄牙国王约翰三世（1521—1557在位）把人文学院交由耶稣会教区管理，由耶稣会担任教学和授予学位。接手后，他们把课程学习分为两个阶段，即先人文后哲学，哲学的学习为将来学习神学做准备。进入哲学学习阶段的学习主要就是研读亚里士多德作品，持续三年半时间。[③] 此后，这套哲学讲义的编写开始提上日程，经过数十年的努力由耶稣会教职人员集体完成。这部讲义的特点在于不仅仅有对原文的全部翻译和详细注解，而且在每章后面附上超过前面篇幅的正反辩驳讨论。这种在译文后面附上大量讨论的做法与当时欧洲大学教育变革有关。源自意大利的文艺复兴冲击到中世纪思想与教育，“注重听写的托马斯·阿奎那的教育体系已分崩离析，辩论与质疑成为学生整个哲学学习阶段的日常盛宴，因此，文本及其注解已不是课程的中心，课堂中心转为文本阅读后的辩论”[④]。这部讲义的编写顺应了这种新的课堂模式。明末来到中国的耶稣会们也正是在这种教育体系下训练出来。然而，这些充满思辨式的正反论辩文本的加入却给它在中国的传播带来困难。

---

① Edward Grant, *Planets, Stars, and Orbs-The Medieval Cosmos 1200-1687*, Cambridge: Cambridge University Press, 1996, p. 28.

② *Mário Santiago de Carvalho*, *The Coimbra Jesuit Aristotelian Course*, Lisbon: Coimbra University Press, 2018, p. 19.

③ *The Coimbra Jesuit Aristotelian Course*, pp. 10-11.

④ Cristiano Casalini (trans: Luana Salvariani), *Aristotle in Coimbra: the Cursus Conimbricensis and the Education at the College of Arts*, London: Routledge, 2017, p. 57.

1619年，金尼阁（Nicolas Trigault，1577—1628）从欧洲带来了7000册西书，柯因布拉的这套讲义就在其中，同时也带来了《寰有诠》的耶稣会译者傅汎际。《寰有诠》是中西合译而成，故其翻译的动机与背景要分开考察。中方译者李之藻在此书的序中提到："缘彼中先圣后圣，所论天地万物之理，探原穷委，步步推明，繇有形入无形，繇因性达超性，大概有惑必开，无微不破；有因性之学，乃可以推上古开辟之元；有超性之知，乃可以推降生救赎之理。要于以吾自有之灵，返而自认，以认吾造物之主。而此编第论有形之性，犹其浅者。"[①] 这表明李之藻之所以翻译此书在于对它的高度认可，其中充满理性思辨的论证来探寻原委的方法令他折服，这也是了解西学"超性之知（即神学）"的通达之门。另外，他认为书中的道理比佛教空洞学说更为实用，"乃先就诸有形之类，摘取形天、土、水、气、火所名五大有者而创译焉。夫佛氏楞严亦说地、水、火、风，然穷意归在真空"[②]。这种实用之书契合了当时儒士对"格物穷理之学"的推崇，李之藻预测此书将会吸引到大批读者。因此，他才会不惜耗尽暮年之力来完成这项工作，正如他在序言中所说："每举一义，辄幸得未曾有，心眼为开，遂忘年力之迈，失佐翻绎，诚不忍当吾世失之。"[③] 1609年，傅汎际毕业于柯因布拉大学，翌年加入耶稣会初修院。1619年，随金尼阁来到中国开展传教工作，起初在嘉定学习中文，1623年与李之藻年相识于杭州，遂开始合译《寰有诠》，1625年完成。[④] 首先，翻译《〈论天〉讲义》是耶稣会在中国开展"书籍传教"[⑤] 工作的一部分，其中特别重视亚里士多德评注的系列翻译。[⑥] 傅汎际是与7000册西书同时来到中国的，深知自己在中国的传教使命。《〈论天〉讲义》是经院哲学作

① （明）李之藻译《〈寰有诠〉序》，收录于黄兴涛、王国荣编《明清之际西学文本》（第三册）第1211页，中华书局，2013年。

② 《〈寰有诠〉序》，载《明清之际西学文本》（第三册）第1211页。

③ 《〈寰有诠〉序》，载《明清之际西学文本》（第三册）第1211页。

④ 转引自孙承晟《观念的交织：明清之际西方自然哲学在中国的传播》第64页，广东人民出版社，2018年。原文出自 Joseph Dehergne，S. J，*Répertoire des jésuites de Chine de* 1522 *à* 1880，Roma：Institutum Historicum S. I.，Paris：Letouzey & Ane，1973，p. 341.

⑤ 关于"书籍传教"参考：伍玉西《明清之际天主教"书籍传教"研究（1552—1773）》第21—57页，人民出版社，2017年。

⑥ Thierry Meynard，"Aristotelian works in Seventeenth century China：an updated survey and new analysis"，*Monumenta Serica* 65. 1（A & HCI，Philosopher's Index）（June 2017），pp. 61-85.

品，它的汉译本可以帮助中国教徒进一步领悟神学，传教使命促使他在翻译过程中更多地从神学的角度去诠释。其次，他的柯因布拉大学教育背景可能促使他翻译西书首先从这套讲义入手。最后，当时在北京一些官员邀请耶稣会士参与修历的呼声正高，傅汎际可能推断传播西方宇宙论奠基之作符合中国儒士了解西学的旨趣。然而此时他并未意识到欧洲新的天文发现正颠覆着亚里士多德宇宙学说，虽然他已知道伽利略的新发现，但作为经院传统的捍卫者，仍然用固有的知识来反驳这些新观察到的现象，这在《寰有诠》中有所体现。[①]

三、《论天》到《寰有诠》的嬗变

在《论天》中，亚里士多德把宇宙分为由第五元素“以太”组成的天界和由火、气、水、土四元素组成的月下界，天界贵于月下界。全书分为四卷，前两卷占据主要篇幅，讨论天界，即天的本性、运动、永恒、形状、结构等；后两卷篇幅要少很多，讨论月下界元素的数量、运动与生灭。柯因布拉的《〈论天〉讲义》忠实地翻译了原文全部内容，且在希腊原文旁边附上了拉丁译文，每小段译文配有翔实的注解，每章后面附上延伸出的问题讨论，这些讨论的篇幅远超前面的译文与注解。注解与讨论引入了阿奎那和奥古斯丁等神学家的论述，赋予了原作经院哲学色彩，同时也比原作更丰富地引入了亚里士多德的形而上学和其他自然哲学论述，这些引述内容都标示了具体的出处。从整体看，它是一部忠实与不忠实并存的译作，既如实译介了原作内容，又通过加入注解和讨论在一定程度上改变了原作的论证根基。《寰有诠》则做出了更多的调整，章节内容及其编排都有很大的变化。它可以明确地被认定为一部不忠实于原文的创译作品。从章节内容上看，译者在翻译前对柯因布拉《〈论天〉讲义》原稿的章节作了筛选，删去较多的内容。这些未翻译的内容有四个部分：（1）观点与基督教义存在一定冲突的内容；（2）亚里士多德对过去的自然哲学家观点进行批判的内容；（3）一些论证烦琐与传播的主

① 具体论述参考韩琦《傅汎际、李之藻译〈寰有诠〉及其相关问题》，收录于韩琦《通天之学——耶稣会士和天文学在中国的传播》第236—246页，生活·读书·新知三联书店，2018年。

题相关性不强的内容；（4）正文旁边的所有补充注释和引文出处相关的内容。[①] 译者的选择性翻译反映出他们既考虑到了神学教义的传播又考虑了中国读者的接受问题，下一节将结合案例进一步讨论。

译者在翻译中对原本的背叛进一步改变了作品的理性根基。亚里士多德《论天》吸取了古希腊自然哲学家的成果，论述的理性根基来源于亚里士多德哲学（逻辑学、物理学和形而上学）和古希腊数学。《〈论天〉讲义》中论述的理性根基则发生变化，在注解和讨论中更依赖于启示真理，从而弱化了论证真理。《寰有诠》则更进一步，例如卷一就是译者添加的托马斯·阿奎那对于天主存在的证明和圣经中的天主创世说，这使《寰有诠》更像一部神学宇宙论作品。当启示真理与论证真理发生冲突时，论证真理总是屈从于天主教义。神学与哲学的界限也变得模糊，论证真理与启示真理并存与互释让缺乏西方文化背景的中国读者感到迷惑。接下来笔者将通过考察文本来进一步说明这些翻译中的嬗变。

（一）文本内容的增减与调整

《论天》第一卷共有 12 章，第 1 至 3 章分别讨论了“以太”天的圆满、纯体天做圆周运动、天永恒存在无生无灭。第 4—12 章主要讨论：不存在与圆周运动相反的运动（4）、不存在无限物体（5—7）、多个天不可能存在（8—9）、天是无生灭的永恒存在（10—12）。其中“天永恒存在无生无灭”和“多个天不可能存在”的内容与基督教义相矛盾。天主创世说表明世界并非永恒的，它有开端，也有终结；“多个天的不可能存在”则是对天主全能的否定。这些与基督教义相矛盾的命题曾经也引发了神学家的大争论，著名的“七七禁令”就列入这些命题。[②] 后来，在教宗约翰二十二世（1316—1334 年在位）册封托马斯·阿奎那为圣徒之后，新的巴黎主教于 1324 年 5 月 14 日以维护托马斯为由，撤销了这一禁令。此后的亚里士多德《论天》的注疏本并不回避这些讨论，而是给出一些两者并不冲突的可能解释，柯因布拉的《〈论天〉讲义》就是如此。《寰有诠》则部分避开了《论天》中与基督神学最相冲突的内容，译者只翻译第一卷前 3 章及第 9 章的一部分，这表明译者在处理哲学与信仰相冲突的文本时，总是试图弱化两者的冲突性，而是突显两者的融合性。

① 根据 1593 年版拉丁文《〈论天〉讲义》（*In Quatuor Libros Aristotelis De Coelo*），这些引文多出自亚里士多德、柏拉图、阿奎那和奥古斯丁，也有一些古希腊自然哲学家及中世纪的教父哲学家和亚里士多德的注疏家。

② *Planets*，*Stars*，*and Orbs-The Medieval Cosmos* 1200-1687，p. 53.

最显著的文本增加在《寰有诠》第一卷，此卷完全与《〈论天〉讲义》无关，是译者特意加入的内容，解释了天主存在的五个证明、天主从无中创造了世界、天主全知全能自主化成、创世纪等教义，文本来源于阿奎那（Thomas Aquinas, 1225—1274）的《神学大全》和《争议问题集》以及《圣经》。这一卷的加入使此书的神学色彩更为浓厚。另外，经院哲学的宇宙论首要问题是宇宙的创造，即谁创造了这个宇宙和怎样创造了宇宙。加入这些内容有助于中国读者理解后面一些章节的讨论[①]，因为有些章节的论证基于经院哲学展开，对天主教义的了解成为完整理解这些论证的前提。《〈论天〉讲义》面对的西方读者对这些天主教义的知识早已深入其心，而对中国读者而言则完全陌生。例如，《寰有诠》卷二《圆满篇》最后一部分论寰宇之圆满可以增否？这里的讨论正是基于天主全知全能和无始无终的信念，从而说明天主有能力创造更多的圆满寰宇，但它并不需要这么做。如果缺少第一卷的补充，读者对这些论证的理解会有困难。

此外，天主相关的知识补充也运用到各章的问题讨论和随论文本中。例如《寰有诠》卷二《圆满篇》第一的问题讨论中有一段解释了宇宙圆满的三种体现，即全成、殊类、序次，在进一步解释“全成之效”最终会返归原始创造者时，加入了以下内容：

> 人受天主所赋灵性中明爱二德，用能虔事造己之主，以复其无元之原。其他一切之物，咸各事人、利人、瞻佐人，以得其终，返其原，以各复其所出之始，如规之周运成圜者然也。又，凡物咸具天主之迹象，虽不尽其无穷之妙有，然亦稍肖其似。盖凡物皆有三者，一为性禀，二为具美，三为资用也。其一，物各有质有模与其中所缔结，三者合而成一性，以拟天主三位一性之妙；其二，物各禀其本类所当有之全美，以彰造物者无穷之知；其三，物各有所有，俱能益人，以彰造人者无量之善。繇斯以观，可见凡物皆从无元之始授其有而来，仍各因其本有之美形容元始之妙有，还其有而复。[②]

① Thierry Meynard, “A Thomistic argumentation on creationism in Late Ming China: The first *juan* of the *Explanation of the Cosmisc Reality (Huanyou quan)*”, (not yet published).

② 傅汎际、李之藻《寰有诠》，1628 年刻印于杭州，收录于《明清之际西学文本》（第三册）第 1238 页。

这段文字蕴含了天主赋予人万物之灵、天主以自己为模造人、三位一体等教义，从而说明人的终极归宿是“全成”，即人最终会返归原始创造者的身边，与天主同在。这种添加无疑已偏离了亚里士多德对宇宙圆满的自然哲学视角的诠释。

原本与译本的内容对比参照表1：

表1 《论天》与《寰有诠》内容比较

<table>
<tr><th>卷</th><th>《论天》</th><th>卷</th><th>《寰有诠》</th><th>备注</th></tr>
<tr><td></td><td></td><td>一</td><td>1. 万物同一最初者 2. 天主能以全无造物有 3. 他物莫能造有 4. 天主自主化成 5. 原始天地之始</td><td>神学</td></tr>
<tr><td rowspan="3">一</td><td>1.“以太”天的圆满 2. 纯体天做圆周运动</td><td>二</td><td>1. 圆满篇 2. 纯体篇</td><td rowspan="2">融入神学</td></tr>
<tr><td>3. 天是永恒的，不增不减</td><td rowspan="4">三</td><td>3. 不坏篇</td></tr>
<tr><td>4—12. 不存在与圆周运动相反的运动；不存在无限物体；多个天不可能存在；天是无生无灭的永恒存在</td><td>除第9章的一部分，其他均未译</td><td rowspan="3">融入神学</td></tr>
<tr><td rowspan="10">二</td><td>1—2. 球形天是否有上下左右之分</td><td>未译</td></tr>
<tr><td>3. 存在有别于圆周运动的其他运动且这是月下界元素生灭所决定</td><td>4. 动施篇上</td></tr>
<tr><td></td><td rowspan="4">四</td><td>动施篇下</td><td rowspan="4">融入神学</td></tr>
<tr><td>4. 天体是球形的</td><td>5. 浑圆篇</td></tr>
<tr><td>5. 天只以一个方向运动</td><td>未译</td></tr>
<tr><td>6. 天体均衡运动</td><td>6. 均动篇</td></tr>
<tr><td>7. 恒星的构成元素是以太而非火
8. 恒星本身静止但随着天做圆周运动</td><td rowspan="4">五</td><td>7. 星理篇
8. 星运篇</td><td rowspan="4">少量融入神学</td></tr>
<tr><td>9—10. 对毕达哥拉斯天体和谐理论的批判</td><td>未译</td></tr>
<tr><td>11. 每个星体都是球状的 12. 星体有秩序的运动如有生命体的向善运动</td><td>9. 星圆篇
10. 天星二解篇</td></tr>
<tr><td>13—14. 地球居于天的中心、球形、静止、比恒星小</td><td>未译</td></tr>
</table>

续表

<table>
<tr><th>卷</th><th>《论天》</th><th>卷</th><th>《寰有诠》</th><th>备注</th></tr>
<tr><td rowspan="5">三</td><td>1. 月下四元素的生成理论</td><td rowspan="7">六</td><td>11. 物生灭篇</td><td rowspan="7">少量融入神学</td></tr>
<tr><td>2. 四元素有其自然运动</td><td>未译</td></tr>
<tr><td>3. 何为元素，为何有多种</td><td>12. 性数篇</td></tr>
<tr><td>4. 元素的数量并非无限多 5. 并非只有一种元素</td><td>未译</td></tr>
<tr><td>6. 四元素非永恒存在，而且是相互生成
7. 各元素生成如何发生</td><td>13. 元行生灭篇
14. 相生篇</td></tr>
<tr><td rowspan="2">四</td><td>1. 轻重上下的定义 2. 过去对重与轻的错误认识 3. 轻重的真实意义</td><td>15. 轻重篇</td></tr>
<tr><td>4. 四元素的轻重不同 5. 四元素质料的区分
6. 物体形状与运动的关系</td><td>未译</td></tr>
</table>

（二）神学弱化的理性论证

亚里士多德《论天》吸取了古希腊自然哲学家的成果，论述的理性根基来源于亚里士多德哲学（逻辑学、物理学和形而上学）和古希腊数学。《〈论天〉讲义》中论述的理性根基则发生变化，在注解和问题讨论中融入了大量的神学教义，也就是把启示真理与论证真理融为一体，这正是经院哲学的特点。两种真理的融合使得作品整体呈现了演绎式证明的论证特点。天主作为一个“绝对他者”是解释宇宙生成、构成、运动等的绝对原则，其他所有的证明都是以这个绝对原则为起点。《寰有诠》不仅传承了这一点，甚至更强化了这个绝对原则，这体现在对一些神学与哲学相冲突时的补充解释中。例如：《论天》第一卷第三章讨论了天的永恒性。亚里士多德对此的论证以物理学为理论根基，以严密的三段论为方法推导而出，然后，基于经验事实进一步说明天是永恒无生无灭的。根据这部分内容，其论证过程可以整理如下：

前提（根据经验观察与前面的章节已证明的结论）：（1）只有两种自然运动：直线运动和圆周运动。（2）单纯物体只有一种合乎自然的运动。（3）合乎自然的直线运动或者是向中心移动，或者是离开中心的运动，且两者互为反乎自然的运动。（4）重就指自然地朝向中心而移动的东西，轻则指离开中心而移动的东西。（5）一切生成之物都是从相反的东西以及从载体中生成的，消灭亦然。(6) 天的自然运动是圆周运动。

因此 :(7) 圆周运动的物体不论是合乎自然还是反乎自然都不可能有达到中心或者是离开中心的运动。(1, 2, 3) (8) 圆周运动没有相反的运动。(1, 2, 3)

因此:(9) 以圆周形式移动着的物体不能有重或轻。(4, 7) (10) 以圆周形式移动着的物体不能被强制地在地点上向上或向下运动。(7)

因此:(11) 进行圆周式移动的物体既不生成也不消灭,既不增加也不减少。(5, 8, 10)

因此:(12) 天是永恒的,无生成和无消灭的。(6, 11)①

以上论证表明亚里士多德证明天的永恒性完全是一种用物理和数学原理展开的逻辑推导,并没有借助超自然力量,然而中译本为了调和教义与亚里士多德自然哲学的矛盾,做出了神学视角的解释与补充,这在一定程度上改变了自然哲学的论证根基。

天是永恒和无生无灭的与天主创造世界的教义相矛盾,容易引起误解,因此《〈论天〉讲义》问题讨论中对此做出一些神学与哲学的调和。鉴于前面提到的"七七禁令"的解除,这种调和对西方读者而言并不陌生,而对于中国读者而言可能就难以理解了。因此《寰有诠》做出了更多的神学解释。例如:当翻译到"天是不属生灭者"时,译者特意做了解释:"所谓不属生灭者,亚利(亚里士多德)之意非谓形天之体独不繇于造物者之所生,第谓其于一切生灭之物有不同耳。"② 这一句拉丁文原稿中没有,亚里士多德的本意也并非如此,译者做出这种解释显然意欲引导中国读者相信天没有生成与消灭并不与天主创世相冲突。

这一章的翻译中,最大的变化来自于原文和注解后面的讨论。拉丁语《〈论天〉讲义》在译文与注解后提出一个问题"天是否会坏并最终消亡"③,分四节讨论,第一节主要提到古希腊哲学家对天是否永恒存在的论述,柏拉图认为天本性是可坏的,但由于神的力量使其不朽;赫拉克利特、克拉底鲁、

① [古希腊] 亚里士多德著,苗力田主编《亚里士多德全集》(第二卷)第 270—272 页,中国人民大学出版社,1991 年。

② 《寰有诠》,载《明清之际西学文本》(第三册)第 1266 页。

③ 原文为:"Sit ne Caelum dissolubile, & aliquando re ipsa dissoluendum, an non." In *Quatuor Libros Aristotelis De Caelo*, Lisbon: Collegium Conimbricense, 1593, p. 62.

芝诺等哲学家都认为天和月下界物体一样都是变化的，此后的一些神学家的解释都追寻柏拉图，认为天受神的力量的支配才成为不朽的。[①]《寰有诠》并没有翻译此节关于这些古希腊自然哲学家的观点，在译文和注解后的随论部分，首先是翻译了拉丁文中第二节第一段的内容，主要说明"不朽"的四种含义：第一种无始无终的常在，只属于天主；第二种没有质料存在的不朽，属于天使与人的灵魂；第三种本为可朽身但有超性不坏之德而不朽，属于在天圣人；第四种是有质料但不与其他形式相结合而不朽，属有形天。[②] 很显然这四种不朽从高到低排列，此处有一点值得注意，拉丁文原文"把形天之不朽"放在"圣人之不朽"的前面，《寰有诠》调整两者的顺序意在抬升圣人之不朽于形天不朽之上，这更符合神学教义。另外，译者把这四种不朽的界定放在首要位置，说明他担心中国读者意识到亚里士多德天是永恒存在的论述与基督教义的矛盾之处，这是一种有意的澄清。

《寰有诠》在解释完四种不朽后，开始列举出六种认为天属有坏的观点，然后进行反驳。前两种译自拉丁原文的第一节后半部分，这两种观点是从亚里士多德自然哲学视角提出。第三种则是从神学视角提出，在拉丁原文中没有，内容如下：

> 按天主经文之意，天体终有亡时，纵不尽亡，必大受变。盖经云天为尔（尔即天主）手之工，其将亡也，各重之象如坏烂之依然，尔更易之如更易一盖然，皆于尔手受变。又云光明莫甚于日，日亦有时灭。又天主耶稣亲语曰：天地将过，吾言不过。圣伯多禄曰：天必大动而过，四行俱散坏而亡矣。经言如是，天体之必亡也奚疑焉？[③]

这里主要是引用《圣经》中的经文来论证天是可坏的或是可变化的，后面对此的回应：

> 所谓天主经文云者，圣经此说皆论天地大终公审判日之事。盖天主

① In *Quatuor Libros Aristotelis De Caelo*, pp. 63-64.

② 《寰有诠》，载《明清之际西学文本》（第三册）第 1267 页。

③ 《寰有诠》，载《明清之际西学文本》（第三册）第 1268 页。

> 耶稣审判生死者之时，善者随耶稣上升于天，恶者同魔鬼下陨地心。此时天主非使天灭也，盖令天德更新，不变本体，但变依赖，且将视前更为纯明。波罗弗大（先知者）意撒意者，论审判日后之景象曰：月光如日，日光七倍于今。盖圣经或论审判以前事，或论审判以后事。又圣经第一第三所论更有别旨，若曰：纵尔天体或亡如破烂依，天主无始无终，恒在不变。天地纵过而亡，天主耶稣之言必永行而无敝也。[①]

这段文字很明显是完全的神学诠释，更准确地说是借经文中关于大审判的教义，来说明形天虽然不灭但天德获得更新，这里说的天德更新似乎又说明形天是可以发生某种程度的变化的，以这种诠释来调和亚里士多德的天永恒不变说并不能令人信服，显然，这种神学与哲学牵强调和在中国读者看来仍然是矛盾的。

第四种观点指出天文学家在1572年观察到金星大小与运行变化的事实来说明星体并非永恒不变，在后面的反驳中，拉丁文原本把这种现象归为天主显神迹，引用了两个圣经故事来说明[②]，《寰有诠》在翻译这两个故事时比原文更详细地说明。这种把自然现象的解释归为天主超自然力量的显现显然削弱了《论天》原文的理性基础，容易让中国非基督教徒读者产生排斥，宋明理学对于超自然力量也是极力排斥的。

第五种观点提出天有相悖之情，表现为冲与凝，所以天可坏。第六种观点认为星体颜色的差异说明，有感于月下界的四行造成其情状不一，因此形天有坏。这两种观点及其后面的回应来自于拉丁文本的第一卷第二章问题讨论五，其思想来源于亚里士多德《物理学》和《论生成与毁灭》中的论述，属自然哲学的讨论，此处不做详述。值得注意的是《寰有诠》此章的最后一段提到了最新的天文发现，20年前（1611）天文学家（伽利略）自制望远镜观察星体，发现木星旁的四颗飘浮不定的卫星，这说明星体是可变化的，译者对此解释为“虽然，予惟从不坏之说而已。一则二千载至今性、天两学通义，一则物之定理自超目识，盖人目距天甚远，目力所试有限，终未必无差

① 《寰有诠》，载《明清之际西学文本》（第三册）第1269页。

② In *Quatuor Libros Aristotelis De Caelo*，p. 68.

也”[1]。这种解释表明傅汎际仍坚守传统的中世纪宇宙观，否定新观测技术带来的认知颠覆。

由此可见，在《寰有诠》中，当启示真理与论证真理发生冲突时，论证真理总是屈从启示真理所带来的绝对原则，神学与哲学的界限也过于模糊。论证真理与启示真理并存和互释在中世纪基督教文化背景中可被理解与接受，但这让缺乏西方文化背景的中国读者感到迷惑，当时的许多中国学者对这个具有理性的“绝对他者”是排斥的。

（三）天主与经文引述对哲学的冲击

《寰有诠》卷一全是译者添加的神学思想，而其他卷的讨论部分也深度融入了神学教义，这主要体现在“天主”的反复出现和一些经文的直接引述上。“天主”这一词在各卷出现的频率非常高，如卷二中出现 107 次、卷三 40 次、卷四 82 次、卷五 17 次、卷六 26 次。对经文的直接引述也较多，卷二至卷六中出现“圣经” 25 次、“经云” 11 次。另外，还有 5 处出现经文中末日大审判的内容和 2 处天主显神迹的描述。这些神学教义内容的持续高频出现强化了此书的神学色彩，使它的哲学性容易被神学的光环所遮蔽。书中的注解与讨论中包含了丰富的古希腊哲学思想，其中最具代表性的就是亚里士多德的重要哲学思想——四因说，特别是质料与形式说。例如《寰有诠》卷二纯体篇随论三的论题是“论天由质模而成”，即天是由质料与形式共同构成，译者可能考虑到中国读者对这一背景知识的缺乏，首先就补充了质料与形式之本性的解释，拉丁原文中没有这些内容。可是，此处仍然融入了神学，例如当提到“元质乃不可生不可朽之物”[2]，后面马上做了补充说“所谓不可生不可朽者，盖对天主以下之能力而言。此元质原本天主所生，则亦能为天主所灭”[3]。亚里士多德认为原始质料是无生无灭、永恒存在的，然而天主教义中只有天主与人类灵魂是可以永恒存在的。如果说质料是无生无灭的，就明显与神学教义相违背了，译者的补充在于消除这种矛盾。但是，这也改变了亚里士多德把质料与形式作为世界本体的哲学意涵，神学为质料与形式再加上一个创造者，世界的本原变为天主。由此可见，《寰有诠》中的无处不在的神

① 《寰有诠》，载《明清之际西学文本》（第三册）第 1274 页。

② 《寰有诠》，载《明清之际西学文本》（第三册）第 1256 页。

③ 《寰有诠》，载《明清之际西学文本》（第三册）第 1256 页。

学教义阻碍了其中的古希腊哲学向读者的展现。

四、《寰有诠》在中国的影响与评价

根据其他研究者的调查，《寰有诠》出版后不久在中国受到了较多儒士的阅读和传播，也影响到明末清初的儒家学者，如薄珏（明末清初，生卒年不详）、熊明遇（1579—1649）、揭暄（1613—1695）、方以智（1611—1671）的一些重要作品都受到了《寰有诠》的影响。[①] 然而《寰有诠》在中国传播的影响主要在天文学上，遗憾的是中国儒者并没有从中领悟到更多古希腊哲学与中世纪神学的精髓，挖掘出更大的价值。这种缺失与它的杂合性有关，它既像一部自然哲学作品，又像一部神学作品，而很多论证的前提根基却是"天主"。这些神学内容与书中充满理性的论证是如此的格格不入，以至于它所传递的古希腊形而上学、自然哲学、逻辑学上的一些宝贵思想却被忽略。作为一部包含西方哲学和神学要义之作，理应唤起中国学者对西方知识的探寻，可是这并没有发生。译者希望能够唤起读者对神学的探求的愿望也落空。几十年后，《寰有诠》被官方列为禁书，官方在《四库全书总目提要·寰有诠六卷》的评价如下：

> 寰有诠六卷（浙江汪启淑家藏本）
>
> 明西洋人傅汎际撰，书亦成于天启中。其论皆宗天主，又有圆满、纯体、不坏等十五篇总以阐明彼法。
>
> 案：欧罗巴人天文推算之密、工匠制作之巧，实逾前古。其议论夸诈迂怪，亦为异端之尤。国朝节取其技能而禁传其学术，具存深意。其书本不足登册府之编，然如《寰有诠》之类，《明史·艺文志》中已列其名，削而不论，转虑惑诬，故著于录而辟斥之。又《明史》载其书于道家，今考所言，兼剽三教之理而又举三教全排之。变幻支离，莫可究诘，真杂学也。故存其目于杂家焉。[②]

---

① 《寰有诠·提要》，载《明清之际西学文本》（第三册）第294—295页。

② 《寰有诠·附》，载《明清之际西学文本》（第三册）第1393页。

官方肯定了欧洲在天文、数字和科学技术方面的成就，然而对于其义理却不以为然。这基本延续了方以智在《物理小识》自序中对西学“详于质测而不善言通几”的评介。官方认为其论证夸张、怪异、狡诈，具有欺骗性，是违背儒家传统思想的异端，甚至认为其中的有些思想来源中国的儒、释、道，但又批判与排斥这三家，是一部杂合之作。官方的这些评价或许有着维护儒家正统的因素，但也在一定程度上代表了排斥天主教的中国读者的直观反应，这与中方译者李之藻对此书的期待背道而驰。造成这种落差的主要原因在于《寰有诠》中的神学色彩过于浓厚。卷一呈现的宇宙创造者天主是一个人格化的至高精神实体，是全知全能的永恒存在者，这不仅与中国的宋明理学的宇宙本原“理”相冲突，且与中国道教的“空”和佛教的“无”有本质上的差异，中国三教都倡导一个非实体的宇宙本原，[①] 官方之所以评介说“兼剽三教之理而又举三教全排之”的原因正在于此。中国人难以接受一种人格化神为世界本原的中世纪宇宙观。另外，这部作品综合了太多的西方哲学与神学思想，对它的深度理解依赖于对西方哲学、宗教和历史的把握。中国普通读者对西方文化的认知的相对空白也阻碍了他们对此书的认知。

结　论

《论天》本是一部以自然哲学为理性根基的宇宙论作品，中世纪的翻译成为拉丁语《〈论天〉讲义》，加入了大量神学的注释与问题讨论，这使它成了经院哲学宇宙论，原作的理性根基发生了迁移。在中国翻译成为《寰有诠》，则更明显注入了神学元素，使这部作品的定性变得更模糊，中国读者很难将它理解成一部自然哲学性的宇宙论著作，因为其最高的论述根基来源于天主教义，从这个层面来说，不认可基督教义的中国儒家读者容易把它看成一部神学宇宙论作品，这影响了它在中国的传播。《寰有诠》在中国的译介可以启发我们对耶稣会在中国展开书籍传教的反思，传播作品中教义与哲学的界限不应该过于模糊，译者应该考虑到哲学和科学作品与传教作品的目标群体存在差异，因此神学的融入应更为谨慎，否则会严重影响到排斥基督教的儒士对于作品的价值判断，这显然不利于中西文化交流。此外，《寰有诠》在中国

① 沈清松《从利玛窦到海德格尔》第 68 页，华东师范大学出版社，2016 年。

的遭遇可以让我们反思明清之际西学译介中面临的问题，中世纪西学以亚里士多德哲学与基督神学为代表，神学借助哲学来增强其理性根基，然而当这种融合的西学翻译成中文时，其背后蕴含的文化语境并没有随之迁移，处于中国文化语境中的读者对作品的理解困难重重，这往往是跨文化哲学交流初期必然面临的问题。

（祝海林　中山大学哲学系博士生，中山大学南方学院讲师）

康达维的赋体文学观

韩中华

摘　要：学界关于赋体的认识众说纷纭，对诸如赋的定义，赋的本质属性，赋的源流，赋与颂、辞赋等之间的关系，“赋”这一术语的翻译等分歧较大。康达维（David R. Knechtges，1942—　）对赋的含义与源流有独到见解，他综合分析了赋的构成元素及赋体体裁的演变，并界定了不同时期赋的概念。康达维揭示了“赋”这种文体的独特性，还将“赋”的英译从“rhapsody”改变为“*fu*”，使作为文体的“赋”在世界文学中占有一席之地。本文从赋体的源流、赋体的特征、赋体的译名三个方面揭示了康达维的赋体文学观。

关键词：康达维　赋体　源流　特征　译名

汉魏六朝时期是文学自觉的时代，人们对文学性和文学文体的认识有了很大发展，而对文学文体的认识是文学研究的基本问题。对文体的认识不同有时引发中外学界的中国文学史书写不同。康达维对文学文体问题非常关注，他对赋体的探究最多。其“他者”视角的文学文体观有助于我们更好地理解汉魏六朝文学，尤其是“赋”文体的产生、形成与发展。康达维在《扬雄〈羽猎赋〉的叙事、描写与修辞：汉赋的形式与功能研究》（1972）、《汉代狂想曲：扬雄赋研究》（1976）、《道德之旅——论张衡的〈思玄赋〉》（1982）、《论赋体的源流》（1988）等系列论文以及为一些词典写的“赋”条目中多次对此进行论述，他还在给笔者的邮件（2018）中谈及赋体的特征，并重申赋体的译名问题。

一、“赋”与赋体的源流

赋体源流是赋学研究的首要问题。正如近来有的学者指出，“关于赋的起源问题，是赋研究中最为复杂，也是争论最多的问题。由于史料的缺乏和因时代久远对史料的误读，学术界目前很难取得共识。"[①] 西方对此探讨较早的是英国罗伯特·马礼逊（Robert Morrison，1782—1834）、亚瑟·韦利（Arthur Waley，1888—1966），法国马古礼（Georges Margouliès，1902—1972）[②]，美国海陶玮（Hightower，1915—2006）等，之后西方汉学界对此也多有关注，主要从赋与诗、骚体的关系切入，但论述相对薄弱。国内不少学者将刘歆《诗赋略》中所谓"不歌而诵谓之赋"[③]、刘勰《文心雕龙·诠赋》所谓"赋者，铺也，铺采摛文，体物写志也"[④] 作为赋的定义。康达维并不这样认为，他明确指出刘歆"赋"指的是词汇，刘勰"赋"指的是"六义"，他们的话都不是针对作为文体的"赋"而下的定义。关于赋体起源的热点讨论，其背景是20世纪80年代以来赋学研究的迅速发展，学界需要对赋的历史进行梳理。学者们论赋的起源时提出过不少说法，有源于《诗经》说、源于《楚辞》说、源于战国散文说、源于隐语说等。康达维也加入了讨论，发表了《论赋体的源流》（1988）一文。他独辟蹊径，在前人研究的基础上继续钻研，并试图从探究"赋"字的本义以及何以成为文体的赋切入，进而阐发赋体的源流。

在《汉代狂想曲：扬雄赋研究》[*The Han Rhapsody*：*A Study of the Fu of Yang Hsiung*（53 *B. C. -A. D.* 18），1976] 中，康达维分析了刘歆《诗赋略序》的论述，他注意到了"赋"与"诵"、"赋"与政治的关系，认为"在汉代之前，'赋'基本上是用作动词的，意为背诵诗。背诵地点是在宫廷中。不确定什么时候，赋成了一种具有以下特征的文体：韵散结合、较长诗行（通常是六或七个音节）、对偶、铺叙罗列、问答、丰富的名目以及艰涩的语言"[⑤]。他还认为赋的篇名中的"赋"字是作为动词使用。在《论赋体的源

① 傅刚《论赋的起源和赋文体的成立》，载《北京大学学报》（哲学社会科学版）2018年第5期。

② 法国研究情况，参见：车琳《赋体文学在法国的翻译与研究》，载《北京大学学报》（哲学社会科学版）2017第6期。

③ （汉）班固著，（唐）颜师古注《汉书》（卷三）第1755页，中华书局，1962年。

④ （南朝梁）刘勰著，范文澜注《文心雕龙注》（卷二）第134页，人民文学出版社，1958年。

⑤ David R. Knechtges, *The Han Rhapsody*：*A Study of the Fu of Yang Hsiung*（53 *B. C. -A. D.* 18）. Cambridge, London, New York, and Melbourne：Cambridge University Press, 1976, p. 13.

流》一文中他对以上观点继续进行阐发，认为刘歆是将文学用语“赋”一词当作动词使用的，是“敷”或“陈”的意思。“赋”作为口头上的陈述，则可解作“诵”的意思。“赋”作为篇名时，还是动词，它并不是篇名的真正组成部分，如《怀沙之赋》就是“《怀沙》一文的诵读”的意思。他认为刘歆除了说明“赋”的功能之外，并没有谈到“赋”作为文学体裁的问题。康达维认为刘勰用“铺”来解释“赋”也不是针对这种文学体裁，而是作为教学纲领，即“六义”之学。郭英德等认为《毛诗序》把“六诗”变成“六义”，反映了诗从音乐形式转向语言意义的趋势，所关注的仍是诗政教作用的发挥，而非诗歌艺术的审美特征。[①] 这个观点可以佐证康达维对“六义”的解读，即“作为教学的纲领”而不是“文学的体裁”。康达维指出由于诸家对“赋”的注解较为含混，无法了解“赋”到西汉时如何成为一种文体名词。因此不能肯定“六义”或“六诗”是否属汉朝之前的名称，文体的“赋”是否来自诗义的一种。如果东汉郑玄最早解释了“六义”中的“赋”，且强调铺陈的意思，那么就很可能是文体的“赋”影响了“六义”中“赋”的定义。事实上，“赋”体以铺陈的笔法叙事写景咏物，才导致了文体的“赋”和诗义的“赋”在意义上的混淆。“赋”最初成为一种文体的名称时，“铺陈”可能不是其最相关、最切题的意思。刘歆的诠释可能更具权威性，他认为“赋”的本义是“诵”，因此文体“赋”之所以称“赋”，并不在其铺陈的特点，而在其能诵读的本义。[②]

康达维看到刘歆、刘勰对“赋”的定义并非指作为文体的“赋”。针对刘歆“不歌而诵谓之赋”，谢榛《四溟诗话》云：“若《子虚》《上林》，可诵不可歌也。然亦有可歌者，若《长门赋》曰：‘夫何一佳人兮，步逍遥以自虞。魂逾佚而不反兮，形枯槁而独居。’《悼李夫人赋》曰：‘美连娟以脩嫮兮，命樔绝而不长。饰新宫以延伫兮，泯不归乎故乡。’二赋情词悲壮，韵调铿锵，与歌诗何异?”[③] 谢榛误解了刘歆的意思，以为刘歆说的“赋”是指文体，其实是指“赋”作为词语的意思。王慧博士论文说：“康达维批驳刘勰‘赋者，铺也’的说法不是针对赋体来说的，也明显有误。”[④] 刘勰《文心雕

① 郭英德等《中国古典文学研究史》第 73 页，中华书局，1995 年。

② ［美］康达维《论赋体的源流》，载《文史哲》1988 年第 1 期。

③ （明）谢榛著，宛平校点《四溟诗话》（卷一）第 11 页，人民文学出版社，1961 年。

④ 王慧《美国汉学家康达维的辞赋翻译与研究》第 58 页，湖北大学博士论文，2016 年。

龙·诠赋》曰："诗有六义，其二曰赋。赋者，铺也，铺采摛文，体物写志也"① 刘勰明确说"赋者，铺也"的"赋"就是讲"六义"中的赋，不是针对文体的赋的。

康达维认为"赋"字大约在公元前3世纪开始作为文学用语。"赋"体在这一时期是最盛行的文体。汉代，有些作品虽然没有冠以赋名，却在文体上属于赋作。其中最常用的是"颂"，如司马相如《大人赋》又称《大人颂》。"赋颂"连用是因为在汉代时"赋"用作赞颂，还可能因为"颂"与"赋"都有"诵读"的意思，"颂"即"诵"。西方文学中有歌颂内容的作品，翻译成汉文的题目多有"颂"字，如柯林斯（Collins）《黄昏颂》（"Ode to Evening"）、华兹华斯（Wordsworth）《责任颂》（"Ode to Duty"）、雪莱（Shelley）《西风颂》（"Ode to the West Wind"）等，其颂体"Ode"原型为古希腊诗人品达（Πίνδαρος）所创。艾布拉姆斯（M. H. Abrams）、哈珀姆（G. G. Harpham）认为"品达的颂诗都是赞颂的（encomiastic），即为称赞或颂扬某人而作——拿品达来说，他的颂诗赞颂的是奥林匹克运动会上获胜的运动员。英国早期的颂诗和许多后来的颂诗也是为颂扬而作"②，"（品达）的颂模仿了古希腊戏剧中的合唱部。他的复杂诗节仿效了戏剧里合唱的三段式：以舞蹈的节奏自右向左移动，合唱队吟唱诗句；然后从左移至右。吟唱相衬诗句；而后静静站在原地，吟唱后颂部。英文中的律颂，或品达体颂，是对品达颂诗形式的细致模仿——所有的诗句和相衬诗句都在一个诗节里完成；所有的后颂部诗句在另一个诗节里完成。"③ 可以看到，"赞颂"和"发声"是中外这两种文体"颂"的共同特征，探讨汉赋与"颂"的关系，亦可以借鉴对品达"颂"体的诠释。"辞"与"赋"同义，"辞赋"连用在西汉已经开始，但连用的真正原因不明。④ 他指出辞赋（*Cifu*）是"赋或更精确的汉赋的两项名称"⑤。国内学者对此有过详细解读，如郭英德等学者认为屈原、宋玉

---

① 《文心雕龙注》（卷二）第134页。

② ［美］艾布拉姆斯、哈珀姆著，吴松江等编译《文学术语词典》第526页，北京大学出版社，2014年。

③ 《文学术语词典》第525页。

④ ［美］康达维《论赋体的源流》，载《文史哲》1988年第1期。

⑤ David R. Knechtges and Taiping Chang (eds.), *Ancient and Early Medieval Chinese Literature: A Reference Guide, Part One*. Leiden: E. J. Brill, 2010, p. 167.

等人的诗歌在汉初被称为赋，无楚辞之名。此时，“辞”意为“文辞”，而“赋”指《九辩》等作品，所以不能以此区分文体。单称为赋，泛称为辞。汉初以辞赋连称，说明汉人并未从文体上将二者区分开来。直到王逸《楚辞章句》使用“楚辞”之名，汉人才终于从文体上划清了楚辞与汉赋的界限。[①] 康达维还分析了“赋”与“诗”的关系。班固《两都赋序》曰：“赋者，古诗之流也。”[②] 他认为“流”可解释为“种类”或“学派”，也可引申为“文体”的意思，如挚虞《文章流别论》之“流”。依据后代中国文学分类法，“赋”和“诗”不能混用，班固对“赋”的定义来自儒家经典注疏传统，将“赋”归为“诗”的“六义”之一。或许在班固的时代，“六义”之“赋”和文体“赋”没有区别。此外，如刘向《九叹》称其作品为“诗”。[③] 他也注意到了《左传》中“赋诗言志”的相关记载，认为“赋诗”有创作或诵读诗（通常取自《诗经》）两种含义。[④] 康达维对“赋”的根源和分类的探讨，使我们了解了“赋”一词具有的多层含义，也提醒我们现在对各种文体的认识可能不一定符合古代的实际情况，比如在汉代，“诗”与“赋”的连用，“辞”与“颂”都可代表“赋”体。研究“赋”体要注意到赋的多层面个性以及赋体的许多不同名称。

学界对“赋”与赋体的源流等问题始终没有统一的看法。近来，国内学者如傅刚在《论赋的起源和赋文体的成立》一文中从“赋起源研究的清理”“《楚辞》的产生和流布”“赋起源于《诗》说的检讨”“赋文体的原始面貌及发展”“汉赋文体的形成”5个方面展开论述，他认为汉赋文体的形成，由多重因素构成。就文体说，战国末以来流行于民间的说唱文体，总名为赋，至秦发展成为具有特征的秦杂赋。汉代取得政权以后，东方士人入汉中，对这种文体有所熟悉，士庶中应该有所使用。与此同时，战国以来的纵横家惯于使用的纵横策文。当汉得天下，纵横家文仍然是当日士人擅长的文体，从陆贾、贾谊、晁错等人的文章中可以看出。这种以骋辞为特征的文风，影响产生了多种文体，如问答体、辩难体，甚至书疏等。纵横家文在他们手里，

① 《中国古典文学研究史》第106页。

② （梁）萧统编，（唐）李善注《文选》（卷一）第1页，上海古籍出版社，1986年。

③ ［美］康达维《论赋体的源流》，载《文史哲》1988年第1期。

④ David R. Knechtges, *The Han Rhapsody: A Study of the Fu of Yang Hsiung* (53 *B. C.* -*A. D.* 18). Cambridge, London, New York, and Melbourne: Cambridge University Press, 1976, p. 12.

又在汉代一统政权中得到了新的发展，他们以之论国是，辩存亡，排闼推阖，气势扬厉。这种文体写作主要表现在朝廷文人身上，至于游于诸王门下之士，则无如此宏达眼光和气局，往往以文辩为诸王所喜，故由游士变为辞赋之士，他们将流行于楚地的辞和汉初以来未衰歇的纵横家文，以及秦以来在北方流行的杂赋结合起来，遂创出赋体。司马相如《子虚赋》更符合汉人美学要求，被视为汉赋成立的标志。① 傅刚的论述是有关赋的起源等问题的最新研究成果，论证详尽全面，尤其是注意到楚地之辞、汉初以来纵横家文以及秦杂赋的关系，并将司马相如《子虚赋》作为汉赋成立的标志。我们通过国内外学者的研究比较，可以看到康达维的研究不仅没有过时，反而愈发显现出重要的参考价值。

康达维在《汉代狂想曲：扬雄赋研究》中分析了《离骚》《九章》等楚辞作品何以成为赋的源头，指出荀子《佹诗》及《小歌》的题目没有“赋”名，论述了《战国策》的政治游说传统对赋的影响，分析了刘邦、陆贾、贾谊、司马相如、枚乘等赋作的创作特色，扬雄在辞赋浮夸风气下的对赋的选择，从而对早期赋的源流做了梳理。在对赋的特点与起源的探讨中注重从语言学、修辞学以及文献学的角度切入，分析作品的语法、音韵、字句、结构及修辞特色，还对文献进行考证。康达维学习修辞学是导师卫德明（Hellmut Wilhelm）教授建议的。他与杰里·斯旺森（Jerry Swanson）合著《七种对太子的刺激：枚乘的〈七发〉》（“Seven Stimuli for the Prince：the *Ch'i-fa* of Mei Ch'eng”，1971）② 讨论了赋的修辞作用，他对赋源流的探究有着很强的西方学术背景，其“他者”视角下的观点与结论具有启发意义。

二、赋体的特征

罗伯特·马礼逊是西方最早派往中国的基督教新教传教士，他编辑出版了第一部英汉字典：《华英字典》。在 1815 年出版的《通用汉言之法》（*A Grammar of the Chinese Language*）中，他首次提到了“赋”及其他文体。他

① 傅刚《论赋的起源和赋文体的成立》，载《北京大学学报》（哲学社会科学版）2018 年第 5 期。

② David R. Knechtges and Jerry Swanson，“Seven Stimuli for the Prince：the *Ch'i-fa* of Mei Ch'eng”，*Monumenta Serica*，Vol. 29（1971）.

说："有一种诗体，它没有诗那么要求对仗工整，但是内容较长，称之为'赋'（*foó*）。此外，还有一些可以合乐而'诵'或'颂'（sung）的文体，它们分别是'歌'（*kō*）；'曲'（*keŏ*）；'辞'（*tseẽ*）或'词'（*tseẽ*）。"[①] 在马礼逊看来，"赋"是诗的一种，不过在对仗、长度上有所变化，而且认为"辞（*tseẽ*）"是一种独立的可以"诵"的文体。这与上文分析康达维指出的刘歆所谓"赋"的本义是"诵"的特征不同；也与康达维认为的在西汉时期"赋"与"辞"有时等同的看法不同。另外，马礼逊将"赋"译为"*foó*"，这是他自己的标音注法。早期的音注没有统一标准，来华外国人学习汉语大都根据自己听到的发音用自己的母语为汉字标音。显然，马礼逊对"赋"文体的认识影响了后来汉学家的文体观，他将"赋"译为"*foó*"的标音注法是当时汉语学习者通用的做法，现在学界多采用拼音注法翻译中国文学名词正是这种套路的延续。

亚瑟·韦利认为赋与诗都源自音乐和舞蹈，不能配乐的用于朗诵的诗即赋。[②] 他采用西方传统的有韵与否的二分法将赋归类为诗歌的一种。西方汉学界多沿袭韦利的观点。《剑桥中国文学史》云："'赋'这一文类的形式和内容，都没有得到明确界定。事实上，具有一定长度的诗歌文本均可称为'赋'，有时也称为'颂''辞'。"[③] 中国古代文论多从文体角度来阐释赋，如陆机《文赋》云："诗缘情而绮靡，赋体物而浏亮。"[④] 在康达维看来，西汉时期的赋在发展过程中有一个统一的阶段，可以作为单个单元来考察。如果一个人能够成功地为这个时期的赋拟定一个定义，那么他很快就会为此后时期的赋下定义。

康达维在《扬雄〈羽猎赋〉的叙事、描写与修辞：汉赋的形式与功能研究》（"Narration, Description, and Rhetoric in Yang Shyong's *Yeu-lieh fu*: An Essay in Form and Function in the Hann *Fhu*", 1972）一文中以《羽猎赋》为例对汉赋进行文体解读。他说有些人将汉赋定义为一种叙事性文体，其他人视

---

① Robert Morrison, *A Grammer of the Chinese Language*. Serampore: Printed at mission press, 1815, p. 275.

② Arthur Waley, *The Temple and Other Poems*. London: Allen & Unwin, 1923, pp. 14-15.

③ ［美］孙康宜、宇文所安主编，刘倩等译《剑桥中国文学史》第120页，生活·读书·新知三联书店，2013年。

④ 《文选》（卷十七）第766页。

为一种基本上是描写性的文体，还有一名英国学者看到赋中具有的一些宗教与巫术传统的遗迹，另外还有一群学者把赋看作是一种修辞性的文体，这些因素都在汉赋中不同程度地出现了，但只通过某一种因素来了解这一文类的总体特征是不可能的。他试图结合《羽猎赋》的叙事性、描写性、修辞性以及赋中巫术与宗教的成分来讨论，呈现汉赋的总体特征。他认为《羽猎赋》从最简单的层面看是一个叙事作品，叙事顺序基本依照狩猎活动本身的次序。而赋最显著的特征之一是对事物铺张、瑰丽的描写；作品中充满奇幻、丰富的想象力；穿插使用动词，使文字具有一种动感。为凸现这种效果，使用了很多节奏性很强的三字句。赋中常用夸饰、象征手法。这篇赋最重要的特征或许是作者为达到劝说目的而采用的修辞方式，如纵横家的“长短术”（争辩事物长处与短处），过度溢美的间接批评方法，建立对立面之间的冲突。他意在说明以单一方法界定赋的不足，认为赋是叙事、描写与修辞的混合体，还带有某种魔幻与奇妙色彩。①

以上是针对汉赋而言的，而赋的类型在不同时期有不同的形式，如“隐语”“骚体赋”“散体大赋”“抒情小赋”“徘赋”“律赋”“文赋”等。康达维在《论赋体的源流》中说，若是想给赋下个定义，就像是个植物学家想分辨一种植物的名称一般。中国文学中的“赋”正如石楠花有不同品种一般，包括了几种不同的种类，原来的文体和早先的一些文体相配则产生了一种新文体，而这种新文体后来反而被认为是这种文体典型的形式，这是对西汉辞赋家创作出的新文体“赋”而言，后来，有些作品不再以“赋”为题，但却具有“赋”体的基本特征。到了公元1世纪末中国的文学家已能分辨文体中“赋”的整体，其中不仅包括了原来的文体和新发展的文体，还包括了衍生出来的新文体。② 康达维以“赋”与“石楠花”作比喻来展现赋体的发展演变是很生动形象的。

西方学界关于文学的研究有一个术语“惯例”（convention），诺思罗普·弗莱（Northrop Frye）说：“一旦我们把一首诗与其他诗歌联系起来，作为一个诗歌的个体，我们就可以看到，文体的研究必须建立在对惯例的研究上。”③ 康达维在《道德之旅——论张衡的〈思玄赋〉》（“A Journey to Morali-

① ［美］康达维著，苏瑞隆译《汉代宫廷文学与文化之探微：康达维自选集》第79—97页，上海译文出版社，2013年。

② ［美］康达维《论赋体的源流》，载《文史哲》1988年第1期。

③ Northrop Frye, *Anatomy of Criticism: Four Essays*. Princeton: Princeton University Press, 1957, p. 96.

ty：Chang Heng's The Rhapsody on Pondering the Mystery”，1982）一文中指出：

> 在文学体裁研究方面，惯例可以说是最重要的因素之一。虽然惯例有时被忽视，有时被认为缺乏研究价值，但体裁的形成实际上正是拜惯例的反复出现所赐。通过研究某一特定时期惯例的用法，我们不仅可以对体裁的基本特点获得特殊的洞察，还能发现一些可能未被注意到的细微变化。在本文中，我将主要研究汉赋——这种文学体裁所包含的内容非常适合惯例研究。实际上，汉赋广受诟病的一点正是在于其对惯例的过分看重，而从写作的角度来看，汉赋中个别特点反复出现，原因则在于这些文章是对过往同主题文章的模仿和阐释。汉赋具有一个基本特点，那就是倾向于为文章主题呈现出某种综合性的定义，但由于作者与时代的不同，文章主题的定义也会发生变化。这些变化可能包含着一个截然不同的体裁概念，甚至所反映的世界观也大不相同，从而改变我们对惯例的使用方式。①

康达维分析了张衡《思玄赋》与屈原《离骚》关于写作“惯例”之一“旅程”主题的差异，即这两篇赋中主人公面对世俗世界、个人命运的不同选择，进而察觉汉赋如何改变对惯例的使用，以及汉赋这一文学文体的特点与定义。关于康达维文中所说的构成因素，宇文所安认为“人们可以认为赋是对其主题的广泛定义，主题本身是作品的统一元素，界定了讨论的范围。同时，这种体裁允许在这些限制内进行几乎无止境的构思想象，试着用所有的词语来表达主题”②。但是，这种文体认识论，早在西汉时期扬雄就谈到了，这提醒我们要对中国的古代文论进行深入的探究与总结。《汉书·扬雄传》记载：“雄以为赋者，将以风也，必推类而言，极丽靡之辞，闳侈巨衍，竞于使人不能加也，既乃归之于正，然览者已过矣。”③扬雄所以为赋的“推类”到极致就是对自司马相如赋以来的西汉赋写作“惯例”的发展。但他不是简单

① David R. Knechtges, *Court Culture and Literature in Early China*. (Variorum Collected Studies Series), Aldershot, Hampshire, Ashgate Publishing, 2002, pp. 162-163.

② Stephen Owen, “Hsieh Hui-lien's ‘Snow Fu’: a Structural Study”, *Journal of the American Oriental Society*, Vol. 94, No. 1 (Jan. -Mar., 1974), p. 16.

③ 《汉书》（卷八七）第3575页。

地对司马相如赋进行模仿，而是有新的创制，他将自己的诗赋理论运用到赋作中，这就是康达维所说对赋写作惯例的改变。

三、赋体的译名

康达维在《汉代狂想曲：扬雄赋研究》中列举在他之前“赋”的英译名，有“rhyme-prose”（有韵散文）、“prose poetry”（散文诗）、“poetical description”（诗意化的描写）、“verse essay”（韵体散文）等。这些翻译都是以有韵、无韵的二分法来界定的，而且有时是相互矛盾的。西方汉学家对“赋”作为文体的名称翻译不同，反映了他们对赋体认识的差异。康达维试图以赋具有能诵读的本质特征来对应古希腊的一种文体狂诗来翻译“赋”：

> 我选择把“赋”翻译成“狂想曲”（rhapsody）。古希腊狂想曲是一种由吟游诗人或宫廷诗人吟诵或即兴创作的史诗。尽管有些“赋”具有史诗性质，但“赋”并不完全等同于史诗。“赋”的传播媒介类似于史诗。“赋”在很多方面都像是一位吟诵者所写的史诗，常常表现出史诗的狂热情绪、壮丽景象和强烈情感。①

“狂想曲”（rhapsody）的译法是由韦利和海陶玮（Hightower）较早采用的，但直到康达维用“rhapsody”翻译“赋”之后才一度被欧美学界广泛使用。康先生在 2018 年 7 月给我的邮件中重申赋体的译名问题：

> 我没有再将“赋”（*fu*）翻译成“狂诗”（rhapsody），而是把“赋”的汉语拼音“*fu*”保留了下来，而且很多西方学者也都遵循了我的译法。2012 年的时候，我在《普林斯顿诗学大辞典》里增加了“赋”的条目。这本大辞典是文学研究领域里的学者所撰写的参考书，其主要读者对中国文学的了解并不深，而我也开始看到很多非汉学领域的人开始使用“中国赋”（Chinese *fu*）的说法。一直以来，日本的能剧（Noh drama）

① David R. Knechtges, *The Han Rhapsody: A Study of the Fu of Yang Hsiung* (53 *B. C.* -*A. D.* 18). Cambridge, London, New York, and Melbourne: Cambridge University Press, 1976, pp. 13-14.

和俳句（haiku）等文学形式都在英文里拥有固定的表达方式，其实中国的文学形式也可以用类似的方式来表达。比如，现在大家都会更愿意说“词”（*Ci*）而不是“宋代诗句”（song verse）。至于“狂诗”这个翻译，其实它对应的是那种可以朗诵出来的西汉赋（the Western Han *fu*），因为从文学的角度来看，狂诗是古希腊的一种史诗体，并且也采用了朗诵的形式，朗诵这种诗的人叫作“rhapsode”。因此，狂诗与中文翻译过来的“狂想曲”是不同的，后者属于音乐形式。但“狂想曲”并不适用于指代某种文学形式，所以不是恰当的翻译。

“诵”的不仅是赋，《汉书》记载汉武帝立乐府“采诗夜诵”。俞平伯谈到诗的歌与诵时说：“诗乐合则歌诵相兼，诗乐离则歌诵异趣。五乐之诗，古已有之，不歌而诵。非诗之乐，肇自近世，歌不必诵。”[①] “诵”一直是中国古代诗歌的特质，但却不是赋一直具有的特质。康达维对“诵”的论述是针对早期赋作的，但到东汉之后情况就变化了，赋也可以不在宫廷朗诵。这样“rhapsody”的翻译就有了局限性，于是康达维放弃“rhapsody”而选择音译“*fu*”。目前，学界一般采用“*fu*”的译名。

康达维将“赋”的英译从“rhapsody”改变为“*fu*”，这绝不仅仅是一个用字的问题，而是揭示了“赋”这种文体的独特性，使作为文体的“赋”在世界文学中占有一席之地。我们要看到的是，通过康达维在国际学术界中对“赋”的译介，借助英语作为媒介的强大传播力，使国外越来越多的专家学者、普通读者逐渐了解、熟悉、研究这种来自中国的独特文体。当然，我们也看到，正是康达维对“赋”的精深翻译与研究（目前出版的《文选》翻译都集中于赋篇），使得他成为世界著名的汉学家。

（韩中华　文学博士，河南师范大学外国语学院讲师）

① 俞平伯《诗的歌与诵》，载《清华学报》1934年第3期。

马勒《大地之歌》中的歌词来源*

［日本］滨尾房子　著　张　杨　蒋虹桂　译

译者按：长久以来，奥地利作曲家古斯塔夫·马勒（Gustav Mahler，1860—1911）的旷世之作《大地之歌》（*Das Lied von der Erde*，1908）歌词（尤其是第二、三乐章歌词）的唐诗来源之谜吸引了诸多学者。日裔独立学者、耶鲁大学音乐博士滨尾房子在其1989年发表的论文《马勒的〈大地之歌〉和〈陶器之亭〉》（マーラーの「大地の歌」と「陶器の亭」）中指出，第三乐章实则源自李白的《宴陶家亭子》；1995年，在《马勒〈大地之歌〉中的歌词来源》（"The Sources of the Texts in Mahler's *Lied von der Erde*"）一文中，她又进一步详细论证了《大地之歌》第二、三乐章的唐诗来源。其研究成果在学界引发了广泛关注，或可为相关研究提供一定的参考和借鉴。

众所周知，古斯塔夫·马勒从汉斯·贝特格（Hans Bethge）的《中国之笛——中国抒情诗仿作集》（*Chinesische Flöte*：*Nachdichtungen chinesischer Lyrik*，1907）中选取了七首诗并将其用作《大地之歌》（1908）的歌词。[①] 然而，贝特格的诗集并非中文原诗的直译，而是对另一部诗集——汉斯·海尔曼（Hans Heilmann）的《中国抒情诗》（*Chinesische Lyrik*，1905）——的自由仿作。《中国抒情诗》本身则基于两个法译本：德理文（Le Marquis d'Her-

---

* 本文系国家社科基金西部项目"唐诗在德语世界的译介与研究"（项目编号：17XZW025）的阶段性研究成果。译自美国加州大学出版社出版的音乐期刊《十九世纪音乐》（*19th-Century Music*），XIX/1，1995年夏季卷，第83—95页。因篇幅所限，删减了原文的部分内容和表格，并对相关文字表述进行了调整。——译者注

① Hans Bethge, *Die Chinesische Flöte*：*Nachdichtungen chinesischer Lyrik*, Leipzig：Insel-Verlag, 1907.

vey-Saint-Denys）的《唐诗》（*Poésies de l'époque des Thang*，1862）和俞第德的《玉书》（*Livre de Jade*，1867）。[①] 尽管后两部作品出版于同一年代，但其翻译风格却迥异。德理文是著名汉学家，其译文基本上都很学术且忠于原文。另一方面，俞第德则只是一名业余爱好者。她并未按照字面意思来翻译中文诗歌，而是将其加以改写从而创作出自己的“中国风”诗作，这就导致有时很难辨别其诗作的来源。

这些在翻译风格上的差异，我们在《大地之歌》所使用的7首诗中或许就可以察知。源自德理文《唐诗》的5首相对容易辨别，而源于俞第德《玉书》的两首——“寒秋孤影”（“Der Einsameim Herbst”）和“青春”（“Von der Jugend”），即第二、三乐章的歌词，其来源确认则很成问题。亨利-路易·德·拉格朗热（Henry-Louis de La Grange）的《古斯塔夫·马勒第三卷，1907—1911》（*Gustav Mahler III*，*1907—1911*）详细探讨了《大地之歌》的歌词。[②] 在研究中国文学的学者们的帮助下，拉格朗热给出了“寒秋孤影”的中文原诗，但是他没能找到“青春”的出处。然而，唐纳德·米切尔（Donald Mitchell）在其《古斯塔夫·马勒——生与死的歌和交响曲》（*Gustav Mahler*：*Songs and Symphonies of Life and Death*）中并未接受拉格朗热有关“寒秋孤影”原诗的提议。根据米切尔的说法，“‘青春’的来源大概是无从辨别了，因为俞第德……似乎在此只是随便以什么为基础而创作出了一件‘中国风’之作，该作品有着毋庸置疑的魅力和优美，但却极其缺乏细节的真实性。”[③]《大地之歌》歌词的来源不仅激发了西方音乐学家的兴趣，同时也吸引了从事文学研究的东方学者。在拉格朗热和米切尔之前数年，研究中国文学的日本知名学者吉川幸次郎（Kojiro Yoshikawa）就进行过同样的研究。[④] 与

① Hans Heilmann, *Chinesische Lyrik*, *vom 12. Jahrhundert v. Chr. bis zur Gegenwart*, München: R. Piper & Co., 1905. Judith Gautier, *Le Livre de Jade*: *Poésiestraduites du Chinois* , Paris Lemarre, 1867. Le Marquis d'Hervey-Saint-Denys, *Poésies de l'époque des Thang* , Paris: Amyot, 1862.

② Henry-Louis de La Grange, *Gustav Mahler III*: *Le Génie Foudroyé* (*1907-1911*), Paris: Fayard, 1984), pp. 1121-1122.

③ Donald Mitchell, *Gustav Mahler*: *Songs and Symphonies of Life and Death* , Berkeley and Los Angeles, London/Boston: Faber and faber, 1985, p. 461.

④ Kojiro Yoshikawa, „On the Sources of Mahler's *Das Lied von der Erde* (Japanese) “, in: *Saitoh-Monki* (*The West and the East*) Tokyo: 1972, pp. 215-216.（也许因为“ko”后面有个长读音之故，滨尾在文中将“Kojiro”写成了“Kohjiro”——译者注）

米切尔一样，吉川得出的结论仍然是，难以辨别用于这两个乐章歌词的原诗。

追踪原诗的主要障碍在于俞第德的翻译缺乏忠实性。尽管如此，还是有一种辨别来源的途径，因为前述研究忽略了两个关键点。其一，他们只考察了尚存疑的诗歌，而并未意识到，全面考察《玉书》中的所有诗歌或许能够向我们展现俞第德通常倾向于如何去改编原诗。由于俞第德的“意译”没有这样一种全面考察，我们就无法判断她的诗与其可能来源之间在形式结构、歌词含义等方面存在着何种程度的差异。其二，尽管诗人的名字是俞第德标示其来源的仅有线索，但并不能保证这些署名都是正确的。如果我们在找寻原诗时出现了这样的情况，那么我们将需要仔细查阅从古代至19世纪中期的所有中文诗歌。但这显然不切实际——单是在一个朝代中写成的诗歌数量就常常已经十分庞大了。因此，我们需要缩减可能的对象。在这一点上，乔安娜·理查森（Joanna Richardson）的俞第德传记提供了有用信息：在撰写《玉书》时，俞第德曾研读过藏于巴黎皇家图书馆中的种种中文手抄本。[①] 如果她所使用的材料都只是来自该图书馆的话，那么原诗就一定包含在该馆的中文藏书里面。

从这一假设出发，我查阅了皇家图书馆于1867年（《玉书》出版之年）以前所获得的所有中文手抄本。查阅了这些藏书并再次考察了《玉书》中的诗歌以后，我得出的结论是，“寒秋孤影”的原诗的确是拉格朗热所提出的那一首，并且我也辨别出了成为“青春”的那首诗的来源。正如在下文中将会看到的那样，辨别原诗的困难源自俞第德在翻译中文时所犯的错误。为了弄明白这些错误为何会发生，我将首先考察《玉书》中的诗歌。

一、俞第德的《玉书》

俞第德生于1845年，17岁时她便对遥远的东方产生了兴趣。彼时，她和家人一同去伦敦参加第二届世界博览会，在那里遇到了两名服饰迥异、面孔陌生的日本男人。此后不久，她便开始跟从丁敦龄（Tin-Tun-Ling）学习中文。而丁敦龄为何会出现在法国也充满了谜团。[②] 1865年，她有了一个计划，

---

① Joanna Richardson, *Judith Gautier: A Biography*, London: Quartet Books, 1986, pp. 25-26.

② 一说他是在第二次鸦片战争以后被拿破仑三世（Napoléon III）带到法国去当中文助教的。另一说他是被澳门主教加略利（Monseigneur Callery）带到法国的，该主教雇佣他去从事一本汉法词典的编纂工作。

即在丁敦龄的帮助下把中文诗歌译成法文。这便是《玉书》的由来。为了该计划，她翻阅了皇家图书馆中文藏书的手抄本。她父亲于1866年2月写给皇家图书馆管理员的一封信便可证实这一点。他在信中询问“是否可以让她借出手抄本以便可以在家中完成她的工作”①。

1867年，《玉书》首版问世，反响不俗。② 该书有71首诗，被分为7个部分，分别命名为“情人”“月亮”“秋”“旅人”“酒”“战争”“诗人”。每首诗都加上了原作者的名字，但没有任何进一步的注释或解释性脚注。1902年，俞第德对该书进行了修订。1902年的版本新增了40首诗，共计111首。③ 尽管1902年版的大体形式在后来的版本中（出版于1908、1928和1933年）得以延续，标注诗人名字的方式却被改变了。在首版中，俞第德拼写出了每位诗人的姓名，但在1902年版中她还在旁边加上了这些姓名的汉字，然后在1933年版中又删掉了这些汉字。④

海尔曼将《玉书》作为其《中国抒情诗》的来源之一时，使用的必定是1902年版，因为海尔曼这本1905年版的书包含了他对某些仅在1902年版中首次出现的诗歌的德文翻译。总体来说，海尔曼是直译了俞第德《玉书》和德理文《唐诗》中的诗。在1902年版《玉书》的111首诗中，有约60首的出处可得以辨别。在这些可辨别出来的诗中，俞第德的译文有以下特点：

第一，当中文原诗相对较长时，俞第德通常只翻译其中的一部分。剩余部分要么被弃置，要么被用于另作一诗并冠以不同的标题。例如，俞第德根据张若虚的《春江花月夜》这首中文长诗创作了至少4首短诗。⑤

第二，在翻译过程中，专有名词通常被改成了普通名词，正如《在河岸

① Richardson, *Judith Gautier*, p. 25.

② 该版本以“朱迪特·瓦尔特（Judith Walter）”之名出版。

③ 另一种说法为新增了39首，共110首。参见蒋向艳《唐诗在法国的译介和研究》第32页，学苑出版社，2016年。经核实，这两种统计的区别在于是否将清朝驻法公使裕庚所作的《即兴诗》（Strophes improvisées）计算在内。译者认为，既然俞第德并未将《即兴诗》归入《玉书》中的某一分类主题之下，即不属于正文选诗，那么，就不该将其纳入统计，因而第二种说法更为准确。——译者注

④ 我没能查阅到这本书的1908年版和1928年版。

⑤ 这四首诗分别是《平静的河流》（Le Fleuvepaisible）、《在繁花盛开的河岸》（Sur la Rivièrebordée de fleurs）、《在小湖畔》（Au Bord du petit lac）以及《镜前的女人》（Une Femme devant son miroir）。

边》（Au Bord de la rivière）一诗中的情况一样。这首诗基于李白的《采莲曲》，诗中特别点明的地点是“若耶溪”。然而，俞第德的诗从头到尾都把“若耶溪”仅仅是改写为“河”而已。

第三，名词通常用原诗中不存在的形容词来加以修饰。俞第德偏爱颜色形容词，例如，她把李白《客栈》（Auberge）中的“月光”改成了“白色的月光”，王勃《青年国王的亭阁》（Pavillon du jeuneroi）中的“云”改为“蓝色的云”。①

第四，俞第德有时也会给原文添加些新的词甚至句子。在基于李白名作《乌夜啼》的《夜鸟鸣》（Chant des oiseaux，le soir）中可以找到一个典型的例子。原诗有6句，每句7个汉字。俞第德《夜鸟鸣》的文本与李白《乌夜啼》的那6句大体上是对应的。但俞诗中第二节出现的“带有鲜艳的花朵”在原诗中就并不存在。而且，俞诗最后两节还有大量增添，此处长段的添加并非俞第德的创作，而是把中文诗集评注者的脚注吸纳为自己作品的一部分，仿佛它本来就是原诗的一部分一般。

第五，句序被任意重排。这种变化尤为常见。

第六，俞第德的诗人署名并不可靠。在白居易的一首诗中，她将诗人的名字与诗中主人公的名字搞混了。② 同一首诗在各版《玉书》中也有不同的署名。

有时候，辨别俞第德诗歌的出处是很容易的，并且事实上有的翻译几乎就是直译。然而，当她的诗作与某首可能作为原诗的诗作相似但又不能完全对应时，问题就产生了。在这种情况下，我们就得判定，它们有差异究竟是因为它们是两首不同的诗，还是仅仅因为俞第德在翻译过程中做了大量改动。在做出这一判定时，很重要的一点是不能忘了上文总结的俞第德的翻译习惯。

二、“寒秋孤影”与“TCHANG-TSI”

马勒选取了贝特格的《秋日的孤寂女子》（Die Einsameim Herbst）作为

① 它们的出处分别是李白的《静夜思》和王勃的《滕王阁》。

② 该诗即白居易的《长恨歌》。在俞第德的《爱的誓言》（Vœu d'amour）中，她误将诗中出现的主人公的名字“杨太真（Yan-Ta-Chen）”标注成了诗人的名字。［滨尾在文中将该诗题误译为《爱的悲苦》（Woe of Love）——译者注］

《大地之歌》第二乐章的歌词。如在该乐章标题“寒秋孤影”（“Der Einsameim Herbst”）中所示，马勒自己将诗中人物的性别从女性改成了男性。贝特格的诗出自海尔曼的《孤寂女子的秋夜》（Herbstabend der Einsamen），而它又是从俞第德的《秋夜》（Soird’automne）翻译过来的。尽管我们可以轻易追踪到从马勒的歌词到俞第德的诗这一路径，但她的诗又出自何处就难解多了。拉格朗热认为，钱起写的《效古秋夜长》就是俞诗的出处。[①] 表 1 是这两首诗的英文翻译，表 2 给出了它们的原文。米切尔认同《秋夜》和《效古秋夜长》中的秋、玉霜、荷等意象之间有着某种巧合之处，但根据戴维·霍克思（David Hawkes）给他的报告（他曾请霍克思帮忙寻找原诗），他最终并不认同拉格朗热的观点。[②]

表 1　英译钱起《效古秋夜长》及俞第德《秋夜》的对比

In imitation of the old poem “The Autumn Nights are Long”	The Autumn Night
line 1　Jade frost flies through the Milky Way of autumn sky. line 2　The north wind sweeps the scent of the lotus flowers. line 3　I weave, thinking of my lover, until the lonely lamp goes out. line 4　I wipe my tears, thinking how slowly the cold night wears on. line 5　The blue clouds, pure like water, pass before the eaves. line 6　The moon rises; the wild goose flaps, and the crow caws, flying home to roost. line 7　Who is the young wife working the pattern of a love bird on her loom?	Blue mist of autumn spreads over the river; the little grasses are covered with white frost, as if a sculptor had sprinkled the dust of jade over them.　line 1 Flowers do not have the scent any more; the north wind is going to make them fall down, and soon the lotus blooms will be sailing in the river.　line 2 My lamp is going out, the night is over, I will go to bed.　line 3

① 诗人的名字按照威氏拼音法拼写为“Ch’ien-Ch’i”。

② *Gustav Mahler: Songs and Symphonies of Life and Death*, p. 456.

续表

In imitation of the old poem "The Autumn Nights are Long"	The Autumn Night
line 8 A silk curtain and an inlaid screen conceal the door to the inner room. line 9 Beside the lucent window she hears the falling leaves. line 10 Ah, what a pity is the lonely woman whose husband is absent.	The autumn is very long in my heart, and tears, which I wipe off from my face, will be always renewed. line 4 When will the sun of marriage come to dry my tears?

表2 钱起《效古秋夜长》及俞第德《秋夜》的原文

效古秋夜长	Le soird'automne
秋汉飞玉霜 北风扫荷香 含情纺织孤灯尽 拭泪相思寒漏长 檐前碧云静如水 月吊栖乌啼鸟起 谁家少妇事鸳机 锦幕云屏深掩扉 白玉窗中闻落叶 应怜寒女独无依①	La vapeurbleue de l'automne, s'étend sur le fleuve; les petitesherbessontcouvertes de gelée blanche, Commesi un sculpteuravaitlaissétomber sur elles de lapoussière de jade. Les fleurs n'ont déjà plus de parfums; le vent du nordva les faire tomber, et bientôtles nénupharsnavigueront sur le fleuve. Ma lampes'estéteinted'elle-même, la soiréeestfinie, je vais aller me-coucher. L'automneestbien long dans mon cœur, et les larmes, que j'essuie sur mon visage, se renouvellerontttoujours. Quanddonc le soleil du mariage viendra-t-il②séchermeslarmes?

同霍克思和米切尔一样，仅有的另一位研究这一问题的重要学者吉川并不接受《效古秋夜长》是真正出处的观点，因为这首诗的作者钱起的名字不可能被拼作"Tchang-Tsi"。总之，尽管学者们早已认识到《秋夜》与《效古秋夜长》之间的相似性，但俞第德所标注的诗人名字却让他们困惑不已，因

① 此处引文出自（清）王尧衢注《古唐诗合解笺注读本》（上·卷三）第15页，武汉市古籍书店复印，1979年。——译者注

② 滨尾将此处"viendra-t-il"误写成了"vien-dra-t-il"。——译者注

为它和《效古秋夜长》的真正作者钱起的名字并不相符。

在探讨名字之前，我将先考察这两首诗的近似度究竟如何。如表1所示，《秋夜》有6节，与《效古秋夜长》前4句大致对应。表1中，原诗中找不到的词句被加上了下划线。对比钱诗的第一句与俞诗的第一节可以发现，后者包含了颜色词“蓝雾”和“白霜”。添加形容词的做法（见第三点）正是俞第德的数个偏好之一。同样，俞诗第二节“仿佛是雕刻家把玉尘洒在了它们上面”并未包含在钱诗中。这个句子可被解读为是对在《效古秋夜长》开篇就出现的“玉霜”的扩展。此外，增添新句的做法在《玉书》中并不罕见（第四点）。

上文所述或许可被理解为俞第德的典型增译，除此之外，我们会发现这两首诗的首句有着一个更本质上的不同：《秋夜》提到的是某一条河，而《效古秋夜长》描写的则是银河。然而，这样一个差别并不能表明它们是两首不同的诗。相反，它恰恰强调了二者之间的紧密联系，因为钱诗首句的第二个汉字（表2）包含着“汉江”和“银河”这两层意思。尽管如此，中文诗的评注者和翻译者通常把它解释为“银河”。不过，考虑到汉字的歧义性，俞第德的下述做法也是可以理解的：她将“汉”译为“汉江”，然后将专有名词改成了普通名词“河”——前文的第二点（俞第德偏好把表明特定地点的词省去）。

如果我们认为“河”源于俞第德对汉字的误解，那么，这转而解释了俞诗第三节中“河”的再次出现，“不久，荷花将会在河上漂荡”。她加上这句话可能是为了将荷花的香气与她在诗的首句提到的“河”联系起来。（增译新句在第四点已经探讨过了。）同样，《秋夜》的最后一节，“婚姻的太阳何时才会来拭干我的眼泪？”似乎是对原诗第4句的释义。[①] 所有这些都强有力地显示出俞诗的确是基于钱诗前4句的。再者，正如在第一点中所提到的，缩

① 根据拉格朗热的说法，这个句子对应原诗的第十（末）句。然而这一关系并不明确：拉格朗热用俞诗和中文原诗在“婚姻”一词使用上的相似性来证明这一关系；但是却存在着另一个并未包含这个词的中文版本。这个问题围绕第十句的最后一个汉字展开。一个中文版本是说“这个孤独的中国女子没有结婚礼服”（即“应怜寒女独无衣”——译者注）；另一个是说“这个孤独的女子丈夫不在身边”（即“应怜寒女独无依”——译者注）。尽管没有办法确认俞第德的翻译是基于哪个版本，但第二种版本更有可能，因为它也是德理文译文的出处。他的书于1862年出版，要说俞第德参考了巴黎皇家图书馆中的同一原始材料也是可能的。

减原作是俞第德的惯常做法之一。一旦意识到这一点，它或许就可被视为是对米切尔所提问题的一种回应，即他曾指出俞诗仅仅与钱诗的第一部分相对应。

现在，我回到之前提到的另外一些异议上。霍克思认为，《效古秋夜长》并不像《大地之歌》中所用的其他诗一样是“诗集篇目”。但德理文的诗集中亦包含有该诗的译文，并且该诗集所参考的藏书之一——一部著名的中文诗集也包含了该诗，而这部中文诗集也在皇家图书馆 1867 年之前的藏书之中。[①] 这首诗的确是诗集篇目，并且是在 19 世纪的巴黎能找到的流行诗歌之一。

至于最后一个异议——俞第德误将该诗归于“Tchang-Tsi”名下，之前的研究都忽略了有关这个问题的一条重要线索，这是由于每项研究都仅仅考察了一个版本，而俞第德在《玉书》的三个版本中为这首诗的诗人给出了不同的署名。[②]《秋夜》在 1867 年出版的首版中被署名为“Tché-Tsi”。在 1902 年的修订版中，这个名字被改成了“Tchang-Tsi”，并加上了能被读作“Li-Wei（李巍）”的汉字。最后，在 1933 年版中，汉字又被省去。1933 年版中有四首署名为“Tchang-Tsi”的诗。尽管在 1902 年版中四首诗都被署上了“Tchang-Tsi”之名，但名字旁边印的汉字却不尽相同。《在河中央》（对应张谓《湖上对酒行》）和《有节操的妻子》（对应张籍《节妇吟》）这两首诗的汉字署名读作“Chang-Shuo（张说）”，《秋夜》和《白纸》（或对应钱起《谷口书斋》）这两首的汉字署名则读作“Li-Wei（李巍）”。署名为“李巍”二字的两首诗的诗人在首版中被标示为“Tché-Tsi”，而署名为“张说”二字的两首在首版中则显示的是两个不同的名字：“Tchan-Oui”和“Tchang-Tsi”。这就表明，1902 年版中所印的汉字并不可靠。

另一方面，就汉字署名为“张说”的两首诗而言，俞第德在首版中的诗人署名更接近于原诗。在此，有必要了解一下针对汉语的罗马字母拼写法。尽管威氏拼音法是从 19 世纪末到 20 世纪初流行于欧洲的一种方法，但在 20 世纪 50 年代引入拼音方案之前，并没有一个针对汉语的通用体系。按照威氏

---

① *Kouthang chi ho kiaitsientchou*, preface, dated 1732.（即清代王尧衢著《古唐诗合解》——译者注）

② 米切尔只研究了 1902 年版。

拼音法，《有节操的妻子》的原诗为张籍（Chang-Chi）所作，其拼写与“Tchang-Tsi”相近。按照同样的拼写体系，《在河中央》作者的名字拼作“Chang-Wei（张谓）”，这和俞第德的拼写“Tchan-Oui”差别并不大。这种与首版中俞第德名字拼写的一致性就意味着，《秋夜》和《白纸》的原作者并非“Tchang-Tsi”，但其名字的拼写可能接近于“Tché-Tsi”。

同时，《效古秋夜长》作者的名字用威氏拼音法拼作“Ch'ien-Ch'i”，按照汉语拼音则是“Qian-Qi”。然而，正如前文所述，威氏拼音法并非通用拼写法，同一诗人（即钱起）在1930年出版的一部汉法词典中用罗马字母写作“Ts'iên-Ki”。[①] 这一拼写方式和德理文在《唐诗》中使用的“Tsien-Ki”相近。罗马字母拼写法的多样性表明，俞第德可能把钱起（Ch'ien-Ch'i）拼写成了“Tché-Tsi”。但也有另外一种可能，即俞第德用“Tché-Tsi”这一拼写或许标示的并非钱起，而是另一位诗人。但即便如此，俞第德误写署名的情况也并不罕见（见第六点）。无论如何，俞第德的署名都不能成为否定这两首诗之间关联的充分理由。事实上，除了这一差别之外，这两首诗是很相似的，不仅表现在文本上，而且也表现在标题上：俞第德的标题“秋夜”和钱起的“效古秋夜长”已经很接近了。这两首诗之间的那些明显的相似之处有力地表明了钱起《效古秋夜长》就是俞第德《秋夜》的出处。

三、“青春”和俞第德的《瓷亭》

在小小的池塘中央
伫立着一座
绿白两色的瓷亭[②]

马勒第三乐章“青春”的歌词就是以上述语句开的头。绿白两色的瓷亭在歌词中反复出现，它凸显了乐曲的亚洲风情，管弦乐队中所奏的五声音阶又让这一风情得以强化。虽然这首歌词很容易追溯到俞第德的《瓷亭》［署名

① Séraphin Couvreur, *Dictionaireclassique de la Langue Chinois*, Paris: Imp. de la Mission catholique, 1930.

② Gustav Mahler, *Das Lied von der Erde*, Marinz: Ernst Eulenburg Ltd., 2017, p. XIV.

为“李白（Li-Taï-Pé）”]，学者们却未成功找到原诗，因为没有任何一首李白诗歌提到了这样一座亭子。[①]

如果署名并不可靠，那么之前用于考察《秋夜》的外部证据在此依然有用：这首诗一定包含在皇家图书馆于1867年之前所获得的中文藏书中。经过对这些诗的仔细考察，我发现没有任何一首能与俞第德的诗完全相匹配，但有一首李白诗作与之稍微有点接近。它们之间的主要差别在于，俞诗中的关键意象“瓷亭”并未出现在李诗中。相反，这首中文诗只不过是标题为“宴陶家亭子”而已。表3和表4提供了译文和这两首诗的原文。尽管中文诗中缺乏“陶瓷”字眼，但我们仍有几个理由去相信俞诗是对李白《宴陶家亭子》的仿作。

表3　英译李白《宴陶家亭子》和俞第德《瓷亭》的对比

A Party at Mr. Tao's Pavilion		The Porcelain Pavilion	
line 1	A winding path leads to Mr. Tao's quiet residence.	In the middle of the little artificial lake stands a pavilion of green and white porcelain; like the back of a tiger, a jade bridge arches across to the pavilion.	title
line 2	His house is a fine mansion with a high gate.		
line 3	The clear surface of the lake in the garden reflects everything like a mirror.	In the pavilion, finely clothed friends are drinking cups of lukewarm wine.	commentary
line 4	The flowers that everyone praises for their beauty bloom in the wood.	They talk gaily, or trace verses, their caps pushed back, their sleeves tucked up.	commentary
line 5	The sun in spring is sinking into the turquoise surfaceof the lake.	In the lake, where the little bridge is reflected upside down like a crescent of jade, the finely clothed friends are drinking heads down in the porcelain pavilion.	line 3
line 6	The sunset glow spreads behind the blue edge of the roof.		
line 7	If one can listen to music in this view,		
line 8	He will amuse himself more than at the famous Kinku garden.		

① See, e. g. La Grange, *Gustav Mahler III*, pp. 1121-1122, 1144;„ On the Source of Mahler's *Das Lied von der Erde* “.

表4 李白《宴陶家亭子》及俞第德《瓷亭》的原文

宴陶家亭子	Le pavillon de porcelain
曲巷幽人宅 高门大士家 池开照胆镜 林吐破颜花 绿水藏春日 青轩秘晚霞 若闻弦管妙 金谷不能夸①	Au milieu du petit lac artificiel, s'élève un pavillon de porcelaineverte et blanche; on y arrive par un pont de jade, qui se voûtecomme le dos d'un tigre. Danscepavillon, quelquesamis, vêtus de robes claires, boivent ensemble des tasses de vin tiède. Ilscausentgaiement, outracent des vers, enrepoussantleurs chapeaux en②arrière, en relevant un peuleursmanches, Et, dans le lac, où le petit pont, renversé, semble un croissant de jade, quelquesamis, vêtus de robes claires, boivent, la tête en bas dans un pavillon de porcelaine.

在李诗的标题中，第一个字意为“宴会”，最后两个字表明“亭”。然而，中间的第二、三个字却产生了问题。第二个字描述的要么是“陶瓷”要么是“陶”（人名）。第三个字有几层含义，包括“房子”和“人家”。虽然第二个字有时候意为“陶瓷”，但当我们把它与第三个字一起使用时，通常会将这两个字理解为“陶姓人家”而非“陶瓷房子”。总之，虽然诗题后4个字的正确翻译是“陶家的亭子”或“陶先生的亭子”，但很有可能是俞第德错把这几个字解读成了“瓷亭”。她对中文词的误读并不罕见：在前面《秋夜》的探讨中我们也发现她犯了同类错误，即把表示“银河”的汉字译成了“河”。

俞第德曾尝试通过增加一个新句子来进一步描写《秋夜》中的河，同样，在《瓷亭》中，当“瓷亭”在第一节中出现时，她用原诗中并不存在的颜色形容词“绿色和白色”来对其进行修饰。在这一情况下，亭子的形象越鲜明（因为增加了形容词），李白的诗就越难被辨别出来。同时，第一节最后一句中出现的白玉桥肯定是俞第德的想象产物（第四点）。然而，在第四节中，我们注意到一个与原诗第三句“池开照胆镜”十分相似的意象。在这首诗中，俞第德似乎很大程度上从李诗的标题和第三句出发而创作出她自己的作品。这与她只摘取较长原诗的一部分的偏好是相符的（第一点）。

---

① 此处引文出自（唐）李白著，（清）王琦注《李太白全集》（第三册）第1106页，中华书局，2015年。——译者注

② 滨尾的引文中将此处“en”误写成了“in”。——译者注

出现在俞诗中的其他重要角色是在亭中饮酒、交谈、写诗的友人。虽然这些友人未出现在李白的诗中，但却出现在了该诗的一个标配脚注中。在皇家图书馆1867年前获得的李白《文集》藏书中，每首诗都因加上了评注者王琦的脚注而得以扩充。[①] 王琦扩充了《宴陶家亭子》诗的最后一句，描述了金谷园的宴会是何等奢华：人们在这里饮酒、作诗、奏乐。尽管最后一句的字面意思是陶家亭的宴饮之趣更胜于金谷园，但俞第德很可能在自己的译文中使用了脚注中的材料（第四点）。我认为这就使得我们所探讨的问题得到了解决：王琦的评注和俞第德诗中所描绘场景的相似性证实了《宴陶家亭子》必定就是俞第德《瓷亭》一诗的出处。

尽管俞第德误解了中文标题，她的《瓷亭》却受到西方人的喜爱，并被译成了包括西班牙语和英语在内的数种欧洲语言。事实上，就在《玉书》出版的同一年，即1867年，人们确实建造了一座瓷亭作为巴黎世博会的展品。[②] 德理文负责监理中国花园的修建，并且据说这座亭子仿造的是京郊颐和园中存有的某建筑。它呈矩形，每面墙都是用陶瓷砖块建成的。尽管并不清楚中国当时是否真的有这样一座瓷亭，但俞第德的“瓷亭”却一定是误译的产物。这一既迷人却又误导人的中国形象在马勒将诗文谱成乐曲之后变得尤其普遍，甚至被误以为真。也许正是因为这个瓷亭的形象为俞第德的优美作品锦上添花，所以从来没有人怀疑过它是否真实存在。东方人也没有指出她的翻译错误：很多人都远离西方世界，他们未曾有足够的信息去得知他们自己的文化遗产在西方文化中是如何被理解的。瓷亭的起源现已澄清，这也唤起了我们对真实的亚洲文化和西方所构建的亚洲文化之间差距的关注。

［滨尾房子（Fusako Hamao），独立学者，美国耶鲁大学音乐理论博士；
译者：张杨　西南交通大学外国语学院副教授，
蒋虹桂　西南交通大学外国语学院研究生］

① *Li Thai poeentsitsitchou*, commentaries by Wang-Khi, preface, dated 1759.（《李太白文集辑注》，即清代王琦注《李太白全集》——译者注）

② Francois Ducuing, *L'Exposition Universelle de* 1867 *illustrée*, Paris: E. Dentu, 1867, p. 135. 德理文自1865年起就致力于这个项目，并且这座亭子必定是在1867年4月（展览开始）前完成的，即俞第德《玉书》出版前的一个月。从她写给特奥菲尔·戈蒂耶的信中可以得知，她在《玉书》出版之前就知道了中国花园，虽然不知道她对其的了解程度如何（*Judith Gautier: A Biography*, p. 55）。从这个时间顺序可以想见，在建中的这座亭子可能影响了她对《瓷亭》原诗的翻译。

·侨易学专栏·

国际汉学的侨易空间

叶 隽

2012年的世界汉学大会曾以“汉学与当今世界”为题，意在重建传统汉学与当代研究之关联，推进中国学术与海外汉学之沟通，勾勒世界对中国的“多元阐释”，通过语言与思想、汉学与国学、新汉学与新世界的互动，化解“冲突”，开启“对话”。而其中“新汉学”概念的提出，尤其凸显贯通、融通、会通之意，希望在传统汉学关注的思想、文化等内容之外，更扩展至政治、经济、社会等相关领域，使得一个完整的“大中国”概念得以在通感型的整体学术视域中得以呈现。从这个意义上来看，如何在一个立体型的维度上展现中国，则需要追问。相对西方主流学术而言，汉学等东方学学科虽相对处于边缘，却并不一定就不能在思想创造上“焕发异彩”，譬如于连（Francois Jullien，1951—）“经由中国反思欧洲”，借助传统中国资源而跻身法国哲学主流；萨义德（Edward Waefie Said，1935—2003）更是凭借其流易经历而发覆出轰动一时的“东方主义”，就是很好的例子。在中国，经济当量已然成为一种世界“风景”，中国道路在静悄悄地开始一场“革命”，如何才能逐步延伸出真正具有现代性意义的“中国理论”或“中国思想”，既是某种必然的文化逻辑，但同时也是对中国学人的严峻挑战。郑永年曾提出一个相当重要的问题，即“中国能否为这个世界提供另一个文化选择”。其实可以开辟无数具体论题，这些，无疑都是值得新汉学深入探讨、勾连彼此、敞开空间的话题。

“侨易学”的基本理念是因“侨”而致“易”，前者强调空间维度的整合，后者关注时间维度的演进，其中既包括物质位移、精神漫游所造成的个体思想观念的形成与创生，也包括不同的文化子系统如何相互作用与精神变形。它一方面致力于探寻异文化间的相互关系以及人类文明结构形成的总体规律，另一方面又努力成为一种实用的具体操作模式。对于汉学研究来说，如何开拓出作为一种新学域的“新汉学”，确实是颇费思量的“学术考题”。借助侨易学的视域，或许可以提供某种可以拓展的可能性。我曾撰文《留华背景、范式转型与东方现代性——侨易视域下的学术史进程与新汉学建构》，试图在一个宏观意义上以侨易学的思维模式来理解汉学史进程；而《“典籍旅行”与“知识侨易”——两册〈永乐大典〉迁移史表现出的中德学者交谊及其学术兴趣》则将研究重心下沉，落实到具体的个案研究上。[①] 除了这两种或侧重宏观，或取径个案的研究模式，当然介于之间的“中观”层面也很重要，但真正做起来并不容易。

《世界汉学》第17卷的“汉学视域”栏目专门讨论了汉学与侨易学的话题，法国学者何重谊（Jean-Yves Heurtebise）、内善（Vanessa Kopec）以《侨易学与中国文化研究的困境》为题，从哲学层面提出了侨易学能否避免中国东方主义（Sino-Orientalism）的陷阱的问题，从普适性、本土性、杂糅性等方面对侨易学进行反思。而德国汉学家司马涛（Thomas Zimmer）则思考《空间疑辩与侨易学》，从德国的“空间学”（Raumwissenschaft［en］）、俄国的洛特曼符号学等角度提出与侨易学互动的理论借镜。其他学者也有从相关角度发覆，尝试提供有益知识资源的，譬如科隆大学的旷斯凡教授撰文《以太，确有此物——欧洲对“以太”的论述史及“以太”对侨易学的影响》等。[②] 相比较海外学者更偏重于理论上的敲打与对话，本期专题则将关注的重心放在实证研究层面，作者们不约而同地选择以个案研究为策略，却又命题相对集中，即凸显了“知识侨易”的概念，无论是关注“文化负载词”（关键词）

---

① 叶隽《留华背景、范式转型与东方现代性——侨易视域下的学术史进程与新汉学建构》，载《世界汉学》第15卷，中国人民大学出版社，2015年。叶隽《“典籍旅行”与“知识侨易”——两册〈永乐大典〉迁移史表现出的中德学者交谊及其学术兴趣》，载《国际汉学》2016年第2期。

② ［法］何重谊、内善著，卢伟译《侨易学与中国文化研究的困境》，载《世界汉学》第17卷第128—137页，中国人民大学出版社，2019年。［德］司马涛《空间疑辩与侨易学》，载《世界汉学》第17卷第138—148页，中国人民大学出版社，2019年。［德］旷斯凡著，旷斯凡、董琳璐译《以太，确有此物——欧洲对“以太”的论述史及“以太”对侨易学的影响》，载《跨文化对话》第43辑，商务印书馆，2020年。当然也有学者如法国巴斯蒂教授从更为宏阔的视域来思考侨易学的命题，参见 Marianne Bastid-Bruguiére，“‘Qiaoxue’侨学：Chinese Early Republican Views of Transnational Cultural Dialogue and Their Recent Revival”，*Berliner China-Hefte/Chinese History and Society 50*（2018），pp. 22-33.

的作用，还是以经典文本流转为中心，都体现出他们进入具体研究的“学有根基”与独特视角。熊英的《论“变”与“常”中的罗存德——以〈英华字典〉为中心的知识侨易》虽然考察的是一部早期的《英华字典》，但却有机地将其与编纂者——德国来华传教士罗存德（Wihelm Lobscheild，1822—1893）的侨易过程结合起来，阐释其作为当时新知识、新观念、新制度等现代概念载体的意义，聚焦于“知识侨易”的命题，对理解那代传教士在中西文化之间的角色意义颇有启迪。董琳璐的《卫礼贤的“道”与凯泽林的“感性哲学观”——中德文化关键词转化中的“知识侨易”》则以两名德国知识精英卫礼贤（Richard Wilhelm，1873—1930）与凯泽林（Hermann Graf Keyserling，1880—1946）的交谊为基础，将传统上作为主体的人作为中德文化关键词“道”和“Sinn”的媒介和侨易节点，凸显了“知识侨易”的独特观察视角和阐释模式，让读者意识到透过具体的“知识侨易”现象展示的不同侨易空间互动之可能。吴礼敬的《侨易学视角下〈易经〉在英语世界的传播方式探究》则根据《易经》西传史，选取理雅各（James Legge，1815—1897）、卫礼贤作为个案，考察其所译《易经》底本、交往人物、中西思想碰撞背景等，既探讨中外文化交流中的“变”与“常”的问题，同时试图佐证与丰富侨易学理论。

应该说，《汉学研究》推出的这组文章表现出的问题意识和尝试意义，都可圈可点，显示出青年一代学者在接受和运用新理论方面的敏锐和自觉。他们不但能从侨易学的基本观念和原则如“物质位移导致精神质变”等出发，也能具体运用侨易学的概念分析工具，如“侨易十六义”的展开，还有学者进一步注意到侨易学“二元三维”整体性思维的价值，这就使得具体个案的铺展和侨易学理论的融汇有了较好的互动。当然对于理解国际汉学空间这样一个巨大的命题，已有的探索只能说是一个最初的尝试，仍有诸多可以提升和修补的空间。若能假以时日、持之以恒，或可有所发现，为视作国际学域的汉学研究略拓新境。此外还应当指出的是，侨易学理论本身也是一个开放的处于不断建构的过程，借助对母体文化的国际流转空间的再研究，如此相互生发，当可期在艰难的学术寻道路途中有所发现。

（叶　隽　同济大学特聘教授，博士生导师）

卫礼贤的“道”与凯泽林的“感性哲学观”

——中德文化关键词转化中的“知识侨易”

董琳璐

摘　要：“道”作为中国文化的关键负载词在卫礼贤的典籍翻译中形成了重要的“知识侨易”现象，经过卫礼贤与凯泽林的交往和讨论，凯泽林完善了自己的哲学观念并创造“感性哲学观”，两人作为中德文化关键词“道”和“Sinn”的媒介和侨易节点，是“知识侨易”不可或缺的关键因素。而在关键词跨文化翻译和演绎的背后，实际上是两个不同的文化领域（sphere）或者文化场域（champ）的沟通和牵连，这也是卫礼贤德译中文典籍的更重要的功能和意义：透过具体的“知识侨易”现象所展示的是不同侨易空间互动的可能。

关键词：德译《易经》　感性哲学观　知识侨易　卫礼贤　凯泽林

一、“知识侨易”的可能：“道”和“Sinn”

任何一种侨易现象背后都有“知识”的因素参与，这是广义的“知识侨易”；而具体到“知识”作为侨易主体的狭义“知识侨易”，则需要明确“知识”的含义。侨易现象中，作为侨易主体的对象必须是主体性比较明确的，而知识往往是作为侨易现象的组成部分或者侨易主体的思想结果存在的，但目前学界对于知识本身的“侨易”过程和价值认识不足。

在一般意义的“知识侨易”，或者“知识传递”过程中，知识分子的中介功能一般被认为是最重要的。而在“知识侨易”现象中，以人为侨易主体的侨易现象往往同步发生，“知识侨易”的节点往往由知识分子、翻译家等主体以及旅行、翻译、写作等行为甚至典籍等器物共同构建。这样抽象的“知识侨易”过程就具象为载体和主体缺一不可的侨易现象，是为“知识侨易”，而其与其他侨易现象的必要因素的显见差别也在于此：其侨易过程必须借助各类载体，比如书本典籍、机构学校等，这种“知识侨易”的节点、中转站是尤其重要的，特别是在跨文化的“知识侨易”过程中，器物和制度作为思想的中度起到了符号转化的作用，这也是“知识侨易”路线显著不同于其他侨易现象的结构性差异。在此视角下，之前作为侨易主体的人，在知识侨易过程中起到的也是知识承载者的作用，因而被纳入到侨易因素中来，而之前作为侨易因素的典籍或者思想资源，此时则成为侨易主体，如《“典籍旅行”与“知识侨易”——两册〈永乐大典〉迁移史表现出的中德学者交谊及其学术兴趣》[①] 就将典籍作为知识侨易符号来考察，实则（不独是学者，而是典籍）负担了东西文化交流的承载功能。

此外，“知识侨易”也是有别于“知识旅行”和“理论旅行”的，因旅行是以主体为中心、以主体意志为转移的行为，强调该主体跨越空间和时间发生的地理位移，主体一般是人或者理论。而“知识侨易”则强调抽象的知识在跨越空间和时间发生地理位移时借助不同载体的具象化过程和二次抽象化过程，载体可以是具体的典籍、字符，而人则成为节点。

在以《永乐大典》为案例的“典籍侨易”现象中，叶隽先生对知识的具象化过程进行了梳理和阐释，而对于二次抽象化过程，本文将以卫礼贤（Richard Wilhelm，1873—1930）的《易经》之“道”与凯泽林（Hermann Graf Keyserling，1880—1946）的“感性哲学观”之间联系为例加以说明。

首先，卫礼贤在将道家经典德译的过程中选择以“Sinn”来翻译“道”的原因不再赘述，其本人就翻译策略和“Sinn”的含义与“道”的含义的对应性都有详细说明。[②] 这一过程即是：“道”作为关键词，中国文化从卫礼贤向德语语境传递的过程。这也是凯泽林、荣格（Carl Gustav Jung，1875—1961）、黑塞（Hermann Hesse，1877—1962）等一批德语语境中的知识精英有机会接触、接纳相关资源的先决条件。卫礼贤作为传统中国典籍《易经》的德译者的身份广为人知，他在中国逗留时间长达二十年，超过了绝大多数

① 叶隽《汉学家的中国碎影》第1—34页，福建教育出版社，2020年。

② Richard Wilhelm, *Lao Tse. Tao te king. Das Buch des Alten vom Sinn und Leben*, Düsseldorf-Köln: Eugen Diedrichs Verlag, 1957, S. XV-XVI. 另参见徐若楠、王建斌《以经释经，以典释典——卫礼贤〈道德经〉翻译研究》，载《西安外国语大学学报》2016年第2期。

德国汉学家在华时间，他在1925年成立的中国研究所是法兰克福大学汉学系的前身。自凯泽林到中国旅行时，两人相识，卫礼贤作为凯泽林的向导介绍他和辜鸿铭认识，此后两人一直保持着书信联系，[①] 在20年代两人都在德国有了以自己为重心的学术场域：1920年凯泽林在黑森州达姆施塔特（Darmstadt）创办智慧学校（School of Wisdom），而1925年卫礼贤在距此35公里的法兰克福创办了中国研究所，两人的学术往来在地缘相近的情况下更加频繁：卫礼贤是凯泽林智慧学校的客座指导，并在相关通讯刊物《圆满之路》上发表过大量文章，凯泽林也撰写过很多关于卫礼贤的书评。而早在1920年之前，两人自相识起也保持了频繁的通信，其中可以明显看出凯泽林对中国文化的兴趣，以及两人就汉学基础上的合作可能进行的讨论，尤其是围绕儒家、道家文化和《易经》解读的内容深入。这不仅是两人社交生活密切的证据，更留下了往往最难推敲的思想史痕迹，尤其是佐证了围绕“道”和“Sinn”这两个中德文化关键词展开的“知识侨易”现象。

其次，更为重要的是，在两人交往前期，卫礼贤是凯泽林接触和了解中国文化（儒家和道家文化）的桥梁，而在后期，凯泽林则成了卫礼贤将中国资源转化为汉学成果的桥梁。这说明，在实际的侨易空间内，侨易主体并不是一成不变的，尤其是两个侨易主体互为侨易变量，为对方思想结构的形成提供支撑，形成了阶段“二元”的侨易现象。本文将借助几个核心概念（中国之“道”-卫礼贤翻译之“道”，德国之“Sinn”-凯泽林之“Sinn”）的接受和阐释来说明这一过程。前一过程中，“知识侨易”的空间主要是在中国，以中国之“道”的德国转化为路线，发挥作用的主体是卫礼贤，他汲取了凯泽林对“Sinn”的阐释；而后一过程中，“知识侨易”的空间主要是在德国，以卫礼贤释“道”向凯泽林的感性哲学观转化为路线，发挥作用的主体是凯泽林，他汲取了卫礼贤对“道”的理解。而这一“二元侨易”现象还体现为不同于此前以典籍为不变载体的“知识侨易”情况，以两个字“道”和“Sinn”为符号，分别承担了两次抽象知识具象化

① 因研究重点和篇幅所限，主要节选部分信件，以突显两人交往的时段性和特点。文献来自于：卫礼贤档案，慕尼黑，巴伐利亚科学院（Archiv der Bayerischen Akademie der Wissenschaften, Bestand: Nachlass Richard Wilhelm, Signatur: II/258, Briefe Richard Wilhelms an Hermann Graf Keyserling 1911-1929; Signatur: II/259, Titel: Briefe von Hermann Graf Keyserling an Richard Wilhelm 1911-1929）。下不另注。

过程的载体，将这两个符号作为侨易主体：即第一步“道”作为关键词，经过德译“Sinn”进入德国；第二步“Sinn”作为关键词，德译“Sinn”和德国原生之“Sinn”经凯泽林获得了新的融合。也就是说，这一“知识侨易”过程是围绕文化关键词展开并完成的。卫礼贤选定“Sinn”对应“道”；而凯泽林选定“Sinn”作为哲学框架，体现了“道”的自然哲学的“生命”“感性”“体验”的一面，对于以理性、形而上、思辨为主的西方哲学而言是一种符合时代和社会期许的尝试。是感性的哲学、“道”的哲学，从而接续了凯泽林的中国体验。

二、“道”与德译《易经》

卫礼贤的翻译年表（见表1）显示，凯泽林中国旅行期间在青岛与卫礼贤相识交往时，正是卫礼贤结束了《道德经》翻译并即将开始《易经》翻译的间隔期，但是关于《易经》、儒道文化的讨论却早在此时就展开了。

表1　卫礼贤《道德经》《易经》翻译进度

	《道德经》*Das Buch des alten vom Sinn und Leben*		《易经》*Das Buch der Wandlungen*
1910年初	准备	1914年3月25日	开始翻译《周易》
1910年10月	完成上半部分	1914—1917年	中断
1910年11月	完成第二部分	1917年	重启
1911年	出版	1920年初	初步完成
1916年初	修订某些段落	1923年7月	完成修改
1916年	修改完成，没有出版（以中文文本为基础重译）	1924年	出版
1957年	新版出版		

一位曾于1908年在北京任职、并和卫礼贤有过交集的德国外交官木提乌斯（Gerhart von Mutius，1872—1934）在凯泽林前往青岛之际给卫礼贤写了这样一封信：“鉴于您对孔子的翻译让我深感趣味，我相信您可以给他一些有用

的提示……我敢于向您推荐我的这位朋友，主要是因为我知道我带给您的是一位非常有才华而且非常幽默的人，这样的事情在青岛想必不会经常发生。"[①] 这里的"他"指的就是凯泽林了，经过友人的引荐，凯泽林与卫礼贤在青岛相识，之后，凯泽林对于中国文化的兴趣得益于卫礼贤的中介作用而渐渐增强，凯泽林离开青岛前往天津时，即动笔写信给卫礼贤，"您有意帮我一个小忙吗？我想在木板上拓写一些中国格言，挂在我的书房里：能不能请您把这些中文以能被阅读的字体写下来，尽早寄到俄罗斯驻京使馆？这样我可以尽早着手制作。"[②] 接着凯泽林列举了取自《老子》（即《道德经》）、《列子》的几段德文翻译，其中 3 条都涉及"Sinn"的概念[③]，可以推断的是，凯泽林在青岛逗留时，得到了卫礼贤赠予的相关译本，而凯泽林从青岛前往天津的路上即开始阅读，并对其中若干段落情志盎然，才想把这些格言以它本源的面貌拓刻在木板上，带回自己的家乡。而卫礼贤在同年 7 月下旬的回信中解释了凯泽林对于"致中和"的部分翻译疑问，"'和'字不是名词而是动词，我在和中国朋友们讨论的时候意识到，这就是我为什么不能脱离翻译而解释词语的原因。因为'和'字必须和另外两个字联系起来，而不是围绕'和'字本身。这将给整体带来更多的灵活性"[④]。

1912 年，凯泽林结束世界旅行回到爱沙尼亚，卫礼贤此时事业重心还在中国，两人虽然未有机会进行面对面的探讨，但是一直保持通信，并对相互的学术工作和进展保持同步。从两人这一时期的通信来看，两人有着较为强烈的合作意向，且合作方向是东西方文化比较、中德文化交流、德作汉译或者汉作德译，因此较为依赖卫礼贤的汉学研究专长。这段时间他刚刚结束世界旅行，所作书稿尚未出版，主动将自己的书稿交予卫礼贤过目，卫礼贤也是首先意识到这本书的时代性文化意义的人之一，他阅读完书稿之后十分激动，回复凯泽林说："您能想象我见到您的旅行日记时的激动之情。我发现书中的言辞恰如其分。我将非常愿意，如果您允许的话，在《中德年鉴》的中

---

① 1911 年 9 月 18 日木提乌斯致卫礼贤的信。

② 1912 年 4 月 4 日凯泽林致卫礼贤的信。

③ 1912 年 4 月 4 日凯泽林致卫礼贤的信。几句引文为：1. Der Sinn des auf sich selbst Ruhenden ist Stille；2. Des Himmels Sinn wird festgestellt durch die Bestimmung des Menschen；3. Des Himmels Sinn erschauen，Des Himmels Wandel ergreifen，ist das Höchste.

④ 1912 年 7 月 23 日卫礼贤致凯泽林的信。

文版里公布它的出版消息。"① 1914 年，"一战"爆发，同年 9 月，日军和德军在青岛开战，争夺胶州湾，严重影响了卫礼贤周围的研究环境，就此两人的通信暂时断绝。1918 年"一战"结束后，凯泽林的《一个哲学家的旅行日记》在 1919 年出版，他的名声迅速传播，因这本代表作带来的巨大影响，凯泽林的智慧学校顺利赢得了更多的关注，在智慧学校的年度大会、通信和定期讲座中，两人仍然围绕《易经》展开各类讨论②，卫礼贤的《易经》译本并非最早，却在英语世界以及非中文世界赢得了广泛、长远的影响，甚至被称为最权威的译本，原因何在？有论者认为这是响应了当时西方广泛的文化悲观主义，东方智慧的代表《易经》出现得恰逢其时："卫礼贤自己和他的朋友们，其中包括赫尔曼·黑塞、赫尔曼·凯瑟林伯爵（即凯泽林，作者注）和心理学家卡尔·古斯塔夫·荣格，都对'中国的人生智慧'有一种神秘的想象，把它当作和西方理性主义相对立的观念。"③

但是，卫礼贤《易经》版本的成功还取决于卫礼贤对中国文化的深刻理解，即他能体察到易经的实际文本内涵；更为重要的是，如何将这种理解转化为德语的表达，即通过关键词的替换让"译入语境"接纳《易经》的内涵："文本的翻译尽可能短而精练，以便能够保存充盈于原文中的那种古意。因此，这样做不仅对于文本翻译，而且对中国最重要的注疏更有必要。这个摘录必须是尽可能条理清楚的，它可以使人们对于中国学者为理解这本书的内容而附加上的一些最重要的解说有所了解。我在翻译中难免将其与西方著作相比较，常常是不由自主的，同时也会添加一些个人观点，我已尽可能节制，而且无一例外会在文中表明它们的性质。因此读者大可以将本经和《十翼》看作中文思想原汁原味的再现。我之所以要让读者注意这些是因为这本书呈现的很多基本道理和基督教的教义妙合无垠，以至给人留下的印象常常

① 1913 年 5 月 13 日卫礼贤致凯泽林的信。

② 1921 年 8 月 29 日、1923 年 9 月 10 日、1924 年 1 月 1 日、1924 年 10 月 1 日、1925 年 1 月 25 日凯泽林致卫礼贤的信。

③ 罗丹美（Dr. Dagmar Lorenz）《卫礼贤和他向往的地方——中国》（Richard Wilhelm und sein Sehnsuchtsland China），中文版 https://www.goethe.de/ins/cn/zh/kul/mag/20658065.html，德文版 https://www.goethe.de/ins/cn/de/kul/mag/20658065.html，查询日期：2021 年 1 月 25 日。

令人经久难忘。"[①] 在这里，文本（《易经》）或者词汇（"道"）实际上是充当了文化负载词，起到了下载和上传文化的功能，上传是一个浓缩的过程，而下载则是释放的过程，也就是说不但有着方向差异，还有密度的转化差异。在这一过程中，卫礼贤得到的指点不仅仅来自劳乃宣，还有凯泽林和荣格[②]等德国人，即经过他们理解消化的中国文化的再次阐释对卫礼贤的影响。符号能"使我们想到这个东西加之于感觉而产生的印象之外的某种东西"[③]，以"道"为例，一个符号背后蕴含了大量的文化内涵和理解，当然在翻译中可以以注释的方式对"道"进行阐释，但是这种转化还不能算是真正的符号转化，而真正在符号层面转化是由"道"入"Sinn"，我们阐释"Sinn"面临的困难，正如卫礼贤在阐释"道"时面临的问题一样。在这一系列符号，或者说文化关键词的跨文化翻译转化中，还面临着误读，即符号越简化，越具有更加广泛的阐释空间，即下载和释放意义的过程中也存在意义的变化，这一过程也是卫礼贤德译《易经》所蕴含的最重要的侨易现象，在这种广泛的阐释过程中，蕴含着知识侨易的过程，即荣格和凯泽林面对"道"，他们所阐释出来的含义又进一步侨易成为各自心理学、哲学的成果。"道"的翻译实际上是一次知识侨易，其中凯泽林充当了重要的侨易节点。

三、符号转换：《易经》之"Sinn"到感性哲学之"Sinn"

从两人的交往来看，凯泽林对中国传统思想文化的兴趣是通过向卫礼贤讨教《易经》而体现的；凯泽林对中国在当时世界上的地位以及他对中国作为东方文明的代表的认识是通过他试图将代表作翻译成中文体现的；而最重要的是，凯泽林并没有在交流讨教中弱化自己的主体性，而是试图将卫礼贤背后的中国资源纳入到自己的事业和文化改革中来。而借助卫礼贤的中国知识构建了自己"感性哲学"的凯泽林，又以其对"Sinn"的阐释给予卫礼贤

---

① ［德］卫礼贤著，刘元成、孙家政译《卫礼贤德译本〈易经〉序言和引言》，载《国际汉学》2016年第3期。

② 申荷永，高岚《荣格与中国文化》第39—92页，首都师范大学出版社，2018年。

③ 王铭玉《语言符号学》第79页，高等教育出版社，2004年。

灵感，去阐释"道"的丰富含义。[①] 这在一定程度上正说明了在当时特殊的时代环境下，学术交往与公共交往重叠、思想交流与社交往来交叉的一种情况，而凯泽林正是适时而起，同时对学术圈具备敏锐触觉的思想"掮客"。

卫礼贤在《易经》(1914)[②] 中延续了《道德经》(1911)[③] 中对"道"的翻译，即"Sinn"，而道德的翻译没有直接用狭义的"Moral"来定义，而是分为了"Sinn"和"Leben",[④] 实际上，就是将道德经作为"哲学的"和"伦理的"两层含义来解读，无论是"生命的意义"，还是"生命和意义"，都强调了这两个层次的关联，"Sinn"为法则，"Leben"为生命感性体验。《易经》则延续了这一解读方法。进一步说，儒家思想和典籍更偏向于伦理学的构建，而道家的则更偏向于哲学的构建，这也就是为何《易经》要言不烦，却占据了卫礼贤所定义的中国典籍经典系列的重要地位的原因。[⑤]

凯泽林同卫礼贤的交往近 20 年，这期间两人处境各有变化，而学问成就也各有侧重，但《易经》始终是两人取之不竭的文化资源和展开学术活动的重要依仗。而两人的通信甚至后期最重要的"智慧学校"机构活动中，更时刻显现《易经》框架下的思想碰撞。

《易经》中蕴含的中国智慧在当时的德国广为人知，他们渴望的是新鲜感以及与西方哲学的反差感，但是伦理道德上的空间感和时间感，是凯泽林需要学习和借鉴的。尤其是对于秩序、规则的认识：两者差异体现在西方的秩序是由外部规定的，中国的秩序是"天人一体"的世界观内在指引的。此外，差异还体现在，中国农民是作为这种秩序观的个体体现，但是同样的道德标

---

① Ute Gahlings, „Keyserlings Begegnung mit China und Japan", in: Ute Gahlings und Klaus Jork (Hrsg.), *Hermann Graf Keyserling und Asien, Beiträge zur Bedeutung Asiens für Keyserling und seine Zeit*, Editon Vidya, 2000, S. 172.

② 按前卫礼贤翻译年表（表 1）所标的翻译时间，参见徐若楠《中西经典的会通：卫礼贤翻译思想研究》，上海译文出版社，2018 年。

③ 《中西经典的会通：卫礼贤翻译思想研究》。

④ 为何选择"Sinn"翻译最为重要的"道"，参见 Richard Wilhelm, *Lao Tse. Tao te king. Das Buch des Alten vom Sinn und Leben*, Düsseldorf-Köln: Eugen Diedrichs Verlag, 1957, S. XV-XVI.

⑤ 《易经》也是从翻译到出版花费时间最久的著作。《诗经》(1904)、《论语》(1911)、老子《道德经》(1911)、《列子的太虚真经》(1912)、庄子《南华真经》(1912)、《孟子》(1914)、《大学》(1920)、《易经》(1924)、《吕氏春秋》(1928)、《太乙金华宗旨》(1929)、《礼记》(1930)（注：括号内为出版时间），参见《中西经典的会通：卫礼贤翻译思想研究》。

准的外化体现在西方却是市民-资产阶级，但是资产阶级追求个人自由和多样化是与这种内在道德标准矛盾的，这也是凯泽林力求解决的矛盾（宏观而言是他试图解决“一战”之后的社会问题的一种阐释）。

《易经》实际上蕴含了儒家和道家的最初资源：儒家针对的是道德伦理，道家则是自然伦理，两部分共同构成了中国文化的特色和基础。易经在中国文化中的位置无须多言。理查德·史密斯（Richard J. Smith）认为，《易经》是类似《圣经》或《古兰经》等其他文化中的宗教经典。[①]

卫礼贤翻译中的“道（Sinn）”和“德（Leben）”，再到凯泽林所属的生命哲学和他所创立的“Sinn”的哲学（指感性哲学 Sinnphilosophie[②]），就不难厘清其中知识侨易的脉络，及生命的哲学与法则的哲学融合，成为“感性哲学”，这种对生命哲学偏重生命经验更正理性和形而上思辨的线索的重视、对中国资源的“道”的框架的融合，就完全体现出来了，而这也恰恰体现了凯泽林哲学思想对于西方长久以来二元对立的逻各斯和秘索思路径[③]的融合，即理性和浪漫，或者说理性和反理性的一种融合。这种尝试虽非其所新创，但其完全是以“Sinn”这一关键词的文化内涵转化为基础才得以生化的。

四、感性哲学观持续构建：以《易经》及卫礼贤为媒介

考虑到这一时期正是凯泽林的智慧学校活动如火如荼展开之际，而卫礼贤则面临着将事业中心从中国回转德国的抉择和变动。两者在学术场域中的声望和地位均发生了重要变化，1921 年至 1925 年两人信件往来更加频繁，应是两人通信史上最频繁的时段。这段时期的通信最显著的特征是凯泽林不再仅仅向卫礼贤请教中国文化，而是将卫礼贤的汉学知识作为发展智慧学校和感性哲学的重要资源，将卫礼贤纳入到了自己的事业版图中来，卫礼贤获得

---

① ［美］理查德·史密斯著，侯一菲译《全球视角中的〈易经〉：几点思考》，载《国际汉学》2020 年增刊。

② 翻译为感性哲学的原因主要考虑到凯泽林在早期受到生命哲学的影响，并十分注意生命直观体验对于哲学思考的启发。

③ 相关论述参见陈中梅《论秘索思》，载陈中梅《柏拉图诗学和艺术思想研究》，商务印书馆，1999 年。

法兰克福大学的荣誉教席时，凯泽林表示祝贺并认为卫礼贤在法兰克福所做的工作势必会一年比一年重要。他预测这将开启一个新的时代：“这个新时代既是属于陌生人的，也是属于旅行者的。所有的新文化都是由陌生人建立的。比如罗曼·恩格（Roman Ungern）重新发现了蒙古的精神，您的生活工作则同中国的精神也是一样的关系。目前我已经变成了一名旅游演讲者。”①

凯泽林还曾向卫礼贤讨教，问他是如何在《易经》一书中把这种关系极尽深刻但是又非常感性地表达出来的，他猜测“您一定有足够的经验和足够的思考，所以现在能有这样的认识。与此同时，忘却了语言学、历史学、编年史和现实，独独思考其不变的本质和永恒，所以首先您不必花费大量时间，却可以完成真正有意义的内容”②。

卫礼贤和荣格同为智慧学校年度大会的嘉宾，两人之间的学术交往主要体现为荣格借助卫礼贤得到了对中国传统文化的了解，荣格经由卫礼贤翻译的《太乙金华宗旨》从中国道家思想特别是内丹学得到灵感，对集体无意识的心理现象有了突破性的研究；③ 在这一点上，凯泽林也是如此，正是借助卫礼贤的汉学资源，他才延续了世界旅行之后对中国文化的兴趣，并继续扩充相关知识。除此以外，荣格对于中西文化的认识又同凯泽林相近：“就在我们用技术上的优势把东方的物质世界搅得天翻地覆的时候，东方则用它精神上的优势把我们的精神世界投入困惑和混乱……我们最终将从那种限制其眼界的做法——这在东方已经发展为一种暧昧可疑的清静无为——中悟到点什么；也许，我们会逐渐从那种稳定的心态——这种稳定只有在精神的要求变得如社会生活一样绝对必需时才能达到——中悟到点什么。”④ 卫礼贤同凯泽林在智慧学校时期的交往不限于书信往来和讲座报告，在1925年之后，卫礼贤还曾在1925—1927年参加了达姆施塔特智慧学校的三次年会，分别做了《个人命运和宇宙发展》《宇宙的安排》《作为中庸的人》三次报告，三篇报告映射了他的世界观，融合了他的知识体系，特别是《作为中庸的人》中提到的工业及

① 1924年1月1日凯泽林致卫礼贤的信。

② 1924年10月1日凯泽林致卫礼贤的信。

③ 方维规《两个人和两本书——荣格、卫礼贤与两部中国典籍》，载《清华大学学报》（哲学社会科学版）2015年第2期。

④ ［瑞士］荣格《现代人的精神问题》，载［瑞士］荣格著，冯川、苏克译《荣格文集》第120—121页，改革出版社，1997年。

机器文明引发的“国家、宗教和道德联系的崩溃”以及重塑人类精神（即“中庸”）等观点同儒家思想的紧密联系。这些情况更可以看出东方经验带给凯泽林的思想观念变迁和凯泽林精神的几度质变和升华。

在智慧学校的通讯刊物《圆满之路》中，凯泽林每年的评论文章中基本都会出现以卫礼贤为对象的章节，其中：1920 年 1 篇、1921 年 1 篇、1923 年 2 篇、1925 年 2 篇、1926 年 3 篇、1929 年 1 篇。从卫礼贤发表了不少文章，也就是两人通信时凯泽林催稿过的那些，可以想见，如果没有卫礼贤的参与和支持，凯泽林的智慧学校在宣传东方文化时的说服力想必就没那么强了。而凯泽林对卫礼贤的作用是十分清楚的，卫礼贤不但是智慧学校和感性哲学的重要供养者，同样也是对西方文化更新换代起着根本作用的角色。

> 所有文化的起源，都可以追溯到异域种子在本地的发芽。从各种传说中，我们被一次次告知：最原初的文明来自远方。……每次轮回，或多或少都在重复着相同的轮回。毫无例外，其中的领袖都是那些内心存在着异质的人物。也正是这样：只有这样的人才能看到新的使命、只有这样的人才能指明新的方向。因此现代欧洲是承继了罗马文化的日耳曼人建立的，……如果文化衰老了，同样的事情就会再次发生；古老文化会附身到异域中，避免灭亡。这可以解释为什么最后一个完整的、真正的中国人是一个德国人了。他就是卫礼贤，法兰克福的教授，同时也是我们的同事。①

凯泽林从卫礼贤的介绍中得到了关于“致中和”等儒家和道家思想的概念，进而归纳出“Sinn”的路径，与“Logos”相对应；从“Sinn”的概念到围绕“Sinn”建立的一系列阐释，再到“Sinnphilosophie”与“Logos”形成的一个二元世界观（哲学观），完成了进一步的“知识侨易”过程。

在这一个“知识侨易”过程中，卫礼贤和凯泽林实际上是充当了“知识侨易”的节点，即下载和上传过程中对抽象的符号与具体含义之间进行联系

---

① Hermann Graf Keyserling, *Der Weg zur Vollendung*, Bücherschau: Richard Wilhelm, Darmstadt, 1925, Heft 10.

和对应的关键点（图1）。从“道”的三角（中国文化）经历了卫礼贤和凯泽林的侨易阐释成了“Sinn”的三角（见图2），这也是符号-指代对象-意指[①]的三角关系。

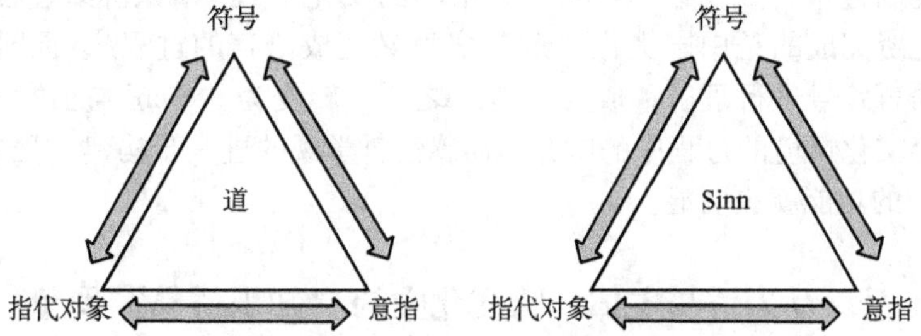

图1　三角关系中各个点，或者说各个线之间的联系

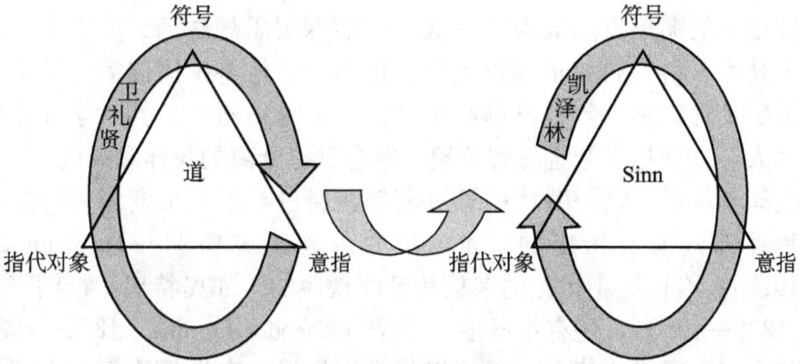

图2　符号-指代对象-意指的三角关系

而人在“知识侨易”过程中的作用也在于此：从“道”到“Sinn”借鉴的不仅是符号本身还有符号构成的方式、结构和阐释方法。由此制造新的意义（符号结构），即“meaning-making”，如果说符号学可以回答“道”的内涵以及“Sinn”的内涵，那么“知识侨易”的角度能够挖掘的是符号（“道”

① 吕红周《符号·语言·人——语言符号学引论》第4页，南开大学出版社，2016年。

"Sinn"）的变化过程以及这一过程中的"媒介关联物（人）""对象关联物"和"解释关键物"，所以卫礼贤和凯泽林所充当的媒介也是符号系统之间的媒介、中介。

同时，由"道"这一文字符号构成的一系列文化上传-知识侨易过程，就被完全复制过来，成为以"Sinn"为中心的文化下载-知识侨易过程。换言之，卫礼贤完成的是中国文化"道"之意义变成语言的过程①，而凯泽林则就这一语言符号进行理解，成为"道"之语言转变为"Sinn"之语言并进入德国社会文化情境的过程中的中介。而感性哲学观的进一步构建过程中，"知识侨易"的功能就更明显。

五、互为侨易主体：跨文化中的"知识侨易"现象

在世界旅行尤其是东方（印度、中国、日本）旅行的观察和体会之后，凯泽林更加清醒地意识到通过理性思辨无法解决世界的多样化的升华和简化问题，而世界的多样化同样是不需要通过理性进行整理和一致化处理的。再加之理性主义的畸形发展成为"一战"背后深层思想诱因，广大市民阶层已经厌倦了技术、科学带来的精神创伤，也因此，他将中国儒家、道家的自然伦理及道德伦理观纳入到自己延续生命哲学思考得出的感性哲学体系中，渴望为普通人、大众提供减轻思想负担，融合日益分离的身体和灵魂。

如凯泽林一样，这一时代的思想家都在通过寻求外部资源来解决时代问题，这种外部资源有历史的，如西奥博尔德·齐格勒（Theobald Ziegler，1846—1918）；有回归中世纪的宗教和等级秩序的，如奥特玛·斯潘（Othmar Spann，1878—1950）；还有特奥多·莱辛（Theodor Lessing，1872—1933）和凯泽林等向亚洲寻求方案的。而可以想见，如果没有世界旅行和中国经历和卫礼贤的引介，凯泽林与中国资源始终是无法交流的。

从根本上说，中国资源给凯泽林的启发不只是形而上的哲学灵感，更重要的是，指出了一条"哲学世俗化"的可能之路，尤其是道德伦理世俗化的

① 方维规《中国灵魂：一个神秘化过程》，载［德］马汉茂等主编《德国汉学：历史、发展、人物与视角》第74—94页，大象出版社，2005年。Salome Wilhelm, *Richard Wilhelm: Der Geistige Mittler zwischen China und Europa*（《卫礼贤：中国与欧洲的精神中介人》），Düsseldorf-Köln: Eugen Diedrichs Verlag，1956.

成功之路，道德伦理作为价值，对于塑造社会有着结构性的作用，尤其对于德国而言，其“立国”价值主要是源自民族文学，而所谓文化的危机正是对以市民文学和民族国家认同为基础的德意志地缘的（欧洲的一部分）国家面临的时代巨变和魏玛共和国面临的政治危机的综合反映，尤其是这种文化危机中还掺杂了经济危机、政治意识形态的分离。凯泽林在“一战”后清楚意识到了生命哲学中的反理性成分，而反理性的生命哲学一方面得以和大众需求相呼应，但另一方面又潜藏着发动大众非理性思维的危机。而面对中国经历，凯泽林认为，哲学世俗化是可能的，而且其结果是可以避开西方文明所经历的非理性陷阱的。这也是凯泽林与卫礼贤的二元侨易现象最为突出的一个特征和意义，也是迫使绝对主义的科学理性发展出相对主义的诱因之一。

凯泽林转向中国的动机还有以下原因：首先，德国的传统理性思辨方法在面临激烈变化的政治、经济格局时缺乏有效的证据，这就使条分缕析的启蒙理性失去了适用范围；其次，德国本土的危机以及欧洲范围内的危机都说明，本土不再具备提供可得出出路的有效证据，这就迫使一些生命哲学家、宗教哲学家转向外部资源。如上所述，中国作为可选的若干外部资源自然并不意外被凯泽林选中。

由上可知，凯泽林的感性思想路径和哲学实践思路的形成过程中始终得到了卫礼贤为媒介的中国资源的辅助，凯泽林对中国的认识是由卫礼贤进行导引的，他的世界旅行动机在于凯泽林自己意识到了异文化对思想的刺激功用，所以不能说凯泽林在同中国思想接触之前完全是无自我建构意识的，但是，在踏足中国之后，他在中国南方的见识和感触明显停留于游客视角和观察者角度，而在青岛之后，再到上海等地，通过与卫礼贤以及卫礼贤介绍的辜鸿铭（1857—1928）、张君劢（1887—1969）等人的交往，凯泽林对中国的认识已经透过肌理，开始找寻中国之内在思想文化的特征、不同。所以，卫礼贤对于凯泽林的中国观的形成是有点化启迪之功的，没有卫礼贤，凯泽林就无法便捷地同士大夫阶层、新知识精英个体发生联系，同时，卫礼贤在凯泽林在中国的社交、思想交流中也充当了润滑剂的作用，这里既有语言的原因，也有中国人的社交规则原因。凯泽林幸运之处在于，每一处异文化中都有一位中介人来帮助他。或者说，每一处陌生的思想领域都有一个跨界者来引领他。这种催化剂式的人物，可以说是凯泽林感性哲学构建过程中必不可少的关键。卫礼贤的中国研究所成立于1925年的法兰克福，财政支持是由弗兰肯·希尔施多夫伯爵夫人（Bertha Gräfin von Francken-Sierstorpff）提供的。卫礼贤在开幕仪式上说："法兰克福中国研究所是他多年前在中国就开始的工作的总结，现在终于在德国土地上得到了圆满结果。这意味着东西方之间有了精神思想的一座桥梁，这桥梁的一端是中国燕京大学的汉学研究所，另一端是德国法兰克福中国研究所。如果把中国研究所的主要任务划为探索中国文化并调节东西方的深度，在整体的历史进程中，或者艺术、文化、哲学、宗教等领域，最深层的关系是人和上帝之间的关系，也就是人和绝对的生命源泉的关系。这些真理，隐藏在古老传说以及经久发展的宗教感官中，而历史性的表现绝不是唯一的。而新的思想已经通过世界大战进入我们的视野，所以必须在道德思想培养中作为其复苏的前提条件加以考虑。我们从国家社会的传统窄湾中被冲上了世界海洋，驶向新的海岸、新的生活条件，这是强制性的。几百年来领土和精神范畴相互孤立的樊篱已经倒塌。我们彼此接触，开始意识到文化和科学方面的成就知识只是每个个体的相对价值。不独是在过去，我们欧洲人只崇拜自己的偶像，而对东亚高尚的文化、独特的人文精神有所误解。这是不能接受的。"① 可见，知识精英们对文化沟通桥梁的任务认识是比较一致的。卫礼贤和凯泽林一样，都通过长久经年在异国他乡的生活和实践意识到了异文化的"他者"对照功能，特别是认识到中国的思想资源对于发展本国文化的意义。

感性哲学所继承的西方哲学传统可以追溯到叔本华以来，直至柏格森、狄尔泰等现代生命哲学流派对个体生命的反思、对社会与个体之间关系（特别是矛盾的一方面）的关注。从东西方文化角度来看，感性哲学更容易在东方人生智慧的角度被人理解，即感性哲学观与东方的入世智慧更加一脉相传。东方思维中重在修身，而不在改变外在，这种克己的自我精神完善方法同凯泽林的几点追求是一致的。感性哲学的诉求在于解决个体精神的不稳定和生活危机，凯泽林的诉求在于解决自己精神世界不完整的问题。凯泽林将中国思想中对生命、贡献、个体、社会的论述作为感性哲学的资源。一方面能解释自己之思想和精神世界，另一方面，凯泽林相信自己的精神层面问题也是

① Richard Wilhelm, „Die Eröffnung des China-Instituts zu Frankfurt am Main", *Mitteilungen des China-Instituts*. 1. 1926, S. 1-13.

这个社会的问题，即构成社会之个体的普遍问题，所以才将感性哲学推向社会以解决整个时代问题。这种启发是社会性的。在汲取了西方哲学传统和东方文化思想资源之后，凯泽林的感性哲学才能在“智慧学校”的机构辅助下得到更大的影响力。

换言之，汉学研究空间中的“二元”侨易如果以卫礼贤为中心，则凯泽林是促进他理解“Sinn”的一个途径，完成了“卫礼贤-凯泽林”的“二元”侨易，而卫礼贤与荣格的交往也是类似，但是没能继续在《金花的秘密》之后得到升华，卫礼贤早逝，其翻译精华和思想的转变精进得益于与哲学人的密切交流和讨论；如果以凯泽林为中心，则更可以发现卫礼贤对于他的感性哲学观（Sinnphilosophie）的创建的意义，这一个词的选定和阐释是两人交往的一个结果，但是对于凯泽林而言更为深远，他在此基础上创办了智慧学校以及终生以此为生活哲学。“知识侨易”的模式也成为凯泽林日后完善其哲学思想的关键，诸如泰戈尔、荣格等人也成为多次“知识侨易”的关键节点。而“知识侨易”的重要性还不止于此，在关键词跨文化翻译和演绎的背后，实际上是两个不同的文化领域（Sphere）或者文化场域（Champ）的沟通和牵连，这也是卫礼贤德译中文典籍的更重要的功能和意义：透过具体的“知识侨易”现象所展示的是不同侨易空间互动的可能。

（董琳璐　上海外国语大学讲师，博士）

论“变”与“常”中的罗存德

——以《英华字典》为中心的知识侨易

熊　英

摘　要：本文在侨易学“二元三维”的框架下，用“侨元四义—易元四义”对19世纪德国来华传教士罗存德的侨易过程和侨易现象进行阐释，揭示他在“变”与“常”中成长为颇具影响力的传教士的发展历程；其代表作《英华字典》作为当时新知识、新观念、新制度等现代概念的载体，其中所蕴含的中西观念的传递更是承载了侨易学中“三维”的要素。因此，本文通过对以《英华字典》为中心的知识侨易的阐释，揭示出以罗存德为代表的西方传教士主观上试图用西方文化来取代中国文化，对近代中国的衰败负有不可推卸的责任；但客观上担任了中西文化沟通使者的角色，把西方现代性的知识、制度和观念传入中国，打开了中国看世界的窗口，促进了近代中国的觉醒及变革，从而使中国一步步迈向现代化。

关键词：侨易学　二元三维　罗存德　《英华字典》

侨易学是学者叶隽在李石曾的“侨学”概念基础上，以《易经》丰富的思想内容及发展变化的特点作为哲学方法论基础而提出的学说，为理解中外文化交流现象，探讨异质文化之间的互动关系提供了一种全新的方法论。其中，“侨”指位置的移动，“易”取“交易”之义，来自易经“万物交感”的哲学思想。侨易学研究的是研究对象（侨易过程之主体）如何通过“相交”，尤其是位置位移导致的“异质”相交过程，发生精神层面的质性变易过程。[①]

“传教现象”是侨易学研究中非常典型的一类，指“特定的宗教信徒，为

---

① 叶隽《变创与渐常：侨易学的观念》第6、16、17页，北京大学出版社，2014年。

了传播自身所信仰的宗教信条，而远离自己的母国来到异国，对特定的人群进行宗教的归化和宣教工作”[1]。作为侨易共同体的传教士们对侨入语境有着强烈的变革意识，他们的侨易动机非常明确，想借助传播西方先进的科技及物质文明成果来传播宗教教义，但有趣的是，“文化的交易规律往往并不简单地以人的意志为转移”[2]。或许是受适应政策等传教策略的影响，传教士们侨入中国后开始学习中文，熟悉中国文化，与中国文化进行互动。他们将中国典籍进行翻译，还写了大量介绍中国的著述，对当时西方社会对中国的认识、中国典籍在西方传播以及西方语言与汉语之间的融合与发展等都具有重要的意义。因此，传教现象属于传播型侨易，传教士不仅自身成为侨易主体，承担了在侨入语境中的宗教教义传播任务，同时也成了当时西学东渐以及东学西渐的传播者，虽然这并不是他们侨入之初的主观动机，但他们侨入中国后受到了侨入语境和侨入因素——中国社会与文化的重要影响。

罗存德（Wilhelm Lobscheid，1822—1893）

［注：这是迄今为止发现的罗存德唯一的照片，现保存于德国伍珀塔尔的新教联合会（Vereinte Evangelische Mission，简称 VEM）档案馆。］

① 《变创与渐常：侨易学的观念》第112—113页。

② 《变创与渐常：侨易学的观念》第113页。

19 世纪德国来华传教士罗存德便是其中一位。虽然目前学界对罗存德专门的研究并不多，但由于他丰富的语言知识、中文能力以及精通医学，被认为是 19 世纪最有价值的传教士之一。他为英国、奥地利等欧洲各国提供了不少诸如翻译、联系等方面的帮助，英国《海外布道杂志》对他当时的传教活动以及日记、书信都进行了全面的报道和转载，是 19 世纪福汉会（Chinese Evangelization Society）在中国的重要代表。罗存德从 1847 年首次受德国礼贤会（Rhenish Missionary Society）派遣来华到 1869 年最后离开，期间往返欧洲与中国 3 次，共出版了 46 部作品[①]，除了宣扬教义的册子、介绍中国地理、人口的著作以外，还编写了不少关于汉语学习的教材，并在大量寄回英国的信件和日记中记录了他在中国的所见所闻。这些他在侨易过程中受到侨入语境的影响而形成的关于中国社会、文化以及人民的观念和知识传回欧洲后，对当时的欧洲社会，特别是同时代的英国传教士产生了很大的影响，如戴德生（James Hudson Taylor，1832—1905）读了他刊登在《海外布道杂志》上的日记和报道，专程去伦敦拜访他，并立志来华，从而发生新的侨易事件。

侨易学的基本原则在于“二元三维，大道侨易”，主要考察侨易对象“是否发生运动，这种运动既包括地理位置的移动，也包括思想文化的流动”。而构成第三维的“学”则是引活侨易二元规律的关键，应与知识史紧密联系起来。[②] 罗存德以韦氏词典为蓝本，编纂了四卷本的《英华字典》（1866—1869），被誉为“代表了 19 世纪西人汉外辞典编纂的最高成就”[③]。这部字典收录了大量当时随着西方科学技术、社会制度及学科知识发展而出现的新概念和新词汇。他先用韦氏词典的英文释义进行阐释，再用相对等的汉语表示，并结合中国社会、文化的情况，举出相关的汉语例证。语言是知识的载体，《英华字典》则承载了 19 世纪社会和文化发展的知识，承载了侨易过程中“第三维”的功能，这些知识在西学东渐和东学西渐的过程中与“侨”“易”一起构建起罗存德侨易过程中“二元三维”的框架。

---

① 根据各方记载和出版统计所得，具体作品目录请见熊英《罗存德及其〈英华字典〉研究》之附录二《罗存德著作目录》第 108 页，北京外国语大学博士论文，2014 年。

② 《变创与渐常：侨易学的观念》第 40 页。

③ 沈国威《近代中日词汇交流研究：汉字新词的创制、容受与共享》第 125—132 页，中华书局，2010 年。

一、作为侨易主体的罗存德

侨易学关注并研究事物的变化过程。通过观象取易，我们可以较准确地把握住整个个体生命发展过程中的若干关键点，并进而由此点而逐渐放大，呈现出形成此点的生活背景、教育空间乃至时代背景，体现出个体纵向轴与时代横向轴之间的交错关联，尤其是在哪个交互位置上的意义。[①] 作为侨易主体的罗存德从懵懂少年成长为19世纪颇具影响力的来华传教士，纵观他的一生，充满了"变"数。叶隽教授用"侨元四义—易元四义"[②] 相互组合而生的四组概念详细地阐释了侨易现象，即移易四义、仿易四义、高易四义和侨易四义，在罗存德的整个侨易过程中都呈现出显著的特点，以下就罗存德侨易过程中比较典型的现象进行阐释。

（一）移交

"物质位移，精神质变"是理解侨易学的关窍。[③] 侨易现象既非单纯的位移现象，也非纯粹的思想现象，而是物质与精神的结合。[④] "移交"的"移"指"侨移"，也就是位置的移动，侨入语境和侨出语境的区别会对侨易主体产生影响，带来思想上的变化，称为"移变"。而在此过程中，侨易主体本身也可能会对侨入、侨出的语境产生影响；而"交"则指由于位置的移动而导致的异质文化相交。

1833年，11岁的罗存德父母双亡，离开家乡前往贝恩堡（Bernberg）投靠亲戚费巴恩（Viebahn）。为了谋生，15岁的罗存德在雷特马特（Letmathe）成为一名鞋匠学徒，随后跟随师傅搬到弗罗伊登贝格（Freudenberg），1939年回到家乡古梅尔斯巴赫工作，1840年9月前往伦内普（Lennep）。[⑤]

在这段人生经历中，罗存德离开故乡，所处的地理位置和环境不断发生

① 《变创与渐常：侨易学的观念》第165—166页。

② 叶隽《"侨易二元"的整体建构——以"侨"字多义为中心》，载《侨易》（第2辑）第187—207页，社会科学文献出版社，2015年。

③ 《变创与渐常：侨易学的观念》第31页。

④ 《变创与渐常：侨易学的观念》第89页。

⑤ 该部分信息来源于罗存德的自述，现保存于德国伍珀塔尔的新教联合会（VEM）档案馆，罗存德的这份档案编号为48，参考《罗存德及其〈英华字典〉研究》第17—18页。

着变化，原本打算坚定从商的他改变主意，学习了制鞋手艺，这是一个侨动的过程，无论是从商还是制鞋的工作，都属于谋生的手段，虽然内容不同，但并未发生精神上的质变，因此还算不上侨易现象。侨易现象指“在质性文化差结构的不同地域（或文明、单元等）之间发生的物质位移，有一定的时间量和其他侨易量作为精神质变的基础条件，并且最后完成了侨易主体本身的精神质变的现象”①。而随后使罗存德发生精神质变的导火索是德国作家约翰·海因里希·容·施蒂林（Johann-Heinrich Jung-Stilling，1740—1817）的一些作品和传教的小册子。正如他在自述里所写的：

> 到那时为止我没有接触过基督教，只是通过阅读 Stilling 的作品（后来也看过一些传教的小册子），心里照进了一缕光芒。这缕光芒首先穿透了黑暗。我 1841 年来到了伍珀塔尔（Wupperthal），被一个活跃的教区唤醒，得到滋养。在那里我第一次看到了派遣传教士，也是第一次促使我跪倒在上帝面前，这样他也接受了我为他服务的愿望。……②

1841 年，罗存德在伍珀塔尔加入教会，1844 年到莱茵差会（Rh. Missions-Gesellschaft）报到，同年进入 Missionshaus 传教士训练学校学习，以便担任向异教徒传播新教的重任，于 1947 年 9 月 29 日被授以神职，从此成为一名牧师。因此，阅读施蒂林的作品和宣扬教义的册子是罗存德侨易过程中第一个重要的侨易条件，正是这个条件才使他日后有机会成长为一名传教士。来到伍珀塔尔则是罗存德侨易过程中非常重要的侨易事件，正是这个城市活跃的宗教氛围滋养了他，使他的精神发生重大的质变，从一个普通民众成长为一名传教士，从而为他日后三次来华奠定了基础。

罗存德发生侨易现象的原因分为内因和外因，外因主要是当时伍珀塔尔的宗教氛围吸引了他，而内因则是罗存德自身的努力学习，精通医学和外语，才有了质的升华。其中，罗存德学习医学和外语的动机也是受侨入语境影响，因为在 19 世纪，传教士们来华传教的主要手段便是靠为老百姓治病，学习外

① 《变创与渐常：侨易学的观念》第 90 页。

② 罗存德自述，现保存于德国伍珀塔尔的新教联合会（VEM）档案馆，中文译文引自《罗存德及其〈英华字典〉研究》第 18 页。

语则是为了传教的沟通。

侨易学认为，所谓侨者是具有势差之间的异质文化体之间的位置变化，从而有可能导致精神的质性变异。[①] 在传教的侨易现象中，中西两种文化体之间存在基督教宗教信仰的势差，因此，与大多数传教士一样，罗存德在华之初的主要工作是通过医疗和教育来接近民众，从而达到归化民众的目的。但传教士这个群体当中的每一位都是一个侨易主体，“表面上仿佛是个体的活动，但实质上始终是象外有象，有着非常复杂的符号功能和象征意义；进一步追问之，则必然涉及文化体之间的接触和相交，也就是说个体有时更多的是发挥了载体的作用，尤其是在那些杰出个体身上，这种载体功能会表现得更加明显”[②]，这就是“移交”——因为移动而发生异质文化相交。异质文化相交不仅对侨易主体有所影响，而且作为载体的主体反过来会影响侨入、侨出的语境。这一点在罗存德的侨易过程中尤为明显。

他三次来华的工作重点随着他在中国香港和广东等地的活动，对侨入语境了解的不断加深而发生着变化，从传经布道到担任殖民政府官员、从编写语言类教材到《英华字典》，最后撰写出版关于中国及中国人的观点性和建议性的作品，直至离开。1862 年 9 月，罗存德从欧洲第三次来华，他并未像前两次来华一样去广东北部和西北沿途传教，而是留在香港参与建立传教学院(Missions-Instituten)，负责学院的运行、授课和演讲。他将大部分精力放在出版方面，有明确出版时间记载的就有 12 部，其中包括四卷本的《英华字典》。此外，他还担任一家中文报纸的编辑工作。1864 年，罗存德开始筹备《英华字典》的编纂工作，直至 1869 年，他完成《英华字典》最后一卷后被迫离开香港。这是他在华生活时间最长的一次，一方面中国社会和文化对他产生了影响，并在其作品中有所体现，比如在编纂《英华字典》时他选用了大量本土化的例句，充分反映了中国生活的方方面面在他身上烙下的深刻印记；另一方面，他寄回欧洲的英文日记和书信，以及出版的小册子的内容都折射出他对中国的感知，如《中国人：他们是谁以及他们在干什么》《香港的罪恶及解决办法》等，他的感知受到很多因素的影响，其中包括他作为个体的成长历程、宗教背景，19 世纪的西方中心主义，以及殖民国的优越感，虽然他的

① 《变创与渐常：侨易学的观念》第 31 页。

② 《“侨易二元”的整体建构——以“侨”字多义为中心》，载《侨易》(第 2 辑)。

感知并不客观，但在客观上代表了中西两种文化相遇后的冲突与融合，对侨入的中国文化及侨出的西方文化都产生了一定的影响，促进了早期中西文化的交流。

（二）仿交

“仿交”是“仿易四义”的概念之一，“仿”的前提是有模仿的对象，“以一方学习另一方为主轴的交易过程”①。作为侨易主体的罗存德，在来华之前的侨易过程以及来华之后都呈现出典型的“仿交”的特点。

父母双亡的罗存德，按人生的轨迹，或许会成为一名制鞋手艺人，但他侨动到伍珀塔尔后加入了教会，成为一名牧师，从此整个人生被改写。19世纪的传教士在异质文化中主要通过医疗和教育活动来进行传教活动，因此，学习医学和外语成为大多数传教士的必修科目。而罗存德颇有医学和语言的天赋，他曾作为公费生在礼贤会的神学院学习神学和医学，在学习期间，他的外语才能得到充分发挥，在短时间内掌握了希腊语、拉丁语、希伯来语、汉语等等，这也为他以后作为传教士进行东西语言交流打下了基础。纵观他的一生，这期间的学习内容实际上也是受到精神质变的影响，这个阶段的“仿交”是他受到侨入语境中的影响而进行的学习，与其他传教士一样，一切都是为了传教工作的需要而进行的学习。

传教士们来到中国，为了接近民众，努力学习当地的习俗，罗存德也不例外。据档案记载，1847年10月11日，罗存德受德国礼贤会派遣首次来华，担任传教士郭实猎（Karl Friedrich August Gützlaff，1803—1851）的助手，主要通过医疗和教育活动在香港和广东沿海地区从事传教活动。实际上，罗存德在1872年写给冯·罗登（L. von Rohden）的信中说：“服从传教士叶纳清（Ferdinand Genähr，1823—1864）的命令，并由他领导。”② 就这样，罗存德等德国传教士在广东沿海一带免费医治病人，使当地人对他以及德国其他传教士都产生了好感，因为他们没有派战船来华，也不贩卖鸦片，而是来医治疾病，做的都是善事，而罗存德白天医治病人，晚上布道，被大家公认为“好心人”。他所医治的大多是贫苦的老百姓，在新年的时候，他们会给他送

---

① 《“侨易二元”的整体建构——以“侨”字多义为中心》，载《侨易》（第2辑）。

② 冯·罗登撰写的《莱茵差会史》（*Geschichte der Rheinischen Missions-Gesellschaft*，1871）出版后，罗存德对其中涉及他的内容失实无法保持沉默，于1872年3月10日写了一封长长的信一一予以澄清。该信用德文撰写，现存于德国伍珀塔尔的新教联合会（VEM）档案馆。

些礼物以表谢意。作为回礼，罗存德会在家设宴款待邻居，学会了礼尚往来。如此一来，来找他看病的人络绎不绝。因此，西方教堂里会用钟来召集民众，他则用鼓来替代，通过击鼓的方式将民众召集起来讲经布道。随着人数越来越多，罗存德也考虑借用当地庙宇作为布道的场所。直至1851年3月18日，罗存德因健康原因返回欧洲进行休整，同年脱离礼贤会。在罗存德首次来华的这个侨易过程中，他用“仿”来拉近与人的距离，设宴款待，学会礼尚往来，罗存德通过简单的模仿进行着改变。用击鼓来替代教堂的钟声，从表面上看是入乡随俗，外表的形式有所变化，本质还是传教活动，并期望有更多民众信仰宗教，向他学习教义，这正是典型的“仿交”。

（三）高交

“高交”的“高”指提升，侨易主体在侨动过程中经过学习，“层次提升了，所交流和交往的圈子就不一样了，这样一种发生交易的过程，当然有利于继续发展和提升”①。

罗存德经过神学院的学习，所达到的知识水平已经远远不是之前作为一名鞋匠所能想象到的；首次来华后，又一直与郭实猎、叶纳清等众多知名传教士一起工作，拓宽了他的眼界，使得他的见识在一般传教士之上。19世纪的欧洲，各个教会纷纷派传教士来华，他有大量机会接触到不同教会的其他传教士，比如，1852年第2次乘坐“阿特米希亚”（Artemisia）号来华，同行的除了他新婚的妻子，还有即将加入始兴（Saiheong）礼贤会的莱克勒小姐（Miss Lechler）和即将加入纽曼先生和纽曼夫人（Mr. and Mrs. Neumann）所属的香港柏林协会（the Berlin Society）的波塞尔小姐。② 通过在传教士群体中与不同个体的接触，他对于教义及传教活动也有了一定的理解和想法。

1854年12月，罗存德作为汉语和德语的翻译与卫三畏（Samuel Wells Williams）等一同乘阿达姆率领的第三次日本远征舰队前往日本，参与日美合约的换文签字活动。1856年，罗存德成为伦敦会会员。1857年，与福汉会脱离关系，为香港殖民政府工作，被英国政府任命为香港政府的视学官。1860年1月14日，写信辞掉香港政府的工作，17日，获得梅西先生（W. T. Mercer）的回复批准。1861年，罗存德担任英国“神秘”号上的船医，随船

① 《“侨易二元”的整体建构——以“侨”字多义为中心》，载《侨易》（第2辑）。

② 《海外布道杂志》（*The Chinese & General Missionary Gleaner*）第37页，1852年10月。

经德梅拉拉返回欧洲。他这次随船去西印度群岛的目的，是为了了解当地的情况，为中国人向德梅拉拉的移民提供信息。他在1872年写给冯·罗登的信中提到，去德梅拉拉的目的还是“出于传教的兴趣，建立学校，改善中国人和印度人的宗教和道德状况”①。

在主要的德语传记辞典中并没有“罗存德”的词条，唯一能找到有关他的记载是在关于奥地利的“诺瓦拉”（Novara）号舰艇的记录中，这也是冯·施莱策②与罗存德之间交往的记录。“诺瓦拉”号于1858年夏抵达香港，在一次前往广东的旅行中，传教士昂斯（Hance）与罗存德陪同前往。罗存德为该舰艇服务的情况被官员冯·施莱策记录了下来：

> 他是传教士和学校督学，非常熟悉中国语言，尽最大努力帮助了我们。除了帮助我们购买各种中国最有价值的作品外，还在关于这个国家和居民方面给予我们很多有趣的信息。③

身在侨易过程中的罗存德在迅速地成长，他先后加入礼贤会、福汉会和伦敦会，不断学习，而在3次往来欧洲与中国的侨易过程中，他对中国越来越熟悉，对传教士在华工作内容的认识也在不断更新，并随着大环境和形势的需求进行调整，其活动内容已经远远超出了所服务的教会组织和殖民机构。“高交”贯穿于罗存德整个侨易过程，他所从事的医疗、教育活动以及参与日美合约的换文签字活动，去西印度群岛考察，为英国、奥地利等欧洲各国提供翻译、联系等方面的帮助等等，都是典型的他提升之后发生的交易过程。

除了“高交”，侨易学的“高易四义”还包括“高变”“高常”和“高简”

---

① 转自《罗存德及其〈英华字典〉研究》。

② 在《英华字典》第1卷的扉页，除了用很小的字体标明献给奥地利国王和普鲁士国王之外，还用大号的字体提到了3个人的名字：冯·勒普修斯（C. R. von Lepsius）、冯·施莱策（Karl von Schrerzer）和奥维贝克（G. Overbeck）。从字体的主次来分析，这套辞典主要是献给他们3个人的。但据目前学界考证，只找到罗存德与冯·施莱策之间的这一点联系。

③ 转自曾在奥地利国家图书馆负责中文书籍工作的雷乔治（Georg Lehner）博士提供的信息。据探险队成员、《中美洲之旅》作者卡尔·谢泽尔博士记录，1857年、1858年和1859年，根据帝国政府的命令，在奥地利海军总司令费迪南德·马克西米利安大公殿下的直接主持下，奥地利“诺瓦拉”号护卫舰（海军准将B. von Wullerstorf-Urbair）进行了环球航行。

三个概念。罗存德是虔诚的基督教徒，他个人对教义的理解在不断提升，因此必然会发生变化，后来发生的几次更换教会事件，是他不断在寻找更符合他的理想和目标的组织，谓之“高变”；而无论教会组织和传教工作的内容如何变化，他内在的宗教信仰始终如一，谓之“高常”；虽为香港殖民政府工作，但在当时的时代背景和环境下其宗教思想和信仰不断得到提升，可谓“高简”。

需要说明的是，我们用“侨元四义—易元四义”来分别阐释罗存德的侨易阶段，是因为具体的现象和发生变化有助于理解“侨”“易”以及这二元之间的关系，并不是说它们是被完全割裂开的，相反，在很多时候，在侨易过程的发展和变化中是你中有我，我中有你，相辅相成。

二、知识侨易

在侨易二元的概念中，侨是表象，易是实质。纵观罗存德的整个侨易过程，是非常典型的“传教现象”。作为侨易主体，传教士们不远万里来到中国传播教义，不仅将西方先进的技术和理念介绍给中国，而且通过日记、信件及著作，向西方世界描述了中国的文化及形象，起到了东学西渐的作用；在这个侨易的过程中，知识作为侨易主体，也在东西方两种异质文化中发生着融合与变化。

四卷本的《英华字典》表面上是字典，而实际上反映出的是更为宏大的中西文化系统之间的交互与勾连。叶隽教授将此种勾连定义为“交叉系统”与“立体结构”，即“我们可以构建一个类似‘世界三’似的交叉系统，时空矩阵中的观念运行枢纽；再拓高一个层次，则需要有一种‘立体结构’的概念，即我们始终是在一种整体性的文明体结构之中而存在，器物—制度—文化构成一个立体结构，观念的发展可以在抽象的概念世界里运行，但也必须落实到具体的个体承载之中，需要具体制度和器物来承载”[①]。而《英华字典》正是这样一个载体，它包含5万以上的英语单词，译词使用多达60万的汉字[②]，收录了大量在英语中新出现的用于表示人文科学与自然科学的术语，

① 叶隽《“理论旅行”抑或“观念侨易”：以萨义德与卢卡奇为中心的讨论》，载《侨易》（第1辑）第263页，社会科学文献出版社，2014年。

② 沈國威編『近代英華華英辭典解題』第97頁、大阪：関西大学出版部、2011年。

承载了中西两种异质文化之间的知识侨易。

自1848年来华，罗存德目睹了中国近20年的变化，如汽船的出现、武器装备的进步、西方的练兵方法、蒸汽发动机的使用、摄影师的到来，以及瓦斯的引进等一系列新生事物的出现等等，这些都使他感到编纂一部综合性的大辞典迫在眉睫。正如他在《英华字典》序言中所写：

> 外国与中国的关系已经向前跨越了一大步，取得了一些对于20年前的人来说是不可想象的进展。……文明在中国已经获得的发展。仅通过上面描述的这些情况就可以看出有必要在汉语词汇中增加大量人们以前所不知道的词语。而且处在这样一个不断进步的时代，谁也无法预料中国不断前进的步伐会停在哪里。作者认为有必要在这本著作中翻译和解释那些本世纪（19世纪）在英语中新出现的用于表示人文科学与自然科学的大量术语。①

19世纪中期，随着中西交流的迅速发展，很多学习英语和外国科学的机构建立起来，部分中国人有了学习英语的需求，而来华的西方人，包括大量传教士和商人也需要学习汉语，对新出现的事物和观念提供相应的汉语翻译则尤为必要。马礼逊（Robert Morrison）等人的辞典已经不能满足需求。罗存德在《英华字典》第1卷的序言中也提到编纂这部字典的原因："在现在已绝版的这些字典中缺少一部综合性的英华字典，而这是这两种语言的学习者们多年来强烈的需求。"同时，他受到"学术学会"（Akademie der Wissenschaft）的委任，"发掘以前完全不为人所知，但可以传递唯一正确的理解汉语特点的钥匙（意思是说，这个特点可以让人真正理解汉语）"。② 罗存德决定编纂这部"内容浩繁的字典"的初衷是为在华的西方人编纂"一本关于普通话口语的辞典"，给"汉语学习者使用"以及"为商人群体提供便利，希望在他们中间能够得到广泛的使用"，但令他没有想到的是，他费尽心血编纂的字典在中国并没有流传开来，却收到大量来自日本的订单，后来成为日本人学习英

① ［德］罗存德《英华字典》第1卷《前言》，1866年，译文引自『近代英華華英辭典解題』第90頁。

② 罗存德在1872年写给冯·罗登的信中明确提到这一点，参见《罗存德及其〈英华字典〉研究》。

语的工具书。许多汉语译词由此进入日语，又从日语流向汉语，从而对整个东亚汉字文化圈产生了重要的影响。

作为知识侨易载体的《英华字典》，其侨易特征体现在两个方面，一是字典的编纂思想与理念；二是字典的内容。首先，罗存德对字典赋予了西方的形式和内容，导入了全新的理念。他以美国的韦氏词典为蓝本进行编纂，继承了韦氏词典的学术思想。诺亚·韦伯斯特（Noah Webster）的学术思想最重要的一个方面便是研究新词，大量收录新词。[①] 词汇是语言三大部分（语音、语法、词汇）中最活跃的部分：一些词逐渐废弃不用，新词不断出现，词义也是有变化的。在这些变化中，新词的收录是基础性的工作。此外是对丰富语文知识的强调。在这种思想的指导下，韦伯斯特传统下的辞典，语文知识的确很丰富，信息量大。所谓语文知识，即包括语言和人文地理、历史宗教等方面的知识。而罗存德《英华字典》从编纂的目的、宗旨到具体的实施，一直贯穿着韦氏词典收录新词的思想，完全不同于之前的马礼逊等传教士以《康熙字典》为蓝本来编纂的双语字典。罗存德“在汉语词汇中引入大量以前不为中国人所知的词汇”，并且“需要翻译和解释……在本世纪（19 世纪）被添加到英语中的所有科学词汇，以便用来表示那些在艺术和科学方面的发现，而这些发现在当代是非常丰富的”。[②] 更重要的是，这部双语词典广泛包含了代表现代生活方式（如时间观念、交通工具、通讯传播等）、现代社会制度与设施（新教育、新职业、新经济等）、现代学科知识和现代核心价值观念（民族、民主与自由、文明与文化等）等方面的词汇，反映出 19 世纪中叶中国在观念、时空、教育、经济、科学等方面的必然变化，是现代核心价值观的萌芽阶段，而一切的发生与传教士们的来华不无关联。

其次，在字典内容的编纂上，罗存德“直接根据韦氏英语词典选择词条，摆脱了《康熙字典》的束缚，译词更加丰富，释义更加准确并附有较多的英语例句”[③]。罗存德采用了韦氏词典的英文释义对词条进行阐释的做法很高明，因为罗存德的母语是德语，是否具备编纂英汉辞典的能力这一点曾被英国驻华外交官、汉学家梅辉立（William Frederick Mayers，1831—1878）所质疑，

① 李桂山、朱柯冰《诺亚·韦伯斯特及其学术遗产——语言学史上的思考》，载《国外社会科学》2009 年第 2 期。

② 《英华字典》第 1 卷《前言》。

③ 『近代英華華英辭典解題』第 97—102 頁。

而罗存德在给香港《每日新闻》编辑的一封信[①]中进行反驳，一个完全没有现代语言知识的英国人不会比他更能理解中国习语，罗存德所强调的其实是侨入语境的重要性。可以看出尽管他的英语与汉语水平很高，但采用韦氏词典的英文释义既能扬长避短，也能使辞典从释义角度来说比较权威。侨易学的本质在于异质文化发生相交后的变化，罗存德在华近20年，逐渐认识到汉语是一种“传递或表达我们观点的书写媒介”，“书写的字不会发音”，汉语的发音分为“官话”“本地话”和“客家话”，并在《英华字典》第一卷前共38页的“导论”里具体介绍了中国的起源、汉语及其方言，包括广东话、客家话、厦门方言，等等；还附有多张表格，如中国历代人口、广东话音节表，等等。可见，罗存德不仅在侨入语境中学习了中文，而且对中文的语言知识了解非常深刻。因此，在字典内容的编纂上，他用本地话发音在字典中做了标注，并从中国语言和传统文化出发，尽可能将例句本土化。从这个角度来看，这部双语字典的编纂也是一个双向翻译的过程，罗存德不仅将英语词汇翻译成合适的对等物及其汉语中的同义词，还将中国文化中的特定词汇翻译成英语，以便于读者理解。虽然后者在一定程度上与马礼逊所遵循的原则一脉相承，但其所选用的英语和汉字的数量远远超过了马礼逊编纂的字典。

三、不变之常理

侨易学的本质是“变”与“常”，无论地理位置如何变化，侨易主体身上的本质始终不变。对罗存德来说，“常”首先是他的宗教信仰，也是他希望用宗教教义来改变中国的理想，不管加入哪个教会，他对基督教的忠诚与信仰始终如一，而且确立了甘愿为之奔走而奉献一生的人生目标。他在自述中写道：

> 我的目标和愿望是：“认识耶和华的知识要遍布各地，好像水充满海

① 这封信是罗存德用英文所写并发表于当地报纸，此封信的剪报现存德国伍伯塔尔（Wuppertal）市新教联合会档案馆（VEM），发表日期不详。

洋一般。”（出自以赛亚书 11：9）这就是我的追求，我的祈祷。①

对传教士来说，是否有基督教的信仰是区分一个民族“野蛮”与“文明”的标准。因此，在罗存德的眼里，中国无疑是落后的，愚昧的，这也是形成罗存德中国观的根源所在。罗存德对中国最初的认识来自于《圣经》，他在《英华字典》绪论开头引用了《圣经》里的句子来描写中国的起源及人种，认为中国人的起源是西方，带有浓厚的宗教色彩。

人口众多的中国，在《圣经》中的首次提及是在讲到犹太人被驱散后的回归时，写道：“看哪，这些从远方来，这些从西方来，这些从秦国来。”

秦国的历史一直带着神秘色彩，对这个种族也了解不多。

中国和印度一样，都是不同人种混合居住。他们的长相酷似非洲含米特人。如果从侧面进行拍照，很难将中国人和霍顿督人区分开来。他们的机构设置也和闪米特人类似。

在众多关于中国人起源的猜测中，有一种认为，含的孙子哈腓拉往东北方向，经过昆仑山南部山脚，进入青海湖地区，沿着黄河、长江，建立起十八个省。

从西北部进入中国的 100 个家庭，显然是闪的后裔，因为他们的机构设置与含米特人完全不同。……②

在来华之前，与其他欧洲人一样，罗存德对中国充满了好奇，因此，他也从当时有关中国的书籍和报刊中尽可能去寻找关于中国及中国人的知识。他曾引用詹姆斯·卡沃斯·普里查德博士（James Cowles Prichard，1786—1848）在《人类自然历史》（*Researches into the Physical History of Man*）中对中国人外貌的描写：

① 罗存德自述，现保存于德国伍珀塔尔的新教联合会（VEM）档案馆，中文译文引自《罗存德及其〈英华字典〉研究》第 19 页。

② 《英华字典》第 1 卷《绪论》。中文译文引自《罗存德及其〈英华字典〉研究》第 36 页。

> 各族人身材差不多，相比而言，汉族可能偏高，马来偏矮。平均身高五英尺三英寸，低于欧洲的平均身高。肤色较恒河这边的亚洲人要浅，迄今为止黄色是主要肤色。皮肤光滑、柔软有光泽。整个民族明显偏胖……面部扁平，颧骨突出；眉间平坦宽阔；眼睛小；眼睑成直线；下巴长；鼻子小；……头发多，只有黑色。四肢粗短；脚小手却长……他们似乎生来就做辛苦费力的活，但没有欧洲人力气大；从事机械劳动的人数远远多于脑力劳动，其他的一些人明显懒惰，厌恶劳动。①

这个描述是基于与欧洲人的对比之上，言辞之间透露着西方的优越感，对所从事的工作——“辛苦费力的活”——也颇为歧视，其中还用到“懒惰”“厌恶劳动”等贬义词，这应该也是西方世界对中国人刻板印象的来源之一。中国幅员辽阔、地大物博，几千年来中国人一向认为“天下”就是中国，中国是世界中心，而其他民族皆为“蛮夷”。在华多年的罗存德对此感受颇深，“中国人认为他们自己是智慧与文明的源泉，注定会使整个世界文明化并拥有它”②，他认为这是中国人“傲慢”的根源，也是愚昧的想法，中国人所引以自豪的只是一种“半野蛮的生活”。

他在自己的日记中曾记载了这样一则小故事，在传教途中为了躲避强盗，他曾穿上中国人的服装。有一次，一个中国人看到他全身上下都是中式打扮，便问：“你们国家的人，是不是都用手指吃饭?”接着还问了他很多“奇怪”的问题，这些“傲慢”的问题让罗存德突然领悟到，他的中式打扮让中国人误认为他是来学习的，而不是来教化他们的；他穿上中国人的服装并没有使他从心理上与他们走得更近，反而却让他们更加“自豪”和“傲慢”。于是，他剪掉辫子，把所有中式服装都送给叶纳清，自己重新换回欧式的打扮。从侨易学角度来说，他穿着中式服装与利玛窦穿着僧服和儒服是完全不一样的。利玛窦通过模仿中国人的穿着打扮，入乡随俗，来接近民众，以达到传教的目的，是仿变；而罗存德最初的目的是维护自身安全，用服饰来掩饰自己作为西方人与中国人的区别。

---

① 《罗存德及其〈英华字典〉研究》第37页。

② 罗存德《中国人：他们是谁以及他们在干什么》（*The Chinese：What they are，and what they are doing*）第7页，旧金山：A. L. 班克罗夫特出版社，1873年。

罗存德晚年定居美国后，于1873年在美国旧金山出版了题为《中国人：他们是谁以及他们在干什么》的小册子，共21页。罗存德首先在前言中阐述了自己写下这一切的初衷是希望中国人能够“开始一种新的生活——一种光荣、文明的生活”，这与他之前“在中国警告过的”相一致，“如果继续这种半野蛮的生活，他们将会陷入危险”。他写下这些文字的时间是1873年5月21日，距离他首次踏上中国土地的那一天整整25年。他认为，中国人“在体力和智力方面都劣于欧洲人”，中国人过的是“半野蛮的生活”，而与之相对的西方世界则是“光荣、文明的”。他对中国人性格特点的归纳，虽充满了负面之词，但对于人类的一些劣根性却揭露得非常深刻。他认为中国人的本性是“残酷”的，而目的则“更多是为了获取自己勇敢和勇气的信心，而不仅仅是为了一种与生俱来的残酷乐趣。自己胆小怕事，却更喜欢恐吓别人（甚至是动物），使其受到痛苦的折磨”。其中有这样一段话：

> 当他被征服时，他是温顺的，这种温顺更多来自于心有城府，而不是来自于公平和善良的喜悦。他不勇敢，却固执，当无法纠正一个真实的或想象中的错误时会采取自杀的方式。他能在很长时间内忍受暴政和压迫，然后才奋起反抗。他擅长模仿，但缺乏创造力，在手工劳动方面，他往往会选择简单的机械艺术。他很聪明，但没什么品味。他用更多的时间来满足无用的好奇心，做一些花哨的工作，却不是伟大的艺术和科学作品。数学、化学、自然哲学和力学从来不是他的科研主体。他贪婪，爱到处晃悠、投机取巧。贪财使他成为一个惯偷，喜欢到处晃悠使他成为一个劫匪，爱冒险使得他不值得信任、喜欢争吵。为了获得财富，他锲而不舍、勤奋、节俭而满足，但拥有财富后，他容易令人憎恶，好色贪吃，更倾向于暴政，而不是慷慨，轻浮而不道德。他研究经典作品的动机不是追求科学的快乐，而是权力。他的心灵缺乏热情和对朋友、恩人的感激之情。别人的不幸不会博得他的同情，只会招来耻笑。在与他人交往时，他是保守、滑头、不可信任的。①

① 《中国人：他们是谁以及他们在干什么》第8—9页。中文译文引自《罗存德及其〈英华字典〉研究》第39页。

这短短几百字就是在华生活了20年后的罗存德对中国人的性格和道德的深刻了解。细读字里行间，虽然不乏“温顺”“聪明”等褒义词，但大多用了“但”来表示转折，对褒义词给予限定，如“温顺”是因为“心有城府”；“聪明”却“没什么品味”。对于穷人，他还是持肯定的态度，“锲而不舍、勤奋、节俭”；但对富人为富不仁颇有看法，认为他们“令人憎恶”“好色贪吃”“暴政”。他对于中国人的道德评价很低，“轻浮”“缺乏热情”“保守”“滑头”“不可信任”，他眼里的中国社会充斥着夺利争权和虚荣，毫无诚信。任何社会都不能避免一些丑陋社会现象的存在，但罗存德将其片面地放大了。

德国当代汉学家顾彬（Wolfgang Kubin）认为，在阐释学视域下所有的理解都是一种源于远方的理解。[①] 传统意义上的停滞与新兴的现代性可能构成了德国人中国观的两大要素。[②] 作为侨易主体的罗存德，其思维和结构受到侨入语境的影响，其中国观形成的主要原因之一便是传统中国的停滞，此外再加上西方社会的逐步现代化，使他觉得中国只有吸收西方的技术、文化以及宗教文明，才能获得社会的进步。通过侨易学“观侨阐理”的方法来分析，这些原因也只是表象，其根本在于典型的西方中心论，即以文明与野蛮、科学与愚昧、先进与落后等二元对立构建西方与非西方的等级图式。早在20世纪50至60年代，美国学者费正清（John King Fairbank）、列文森（Joseph Richmond Levenson）等人就运用西方社会科学中的现代化理论来研究中国历史，保罗·科恩将其概括为“传统-现代模式”，该模式基本上“把中国描绘成停滞不前的传统社会，有待精力充沛的现代西方赋予其活力，把它从永恒的沉睡中唤醒”。这种模式实质上是把近代中国一切有意义的变化都归功于西方，夸大了西方对中国的影响，扭曲了对近代中国历史的认识。

四、二元三维的建构

在侨易学二元三维的框架下，在“变”与“常”之间有“为三”的空间可以构建，这就是“势”[③]。始于18世纪中叶的工业革命，提高了西方社会的

① 顾彬、李雪涛、张欣《德国与中国：历史中的相遇》，广西师范大学出版社，2015年。

② 温馨《传统与现代之间：近代来华德国人的中国观》，载《陕西行政学院学报》2020年5月。

③ 《“侨易二元”的整体建构——以“侨”字多义为中心》，载《侨易》（第2辑）。

生产效率，机器生产代替了手工劳动，先进的生产方式和技术传播到各地，西方社会经济快速向前发展；而当时的中国统治者故步自封，仍然拘泥于农业生产的方式。按“势”来看，中国经济远远落后，西方各国派遣传教士前来，希望“解救”中国。在以罗存德为代表的西方传教士眼里，基督教代表着先进和文明，他们希望通过医学、科技等先进的物质文明成果让中国人认识到自己的落后，从而信仰基督教，而他们把西方现代的技术、知识、观念、规范和制度传入中国，也在客观上加快了中国现代化的进程。

在侨易学的二元三维框架下，第三维是靠知识与学力来构建的。在“由物观象”的层面上，我们能从具体的物质层面提取出更深层次的东西来，这就是物质背后的制度、文化、思想乃至精神。[①] 19世纪中期，随着通商口岸的开放，中西之间的交往越来越频繁，文化交流带来大量西方事物与观念。罗存德在华时期正好是中国社会转型的过渡时期，孕育着现代性的核心价值观念，也孕育着19世纪后半叶到20世纪初的历史性变革，而罗存德所编纂的《英华字典》正好承载了第三维的因素。因为语言是知识的载体，是信息的媒介，与社会生活之间存在着紧密的互动关系，一部《英华字典》反映出的正是19世纪中期中国在时空、教育、经济和科学等方面观念变迁过程中的一个阶段——现代核心价值观念的萌芽阶段。此外，《英华字典》中涵括现代性生活方式等方面词汇释义中的举例远远多于核心价值观念词汇方面的举例，充分说明当时已经在西方进行得如火如荼的思想变革在中国还处于刚刚萌芽的阶段，未能完全展开。这同时也从另一个侧面说明，罗存德固有的传教士的身份与任务决定了其关注的重点在科技而非思想。他看重科技的原因在于以此吸引中国人，便于传教。而思想输入并非传教士的兴趣所在，因而也不在其关注范围之内，这也是罗存德传教士身份的局限性所在。

对《英华字典》的侨易学研究离不开概念史，它代表的不仅仅是中英两种语言间的交流，对日本近代英语学习史、日语词汇史的影响也是必不可少的。《英华字典》出版时，日本正处于学术转型期，兰学家转向英语，需要学习英语的工具书，因此该字典出版后在香港遭遇风波，反而在日本流通起来，并衍生出多种英和辞典，如柴田昌吉、子安峻编的《附音插图英和字汇》（1873）就全面参考了罗存德的译词，津田仙、柳泽信大、大井镰吉编的《英

① 《变创与渐常：侨易学的观念》第91页。

华和译字典》（2 卷，1879）、井上哲次郎增订的《订增英华字典》（1884）则是罗存德字典的翻刻版。由于《英华字典》对日本近代英语学习史、日语词汇史的影响巨大，所以日本学界很早就开始对该字典或利用该字典进行相关领域的研究。[①] 而且，当时《英华字典》的日本读者中有不少人也是学者，他们的作品中使用了字典中的汉语词汇，对于部分汉语词汇的传播起到了积极的作用，这些词汇随之进入日语，后来又随着中日词汇交流，回流到现代汉语中。这在侨易学研究领域也是非常有趣的现象。

因此，《英华字典》作为一种历史文本，通过语言的方式将西方的现代性呈现出来，同时将中国的政治、经济、文化呈现给西方，开启了中西文化交流的先河，为 19 世纪不同文化之间的人们提供了有益的交流工具。虽然罗存德所做的一切都以传教为中心而展开，但其活动范围已经远远超出了宗教领域，广泛地涉及政治、经济、文化和教育等方面。传教士的身份及职业特点使得以罗存德为代表的西方传教士在思想文化方面对中国现代化进程产生了双重的影响。传教士本是西方殖民势力的一部分，企图用基督教来使“中华归主”，用西方文化来取代中国文化，因此对近代中国的衰败负有不可推卸的责任；但由于他们有着语言的优势，客观上担任了中西文化沟通使者的角色，把西方现代性的知识、制度和观念传入中国，打开了中国看世界的窗口，促动了近代中国的觉醒及变革，从而使中国一步步迈向现代化。

（熊英　国家开放大学国际语言文化教学部教师，博士）

① 『近代英華華英辭典解題』第 101 頁。

侨易学视角下《易经》在英语世界的传播方式探究*

吴礼敬

摘　要：侨易学探究文化、思想和精神的形成问题，重点关注人物、机构、概念、思想等社会和文化的不同层面“因侨而致易”的过程，追踪“物质位移”带来的“精神质变”，揭示“因侨致易”的现象、模式和规律。本文从侨易学的基本观念和原则出发，根据《易经》西传的历史，选取理雅各和卫礼贤翻译《易经》时倚重的底本、交往的人物和《易经》的相关思想、概念与西方思想碰撞并对其产生影响的例证，一方面力求佐证与丰富侨易学理论，另一方面尝试探讨中外文化交流中的“变”与“常”的问题，即典籍、人物、思想变迁的背后，尚有一恒常不变的因素，虽中外表述不同，但它构成了文化交流的基础和底色。

关键词：侨易学　典籍　学人　知识

侨易学是叶隽先生“源于自身对文化交流史实证研究的理论需要”[2]，融合李石曾提出的“侨学”和《易经》中“变”的概念，建构起来的“一种有效的观念、理论、方法”，“通过实证性的可操作方式，来考察具有关键性的文化、思想、精神的具体形成问题”，“探讨异文化间相互关系以及人类文明结构形成的总体规律”。[3] 侨易学为中外文化交流研究提供了一个较为开放的阐释框架和较为恒定的基本理念。因为《易经》是侨易学概念和原则构建的重要基础，本文即从《易经》在英语世界传播的史实出发，选取理雅各

---

* 本文为安徽省哲学社会科学规划项目“诠释学视域下理雅各《易经》译本的特征及影响”的成果，批准号（AHSKY2018D102）。

② 叶隽《变创与渐常：侨易学的观念》第7页，北京大学出版社，2014年。

③ 《变创与渐常：侨易学的观念》第18页。

(James Legge) 和卫礼贤 (Richard Wilhelm) 翻译《易经》时倚重的底本、交往的人物以及《易经》的相关思想、概念与西方思想碰撞并对其产生影响的例证，一方面希望佐证与丰富侨易学的理论，另一方面尝试探讨中外文化交流中的“变”与“常”的问题，即典籍、人物、思想变迁的背后，尚有一恒常不变的因素，虽中外表述不同，但它构成了文化交流的基础和底色。

一、侨易学的观念和原则

侨易学的基本理念是“因侨而致易”，具体包括“物质位移、精神漫游所造成的个体思想观念的形成与创生”“不同文化子系统如何相互作用与精神变形”“社会结构间的重要概念的层次转换过程”[①] 这些层面。侨易学有3条“基本原则”：其一为“二元三维，大道侨易”，即以乾坤二元与事物内部的三维（如事物发展过程的始、中、终或事物结构的上、中、下）确立理解世界和宇宙的基本思维结构模式，侨易学中的“易”，取其“交易”和“不易”之义，既有强调变化的一面，也有强调恒常的一面，重在求“易”中之“常”；其二为“观侨察变，察变寻异”，侨易学研究“由侨致易的过程”，即作为主体的人因为发生距离的变化带来的精神世界的重大变化；其三为“物质位移导致精神质变”，也就是说，侨易学关注的重点是由于地理位置的迁移导致的思想、精神、文化层面的重大变化，然后通过这些变化揭示其背后恒定不变的规律。[②] 要而言之，侨易学关注的焦点是人物、机构、概念、思想等社会和文化不同层面“因侨而致易”的过程，探究“物质位移”带来的“精神质变”，揭示“因侨致易”的现象、模式和规律。可以说，物质位移、人员交往和概念转换是侨易学关注的重要对象，而探求这些位置、精神和文化变迁背后的规律则是侨易学追求的终极目标。自17世纪耶稣会传教士金尼阁 (Nicolas Trigault, 1577—1628) 首次将《易经》翻译为拉丁文[③]以来，《易经》在西方世界的翻译和传播已走过近400年历程。早期的拉丁文译本尽管繁简不同、形式各异，其影响力基本不出知识阶层范围。只是到了近代，由

---

① 《变创与渐常：侨易学的观念》第20—21页。

② 《变创与渐常：侨易学的观念》第14、20—22页。

③ [法] 费赖之著，冯承钧译《在华耶稣会士列传及书目·上册》第124页，中华书局，1995年；方豪《方豪六十自定稿·上册》第190页，台北：台湾学生书局，1969年。

于新教传教士的加入，尤其是理雅各和卫礼贤的《易经》全译本相继出版，才改变了《易经》只在学者书斋中传播的命运，让《易经》逐渐进入西方文化的各个领域并产生了不同程度的影响。① 在理雅各和卫礼贤的《易经》译本自身成为经典②的过程中，有很多因素参与其中并发挥了关键作用，其中《易经》底本的物质位移、中外学人的互动交流和《易经》中相关概念和思想的创造性转化显得尤为突出，它们均在一定程度上丰富和发展了侨易学理论。

二、《易经》底本的物质位移

随着翻译研究的文化转向（cultural turn），翻译家的手稿、底本和藏书对研究他们的翻译心态（psychology）、所处社会的意识形态（ideology）和文化的诗学形态（poetology）而言愈显重要。近年来不少研究者利用梵蒂冈图书馆所藏早期来华耶稣会传教士文献对白晋（Joachim Bouvet，1656—1730）、马

① 关于《易经》在英语世界传播和影响的过程，参考 Iulian K. Shchutskii，*Researches on the I Ching*，trans. by William L. MacDonald and Tsuyoshi Hasegawa with Hellmut Wilhelm，New Jersey：Princeton University Press，1979，pp. 13-55；Richard Rutt，*The Book of Changes：A Bronze Age Document*，Surrey：Curzon Press Ltd.，1999，pp. 60-82；Steve Moore，"The I Ching in Time and Space"，Edward Hacker，Steve Moore and Lorraine Patsco，*I Ching：An Annotated Bibliography*，New York and London：Routledge，2002，p. XIV；David R. Knechtges，"The Perils and Pleasures of Translation：The Case of the Chinese Classics"，载郑吉雄、张宝三编《东亚传世汉籍文献译解方法初探》第 1—38 页，华东师范大学出版社，2008 年；Richard J. Smith，*The I Ching：A Biography*，Princeton and Oxford：Princeton University Press，2012，pp. 180-210；Geoffrey Redmond，Tze-ki Hon，*Teaching the I Ching（Book of Changes）*，Oxford：Oxford University Press，2014，pp. 192-236；韩子奇《近年出土文物对欧美〈易〉学的影响》第 80—87 页，载郑吉雄主编《周易经传文献新诠》，台北：台大出版中心，2010 年；赖贵三《欧美〈易〉学发展史论》，载氏著《东西博雅道殊同——国际汉学与易学专题研究》第 127—167 页，台北：里仁书局，2015 年；杨平《〈易经〉在西方的翻译与传播》，载《外语教学与研究》2015 年第 6 期；郑吉雄《〈周易〉全球化：回顾与前瞻（一）（二）》，载《周易研究》2018 年第 1 期、第 2 期；李伟荣《英语世界的〈易经〉研究》，中国社会科学出版社，2018 年，等等。

② 关于理雅各和卫礼贤《易经》译本的地位，可参考 Gerald W. Swanson 为 Iulian K. Shchutskii 的著作 *Researches on the I Ching* 所写的导言，称他们两人的译本是西方早期《易》学最成功的代表（*Researches on the I Ching*，pp. xii-xiii.）；也可参考康达维的论述，他称上述《易经》译本为西方世界的两部"标准译本"（"The Perils and Pleasures of Translation：The Case of the Chinese Classics"）。

若瑟（Joseph de Premare，1666—1736）等早期"索隐派"（Figurists）《易经》传播者展开研究，取得了丰硕成果。[①] 事实上，理雅各和卫礼贤在翻译《易经》的过程中，都曾留下一些有趣的底本故事。理雅各在《易经》译本前言里说：

> 如果我将翻译过程中参考过的诸多注疏本一一罗列出来，一定让人兴味索然。当年在香港翻译其他中国经典时我与中国学者时相过从，获益良多，也节省了大量时间。翻译《易经》时我未曾得到过任何学识渊博的中国学者的襄助，不过此种遗憾因为有了《御制日讲易经解义》而在一定程度上得到补偿。5年前在广东为我采购此书的朋友只能觅到一本二手书，但我发现此书的旧主人是位饱学之士，书页边多有铅字小注，让我从中获益匪浅。[②]

理雅各在香港翻译中国经典时，曾得到过王韬（1828—1897）的鼎力相助。1873年回英国后，他继续完成翻译中国经典的未竟之业，身边已无王韬这样的饱学之士可供切磋咨询。1876年他在牛津大学担任汉文教授时重译《易经》，主要参考朱熹的《周易本义》、李光地的《御纂周易折中》和牛钮的《御制日讲易经解义》等明清《易》注，序言中提到的这部《御制日讲易经解义》从广东旧书肆来到英国理雅各的书斋，内中经历多少曲折，书籍的旧主人在何种层面上对理雅各的翻译产生潜在影响，将来如有机会得见这部书籍，当能在一定程度上释疑解惑。

同样，卫礼贤翻译《易经》时，除了有劳乃宣（1843—1921）口授心法，也仰赖很多注疏来交互印证。德国慕尼黑巴伐利亚科学院档案馆里有卫礼贤

---

① 最近的成果如孟德卫（D. E. Mungello）的 *The Silencing of Jesuit Figurist Joseph de Prémare in Eighteenth-Century China*，Washington DC：Lexington Books，2019；魏伶珈（Sophie Ling-chia）的 *Chinese Theology and Translation*：*The Christianity of the Jesuit Figurists and their Christianized Yijing*，New York：Routledge，2020；陈欣雨《白晋易学思想研究——以梵蒂冈图书馆见存中文易学资料为基础》，人民出版社，2017年；黎子鹏《清初耶稣会士白晋〈易经〉残稿选注》，台北：台大出版中心，2020年；等等。

② James Legge，"Preface"，*The I Ching*（second edition），New York：Dover Publications，Inc.，1963，pp. xx-xxi.

所藏中文图书目录，其中与《易经》相关的中文图书有23本。[①] 卫礼贤特别重视康熙五十四年（1715）由大学士李光地主持编成的《御纂周易折中》，并以之作为德文译本的底本。《易经》德译本1924年出版，引起知识界的极大关注，荣格（Carl Gustav Jung，1875—1961）着手安排自己的学生贝恩斯夫人（Cary F. Baynes，1883—1977）将卫礼贤的德文《易经》转译为英文，由于第二次世界大战的原因，译稿1944年才得以完成，1948年出版试印本，拿到校样后，贝恩斯夫人成功联系上当时还在北京的卫德明（Hellmut Wilhelm，1905—1990），将校样寄给他看。卫德明不久后移民美国，担任西雅图的华盛顿大学教授，他专门来到康尼迪克州的莫里斯城，将译文和中文原文详细对比，"使用的正是卫礼贤行匣以随、陪伴他周游半个世界的那套《易经》原文本"[②]。贝恩斯夫人没有说明这部陪伴卫礼贤周游半个世界的《易经》原文究竟是哪个版本，据康达维教授回忆：

> 卫礼贤曾说过，他的一个德国朋友曾送给他一本《易经》，这个《易经》版本以前他在北京遍访大小书肆都未曾得见。卫礼贤虽然没有说出是何种版本，但它无疑正是康熙五十四年（1715）版的《御纂周易折中》。后来卫礼贤将这本书传给了他的儿子卫德明，卫德明是20世纪60年代我在西雅图华盛顿大学学习时的老师。1977我和妻子在西雅图结婚时，卫德明送给我们夫妇一套《御纂周易折中》的复制本作为贺礼，它正是卫礼贤据以完成《易经》译稿的底本。[③]

巴伐利亚科学院档案馆所藏卫礼贤中文图书里有一部10卷本康熙五十四年版《御纂周易折中》（编号214），即是卫礼贤翻译《易经》时依据的底本，但它与康达维教授所言是否为同一套书，尚需进一步确证。无论怎样，这部疑为武英殿版的《御纂周易折中》，对《易经》西传起了非常重要

---

① 李雪涛《卫礼贤〈易经〉德译本的翻译过程及底本初探》，载《误解的对话》第258—259页，新星出版社，2014年。

② Cary F. Baynes, "Translator's Note", Richard Wilhelm, *The I Ching or Book of Changes*, rendered into English by Cary F. Baynes, Princeton: Princeton University Press, 1967, p. xli.

③ "The Perils and Pleasures of Translation: The Case of the Chinese Clsssics"；另见《卫礼贤〈易经〉德译本的翻译过程及底本初探》，载《误解的对话》第256页。

的作用。从理雅各所藏广州旧书肆二手《御制日讲易经解义》到卫礼贤家传的《御纂周易折中》，这些《易经》底本的旅行不仅见证了学术的跨国界传承，也促进了知识的跨文化传播，可谓中西文化交流的一块块化石。从侨易学的角度来看，利用理雅各、卫礼贤翻译《易经》时留下的档案文献研究他们依据的底本、参考的注疏、选择的释义和传递的效果，是研究物质位移带来精神质变的一个重要途径，同时也是沟通侨易学和翻译学的一座桥梁。

三、中外学人的互动交流

近年来历史研究发生“空间转向”（spatial turn），跨文化视角（trans-cultural perspective）受到前所未有的重视，在它的烛照下，互动（interaction）、交流（exchange）、迁移（transfer）、流通（circulation）等概念不断凸显，促使历史研究在内容和方法上产生深刻变革，由对单一国家、民族、疆界的关注转向跨越国界的联系，包括人口、经济、技术、疾病、贸易、机构、宗教、知识、思想、实践等，方法上也从偏重“分析”和“比较”转向强调“渗透”（permeability）和“纠缠”（entanglement）。在这一背景下，《易经》的翻译史和传播史的研究也发生了一定的变化，由偏重翻译技巧和译本比较的规范研究转向注重翻译背景和过程的描述研究，理雅各和卫礼贤的译本也因过程复杂、影响深远而得到较多关注。

上文提到理雅各在《易经》译本前言里慨叹自己独力译经，不复有高人相助，其实是借此缅怀当年他在香港和王韬合力译经的岁月。1862 年 10 月，王韬为躲避清廷追捕来到香港，寄居在理雅各处，协助理雅各翻译中国经典。其时理雅各的四书译本，即《中国经典》的第一、二卷已经译完并出版，他正在筹备《书经》的翻译工作，于是王韬帮助他收集中国经典的各种版本并撰写集释，先后为理雅各撰写了《毛诗集释》（作于 1862—1863 年间）、《春秋左氏传集释》（约成于 1863—1864 年间）、《礼记集释》（作于 19 世纪 60 年代）等，这些集释为理雅各的翻译工作提供了很大帮助。在《中国经典》第 3 卷《书经》中，理雅各对王韬的帮助不吝赞赏之辞：“本书译者对苏州王韬给予的帮忙充满感激。王韬对经典的掌握远超译者认识的任何一位中国人，他 1863 年底来到香港，将自己珍藏的大量图书交由译者随意使用，同时满怀热忱地投入工作，为译者解疑释惑或应对问难，不仅襄助良多，并且让翻译这项苦差变得妙趣横生。”① 在《中国经典》第4卷《诗经》的参考书目里，理雅各特意指出：“（我参考的）《毛诗集释》三十卷手稿本，是我的朋友王韬特意为帮助我译书而编纂的，只要是和文本及其含义相关的注释，无论多么冷僻，作者都尽力搜罗齐备，他先后搜罗的著作竟达124本，其中鲜有唾手可得的《诗经》注。如果说我的《诗经》译本能做到神完意足，很大程度上应归功于此。唯一的不足之处是作者对毛诗观点过于倚重。希望作者能将此书出版以飨国人。”② 在《中国经典》第5卷《春秋左传》参考书目里，理雅各同样提到王韬的贡献：“《春秋左氏传集释》六十卷稿本，是我的朋友王韬为了帮助我翻译特意编纂的。我在第4卷中已对他编纂集释助我翻译《诗经》之事表达过谢意，此处我仍要再次感谢。”③ 即便是1873年理雅各回到英国定居以后，在牛津大学翻译出版的《礼记》中，他仍然表达了对王韬的感激：“我的译本很大程度上得益于我的中国友人和前助手王韬，他特意为我编纂了大规模的《礼记集释》供我翻译时使用，这些集释多取材于近250年来的注家的作品。”④ 王韬为理雅各编纂的这些集释的手稿现藏纽约市立图书馆，其中《礼记集释》和《毛诗集释》已经电子化，可以查阅和下载。

1873年理雅各返英定居后，王韬继续留在香港，组织中华印务总局，创办《循环日报》，宣传自己变法图强的主张。⑤ 理雅各1877年曾邀请王韬赴英

---

① James Legge, Preface in *The Chinese Classics*, *with a Translation*, *Critical and Exegetical Notes*, *Prolegomena*, *and Copious Indexes*, *Vol*. 3, *Part* 1, *the first parts of the Shoo-King*, Hong Kong: at the Author's, London: Truber and Co., 1865, p. viii.

② James Legge, *The Chinese Classics*, *with a Translation*, *Critical and Exegetical Notes*, *Prolegomena*, *and Copious Indexes*, *Vol*. 4, *Part* 1, *the first part of the She-King*, *or the Lessons from the States*, *and the Prolegomena*, Hong Kong: Lane, Crawford & Co., London: Truber and Co., 1871, p. 176.

③ James Legge, *The Chinese Classics*, *with a Translation*, *Critical and Exegetical Notes*, *Prolegomena*, *and Copious Indexes*, *Vol*. 5, *Part* 1, *Dukes Yin*, *Hwan*, *Chwang*, *Min*, *He*, *Wan*, *Seuen and Ch'ing*; *and the Prolegomena*, Hong Kong: Lane, Crawford & Co., London: Truber and Co., 1872, p. 145.

④ James Legge, Preface in *The Sacred Books of China*, *the Texts of Confucianism*, *Part III*: *The Li Ki*, *I-X*, Oxford: at the Clarendon Press, 1885, p. xii.

⑤ 钟叔河《王韬的海外漫游》，见（清）王韬《漫游随录》，收入钟叔河主编的《走向世界丛书》第28页，岳麓书社，1985年。

协助他翻译《易经》，但王韬没有答应，[①] 他在写给清朝首任驻美公使陈兰彬（1816—1895）的信《上陈荔秋星使》中说："今岁西儒理雅各招韬重作泰西之游，续译《义经》《曲台记》，俾成全书。韬思是役也，能使圣教远被欧洲，或亦可不虚此行，顾念与其为西人供铅椠，不如为君国备驰驱，窃见近日皇华之使络绎于道，虽其间折冲樽俎，焜耀敦槃，自有人在，以韬之不才，奚能及奉盂之毛遂，买骨之郭隗，特以彼絜此，孰得孰失，孰后孰先，故毅然辞之而弗往也。"[②] 从信中所言来看，王韬认为帮助理雅各翻译中国经典，虽然也可让"圣教远被欧洲"，究竟比不上奉诏出使那样体面风光，因此不免意兴阑珊，导致理雅各独自译经时仍然临空怀想，奉广东书肆购来的二手《御制日讲易经解义》为知音，可谓感慨系之。

相较之下，卫礼贤翻译《易经》的经历要幸运和幸福得多。1914 年，他着手翻译《易经》时，曾任京师大学堂总监督兼署学部副大臣的劳乃宣携家人来到他的寓所，倾力相助。劳乃宣先用中文向他解释《易经》经文，卫礼贤做好笔记，然后将经文翻译成德语。在此基础上，他不看汉语原文，将译成德语的经文回译成汉语，由劳乃宣对照原文加以比较，看卫礼贤是否注意到了所有细节。之后卫礼贤再对德文译本的文体加工润色，并和劳乃宣商讨一些细节问题。最后，卫礼贤还要对译文进行 3 到 4 次修改，加上最重要的注释，就这样，译本不断得到完善。[③] 卫礼贤在《易经》译本前言中介绍这种合作模式之后，说："（劳乃宣）第一次带领我见证了《易经》中的各种奥秘，正是在他的悉心指导下，我才得以忘情地遨游于这个陌生而又熟悉的世界。"师徒两人几经往复讨论，直到经文的意思完全在译文里体现出来，然后他们才认为这个译本真正称得上是《易经》的翻译。[④] 1924 年夏，卫礼贤回到德国后，担任法兰克福大学第一任汉学教授，他经过 10 年时间打磨的《易经》译本也终于在这一年面世。1926 年 5 月，卫礼贤受邀去荣格的

---

① ［美］柯文著，雷颐、罗检秋译《在传统与现代性之间：王韬与晚清革命》第 59 页，江苏人民出版社，1998 年。

② （清）王韬《弢园尺牍》（卷十）第 12 页，笔者参考哈佛大学图书馆的哈佛-燕京学社 1935 年藏本，页码较为错乱。

③ 李雪涛《〈易经〉德译过程与佛典汉译的译场制度》，载《读书》2010 年第 12 期；［德］卫礼贤著，王宇洁、罗敏、朱晋平译《中国心灵》第 145 页，国际文化出版公司，1998 年。

④ Preface of *The I Ching or Book of Changes*, p. xli.

心理学俱乐部做了两次讲演，此后又于1928年将他完成的《太乙金华宗旨》的译稿寄给荣格，请他为该书撰写一份心理学方面的评论，荣格欣然接受。1929年秋，由卫礼贤翻译和注释、荣格撰写长篇评述的《太乙金华宗旨》在德国出版，产生了极大影响。[①] 卫礼贤逝世后，荣格指导他的学生贝恩斯夫人将《太乙金华宗旨》一书翻译成英文，1931年在美国出版，这是卫礼贤、荣格和贝恩斯夫人的第一次合作，并取得了较大成功。他们的这种合作模式（即卫礼贤德译、荣格撰写评论，再由贝恩斯夫人转译成英语）又被应用到《易经》的翻译中，并在英语世界取得了更大的成功。荣格不止一次提到卫礼贤及其翻译的《易经》对他产生的重大影响。他在《怀念卫礼贤》一文中说："（卫礼贤）是汉学家，我是医生，如果我们各自固守自己的专业领域，可能一辈子也不会有什么交集。但是我们在一个超越学科界限的人文领域相遇。在那里我们有了交汇点，彼此擦出火花，并燃烧出亮丽的光芒。对我来说，这是我人生中最为重要的大事之一。"[②] "实际上，我觉得自己因为卫礼贤而变得这样丰富，好像我从他那里得到的东西比任何其他人都要多。"[③] 在《易经》卫-贝译本的前言里，荣格说："卫礼贤为洞悉《易经》的复杂难题提供了明鉴之光，同时还为《易经》的实际应用打开了方便之门，我对他一直铭感在心。"[④] 可以说，《易经》在德语世界的广泛传播以及后来在英语世界产生的巨大影响，很大程度上要归功于荣格对卫礼贤工作的不断揄扬以及毫不掩饰地向读者宣称《易经》带给他的重大启发。此外，贝恩斯夫人流畅和现代的译文，卫德明参与英译本的编辑校对并为《易经》第三版撰写前言，都促进了《易经》卫-贝译本的流行。根据普林斯顿大学出版社博林根系列丛书副主编威廉·麦圭尔（William McGuire）的统计，到1982年，《易经》卫-贝译本的总销量已经超过55万本。"大批年

① 方维规《架设东西方的心灵之桥——荣格、卫礼贤与〈太乙金华宗旨〉》，载《世界汉学》2010年第7卷。

② C. G. Jung, "In Memoriam of Richard Wilhelm", as an appendix to *The Secret of the Golden Flower*, translated into German and explained by Richard Wilhelm with a forward and commentary by C. G. Jung, which was translated into English by Cary. F. Baynes in 1931 and revised in 1962, New York: Harcourt Brace & Company, 1962, p. 138.

③ "In Memoriam of Richard Wilhelm".

④ C. G. Jung, "Foreward", *The I Ching or Book of Changes*, p. xxii.

轻人，也就是婴儿潮期间出生的那批人，人手一册《易经》，书页翻得卷了边，插在牛仔裤的裤兜里。满脸忧郁地翻阅这部东方典籍，成为嬉皮士那一代人特有的文化现象。"[①] 在《易经》从中文到德文再到变成英文畅销书的过程中，劳乃宣、卫礼贤、荣格、贝恩斯夫人、卫德明等人所起的传薪作用不可小觑。

今天我们阅读理雅各和卫礼贤翻译的《易经》，从译文中尚可分辨出一些朱熹、程颐、牛钮、劳乃宣、荣格、歌德和《圣经》的具体影响，但多数注解则是中西渗透、纠缠难辨。可以说，理雅各和卫礼贤的译本是在汲取众多中文《易》注的基础上，在西方语言和社会环境中有机生长出的新文本，它们是《易经》在西方的移植和再生，让这一古老的东方典籍重新焕发出生命和活力，研究这段中外学人交往和中西知识迁移的历史，可以让侨易学和历史研究在内容和方法上产生互鉴和交融。

四、《易经》相关概念和思想的创造性转化

虽然学人之间的交往对翻译和历史的影响是潜移默化的，有时甚至有迹难循，但我们往往能从概念和思想的变迁中勾勒出一条曲线，反映历史进展和文化交流的轮廓。历史语义学、观念史和概念史均致力于这个方向的研究。尤其是概念史研究，近年来在中国渐成显学，它的一个重要目标就是"查考不同文化中的重要概念及其发展变化，并揭示特定词语的不同语境和联想"[②]。中西文化交流中涉及的很多重要概念如"封建""文明""文化""民族""经济"，其源流、移植和嬗变的过程都得到详细的梳理和精审的辨析。[③] 词语和概念的跨语际迁移是思想和文化交流的一个重要表征，也是侨易学的重要考察对象。理雅各在他翻译的中国经典的卷首，照例都印上《孟子·万章上》的一段话："不以文害辞，不以辞害志，以意逆志，是为得之。"很明显，他把

① William McGuire, "The 'I Ching' Story, An ancient text becomes a publishing phenomenon", *Princeton Alumni weekly*, May 7 (1974), pp. 10-13.

② 方维规《什么是概念史》第5页，生活·读书·新知三联书店，2020年。

③ 参考冯天瑜《"封建"考论》，武汉大学出版社，2007年；黄兴涛《晚清民初现代"文明"和"文化"概念的形成及其历史实践》，载《近代史研究》2006年第6期；方维规《概念的历史分量》，北京大学出版社，2018年。

这段话奉为翻译中国经典的圭臬。理雅各认为，“以意逆志”，就是指解《诗》者要调动自己的思想感悟，以把握作者的思想情感和创作目的。他在注释中明确指出“志”表示的正是作者的思想或创作意图（the mind or aim of the writer）。具体说来，就是解释一首诗，不能因为文字而影响对词句的理解，也不能因为词句而影响对整首诗的主题的理解，而要通过自己对整首诗主题的把握来推测出作者的思想和创作意图，这才是解诗的正确途径。理雅各强调要以自己对文本的理解来实现和作者的心意会通，达到“以心见心”的目的。[①] 翻译《易经》时，他仍然遵循“以心见心”的原则，他在《前言》里说：“研究中国经典时我们不能拘泥于对作者使用的一字一词的解释，而要深入体会作者的思想，也就是要‘以心见心’（seeing of mind to mind）。这并非意味着译者可以自由解释经典，而是要致力于将原作的意思准确而又简洁地表达出来。必要时译者也可增添一些文字，以揭示作者的思想到底是什么。”[②] 因此理雅各译解《易经》，一个重要的考量点就是如何揭示卦爻辞中蕴含的文王、周公之志，这和17世纪以来英国翻译理论界倡导的译者要和原作者达成“情感认同”（sympathetic identification）[③] 的要求可谓若合符契，可视为沟通源语资源和目标语规范的重要尝试。

如果说“以心见心”和“情感认同”之间尚看不出明显的影响痕迹，那么荣格提出的“同时性”（synchronicity）概念，受卫礼贤《易经》译本的影响则完全有案可稽。荣格非常推崇《易经》的占筮功能，热衷将心理学的因素引入对《易经》卦爻辞的解释。在《谈卫礼贤》一文中，他提到自己早在接触卫礼贤《易经》译本之前，就用理雅各的译本做占筮练习，不过他用的并不是蓍草，而是芦苇，“我常在百年梨树下一坐就是几小时，把《易经》放在身边，将占筮得到的卦爻辞和自己的问题、得到的解答一一对照。难以否认的神奇结果不断出现，它们都和我的思考过程有着某种意义上的关联，但我无法解释这个结果。”荣格说，他不止一次遇到惊人的巧合，显示出非因果联系的平行关系。他还将占筮实验应用在自己的病人身上，结果好像有大量解答真的切中了要害。“比如说我还记得有一个年轻人，他的症状是‘强势母

① James Legge, *The Chinese Classics*, *with a Translation*, *Critical and Exegetical Notes*, *Prolegomena*, *and Copious Indexes*, *Vol.* 2, *the Works of Mencius*, Oxford: at the Clarendon Press, 1895, p. 353.

② “Preface”.

③ 雷阿勇《理雅各〈道德经〉译解中“以心见心”之辨》，载《人文杂志》2017年第1期。

亲情结'（Strong Mother Complex）。他很想结婚，并且认识了一个似乎很适合结婚的对象，但他又不很确定，担心在心理情结的影响下，他又要陷入强势母亲的掌控。于是我就用《易经》给他卜了一卦，结果得到的卦辞是'女壮，勿用取女'（The maiden is powerful. One should not marry such a maiden）。"[①] 卫礼贤的《易经》译本出版后，他马上买来这本书，并且满意地发现卫礼贤对这种"有意义的联系"持有和他完全相同的观点。因为卫礼贤知道整个中国的传统，所以能弥补他不知道的知识空缺。等卫礼贤来到苏黎世后，他终于有机会和卫礼贤畅谈这个问题。他们聊了很多中国的哲学和宗教。卫礼贤凭自己对中国人心理的透彻了解告知荣格的一切，澄清了欧洲人的"无意识"给荣格带来的最为棘手的难题。荣格所说的他对"无意识"的调查结果也让卫礼贤大为吃惊，因为他从中看到中国哲学传统特有的那些属性。[②] 此后荣格开始将《易经》中蕴含的占筮原理和他对"无意识"的研究结合在一起。在《怀念卫礼贤》一文中，他进一步讨论了《易经》的占筮功能，并将它和"同时性"的原理相提并论：

> 乍一看，《易经》的占筮功能好像建立在与我们西方科学的因果思维完全相反的基础上，显得极不科学，甚至触犯大忌，因此游离于我们的科学判断之外，让人完全无法理解。几年前，当时的英国人类学协会主席问我，为什么中国人的文明程度这样高，竟然会没有科学。我回答说，这应该是个错觉，因为中国人确实有科学，它的标准教科书就是《易经》。但是这门科学的原则，就像中国其他诸多事物一样，和我们的科学原则大相径庭。《易经》的科学并非建立在因果联系的原则上，而是建立在我们并不熟悉的另一套原则上，我称之为"同时性原则"。我之前对心理学中"无意识过程"的研究，促使我去寻找另外的解释原则。因为对我来说，因果原则好像不足以解释无意识的某些引人注目的现象。我发现有些精神的平行现象，相互之间并不能建立因果上的联系，但却一定存在着另一种联系。对我来说，这种联系就在于这些事情发生的相对同

---

① C. G. Jung, "On Richard Wilhelm", *Memories*, *Dreams*, *Reflections*, recorded and edited by Aniela Jaffe, translated from the German by Richard and Clara Winston, revised edition, New York: Random House, Inc. 1989, p. 374.

② "On Richard Wilhelm".

时性，因此我把它称作“同时性”。在这里，时间好像并不是一个抽象概念，而是一个实在的连续体，它所具备的各种特征或者说基本情况，在多个不同的地点同时展现出来，这种呈现方式用因果平行率无法解释，如偶然出现的完全相同的思想、符号或心理状态。还有卫礼贤指出的例子，即中国和欧洲不同时期展现出的风格上的巧合，它们之间并不存在因果联系……这也是使用《易经》的基本法则。人们通过揲扐蓍草，或投掷钱币，来获取决定某个时刻基本特征的卦，并获得对这一卦的认识，这一切完全依赖机缘巧合，蓍草倒下或硬币掉落就是问卜的时刻。……在苏黎世的心理学俱乐部所做的第一场讲座上，应我的要求，卫礼贤展示了利用《易经》占卜的方法，同时也做了一个预测，在不到两年的时间里，不但其字面意思得到验证，而且准确无误。这个事实还可以用很多相同的经历来证明……基于同时性原则的思维方式在《易经》中达到了顶点，它是中国人思维的最纯粹的表达。在西方哲学史上这种思维方式自赫拉克利特之后就不再出现，只在莱布尼茨那里发出微弱的回响。但它并没有销声匿迹，而是活跃在天文学的猜想里，直到今天仍停留在这一水平。①

在《易经》卫-贝译本的《前言》里，荣格说：“30多年来，我对占卜的技巧兴趣未曾消减，或者说对研究无意识的方法情有独钟，因为它对我有着超乎寻常的意义。我在20世纪20年代遇到卫礼贤之前已经对《易经》相当熟悉了，他印证了我已经知道的东西，并且教会我更多内容。”他再次区分了西方人的因果思维模式和中国人关心事件偶然因素的思维模式，认为西方人视为偶然巧合的东西，却是中国人重点关注的对象，从而强调了他提出的“同时性”原则。荣格认为，《易经》六十四卦就是用来决定六十四个各不相同但又非常典型的情境的意义，发明《易经》的人相信从前特定时刻占得的卦和后来的某一时刻在时间上和质量上都会发生巧合，对他而言这一卦就是对占筮那一时刻的说明，甚至比日历和时钟的划分还要精准，所以卦才会被理解为筮得它的那个时刻盛行的基本情境的指示。② 正是有了荣格的加持和他对占筮效果的现身说法，《易经》才逐渐在西方演变成一部指导个人生活的实用指南，我们可以从中看到

① “In Memoriam of Richard Wilhelm”.

② “Foreward”.

《易经》影响荣格的思维并进而影响西方人生活的思想侨易的具体案例。

结 语

从上文列举并阐述的《易经》底本的旅行、中外学人的交往和《易经》思想的侨易中，我们可以清晰地看到《御制日讲易经解义》的易手和《御纂周易折中》的传承；看到理雅各对王韬的倚重，劳乃宣、卫礼贤、荣格、贝恩斯夫人、卫德明等人对《易经》译本流播西方的贡献；看到理雅各试图弥合“以意逆志”与“情感认同”的翻译规范，荣格从《易经》的原则中领悟并提出的“同时性”原则等案例。这些案例一方面反映出文本、人物和思想的时空迁移带来的“精神质变”，另一方面也体现了侨易学与翻译学、历史学、概念史等研究融合的跨学科属性。《易经》的一个重要特征是“变”(change)，因此“易”有“交易”“改易”等义；但《易经》的另一个重要思想是“常”(constancy)，所以“易”又有“不易”“简易”等义，探“变”求“常”，推天道以明人事，《易》理就变得简单易懂。无论是作为“器”的典籍，作为“度”的制度，还是作为“道”的思想，经历世易时移之后，都会发生相应的改变。但在种种改易和变迁的背后，仍然存在着不变的道理，此即侨易学所谓的“变”与“常”之间的关系。《变创与渐常：侨易学的观念》中引用了一段话：

> 大抵古代典籍，必包含二种元素：一属当时者，变灭者，以其所出生之时代国土之理念为限；一属永恒者，不变者，放诸古今内外而皆准。夫古人之心，今人之心也；今人之智识非古人之智识，此随时代而变迁者也。凡古代学术之思想，其形式，组织，体系，其玄学与智识上之型模，微妙精确之术语，必随时代而变；声光势用，久必浸衰，无当时之力；名相或为新兴者所代，而附以增益修改之义……其为永恒之价值者，乃其广大弥纶之真理，以超乎智识之眼光所可见，知，证，悟，且可生活于其中者也。①

---

① ［印度］室利·阿罗频多著，徐凡澄译《薄伽梵歌论》第3页，商务印书馆，2003年。转引自《变创与渐常：侨易学的观念》第26—27页。

典籍可以漂泊旅行，个人可以在世界各地学习、工作和生活，思想和观念也可以跨越文化的藩篱在异地生根、发芽并成长，但这一切的背后，仍然存在着一个不变的质地，称之为“道”也好，“和”也罢，或称之为“人性”（human nature）、“常识”（common sense）、“文化共性”（cultural universals），“永恒真理”（eternal truth）等均无不可。正是有了这样一个恒常之维，理雅各才能以自己之“意”去“逆”文王、周公之“志”，荣格才能用《易经》占卜来给他的病人提供心理分析，英国披头士（Beatles）乐队的吉他手乔治·哈里森（George Harrison，1943—2001）才能在《易经》的影响下即兴创作流行歌曲，也许这些才是文化交流和侨易学研究里最生动、最迷人、最令人神往的地方吧！

（吴礼敬　合肥师范学院外国语学院副教授）

·张西平专栏·

“外译中”和“中译外”差异论研究

张西平

“外译中”和“中译外”是翻译的两种形态，它们各自的特点有何不同？这是在翻译研究中必须注意的。

翻译的指向不同，造成了译入和译出的差别。这种差别可以从翻译策略的几个方面看出。翻译策略主要讨论：翻译的目的，即为什么翻译，为谁而译；翻译选择，即翻译什么，为什么确定一定的文本；翻译方式，即如何翻译，为什么这样翻译。翻译策略上的不同实际上涉及翻译理论中的文化与翻译的问题，尤金·奈达（Nida Eugege A.）说：“对于真正成功的翻译而言，熟悉两种文化甚至比掌握两种语言更重要，因为词语只有在其作用的文化背景中才有意义。”① 近年来西方翻译理论将福柯话语理论运用于在翻译研究，这方面成果颇多。② 就此，我们不在这里专门展开，而是紧紧围绕着外译中和中译外在翻译上的不同展开研究。在展开这种差别研究时，我们会批判性地使用意识形态与翻译关系理论这个分析的方法。这里我们展开外译中和中译外的差别研究的目的是在于：揭示出中国文化典籍外译的一般性规律，从而开拓出译出理论的研究。

一、翻译目的不同

翻译目的涉及为什么翻译、为谁而译的问题。从外译中和中译外的历史

① Nida Eugene A., *Language Culture and Transilation* , Shanghai Foreigen Language Education Press, 2000.

② 关于意识形态与翻译研究的论文与著作。参阅许钧《翻译论》第213—242页，湖北教育出版社。

来看，这两种翻译实践活动在翻译的目的和翻译后阅读的对象上是完全不同的。

外译中，译者翻译的内容是介绍外国文化而不是介绍中国文化，翻译的目的是扩展外国文化，而不是扩展中国的文化；翻译是因中国文化的内在需求，而不是外国文化的需要；翻译后阅读的对象是中国人。译者所从事的是文化输入，而不是文化输出。

中译外，译者翻译的内容是中国文化，而不是外国文化；翻译的目的是传播和介绍中国文化；翻译是外国的文化有内在需要，翻译后的阅读对象是外国人；译者所从事的是文化输出。

我们先通过考察外译中的历史来证明这一点。

魏晋南北朝时，佛教大兴，佛典翻译兴盛，根本原因在于当时社会文化的需要。汤用彤将魏晋南北朝时佛教兴起归纳为四个原因：一是时局动乱。“乱世祸福，至五定轨，人民常存侥幸之心，占卜之术，易于动听。……佛教之传播民间，报应而外，必亦藉方术以推进，此大法之所以兴起于魏晋，原因一也。”① 二是魏晋时空谈之风盛行。“贵介子弟，依附风雅，常为能谈玄理之名俊，其赏誉僧人，亦固其所。此则佛法之兴得助于魏晋之清谈，原因二也。”② 三是民族杂居所致。“汉魏之后，西北戎狄杂居。西晋倾覆，胡人统治。外来之勤益以风行，原因三也。”③ 四是道安翻译之功。“晋时佛教之兴盛，奠定基础，实由道安，原因四也。”④ 佛教文献译入中国与印度没有关系，这是魏晋文化与历史变迁之需要，读中文佛教文献的是中国人，不是印度人。

晚明时最早引入西学的徐光启之所以对利玛窦所介绍的西学感兴趣，就是因为当时王学兴盛，空谈心性，他有所不满，从而感到利氏所介绍的西学“实心、实行、实学，诚信于士大夫”⑤。译入西方科学是为了挽救晚明之颓势，希望通过翻译西方科技书籍达到强国之目的。同时，徐光启作为晚明士

① 汤用彤《汉魏南北朝佛教史》第133—134页，北京大学出版社，1997年。

② 《汉魏南北朝佛教史》第133—134页。

③ 《汉魏南北朝佛教史》第135页。

④ 《汉魏南北朝佛教史》第135页。

⑤ 徐光启《泰西水法·序》，朱维铮、李天刚主编《徐光启全集》第277页，上海古籍出版社，2011年。

大夫正式入了教，信仰上皈依了天主教，这就不能仅仅从实学的角度解释，而且应从思想的角度说明当时西学对中国士大夫的吸引。徐光启说："臣尝论古来帝王之赏罚，圣贤之是非，皆范人于善，禁人于恶，至详极备。然赏罚是非，能及人之外行，不能及人之中情。又如司马迁所云：颜回之夭，盗跖之寿，使人疑于善恶之无报，是以防范愈严，欺诈愈甚。一法立，百弊生，空有愿治之心，恨无必治之术，于是假释氏之说辅之。其言善恶之报在身后，则外行中情，颜回盗跖，似乎皆得其报。谓宜使人为善去恶，不旋踵矣。奈何佛教东来千八百年，而世道人心未能改易，则其言似是而非也。说禅宗者衍老庄之旨，幽邈而无当；行瑜伽者杂符箓之法，乖谬而无理，且欲抗佛而加于上主之上，则既与古帝王圣贤之旨悖矣，使人何所适从、何所依据乎？必欲使人尽为善，则诸陪臣所传事天之学，真可以补益王化，左右儒术，救正佛法者也。"① 徐光启这段话说得极为精彩，在这里翻译西学之书并不仅仅是一个技能的需要，而且是中国本身思想的需要。对当时中国人的精神生活来说，徐光启感到仅仅靠道德不能解决全部的问题，而引进的佛教在学理上也有问题，对于中国这样以伦理而生的国度来说，徐光启认为很多问题说不清楚，这是自己内在思想的紧张的和不完善的表现。这样引进西学就成为中国思想内在之需要。明清之际，西学兴起，一时洛阳纸贵，利玛窦的《坤舆万国全图》竟然被翻刻了十二次之多，读西学书的都是明清之际的士人学子。②

晚清时对西学的翻译成为当务之急，康梁变法失败后革新派更加认识到介绍西洋新思想的重要性，此时翻译西洋之书成为维新派实现自己政治主张的一个重要手段。如梁启超所说："译书真今日之急图哉！天下识时之士，日日论变法。然欲变士，而学堂功课之书，靡得而读焉；欲变农，而农政之书，靡得而读焉；欲变工，而工艺之书，靡得而读焉；欲变商，而商务之书，靡得而读焉；欲变官，而官制之书，靡得而读焉；欲变兵，而兵谋之书，靡得而读焉；欲变总纲，而宪法之书，靡得而读焉；欲变分目，而章程之书，靡得而读焉。"③ 梁启超把整个社会变革的希望都寄托于翻译西洋书籍上了，

① 徐光启《辩学章疏》，载王重民辑《徐光启集》（下册）第432页，中华书局，1963年。

② 参阅：徐海松《清初士人与西学》，东方出版社，1999年。

③ 梁启超《新民说》，载《饮冰室文集点校》（第一集），云南出版社，2001年。

"今日之天下，则必以译书为强国第一义，昭昭然也"，翻译背后的政治诉求之强烈，翻译目的之明确充分体现了梁启超的政治理想。

从这里我们可以看到外译中的翻译，在译入的目的上是和中国本身的文化需求紧密相连的，译书是为了给中国人看的，不是给印度人看的，不是给罗马人看的，不是给英国人看的，是中国人自己的需要。从翻译学来说，翻译的目的和对象都很清楚。

从翻译的目的论来看，尽管唐之译入佛经、明之译入西学、晚清之大规模译入西学都有着不同的背景，但站在中国文化本位立场来考察，翻译目的都是中国文化自身的变革，翻译接受的对象是中国本国文化的民众，进一步说，译入是为了自己文化而翻译，翻译的受众也是自己文化的民众。翻译的效果也受到本国文化接受程度的影响，从翻译学上来说，就是目的语对作品的接受决定着翻译的实际效果。中国历史上的译入的共同点在于对外来文化来说，目的语国家的文化内在需要是外来文化译入一个国家成功与否的关键。而用后殖民主义、权力论等尚说不太清楚。[①] 后殖民主义主要是从西方国家与后发展国家之间的文化关系来进入翻译的，但对于中国这样有着悠久文化历史的国家，对于它与外部世界的关系，必须从长时段来看，必须走出19世纪后西方的各种理论，从更大的历史视角来看待外译中的问题。

当然，外译中还有另一种形态：外国人直接将外文译成中文，在中国出版。明清之际的来华耶稣会士等天主教传教士最为明显，利玛窦翻译《几何原本》、高一志（Alphonse Vagnoni，1566—1640）将翻译和写作混为一体，用中文向明清士人们介绍了《修身西学》《齐家西学》《圣母行实》等一系列著作，而意大利传教士利类思（Luoics Baglio，1606—1682）则把托马斯·阿奎那的《神学大全》以《超性学要》为名，几乎将它全部翻译成中文，晚清的来华基督新教传教士也继承了天主教传教士的这个传统，开始用中文写作，将《圣经》翻译成中文。[②]

这一类外译中从译者主体上和以中国学者为主的外译中相比，在翻译的目的上不同，利玛窦从事外译中是为天主教在中国的传播，如他所说："虽知

---

① 张南峰《中西译学批评》第147—159页，清华大学出版社，2004年。

② 张西平《传教士汉学》，笔者将这类作品称为"西学汉籍"，这是一个值得深入研究开拓的学术研究领域。

天主之寡，其寡之益，尚胜于知他事之多。原观《实义》者，勿以文微而微天主之义也。若夫天主，天地莫载，小篇孰载之！”① 中国学者与传教士一同翻译西学则是为了自身文化，与传播天主教无太大干系。即便是入了教，在积极推进西学东渐时，也是将“天学”和“儒学”合为一体来理解，如李之藻在《天主实义》重刻序中所说：“昔吾夫子语修身也，先事亲而推及乎知天。至孟氏存养事天之论，而义乃綦备。盖即知即事，事天事亲同一事，而天，其事之大原也。”② 这就是说，在儒家思想中是有“天”的说法，而且事亲和事天是一致的，只是过去讲天少了，忽视了天的含义。这里李之藻所理解的“天”也和利玛窦的有较大的区别。

但我们应看到在外译中的两种译者中，尽管在翻译的目的上有所不同，但共同点是十分明确的：翻译的目的是介绍外国文化，而不是介绍中国文化；翻译成中文后的作品的读者是中国士人，而不是西方读者。

我们再来研究中国经典的外译，中译外显然属于译出。我们来考察中译外的翻译活动。在中译外的翻译历史中，无论译者主体是外国人还是中国人，尽管他们之间有着很大的不同，但在翻译的目的上却是相同的：翻译不是为了中国，不是中国文化的内在需求，而是外国；读者对象不是中国人，而是外国人。这点和外译中形成明显的差别。

我们首先从译者主体是外国人这一角度来研究，以理雅各的中国古代经典翻译来看这个问题。理雅各是西方汉学史上最重要的中国古代经典文献的翻译者，他的翻译目的何在？英国来华传教士艾约瑟（Joseph Edkins，1823—1905）对理雅各翻译中国经典的目的讲得很清楚，他说：

> 他的目标在于打开并阐明中国人的思想领域，揭示人民的道德、社会和政治生活的基础。这种工作百年当中只可能被人们极为罕见地做一次。在做这件事的过程当中，他感觉到自己是在为传教士们以及其他一些学习中国语言和文学的学生做一件真正的服务。他还认为，这也是为那些西方读者和思想者服务。从国土面积幅员之辽阔，人口比例之众多，

① 利玛窦《天主实义·序言》，载朱维铮主编《利玛窦中文著译集》第7页，复旦大学出版社，2001年。

② 李之藻《〈天主实义〉重刻序》，载《利玛窦中文著译集》第99页。

以民族特性等来考虑，中国都可以说是世界上最重要的国家。获悉了儒家“圣经”所包含的内容，也就使我们处于一种有利的地位来判断其人民。从这里，欧洲的政治家们可以看到其人民道德标准之本质。他们所阅读的历史，他们风格之楷模，他们的保守主义之基础，都可由此而得到评估。

如今，甚至即便在理雅各已经离开了我们，不再与我们一起的时候，他殚精竭虑经年累月的付出，那些卷帙浩繁的译著，依然包含着丰富的事实，通过这些事实，欧洲和美国的观察者可以如此正确地判断中国人，因为这是他们生活的箴言，在他们的生活当中流行，这里所包含、所阐明的思想观点，规范着他们的学者和人民的思想。①

为西方青年汉学家的汉语学习服务，为来华的传教士服务，为西方的读者服务。翻译的目的在于：对来华的传教士来说使他们了解中国，从而使他们更好地传播福音；对西方读者来说，要了解中国传统的悠久与伟大，以便“处于一种有利的地位来判断其人民”。这里的翻译目的是很清楚的，正如他自己所说：“对于儒家经典，我已经具有足以胜任将其翻译成英文的中文学术水平，这是五到二十年辛勤钻研的结果。这样的努力是必须的，这样世界上的其他民族就可以认识这个伟大的帝国了，而且特别是我们传教士给这里的民众传教，也需要充分的智慧，这样才能够获得长久的结果。我认为，如果所有儒家经典都能够翻译出版并且还附有注解的话，这将有助于未来的传教士们的工作。”②

我们认为简单地将理雅各的翻译和对中国经典的解释做一个后殖民主义的理解是说不清楚的③，他有着对中国古代文化的尊重，他有着从学理上对中

① O Helen Edith legge, *James Legge: Missionory and Scholar* , Chapter IV, london: The Religtous Tract Society, 1905. 转引自段怀清《传教士与晚清口岸文人》第 40—41 页，广东人民出版社，2007 年。

② 转引自《传教士与晚清口岸文人》第 44 页。

③ 正如段怀清所说：“如果将理雅各（1815—1897）几乎穷其一生，矢志于翻译、阐释和传播中华古代经典的文化壮举，简单地归因于一个传教士的宗教献身精神或者维多利亚时代所特有的一种与对外扩张政策相呼应的文化狂热，显然过于牵强，甚至还是一种大不敬。”《传教士与晚清口岸文人》第 36 页。

国文化的浩大与广博的敬佩。尽管如此，他的翻译目的不是为了中国，而是为了西方，他的读者是西方文化界而不是中国文人。这同样是很清楚的。

其次，我们再从译者的主体是中国人这一角度来研究，以辜鸿铭对中国经典翻译为例来加以说明。辜鸿铭是中国近代文化史上十分特别、具有重要文化意义的学者，他对欧洲文化的了解在当时几乎无人可比，他对儒家文化的坚信使他成为晚清时期守成主义的代表人物。如他自己所说："由于我青年时代基本上在欧洲度过，因此我刚回国时对中国的了解反不如对欧洲的了解。但非常幸运的是，我回国后不久，就进入了当时中国的伟人、湖广总督张之洞的幕府。我在那儿待了多年。张之洞是一个很有名气的学者，同时也是一个目光远大的政治家。由于这种契机，使得我能够同中国最有修养的人在一起朝夕相处，从他们那儿，我才对中国文明以及东方文明的本质稍有解悟。"① 但辜鸿铭有一个贡献，学者以往重视不够，那就是他是中国近代以来最早将中国经典翻译成英文的人之一，甚至可以说，是中国历史上留有翻译文本可查的中国文化外译第一人（玄奘的《老子》译本只有记载，没有译本可查），因此，他在中译外的实践和思想应成为重要的学术遗产。②

辜鸿铭做《论语》《中庸》的翻译的一个直接的原因，就是他不满意当时汉学家们对中国经典的翻译，不满意汉学家们对中国文化的理解和解释。他对他们的批评相当刻薄，他说翟理斯"能够翻译中国的句文，却不能理解和阐释中国思想"，"在翟理斯博士的所有著作中，却没有一句能表现他曾把或试图把中国文学当作一个有机整体来理解的事实"③。他认为翟理斯对孔子部分思想的翻译完全不沾边，伟烈亚力（Alexander Wylie，1815—1887）所写的《中国文学杂记》一点中国文学的味道都没有，而英国汉学家巴尔福（Frederic Henry Balfour，1846—1909）所翻译的庄子的《南华经》"简直就是

① 辜鸿铭《辜鸿铭文集》（下册）第 311—312 页，海南出版社，1996 年。

② 陈季同从 1884 年开始发表西文著作，到 1904 年先后出版多部法语著作，但他没有翻译中国古代文化经典，他的法文著作有：《中国人自画像》（*Les Chinois Peints par Eux-mêms*）、《中国人的戏剧》（*Le Thedre des Chinois*）、《中国故事集》（*Les Contes Chinois*）、《中国的娱乐》（*Les Plaisirs en Chine*）、《黄衫客传奇》（*Le Roman de L' Homme jaune*）、《巴黎人》（*Les Parisienne Peints par Chinois*），参阅：李华川《晚清一个外交官的文化历程》，北京大学出版社，2004 年。

③ 《辜鸿铭文集》（下册）第 108 页。

胡译”①。

对于当时在中国经典翻译上已经大名鼎鼎的理雅各，他也丝毫没有客气。他说：“那些中国经典的翻译必然被做，也是时代的必然要求。理雅各博士完成了它，结果出了一打巨大的、规模骇人的东西。面对这些卷帙浩繁的译著，我们谈起来都有点感到咋舌。不过必须承认，这些译著并不都令我们满意。”②

正是基于此，他开始动手翻译《论语》，在英译《论语》的序中，他开宗明义，毫不客气地指出了自己的翻译就是针对理雅各翻译的不足的，他说：“自从理雅各博士开始发表关于‘中国经典’翻译的最初部分，迄今已40年了。现在，任何人，哪怕是对中国语言一窍不通的人，只要反复耐心地翻阅理雅各博士的译文，都将禁不住感到它多么令人不满意。因为理雅各博士开始从事这项工作的时候，他的文学训练还很不足，完全缺乏评判能力和文学感知力。他自始至终都表明他只不过是一个大汉学家，也就是说，只是一个对中国经书具有死知识的博学权威而已。我们遗憾地得知这位大汉学家最近刚刚去世，但是为了公正地纪念他，必须指出，尽管他的工作尽了力所能及的努力，是完全严谨的，但他却没能克服极其僵硬和狭隘的头脑之限制，这是他的性情气质造成的结果。……对于绝大多数英国读者而言，我们不能不认为，理雅各博士在其译著中所展示的中国人之智识和道德的装备，正如同在普通英国人眼中中国人的穿着和外表一样，必定会使其产生稀奇古怪的感觉。”③

有了西方汉学家这个对手，有了对理雅各所翻译的中国经典文本的极端不满，辜鸿铭开启了近代以来中国人的第一次中国经典的英译。

但批评理雅各所代表的西方汉学家的中国经典译本，这只是辜鸿铭开始从事中国经典外译的一个外在目的。对于辜鸿铭来说，还有着更为深刻的思想文化根由。

辜鸿铭对中国典籍翻译的基本目的是由他的文化立场决定的。辜鸿铭对西方文化十分熟悉，对西方文化典籍和人物、历史如数家珍，辜鸿铭的时代正值欧洲第一次世界大战前夕，欧洲一片混乱，思想上也很混乱。辜鸿铭认

① 《辜鸿铭文集》（下册）第123页。

② 《辜鸿铭文集》（下册）第121页。

③ 《辜鸿铭文集》（下册）第345—346页。

为西方社会以个人为中心，以金钱为生活目的的基本结构是有问题的，他站在浪漫主义批判的立场，认为“商业主义精神笼罩世界各地，尤以英美为最，它构成了当今世界的大敌”①。

正是从精神的层面，他高度评价了中国文化，认为“真正的中国人就是有赤子之心和成年人的智慧、过着心灵生活的这样一种人。简言之，真正的中国人有着童子之心和成年人的智慧。中国人的精神是一种永葆青春的精神，是不朽的民族魂”②。一些人将辜鸿铭只是看成一个守旧主义者，一个民粹主义者，这显然是不对的，多年的留学生生活，使他对西方文化有着切身的理解和体会，知其长处，知其短所在。所以，面对这样的批评，辜鸿铭明确给予回复，阐明自己的基本文化立场，他说：“因为常常批评西洋文明，所以有人说我是个攘夷论者，其实，我既不是攘夷论者，也不是那种排外思想家。我是希望东西方的长处结合在一起，从而消除东西界限，并以此作为今后最大的奋斗目标的人。”③

辜鸿铭所持的文化立场是兼容中西的文化立场，但面对当时中国社会一切以西洋为重，一切以西为师的思潮，从当时的情况来说，辜鸿铭的这样的工作也和“甲午以后中国社会历史文化背景紧密相关。自甲午以后，中国士大夫阶层和思想界逐渐形成一种要求在政治制度和文化观念上的追逐西方、改革中国的浪潮，而此时的辜鸿铭却对儒家文化的信念日益加强并最终完全折向了儒家传统”④。

他所阐述的主要方面是批评西方文化的弊端，阐述中国文化的主旨和大义。显然，这和当时的整体社会文化倾向有所不同，现在看来，他对中西文化的评判，他的文化立场基本是正确的、合理的。辜鸿铭和那些对西方文化一窍不通，一味死守传统的保守派是不同的，他对慈禧太后的评价应更多从国家文化立场来考虑，而不应仅仅从国内文化生态来考虑。在这个意义上，辜鸿铭对今天中国文化的重建有着重要的文化意义。他说：“通过对东西文明的比较研究，我很自然地得出了一个重大的结论，那就是，这养育滋润我们的东方文明，即便不优越于西方文明，至少也不比他们低劣。我敢说这个结

① 《辜鸿铭文集》（下册）第 16 页。

② 《辜鸿铭文集》（下册）第 35 页。

③ 《辜鸿铭文集》（下册）第 303 页。

④ 黄兴涛著《文化怪杰辜鸿铭》第 75 页，中华书局，1995 年。

论的得出，其意义是非常重大的，因为现代中国人，尤其是年轻人，有着贬低中国文明，而言过其实地夸大西方文明的倾向。”① 他的翻译目的十分清晰，就是希望自己的翻译使“受过教育的有头脑的英国人，但愿在耐心地读完我们这本译本后，能引起对中国人现有成见的反思，不仅修正谬见，而且改变对于中国无论是个人，还是国际交往的态度”②。这样的话在当时是石破天惊之语，就是对今天的中国思想文化界来说，也是极为重要的良言。

从翻译学的角度来看，辜鸿铭的翻译活动揭示出了中译外和外译中在翻译目的上的不同。尽管辜鸿铭在中译外上有着多重目的，作为一个中国学者，他的根本在于弘扬中国文化，在于说明母语的文化优势和特征。③

这样我们看到同样是中译外，由于译者主体的不同，在翻译目的上也会有所区别：理雅各翻译中国经典是为了更好地传教，辜鸿铭翻译中国经典是为了弘扬中国文化。这样两个角度一直延续到今天，特别是在当今中国，越来越多的中国学者参与到中译外的翻译实践活动中。这点我们在下面还会专门讨论，这里不做展开。尽管在中译外上由于译者主体的不同，从而使翻译目的呈现出多维性和复杂性，但有一个共同点，即所有中译外译者的目的是向中国以外介绍中国文化，他们面对的读者是外国人，不是中国人。④ 这和外译中所表现出来的主要希望通过翻译来将外部文化引入母语文化，改造母语文化完全不同。当然，读者的不同是很明显的。外译中的读者是中国民众，中译外的读者是国外的民众。

同样，辜鸿铭的翻译实践也告诉我们，译入和译出的目的是完全不同的。译入是译者主体为学习外来文化而翻译，译出是为了介绍本土文化而翻译。译入是为自己本土的民众的阅读而翻译的，译出则从阅读目的上是为了目的语的国家民众的，这和译者主体的本土民众没有关系。这种翻译目的的不同，翻译后阅读对象的不同，使他们在翻译的语文文化内涵上有着重大的区别。从文化的接受来说，文化需要论是理解译入和译出的关键，在这点上二者是

① 《辜鸿铭文集》（下册）第312页。

② 《辜鸿铭文集》（下册）第346页。

③ 辜鸿铭虽然是侨居马来西亚，但汉语仍是其母语。

④ 上面在研究《中国文学》时，我们看到，到它的后期，由于杂志销售出了问题，开始出版中英文版，面向中国学习英语的读者，直到今天，中国典籍的翻译仍存在这个问题，这个问题我们将在下面展开讨论。

相同的。应该说，当时辜鸿铭的《论语》和《中庸》的翻译也受到了西方一些汉学家的好评，译著还被收入了当时在西方较有影响的《东方智慧丛书》，但对于19世纪的英国来说，并没有一种像当时中国强烈介绍西方文化那样一种强烈接受中国文化的需求，因此，辜鸿铭的翻译在英语世界并未产生很大的影响，他只是在学术圈中产生了一些影响，尽管他和俄罗斯思想家文学家托尔斯泰有着一定的联系和影响。这说明，译入和译出在目的论上的共同点在于：无论是译入还是译出，只有在目的语文化有接受需求时，这种翻译活动才能产生文化的效果。也就是说，只有在目的语的文化有一种接受的需要时，作为外部文化的译入和译出才会在目的语文化中产生效能和影响。文化的接受和影响不仅与文化的宣传和造势完全不同，同时也与翻译主体自我动机的强烈与否没有太大的关系。20世纪中国文化界对于东欧弱小国家的文学独有情钟，翻译了很多东欧文学作品，东欧文学曾对中国近代文学的发展和形成产生过重要的影响但东欧国家当时并不强大，也没有强烈的将其文学作品翻译到中国的愿望。反之，辜鸿铭个人对中国文化传播的动机和热情不可谓不强烈，用力不可谓不深，但对西方文化的影响并不大。文化需要是翻译社会效用的根本原因，无论是译入还是译出。辜鸿铭就说："我们努力按照一个受过教育的英国人表达同样的思想方式，来翻译孔子和他的弟子的谈话。此外，为了尽可能消除英国读者的陌生和古怪感，只要可行，我们尽量去掉所有那些中国的专有名称。"①

二、在语言的转换上的不同

在语言特点上译入和译出也有着重大的区别，前者是将外文转换成中文，后者是将中文转换成外文。看起来这种区别是很明显的。这种语言不同方向的转换包含着语言学上的一些重大问题。潘文国教授对汉英两种语言的结构进行了研究，他认为中文和印欧语之间有两大区别："一是英语（包括其他印欧系语言）是形态语言，而汉语是语义型语言；二是英语（包括其他印欧系语言）是形足型语言，而汉语是音足型语言。这两个特点在翻译实践上的表现是，第一条决定了'外译中'和'中译外'的过程完全不同，前者主要是

① 《文化怪杰辜鸿铭》第346页。

‘做减法’的过程，即把各种表示形态的挂件一一减去，而后者主要是‘做加法’的过程，即把本来没有的形态标志一一添上。‘做减法’是从有到无，比较简单；而‘做加法’是从无到有，相当复杂。什么该加，什么不该加，该加多少，不该加的又该通过什么手段表现，的确需要动脑子。做减法的理论不能简单地用于做加法的实践上，因而中译外不能简单地运用外译中的理论，而需要建立自己的理论。”①

两种翻译的语言转换方向完全相反，自然对翻译的理解也是不同的，实际上潘文国由此提出完全将西方的翻译理论套用到中国的翻译实践是有问题的，特别是套用到“中译外”的翻译实践上是有问题的。因为，迄今为止，西方的翻译理论基本上是在印欧系语言内翻译的实践的总结，这样一种翻译实践的总结和提升，其理论是建立在“西西互译”的实践上的。将这套“西西互译”的翻译理论套用到“中西互译”的翻译实践中是会有问题的，他认为“西西互译”基本上是在“均质印欧语”中发生的，而“中西互译”则是在遥远距离的语言之间的翻译，他认为：“只有把‘西西互译’与‘中西互译’看作是两种不同性质的翻译，因而需要不同的理论，才能以更为主动的态度来致力于中国译论的创造。”②

这是一个极有创建的观点，从翻译学上是值得认真思考的。

（张西平　北京语言大学特聘教授、北京外国语大学教授、
《国际汉学》主编）

① 潘文国《中籍外译，此其时也：关于中译外问题的宏观思考》，载《杭州师范学院学报》（哲学社会科学版）2007年第6期。

② 潘文国《中籍外译，此其时也：关于中译外问题的宏观思考》，载《杭州师范学院学报》（哲学社会科学版）2007年第6期。

《法国汉学家论中国文学：古典戏剧和小说》序言

［法］藍碁 著 王若旭 译

毫不夸张地说，法国的汉学研究发端于戏剧。甚至可以说，法国人对中国那份独有的热情就诞生于戏剧。我们还可以说，整个欧洲的热情都是如此萌芽，因为纵观历史，法国是第一个担任中欧文化摆渡人的国家。18世纪，康熙、乾隆皇帝在位期间，法国耶稣会士频频出入清代宫廷。他们是卓越的翻译家，伟大的文化使者，同时也是形形色色的新闻记者。经由他们之手，中国的历史、文学、哲学、艺术，可以说是中华文明的一切遗产，都悉数展现在了欧洲近邻的面前。欧洲的启蒙运动从一场有关中国的辩论中汲取了养分，在这场辩论中，中国是一个理想的，甚至常常被理想化的他者形象，而戏剧在他者形象成型的过程中起到了推波助澜的作用。因为戏剧（包括其音乐形式——戏曲），是一种与感情、情感对话的艺术，同时也是当时中欧两地民众喜闻乐见的艺术。众所周知，第一部被翻译成西方语言的中国戏剧是元代纪君祥的《赵氏孤儿大报仇》，这部戏剧的译者马若瑟神父（Joseph Henri Marie de Prémare）将其取名为《赵氏孤儿》，或作《赵门小遗孤，中国悲剧》（*Tchao Chi Cou Ell, ou Le petit orphelin de la maison de Tchao Tragédie chinoise*）。后来，伏尔泰对《赵氏孤儿》加以改写，于是，一部泛欧洲的“中国”力作诞生了。可以说，中国的孤儿一下子就被全欧洲收养了。当然，以现下更科学的标准来看，这些初期译作既不“美”也不“信”，但这无关紧要，因为这些译作征服了广大读者，重译本、各种欧洲语言的译本、改写本、改编本，层出不穷。这一事实说明这些译作是多么成功：比起历史和哲学，它们以更加贴近欧洲人的方式展现了中国人的人性，其中所承载的激情和感情，也让欧洲人得以和遥远的中国人一样感同身受。

法国大众，乃至欧洲大众与中国戏剧的这种亲密关系维持了近两个世纪。

直到清朝末年，也就是20世纪初，所有重要的法国汉学家都对中国戏剧表现出了浓厚的兴趣，投身于中国戏剧的译介之中，在此仅举几例：雷慕莎（Jean-Pierre Abel-Rémusat）、儒莲（Stanislas Julien）、巴赞（Antoine-Pierre-Louis Bazin）。我们知道，儒莲所译李潜夫的《灰阑记》（*L'Histoire du cercle de craie*）甚至对贝托尔特·布莱希特（Bertold Brecht）产生了影响，他对这部译作进行改编，而他的改编本事实上比原著更为家喻户晓，影响深远。儒莲还翻译了元代的另一部艰深巨作——王实甫的《西厢记》（*Le Pavillon de l'ouest*），他是翻译此书的第一人。除了戏剧之外，我们还对整个元、明时期历史、语言的方方面面进行研究。颇为有趣的是，欧洲人正是通过戏剧和小说才了解到中国白话文的特点——与古典文学、史书和公文中的文学语言相比，二者在诸多方面都大相径庭。也正是从这个语言学的层面，我们才接触到戏剧活泼、真实的一面，以及它的主体性，乃至自发、不造作语言之间的关联性。李声凤等当代中国学者指出，在整个19世纪，以翻译（全译或摘译），抑或至少是以情节简介的形式呈现在法国大众眼前的中国戏剧曲目不下130篇，这些曲目让欧洲大众得以领略中国人民丰富的想象力。这部丛书所汇编的一些文章就足以证明这些戏剧作品在当时的影响力和接受度。

20世纪的欧洲，随着电影时代来临，戏剧被边缘化，中国戏剧的吸引力也骤然减弱。也正是在这个时期，出于种种原因，西方汉学界的研究重点转向了其他客体和文本，研究方向也发生了变化。不过，有一点让我们感到遗憾，那就是有一样东西没有真正传到西方：中国的音乐文化。中国的音乐文化与戏剧密不可分，而在中国，戏剧是一门囊括音乐的艺术，就像西方的歌剧。在这一点上，尽管录音在20世纪已成为可能，但还是没能填补中国与欧洲之间的鸿沟。对欧洲人而言，中国传统音乐总显得太过陌生、太过奇特。要让戏剧作品的译本使人联想到活生生的艺术演出，就像一场由演员上台表演、带有音乐伴奏的完整演出，那显然不大可能。汤显祖的《牡丹亭》（*Pavillon aux pivoines*）恰恰是成功的一例，雷威安（André Lévy）发布《牡丹亭》译文之际正值昆曲剧团抵法，这个中国剧团仅凭寥寥数幕，就演绎出这部精雕细琢的长篇大作之精髓。在此书中，读者可以读到雷威安为《牡丹亭》法译本所作之序。遗憾的是，尽管这部作品实现了剧作和舞台演出的完美融合，但是法国大众，乃至欧洲各国人，还是更多地把中国戏剧看作一种仅供阅读的作品财富，而非它本应承载的真实的艺术表演形式。与以往的译作相比，如今翻译出来的戏剧作品更容易被搬上舞台，呈现到公众面前。几年前，鄙人翻译王实甫《西厢记》时，首先想到的是剧本所创造出的惟妙惟肖的演出，其次考虑的才是创造出一部严谨、科学的译作。像婢女红娘这样一个了不起的人物，虽然她诞生在700年以前，但是凭着她的诙谐、幽默、坚强、智慧和伶俐口齿，有谁会说她不是一个现代、永恒的角色呢?

本书编入的文章展现了3个世纪以来，法国人对中国戏剧持久不衰的兴趣。我相信，有了这些文章，中国读者可以更好地理解这一兴趣是如何在漫长的时期中逐步发展起来的，以及法国人是如何理解、阐释这些作品的。不过，鉴于现存于世的文化财富之广博，迄今为止翻译的戏剧数目不过是沧海一粟。倘若我们反过来，把中国戏剧的法译本和法国戏剧，譬如莫里哀剧作的中译本做个比较，我们可以说，中国的翻译家和研究者令法国同行望尘莫及。普遍来说，中国读者对法国戏剧的鉴赏力要强得多，在中国，法国的戏剧往往可以抵达其真正的归宿——被搬上舞台。而造成这一尴尬境地的，或许是因为中国古典戏剧无论是对汉学家还是公众而言，都显得那么深奥晦涩。中国戏剧包含各种各样的文学样式，散文、诗词、古文、白话文，并往往以方言写就。其中还充斥着文学典故和引文，这些内容有时太过程式化，这要求译者同时也必须是一名学者，须在页脚处添加大量注释，并对原作进行批判性的阐释。鄙人知道这是一项多么艰辛棘手的工作。翻译一部处处是引文的作品，如孔尚任的《桃花扇》（*L'Eventail aux fleurs de pêcher*），是一项漫长的工作。而作品本身以明朝的江南地区为历史背景，与之相关的各种典故或许也会令读者感到无所适从。哪怕是一些更易理解的作品，如李渔的喜剧，对译者来说都是挑战：迄今为止还没有任何一部李渔戏剧的译作问世。

事实上，要想把中国戏剧的精彩之处悉数呈现在法语世界的大众眼前，还有漫长的一段路要走。如果说欧洲的文学发端于古希腊悲剧家的创作，那么中国的剧作家应该同他们一起被陈列入各大优秀的图书馆中，因为他们（她们）创造的作品属于人类的共同遗产。钱林森教授和他的团队具备高超的水平和卓越的文化鉴赏力，他们所选编的文章见证了过去3个世纪以来法国汉学家为实现这一目标所做的旷日持久的努力，但我们仍需付出加倍的努力。作为中国古典文化的“仆人”，能够通过这样的刊物与中国的同行和读者对话，对我们来说是莫大的鼓励。

［蓝碁（Rainier Lanselle）法国巴黎高等研究应用学院
东亚文明研究中心汉学家；译者：王若旭］

《法国汉学家论中国文学：古典戏剧和小说》序言

［法］皮埃尔·卡塞　著　张峻巍　译

无论是回溯18世纪时耶稣会传教士的贡献，或是19世纪初在法兰西公学（Collège de France）建立汉语教席，每当目光投向法国的汉学研究史，总会有一群人呼之欲出，他们在各自身处的时代大潮下都付出良多，还时有逸闻传出，而所求皆为将中国文化元素带入法兰西。

其中一些人如雷贯耳，他们的名字在维基百科上有专门的词条，甚至冠名于街道，或是开创师门，在汉学圈子里为徒子徒孙所尊奉，但更大多数的人，不过是一撮书呆子罢了。诚然，名声大小并无公平之说，纯粹的籍籍无名者往往会比徒有其名者垒砌更多大厦基石——请原谅笔者无法直言不讳，恕不能贡献一列书单，开具出那些为虔诚学术者所不容的敷衍之作。毕竟，无论读者如何评判，精益求精的译文或是草草了事的凑合不是都好过让它埋没于故纸堆吗？时间会作筛选，让那些可以谅解的讹误在往后的岁月里变得无伤大雅；而其余的错误，在今天看来则是敢为天下先的大胆尝试，遥想当年的学者面对从未见过的课题，令人饶有兴致地品评是否比前者所受的个人与时代局限更高明呢？但让我们想象一下这种才智上的大胆尝试会有什么结果呢？它或许会让坚毅的开拓者变得极度谨小慎微，或是让涉猎广泛的学者毫无头绪。由此人们失去的或许是对后辈学者有益的激励，并且找不到今后研究的重要标杆。此举还会让兢兢业业的编辑人员难于寻觅，并让更多逐利者浮现，后者会毫无顾忌地从一堆古书中找出有赚头的作品。现在，古老的文本可以在网络上自由传播，对于研究者而言必不可少，也可以帮助业余爱好者勘正讹误。但是，后者也会读到过去拙劣或是错误的译笔，这些描绘古老中国奇风异俗的文字仍然无法完全掀起东方的神秘面纱。

在此情况下，我们尤为关注两个领域：古典戏剧和古典小说。若是忽略它们的存在或是其过去的发展，那就无法想象它们今日的成功。无须多言，在昨日的中国乃至更早，它们是中国消遣文学中宝贵的两种。当然，这两种文本的创作远早于法国人将之清晰地划分为两种文体。最近的观点认为，这两种文体的价值在于：当时的人普遍将它们看作一种传媒工具，具有“通俗”的特征，此外一直以来它们首先被看作一种文学作品，而且具有道德教化作用。

过往的观点于是催生了殷红绪（Dentrecolles）的初稿，随后是雷慕沙（Jean-Pierre Abel-Rémusat）、儒莲（Stanislas Julien）及其弟子的摸索。甚至，还有一些不上台面的译作，比如苏利埃·德·莫朗（Soulié de Morand）篡改节译的《西厢记》，当然现在我们有了这部剧作精确的全译本；幸运的是蓝碁（Rainier Lanselle）奉上了《今古奇观》的权威译本，该书具备了谭霞客（Jacques Dars）所译《水浒传》的神韵。雷威安（André Lévy）成果颇丰，在此仅列举笔者关注的几部重要译著，包括洋洋洒洒的《金瓶梅》与《西游记》，此外还有《聊斋志异》的全译本。从这段漫长的翻译史中，我们可以清楚地看出译作质量在稳步提高。尽管译文中的可靠性时常摇摆不定，对此有人可能评价为词不达意。

在古典戏剧和小说的研究领域，同样进步明显。在出版界，有许多基础性材料比之过去更加容易获得，同时许多世界性的大图书馆都制定政策，便于其馆藏能够在线获取。因此对于当代汉学家而言，最好的培养方式就是和中国、日本、美国等各国的同事坐而论道，这些技术进步让资料搜集更容易，科研成果质量更高，代价则是法语世界的成果相对减少了。曾几何时，西方的汉学家的书信往来中，喜怒哀乐几乎只用法语表达，但这种情况已经一去不复返，英语转而拔得头筹。

但是眼前这本著作让我们见证了当年的荣耀，法语的文学研究是当时该领域的火炬手；本书有幸收录了好几篇不负当年盛景的好文，它们距今并不遥远，数量众多且朝气蓬勃，勾画出全新的学术海平面，并鼓励后辈掀起更大的浪潮。

钱林森教授谨以本书向这一篇篇学术佳作致敬，同时这些论文也应该向他回礼。数年以来，钱教授孜孜不倦，成了少数几个品鉴者之一，足以品评汉学研究中对法国文化而言最有价值的内容。他的功劳不止于此，因为他不仅重拾了这些在法国或被遗忘的学术探索，而且对相关领域感兴趣的中国人来说，他将这些内容变得触手可及。

钱教授长年致力于中法文化交流，为人和蔼，因此我们可以体会到他豁达乐观的精神更加重了这份贡献的分量。读者也可以从这本选集的字里行间发现，对于每一次在中国古典戏剧和小说研究领域的进步，本书与法语世界的描述不尽相同。除了在法国频频提及的学者，本书还收录的学者从伏尔泰到戴文琛（Vincent Durand-Dastès），中间还矗立着艾田蒲（R. Étiemble）这位值得大书一笔的人物，准确地说，其贡献大大超过了他在中国文学领域寥寥几篇论文的作用。

实际上在世界文学研究领域，艾田蒲为法国人了解中国文学起到了关键性作用。他是比较文学新方法的开创者，思想自由而前卫的伟大作家。在他众多的贡献之中，我们要感谢他在法国出版界向中国开启了大门，而在此之前相关领域曾一度徘徊不前。在伽里玛（Galimard）出版社，艾田蒲将优秀小说的佳作汇集成《七星丛书》（*Bibliothèque de La Pléiade*），并在该社创立了《认识东方丛书》（*Connaissance de l'Orient*）。作为领风气之先者，这两种丛书明确强调了翻译作品的文学性特征，并且对译文质量提出较高的标准，以供知识阶层阅读。此举催生了丛书中许多有关译著的导言和评论，这些文章往往成为相关作品在法语世界最有分量的评述。然而在丛书收录的著作里，仍然有一些是个别人的心血来潮之选，让读者对丛书书目中缺憾的佳作感到惋惜。比如丛书对于日本作品的选择尤其如此，尽管事关文化遗产的保护因素，但在当时或许可以选取更有代表性作品。

而今后这方面的情况如何呢？在艾田蒲的继任者谭霞客（Jacques Dars）去世后，《认识东方丛书》不再扩充，尽管纯文学出版社（Éditions les Belles Lettres）的《中国丛书》（*Bibliothèque chinoise*）最近刚出版了两大卷元代戏曲的专著，但这种损失其实很难完全弥补。对于专注亚洲内容的小型出版机构而言，人们同样也无法期待它们有朝一日能重拾大型出版社的图书选题趣味。比如毕基耶出版社（Éditions Philippe Picquier）的丛书，在25年来的确收录了许多值得关注的佳作，但此举的代价便是该社确实在色情文学方面投入了过多精力——这种倾向，我们至少可以说，它是法国读者趣味的一种重要的概括，即什么是他们想象中的中国。对于中国古典戏曲，大型出版社缺乏编纂相关丛书以及物色审稿人的愿望，我们对此深感遗憾但却毫无办法。比如雷威安，他承担了两部汤显祖剧本的翻译工作，但剧作的出版社显然无力进行大张旗鼓的宣传，这使得它们的传播就像蜻蜓点水那般，仅仅局限在小圈子里。但不可思议的是，钱教授没有遗漏它们。承蒙他的不弃，使得中国读者知道了《牡丹亭》在法国曾经如耀眼地流星划过；也让我们回忆起雷威安曾打算翻译汤显祖《临川四梦》的雄心。但是在译出《邯郸记》之后，由于出版机构的置若罔闻，雷威安再也没能完成剩下两部剧作的翻译，徒留遗憾。

在外人不知但极为重要的文献学领域，我们的汉学家一直怀抱极大热忱，但却方法寥寥。这在大大小小的考据发现中可见一斑，其中有些版本的考据成果遂成为绕不开的话题，比如陈庆浩（Chan Hing-ho）将中国古典小说《型世言》重现天日，并对这部作品进行了卓越的研究。

本书中的每位学者都坚定投身于民国之前的中国研究里，尽可能清晰地勾画出世界文学多样性中的一景。为此他们都展现出了极大意愿，用以面对时常令人生厌的研究工作。这些工作或是关于一些作家，他们在被研究之前，并不为挑剔中国文学的大众所熟知；或是为几个世界级的说书人逐一立传，如凌濛初、冯梦龙之类者，还让我们更全面地审视那几个不得不提的文人，有蒲松龄、纪昀、曹雪芹；并且最终呈现给我们能媲美法兰西悠久文化家底的优秀作品。

如果只能用一个词语来概括这些学者共通的个人经验，那无疑是“激情”这个词：激情地学习一种完全陌生的语言和文化，哪怕过程漫长而痛苦；激情地代代传承，在本书中至少有一半的作者有前后师承，他们激情地诲人不倦；最后，激情地翻译，这些学者证明了在进入另一门语言，另一种文化，另一种异质文学时，翻译是最有效的方法。

本书共有50余篇文章，来自于24位作者，遍览之后读者应该可以感受到这份激情。这种体验也是本书编者想要传达给我们的，同时他还要与我们共同向过去和现在的法国汉学家致敬。让我们感谢钱林森教授的良苦用心，也向与钱教授互相提携而终日乾乾的法国朋友致意。

（［法］皮埃尔·卡塞　法国埃克斯-马赛大学教授、亚洲研究院“亚洲文学与翻译研究组”负责人；
译者：张峻巍　文学博士，上海工程技术大学讲师）

文化交流的地理之维与历史之维

——序《法国汉学家论中国文学：古典戏剧和小说》

吕效平

钱林森教授数十年来致力于中法文化与学术交流，成就斐然，令我十分敬重！他以80岁高龄，编撰出版了三卷本的《法国汉学家论中国文学》，洋洋洒洒200万字，更是令人欣喜和感佩。

因为我的学术领域是戏剧史论，做过一些中国戏曲的研究，又做过一点中国古典戏曲、中国现代戏剧与法国戏剧的比较，钱教授便命我为《法国汉学家论中国文学》之二《古典戏剧和小说》作序，我实在是诚惶诚恐：对于法国人的汉学研究，我基本上是完全无知的。但一则师命难违，二则我相信钱教授这本书，对于帮助中国古典小说和戏曲的研究者了解200多年来的法国同行对于自己研究对象的了解和看法，是大有裨益的，这种了解对于拓展中国学者的研究视阈与思路，也是大有裨益的。钱教授编纂这套书的功德令我斗胆不揣浅陋，在此说说自己阅读书稿的一点感悟，就教于方家。

本书收集了从1834年到2011年法国汉学家关于中国古典戏剧和小说的代表性论文，可以说，一册在手，遍览法国人通过中国古典戏剧和小说所看到的中国文学与剧场、中国社会与心理。在这里，我们看到一个渐进的过程：从发现第一个中国戏曲的译本《赵氏孤儿》放弃唱词翻译的“欠缺之处”，体谅令译者马若瑟神父（Joseph Henri Marie de Prémare）“却步”的那些困难［儒莲（Stanislas Julien）］，到全面地描述“法国人对中国戏剧的认识”，在安托南·阿尔托（Antonin Artaud）之后，这个“认识”甚至成为参与法国戏剧变革的东方资源之一［米丽耶·戴特丽（Muriel Detrie）］；将西方“唐璜式艳遇”与中国《西厢记》式爱情典范比较，发现“在爱情主题的创作中，中国对西方的启示在于强调忠贞的伟大，而不是像西方一样，固守忠贞观念的本身”［攀巴诺（Jacques Pimpaneau）］；借助拉康式精神分析方法分析《聊斋志异》，判断该书描述了作者蒲松龄“对‘菲勒斯’型强悍女性的种种幻想，以及她们带来的那种无以名状的恐惧”［蓝碁（Rainier Lanselle）］……

法国学者看中国古典戏剧与小说及其所表现的中国和中国学者看法国人眼中的中国古典戏剧与小说，都有两个不同的视角或者立场：一个是立足于考察“东西方”文化差异的视角和立场，一个是考察历史发展中“时代”差异的视角和立场。1986 年，莎士比亚去世 370 周年的时候，中央戏剧学院、上海戏剧学院、中国话剧艺术研究会、中国莎士比亚研究会联合举办了首届“中国莎士比亚戏剧节”，历时 14 天，分别在北京和上海排演了 14 部莎士比亚的剧作——那时候，中国的主要焦虑是关于“现代化”，莎士比亚主要地并不是被当作一个地理概念上的“西方”戏剧代表，而是被当作一个历史发展维度上的“现代”戏剧代表。2016 年，莎士比亚去世 400 周年的时候，中国不再有重要的戏剧院团排演莎士比亚的原作，全国涌现了上百台莎士比亚剧作和汤显祖剧作的拼贴演出——当下中国戏剧学界和业界的焦虑是：为什么中国知道莎士比亚那么多了，而西方社会对汤显祖所知仍然甚少？这个焦虑强调的是莎士比亚与汤显祖在地理纬度上的差异，即东西方差异。莎士比亚既是一位西方戏剧家，也是一位文艺复兴以后的现代戏剧家；汤显祖既是一位中国戏剧家，也是一位现代文明发生之前的古典戏剧家。莎士比亚和汤显祖的地理维度差异与其历史维度差异，哪一种更重要或更本质呢？这个问题的答案，对于中国人来说和对于法国人来说，非常可能是不同的。大概在鸦片战争之前，中国人在与西方有限的接触中，对于西方文明的态度，和本书中法国人对于中国文明的态度，从某种角度上说，是相似的，即对于异域文明的好奇。在鸦片战争以后，中国情况发生了变化，中国人逐渐意识到，没有坚船利炮，没有市场经济，没有立宪制度，没有“德先生”和“赛先生”，是无法保种救国，立足于世界民族之林的，于是对西方文明的认知，其地域性便被它的“现代性”遮蔽了。200 多年来，中国人对于西方思想、文化的译介和研究，主要出于追求“现代化”的功利之心，其中有着浓浓的焦虑。从这本书看，法国人对于中国古典戏剧、小说的译介和研究，却是出自对于异域文明的好奇和兴趣，其姿态是悠闲和淡定的。虽然，当他们厌倦了现代文明，对现代文明产生怀疑时，也会从中国古典文化中发现改进自己时代文化内容与形式的灵感和资源，例如对于老庄哲学的引用和对于作为与文艺复兴以后的西方戏剧（drama）完全不同样式的东方戏剧之一的中国戏曲的惊叹。

虽然早在黑格尔大约5岁的时候，伏尔泰就上演了他的根据《赵氏孤儿》改编的法国“新古典主义”悲剧《中国孤儿》，并且在他的《献词》里称赞《赵氏孤儿》“和我们14世纪的剧本相比，却是一个杰作”，但是黑格尔后来却说“东方的世界观却一开始就不利于戏剧艺术的完备发展”；“在东方，只有在中国人和印度人中间才有一种戏剧的萌芽”。作为一种theatre作品，《赵氏孤儿》可以说是高度成熟和完美的，而黑格尔在这里所说的戏剧，是欧洲文艺复兴以来所形成的theatre的现代文体“drama”，它的悲剧，其“动作情节的前提需要人物已意识到个人自由独立的原则，或是至少需要已意识到个人有自由自决的权利去对自己的动作及其后果负责”①。在《赵氏孤儿》里，“个人自由独立的原则”是不存在的：剧中为保护赵氏孤儿所牺牲的每一个人，都是古代“忠义”精神的化身，他们完全没有，也不可能意识到自己个人有权利在保全孤儿和保全自己的生命之间选择，因为这种选择在中国古代必然地是在“价值”和“无价值”之间的选择，就像在欧洲中世纪，人在上帝和撒旦之间的选择一样，是不具有真正被“意识到”的个人自由的。甚至连戏剧主人公在献出自己的儿子换取孤儿的性命时，在“忠义”的精神掌控之下，他也完全不可能“意识到”自己儿子和他的母亲的权利。当伏尔泰在把《赵氏孤儿》改编为《中国孤儿》时，他却无法无视母亲的存在和她的权利，他让这位母亲愤怒地抗议丈夫以子易孤的“暴行”，她说：“有什么贵和贱，又有什么主和臣，都不过一点虚荣定了一时的名分；天生来大家平等，倒了运大家相同，每一个人都只负担自己的一份伤痛；他的一份他够了，像这样弥天浩劫，要谋自己的善后，这才是我们职责。”在伏尔泰笔下，主人公对自己生命的处置，也是真正自由的个人选择。黑格尔是对的：“在中国人和印度人中间，戏剧也不是写自由的个人的动作的实现，而只是把生动的事迹和情感结合到某一具体情境，把这个过程摆在眼前展现出来。”② 在《赵氏孤儿》里，人物是一种简单的存在，表现着“忠义”的“生动事迹”和动人“情感”，而在伏尔泰对它的现代性改编里，人物是一段自由选择的个人“动作”（行动）。从戏剧的文体形式上说，前者首先是一种语言描摹的艺术，后

① ［德］黑格尔著，朱光潜译《美学》（第三卷·下册）第297—298页，商务印书馆，1981年。
② 《美学》（第三卷·下册）第298页。

者首先是一种关于行动的情节艺术。正是从这个意义上说，最初《赵氏孤儿》的法译本，丢弃了原作的曲词，那是丢弃了中国古典戏剧的精髓。实际上，欧洲中世纪的戏剧，那些神迹剧、受难剧、道德剧……和中国古典戏剧同样地“不是写自由的个人的动作的实现，而只是把生动的事迹和情感结合到某一具体情境，把这个过程摆在眼前展现出来。”17世纪，在法国和中国分别发生了关于自己戏剧的一场理论论争。法国戏剧家高乃依的“新古典主义”悲剧奠基之作《熙德》问世后，一面获得了极高的声誉，另一面也受到了严厉的批评，批评的内容之一是它为遵循“新古典主义”戏剧“三整一律”（在一天的时间内，一个固定的地点，发生一个完整的行动）教条，却违背了“新古典主义”戏剧“肖真”和“有益”的原则，从而也败坏了“三整一律”的权威。明代戏曲家汤显祖的《牡丹亭》问世后，也是一面“家传户诵，几令《西厢》减价”①，一面被同时代的吴江派曲学家认为不合“音律”，所谓“而屈曲聱牙，多令歌者齰舌”②，讥之为“案头之书，非当场之谱”③。关于“三整一律”的讨论，贯穿了法国“新古典主义”戏剧200年的历程，吸引了无数博学之士；关于“音律”的讨论，也贯穿了中国古典戏曲的全部历程，成了历代曲学家第一个要解答的问题。写戏为什么一定要“三整一”呢？中国古典戏曲和欧洲中世纪戏剧都从来没有感觉到这个问题存在。写戏的“音律”问题真的有那么重要吗？不管用韵文写作，还是用散文写作，欧洲的drama作家也都不会这样感觉的。然而，这两种戏剧必然互相看作荒谬的理论迷恋，却是它们各自文体的本能追求：表演人物“事迹”和“情感”的戏剧，对于语言艺术的追求（包括口舌语言和身体语言）是初始的也是最终的；模仿人物行动的drama，必须以情节的艺术征服时空，把无限绵长的时间和无限辽阔的空间折叠进两餐之间和方寸之地的艺术。汤显祖的《牡丹亭》和高乃依的《熙德》作为不同的戏剧文体的差异，既是地理维度的东方与西方的差异，也是历史维度的古代与现代的差异。

有一次在一个关于戏剧的国际研讨会上，我批评中国当代戏剧徘徊于“现代化”的门槛前不思进取，一位年长的美国戏剧理论权威责问我：“你为

① （明）沈德符《顾曲杂言·填词名手》。

② （明）王骥德《曲律·杂论》第三十九。

③ （明）冯梦龙《三会亲风流梦》小引。

什么不爱你自己国家的戏剧，一定要使它西方化呢?”我回答：“你是‘饱汉不知饿汉饥’。难道‘现代化’是独属于西方，而不是应当属于世界各民族吗?”

总之，我想说，法国文化和中国文化同属人类文化；法国文化与中国文化的比较，有两个维度，一个是地理纬度，一个是历史维度；阅读西方汉学家的中国研究，也有这样两个维度。

地理的维度和历史的维度都会自辩说：“我更代表了民族的文化自信。”

我觉得，还是兼顾比较好。

（吕效平　南京大学文学院教授）

考狄东方学著作续考

张明明

摘　要：法国学者亨利·考狄是19、20世纪之交重要的西方学人，在东方学等领域著述颇丰。本文试图从文献学视角，对其东方学著述做一再度考察。

关键词：考狄　东方学　著作

本文试图从文献学视角，对法国学者亨利·考狄（Henri Cordier，1849—1925）的东方学著述再做考察，所取对象以曾以单行本发行者为限，书目类作品暂不纳入。

一、考狄东方学著述提要[①]

19.《非洲探索之旅：从开普敦到赞比西河及印度洋》（*Le périple d'Afrique*：*du Cap au Zambèse et à l'Océan Indien*，Paris：E. Guilmoto，1906），考狄著（署衔“东方语言学院教授”“地理学会中央委员会前会长”）。233页，8开，插图15幅。

1905年，不列颠推动科学进步协会（British Association for the Advancement of Science，创于1831年）第75届年会在南非举办，考狄参会并随团在非洲南部游历。该书以一行行踪为主线，以专题形式，叙述一路见闻，混以作者的学识与感受，涉及当地历史、地理、政治、经济、风俗、语言等，附“按字母顺序编排的索引”。

---

① 书目编号承袭张明明《考狄东方学著作初考》，载阎纯德主编《汉学研究》2020年秋冬卷，学苑出版社，2020年。

20.《18世纪在法国的中国》(*La Chine en France au XVIIIe siècle*, Paris: Henri Laurens, 1910),属《好奇者与爱好者书系》(*Bibliothèque des curieux et des amateurs*),考狄著(署衔“科学院成员”“东方语言学院教授”)。138页,4开,插图16幅。

该书之基础为1908年11月20日在法国铭文与美文学院(Académie des Iscriptions et Belles-Lettres)年会上所宣读之讲稿,成书时多有增补。其书以18世纪法国的“中国热”为主题,述及时人对中国或“中国式”风物(瓷器、茶、饰品、毯、绘画、织物、家具、花园、浴场、屏风、书籍等)的追逐(引进或仿制),法国知识人对中国的评论与利用以及赴法的若干中国人等。

技术上有误,如将入华意大利传教士郎世宁(Giuseppe Castiglione,1688—1766)之姓氏拼作Castilhoni,使用了葡语拼法-lh-。

21.《中国的孝与祖先崇拜》(*La piété filiale et le culte des ancêtres en Chine*, Paris: Ernest Leroux, 1910),考狄著,辑自《Guimet博物馆[①]普及目录》(*Bibliothèque de vulgarisation du Musée Guimet*)1910年第35卷。

该书通过孔子、曾子、《孝经》、《礼记》、《易经》等,追溯中国孝道的发展略史、基本原则、若干实例,展示由孝道至祖先崇拜及至在宋朝发展出儒教的衍生机制,述及明清间由中国人祭祖祀孔礼仪的宗教性所引发的“中西礼仪之争”以及中国由来已久的杀婴行为。

22.《1787年d'Entrecasteaux骑士先生赴广州使团:根据外交部档案》(*La mission de M. le chevalier d'Entrecasteaux à Canton en* 1787: *d'après les archives du Ministère des Affaires étrangères*, Paris: Imprimerie nationale, 1911),考狄著(署衔“科学院成员”),辑自《历史地理及描述地理公报》(*Bulletin de géographie historique et descriptive*)1911年第3号,后收入考狄文集《东方历史与地理杂纂》第3卷(1922年刊)。44页,8开。

d'Entrecasteaux骑士本名Antoine-Raymond-Joseph de Bruni(1737—1793),法国海军军官。1785年,奉法王之命出洋,主要使命是考察驻扎在东印度地区的本国及英国海军,后奉命入华,一行仅于1787年2月7日至3月4日停留于中国海域。该文追溯其时西方在华势力(葡、英、法、荷等国)相争的

① Guimet博物馆由法国工业家、艺术爱好者Émile Guimet(1836—1918)于1889年创于巴黎,基于其东方收藏,今名“Guimet国家亚洲艺术博物馆”(Musée national des Arts asiatiques-Guimet)。

局势，揭示 d'Entrecasteaux 使团入华的目的，描述其进程，分析其未获成功的原因。

23.《琉球群岛的法国人》（*Les français aux îles Lieou K'ieou*，Paris：Imprimerie nationale，1911），考狄著，辑自《历史地理及描述地理公报》1910 年第 3 号，后收入考狄文集《东方历史与地理杂纂》第 1 卷（1914 年刊）。20 页。

该文根据包括一些未刊文献在内的资料，追溯 19 世纪四五十年代法国势力进入琉球群岛初期的境遇，如同当地人的摩擦、同他国的竞争等。

24.《第二帝国起始法国的殖民政策（中南半岛，1852—1858）》（*La politique coloniale de la France au début du Second Empire*（*Indo-Chine*，*1852—1858*），Leiden：Evert Jan Brill，1911），考狄著，辑自《通报》第 2 系列 1909 年总第 10 卷至 1911 年总第 12 卷。264 页，8 开。

该书设 24 章，回顾中南半岛的历史局势，借助信函、协约等大量原始文献，勾勒至 19 世纪中叶法国在该半岛势力范围的建立过程，着重描述作为法兰西第二帝国（Le Second Empire，1852—1870）皇帝 Napoléon 三世（1808—1873，1852—1870 年在位）全权代表的法国外交官 Charles de Montigny（1805—1868）于 19 世纪中叶赴暹罗、柬埔寨等地，同当地政府协商并缔约的情形。

25.《Brune 将军的一名翻译与语言青年学校的结尾》（*Un Interprète du général Bruneet la fin de l'École des Jeunes de langues*，Paris：C. Klincksieck，1911），考狄著（署衔"科学院成员"），辑自《铭文与美文学院文集》（*Mémoires de l'Académie des Inscriptions et Belles-Lettres*）第 38 卷第 2 部分。86 页，4 开。

法国语言青年学校（École des Jeunes de langues）于 1669 年由时任法王 Louis 十四（1638—1715，1643 年起在位）财政大臣的 Jean-Baptiste Colbert（1619—1683）倡议创建，旨在培养赴近东地区的译员（土耳其语、阿拉伯语、波斯语、亚美尼亚语等），学员在伊斯坦布尔和巴黎学习。1700 年，该校被并入创于 1563 年的 Louis 大王中学（Lycée Louis le Grand）。1873 年，被纳入创于 1795 年的现代东方语言学院。

Joseph-Marie Jouannin（1783—1844）于 1797 年入 Louis 大王中学学习。1802 年，法国外交部长需人重建伊斯坦布尔的语言青年学校，Jouannin 得荐前往。Guillaume Brune（1763—1815）将军于 1802 年 11 月作为外交官赴土耳

其，“语言青年”Jouannin作为译员随行。该书梳理法国在近东国家译员的职责、技能、所需品质、代表人物等，记述Jouannin于1803至1844年间在土耳其、波斯、奥地利等地履职及旅行，返回法国后担任地理学会（Société de Géographie）秘书长、国王东方语言首席翻译、语言青年学校校长等职的经历，追溯语言青年学校的历史，也间接传达出其时法国在土耳其、波斯等地的外交情形。

26.《法国同日本的首个条约（江户，1858年10月9日）》（*Le premier traité de la France avec le Japon*：（*Yedo*，*9 octobre 1858*），Leiden：Evert Jan Brill，1912），考狄著，辑自《通报》1912年第2系列总第13卷。88页，4开。

该文基于大量原始材料，追溯18世纪末至19世纪中叶，面对日本的锁国政策，俄国、荷兰、英国、法国、美国等西方列强同日本建立外交、商贸关系的尝试及相互间的竞争制衡，通过条约形式日本门户逐渐打开的历史，勾勒1858年10月9日法国全权代表Jean-Baptiste-Louis Gros（1793—1870）男爵一行缔结法国同日本首个条约的过程，附条约全文。

27.《18世纪中国之行：Bouvet先生指挥印度公司船只“Villevault”号日记选（1765—1766）》（*Le voyage à la Chine au XVIIIe siècle*：*extrait du journal de M. Bouvet*，*commandant le vaisseau de la Compagnie des Indes*《*le Villevault*》（1765—1766），Paris：Édouard Champion，Émile Larose，1913），考狄编，辑自《法国殖民地史杂志》（*Revue de l'histoire des colonies françaises*）1913年2季度号，属法国殖民地史学会（Société de l'Histoire des Colonies françaises）出版物之一种，由该学会官方出版商Édouard Champion及Émile Larose刊行。58页，8开。

1719年，一道王命取消法国东印度公司（Compagnie des Indes orientales，创于1664年），将其特权转交西方公司（Compagnie d'Occident），后者更名为“印度公司”（Compagnie des Indes），很快兼并包括中国公司（Compagnie de Chine）在内的法国同类公司。印度公司的特权于1769年8月13日被国王枢密院（Conseil）下令暂停，该公司于次年4月6日被解散。在对华贸易中，该公司曾获取巨大利润。“Villevault号”乃印度公司众多船只中往来于法国洛里昂（Lorient）和中国广州的一艘。该日记藏于法国殖民地档案馆（Archives des Colonies。档案号Chine，1732—1765，n° 10，ff. 139—161）。

“Villevault号”于1765年2月1日从洛里昂起航，经马达加斯加、马尔代夫、锡兰、马六甲、澳门等地，于9月30日抵达广州。自此至次年1月，该船卸货装货。1月23日离黄埔，7月26日抵达洛里昂所辖Groix岛。该文大致为“Villevault”号船长Bouvet先生在上述行程期间的工作日记选，考狄将之再度刊布，以之可被视为印度公司船只年度航行的典型。

28.《东方历史与地理杂纂》(*Mélanges d'histoire et de géographie orientales*, 4 t., Paris: Jean Maisonneuve et fils, 1914—1923)，考狄著（署衔“科学院成员”“东方语言学院教授”）。4卷，8开。

该书系考狄关于东方史地之已刊文章与发言的结集。第1卷1914年刊，317页，收文13篇：《Jean de Mandeville》《在东方语言学院的开场白》《Montferran中国游记》《关于中国的历史著作》《远东瑞典王家公司的肇始》《Henry Yule爵士上校》《Vasco de Gama之行前后的欧亚关系》《F. Renouard de Sainte-Croix关于中国的陈情书》《辑自Decaen将军文章的两种未刊文献》《大不列颠与缅甸的关系》《中国首个法国公使团（1847）》《Huc和Gabet先生之自西藏被逐（1846）》《琉球群岛的法国人》。第2卷1920年刊，322页，收文19篇：《中亚、东亚与中国研究》《Turgot[①]的中国人》、《Marco Polo在波斯的行程》、《中国的局势》、《德里》、《中国的伊斯兰》、《寻找从西北和东北至亚洲的一条通道》、[②]《中亚的考古发掘》(2篇)、《中华帝国的海关》(2篇)、《Albuquerque[③]》、《de Beylié将军[④]》、《中世纪的蒙古入侵》、《中国石刻》、《巴格达》、《佛教艺术》、《土耳其人与保加利亚人》。第3卷1922年刊，368页，收文5篇：《1787年d'Entrecasteaux骑士先生赴广东使团：根据外交部档案》《Pierre Poivre[⑤]自1748至1757年的旅行》《第一帝国[⑥]期间在

---

① Anne-Robert-Jacques Turgot（1727—1781），法国经济学家、政治家。1751年，中国人高类思、杨德望被在华耶稣会士派赴法国求学。1765年后两人动身回国前，Turgot向其提出关于中国的52个问题，由此撰成《关于财富形式与分配的思考》(*Réflexions sur la formation et la distribution des richesses*, 1766年刊)，英国经济学家Adam Smith（1723—1790）之《国富论》(*The Wealth of Nations*, 1776年刊）受到此书影响。

② 本文此处略去1篇之名。

③ Afonso de Albuquerque（1453—1515），曾任葡属印度总督。

④ Léon de Beylié（1849—1910），法国将军、考古学家，主要活动于中南半岛。

⑤ Pierre Poivre（1719—1786），法国园艺家、植物学家，曾任法国驻印度洋诸岛殖民总督。

⑥ “第一帝国”（Le Premier Empire, 1804—1814）即“法兰西第一帝国”，Napoléon Bonaparte（1769—1821）在法国所建立的君主制国家。

中南半岛和中国的法国和英国》《复辟时期[①]法国同安南关系的重建》《复辟时期法国驻顺化（Hué）领事馆》。第 4 卷 1923 年刊，272 页，收文 7 篇：《驻北京的法国传教士耶稣会士张诚神父的 5 封未刊书信（17 及 18 世纪）》《旅行者 André Michaux[②] 的 1 封未刊书信》《Pierre Dupré 自君士坦丁堡至特拉布宗的旅行》《一位德国东方学家：柯恒儒（Julius Klaproth）》《Dubois de Jancigny[③] 远东使团（1841—1846）》《关于 Eusèbe de Salle[④] 的说明》《沙畹（Édouard Chavannes）》。

技术上有误，如第 4 卷“驻北京的法国传教士耶稣会士张诚神父的 5 封未刊书信（17 及 18 世纪）”一文记张诚汉名为“张诚”。

29.《耶稣会之取缔与北京传教团》（*La suppression de la Compagnie de Jésus et la mission de Péking*, Leiden：Evert Jan Brill，1918），考狄著（署衔“科学院成员”），辑自《通报》1916 年第 2 系列总第 17 卷。141 页，4 开。

该文追溯法国驻北京传教团由 1688 年抵京的 5 位耶稣会士奠基，1700 年自葡萄牙传教团独立等前期情况，通过其时法国代理外交部长 Henri Bertin（1720—1792）同晁济各（François Bourgeois，1723—1792，1767 年入华）、钱德明（Jean-Joseph-Marie Amiot，1718—1793，1750 年入华）、韩国英（Pierre-Martial Cibot，1727—1780，1759 年入华）、汪达洪（Jean-Mathieu de Ventavon，1733—1787，1766 年入华）、贺清泰（Louis de Poirot，1735—1813，1770 年入华）等在京耶稣会士的往还书信等文献，着重勾勒 1773 年 7 月 21 日天主教教皇 Clemens 十四世（1705—1774，1769 年起在位）下令取缔耶稣会后北京传教团的情形（财产、人员安顿，职责接续），教廷传信部[⑤]、葡萄

① “复辟时期”（Restauration）即法国史上 Bourbons 王朝复辟时期（1815—1830）。

② André Michaux（1746—1802），法国植物学家、探险家，曾赴中东、美洲、印度洋诸岛。

③ Adolphe-Philibert Dubois de Jancigny（1795—1860），法国外交官、东方学家。著有《印度》（*Inde*, Paris：Firmin Didot frères，1845）、《日本、中南半岛、缅甸帝国、暹罗、安南、马来半岛等及锡兰》（*Japon*, *Indo-chine*, *Empire Birman*（*ou Ava*），*Siam*, *Annam*（*ou Cochinchine*），*Péninsule Malaise*, *etc.*, *Ceylan*, Paris：Firmin Didot frères，1850）等。二书同属《寰宇：诸民史志》（*L'Univers*：*histoire et description de tous les peuples*）系列，由法兰西研究院（Institut de France）官方出版商 Firmin Didot frères 刊行。

④ Eusèbe de Salle（1796—1873），法国医生、东方学家。

⑤ 天主教教廷传信部（Sacra Congregatio de Propaganda Fide）由教皇 Gregorius 十五世（1554—1623，1621 年起在位）于 1622 年设立。

牙在华传教团等多方势力的利益纷争等。

30.《中国及其对外关系通史：自远古至满洲朝倾覆》（*Histoire générale de la Chine et de ses relations avec les pays étrangers*：*depuis les temps les plus anciens jusqu'à la chute de la dynastie Mandchoue*，4 t.，Paris：Paul Geuthner，1920—1921），考狄著（署衔“科学院成员”）。4卷，23厘米。

第1卷《自远古至唐朝倾覆（公元907年）》，1920年刊，574页，分25章，涉及中国人的起源（据外国理论）、中国人的起源（据中国理论）、五帝、尧和舜、夏和商、周、孔子和老子、秦、汉、三国、晋、南北朝、宋、齐、梁、魏、魏朝雕刻、陈、北齐、北周、隋、唐、佛教徒之朝圣。第2卷《自五代（907）至蒙古人之倾覆（1368）》，1920年刊，432页，分24章，涉及五代、宋、蒙古、蒙古时的外国传教士与旅行者。第3卷《自明朝建立（1368）至嘉庆死亡（1820）》，1920年刊，426页，分29章，涉及明朝、15世纪的世界、葡萄牙与好望角之发现、印度洋的葡萄牙人、马六甲、葡萄牙人抵达中国、葡萄牙人抵达澳门、圣方济各·沙勿略与传教团、西班牙人、远东英国人之肇始、荷兰人、清朝（顺治、康熙、乾隆、嘉庆）。第4卷《从道光登基（1821）到现代》，1921年刊，426页，分18章，涉及道光、咸丰、同治、光绪、宣统、中华民国，附“朝代表”“1918年的天主教使团”“中国区划”“1919年中国的人口”“中国皇族谱系表”“按字母顺序编排的索引”“勘误”。

技术上有误，如第1卷“佛教徒之朝圣”一章起始页码为551，目录作550。

31.《中国》（*La Chine*，Paris：Payot，1921），考狄著（署衔“科学院成员”“东方语言学院教授”），属由Georges Batault所主编《Payot系列》之一种。16厘米，138页，地图1幅。

该书属关于中国的介绍性著作，设“描述”“历史”两部分，各主题以专题形式呈现，不区分层级，“描述”部分下设：名称、边界、面积、山川、河流、气候、人种、人口、宗教、佛教、道教、基督宗教、新教传教团、俄国传教团、犹太教、伊斯兰、政体、中央行政、地方行政、首都、司法、军队与海军、教育、铁路、海关与贸易、对外贸易港、度量衡、语言；“历史”部分下设：起源、朝代史、尧和舜、禹、纣、孔子、孝、老子、秦、汉、三国、晋、南北朝、魏、隋、突厥、唐、回鹘、五代、宋、蒙古、明、郑和、葡萄牙人、西班牙人、英国、荷兰、满洲、顺治、康熙、俄国人、法国、雍正、乾隆、嘉庆、道光、咸丰、同治、光绪、中日战争、德国、改革、拳民、俄日战争、宣统、日本，附“朝代表”“中国地图”。

技术上有误，如“光绪”正文作 Kouang Siu，目录作 Kouang Sin。[1]

32.《Gaston Maspero 作品目录》（*Bibliographie des œuvres de Gaston Maspero*，Paris：Paul Geuthner，1922），考狄编（署衔“科学院成员”）。XVII+153 页，8 开，传主照片 1 张。

该书主体“作品目录”前有考狄对意大利裔法国埃及学家 Gaston Maspero（1846—1916）的回忆文章，述及两人作为铭文与美文学院秘书一同筹办 1897 年巴黎东方学家大会，考狄曾做 Gaston 两子老师等。[2]“作品目录”收录 Gaston Maspero 自 1867 至 1916 年间的著作、译作、评论等，以埃及主题占绝大多数，偶列版本（含译本）、内容、他人评介信息，附 Gaston Maspero 传记、评论等类作品目录、“勘误”及“按字母顺序编排的索引”。

结　语

通过两度考察，吾人可对 19、20 世纪之交西方重要东方学家考狄的相关著述有大致了解，亦可稍窥其多重学术身份及相应作品，乃至整个学术历程。在一睹一个时代西方学人本色之余，吾人也可从其时的学术机构、刊物、出版等多个方面，一探一个居于世界前列的社会对人类文明的研究抱负与深度，这正是我们关注西方汉学的主因之一。

（张明明　北京外国语大学国际中国文化研究院副研究馆员）

① Kouang Siu 为正确形式。可对比《中国及其对外关系通史：自远古至满洲朝倾覆》第 4 卷。

② Gaston 之子马伯乐（Henri Maspero，1883—1945）后为汉学家。

葛兰言与朱利安的阴阳研究比较及其反思*

赵　鸣

摘　要：法国汉学家葛兰言与朱利安分别从中国早期文本及中国过程模式与西方创造模式的对照出发，对中国思想中的关键词“阴阳”进行了多角度研究，得出一致的结论：无论阴阳秩序或阴阳太极，中国思想都体现出一种自给自足的“内在性”，没有“上帝”的超验概念。本文在梳理归纳汉学家观点的基础上，试图从本土学术视野的角度对这一结论做出适当补充。

关键词：法国汉学　葛兰言　朱利安　阴阳

一、比较的建立

2018年初，法国总统马克龙访华时提到6位汉学家[①]，其中，葛兰言（Marcel Granet，1884—1940）与朱利安（François Jullien，1951—，曾译于连）同出著名的巴黎高师，都以跨界身份从事汉学研究：葛兰言的著作，典型如《古代中国的节庆与歌谣》或《中国文明》，带有强烈的社会学及人类学色彩，朱利安则因以哲学治汉学、中西互鉴的方法而自成一家。作为20世纪法国汉学界的前后辈，二人在治学观点上体现出丝丝缕缕的承接关系，这也与200年来法国汉学重视阅读一手资料的大传统有关：一是重文本不重生

---

* 本文为2019年国家社会科学基金青年项目“当代法国汉学对先秦哲学元典的阐释研究”（项目号：19CZW030）的阶段性成果。

① 参见搜狐新闻《马克龙首次访华西安大明宫演讲》，www. sohu. com/a/215858098_ 263495。6位汉学家包括沙畹（Édouard Chavannes）、马伯乐（Henri Maspero）、葛兰言、汪德迈（Léon Vandermeersch）、朱利安、程艾兰（Anne Cheng）。

平，二是强调中国思想在时空上的贯通性。1934年，葛兰言发表了《中国文明》的姊妹篇《中国思想》(*La pensée chinoise*)，第二卷重点分析中国古代的阴阳观。葛兰言认为，阴阳是主宰中国哲学的核心概念，“道”又是理解阴阳的另一关键词，它们都不为一门一派所独有，而是作为思想奠基广泛地存在于各类文献传统当中。朱利安在《过程或创造：中国文人思想导论》(*Procès ou Création: Une introduction à la pensée des lettrés chinois*) 一书中也对阴阳进行了解读，指出中国思想整体上是以阴阳互动为基础的过程型思维。葛兰言与朱利安反映了汉学研究的同流与分流，路径一脉，方法多元，取众学之长而各有千秋。本文有意比照二人的阴阳研究，明确他们如何定义阴阳？分别采取了什么方法？得出了怎样的结论？另一方面，从本土学术的角度对汉学家的观点做出反思和适当补充。

二、葛兰言的阴阳研究

受时代背景所限，葛兰言对阴阳的解释带有向西方人科普的性质。他首先纠正了历来对阴阳的两种错误认识，一种将阴阳定义为现代物理学意义上的“力”(force)，另一种从实体二元论出发，将阴阳看作“实体”(substance)，“道”成为凌驾一切的终极现实，接近于神。这两种认识在葛兰言看来均偏离了阴阳的本质，要理解它们，最直接的办法是广泛深入中国早期经典查找相关记载。

(一) 阴阳：自然现象

葛兰言认为，阴阳之说起于中国人对自然现象的直接观察，最初就是指日月二物。《山海经》以神话笔法描述了日月的由来，羲和为太阳之母：“东南海之外，甘水之间，有羲和之国，有女子名曰羲和，方日浴于甘渊。羲和者，帝俊之妻，生十日。”(《山海经·大荒南经》) 常羲为月亮之母：“有女子方浴月。帝俊妻常羲，生月十有二，此始浴之。”(《山海经·大荒西经》) 羲和浴日和常羲浴月，分别代表了日月当班。“三易”之一的《归藏》以更为明确的文字说明了日月出落的交替性：“瞻彼上天，一明一晦。有夫羲和之子，出于阳谷。”(郭璞《山海经注》引《归藏·启筮》) 阳与阴，即是日月轮班昼夜交替带来的明与晦。罗泌《路史·前纪》引《归藏·启筮》，虽将羲和与常羲合二为一共掌日月，明晦交替之意却是一致的，“空桑之苍苍，八极之既张，乃有夫羲和，是主日月，职出入，以为晦明”。先有日月的阴阳二分，继而拓展外延，明亮、温热、运动、外向、上升都属于阳，晦暗、寒冷、静止、内守、下降都属于阴。

葛兰言考察的第二个重点是《诗经》，阴阳在其中仍然保留了朴素的原始含义，有别于后来的阴阳五行之学。“梧桐生矣，于彼朝阳”（《诗经·卷阿》），“阳”为本意“太阳”。“既景乃冈，相其阴阳”（《诗经·公刘》），这是风水学的雏形，以日光向背确定阴阳，向日为阳，背日为阴。“在洽之阳，在渭之涘”（《诗经·大明》），地理方位上的阴阳以山南水北为阳，山北水南为阴。再比如时间，“曰归曰归，岁亦阳止”（《诗经·采薇》），“阳”即夏历中的“阳月”。儒家名篇《礼记·月令》将时令系统化，阴阳成为划分时令的标记，不同的历象物候对应阴阳之气的此消彼长：季春之月，“生气方盛，阳气发泄，句者毕出，萌者尽达”，开春到初夏，大自然中的阳气呈不断升发之势；仲夏之月，“日长至，阴阳争，死生分”，夏至是一年中太阳最长的一天，阳气达到极点的同时阴气也开始萌发，呈相斗之势；仲秋之月，“日夜分，雷始收声。蛰虫坏户，杀气浸盛，阳气日衰，水始涸”，秋季阳气渐收而阴气渐长；仲冬之月，“日短至。阴阳争，诸生荡。……安形性，事欲静，以待阴阳之所定”，冬至太阳最短，此时“阴方盛，阳欲起也”，阴阳重回争斗之势。

（二）阴阳：万物象征

《周易》标志着阴阳意义的抽象，从具体的现象走向了对现象的归纳。阴阳被符号化，代之以阴爻（--）和阳爻（—）。《系辞》开篇即云：“日月运行，一寒一暑。乾道成男，坤道成女。”乾坤象征的阴阳二元普遍存在于世界之中，天地人伦，阴阳之道一以贯之。如何理解作为“天地之大理”（语出《管子·四时》）的阴阳呢？翻译“一阴一阳之谓道”给了葛兰言以启发，若译为“un côté Yin，un côté Yang”（一面阴一面阳），指空间上的阴面与阳面作为对立共存；若译为“une fois Yin，une fois Yang”（一时阴一时阳），则是从时间上考虑，日月明晦有先有后，循环往复。这就是说，阴阳的关系兼具了对立与交替。葛兰言用了一个表达 rubrique-maîtresse 来定义阴阳，作为万物象征的阴阳如同树木的主干，其上生出日夜、寒暑、天地、男女、雌雄、上下、动静等无数对立性质的枝叶。这实际意味着一种人为秩序的建立，通过构筑一组组对立来认识万物、组织思维。令葛兰言好奇的是中国人不对事物进行种类（espèce）细分，也不谈语法意义上的阴阳性（genre），而是从生物学的角度理解性别（sexe）[①]，简单以阴阳划出对立。此外，葛兰言又引《系辞上》的“阖辟”和《庄子·外篇·天运》中关于盛衰、清浊、死生、偾起的文字来说明，阴阳之对立是一种有别于“存在-非存在”“善-恶”的相对的对立，对立之外更重要的关系是互根，即以对方的存在作为自己存在的前提，互补共生。

（三）道与阴阳五行

葛兰言认为，“道”的本意与阴阳有密切关系，“道”同时包含阴与阳两面，但它不是二者的总和，而是阴阳交替的过程。“道是一种调节，它本身并不创造事物，只是让万物各安其位、各守本分，道是主宰时空万物的节奏。”[②]“道”与“五行”一样，都表示无所偏倚、中正调和。数字五及文字五，均有“正中”之意。《系辞下》云：“天数五，地数五，五位相得，而各有合。”[③] 天数（奇数）为阳，地数（偶数）为阴，五居阳数正中。至于“五”字的构造，《说文》云：“五，五行也。”清代段玉裁注：“古之圣人知有水火木金土五者，而后造此字也。从二，像天地。阴阳在天地间交午也。”甲骨文“五”写作“㐅”，寓意阴阳二气交错，后添两横，上为天，下为地，阴阳二气在天地间交错。“行”与“道”本意一致，“道，所行道也”，指四通八达的大路，“行，道也”，甲骨文作，金文作，意为十字路口、交通要道。“五”与“行”皆寓“交叉”“中点”。

葛兰言对“道”还有第二重理解，它是中国人于文化发端之际打造出的一个政治词语。大禹治水的传说中，应龙甩尾在前，为禹除道，旋龟负息壤在后，“禹乘四载，随山刊木，定高山大川”，帝王所行之道，是为王道也，后与最高权力嫁接成为一种最高准则，由此建立起理想的社会秩序。葛兰言引贾谊《新书·修政语上》对黄帝的记述：

黄帝曰：“道若川谷之水，其出无已，其行无止。”故服人而不为仇，

① Marcel Granet, *La pensée chinoise*. Paris: Albin Michel, 1988, p. 118.

② *La pensée chinoise*, p. 269.

③ “天数五”即1、3、5、7、9五个数字，“地数五”即2、4、6、8、10五个数字，“五位相得，而各有合”，即25（1+3+5+7+9）+30（2+4+6+8+10）= 55。

分人而不譐者，其惟道矣。故播之于天下而不忘者，其惟道矣。是以道高比于天，道明比于日，道安比于山，故言之者见谓智，学之者见谓贤，守之者见谓信，乐之者见谓仁，行之者见谓圣人。故惟道不可窃也，不可以虚为也。故黄帝职道义，经天地，纪人伦，序万物，以信与仁为天下先。然后济东海入江内，取《绿图》，西济积石，涉流沙，登于昆仑。于是还归中国，以平天下。天下太平，唯躬道而已。

整段文字突出“道”作为圣王统一天下的合法性来源，黄帝守道乐道、循道而行，故能平治天下。“道”在此处作两种解释，一为道义，二为统治大法、治国之道。葛兰言认为，从“黄帝之道”开始，“道”在中国文化里就被打上了政治的烙印，其实质是一种“驭民之术”①，以守中持正为本。他又引“洪范九畴”中第五畴“皇极”的说法，讨论何为“王道”：“无偏无陂，遵王之义。无有作好，遵王之道。无有作恶，遵王之路。无偏无党，王道荡荡。无党无偏，王道平平。无反无侧，王道正直。会其有极，归其有极。”顶点为“极”，皇帝登“极”而小天下的前提是建立王道秩序，中正无偏，统领四方。

（四）葛兰言的结论

通过对中国古代阴阳观的分析，葛兰言得出中国人的逻辑是一种秩序逻辑、效率逻辑和等级逻辑。中国人对抽象的概念没有任何兴趣，认为宇宙秩序非人为建立，而天然地由各种关联性构成。“道”是秩序和效率的升华，引导人们认识事物之间的关联，明确责任。《道德经》中称“道”为“天地之始、万物之母”，似有将“道”作为宇宙第一动因之嫌，事实上，道既不是第一动因，也不同于造物主，它只是既有秩序的象征。至此，葛兰言得出了他对中国思想的总体结论：中国思想没有对超越性的设计，没有任何关于上帝的观念，相应地也没有神权及教会系统。从神话的角度讲，中国的神话大多以圣人英杰为对象，并非是与人有不同本质的神。玉皇大帝是政治神话的产物，多见于文学作品，道教没有对其神圣性的真正思考。中国人的思维甚至从不被神所困，即便有也是暂时的、地域性的，节走神走。从造物的角度讲，世界不是被创造的，以大禹为代表的圣王只能作为秩序的维护者，为山川万

① *La pensée chinoise*. p. 251.

物命名布局。

三、朱利安的阴阳研究

葛兰言深入早期典籍寻找线索，就中国论中国，朱利安采用的则是外部映照，透过西方文化为什么没有阴阳，反过头来理解中国思想为什么需要阴阳。他以明清思想家王夫之的两部著述——《张子正蒙注》及《船山易学》作为范本①，与西方哲学建立对照。

（一）西方的一元与中国的一元

朱利安将中西对宇宙本体问题的回答作为理解阴阳的切入点。支撑西方文明的希伯来信仰和希腊哲学，都是以从无到有的"创造模式"思考世界从哪里来的问题。《圣经·创世纪》的描述无须赘言，在哲学提出"第一推动力"的论断前，柏拉图也用类似的"神创说"解释过宇宙的起源："可感知的物体总是在被创造的过程中，被造者必有原因"，"没有原因就没有生成"②。虽说"创造模式"有太多无法自圆其说的逻辑漏洞，然而它却对西方人的思维方式产生了决定性的影响：第一，世界的起源是可以追因的，造物者为因，万物为果。当历史发展出现无法用逻辑推演的状况时，便诉诸"事件""奇迹"这样的概念来弥补，典型如《圣经》的创世之谜、好人约伯的受罚、耶稣的死而复生。朱利安认为欧洲文化在这层意义上可以说是一种"事件文化"③，通过宏大叙事制造断裂、开启未知，是它自始至终都在传承的东西。第二，遵循目标（理式）到行动、起点到终点的线性思维。"时间"概念的发明、主体客体的区分、创世与末日之说、死亡哲学的发达，都与目的论思维有关。

阅读王夫之，朱利安看到了一种完全独立于西方的宇宙观。王批判道释的"有无生灭"论，认为他们都在从创有的角度看宇宙生成：

---

① 朱利安之所以认为王夫之可以作为研究范本，是考虑到后者打通古今的时代背景。明亡清兴之际，中国思想没有与西方进行实质性的接触，进而受到影响。王夫之的思想完全承袭于传统，且在经历秦儒、汉儒、宋儒之后，为儒家正统提供了一种终极的反省与诠释。

② ［古希腊］柏拉图著，谢文郁译《蒂迈欧篇》第 20 页，上海人民出版社，2005 年。

③ Cf. François Jullien, *Les transformations silencieuses*. Paris: Grasset, 2009, p. 150.

老氏以天地如橐籥，动而生风，是虚能于无生有，变幻无穷，而气不鼓动则无，是有限矣，然则孰鼓其橐籥令生气乎？有无混一者，可见谓之有，不可见遂谓之无，其实动静有时而阴阳常在，有无无异也。[①]

按照老子的推演，无在先，有在后，无中生有，世界的本源是虚空。王夫之从两点予以反驳：首先，虚空并非一无所有，“凡虚空皆气也”，虚空中充塞着弥沦无涯、希微不形的“气”，“虚涵气，气充虚，无有所谓‘无’者”；其次，以“有无”论万物不过是蔽于耳目闻见，“（气）聚则显，显则人谓之有，散则隐，隐则人谓之无”，然而气是恒定存在的，未尝有“有无”，“聚而成形，散而归于太虚，气犹是气也”。佛家言“生灭”，将宇宙演化分为成、住、坏、空四劫，与老子从无到有的创生论名异实同。王夫之以物质运动带来的形式转化为反驳，“水唯一体，寒可为冰，热可为汤”，物质本身是永恒不灭的。本然之气充满太虚，富有形态上的各种变化（往来、屈伸、聚散、幽明），“其本体不为之损益”。四时流转，春夏为来、为伸，秋冬为往、为屈，“秋冬生气潜藏于地中，枝叶槁而根本固荣”。

太虚之气流动洋溢，未尝止息，升扬飞降，便有阴阳之分，“轻者浮，重者沉，亲上者生，亲下者降，动而趋行者动，动而赴止者静，皆阴阳和合之气所必有之几”[②]，“浮而上者阳之清，降而下者阴之浊”[③]，昼夜交替、寒来暑往，“盖二气之嘘吸也”。阴阳的共存方式以太极图来展现：黑白两条大鲩分别代表阴阳，首尾相追，拼合为一个完整的圆形。阴阳殊体却又合一，独阴不成，孤阳不生，王夫之称这种浑沦的状态为“太极”：“太极阴阳之本体，絪缊相得，和同而化，充塞于两间，此所谓太极也。”[④] 阴阳二气不分先后，太极与阴阳也非创生关系：“太极生两仪（阴阳），非太极为父，两仪为子之谓也。阴阳无始者也，太极非孤立于阴阳之上者也。”[⑤] 由此总结，“创造模式”的一元即“第一动因”，超然于万物之上，以外部介入的方式为混沌的宇宙建立秩序；气本论的一元实为二元合一，阴阳二体絪缊相荡，合于一气。

① （清）王夫之《张子正蒙注卷一·太和篇》第9页，中华书局，1975年。
② 《张子正蒙注卷一·太和篇》第1页。
③ 《张子正蒙注卷一·太和篇》第12页。
④ （清）王夫之《船山易学》第515页，台北：广文书局，1981年。
⑤ 《船山易学》第516页。

（二）西方的二元与中国的二元

西方思想中有没有类似阴阳的二元关系呢？朱利安认为，东西方均有成对出现的概念，只是构成方式有本质差别。参照西方二元关系的建构，可以帮助我们从另一个角度思考阴阳：

> 在西方思想中，成对的概念一个在上，一个在下，而且它们是相互隔离的、对立的，没有关联性。“绝对”和“相对”、“存在”和“现象”之间没有相互作用，只有降级和贬值。“实在”不能揭示“存在”，“现象”不能说明“真理”。①

乍看上述观点，很容易囫囵吞枣将西方式的二元关系简单理解为两极的决然对立。法国文论家热奈特（Gérard Genette）在《辞格二集》中以“日-夜”（jour-nuit）为例对“二分法范式缺陷”② 所做的经典分析可以为朱利安这段话进行注解。热奈特指出日与夜在反义关系之外还存在包含关系，即对立关系中的一方可同时指代双方。Jour（日）一词在法语中除了表示日出到日落之间的白昼，与日落到日出之间的 nuit（夜）形成对立，还可以指全天 24 小时。因此，bonjour 既是“早安、日安”，也可用于一天当中的任何时段，泛泛翻译为“你好”，bonne nuit 则只能表示“晚安”。同样，在 homme（男）与 femme（女）这组对立中，homme 既单指男性，也是包含了男女两性的人的统称。热奈特试图说明，西方人是依照主客（sujet-objet）标准来建立二元关系的，在日-夜、男-女两组概念中，对立双方的地位从一开始就被设计为是不平等的，一个（日、男）为主概念，一个（夜、女）为次概念，一个为基础，一个为增补。朱利安上文的成对概念“一个在上，一个在下”“没有相互作用，只有降级和贬值”，表达的正是这层意思。

这样来看，阴阳是主概念和次概念的关系吗？显然不是。王夫之对阴阳关系的论证是层层推进的：首先，阴阳如昼夜、寒暑、动静、语默、行藏一样，是对立的殊体。阴阳二气一嘘一吸，一舒一敛，由此而来寒已而暑、暑

① 秦海鹰《关于中西诗学的对话——弗朗索瓦·于连访谈录》，载《中国比较文学》1996 年第 2 期。

② “paradigme défectif de la dichotomie”, Cf. Gérard Genette, *Figure II*, “Le jour, la nuit”. Paris: Seuil, 1969, p. 104.

已而寒，“春秋分而气易”的天道循环；对立之外，阴阳又相互依存。其次，王夫之以阖辟论阴阳互根之理：“阖辟者，疑相敌也，往来者，疑相反也，然而以阖故辟，无阖则何辟以辟？故阖无辟则何阖，则谓阖辟以异情而相敌，往来以异势而相反。”① 朱利安认为这一点道出了中西二元概念的本质区别，中国思想的成对概念处于同一层面，“一方的存在以另一方为前提，一方也是另一方”②。最后，太极中的阴阳，处于此消彼长的运动变化之中，“变化者，进退之象也”，“阳之退化者，阴之进”，③ 一方在自我展开的同时迈向并进入另一方，最终实现转化，“阴亢已极，则阳必奋起”④。

（三）朱利安的结论

对比创造模式，朱利安将中国思想解释为一种过程模式，它最大的特点是：“不需要充当第一因和第一推动力的造物主，也没有对绝对超验性——上帝的体验。”⑤ 阴阳互抱于封闭的太极之中，意味着：第一，无须借助外力，所有更新均由内部自行消化完成；第二，起源问题被消解，没有始终，只有过渡。中国人不重视原初或末日之说，是因为思想自奠基之时便摒弃了对“始”与“终”的界定，而将关注点放在了中间的过程。《易经》六十三卦“既济”指渡水之后，六十四卦“未济”反而回到渡水之前，以新的起点作为终点。因此，古汉语讲“终始”不讲“始终”，没有真正的开始与结束，只有不断的过渡，生成的生成。

四、本土学术视野的反思

从葛兰言到朱利安，承续了法国汉学重视阅读一手资料的大传统，二人运用不同方法对不同文本进行了分析，得出的结论一致：无论阴阳秩序或阴阳太极，中国思想都体现出一种自给自足的“内在性”，没有“上帝”的超验概念。上帝缺位，与其说是葛兰言和朱利安的结论，不如说是他们研究阴

① 《船山易学》第1020页。

② François Jullien, *Procès ou Création: Une introduction à la pensée des lettrés chinois*. Paris: Seuil, 1989, p. 51.

③ 《船山易学》第466页。

④ 《船山易学》第45页。

⑤ *Procès ou Création*, p. 75.

阳的理论预设，是西方汉学家乃至整个思想比较领域给予中国文化的既定标签，在此前提下，民族个性呈现出重实际黜玄想的特征。朱利安多部作品均论及它对中国思想走向的影响：由于缺少人格化的上帝，导致中国思想注重进程忽略创造（《过程或创造》），没有发展出与“时间”对立的“永恒”（《论时间》），中国人的道德只能依靠对人类天性的启发（西方的道德源于神学，《道德奠基》），等等。至于上帝缺位的原因，却不是他研究的内容。作为中国人，从历史视角进行回溯与反省：中国文化是否真如汉学家所说没有“上帝”的概念？究竟是从未有过，还是一度有过，却在某个时期，因为某些原因被隐去了？

（一）殷人的“帝”

中国文化是否从来没有人格神的概念？答案绝对是否定的。最早出现“天”“帝”的文献，就是郭沫若所说的“自一八九八年以来由安阳小屯出土的在龟甲兽骨上契刻着的殷代卜辞”[①]：

> 今二月帝不令雨。（在这二月天里天帝不会下雨。）
>
> ——《卜》三五六
>
> 帝其降堇（馑）？（天帝要降下饥馑吗？） ——《卜》三七一
>
> 王封邑，帝若。（国王要建都城，天帝答应了。）
>
> ——《卜》三七三及三七四

至少从殷代开始，“帝”已经出现在中国文字当中，并且就是指人格化的天帝、上帝：“由卜辞看来可知殷人的至上神是有意志的一种人格神，上帝能够命令，上帝有好恶，一切天时上得风雨晦冥，人事上的吉凶祸福，年岁的丰啬，战争的胜败，城邑的建筑，官吏的黜陟，都是由天所主宰，这和以色列民族的神是完全一致的。”[②]“帝”与“天”一开始并不混用，“天”最初指人的头顶，《说文解字注》中说：“天，颠也。……颠者，人之顶也。”在有关帝俊与玄鸟的传说中，“帝”既是人格化的至上神，也是与殷民族有血缘关系的祖先神。正是由于殷人文化中至上神和祖先神的合一，导致了人格化

---

① 郭沫若《中国古代社会研究》第 304 页，河北教育出版社，2000 年。

② 《中国古代社会研究》第 310—311 页。

的单一神的消失。

（二）周人的“天”

随着政治权力易主，人格化的“帝”逐渐向笼统化的“天”过渡。作为后起民族，周本身没有什么文化积淀，无法完全抛弃殷人已经建立的现成的宗教体系，只能选择承袭。然而，殷人尊崇的“帝”与周民族本无任何观念或血肉上的联系，出于社会政治方面的考虑，周初统治者迫切需要将这个“帝”加以改造利用，以使自己的灭商之举正义化、合理化，于是创造了一个新的名词——“天命”。赵林将“帝”向“天”的转变定义为“一场意义深远的宗教改革运动”①，在《尚书·周书》中，“天”“皇天”与“帝”“上帝”并存，“天”的字眼频频出现，“帝”也没有完全消失。在《尚书·召诏》中，“帝”与“天”混杂使用（“皇天上帝改厥元子兹大国殷之命”）。在周初文献《康诰》中，成王向弟弟康叔解释殷亡周兴的合理性：“闻于上帝，帝休，天乃大命文王，殪戎殷，诞受厥命。”② 帝知晓了周人的德行，因此赐福于周，天向文王下达了指令，命周人打败殷人，周人因此开始接受这个天命。殷人的“帝”模糊却又自然地过渡到了周人的“天”再到“命”。这是后者刻意制造的效果，保留殷人的“帝”，同时在旧的系统中注入新的观念，证明殷亡周兴的正当合理。表面看来，还是殷人的那个“帝”，之所以不再维护自己的后代殷人而命令外族周灭掉殷，是因为周人有德，殷人失德，天帝要重新任命他在人间的代表。周人割裂了殷王与其“帝”的亲缘关系，从此，新的王权法则不再是血统继承，改为道德继承。“帝”成了空有其表的摆设，去人格化的“天命”成为新的权力继承标准。至此，我们可以说：中国历史发展到西周，纯粹人格化的上帝便逐渐隐去，直至完全消失了。

结　语

在2018年11月召开的第六届世界汉学大会上，“海外汉学与本土学术”作为一个重要议题被提出。中国文化的传承与研究，一方面需要本土学者励精图治，另一方面也离不开汉学家的积极贡献。海外汉学有他者立场的天然

① 赵林《协调与超越——中国思维方式探讨》第61—62页，武汉大学出版社，2005年。

② 谢选骏《空寂的神殿——中国文化之源》第204页，四川人民出版社，1987年。

优势，擅长“以众学治一学”，提出的观点往往具有广阔的比较视野和更为普遍的参考价值，但正如中国人民大学文学院教授程光炜所言，汉学视角的最大问题在“国外学者与研究对象的隔膜”，“与中国的历史传统、文化气候、地理等结合比较生硬”，反而一些具有敏锐眼光和深厚功力的本土学者可以将理论与史实结合，“通过严谨的分析层层推进得出更加令人信服的结论”。[①] 总之，研究海外汉学，不但要了解不同汉学家的观点，还要同时参考中国学者的成果，从本土学术的视角审视、反思海外汉学。多方思想的交叉映照，才可能带来对中国问题真正全面客观的认识。

（赵鸣　武汉大学外国语言文学学院副教授）

① 《人民日报：切实反思“汉学心态”》，人民网：opinion. people. com. cn/n1/2017/0217/c1003-29088710. html.

法国汉学家马伯乐遗著的版本研究

尚　飞

摘　要：法国著名汉学家马伯乐 1945 年去世以后，经戴密微整理的法语版遗稿于 1950 年率先出版。自此之后，遗著的各个语种翻译版及康德谟重新编辑版相继发行。本文对每种遗稿版本进行研究，分析它们之间的差异与内在联系。不同版本的遗著，反映了不同编辑者的编撰思路及相关时代背景。通过对马伯乐遗著不同版本的研究，有助于了解马伯乐的学术思想和学术贡献，更好地促进学术研究。

关键词：马伯乐　版本学　道教　汉学

众所周知，西方汉学的研究历史很悠久，对有关中国的方方面面进行研究。尤其法国在西方汉学史上占有重要的地位，有许多著名的汉学家。诸如沙畹（Edouard Chavannes）、伯希和（Paul Pelliot）、马伯乐（Henri Maspero）、葛兰言（Marcel Granet）等，都堪称天才级人物，不仅精通汉语，对中国古代的历史、文化、宗教、社会、语言等方方面面都有所涉及，有许多独到的见解，值得我们借鉴与思考。

对汉学家马伯乐而言，他的研究领域主要涉及语言学与历史学，在道教、越南傣族民间宗教、天文学方面也造诣颇深。有关他的生平，戴密微（Paul Demiéville）有相关文章做过介绍①。马伯乐 1883 年生于巴黎，1908 年在法兰西远东学院工作，1945 年惨死于布痕瓦尔德集中营（Buchenwald）。他生前公

---

① Paul Demiéville, "Nécrologie Henri Maspero", *Journal Asiatique*, 234, 1943-1945, pp. 245-280.［法］戴密微著，许明龙译《马伯乐小传（1883—1945）》，载《法国汉学》（第七辑）第 520—533 页，中华书局，2002 年。Paul Demiéville," Henri Maspero et l'avenir des études chinoises", *T'oung Pao*, Vol. 38, 1947, pp. 16-42.［法］戴密微著，耿昇译《马伯乐与法国的汉学研究》，载［法］戴仁编，耿昇译《法国中国学的历史与现状》第 191—206 页，上海辞书出版社，2010 年。

开发表出版作品不多，死后遗留许多未及整理的文稿，由戴密微精心整理并于1950年出版。[①] 索安（Anna Seidel）在其著名的《西方道教研究史（1950—1990）》（*Chronicle of Taoist Studies in the West*，1950—1990）导言中对马伯乐评价甚高，认为正是由于1950年遗著的出版，人们才开始严谨地从道教自身的资料出发去了解道教。马伯乐勇于探索体量庞大、文本繁杂的《道藏》，成为欧洲道教研究的先锋。他还确定了一些道经的年代，梳理出从汉到唐一种有组织的道教历史，这其中也涉及道教的信仰、科仪、实践以及社会思想。[②] 一般认为马伯乐是西方现代道教研究的开始。当然，也有学者认为是从沙畹开始的。[③]

由于马伯乐的遗稿多由戴密微整理出版，他还写了许多回忆马伯乐的文章，所以对于二人亲密的关系，学界有一定误解。大致有以下三种理解：二人是师生关系，戴密微是马伯乐的学生；[④] 二人是同事关系；二人既是师

① Henri Maspero，*Mélanges posthumes sur les religions et l'histoire de la Chine*. Paris：Civilisations du Sud，1950.

② Anna Seidel，" Chronicle of Taoist Studies in the West：1950-1990"，*Cahiers d'Extréme-Asie*，vol. 5，1989，pp. 226-228. ［法］索安著，吕鹏志、陈平等译《西方道教研究编年史》第1—4页，中华书局，2002年。

③ 福井康順［ほか］監修『道教の伝播』第263頁、東京：平河出版社、1983年。福井文雅认为道教研究作为近代的学问是从沙畹开始的。［日］福井康顺等监修，朱越利、冯佐哲等译《道教》（第三卷）第231页，上海古籍出版社，1992年。

④ 葛兆光在《战争是一种犯罪——法国汉学家马伯乐遇难半世纪祭》一文中提到马伯乐的学生戴密微整理出版三卷本《遗稿》，初刊于《光明日报》1995年10月18日，此据氏著《作壁上观·葛兆光书话》第288页，浙江人民出版社，1997年；他在《马伯乐汉学论著选译》序言中亦有类似话语，详见［法］马伯乐著，伭晓笛、盛丰等译《马伯乐汉学论著选译》第3页，中华书局，2014年。郑天星提到马伯乐的遗著是1950年由弟子戴密微整理的，见其《西方汉学中的道教研究》，载《中国宗教研究年鉴1997—1998》第218—219页，宗教文化出版社，2010年。詹石窗提到过马伯乐的弟子戴密微，见其《关于“百年道学”的几个问题》，载《人民论坛》2011年第24期。程乐松在介绍法国道教研究时，正文及注释三次提到戴密微是马伯乐的学生，详见其《借镜与对话——汉语视野中的法国道教研究》，载《国际汉学》（第22辑）第252、255页，大象出版社，2012年。后修订版收入朱越利主编《理论·视角·方法——海外道教学研究》第7、12页，齐鲁出版社，2013年。

生又是同事关系①。按照戴密微在其《法国汉学研究史》（*Aperçu historique des études sinologiques en France*）的自述②，谈到沙畹时，两次使用“我已故的导师（mon maître regretté）”来表述。可见戴密微是沙畹的弟子无疑。另外文中提到马伯乐时，只明言他是沙畹弟子之一，对其经历与成就进行了简单概述。③ 此外，谢和耐（Jacques Gernet）在回忆戴密微的文章中，提到戴密微在1946年接替他的朋友马伯乐在法兰西学院主持中国语言和文学讲座。④ 他又认为戴密微具有奉献精神，利用自己宝贵的时间，去修订、整理、补充诸如沙畹、伯希和、马伯乐、林藜光等人的遗著。⑤ 据此可以看出，马伯乐、戴密微二人同为沙畹的学生，戴密微虽然接替了马伯乐的工作，但二者的关系是同事加朋友更为恰当。日本学者福井文雅高度评价了戴密微对马伯乐遗稿的整理，认为没有戴密微的帮助，决计不会有遗著的出版，对他们之间的友情以及戴密微的献身精神、非凡学识大加赞叹。⑥

下文将就马伯乐遗著的版本情况展开研究，按照笔者所掌握的各个版本发行时间进行详细介绍。

---

① 陈耀庭在介绍马伯乐的时候，提到马伯乐的弟子和同事戴密微对遗稿进行研究。见氏著《道教在海外》第168页，福建人民出版社，2000年。姚伯岳在提到马伯乐时称其遗著由弟子和同事戴密微整理，见《〈胡适王重民先生往来书信集〉中的几位法国汉学家》，载《大学图书馆学报》2009年第6期。李福长在论述西方汉学界中国史专家时，提到马伯乐的遗稿是由弟子和同事戴密微整理的，详见其编著《20世纪历史学科通论》第590页，齐鲁书社，2012年。胡锐提到马伯乐的学生兼同事法国汉学家戴密微整理遗稿，详见其《20世纪海外道教学术观的演变——以马伯乐道教学术遗稿的版本分析为中心》，载《宗教学研究》2017年第4期。

② Paul Demiéville," Aperçu historique des études sinologiques en France", *Acta Asiatica: bulletin of the Institute of Eastern Culture*, No. 11, 1966, p. 82、95. 该文后收入氏著 *Choix d'études sinologiques* (1921-1970), Leiden: E. J. Brill, 1973, pp. 433-487. ［法］戴密微著，耿昇译《法国汉学研究史》，载［法］戴仁编，耿昇译《法国中国学的历史与现状》第74—122页，上海辞书出版社，2010年。

③ “Aperçu historique des études sinologiques en France”.

④ Jacques Gernet, “ Paul Demiéville (1894-1979) ”, 1979, Vol. 65, p. 2.

⑤ “Paul Demiéville (1894-1979) ”, *T'oung Pao*.

⑥ 『道教の伝播』第271—272頁。

一、第一种法语版遗著

上文提到，马伯乐去世以后，戴密微开始整理他的遗稿，1950 年出版发行。这是法语版的第一个版本（以下简称“戴版”）。根据“戴版”前言的描述，马伯乐书房有数量庞大的原稿，有未完成、接近完成和已完成的大量笔记和材料，堆满了每个抽屉，到处都是。① 戴密微对马伯乐遗稿的整理倾注了大量心血，利用各种材料，修订审阅，增添注释索引。“戴版”书名为《中国宗教和历史遗著集》（*Mélanges posthumes sur les religions et l'histoire de la Chine*），分为三卷，分别为《中国宗教》（*Les religions chinoises*）、《道教》（*Le Taoïsme*）和《历史研究》（*Études historique*s）。这三卷书还属于吉美博物馆丛刊（Publications du Musée Guimet）公开发行丛书（*Bibliothèque de diffusion*）第 57 卷、58 卷和 59 卷，三卷每卷开头都有戴密微写的前言，收录的未刊稿都有简短的文字介绍来龙去脉，再版文章标注来源期刊。并在每卷最后附有来自于马伯乐笔记的《中国历史年表》和汉字索引。

第一卷《中国宗教》，前言总体介绍了马伯乐遗稿的情况、所进行的整理及每一卷的内容构成，并自愿承担文中的错误和不足之处②。该卷主要包括未刊稿三章和再版文章两篇。未刊稿第一章为《中国宗教的发展史》（La religion chinoise dans son développementhistorique），主要介绍中国古代宗教、战国时宗教危机、道教、佛教、儒教和近代民间宗教。第二章为《中国古代和近代泰族的社会与宗教》（La société et la religion des Chinois anciens et celles des Tai modernes），主要来自于 1929 年 4 月东京会议的发言。包括农民生活、春节、官方宗教和神话。第三章为《佛教如何进入中国》（Comment le Bouddhisme s'est introduiten Chine），来自于 1940 年 2 月布鲁塞尔会议的成果。再版文章包括 1923 年发表的《高地东京地区黑泰的丧葬习俗》（Les coutumes funéraires chez les Tai-Noirs du Haut-Tonkin）和 1939 年发表的《中国的象牙与民间画像》（Les ivoires chinois et l'iconographie populaire）。

第二卷《道教》，前言中戴密微提到收录了关于公元最初几个世纪道教的

---

① *Mélanges posthumes sur les religions et l'histoire de la Chine*，Ⅰ，*Les religions chinoises*，pp. 7-12.

② *Mélanges posthumes sur les religions et l'histoire de la Chine*，Ⅰ，*Les religions chinoises*，pp. 7-12.

3 篇未刊稿，认为这是道教基本形式成型的关键时期。马伯乐是对这一时期的道教历史和文献作学术探讨的第一人。戴密微还对本卷所收论文的来源、编辑整理经过进行了详细阐述。[1] 该卷主要包括未刊稿三章和再版文章一篇。未刊稿第一章《六朝时期中国人宗教信仰中的道教》（Le Taoïsme dans les croyances religieuses des Chinois à l'époque des Six Dynasties），是马伯乐 1940 年在布鲁塞尔 3 次演讲的文本，包括道士和不死的探索、精神之术、道教教会与信徒的救济。第二章《诗人嵇康与竹林七贤》（Le poète Hi K'ang et le Club des Sept Sages de la Forêt de Bambous），也是来自布鲁塞尔的一次会议。第三章《公元最初几个世纪道教的研究》（Essai sur le Taoïsme aux premiers siècles de l'ère chrétienne），包括个人宗教生活与不死的探索、道教教团与民间信仰、道教与中国早期佛教等。再版文章为 1922 年发表的《〈老子〉和〈庄子〉中的圣人与神秘生活》（Le saint et la vie mystique chez Lao-tseu et Tchouang-tseu）。

第三卷《历史研究》，前言提到马伯乐的研究兴趣具有多样性与广泛性，是一位百科全书式的历史学家。[2] 该卷主要包括未刊稿 4 章和再版文章 6 篇。未刊稿第一章是《中国古代天文学、仪器和发现的历史》（L'astronomie chinoise dans la Chine ancienne，histoire des instruments et des découvertes），包括起源、古代（公元前 6—前 3 世纪）、汉朝伟大发明（公元前 2 世纪—公元 3 世纪）、岁差的发现（公元 4 世纪）。第二章《西方在汉朝之前对中国的影响》（Influences occidentales enChineavantlesHan），与 1929 年在日本一次会议上发表的文章是同一时期产物。第三章《中国古代文学中的历史小说》（Le roman historique danslalittératurechinoisede l'Antiquité）。第四章《汉朝日常生活——关于赛努齐博物馆的展览》（La vie courante dans la Chine des Han，à propos d'une exposition du Musée Cernuschi）。再版文章为 1929 年发表的《中国文明的起源》（Les commencements de la civilisation chinoise）、1937 年发表的《关于大秦国的道教文本》（Un texte taoïste sur l'Orient Romain）、1936 年发表的《古代中国封建制度和土地所有制》（Le régime féodal et la propriété foncière dans laChine antique）、1937 年发表的《中国的土地制度——从初始到现代》（Les régimes fonciers en Chine，des origines auxtemps modernes）、1938 年发表的

① *Mélanges posthumes sur les religions et l'histoire de la Chine*，Ⅱ，*Le Taoïsme*，pp. 7-10.

② *Mélanges posthumes sur les religions et l'histoire de la Chine*，Ⅲ，*Études historiques*，pp. 7-10.

《中国土地所有制的用语》（Les termes désignant lapropriété foncière enChine）和摘自1934年发表文章的《中国王朝如何覆灭：明朝的崩塌》（Comment tombeunedynastie chinoise：lachutedes Ming）。其中关于土地所有制的文章是马伯乐在比利时期刊上发表的，他是西方最早研究古代中国经济史的学者之一①。

二、日译版遗著

“戴版”出版以后，就引起日本学界关注，相继有学者进行研读。川胜义雄对马伯乐的道教研究进行讨论②，富仓光雄对“戴版”第一卷《中国宗教》有过研究，讨论马伯乐对中国宗教史整体的构想。③ 实际上，马伯乐与日本还是颇有渊源。1910年，马伯乐发表《汉明帝感梦遣使求经事考证》（Le songe et l’ambassade de l’empereur Ming：étude critique des sources）④ 一文。一年后，大谷胜真就将其介绍到日本学界。⑤ 1928年9月到1929年2月，马伯乐旅居日本，受到日本历史学家和汉学家的热烈欢迎。他精心准备举行了多场讲座，一部分演讲内容还发表在日文期刊。⑥

1966年，日本的川胜义雄将“戴版”第二卷《道教》翻译出版，译作《道教：不死的探究》⑦（以下简称“日版”）。根据此书的后记，该书最初是由宫川尚志翻译，后来中途委托川胜义雄完成。川胜义雄为了保证翻译质量，以道教研究小组读书会的形式，邀请法国哲学方面专家三轮正村、六朝思想史专家村上嘉实、法国学者苏远鸣（Michel Soymié）等诸多专家一起讨论研究翻译，可以认为该书是日本学界的集体结晶。1962年春完成初稿。⑧ 1966

---

① *Mélanges posthumes sur les religions et l’histoire de la Chine*，Ⅲ，*Études historiques*，p. 10.

② 川勝義雄「マスペロの道教理解について」、『東方宗教』1962年、第20号。

③ 冨倉光雄「マスペロの中国宗教史研究について」、『宗教研究』1964年、第177号。

④ Henri Maspero，“Le songe et l’ambassade de l’empereur Ming：étude critique des sources”，*Bulletin de l’École française d’Extrême-Orient*，Vol. 10，1910，pp. 95-130.

⑤ 大谷勝眞『エム・アッシュ・マスペロ述「明帝靈夢遣使伝説考」』、『東洋学報』1911年、第2卷。

⑥ “Aperçu historique des études sinologiques en France”.

⑦ アンリ・マスパロ著、川勝義雄訳『道教：不死の探究』、東京：東海大学出版会、1966年。

⑧ 『道教：不死の探究』第287—289頁。

年的“日版”是初版，1968 年增添一些注释第二刷发行。[①] 1978 年出版最终修订本，改名为《道教》，并作为东洋文库 329 出版。[②] 1978 年的修订版，不仅重复印刷多次[③]，还据此修订版发行过两种不同开本的《道教》。[④] 可见马伯乐的《道教》一书在日本人气颇高，影响深远。

“日版”虽是对“戴版”第二卷《道教》的翻译，但是与原版相比还是有一些不同。“日版”有戴密微 1965 年为此书专门写的序言，对马伯乐个人经历、学术著作与论文、“戴版”整理情况以及马伯乐与日本学界的交流做了说明。[⑤] “日版”对“戴版”一些注释有修改，补充大量原引文，注释上比“戴版”丰富。但是删去了“戴版”对每章内容所做的介绍。并在附录中收录马伯乐 1937 年发表的一篇文章《如何与道教诸神沟通》（Les dieux taoïstes：comment on communique avec eux），这在“戴版”原书中是没有的。[⑥]

1966 年的“日版”后记中，川胜义雄提到“戴版”未收录《如何与道教诸神沟通》，是因为戴密微怕这篇文章与其他内容有重复。而“日版”收录，是因为此文还有许多有价值的地方，难以舍弃。作者翻译的目的是希望日本普通读者知道什么是道教，希望能对相关专家们形成刺激。“日版”书名中的副标题《不死的探究》是“戴版”没有的，是川胜义雄为了表达对母亲的哀思之情所加。[⑦] 1978 年修订版的后记中，译者提到“戴版”的发行，给欧美学界很大的刺激。在这之后，道教的研究者辈出，道教研究空前活跃。并认为“戴版”《道教》在道教研究上具有经典地位。修订版与初版相比，译文语言上稍有改动，并依据大渊忍尔的意见进行了修改完善，其余基本与初版

---

① アンリ・マスペロ著、川勝義雄訳『道教：不死の探究』、東京：東海大学出版会、1968 年。

② アンリ・マスペロ著、川勝義雄訳『道教』、東京：平凡社、1978 年。

③ 胡锐称“日版”马伯乐遗稿是 1978 年第一次出版发行，共再版发行过 12 次。实际 1978 年是修订本，重印次数也远大于 12 次。见其《20 世纪海外道教学术观的演变——以马伯乐道教学术遗稿的版本分析为中心》。以及马伯乐著，胡锐译注《道教的气论及服外气法考述》，载《宗教学研究》2018 年第 2 期，第 107 页注释。

④ 有便携本，アンリ・マスペロ著川勝義雄訳『道教』、東京：平凡社、2000 年。有宽版アンリ・マスペロ著、川勝義雄訳『道教』、東京：平凡社、2006 年。

⑤ 『道教：不死の探究』第 1—3 頁。

⑥ 陈耀庭没有关注到“戴版”与“日版”的细微不同，误认为“戴版”也附录了 1937 年的这篇论文。氏著《道教在海外》第 169 页。

⑦ 『道教：不死の探究』第 282—289 頁。

一致。书名改为《道教》，并将初版中的副标题去掉。[①]

上文提到的大渊忍尔的意见，是指他对于1966年“日版”的书评。在该书评中，大渊大篇幅地对马伯乐个人经历、道教观、道教与道家的区别联系、修炼方法、经典内容等进行了详细阐述，对马伯乐的学术贡献进行评价，也发表了自己的一些不同见解。他对马伯乐理解中文资料的能力评价很高，并指出“日版”注释的一些问题。同时对川胜义雄下功夫完善注释提出赞许。[②] 总之，“日版”遗著代表了日本学术界对马伯乐学术水平的认可，并在一定程度上影响了日本道教研究的方向。

三、第二种法语版遗著

1971年，康德谟（Maxime Kaltenmark）重新编辑出版了马伯乐遗稿，书名为《道教与中国宗教》（*Le Taoïsme et les religions chinoises*）[③]（以下简称“康版”）。“康版”是由“戴版”前两卷《中国宗教》和《道教》改编而成[④]，并得到哈佛燕京学社（Harvard-Yenching Institute）支持。康德谟是葛兰言的弟子，在老师那里受到严格的学术训练[⑤]。由于“戴版”和“康版”都是法语版，出版时间较早，不容易获得，造成一些学者对这两个版本有一定

① 『道教』第362—370頁。

② 大淵忍爾「アンリ・マスペロ著川勝義雄訳「道教——不死の探求」」、『東方宗教』31号第68—81頁、1968年。

③ Henri Maspero, *Le Taoïsme et les religions chinoises*. Paris. Gallimard, 1971.

④ 对于“康版”的内容构成，陈耀庭在介绍1971年“康版”著作时，说这是“戴版”第二卷《道教》的重新出版。氏著《道教在海外》第169页。姚伯岳提到“戴版”第二卷由康德谟整理，以《道教与中国宗教》为名单独出版，见其《〈胡适王重民先生往来书信集〉中的几位法国汉学家》。

⑤ ［法］施舟人（Kristofer Schipper）《纪念康德谟先生》，《法国汉学》（第七辑）第1—2页。胡锐提到康德谟是马伯乐的学生，详见其《20世纪海外道教学术观的演变——以马伯乐道教学术遗稿的版本分析为中心》。

的混淆。[①] 在“康版”序言中，康德谟提到马伯乐在中国的研究上涉及众多领域，尤其在宗教史上的研究最多。在道教研究上他是先驱，涉及许多未被探索的领域。由于《道藏》体例非常庞大，中国学者对其除老庄外关注很少。马伯乐利用《道藏》虽遇到不少困难，但也在道经定年上做了不少工作。康德谟也对《道藏》的版本、《太平经》的状况、马伯乐在佛教方面的贡献作了阐述。对“日版”也有所提及，认为在有出色专家的日本出版遗著，说明马伯乐的成果受到重视。[②]

“康版”内容上分为九章，每一章开篇都有简介，介绍其来源，来自于“戴版”哪个部分。第一章为《中国宗教的历史发展》（La religion chinoise dans son développement historique），来自于“戴版”《中国宗教》第一章，内容上二者基本一致，只是“康版”为避免与下面章节重复，不包括“戴版”第一章的民间宗教部分。第二章为《近代中国的神话》（Mythologie de la Chine moderne），来自于1928年出版的《插图版亚洲神话》（*Mythologie asiatique illustrée*）中马伯乐的文章，内容上涉及民间宗教、最高的诸神、自然之神、行业诸神等。第三章为《中国古代和近代泰族的社会与宗教》（La société et la religion des chinois anciens et celles des tai modernes），前四节与“戴版”《中国宗教》第二章一致，第五节为“戴版”《中国宗教》中收录的再刊稿《高地东京地区黑泰的丧葬习俗》。第四章为《佛教如何进入中国》（Comment le Bouddhisme s'est introduit en Chine），内容为“戴版”《中国宗教》第三章。第五章为《六朝时期中国人宗教信仰中的道教》（Le Taoïsme dans les croyances religieuses des Chinois a l'époque des Six Dynasties），来自于“戴版”《道教》第一章。第六章为《诗人嵇康与竹林七贤》（Le poète Xi Kang et le Club des Sept Sages de la Forêt de Bambous），与“戴版”《道教》第二章来源一致。第七章为《公元最初几个世纪道教的研究》（Essai sur le Taoïsme aux

① 如葛兆光在《道教研究的历史和方法——在清华大学研究生课上的讲稿》中提到法国大学者戴密微于1971年整理出版了《中国道教和民间宗教》，葛兆光《屈服史及其他：六朝隋唐道教的思想史研究》第152页，生活·读书·新知三联书店，2003年；他在《马伯乐汉学论著选译》序言中亦提及戴密微1971年整理出版《道教和中国宗教》，详见《马伯乐汉学论著选译》。程乐松《借镜与对话——汉语视野中的法国道教研究》中的两条注释都将戴密微的著作认为是1971年的《道教与中国宗教》，载《理论·视角·方法——海外道教学研究》。

② *Le Taoïsme et les religions chinoises*. pp. 1-6.

premiers siècles de l'ère chrétienne)，内容来自于“戴版”《道教》第三章。第八章为“日版”附录的文章《如何与道教诸神沟通》。第九章为马伯乐1937年发表的文章《古代道教中的“养生”方法》(Les procédés de “nourrir le principe vital” dans la religion taoïste ancienne)。马伯乐生前这篇道教研究的大作有日文版翻译。由持田季未子翻译，日文名为『道教の養性術』[①]，作者对原文注释内容有编辑调整。另外，“康版”书后附有《中国历史纪年表》、中文翻译说明、中文语音字母表、索引等。其中中文语音字母表中，有汉语拼音字母、威氏拼音（Système anglaisWade)、法国远东学院拼音（le système de l'E. F. E. O.）三种拼音的对照，方便不同习惯的读者使用。

四、英译版遗著

1981年，基尔曼（Frank A. Kierman, Jr）将“康版”翻译成英文版《道教与中国宗教》(*Taoism and Chinese religion*)[②]出版（以下简称“英版”）。“英版”开篇有巴瑞特（T. H. Barrett）的长篇导言，认为《道教与中国宗教》这本著作是宗教史上最显著的成果之一，英译本的出版体现了其持久价值，也是一部汉学经典著作。在对宗教信仰和实践的研究方面，在马伯乐之前没有外国人甚至中国人达到他的高度。在他之后也很少有人能达到。他对理解道教本质所涉及问题的认识，影响了东西方整整一代学者。后文对马伯乐的经历、《道藏》的版本、道教的研究历史、“日版”大渊的书评、马伯乐道教研究的问题与价值做了大篇幅介绍。[③]

译者基尔曼的前言中提到，英译本参考了别人已译的一部分英译本，得到过施舟人（Kristofer Schipper)、劳格文（John Lagariwey）等人的帮助，康德谟对英文版原序有过订正，马伯乐夫人和戴密微阅读过一部分草稿。译者接受戴密微的建议，使用“日版”的一部分注释来完善“英版”。并且此书对汉字的标注采用威氏拼音，这是英文汉学著作中最知名的系统。由于容易

---

① アンリ・マスペロ著、持田季未子訳『道教の養性術』、東京：せりか書房、1985年。

② Henri Maspero, *Taoism and Chinese religion*, translated by Frank A. Kierman, Jr, Amherst: University of Massachusetts Press, 1981.

③ *Taoism and Chinese religion*, pp. vii-xxiii.

获取的原因，“英版”去掉了“康版”中的《中国历史纪年表》。[①]“英版”由于出自名家之手，经过诸多专家审阅，又补充“日版”的注释进一步完善，总体质量比较有保证。对于法语不熟悉的读者而言，还是比较有帮助的。

“英版”2014年出版了最新修订版[②]。此修订版不但重新排版和扩展索引，最大的特点是把1981年“英版”汉字所采用的威氏拼音改为汉语拼音。对只在标题中的汉字保留威氏拼音，正文采用汉语拼音，且在确定来源的情况下添加汉字字符。修订版除保留巴瑞特初版的导言，又有他为此修订版专门写的导言。导言中，他对近年来道教研究的发展做了总结，介绍了贺碧来（Isabelle Robinet）、索安、司马虚（Michel Strickmann）的研究，道教研究网站及相关研究著作。他提到过去30年里，汉语界对道教研究的影响力在加大。诸如一些华人学者的海外影响力、三家本《道藏》的出版、《道教文化研究》的发行。在道教研究全球化的今天，马伯乐著作的价值依然存在，值得阅读。[③]

此修订版将汉字的注音改为汉语拼音，增添一些汉字，对于熟悉拼音的读者，尤其是中国读者的帮助可能是巨大的。但是此书在拼音的转译中还是有一些瑕疵，比如巴瑞特的新序言中，提到金元时期的《道藏》，初版中“金”的威氏拼音是chin，对应汉语拼音是jin。而修订版误认为chin对应的汉语拼音是qin秦（qin的威氏拼音其实是ch'in）。这样的话，修订版言“秦元《道藏》”，以及后文提到的“宋秦元《大藏经》”看起来就充满了谬误。

五、西译版遗著

2000年，皮拉尔·贡萨雷斯（Pilar González España）和罗莎·玛丽亚（Rosa María López）将“康版”翻译成西班牙语版《道教与中国宗教》（*El Taoísmo y las religiones chinas*）。[④]该书的出版得到过法国文化部的帮助。由于西译版没有译者的前言后记介绍，只有“康版”康德谟前言的西语翻译。所

① *Taoism and Chinese religion*, pp. xxv-xxvii.

② Henri Maspero, *Taoism and Chinese religion*, translated by Frank A. Kierman, Jr, Melbourne: Quirin Press, 2014.

③ Taoism and Chinese religion, pp. xxvii-xxxi.

④ Henri Maspero, *El Taoísmo y las religiones chinas*, traducción de Pilar González España y Rosa María López, Madrid: Editorial Trotta, 2000.

以，笔者只了解到该书是“康版”的西语翻译。

六、俄译版遗著

2004年，由布斯特洛夫（В. Ю. Быстрова）和斯科科娃（С. Н. Скокова）翻译，帕胡莫夫（С. В. Пахомова）主编的“戴版”第一卷俄译版《中国宗教》（*Религии Китая*）[①] 出版。该版对“戴版”第一卷的前言、章节介绍都有俄文翻译，并且在后文新附加了孔子、文昌帝君、财神等人物的插图。帕胡莫夫写的后记，对法国汉学史、马伯乐的经历做了简介，分析了马伯乐的道教研究，认为他的研究驳斥了西方过去研究认为中国古代没有宗教信仰国家的观点。还对马伯乐1936年访问苏联进行了回顾，认为马伯乐的去世以及“二战”，对法国汉学的研究造成很大破坏，停滞不前。现在马伯乐时代依然没有结束，他的成果符合科学研究进程的发展。[②]

2007年，由布斯特洛夫翻译，帕胡莫夫主编的“戴版”第二卷俄译版《道教》（*Даосизм*）[③] 出版。该书除了对“戴版”第二卷的全文翻译，附有阿穆尔国立大学的谢尔盖·费洛诺夫（Сергей Филонов）写的《马伯乐和欧洲道教学：〈道教〉一书的思考》（Анри Масперо и европейская даология-размышления на полях книги《Даосизм》）一文。提到了苏联汉学的奠基人阿列克谢耶夫（Василий Михайлович Алексеев）对马伯乐的推崇，认为马伯乐是一位百科全书式的专家，为汉学的发展做出了重要贡献。谢尔盖·费洛诺夫认为马伯乐为道教研究这一复杂的宗教哲学体系创新方法，确立了正确的研究原则，为处理道教经文积累了经验。使得欧洲的学术界第一次认识到道教是中国文化中最独特和最复杂的现象，如果不考虑中国文化中的“道教成分”，就无法理解以及充分评价中国文化。[④]

以上就是俄译版遗著的基本情况。理论上，还应该有“戴版”第三卷的

---

① Анри Масперо，*Религии Китая*，пер. с фр. В. Ю. Быстрова，С. Н. Скокова，под ред. С. В. Пахомова，Санкт-Петербург，Наука，2004.

② *Религии Китая*，pp. 360-373.

③ Анри Масперо，*Даосизм*，пер. с фр. В. Ю. Быстрова，под ред. С. В. Пахомова，Санкт-Петербург，Наука，2007.

④ *Даосизм*，pp. 278-292.

俄译版出版，但遗憾的是，根据笔者目前掌握的资料，还没有发现。在多个国家图书馆，包括在俄罗斯国立图书馆检索，也未发现第三卷的踪迹。不知道是俄方没有发行第三卷的计划还是在翻译中未出版。

七、汉译版遗著

马伯乐与中国有不少渊源。1908 年，他被法国远东学院派遣去中国考察，参加了光绪和慈禧的葬礼。1914 年，重返中国，在浙江进行考古。“一战”中为派遣到法国的中国劳工做翻译，他还在劳工中进行社会习俗的调查[①]。其著作最早在民国时期就有部分中译文，主要由冯承钧完成，大多收录在其一系列《西域南海史地考证译丛》[②] 中。冯沅君翻译过马伯乐 1924 年的文章《书经中的神话》（Légendes mythologiques dans le Chou King），于 1939 年出版。[③]

马伯乐遗，著出版后，国内有过零星的翻译。1985 年，徐益明将“英版”第五章翻译为《六朝时期的道教》[④]，该文是想让国内学术圈了解西方学者对道教的研究。2007 年，胡锐翻译了“康版”第一章第三节的《道教》[⑤] 一文。2009 年，她申请了国家社科课题《马伯乐道教学术论著〈道教与中国宗教〉的翻译与研究》。从 2010 年到 2018 年，陆续发表了一系列相关研

① “Aperçu historique des études sinologiques en France”.

② 冯承钧译《西域南海史地考证译丛》，商务印书馆，1934 年，收录有马伯乐一篇译文《宋初越南半岛诸国考》，将作者译为马思帛洛。冯承钧译《西域南海史地考证译丛四编》，商务印书馆，1940 年，收录了马伯乐的 4 篇译文：《汉明帝感梦遣使求经事考证》《秦汉象郡考》《唐代安南督护府疆域考》《李陈胡三氏时安南国之政治地理》，作者译为马思伯乐。

③ ［法］马伯乐著，冯沅君译《书经中的神话》，国立北平研究院史学研究会，1939 年。

④ ［法］马伯乐著，徐益明译《六朝时期的道教》，载《宗教学研究》1985 年第 S1 期。

⑤ ［法］马伯乐著，胡锐译《道教》，载《宗教学研究》2007 年第 1 期。

究成果。[①] 这些翻译的成果都是来自于“康版”的章节片段，作者对一些原文标题有所改动，也新增了不少注释，对于中国读者了解马伯乐遗著大有裨益。2014 年出版的《马伯乐汉学论著选译》[②]，有一篇译作《道教与中国佛教初兴》，出自马伯乐遗著。这篇文章，稍有遗憾。译者法语专业，理应选用法语的“戴版”或“康版”的著作，但实际用的是“英版”，翻译上也存在一些不妥之处。

2019 年，胡锐翻译的《马伯乐道教学术论著》[③] 出版（以下简称“汉版”），这是马伯乐遗著的汉译版。“汉版”附有“康版”前言的中译文。根据译者说明，该书以马伯乐道教和中国宗教的学术遗稿为主要内容，参考了“戴版”“康版”“日版”以及“英版”。对内容顺序进行了调整，分为七编，添加了每编的小标题。

“汉版”从内容上看，与“康版”基本一致，只是章节的编排顺序上有所不同。“汉版”共有七编，第一编为《中国宗教的历史》，对应“康版”第一章。第二编为《古代中国与近代泰族社会与宗教的比较研究》，对应“康版”第三章。第三编为《对公元初头几个世纪的道教研究》，对应“康版”第七章，但内容上不包括“康版”本章对张天师世系的补充说明。第四编为《六朝时期的道教》，与“康版”第五章相同。第五编为《道教历史与社会杂考》，包括“康版”第四章、第六章、第八章以及第七章张天师世系的说明，是译者所辑，将散乱的论文归为一编。第六编为《古代道教的养性之法》，对应“康版”第九章。第七编为《近代中国的神灵》，对应“康版”第二章。附录有译者两篇已发表论文，与海外道教学术观和法国道教研究有关。

对比“日版”“英版”、西译版以及俄译版与原著相同的翻译原则，“汉

① 相关论文有：[法] 马伯乐著，胡锐译《中国的民间宗教与儒释道三教》，载《世界宗教文化》2010 年第 1 期。[法] 马伯乐著，胡锐译《六朝时期的道教》，载《宗教学研究》2010 年第 4 期。[法] 马伯乐著，胡锐译《庄子时代道教的长生之术和神秘的生命观》，载《宗教学研究》2015 年第 4 期。[法] 马伯乐著，胡锐译《古代中国与近代老、越山地泰族土地神祭祀的比较研究》，载《广西民族研究》，2016 年第 5 期。[法] 马伯乐著，胡锐译《古代中国与近代老、越山地泰族春季节仪的比较研究》，载《宗教学研究》2016 年第 4 期。[法] 马伯乐著，胡锐译《佛教初入中国时的佛道关系》，载《宗教学研究》2017 年第 2 期。[法] 马伯乐著，胡锐译《道教的气论及服外气法考述》，载《宗教学研究》2018 年第 2 期。

② 该书只有一半的篇幅是新译，其余皆是冯承钧和冯沅君的旧作。对于该书的质量，网上已有一些批评之声，这里不做评论。

③ [法] 马伯乐著，胡锐译《马伯乐道教学术论著》，宗教文化出版社，2019 年。

版”在编排上有所创新，与原著不同，可能会稍显遗憾。对于研究者使用该书，对照别的语种版本，查找核对可能带来一定的困惑。另外，“汉版”遗著命名为《马伯乐道教学术论著》，稍显不妥。“汉版”全书的内容除了与道教相关，还有不少民间宗教、佛教、儒教的内容，命名不精准，很容易给人感觉道教是个大杂烩，包罗万象。使用“康版”的《道教与中国宗教》之名可能更为恰当。“汉版”的一大亮点是注释。译者在后记也提到1000多条注释，一半是自己加的，同时参考了“日版”和“英版”的注释。译者对于马伯乐的有关中国古代文献的引文，不仅回文处理，还在注释中增加法语直译，有助于读者了解外国学者对古文献的使用。不过，译者增加的注释，有些条目看起来太过于烦琐，对于研究者可能造成一定的干扰和困惑。新增的注释，对于传统文献的引用上，如能全部增加出处和页码，可能更便于读者使用。另外，还要注意的是“汉版”由于种种原因，有部分译文被删减，在使用时还应参照别的版本。

综上，这就是对马伯乐遗著版本的大致介绍。可以看到，遗著主要以法语的“戴版”和“康版”为主，收录有马伯乐的法文原始遗稿。英、俄、西等语种的版本皆是在这两种版本的基础上翻译而成。这些版本中，对于马伯乐宗教方面的遗稿翻译较多，而关于中国古代以及天文学方面的遗稿鲜有翻译。

笔者在这里详细介绍马伯乐遗著的情况，就是希望研究者能够重视像马伯乐这类汉学家的成果。一个外国汉学家，精通中文，能涉猎中国文化的方方面面，深入其中，写出引人深思的文章，不得不让人叹服。国外学者研究中国问题时，诸如研究中国的道教，视角具有多样化，从宗教、历史、社会、心理等多角度去研究问题，往往能在我们认为稀松平常的题目上做出大文章，给我们以不一样的思维启迪。一方面，我们和外国同行缺乏沟通交流，在做研究的时候对他们的成果关注不够，没有很好地消化吸收他们的成果。比如，荣新江在《沙畹汉学论著选译》的序言中提到，国内修订二十四史时，只注重国内成果，就没有将沙畹的《史记》译注包罗。[①] 另一方面，存在有迷信外国学者观点的倾向，不加辨析地接受外国学者观点。诸如马伯乐的成果，虽然很丰硕，但是经过多年的发展，一些观点也需要进一步修补，辩证地去

① ［法］沙畹著，邢克超、杨金平等译《沙畹汉学论著选译》第19页，中华书局，2014年。

看待他的研究。巴瑞特的“英版”导言就提到过，贺碧来、司马虚的成果就是对马伯乐一些成果的更正或改进。[①] 程乐松提到马伯乐关于道教起源、道教经典分类、神仙信仰等的论述，今天看起来就比较粗略，存在误解，但对法国道教研究有不小的推动。[②]

所以，对于学术研究，在信息获取越来越便利的今天，我们要力争做到知己知彼，对于外国研究者的研究信息要能及时掌握。切实可行地展开国际学术交流对话，让外国同行也及时了解到我们的研究进展，共同推进学术研究的国际化水平。

（尚飞　首都师范大学历史学院博士研究生，
北京工商大学图书馆实验师）

① *Taoism and Chinese religion*, p. xxiii.

② 《借镜与对话——汉语视野中的法国道教研究》，载《理论·视角·方法——海外道教学研究》。

波兹德涅耶夫的藏传佛教研究*

何冰琦

摘　要：俄国蒙古学家波兹德涅耶夫于1876—1878年、1892—1893年先后两次前往蒙古地区进行考察，作为欧洲首个深入蒙古腹地对藏传佛教进行学术研究的蒙古学家，他为后人留下了大量宝贵的佛学遗产。波氏的藏传佛教研究来源于这两次考察，主要集中在佛寺、佛僧、佛教学说以及佛教文学与文化这四个方面。同欧洲相比，波氏的藏传佛教研究具有其学术特色，在研究动机、研究对象和研究态度上均具有独特性，对俄国乃至欧洲均具有重大影响。

关键词：蒙古学家　波兹德涅耶夫　藏传佛教

俄国东方学家、蒙古学家波兹德涅耶夫（Алексей Матвеевич Позднеев，1851—1920）被蒙古学家戈尔斯东斯基（К. Ф. Голстунский）视为最具天赋、最为勤勉的学生①，是科瓦列夫斯基（О. М. Ковалевский）和施密特（И. Я. Шмидт）所创建的蒙古学派在19世纪最具代表性的蒙古学家，在蒙古学领域发挥了领导作用。俄罗斯东方学家、蒙古学家弗拉基米尔佐夫（Б. Я. Владимирцов）甚至在蒙古学发展过程中划分出了“波兹德涅耶夫时期”，他认为波氏成功实现了“蒙古学的转折……改变了蒙古学的方向……将蒙古

* 本文系湖南省教育厅优秀青年项目“俄罗斯的中国藏传佛教研究（迄于1917年）”（项目号：20B383）的阶段性成果。

① Хохлов. А. Н. А. М. Позднеев-основатель восточного института во Владивотоке. // Известия Восточного института. 1994. № 1. с. 37.

学同相关知识领域分离开来，并在学科内开展工作”[①]。波兹德涅耶夫之所以取得上述成就是因为他精通蒙古人的语言和习俗，他一生撰写了 100 多部科学著作，其科学遗产因广泛性及多样性而著称。直至今日，波氏的大部分著作依旧具有现实意义，对当代俄罗斯藏传佛教研究产生了重大影响。

一、研究内容

波兹德涅耶夫于 1876—1878 年前往蒙古地区进行了为期 2 年的考察，期间他为彼得堡大学图书馆搜集了 1800 多卷蒙古语文献，其中包括成书于 17 世纪的蒙古语甘珠尔抄本。此次考察他重点关注了蒙古佛寺及佛僧在社会生活中的作用[②]，考察结果体现在《库伦呼图克图》、《蒙古北方城市》、《蒙古佛教庙宇和僧侣的生活及与人民的关系概述》（被俄国皇家地理学会授予最高奖）等著作中。1892 年，俄国地理学会以及外交部认为波兹德涅耶夫能根据宗教学说来描写亚洲中部佛教文化事实，于是再次派他前往蒙古考察，此次考察结果大都包含在两卷本的《蒙古和蒙古人》中。纵览上述著作可以发现，波氏着重考察了藏传佛教的寺庙、僧人、教义以及佛教文学与文化这四个方面。

（一）佛寺

1. 主要寺庙及其分类

波氏熟知喀尔喀编年史及蒙古人的口头传说，根据起源将喀尔喀的所有寺庙分为四类：第一类是由清朝帝国国库出资修建的所谓的“皇家寺庙”；第二类是由喀尔喀人为其格根、呼图克图及其转世者修建的所谓的“格根寺庙”或“呼图克图寺庙”；第三类是由私人团体捐款修建的寺庙，此前这些寺庙隶属喀尔喀氏族，而今隶属于行政单位，即所谓的“旗寺”和“苏木庙”；第四类是由蒙古王公显贵以及慷慨的僧人出资修建的寺庙。波氏着重描写了库伦、科布多、乌苏里雅台、归化城以及多伦诺尔等地的寺庙，其中较为著名的包括阿穆尔-巴雅斯呼朗图寺（Амур-баясхуланту）、额尔德尼召（Эрдэни-цзу）和阿巴岱庙（кумирня Абатая）（波氏第二次蒙古考察对佛教

① Ольденбург. С. Ф. Борис Яковлевич Владимирцов//Известия АН СССР. № 8. 1932. С. 670.

② Уланов. М. С. А. М. Позднеев о буддизме монголов и калмыков//Материальные и духовные основы калмыцкой государственности в составе России（к 360-летию со дня рождения хана Аюки）：Материалы международной научной конференции. Ч. 2. -Элиста：КалмГУ, 2002. с. 57.

研究的最主要贡献就在于他详细描写了这两座蒙古最大的佛寺，二者都被纳入世界文化遗产之中，对于复原蒙古早期佛教史具有重大意义①)、迈达里庙（кумирня Майдари，库伦建筑中最高大的一座）、格萨尔庙（кумирня Гэсэра，汉人称关帝庙）、班智达召等。

2. 财产收入

第一，土地收入。喀尔喀、多伦诺尔以及归化城土地归喇嘛阶层及寺庙所有，土地出租主要包括两种方式：各寺建房并出租给当地的商人，租金昂贵，包括地租和房租；租给沙比纳尔②耕种，沙比纳尔在土地上的全部收入都归其所属喇嘛所有③。第二，各旗俸银。按照惯例，各旗向多伦诺尔派出喇嘛时须拨出一笔钱作为俸银来维持喇嘛的生活，数额由各旗自己决定，主要取决于各旗的经济状况。第三，驿站收入。呼图克图寺最为富足（有时呼图克图寺会放贷以收取利息），总是有着大量的牲畜和帐篷，各大驿站均租用寺庙的驮畜，如阿穆尔-巴雅斯呼朗图寺的牛大多租给往来茶商用来驮运货物。第四，其他收入。除上述主要收入形式外，还有部分寺庙主要靠信徒的施舍（如伊拉古克散呼图克图寺）、有的喇嘛主要靠牧民家属供养（如巧伊拉音呼勒）。

（二）佛僧

波氏对佛僧的研究主要集中在呼图克图上，在《库伦呼图克图》一书中简要介绍了每一位蒙古博格达格根的生平及选拔。

1. 哲布尊丹巴呼图克图

波氏指出，蒙古藏传佛教徒认为哲布尊丹巴的转世早在释迦牟尼佛时代就已经出现，历代格根包括：格根一世罗追辛杜纳木达克（Лодой-шинду-намдак）、格根二世巴尔比措博（Барби-цзобо）、格根三世纳博却巴（Накбо-чодба）、格根四世拉特纳巴库拉（Ратна-бакула）、格根五世隆松却桑（Рунсум-чой-сан）、格根六世达玛旺楚克（Дарма-ванцук）、格根七世鄂特色尔巴勒济（Отсэр-бал-чжий）、格根八世博罗克达坚赞（Борокда-

① Ермакова. Т. В. Вклад монголоведа А. М. Позднеева в исследование буддийской культуры//Вестник Русской христианской гуманитарной академии. 2011. Т. 12. № 1. с. 48.

② 在修建寺庙时，喀尔喀王公们会将寺庙连同其为其进贡的牧民家庭即沙比纳尔一起赠予呼图克图，后者从此隶属于呼图克图。笔者注。

③ Позднеев. А. М. Монголия и монголы. Результаты поездки в Монголию, исполненной в 1892-1893 гг. Т. 1. Дневник и маршрут 1892 года. СПб.: Тип. Имп. акад. наук, 1896. с. 38-39.

чжалцан)、格根九世桑济赖钦（Сан-чжи-рай-чинь)、格根十世森格帕塔拉（Сэнгэ-патара)、格根十一世代扎西贝丹（Даши-балдан)、格根十二世巧齐宁济特（Чой-гий-нин-чжит)、格根十三世代贡嘎多尔措克（Гунга-долцок)、格根十四世喀齐特萨仲（Качит-сачжон)、格根十五世哲布尊多罗那他贡嘎宁波（Чжэбцзун-дараната-гунга-нинбо）。

2. 转世者选拔

选拔转世者每次都按以下方式进行：上一任哲布尊丹巴呼图克图的死讯传到西藏后，当地的班禅博格达、达赖喇嘛会选定大约生在同一时间出身的十二名男童，并将其名字送到布达林寺。在布达林寺这些男童要接受喇嘛的检验，由于所有的菩萨都以三个形式转生：意、语、身，因此最终只留下3名男童备选。他们的名字被送往布达拉宫，通过金瓶掣签的方式在达赖喇嘛、班禅博格达、西藏汗、两位汉人官员以及京廷的昂邦大臣的见证下从中选出一位为新任转世者即灵魂（意）转世被送去蒙古，后两者则被留下。

（三）格鲁派教义

至达延汗去世前萨满教和红教在喀尔喀蒙古占据统治地位，此后喇嘛来到此地传播藏传佛教并取得成功。波氏认为格鲁派教义对此发挥了重要作用，其独特性使得藏传佛教对蒙古社会产生了重要影响并取得成功。他指出，“格鲁派的创始人宗喀巴关注的是其后继者能够拒绝安逸的生活、践行精神使命”①，当代藏传佛教建立在宗喀巴学说的基础之上，后者教导信徒只关注灵魂救赎②，这样一来斋戒、祈祷以及戒欲就成为藏传佛教义的基本要求。一个人受戒越多，则其灵魂救赎就实现得越快。因此每一个蒙古人都自愿且自发地受戒，并让自己的孩子尽早地受戒。在佛教徒看来，坐禅是将其灵魂永久地从物质世界中解放出来并获得某种超自然能力的方法③，波氏用了较大篇幅描写这一灵魂救赎的方式。喇嘛坐禅长达30至40天，在此期间他们避不见客，有时一天，有时两到三天吃一顿饭。坐禅者参禅成功的标志为其能看见

① Позднеев. А. М. Ургинские хутухты. Исторический очерк их прошлого и современного быта. СПб. 1880. с. 9-10.

② Позднеев. А. М. Очерки быта буддийских монастырей и буддийского духовенства в Монголии в связи с отношениями сего последнего к народу. СПб. 1887. с. 110.

③ Позднеев. А. М. Очерки быта буддийских монастырей и буддийского духовенства в Монголии в связи с отношениями сего последнего к народу. СПб. 1887. с. 209.

从自身升出明珠，后者融入四大创世元素土、火、水、风之中。当明珠融入“土”中，坐禅者就会看见其肉身及周遭均已凝固；当明珠融入“火”中，则坐禅者会发现其肉身开始变轻；当明珠融入“水”，则坐禅者会发现其肉身以及周遭事物被水覆盖；当明珠融入“风”中，坐禅者会发现其肉身变得非常轻盈。①

（四）佛教文学与文化

波氏对藏传佛教文学与文化的研究主要集中在佛教诗歌与圣象画上，由于当时蒙古藏传佛教的佛教圣象画及其学说并不被欧洲人所知，因此波氏的研究具有开创性。他分析了那些无论出版与否均以单本小册子的形式在人们手中流转的佛教诗歌，将其划分为对佛教众神及圣物的赞歌、遇到困难时对众神及圣物的祈祷词及咒语、佛祖及高僧对民众的预言以及喇嘛、呼图克图等人的训导。② 此外，波氏还研究了佛教圣象画，他在观察了大量佛教艺术文化作品之后得出结论：“在佛教圣像画中从来都没有随心所欲的东西，因此在佛寺中从来也看不到像我国弗拉基米尔所画的圣母像那样的毫不拘束的、随心所欲的作品。”③ 这一结论对于理解佛教世界观体系的内部联系非常重要。

二、研究特色

同欧洲佛学相比，波氏的藏传佛教研究在研究动机、研究对象和研究态度上有其自身特色。

（一）研究动机

1. 国家需要：沙俄佛教研究具有实用性

① Позднеев. А. М. Очерки быта буддийских монастырей и буддийского духовенства в Монголии в связи с отношениями сего последнего к народу. СПб. 1887. с. 213-214.

② Балданмаксарова. Е. Е. Творческая личность А. М. Позднеева и его вклад в развитие отечественного монголоведения. //В сборнике: Мир Центральной Азии-3 Правительство Республики Бурятия, Федеральное государственное бюджетное учреждение науки Институт монголоведения, буддологии и тибетологии, Сибирского отделения Российской академии наук. Улан-Удэ, 2012. с. 642.

③ Позднеев. А. М. Очерки быта буддийских монастырей и буддийского духовенства в Монголии в связи с отношениями сего последнего к народу. СПб. 1887. с. 58.

波氏同时代的欧洲佛学家大多致力于“还原亚洲佛教的历史与文献以建构纯粹佛教”①，大多在本国研究从印度、尼泊尔等地带回的巴利文佛典，鲜少前往对象国进行实地考察。与欧洲不同，俄国的佛教研究更具实用性，彼时的藏传佛教研究隶属于蒙古学，而“蒙古学研究自诞生之日起就具有实用性”②。从19世纪中期开始，随着俄罗斯向亚洲中部的推进，形形色色的国家及社会组织开始定期派出考察队前往蒙古，催生了一大批家喻户晓的蒙古研究者。19世纪末20世纪初，俄罗斯试图加强其对东方的影响力，其在这方面采取的行动进一步促进了本土蒙古学的发展。③ 19世纪最后25年俄罗斯派往亚洲中部的考察队同此前相比有着新的研究任务：从绘制地图、动植物描写转向以研究周围国家同沙俄的社会政治关系为主，转向更好地理解研究对象国的民族风俗与信仰以评价其未来同沙俄在经济与政治方面的相互关系为主。因此出现了对新型旅行家的需求——精通研究对象国语言与文化的旅行家，于是大学教授波兹德涅耶夫成为急需人才。④ 沙俄行政官员甚至在同波氏的私人谈话中为其制定了研究目标：还原当代佛教状态、俗家弟子的风俗以及宗教制度的功能。⑤ 由此可见，波氏之所以研究藏传佛教与国家需求有着直接关系。

2. 个人兴趣：波氏格外看重藏传佛教研究

首先，波氏认为研究藏传佛教对研究蒙古具有重大意义。早在第一次蒙古之行波氏就对藏传佛教产生了浓厚的兴趣，彼时藏传佛教对蒙古日常生活的方方面面都有着重大意义，他想不注意都难。波氏在《蒙古和蒙古人》序

① 李四龙《论欧美佛教研究的方法论困境》，复旦大学哲学系、北京大学哲学系《第二届中国南北哲学论坛暨“哲学的当代意义”学术研讨会论文集》第196页，2005年。

② Полянская. О. Н. Востоковедное образование россии в начале XX В.：деятельность А. М. Позднеева по подготовке монголоведов-практиков//Ученые записки Забайкальского государственного университета. Серия：Профессиональное образование，теория и методика обучения. 2016. Т. 11. № 6. с. 144.

③ Бойкова. Е. В. Российские военные исследователи монголии（вторая половина XIX-начало XX века）. Моска：ИВРАН. 2014. с. 181.

④ Ермакова. Т. В. Вклад монголоведа А. М. Позднеева в исследование буддийской культуры//Вестник Русской христианской гуманитарной академии. 2011. Т. 12. № 1. с. 41.

⑤ Позднеев. А. М. Очерки быта буддийских монастырей и буддийского духовенства в Монголии в связи с отношениями сего последнего к народу. СПб. 1887. с. XIV.

言中指出，“众所周知，宗教对蒙古民族的整个体制都有着巨大影响，不了解这个宗教就无法理解蒙古人的生活，但与藏传佛教有关的问题无人问津，因此研究藏传佛教有其必要性”[①]。其次，波氏认为研究藏传佛教对俄国具有迫切的现实意义。并入俄国的布里亚特人、卡尔梅克人以及其他异族也信奉这一宗教，因此研究蒙古藏传佛教可以用来解释政府何以在俄国历史文化进程中不断地接收来自卡尔梅克、布里亚特等地区的新移民。第三，波氏认为研究藏传佛教有利于填补俄国以及欧洲藏传佛教研究的空白。波氏指出，在俄国或欧洲文献中均没有对藏传佛教的研究，俄国目前仅有对藏传佛教仪式的简短概要，并未有任何材料涉及与其教义理论特点有关的知识，“而抱着学术目的和应用目的从事佛教研究的英国人及法国人专门研究的是‘释迦牟尼学说’和‘大乘’学说”[②]，这完全不同于蒙古人信奉的藏传佛教。佛陀和宗喀巴的学说不仅源自不同的原理，且相互对立，因此在之后的发展过程中二者的终极目的也是截然不同的，故而应当将藏传佛教作为一门独立的学科进行研究。最后，波氏认为研究藏传佛教有利于纠正俄国社会对藏传佛教的曲解。波氏指出俄国东方学界对藏传佛教有着某种蔑视态度，认为藏传佛教不值得关注，将其视为对佛教的曲解。波氏认为只有对藏传佛教进行实事求是的深入研究之后才能真正了解藏传佛教这个学科，才能明白蒙古人的宗教理想及其真正的宗教原理。[③]

（二）研究对象：藏传佛教

与波氏研究藏传佛教不同，同时期的欧洲学者在欧洲佛教奠基人、法国印度学家皮优奴（Eugène Burnouf）的影响下，致力于“通过研究尼泊尔的梵文文典及锡兰的巴利佛典找到印度‘佛教的基本原始成分’”[④]，因此欧洲几大佛学派如英国-日耳曼学派、法国-比利时学派等侧重于研究印度佛教。波氏之所以研究藏传佛教除国家需要及个人兴趣之外，还包括其个人经历——波氏对

① Позднеев. А. М. Монголия и монголы. Результаты поездки в Монголию, исполненной в 1892-1893 гг. Т. 1. Дневник и маршрут 1892 года. СПб.: Тип. Имп. акад. наук, 1896. XVIII-XIX.

② Позднеев. А. М. Монголия и монголы. Результаты поездки в Монголию, исполненной в 1892-1893 гг. Т. 1. Дневник и маршрут 1892 года. СПб.: Тип. Имп. акад. наук, 1896. XVIII-XIX.

③ Позднеев. А. М. Очерки быта буддийских монастырей и буддийского духовенства в Монголии в связи с отношениями сего последнего к народу. СПб. 1887. с. XIX.

④ 狄雍原著《世界佛学名著译丛 71 欧美佛学研究小史》第 24 页，华宇出版社，1986 年。

蒙古语的精通及其多次蒙古考察经历使其着重研究了盛行于蒙古地区的藏传佛教。与欧洲佛教学者鲜少前往对象国进行考察不同，波氏不仅去过蒙古，还去过沙俄境内的佛教地区即布里亚特和卡尔梅克，他对上述地区的当代佛教状况十分感兴趣。此外，波氏还将其在彼得堡大学的教学活动同蒙古及亚洲中部之行即将基本国情知识、大量的理论需求以及科学研究中的实践与应用结合到自己的教学活动中。因此，波氏一边作为一名民俗学家开展工作，一边研究佛教徒的日常生活以及佛教仪式的特点①，这样一来藏传佛教自然而然成为波氏的研究对象。

（三）研究态度：客观的批判性态度

与波氏同时期的欧洲佛学家大多支持“欧洲中心论”，皮优奴明确表示其欧洲中心论立场，他的学生施格莱尔（Étienne Geoffroy Saint-Hilaire）甚至直言道：“研究佛教最大的好处在于，通过将基督教同其进行对比我们更好地理解了我们的优势。”② 不同于欧洲学者的做法，俄国学者认为，“波氏将其旅途见闻像照片一样记录下来，并未夸大描写，仅就他见到的事实做出说明”③。纵览波氏的著作便可发现他只对藏传佛教进行客观描述，并未将其同欧洲宗教进行对比，更不曾做出孰优孰劣的结论。此外，他还对以下观点进行了客观批判：

1. 波氏对蒙古文献持客观批判态度

在编写《库伦呼图克图》时波氏参考了涉及蒙古格根的编年史著作，他指出：“公正来说，这些编年史不可能一点疑问都没有，因为他们本质上不过就是按时间顺序排列的档案资料。”④ 在他看来，笔头和口头传说都是不可靠的，毫无历史价值，“仅下面这一个例子就能证明——从释迦牟尼（蒙古人认

---

① Ермакова. Т. В. Вклад монголоведа А. М. Позднеева в исследование буддийской культуры//Вестник Русской христианской гуманитарной академии. 2011. Т. 12. № 1. с. 41.

② Торчинов. А. Е. Введение в буддологию：курс лекций. Санкт-Петербурское общество. 2000. с. 220.

③ Шастина. Н. П. А. М. Позднеев（Подготовка к печати，примечания А. Г. Сазыкина）//Mongolica-VI Посвящаете 150-летию со дня рождения А. М. Позднеева. Санкт-Петербург. 2003. с. 15.

④ Позднеев. А. М. Ургинские хутухты. Исторический очерк их прошлого и современного быта. СПб. 1880. с. 5.

为其圆寂于公元前961年）到宗喀巴即公元1356年，在这2317年的时间里一共才出现10位释迦牟尼的转世者，这样一来，每一位转世者平均都得活231.7年。"[①] 此外，对宗教传说及传统的批判性态度还使得波氏注意到，部分与呼图克图有关的资料是不可信的，他对蒙古文献记载的各种各样的征兆、梦境等怪事都持否定态度。此外，在研究藏传佛教在蒙古的传播与发展时波氏参考了《蒙古编年史〈宝贝念珠〉》，他认为该书"远远达不到历史的要求"，"大部分内容均囿于神话故事和迷信传说，客观的史实部分则十分简短，甚至都不应称之为故事"，总而言之若将其"作为一本历史文献来评价的话，毫无疑问在大部分情况下他都会说，该书在内容上毫无意义"[②]。

2. 波氏对俄国人眼中的藏传佛教持客观批判态度

正如上文所述，俄国社会对藏传佛教具有某种轻蔑态度，彼时俄国社会对藏传佛教几乎一无所知，因此关于喇嘛阶层是寄生阶级且过着毫无道德的生活这一观念传播开来[③]。波氏的著作彻底反驳了这些大概是天主教传教士散播的错误观点，指出"根据官方数据蒙古僧人的数量超过总人口的八分之五，僧人的数量超过了世俗人数的数量，这样一来生活本身就迫使喇嘛和牧民一样劳作"[④]，"喇嘛只有常住在寺庙里的僧人代表才能免于义务，而这样的人非常少，因为绝大部分喇嘛在寺庙受过教育后都返回草原，在那里他们的生活同普通人几乎没有区别，他们履行了几乎所有清朝附加在蒙古百姓身上的义务。"[⑤] 至于寺中常住喇嘛除了履行寺中职务之外还有许多私活要做，如誊写佛经、绘画、纺织、粉刷等，这样一来庙里的喇嘛做的工作比普通百姓多得多。

3. 波氏对欧洲的错误观点持客观批判态度

波氏在研究藏传佛教在蒙古的传播与发展时，首先注意到了欧洲存在的

---

① Позднеев. А. М. Ургинские хутухты. Исторический очерк их прошлого и современного быта. СПб. 1880. с. 5-6.

② Позднеев. А. М. Монгольская летопись "Эрдэнийн архэ". СПб: тип. Императорской Академии Наук. 1883. XVI

③ Позднеев. А. М. Ургинские хутухты. Исторический очерк их прошлого и современного быта. СПб. 1880. с. 11.

④ Позднеев. А. М. Ургинские хутухты. Исторический очерк их прошлого и современного быта. СПб. 1880. с. 176.

⑤ Позднеев. А. М. Ургинские хутухты. Исторический очерк их прошлого и современного быта. СПб. 1880. с. 114-115.

一种完全错误的观点，即很久以前哲布尊丹巴就已经是喀尔喀人所信仰且崇拜的对象，他是元朝时期一位非常伟大的喇嘛的转世者，被元朝统治者赶到色楞格河以及鄂尔浑河流域附近的北部戈壁，从此定居在此地。波氏斥责这一观点毫无依据，因为不论是蒙古历史还是汉人历史中都没有证据，甚至都没有提到过顺治以来有哪位出走的著名喇嘛。波氏认为欧洲人之所以产生这一错误观点是因为他们热衷于解释古代，将当下的现象追溯到历史上的某个著名时期，毫不顾忌它们之间横亘着成百上千年尚未被世人研究过的不明历史。[①]

三、研究影响

（一）波氏的藏传佛教研究对欧洲具有重大影响

1. 首创性

波氏是首个深入蒙古腹地进行学术研究的蒙古学家。从 19 世纪 50 年代开始，外国组织旅行团、考古队、调查团和派遣传教士来蒙古地方进行实地检查，最早到蒙古地区进行实地考察的是俄国[②]。波氏于 1876—1878 年作为波塔宁（Г. Н. Потанин）考察队的一员前往蒙古进行了为期 2 年的考察，与后者相比，波氏作为彼得堡大学副博士、蒙古学家更加深入地考察了藏传佛教在蒙古日产生活中的方方面面，既包括佛教外部仪式也包含佛教教义。而波塔宁则以观光考察为主，其出版的著作大多停留在藏传佛教外部层面上，如寺庙、宗教仪式等。虽然俄国旅行家普尔热瓦尔斯基（Н. М. Пржевальский）早在 1870—1873 年间就对蒙古及唐古特地区进行了考察，然而其正如俄国汉学家王西里（В. П. Васильев）所说，进行户外考察的旅行家并未受到过专门的东方学教育，因为语言不通而无法与人交流，因此他们主要关注的是自然、动物界等，普尔热瓦尔斯基就属此列，其考察内容几乎未曾涉及藏传佛教。王西里认为“熟知考察国语言和文学的旅行家所描写的内容绝对不会像只对旅行印象进行简单描写的旅行家一样”[③]，在王西里眼中

① Позднеев. А. М. Монголия и монголы. Результаты поездки в Монголию, исполненной в 1892-1893 гг. Т. 1. Дневник и маршрут 1892 года. СПб.: Тип. Имп. акад. наук, 1896. с. 5.

② 额尔德尼编《蒙古学论著索引 1986—1995》第 15 页，辽宁民族出版社，1997 年。

③ Журнал Министерства народного просвещения. СПб., 1888. Июнь. с. 421.

波氏正属于前者，“因此也就是他才能描绘出蒙古藏传佛教僧人的日常生活图景”①。

2. 补充性

波氏的藏传佛教研究用蒙古语文献补充了欧洲佛教知识。正如上文所述，欧洲的佛教研究主要集中在印度佛教研究上。18 世纪印度沦为英国的殖民地，英国统治者鼓励研究当地的宗教与文化。1784 年英国皇家亚洲学会创始人琼斯（William Jones）及其他当地统治者最早关注的是印度教及梵文语言学，进而对佛教产生了兴趣。此后英国驻尼泊尔公使霍格森又在当地搜集了近 400 部梵文佛典，因此欧洲早期搜集的佛教研究以梵文、巴利文佛教文献为主，这使得欧洲早期的佛教研究致力于“还原亚洲佛教的历史与文献”以建构“纯粹佛教”②，而波氏的藏传佛教研究主要依据蒙古语文献，如蒙古编年史《宝贝念珠》《甘珠尔》蒙古文抄本等，因此他用蒙古语文献补充了欧洲佛教知识。

（二）波氏的藏传佛教研究对俄国而言意义非凡

1. 首次展现了蒙古日常佛教生活

在波氏之前俄罗斯实际上对蒙古语文献一无所知③，其对同时代研究者的贡献在于，他搜集了关于佛教文化的大量种类各异的资料。波氏所著《蒙古和蒙古人》鲜明地描绘了满人政权统治覆灭前夕蒙古人的日常生活景象，类似的描写其他书中从未有过④。波氏那敏锐的观察和生动的笔调，使其对蒙古僧侣的风俗以及各种佛教仪式的描写都建立在可靠资料的基础之上。没有任何人能像波氏那样通过对如同孤岛般散落在茫茫沙漠和群山中的蒙古寺庙进

① Журнал Министерства народного просвещения. СПб., 1888. Июнь. с. 430.

② 《论欧美佛教研究的方法论困境》，《第二届中国南北哲学论坛暨“哲学的当代意义”学术研讨会论文集》第 196 页。

③ Балданмаксарова. Е. Е. Творческая личность А. М. Позднеева и его вклад в развитие отечественного монголоведения. В сборнике: Мир Центральной Азии-3 Правительство Республики Бурятия, Федеральное государственное бюджетное учреждение науки Институт монголоведения, буддологии и тибетологии, Сибирского отделения Российской академии наук. Улан-Удэ, 2012. с. 641.

④ Шастина. Н. П. А. М. Позднеев (Подготовка к печати, примечания А. Г. Сазыкина) //Mongolica-VI Посвящаете 150-летию со дня рождения А. М. Позднеева. Санкт-Петербург. 2003. с. 15.

行实物描写进而极度准确地向世人展示蒙古人的精神世界。① 此作不仅受到俄国科学界的高度评价，也得到国际学术界的赞赏。② 这一宏伟巨著至今仍不失其价值，它能够帮助我们揭示那些永远消逝但对今日蒙古仍具有重要意义的若干事实的实质。③

2. 使佛教研究焕发新生

王西里认为，在俄罗斯的远东语言研究中，对蒙古语的研究是最早的，然而自从科瓦列夫斯基创建的蒙古语教研室而驰名中外之后，蒙古几乎已经被遗忘，正是“波氏的著作（《宝贝念珠》）使我们的蒙古学研究再一次焕发了生机，因此它们是东方语言系当之无愧的骄傲”④。纵览波氏之前的俄国蒙古学可以发现，从施密特、科瓦列夫斯基创建蒙古学派并取得辉煌成绩后，尽管蒙古学家层出不穷，如班扎罗夫、格姆鲍耶夫、王西里、戈尔斯东斯基等，但只有王西里和波氏对俄国蒙古学具有深远影响。班扎罗夫仅出版了一本蒙古学专著《论黑教或蒙古人的萨满教》，格姆鲍耶夫主要研究《黄金史》以及柏朗嘉宾的蒙古游记，戈尔斯东斯基则主要关注蒙古西部的卡尔梅克人，其著作也集中在卫拉特历史和法律文献上。虽然王西里的蒙古研究涉及宗教与历史等多个方面，然而他并未去过蒙古，仅在喀山大学期间依据老师科瓦列夫斯基搜集的蒙古语文献进行研究。王西里的著作并未像波氏那样，对藏传佛教在蒙古日常生活的方方面面进行照片式的记录，因此波氏的博士论文才会使王西里感到震惊与欣喜。

3. 使蒙古学传统得到了传承

得益于波氏，“在喀山大学形成的蒙古学研究传统成功地在彼得堡得到了延续，此后在符拉迪沃斯托克（海参崴）和伊尔库茨克大学也同样得到了延续”⑤。

---

① Хохлов. А. Н. А. М. Позднеев-основатель восточного института во Владивотоке//Известия Восточного института. 1994. № 1. с. 38.

② 阎国栋《俄国汉学史（迄于1917年）》第599页，人民出版社，2006年。

③ Хохлов. А. Н. А. М. Позднеев-основатель восточного института во Владивотоке//Известия Восточного института. 1994. № 1. с. 38.

④ Хохлов. А. Н. А. М. Позднеев-основатель восточного института во Владивотоке. //Известия Восточного института. 1994. № 1. с. 38.

⑤ Полянская. О. Н. Монголоведение в университетах России в XIX-начале XX вв. Восточный институт во Владивостоке. //Гуманитарный вектор. 2011. № 3 (27). с. 48.

施密特和科瓦列夫斯基开创的蒙古学派深深影响了其学生王西里，后者在波氏于彼得堡大学求学期间是汉满语文学教研室的带头人，他对波氏学术观的形成也产生了影响①。不仅如此，波氏在彼得堡大学的授课期间还将蒙古学派的学术传统传递到其得意门生即著名藏学家齐比科夫（Г. Ц. Цыбиков）的手中。在波氏的影响及推荐下，齐氏加入俄国地理学会并前往西藏考察，《佛教香客在圣地西藏》更成为其传世之作，作者在书中继承了老师波氏的客观批判性的研究态度。后来波氏在符拉迪沃斯托克（海参崴）的东方学院以及伊尔库茨克大学任教时亦是如此，“没有任何一个人在接受了如此多方面的教育之后能像波氏那样将大学教育中的知识和传统引入到东方学院之中，为俄罗斯在远东的东方学教育奠定文献基础”②。

总而言之，尽管波氏的著作有着种种不足，它们依旧值得关注，理应获得正面评价。波兹德涅耶夫在俄罗斯蒙古学历史上之所以是一个鲜明的、意义重大的人物，是因为他用自己的发现及意义深刻的著作为19世纪这一伟大的蒙古学时期画上了圆满的句号。③

（何冰琦　文学博士，湖南师范大学外国语学院讲师，
俄罗斯研究中心秘书）

① Н. П. Шастина. А. М. Позднеев（Подготовка к печати，примечания А. Г. Сазыкина）//Mongolica-VI Посвящаете 150-летию со дня рождения А. М. Позднеева. Санкт-Петербург. 2003. с. 7.

② Полянская. О. Н. Восточный институт（Владивосток）-центр практического монголоведения в России начала XX в. Вестник Бурятского государственного университета. Гуманитарные исследования Внутренней Азии. 2016. № 2. с. 8-9.

③ Шастина. Н. П. А. М. Позднеев（Подготовка к печати，примечания А. Г. Сазыкина）//Mongolica-VI Посвящаете 150-летию со дня рождения А. М. Позднеева. Санкт-Петербург. 2003. с. 16.

“文”与中国诗歌的开端*

［俄］玛·叶·克拉夫佐娃　著　万海松　译

摘　要：“文”与中国诗歌的开端密不可分，“文”在中国诗歌的产生和早期演进上起着极其重要的作用。从词源学解释，象形文字先天决定了“文”的最重要属性，因而“文”的概念最早就具有最高宇宙和谐的思想，在普通百姓和上层政权间起居间沟通之功能。起初，“文”作为术语被用来界定任何一种有图案样式的物品，自然图文的最高形式就是“天象之文”——星空。自周朝起，象形文字“文”最终演变成中国理论思想的核心范畴之一，诸如“学问”“文化”“文明”这样一些概念成为核心范畴的中介。鉴于“文”的类型学特性，它最早也被称为“文采”，即外在的修辞学上的完美，这决定了文字在形式上的特点。由于诗歌文本是“文采”的最有条理性、外部最规范的一种形式，所以诗歌不可避免地在“文”的等级秩序中占据了统治地位。源自古风和民歌的诗歌创作在中国一直地位特殊，早就被赋予泛文化的独特功能，既具有载道-实用的社会性，又兼备个体抒情的私人性。“诗言志”等儒家诗学观对“文”的解释，直接规约着诗歌创作的道德说教—实用主义的旨归，又过严地限定了诗歌抒发个体情感体验的审美规则。

关键词：“文”　中国诗歌　开端　载道　抒情

诗歌创作在中国一直具有非常重要的地位。它并不局限于知识分子活动的小范围，而是被赋予泛文化的独特功能，这些功能在遥远的古代，在包括

---

* 本文为国家社科基金重大招标项目“俄罗斯《中国精神文化大典》中文翻译工程”的阶段性成果，批准号（12&ZD170）。系米·列·季塔连科（М. Л. Титаренко）任总主编的六卷本《中国精神文化大典》［Духовная культура Китая（энциклопедия）：в 6 т. М.：Восточная литература，2006-2010］第3卷《文学、语言与文字》（Том 3. Литература. Язык и письменность. 2008）中的“诗歌”（Поэзия）词条的第一部分（Вэнь и начало формирования китайской поэзии）。

诗歌在内的文学本身即“文”（“文艺或雅文学”）出现前早已有之。

中国象形文字的起源特征先天决定了“文”的最重要的属性和特征。象形文字出现于官方礼仪的活动范围内。最早的成篇文字是“甲骨文”，即所谓的占卜用龟甲兽骨上的契刻，它们在占卜过程中形成，“甲骨文”在殷商时代（公元前 17 世纪—前 11 世纪）的国家礼仪活动中占有最重要的地位——它是中国国家形成史上最早的文字，其历史性已完全被考古史料所证实。这些出现于公元前 14 世纪中期的契刻，清楚地证明：汉字与国家体制、上层权力制度、官方宗教理论及实践是同根同源的。此外，它还被赋予了神奇的特性，即在普通百姓和上层权力之间居中沟通的能力。

在其后的历史朝代，即周朝（公元前 11 世纪—前 3 世纪），文字的古风—宗教含义就转变成自然哲学和伦理哲学的观点。它们体现在象形文字“文”的含义中，起先（约公元前 1 世纪）借助于“文”这个词，表示任何的成篇文字。对“文”这个象形文字的词源学解释，存在诸多说法。其中之一说，“文”起源于图画文字（中国象形文字一种最古老的图示形式），它描述了一个躯干有图绘（绘有图腾）的人正在执行一项祭祀活动。另一种说法是，“文”来自对若干交叉纠缠的线带的描绘，它具有“织纹”“织花”的古老含义。根据第三种解释，它起初是一种带花纹的图案，还装饰着线带和红色颜料即花朵，用来象征相应的两大宇宙元素——女人（“阴”）和男人（“阳”），按照自然哲学的解释，“阴”和“阳”的相互作用就保证了宇宙万物的和谐，“文”就是一切宇宙活动过程的本质，由此产生了周围世界的所有实体和物质（“一万种物质”，亦即“万物”）。因此，“文”的概念最早就被赋予了最高的宇宙和谐的思想。

后来，“文”作为术语，被用来界定任何一种有图案样式的物品，如人工的艺术品（壁画、雕刻、织物装饰）以及源于自然的东西（云团、涟漪、纵横交错的树枝、动物毛皮上的条纹和斑点，等等）。自然图文的最高形式就是“天象之文”（“天文”）——星空，通过星球运动、星座分布来再现宇宙万物的运行原理。文字装饰和自然图案的同一性概念（根据异质同形原理），就此在中国文化中固定下来。“文字的图文”亦为“宇宙自然的图案”的产物和体现。但是，“文字的图文”能被想象成一种能力，即善于展示对世界施行和谐作用的能力（“文”的古风-宗教观的回声）。对“文”的此种理解，绝佳地体现在关于最早的（根据传统）文字符号——“八卦”（由三个或连或断的符号组成的图示）如何产生的传说史料中。据说，这些符号被发明出来，或者说（按照其他传说的说法）被古代神话中的帝王伏羲从神奇物品上临摹下来，目的是想借助于八卦，表现世界的基本坐标，揭示构成世界的自然本质。

在周朝后半期——包括春秋时期（春与秋，公元前770—前476）和战国时期（征战的诸侯国，公元前475—前221）——形成的哲学学说的范畴内，对"文"的看法开始成型，其基础是社会政治的和伦理的概念。象形文字"文"最终演变成中国理论思想的核心范畴之一，诸如"学问""文化""文明"这样一些概念，成为核心范畴的中介。"文"不仅开始表示社会的最高精神价值，还指代对抗暴力与死亡（"武"——军事力量）的充满生机活力的宇宙要素。"故有文有武。天地之位……生长之事，文也……"——这是公元前4世纪至前3世纪《管子》里提出的说法（见《管子》之"版法解第六十六"）。[①]

古代宗教、自然哲学和纯哲学对文字的看法，注定要把文学创作转变为国家体系一种有机的和极其必要的要素。同样，它们也限定了"文"作为高级文献的属于形式和体裁成分的诸多特征，譬如，赋予其一些"实用的"体裁，亦即有助于国家治理的著述：来自帝王的法令和指示、给皇帝的奏议、命令、总结，等等（参见词条"文学体裁"）。

由于文字起源于"文"的类型学特性，所以它最早也被称为"文采"——外在的、修辞学上的完美，这决定了文字在形式上的特点。"言之无文，行而不远。"（《左传·襄公二十五年》）。由于诗歌文本是"文采"的最有条理性、外部最规范的一种形式，所以，诗歌文本不可避免地在"文"的等级秩序中占据了统治性的地位。

此外，对于诗歌创作而言，其自身的特点以及比象形文字更具古风意味的文化渊源，一直受到关注。中国的神话和传说，总是在重复讲述关于诗歌（更确切点说是歌唱-诗歌创作）的神性起源的故事——认为最早的歌诗作品要么是一些神话人物本人和传说中的古代帝王帝喾或帝俊（大概是殷人的图腾祖先）和黄帝（黄皮肤的皇帝或领袖）创作的，要么就是根据其诏令创作的。我们在公元前3世纪中叶的《吕氏春秋·仲夏纪第五·古乐》里读到：

① 《管子》，载《诸子集成》第5卷。

“帝喾命咸黑作为《声歌》:《九招》《六列》《六英》。”① 公元前3世纪至前1世纪的著作《山海经·卷十八海内经》中如是说:“帝俊有子八人,是始为歌舞。”在此后的理论文献中,这一说法被积极采用,在这里,一系列的歌诗传统,其中首先是祭典用的音乐(“宫乐”),也被升格为古代神话人物和传说中的帝王所创造的作品。

在中国文化中,关于诗人的先知天赋和诗歌文本的预言性质的说法,也很有地位。在周朝时期出现的用诗歌占卜(“爻”)的传统中,这种说法得到最明显的体现。后来,这些占卜法就变成世俗的诗歌创作。在传统的解释里,初看上去内容上很普通的诗歌,经常被解释成有预测事件的诗歌,它们往往能预知其作者死后几百年才发生的事件。

诗歌起源于古风,这在一些文学理论著作中得到了证实,其作者总是从自然哲学和伦理哲学的立场来看待诗歌创作产生的问题。较能说明这一点的,是5世纪末到6世纪初的大学问家兼文学家沈约在《宋书》之“史论”中提出的论断。他论证说,对诗句的歌唱、写作和朗诵的艺术是与人类的出现同步进行的。② 最新发现的考古材料(原始的乐器,绘有舞者形象的陶器)均证明,音乐—舞蹈的艺术确实诞生在中国的远古时期——新石器时代(约公元前8000—前3000)。完全有可能的是,最古老的典仪舞蹈的动作中就包含了诗歌(歌唱文本)的组成部分。

殷商时期,中国文化中分离出了特殊的典仪音乐的综合体,在中国的术语里,它被称作“乐”即音乐——这一点已经为甲骨文上篆刻的铭文所证实。这个综合体集乐器弹奏、舞蹈和歌唱于一身。它的起源可以用《吕氏春秋·仲夏纪》中的话来说明:“昔葛天氏(按照中国古人的信仰,诸多远古首领都属于这一氏族。——引者注)之乐,三人操牛尾投足以歌八阕:……”③ 因此,这里强调的是“乐”和典仪动作之间的最初关系,以及组成“音乐”的诸多艺术形式的有机统一。从文字的起源可以知道,在周朝“音乐综合体”已经稳固而长久地进入了典仪动作(首先是献祭)和宫廷庆贺(包括宴饮进餐、登基庆祝)的脚本之中。构成“音乐综合体”的所有艺术形式,又具有

① 《吕氏春秋》,载《诸子集成》第6卷。

② 《宋书·谢灵运传论》。

③ 《吕氏春秋》,载《诸子集成》第6卷。

像文字一样的神奇属性。此外，它们还用来实现帝王的祭典功能：展示他们对宇宙和共同社会环境施予的均匀而和谐的作用，确定他们和最高力量的联系。对“乐”的这类观点，详见于《乐记》，它构成了《礼记》一书的第19章，亦是儒家经典之一：“乐者，天地之和也。……是故审声以知音，审音以知乐，审乐以知政。”[①] 诗歌创作与乐音-歌唱和宗教-典仪之氛围的关系，在此后许多历史朝代都得以存续。此关系最明显地反映在祭祀和典仪诗歌（“宫乐”）的传统中。

诗歌创作从“音乐综合体”中分化出来以及转变成文学诗歌的过程，初始于周朝的前半期。能说明这一过程的首先是“诗”（“诗”“诗作”“诗歌”）这个专门术语的出现（约从公元前8世纪始），任何一种诗歌文本，最早（在公元前1世纪—2世纪之间）都是有赖于它而确定下来的。该词的象形文字的词源，颇能说明问题。一般认为，它起源于图画文字，最初用来展示仪式（献祭程序）中伴随音乐和舞蹈的一个特定动作。它的图示内容吸收了一个关键要素（表意文字），在术语学意义上，该要素被用来表示祭祀建筑（寺庙），也指代特殊的一类人（“子”），据推断，他们曾是古代的宫廷表演者：乐师、歌手、诗人。根据某些资料判断，“子”们要么具有先天的生理缺陷（跛、盲），要么就遭受过惩罚——导致后天致残（被阉）。换言之，古代中国文化本身就有一个在世界各民族中广为流传的说法：身体上的残疾会激发音乐—诗歌才能的发展。

还有一个能有力证明文学诗歌形成过程的证据，即创造体裁分类法——“六艺”的尝试（参见词条“文学体裁”）。

最古老的、真正的诗歌文本是青铜器上的铭文。如今，超过40条诗歌铭文（公元前10世纪—前8世纪）已被众所周知。最冗长的一条铭文（有248个象形文字）刻在一个用来敬献寺庙的青铜器上。从其篇幅和原本用途（清晰划分的诗节、押韵的存在、固定的结构模式）来看，这是一篇货真价实的诗歌作品。从内容上看，它重复了编年史书的话：它记录了青铜器主人的家谱，也叙述了周朝第一批帝王（“王”）执政时期发生的一些事件。因此，诗歌创作在从“音乐综合体”中分化的同时，一方面，既保存了此前的一些宗教—典仪的功能（在圣物上的铭文）；另一方面，又吸收了象形文字的功能

① 陈澔注《礼记集说》，载《四书五经》第2卷。

和属性。

随着青铜器铭文的产生，同时大批量地创造出了书面的诗歌文本（其他古书也提到这一点）。它们由在献祭仪式和宫廷典仪上表演的歌唱的记录所组成。这些诗歌文本的日积月累，非常有利于中国历史上第一部文学诗歌的里程碑式作品《诗经》总集的产生，此书的出现标志着文学诗歌的形成告一段落。《诗经》亦是儒家主要经典之一。而且，创作（编著）这个集子的，传统上也认为是孔子（公元前551—前479）本人。这令人信服地证明，儒家赋予诗歌创作以独特的意义。《诗经》编撰的独特性；关于“诗”的各种说法，都收录在儒家经典著作中，跟《诗经》总集属于同一类的经典是《五经》；收录在《论语》中的孔子的论断，及其后来创作的理论著作《诗大序》。所有这些，都让我们有信心重建孔子时代之前和孔子本人的理论思想中保留下来的诗歌创作观。

简而言之，这些诗歌观都以“诗言志”（“诗歌说明意志”，“诗即文字表现出来的意志”）为准绳。这一提法最初为《书经》所接受，在此书中，此提法的首创者被认为是舜——古代传说中的帝王之一：“诗言志”（《尚书》之《尧典》）。[①]“诗言志”这一提法又以更加详细的形式被《乐记》所接受，在《乐记》里，“志”（“意志”）跟“德”（有道德的人）息息相关，它是人的道德素质的综合体现：“德者，性之端也；乐者，德之华也。……诗，言其（即高尚者）志也。”[②]这一提法还有一个重要的版本，它不仅把“诗”跟“意志”相联系，还跟“礼”（礼仪或端正）联系在一起，在《礼记》第29篇《孔子闲居》中，孔子如是说：“志之所至，《诗》亦至焉。《诗》之所至，礼亦至焉。”

“志”是一个具有广阔的概念分布区的范畴术语。可以明确的是，在古代儒家理论思想的语境中，这一术语其实是指人的逻辑推理活动，一种独特的理智动力的冲动，它来自人的理性［mind’s intention（心灵的意向）］而非心灵。在古代儒家著作中，诗歌创作被认为首先是个人的思维能力和道德素养的体现，而不是他的情感状态的反映。对诗歌本质的这种观点，源自儒家的人类学观念，因为后者以极端否定人的情感［“情”（情感或多情）］而著

① 《尚书·尧典》：“诗言志，歌永言，声依永，律和声。”

② 《礼记·乐记》：“德者，性之端也；乐者，德之华也；金石丝竹，乐之器也。”

称。人的情感被认为是人的低级的、动物般的本能的显现，原则上来说，人的本能一旦不受理性的管控，势必歪曲他的“（真正的）本质”（“心”）及其对现实的认知，致使人做出有意无意的愚蠢行为。因此，即使是伦理学意义上最正面的情感（比如对已故双亲的哀悼，或与老友重逢的喜悦），在理想的状态中，也要得到全面的克制。善于控制自己的心理情感的状态，具备这种能力被算作一个受儒家思想熏陶的人——“君子”（“高尚的男子汉”）的基本品格之一：“子曰：‘君子道者三，我无能焉：仁者不忧，知者不惑，勇者不惧。’”（《论语·宪问第十四》第28节）

对于个人和国家而言，爱情被认为是最具危害性的情感，即男人对女人之爱，因为在爱情的强烈吸引下，男人不可能冷静地正确看待自己的对象，开始以牺牲其他家庭成员为代价，纵容她的任性要求，玩忽职守（国家责任）。对爱情的类似态度，源自一夫多妻制的家庭经验，首先是皇族妻室。在同姓皇族内部的冲突、宠臣的出现和对长子继承帝位制度的破坏，事实上引发了诸多的社会政治矛盾。儒家对爱情的立场毅然决然地反映在诗歌创作中：讲述男人爱情经历的作品被认为是淫荡之作。例如，阿理克（В. М. Алексеев）就曾指出：“歌颂爱情的痛苦，庆祝爱情，特别是爱情的美好结局，被认为是简直有失体面的、淫荡的主题（‘淫词’），它们被逐出了真正的文学领域，驱逐者不仅有纯洁主义者，还有历朝历代读书人的集体意识。”①我国和国外的许多学者都认为，在中国的诗歌中，欧洲人所理解的爱情主题，要么是缺失的，要么就占据极其微不足道的地位。事实上，“歌颂爱情的痛苦，庆祝爱情”，不仅在中国诗歌中有一席之地，而且还发扬光大为一个完整的主题流派（例如：“宫体诗”，即“宫廷风格之诗”；“咏”，即“颂扬”）。然而，跟单打独斗的作者们那些鸡零狗碎的作品一样，类似的流派也确实一直备受官方批评界的指摘，但却最终在7世纪至8世纪的中国帝王阶层受到礼遇。对爱情主题的这种态度以及对欧洲读者来说实现爱情主题的特殊形式（男性诗人对“女性”作品的模仿，比如，可参见词条“萧纲”“曹植”）的普遍性，都是中国诗歌的特点所在。

将诗歌创作与人的理性活动，而不是人的情感状态相联系，这种做法从

① ［俄］阿理克《唐诗的主题》，载阿理克《中国文学论集》（第1册）第264页，莫斯科：俄罗斯科学院《东方文学》出版社，2002年。

根本上来说，跟诗歌尤其是抒情诗的本质相对立。儒家思想家们很清楚地意识到了这一悖论（《乐记》中说，诗歌和歌唱与舞蹈一起，皆“由人心生也”），故而找到一种唯一可能的解决办法。他们将民歌宣立为样板，因为在民歌中找不到诗人—创作者的身影，亦即个体的情感因素的身影，这是民歌特有的、典型的现象。有两点能说明这一现象：其一，《诗经》的组成和编纂，这一诗歌总集的绝大部分都是典型的民间口头创作的诗歌和冒充为此类的作品；其二，在世界文学的大背景下独一无二的民间诗歌的权威（“乐府民歌”），以及由乐府民歌派生出来的文学抒情诗体裁（“文人乐府”）的通俗性，在其后的历史时期均备受青睐。

在“诗言志”这一说法中鲜明地包含一种思想，即诗歌创作要用来反映的东西，首先就是人（单个人，但主要是指社会共同体中的一分子）的潜在能力和道德素质。同时，诗歌肩负起教育功能——对人们的风俗和行为准则施予让其高尚起来的作用（“礼”），此外，还要为人们的情感状态制定细则。孔子在《礼记·孔子闲居》中一句总结性的话是这么说的：“礼之所至，乐亦至焉。乐之所至，哀亦至焉。哀乐相生。”

儒家对“诗”的看法，直接导致对诗歌创作和作为整体之文学所持的说教-实用主义的态度。诗歌和美文学（“文”）通过歌颂执政者来巩固国家体制和执政制度，或者相反，通过对君主及其周围人的告诫，来表明对他们行为的批评，同样，通过揭露社会缺陷，来加强对儒家的理想和道德价值的宣传。为解决这些任务，有时需要借助于重新改写儒家学说的思想，有时需要借助于历史的代代薪传，树立符合教规（亦即合乎儒家准则）的正面榜样和不符合教规的反面典型，有时需要借助于讲述与文学家同时代的事件和人物的故事。结果，中国的具名的诗歌里形成了若干单独的主题流派，它们直接实现了儒家的诗学主张。其中，流传最广泛的是谏辞、以历史题目做文章的作品以及带有社会-政治动机的作品（在学术文献中，后两者经常被界定为“公民抒情诗”）。它们都以儒家价值观为旨归，而且以教诲的口吻著称。

原则上来说，说教-实用主义的态度，并不与诗歌创作的古风-宗教性的认识和自然哲学的认识相矛盾。它从后两者那里借用了一个极其有意思的观念，即相信诗歌作品必然具备某种言外之意，这就是它跟外在的叙事表层之间质的区别（类似于解密诗歌预言，揭示自然物体的可见形式与内在本质之区别）。这是中国阐释传统的思想基础，此传统的必要条件是：作品不但要有外在的叙事，还要有被推定出来的深层内涵，而后者的获得往往借助于建立在联想和形象比喻之基础上的诸多繁复阐释。譬如，思想上无出众之处的爱情诗歌，往往会被解释成对伦理—政治主题的论断，而描写风景的场面，则会被解释为暗指对国家而言具有划时代意义的重大事件。象形文字的天然属性——每个符号的形象本质及其意义多样性，本身就有利于进行类似的解读。因此，《诗经》中的作品就得到了大量的自相矛盾的解释。

儒家的诗学观对中国诗歌的发展历史和现状具有巨大的，然而又绝非单一的影响。一方面，儒家诗学观最大限度地确定了诗歌创作的社会立场，把诗歌创作变成代表社会知识分子精英者们所必备的才能。这样一来，对写诗基础的培养就进入国家教学机构的教育课程之中。在不同的历史朝代，撰写以诗歌文本为形式的作品，就成为对官吏入职考核的不可分割的一部分，一旦考核不通过，此人就不能被录用为官吏。另一方面，说教-实用主义的态度为诗歌创作制定了一套最严格的、从主题到内容的审美规则，使作者失去了创作实验的可能。正是这一态度，实实在在地阻碍了作者自主的抒情诗的发展，因此，这种抒情诗在中国晚至公元前 3 世纪才固定成型。一些欧洲研究者［如白乐日（Etienne Balazs）］的观点很能说明问题：儒家总是与真正的诗歌为敌。

“音乐情结”、儒家诗学观和《诗经》的诗歌传统，统统都是古代中国文化根基的产物和特征，但远不是全部。它们只属于古代中国文化根基的那一小部分而已，这小部分只局限于中国的中原地区——黄河流域的中下游地带。在古代中国占有一席之地的还有另外一种诗歌传统，它植根于古代楚国（公元前 11 世纪—前 3 世纪）的文化，亦即南方地区（长江流域的中游地带和部分下游地区）的文化之中。这一传统以楚国诗人屈原和宋玉的作品而著称，他们生活在公元前 4 世纪至前 3 世纪。楚国文化最重要的典籍就是《楚辞》。从一开始，楚辞经典就被中国语文学界公认为是具名的作品。它们不但因其易引起个人情感共鸣的魅力而让人着迷，而且还刻画出抒情诗主人公的独特形象，主人公即作为被抛弃者的诗人，他们经受过戏剧性的生活冲突。楚辞的核心主题是因周围世界、当代社会的不完美以及生活道路中遇到的不公而遭受到的个人体验。楚辞具有自己独特的宗教-礼仪的根源，与黄河流域地区的典仪活动截然不同。在地方文化中，典型的礼仪占据着统治地位，在典型的礼仪中，诗歌文本不仅是为了实现与高级政权之间的交流，还要有利于人们熟悉祭典，反映此时此刻人的情感处于走投无路的末日状态。

原则上来说，楚文化也应该吸收了跟说教-实用主义方法观照下不同的、其他的诗学观，它们能够证实个人化的诗歌创作。这些诗学观开始在道教中形成，而道教也是南方文化传统的产物。但是，诗歌创作的情感审美法——这一概念的形成，却是相当晚才获得的，时间在 4 世纪—6 世纪（参见词条“建安风骨”）。

总之，在上古时代的中国文化中，有两个独立的文学-思想的情结得以延续下来，它们对诗歌的本质和功能有着截然不同的理解。如果说，在其中一个看来，诗歌创作是毫无保留地用来加强国家体制和执政制度的，并且主要从伦理学角度加以评判的话，那么，在另外一个看来，诗歌创作就是用来表达个体的情感状态的。

在中国诗歌发展史中，接下来的关键阶段就是汉朝（公元前 3 世纪—3 世纪）和六朝时期（3 世纪—6 世纪）。

［著者：玛丽娜·叶甫盖尼耶芙娜·克拉夫佐娃
（Марина Евгеньевна Кравцова）
圣彼得堡国立大学教授；
译者：万海松　中国社会科学院外国文学研究所副研究员］

传统“红学”的当代链接

——论俄罗斯青年女汉学家 A. C. 特鲁诺娃的《红楼梦》影响研究

张晓丹　李逸津

摘　要： 俄罗斯科学院东方学研究所青年女汉学家安娜·谢尔盖耶夫娜·特鲁诺娃于2018年完成副博士学位论文《曹雪芹古典长篇小说〈红楼梦〉（18世纪）对中国现代文学进程的影响》。此前，她作为学位论文的前期准备，发表过《巴金与曹雪芹：穿越时代的对话》《旧小说的新生命：刘心武的〈续红楼梦〉》《作为中国当代随笔作家灵感源头的长篇小说〈红楼梦〉》《中国古典长篇小说〈红楼梦〉和它的续作》等4篇论文。她的这项研究把古典文学与现代生活连接起来，指出了《红楼梦》在中国现代文学进程中继续发挥作用的三个方向：即以《红楼梦》为榜样写成的家庭题材小说作品；以残缺的经典本《红楼梦》为灵感契机的各种考证和续作；以及以《红楼梦》为研究对象写出的兼有文学性与学术性的随笔短评。对我们今天的“红学”研究如何古为今用，为当代社会主义文化建设服务，有一定的启发意义。

关键词： 俄罗斯　特鲁诺娃《红楼梦》现代影响

中国古代小说精品《红楼梦》是俄罗斯汉学-文学研究中一个历史悠久且成果丰硕的研究方向。1832年俄罗斯东正教使团成员 П. 库尔良德采夫将小说的前八十回带到圣彼得堡，1843年，И. 柯万科在《祖国记事》第1期上发表了小说第一回的部分译文。直至整个20世纪，许多知名的俄苏汉学家，诸如Д. Н. 沃斯克列辛斯基（汉名华克生）、Л. Н. 缅尼什科夫（孟列夫）、Н. Т. 费多连科（汉名费德林）、Л. Д. 波兹德涅耶娃，以及华裔学者 О. 林林、庞英等，都对这部小说发表过论文或著作。本文笔者之一李逸津曾撰写过《〈红楼梦〉在俄苏的传播与研究》① 一文，读者可自行参阅。

长期以来，俄苏的“红学”研究，尤其是苏联时期的研究，在社会主义现实主义文学批评导向的指引下，比较偏重于作品版本、作者权考证，作品思想内容与形象分析，作品思想意义与社会价值等社会历史视角的研究。到20世纪70年代，中苏关系恶化，“红学”研究走向把小说当作历史文献资料来读的“非文学”倾向，如Т. Б. 阿拉波娃在1974年发表的《作为研究18世纪中国日用瓷器史料的曹雪芹小说〈红楼梦〉》（载《第五次中国“社会与国家”学术讨论会纪要与报告》第2册，莫斯科：1974年版，第179—187页），Л. П. 思切夫和В. П. 思切夫父子合写的长文《曹雪芹小说〈红楼梦〉中的服装》（载苏联科学院东方学研究所《中国服装》，莫斯科：1975年版）等文章，更使《红楼梦》这部文学名著偏离了它本来应有的文学意义。

1991年底苏联解体后，包括“红学”研究在内的俄罗斯中国古典文学研究一度陷入冷寂。但近年来出现了再度复兴的趋势。仅从互联网上查到的资料，自1996年始，尤其是近5年来，俄罗斯红学研究论文已有15篇左右。其中虽有个别是中国留学生的学位论文，但主要还是俄罗斯学者的著作。这里，我们拟介绍俄罗斯青年女汉学家安娜·谢尔盖耶夫娜·特鲁诺娃（Анна Сергеевна Трунова）最新的“红学”研究成果。

А. С. 特鲁诺娃是莫斯科俄罗斯新大学②东方学院讲师，俄罗斯科学院东方学研究所研究生。她在2018年完成副博士学位论文《曹雪芹古典长篇小说〈红楼梦〉（18世纪）对中国现代文学进程的影响》（Влияние классического романа ЦАО Сюэциня *Сон в красном тереме*（XVIII в.）на литературый процесс современного Китая）。其论文导师莫斯科国立大学亚非学院中国语文教研室副教授斯维特兰娜·维克多洛夫娜·尼柯里斯卡娅（Светлана Викторовна Никольская），曾是俄罗斯科学院东方文学出版公司2008年出版的六卷本《中国精神文化大典》（Духовная культура Китая）第三卷中“红楼梦”词条的撰稿人之一（另一位撰稿人是老汉学家Д. Н. 沃斯克列辛斯基），在当代俄罗斯“红学”研究中享有一定的学术地位。特鲁诺娃在这样一位导

① 李逸津《〈红楼梦〉在俄苏的传播与研究》，载《红楼梦研究》（肆），阅文出版社，2019年。

② 俄罗斯新大学（Российский новый университет，缩写 РосНОУ），位于莫斯科市拉吉奥街22号，成立于1991年，是一所非营利性的自治教育机构。它的学生既可以享受国家公费预算资助，也可以负担得起的价格自费学习。

师的指导下工作，应该说是有学术资质保证的。

特鲁诺娃在写这篇学位论文之前，作为前期准备，先后发表了《巴金与曹雪芹：穿越时代的对话》（БА Цзинь и ЦАО Сюэцинь: диалог сквозь века，载《新西伯利亚国立大学学报（历史、语文版）》2015 年第 14 卷第 10 分册“东方学”）、《旧小说的新生命：刘心武的〈续红楼梦〉》（Новая жизнь старого романа :〈Продолжение сна в красном тереме〉ЛЮ Синьу，载《东方》2015 年第 5 期）、《作为中国当代随笔作家灵感源头的长篇小说〈红楼梦〉》（Роман〈Сон в красном тереме〉как источник вдохновения для современных китайских эссеистов，载俄罗斯科学院东方学研究所《中国社会与国家》2015 年第 45 卷第 2 期）、《中国古典长篇小说〈红楼梦〉和它的续作》（Китайский классический роман〈Сон в красном тереме〉и его продолжения，载《俄罗斯新大学学报》“现代世界中的人系列”2016 年第 2 期）等 4 篇论文。特鲁诺娃这项研究的一个特点，就是她打破传统“红学”研究的阈限，把研究视角指向了现代，指向古典文学作品与当代中国文学生活的链接，从而使传统学术开了新生面。这里，我们就以她的最终研究成果——副博士学位论文的结构为线索，对特鲁诺娃的影响论“红学”研究，予以介绍和点评。

特鲁诺娃的学位论文包括“导言”、正文四章和“结束语”。导言部分不长，按一般学位论文常规，阐述了选题依据、与论题有关的参考文献、论文要实现的目标、研究工作遵循的理论和方法，以及选题创新点和实践意义等，可以略去不论。其第一章《曹雪芹小说〈红楼梦〉的艺术特色》，概括介绍《红楼梦》的结构特点和曹雪芹的创新贡献，《红楼梦》与其前驱《金瓶梅》的承传关系，以及《红楼梦》形象系统的特征等。这些内容，对于中国读者来说也属于老生常谈。所以，我们这里重点介绍和点评她学位论文第二、三、四章的内容。

一、《红楼梦》续作：传统与创新

特鲁诺娃论文的第二章《经典小说续作：传统与创新》，专门研究了《红楼梦》续书的写作传统及其周期性问题，概述了现有续作及其特点，并介绍了中国读者对此类作品的态度。

关于这个问题，此前特鲁诺娃曾写过两篇文章，即《旧小说的新生命：刘心武的〈续红楼梦〉》和《中国古典长篇小说〈红楼梦〉和它的续作》。后者涉及的《红楼梦》续书情况，对于俄国读者可能有一定的资料意义，但对中国读者则不新鲜。所以我们这里就以她前一篇文章《旧小说的新生命》为据，介绍她对我们有参考价值的意见。

特鲁诺娃指出："刘心武不是第一个为八十回小说写续集的现代作家。但他们每一位都是基于作者的幻想，而刘心武的续作有科学依据，这是他多年来对小说《红楼梦》和相关材料进行认真研究的结果。"①

特鲁诺娃认为："刘心武写的《续红楼梦》，有一些与目前采用的规范文本不同的特点。例如，刘心武在谈到长期未提及的人物和事件时，就联系到前八十回，并简要介绍了在读者记忆中令人耳目一新的与新提到人物有关的事件，因此使进一步叙述更容易理解。而前八十回则没有这种写法。"② 比如中山狼孙绍祖怎样与贾家建立联系，又怎样娶到贾赦的女儿迎春，就是在刘心武的《续红楼梦》中通过平儿的叙述交代出来的。③ 特鲁诺娃写道："根据宝玉在第五回中读到的梦境中的预测，迎春将陷入中山狼的魔掌中。与经典续集相比，刘心武更详细地展示了中山狼的形象。他的中山狼不仅是肉食动物，还杀死了他的恩人。"④ 特鲁诺娃还指出："这些额外的情节帮助作者专注于佛教的报应观念，不是在即将来临的重生中，而是在此生中。这种报应的一个说明例子就是刘心武描述的凤姐的命运。"⑤ 她引述了刘心武续作中第99回中王熙凤被逼扫雪时的忏悔："自己当年威风凛凛，自封神探，审起丫头良儿来疾言厉色，动辄让人家跪瓷瓦子，不给吃不给喝，冻着饿着，非逼着人家认那无妄之罪，如今自己也被这忠顺王一样的手法，逼迫自己去招认那没影儿的藏匿之罪，难道这就是天道循环、因果报应？"⑥ 从而突出了刘心武续作对因果报应的强调。

关于刘心武续作的空间结构，特鲁诺娃指出，在《红楼梦》原著中，"活

---

① 《旧小说的新生命：刘心武的〈续红楼梦〉》，载《东方》。

② 《旧小说的新生命：刘心武的〈续红楼梦〉》，载《东方》。

③ 刘心武《续红楼梦》第八十一回《中山狼吞噬薄命女 河东狮吼断无运魂》。

④ 《旧小说的新生命：刘心武的〈续红楼梦〉》，载《东方》。

⑤ 《旧小说的新生命：刘心武的〈续红楼梦〉》，载《东方》。

⑥ 刘心武《刘心武续红楼梦》第176页，江苏人民出版社，2011年。

动主要是在宁国府和荣国府进行的”，而“刘心武的描写则经常在这两个府外：普通百姓、贵族和皇帝的家中，城市街道和城外所发生的事件。”[①] 她写道：“在前八十回中，作者描绘了一个贵族家庭在其繁荣时期的生活，而在后二十八回中，刘心武只是偶尔回到宁国和荣国府。刘心武不只以贾家为例说明了贵族家庭的崩溃，而且将其融入整个时代的背景下，同时描绘了与贾家有关的家族的死亡，并且详细而又全面地介绍了社会各阶层的历史状况和生活。”[②]

关于刘心武续作的情节设置，特鲁诺娃指出，曹雪芹原作的《红楼梦》前 80 回中，动作场景是多头的，“流畅而匆忙”。而刘心武的续作则集中在“一个引人入胜的情节，充满了快节奏的事件、阴谋和生动的插曲”。在曹雪芹原著前八十回，以及高鹗续作的后四十回里，“只是提到与荣宁二府有关的事件”，“我们是从宁国府和荣国府到访者的故事中了解大多数次要人物的后来命运”；而“在刘心武写的《续红楼梦》中，次要人物在贾家人的命运中起着积极的作用”，也正因为如此，“作者在叙事中将他们推到了前台”。[③]

特鲁诺娃指出，刘心武在续作中“重新审视了小说中大多数人物的命运。一个典型的例子是与宝玉有关的女子们的故事。”比如，“林黛玉仍然生病，但停止了不断的哭泣”，因为“她已经全额还清了”一个人的债务。“她想起她实际上是不朽世界中的紫色仙草，她回到天堂（没有死，但神秘地蒸发了）”。宝钗嫁给贾宝玉后，由于宝玉的出走和哥哥、母亲的去世，剩下自己孤身一人。最后“出乎所有人意料地也死了。丫鬟看到两只大蝴蝶飞了出去，断定宝钗像林黛玉一样也是天上的”。[④] 在刘心武续作中与宝玉最有缘分的是史湘云。特鲁诺娃认为，刘心武描写的这位女主人公与高鹗所写大致相同，“但结局更符合第五回中的预言”。她说，在高鹗续书中“史湘云的命运是悲惨的：她结婚了，对丈夫很满意，但是丈夫去世了，她成了乞丐。然而，这种结局似乎并不完全符合曹雪芹的意图，因为宝玉在梦中听到和读到的与她有关的诗句中，都提到了她无限的幸福。”[⑤] 所以刘心武的续作让史湘云来到

① 《旧小说的新生命：刘心武的〈续红楼梦〉》，载《东方》。
② 《旧小说的新生命：刘心武的〈续红楼梦〉》，载《东方》。
③ 《旧小说的新生命：刘心武的〈续红楼梦〉》，载《东方》。
④ 《旧小说的新生命：刘心武的〈续红楼梦〉》，载《东方》。
⑤ 《旧小说的新生命：刘心武的〈续红楼梦〉》，载《东方》。

贾宝玉身边，两人一起相伴流浪。

特鲁诺娃认为："在《续红楼梦》中，刘心武依据了小说的清代手稿。但由于手稿内容各不相同，因此作者偏爱他认为最合乎逻辑的选项。"而"对他的工作有很大帮助的是周汝昌从各种旧手稿中编撰的著作。"她说："为了传达清代古典小说的精神，刘心武保留了曹雪芹语言的特殊性：文本使用了旧白话的词汇、语法和句法。尽管如此，在文本样式上还是有一些违背之处：与程高的前八十回和后四十回相反，刘心武几乎没有诗词的插入。"①

特鲁诺娃指出："刘心武对主人公的故事有不同的解释，他对这些故事的表现形式也有所不同。如果说前八十回和后四十回中的叙述，程高本的特点是现实主义和日常生活，而后刘心武则具有幻想、侦探和冒险故事的元素。像冯紫英、柳湘莲、蒋玉菡等这些曹雪芹提到的主人公们是宝玉的朋友，刘心武将叛乱分子和游侠描绘成积极争取正义的人，他们不仅彼此了解，而且还实践共同的事业。"②

特鲁诺娃认为："一般而言，尽管角色数量众多，但刘心武在展示所有角色之间的关系方面比程高编辑的后四十回的作者要好得多。"她说："刘心武所写续集的内容与《红楼梦》的前八十回有所不同，与小说的整体精神也并不完全一致。曹雪芹写的前八十回是一部平静的日常生活小说，而新的 28 回则更多地是按照冒险主义的《水浒》或中世纪城市小说的精神来写的。"③

特鲁诺娃在文章最后总结道："总的来讲，我们可以说，《续红楼梦》作为一部小说作品，其引人入胜的情节和被程式化为中世纪小说语言的文学语言值得关注和引起兴趣。""刘心武从曹雪芹的叙事相当平稳地过渡到自己的叙事，起初保留了日常生活小说的总体精神，但叙事逐渐变得更加动感，重音转移。尽管刘心武设法将其纳入经典文本，但我们仍然只能推测，曹雪芹在后面这些回中真正想说的是什么。"也就是说，她认为刘心武这部续作也未必符合曹雪芹的真意。

在特鲁诺娃最后完成的学位论文中，她还论述了刘心武为何把《续红楼梦》写成一部类似于侦探冒险小说的问题。她说："作为小说《红楼梦》的

① 《旧小说的新生命：刘心武的〈续红楼梦〉》，载《东方》。

② 《旧小说的新生命：刘心武的〈续红楼梦〉》，载《东方》。

③ 《旧小说的新生命：刘心武的〈续红楼梦〉》，载《东方》。

资深研究者，刘心武大概是有意这样做的，他不仅考虑了科学研究，而且考虑了市场情况，因此将冒险小说和在中国青年中流行的武侠体裁的特色方法融入到他的叙述中。”① 她还根据在互联网和电子书籍网站上搜集到的读者反馈资料，指出“刘心武的续作受到许多人的负面评价”。她由此得出读者评价各种《红楼梦》续作的一般要求和标准是：“语言与小说原著所属时代的对应关系，与曹雪芹的风格和艺术方法的对应关系，学术水平，诗歌成分的存在和质量等。”② 她说，正是“在许多这些参数上，刘心武的续集引起了公众的批评。”但她又指出，尽管刘心武的续作不尽人意，但“正是他的《续红楼梦》成为与其他现代续作进行比较的标准”。③ 这应该说是对刘心武《续红楼梦》比较积极的肯定性评价。

二、家庭主题：从经典到现代

特鲁诺娃学位论文的第三章《家庭主题：从经典到现代》包括三节，第一节“小说《红楼梦》的文学渊源”，作者指出：“除了影响了曹雪芹创作的《金瓶梅》之外，还有涉及这部小说的其他文学前驱。同时，曹雪芹不是盲目借鉴前辈的经验，而是重新诠释和发展它。”④

特鲁诺娃指出：“曹雪芹描述年轻的主人公，采用了传统的‘才子佳人’主题和古典戏剧《西厢记》《牡丹亭》的材料。它们的显著特征是以新理想（例如自由恋爱）为名，摒弃旧的道德观念，嘲笑无知和庸俗。在了解理想和世界秩序方面，曹雪芹成为此类作品的后继者。”但是上述这些前人作品，“它们的形象和情节动作仍然是千篇一律的”，而“曹雪芹试图避免这种千篇一律，这就是为什么他的小说被认为具有创新性。”特鲁诺娃认为：“《红楼

① A. C. 特鲁诺娃《曹雪芹古典长篇小说〈红楼梦〉（18 世纪）对中国现代文学进程的影响》（内容提要）第 14 页，莫斯科，2018 年。

② 《曹雪芹古典长篇小说〈红楼梦〉（18 世纪）对中国现代文学进程的影响》（内容提要）第 14—15 页。

③ 《曹雪芹古典长篇小说〈红楼梦〉（18 世纪）对中国现代文学进程的影响》（内容提要）第 15 页。

④ 《曹雪芹古典长篇小说〈红楼梦〉（18 世纪）对中国现代文学进程的影响》（内容提要）第 15 页。

梦》与这些作品的不同之处在于深度和心理上的差异：如果关于才子佳人的小说着眼于外部事件，那么曹（雪芹）则将重心转移到主人公们的内心经历上，以这种方式揭示了他们的性格。”①

本章第二节“曹雪芹与巴金：穿越时代的对话”，也有作者此前发表的论文做基础。2015 年，特鲁诺娃发表了论文《巴金与曹雪芹：穿越时代的对话》，这里我们就以她这篇文章为依据，介绍她在这个问题上的观点。

特鲁诺娃写道：“中国文学中家庭小说的特征恰恰在小说《红楼梦》中得以体现，从其出现之时起，就不可避免地影响了后代中国作家的作品。”② 她说：“小说《红楼梦》中包含了传统家庭瓦解的思想，这种思想在现代文学中继续发展。家庭的一个承传人成为巴金 20 世纪初作品的主题。”特鲁诺娃认为：“促使作家（巴金——笔者注）创作小说《家》的原因在很大程度上是自传：作为一个出身于传统绅士家庭的人，作家本身感受到曹雪芹小说中涉及的问题和一个传统类型大家庭中人际关系的本质。”③

特鲁诺娃指出：“小说《红楼梦》描绘了从皇帝那里获得爵位和特权的时代的整个阶级。贾氏家族的后代由于为皇帝效劳而变得富有，他们享受着祖先所继承的利益，过着无忧无虑的生活，不需要任何东西，因此无需体验创造新利益的需要。”而“巴金描述了家庭破裂的其他原因。它显示了 20 世纪初中国社会生活转型时期由四代人组成的封建大家族的生活及其逐渐的衰落。受五四运动的影响，年轻人的价值观发生了变化，家族首领的牢固权威被置于怀疑”④。

特鲁诺娃写道：“巴金提请读者注意这样一个事实，即一家之主现在是一个惰性的、过时体系的代表，在这种体系的束缚下，年轻人生活不如意。小说《家》强调，正是人为支撑的基础的惯性剥夺了家庭生存所需的凝聚力，这成为其堕落的原因。通过年轻人与老一辈之间的冲突，巴金证明了在新形式下家庭构建系统的不可行性。”⑤

---

① 《曹雪芹古典长篇小说〈红楼梦〉（18 世纪）对中国现代文学进程的影响》（内容提要）第 15 页。

② 《巴金与曹雪芹：穿越时代的对话》，载《新西伯利亚国立大学学报（历史、语文版）》。

③ 《巴金与曹雪芹：穿越时代的对话》，载《新西伯利亚国立大学学报（历史、语文版）》。

④ 《巴金与曹雪芹：穿越时代的对话》，载《新西伯利亚国立大学学报（历史、语文版）》。

⑤ 《巴金与曹雪芹：穿越时代的对话》，载《新西伯利亚国立大学学报（历史、语文版）》。

特鲁诺娃认为：“这两部小说中的主人公都有相似之处，他们的世界观新颖，行为不寻常，这不断地引起了传统家庭方式的资深成员——守护者——的愤怒。”她说：“家庭小说体裁的特点之一：是在整个家庭历史中描绘了主人公性格的演变。曹雪芹，其次是巴金，将主人公离家出走描绘为这一演变的必然规律和高潮。”但她又指出，“如果说曹雪芹让主人公出家为僧与《红楼梦》中的哲学潜台词有关，那么巴金的小说就有了社会潜台词，有了为美好未来而斗争的号召。”①

特鲁诺娃写道：“传统社会中的家庭往往会成为一种对人的敌对力量，抑制和限制他的自由。家庭联盟的主要目标是诞生为祖先服务并进行祭祀的男性继承人。”她引用 Л. А. 尼柯里斯卡娅的话说：“婚姻本身是两个家庭的事情，与感情无关，”② 然后指出，“男青年的新娘通常由户主或户主的妻子挑选。”③

特鲁诺娃说：“在小说《红楼梦》中，贾宝玉和林黛玉之间的爱情以悲惨的结局结束：宝玉被骗娶了另一个为他挑选的女人。在小说《家》中，高氏家族按照同样的婚姻法则生活，这成功地伤害了大哥觉新和他的心上人。然而，新的主人公们也在涌现，他们找到了争取自由和实现自我的力量。这样一来，在曹雪芹那里回响的绝望的主题，仅只是部分地转移到小说《家》中。”④

特鲁诺娃认为，“曹雪芹是一位创新者，在小说中揭示了女性在家庭中的地位这一问题，并公开表明她在很大程度上优于男性”。而“在小说《家》中，女性人物也占据了显著地位，其中突出的有三位女主人公，她们是传统社会条件下截然不同的女性命运和特质的典范：来自士绅家庭的女子梅和琴，以及女仆鸣凤。巴金强调，她们被旧社会及其偏见所预设的不幸命运联系在一起”。⑤

特鲁诺娃指出：“在巴金的小说《家》中，与曹雪芹的经典小说《红楼梦》有不少共同之处。首先，现代家庭小说《家》继承了《红楼梦》的时空

---

① 《巴金与曹雪芹：穿越时代的对话》，载《新西伯利亚国立大学学报（历史、语文版）》。

② Л. А. 尼柯里斯卡娅（Л. А. Никольская）《巴金（创作概论）》［*Ба Цзинь（Очерк творчества）*］第 17 页，莫斯科：莫斯科大学出版社，1976 年。

③ 《巴金与曹雪芹：穿越时代的对话》，载《新西伯利亚国立大学学报（历史、语文版）》。

④ 《巴金与曹雪芹：穿越时代的对话》，载《新西伯利亚国立大学学报（历史、语文版）》。

⑤ 《巴金与曹雪芹：穿越时代的对话》，载《新西伯利亚国立大学学报（历史、语文版）》。

特征：两部小说的动作都发生在封闭的空间里，而没有具体的动作发生的历史时代的标记。巴金和曹雪芹使用了同样的时间表，在其中揭示了同样的主题——传统封建家庭的解体。同时，以家庭破裂为背景，两部作品引出了悲剧爱情的主题，主人公与家庭环境冲突的脱钩体现在主人公离开家庭上。”但是，“小说《家》与《红楼梦》也有一些不同之处。在写于20世纪的小说《家》中，表现出主人公生动的心理特征，而社会动机也加入到家庭主题中。”她说：“巴金改造了古典的家庭生活小说，增加了社会问题：他描绘了传统型家庭的内在矛盾及其在不断变化的社会条件下的分解，以及在新思想影响下士绅出身的叛逆主人公的形成。”①

在后来的学位论文里，特鲁诺娃对巴金与曹雪芹的比较研究做了这样的总结：“现代作家巴金在其小说《家》中与曹雪芹进行了某种对话，以某种方式达成共识并以某种方式对他进行了补充。他遵循了传统贵族家庭瓦解的想法，同时又发展了它，着眼于悲剧的根源和封建家庭危机的内部机制。”②

特鲁诺娃写道：“这两部小说的主要人物在世界观的新颖和行为的不寻常方面都相似。然而，在曹雪芹那里，主人公出家往往具有哲学内涵，而巴金的小说则具有社会内涵，并呼吁为更美好的未来而战斗。贾宝玉离开家是为了摆脱世俗的生活，而高觉惠的与家分手，是为了它不干扰他积极参与中国社会的命运。”她指出：“就像在《红楼梦》中一样，在小说《家》中年轻的主人公都为爱情而出场。但如果说在曹雪芹那里是悲剧性的结局，那么在巴金那里展示了新的主人公，他们找到了抵抗老一辈人的力量，为自己的自由和得到它而战斗。就像在《红楼梦》中一样，女性角色在《家》中占有重要地位。但是与曹雪芹的小说不同的是，它强调传统社会中的妇女始终是旧社会及其偏见的受害者。”③

特鲁诺娃在学位论文里还比较了巴金与曹雪芹艺术手法的不同，她说：“在艺术手法上，巴金的肖像描写成为表现人物心理特征的一种手段，传达了被描绘人物的内在本质；而曹雪芹则十分注重描写主人公的外部，衣着以及

① 《巴金与曹雪芹：穿越时代的对话》，载《新西伯利亚国立大学学报（历史、语文版）》。

② 《曹雪芹古典长篇小说〈红楼梦〉（18世纪）对中国现代文学进程的影响》（内容提要）第16页。

③ 《曹雪芹古典长篇小说〈红楼梦〉（18世纪）对中国现代文学进程的影响》（内容提要）第16页。

环境，而不是传达他同时代人的生活氛围……此外，巴金强调通过人物的思想和感受以及艺术细节来描述人物的精神世界。”①

在特鲁诺娃学位论文的这一章里，还有一个第三节“妻妾成群”，研究了苏童的中篇小说《妻妾成群》中反映的主题如何受小说《红楼梦》和《金瓶梅》等古典家庭小说的影响。作者说：“苏童的这一作品还是第一次被放在古典文学作品影响的背景下去考查。”②

特鲁诺娃认为：“新历史小说《妻妾成群》延续了传统的家庭主题。故事的主题是妇女在封建社会和传统家庭中的地位，强调了纳妾制度对家庭生活的有害影响。妻子和妾的命运，她们之间的竞争和斗争远非中国文学中的新情节，传统社会中的妇女地位问题一直困扰着中国作家。”她说：“小说《金瓶梅》第一次在中国文学史上强调了生活在同一个屋檐下的妇女之间的斗争，所有这些妇女除大老婆以外，都作为恶毒而嫉妒的生物而遭到了作者的谴责。”而“在小说《红楼梦》中，女性地位的主题得到了充分而有目的的发展。曹雪芹的小说是在揭示中国传统社会的家庭主题和女人的悲惨命运方面最重要的作品。曹雪芹创作的女性形象以深厚的心理和模棱两可的特征而著称，不能将她们归类为负面或正面人物。”③

特鲁诺娃指出：“小说《妻妾成群》中女人之间的斗争更多是借自小说《金瓶梅》。同时，苏童的故事不仅描绘了一个狡猾、残酷和自私的女人形象，而且描绘了她成为这样一个女人的原因。苏童展示了一个改变女人意识的过程，这个女人发现自己处于传统封建家庭的封闭环境中。这些妇女中的每一个人都有自己的不幸，像曹雪芹的女主人公一样，是封建社会的受害者。”④

通过对《红楼梦》与中国现代小说《家》《妻妾成群》的比较研究，特鲁诺娃得出自己的结论：“总的来说，可以说属于不同时代的作家之间找到了共同

① 《曹雪芹古典长篇小说〈红楼梦〉（18 世纪）对中国现代文学进程的影响》（内容提要）第 16 页。

② 《曹雪芹古典长篇小说〈红楼梦〉（18 世纪）对中国现代文学进程的影响》（内容提要）第 17 页。

③ 《曹雪芹古典长篇小说〈红楼梦〉（18 世纪）对中国现代文学进程的影响》（内容提要）第 17—18 页。

④ 《曹雪芹古典长篇小说〈红楼梦〉（18 世纪）对中国现代文学进程的影响》（内容提要）第 18 页。

的语言，因为他们所担心的家庭问题直到今天都没有失去意义。差异体现在作品反映这个问题的方式上。在20世纪，由于作家的创作与祖国的社会生活息息相关，因此出现了新的动机和方法，同时，中国文学也积极地涉入世界文学的语境。”她的这种比较，我们认为不过是作品情节与形象的浅层次比对，没有揭示出深刻的有哲理意义的内涵。但她把古典与现代作品加以比较的思路，对我们倒是有可借鉴的价值。因为一个民族的古典文学作品，无论其多么精妙和深刻，对于时空间隔相对较大的域外读者来说，总是有一定的隔膜。面对新的时代、新的世界的读者，如果一味地纠缠于古典作品本身，总会因不合时宜而被冷遇甚至淘汰。而如果将古典与现代作品结合起来，找出一个民族文化产品一脉相承的精神基因，也许能更好地向域外读者展示我们民族文学真正的精神风貌，帮助他们更好地理解中国的昨天和今天。从这层意义上说，特鲁诺娃的研究对我们今天的“红学”研究向更深更广的领域扩展，还是有一定的启发意义的。

三、文学随笔中的《红楼梦》

特鲁诺娃学位论文的第四章是《文学随笔中的〈红楼梦〉》，这里她使用的“随笔（Эссе）”一词来自法语，是指一种自由书写的小型论文。俄文词典上的解释有“小品文、随笔、短论、时评”等意项，我们这里统一译成“随笔”。

被特鲁诺娃举证研究的两部与《红楼梦》有关的“随笔”，是20世纪不同时期中国两位著名作家的作品，即张爱玲的《红楼梦魇》和王蒙的《红楼启示录》。特鲁诺娃解释说：“之所以这样选择，是因为这是20世纪不同时期创作的两部最著名、最具代表性的作品，是中国文学随笔传统的重要里程碑。”她评论自己这项研究的价值说：“尽管这些作品在其祖国很普及，但在文学范围内的意义，它们还是第一次被研究。”①

《文学随笔中的〈红楼梦〉》一章分为两节，第一节“张爱玲的《红楼梦魇》”，考察了张爱玲在20世纪60至70年代用了十多年时间写成的研究《红楼梦》的随笔集《红楼梦魇》的特点。特鲁诺娃指出，张爱玲的“大部分工作都致力于研究小说的早期手稿和版本，以及各种续集，以便找到最早和最接近

① 《曹雪芹古典长篇小说〈红楼梦〉（18世纪）对中国现代文学进程的影响》（内容提要）第18页。

作者意图的可能选择。”她说：“《红楼梦魇》是对小说文本和随附材料的全面科学的研究：手稿的各种版本和早期版本，还有权威学者和专家的小说和研究《红楼梦》的著作。”但尽管如此，虽然作者“采取了明确的科学方法，但该作品是由作家而非科学家创作的，这在这里不得不反思。”特鲁诺娃指出，张爱玲“这种研究工作的独特性体现在视角的独创性上：张爱玲从质的角度审视了这部小说，并指出了通常没人会注意的那些方面。例如，关于已经辩论了半个多世纪的小说《红楼梦》中的女主人公是否裹过脚的问题，张爱玲以长篇小说中的一些片段为证据，假设这本小说描写的是关于裹脚的和未裹脚的妇女的。”①

特鲁诺娃指出：“作为作家的张爱玲对创作过程有更深刻的理解，她的观点有助于重新审视这部著名小说，她的结论非常有趣而且独特。”她说，张爱玲的“作品中有许多主观的和内在的真理，没有大量的写作经验就不可能实现。”她指出，“张爱玲最关注‘如何’和‘为什么’的问题：作者如何以及为什么以这种方式写作，而不是相反，为什么他在写小说和进行修改时选择了这种创作方法”。特鲁诺娃认为，“张爱玲研究的内容在质上与分析内容本身的语文学家的研究不同：他们研究的是作者写了什么以及写的谁。在这方面，由于张爱玲‘从内而外’地探究小说本身及其各种版本，因此可以称为‘真正的语文学和文学研究’”②。特鲁诺娃的上述意见，可以在我们研究和评价张爱玲的《红楼梦魇》时作为参考。

该章第二节“王蒙的《红楼启示录》”，特鲁诺娃此前也发表过文章。2015年，她发表了论文《作为中国当代随笔作家灵感源头的长篇小说〈红楼梦〉》，文中把王蒙的《红楼启示录》与法国诗人、作家、翻译家玛格丽特·尤瑟纳尔的《三岛由纪夫，或空的幻景》③和俄裔美籍作家弗拉基米尔·纳博科

① 《曹雪芹古典长篇小说〈红楼梦〉（18世纪）对中国现代文学进程的影响》（内容提要）第19页。

② 《曹雪芹古典长篇小说〈红楼梦〉（18世纪）对中国现代文学进程的影响》（内容提要）第20页。

③ 玛格丽特·尤瑟纳尔（Marguerite Yourcenar），原名玛格丽特·德·凯扬古尔，法国诗人、小说家、戏剧家和翻译家，《三岛由纪夫，或空的幻景》是她的代表作之一，此书发表于1981年，以才华横溢而又极富争议的日本作家三岛由纪夫为对象，从三岛的生活背景及与此密切相关的自传体小说《假面的告白》起笔，大致按照其创作年代顺序，依次介绍分析了三岛主要的小说、戏剧和电影作品，勾画出三岛由纪夫从少年得志到走向最终归途的过程。作者在分析中点明，这本书并不是一篇叙述作家生平轶事的传记，而是以作品为基石和导向，探寻作家的精神历程的尝试。

夫的《尼古拉·果戈理》[①] 相提并论，她采用俄罗斯老一代汉学家Д. Н. 沃斯克列辛斯基（1926—2017）的说法，将“启示录”定义为“研究或‘智力’随笔”[②]。特鲁诺娃还引用沃斯克列辛斯基的话说，所有这些作品都以“艺术表现力和主观性为特征，同时它们引起了意识形态的开放性，思想的自由飞翔，意想不到的判断和悖论性的结论。”[③]

特鲁诺娃认为，王蒙的《红楼启示录》与玛格丽特·尤瑟纳尔的《三岛由纪夫》、纳博科夫的《尼古拉·果戈理》“所有这三部作品都有共同的特点：作者个性鲜明，作者所作评估的坦率和主观性，对作者传记的兴趣以及对作者作品自传性质的重视，语言的艺术意象，对创作方法和写作方式的兴趣。”[④] 她指出：“王蒙的风格具有相同的趣味性，有时也有不同寻常的相似之处。因此，在中国作家王蒙的论文中，有其文学体裁的国际特色，这使他适合世界文学的语境。”[⑤]

特鲁诺娃的论文在对王蒙《红楼启示录》的结构和内容做了概括介绍之后，重点点评了王蒙对“红学”研究中的两个争议问题——《红楼梦》的时间顺序和哲学思想的论述。特鲁诺娃写道：“作为文学学者，王蒙对小说《红楼梦》中的时间混乱问题特别感兴趣，他在论文《时间是多重的吗?》中对此进行了探讨。小说的叙事是线性的，但时间顺序上有许多不正确和不一致之处。”[⑥] 她指出，虽然许多《红楼梦》研究者对小说时序的混乱做了多种探讨和解释，但王蒙有自己的看法。她说，王蒙在自己的书中用了很大一部分“致力于分析暂时性混乱所产生的艺术效果。在他看来，小说中的时间并不是线性的，就像小说作品中通常发生的那样，而是在无尽的平面上散布着情节。除了避免检查出现问题外，这种故意的混乱还表明，对于作者来说，重要的

① 弗拉基米尔·纳博科夫（Владимир Владимирович Набоков），俄裔美籍作家。《尼古拉·果戈理》是他写的一部小说，向世人讲述了一个异样新奇的果戈理。因为慧眼独具，所以别开生面。

② Д. Н. 沃斯克列辛斯基（Д. Н. Воскресенский）《中世纪中国的文学世界》（*Литературный мир средневекового Китая*）第579页，莫斯科，2006年。

③ 《中世纪中国的文学世界》第579页。

④ 《作为中国当代随笔作家灵感源头的长篇小说〈红楼梦〉》，载俄罗斯科学院东方学研究所《中国社会与国家》（*Общество и государство в Китае*）。

⑤ 《作为中国当代随笔作家灵感源头的长篇小说〈红楼梦〉》，载《中国社会与国家》。

⑥ 《作为中国当代随笔作家灵感源头的长篇小说〈红楼梦〉》，载《中国社会与国家》。

不是时代，而是时限之外的东西——一些一般和普遍的现象。”①

关于王蒙对《红楼梦》哲学思想的评析，特鲁诺娃写道：“王蒙醉心于《红楼梦》的哲学思想，尤其是宝玉关于生死的哲学观点。作者指出了它们的独特性，并将它们与中国传统的宗教和哲学体系进行了比较”。她引用王蒙《红楼启示录》中的一段话②，指出：“宝玉不关心现世的生活，他完全否认死后的生活，当时除了精神错乱以外，其他任何原因都无法解释。”她写道：“王蒙提请注意小说中与宝玉有关的疯狂动机。王蒙将关于生死、感情和思想的观点以及宝玉的整个世界观，还有曹雪芹本人，都定义为原生的‘前佛老’③。”④

特鲁诺娃指出：“根据王蒙的说法，这种原始的哲学世界观属于曹雪芹本人，他是通过宝玉的口来表达它们的。”⑤ 她引用王蒙书中的话说：“……可以说，曹雪芹才是第一个真宝玉，大宝玉。在《红楼梦》的所有人物中，宝玉最富于作者的自传色彩……少年时代的曹雪芹——在很大程度上是贾宝玉的原型。”⑥ 特鲁诺娃写道：“王蒙直接将作者的个性与主人公的个性联系起来，认为宝玉是曹雪芹思想的代言人，并用作者的形象来识别叙述者的形象。作者想象力的巨大力量证明了小说《红楼梦》的异常丰富多彩。”⑦

特鲁诺娃指出：“自传的想法和与作者的主角认同是《红楼梦》研究中的长期传统之一，在小说研究的某个阶段，有一种研究倾向就认为它完全是自传的。”但是，像前面提到的玛格丽特·尤瑟纳尔，或弗拉基米尔·纳博科夫那样的欧洲传记作家，却“不倾向于把作家与主人公等同”。因此，特鲁诺娃认为，“王蒙在《红楼梦》研究中是延续了民族的传统。”此外她还指出，王蒙“发现了当年曾遭到文学学者严厉批评的‘索隐派’代表的一些结论，并

---

① 《作为中国当代随笔作家灵感源头的长篇小说〈红楼梦〉》，载《中国社会与国家》。

② 即王蒙书中概括贾宝玉的思想，说：“死后，只求消失得干干净净，实际表达的是对人生的荒谬感，这确实与封建正统观念迥异。封建正统观念是非常重视身后的影响的，重视声名、谥号、子孙万代，封建正统观念是把个体的一生与一个种姓的纵的绵延紧密联系起来的。”见王蒙《红楼启示录》第48页，贵州人民出版社，2013年。

③ 《红楼启示录》第200页。

④ 《作为中国当代随笔作家灵感源头的长篇小说〈红楼梦〉》，载《中国社会与国家》。

⑤ 《作为中国当代随笔作家灵感源头的长篇小说〈红楼梦〉》，载《中国社会与国家》。

⑥ 《红楼启示录》第95页。

⑦ 《作为中国当代随笔作家灵感源头的长篇小说〈红楼梦〉》，载《中国社会与国家》。

提出了支持其观点的论点”。①

特鲁诺娃说，王蒙指出了“曹雪芹是第一个客观地描绘男人和女人之间精神和肉体交流的人，并且克服了将男人描绘为一切事物的中心，而将女人描绘为男人的玩具的习俗。他指出，宝玉与黛玉之间的情感刻画代表着封建中国背景下对爱情的全新理解。他们的爱是现实写照，其标志和表现接近现代的理解”。她说：“王蒙指出，曹雪芹对这种爱表示同情，但并未理想化，而是刻意地表现出带着嫉妒之情、相互误解和怨恨。”②

特鲁诺娃指出，王蒙认为《红楼梦》的作者“注意到主题和文学现象的多功能性，并以此为基础创作了经典小说《红楼梦》。例如，宝玉及其哲学的主要特征是，人间万物都是短暂的，万物都会死亡而悲伤，这决定了宝玉的行为和生活重点。”她说：“根据王蒙的说法，这个主题是普遍的和永恒的，它将中外古典与现代文学结合在一起。”③ 特鲁诺娃写道：“王蒙在‘细读’部分的《关于贾宝玉》一章中对多功能性进行了解释”，他认为“包括文学在内的所有艺术都是宇宙的产物。它们不是由某人特别发明的，而是代表一种先验现象，这种现象以启示的形式展现给有天赋的作家。”特鲁诺娃认为：“在这种情况下，王蒙不是作为文学学者，而是作为艺术家和哲学家。”④

特鲁诺娃指出：“在王蒙的理解中，《红楼梦》在很多方面都不是根据中国的传统文学经典，而是根据世界文学的一些普遍规律撰写的。”但她又说：“尽管如此，王蒙并没有将小说从中国古典文学的语境中拉出来，也不否认小说是属于时代的，只是从一个全新的角度揭示了传统社会的生活和问题。”她写道：“正是《红楼梦》中传统与创新的综合吸引了王蒙。”⑤

特鲁诺娃认为：“王蒙的文章本质上具有艺术美学的性质，作者以《启示录》为标题警告读者该作品是‘启示’，即现代作家、读者和《红楼梦》迷们在阅读它时所经历和感受到的。”她说：“王蒙实际上没有提到其他研究者，他建立了自己的原创理论。”但是，虽然王蒙“很少提及学术出版物，以及在《红楼梦》研究中涉及的学者和现有理论”，但“他对小说的研究历史和研究

① 《作为中国当代随笔作家灵感源头的长篇小说〈红楼梦〉》，载《中国社会与国家》。
② 《作为中国当代随笔作家灵感源头的长篇小说〈红楼梦〉》，载《中国社会与国家》。
③ 《作为中国当代随笔作家灵感源头的长篇小说〈红楼梦〉》，载《中国社会与国家》。
④ 《作为中国当代随笔作家灵感源头的长篇小说〈红楼梦〉》，载《中国社会与国家》。
⑤ 《作为中国当代随笔作家灵感源头的长篇小说〈红楼梦〉》，载《中国社会与国家》。

者们的著作非常了解。他或反驳或同意他们的观点，对普遍接受的观点的正确性表示怀疑，并同时根据他自己对工作内容的分析以及他的印象和感觉提出他的假设。例如，他表示怀疑《红楼梦》是用北京方言写的，并认为小说的语言更接近天津和河北方言，并提供了词汇证据。”①

特鲁诺娃写道：“王蒙从小说《红楼梦》在世界文学体系中的地位出发审视这部小说，并利用弗洛伊德的精神分析学等20世纪的发明来分析这部中国古典作品。同时，他研究《红楼梦》与它产生的那个时代的传统中国文化和封建社会的背景密不可分：王蒙写了关于婚姻问题，关于中国礼节和关于产生于严格遵守仪式习惯的中国人民族特点的双重个性，关于宗教及其在封建社会中的地位等——关于曹雪芹在自己的作品中提出的所有问题。”② 特鲁诺娃指出，王蒙在叙事的本质中发现了小说《红楼梦》的现代特征，她引用王蒙书中的话说：“以灭亡做铁的前提写生活，以神秘做前提写人事，以失落或者背叛做前提写热恋……这就与一切古典主义和浪漫主义不同了，这就有点‘现代’③ 了。”④

特鲁诺娃指出，“王蒙本人是世界文学的仰慕者，他在创作过程中试图彻底‘消化’并吸收欧洲文学的每一种艺术技巧，并尝试以其母语尽可能有机地运用它。”⑤ 她在文末最后总结说：“王蒙的随笔《红楼启示录》结合了欧洲随笔和传统中国注释的特点。在研究小说的过程中，作者在世界文学的语境中确定了自己的位置，并确定了跨文化文学创作的普遍原则和民族特色。王蒙从现代人的角度分析封建传统，从现代作家的角度讨论作为一种艺术现象的中国文学。这种方法使王蒙的著作更接近于西方的随笔。与中国传统的联系在《启示录》中通过这种随笔的形式得以体现，从语言的角度来看，他的作品是对旧中国注释家的模仿。”⑥ 特鲁诺娃的这些评论，高度肯定了王蒙的《红楼启示录》在世界文学随笔作品领域中的地位，也是对王蒙在“红学”研究方面贡献的褒扬。

---

① 《作为中国当代随笔作家灵感源头的长篇小说〈红楼梦〉》，载《中国社会与国家》。

② 《作为中国当代随笔作家灵感源头的长篇小说〈红楼梦〉》，载《中国社会与国家》。

③ 《红楼启示录》第52页。

④ 《作为中国当代随笔作家灵感源头的长篇小说〈红楼梦〉》，载《中国社会与国家》。

⑤ 《作为中国当代随笔作家灵感源头的长篇小说〈红楼梦〉》，载《中国社会与国家》。

⑥ 《作为中国当代随笔作家灵感源头的长篇小说〈红楼梦〉》，载《中国社会与国家》。

特鲁诺娃在自己学位论文的“结束语”中，把《红楼梦》对20世纪中国文学的影响概括为以下四个方面：

（1）《红楼梦》在中国文化的整体和现代文学进程中都具有巨大的美学和社会文化意义。它所具有的艺术特色使其在中国文学史上具有特殊的地位。

（2）中国家庭主题文学始于《红楼梦》，它继承并加深了《金瓶梅》作者的文学方针，并成为以后多年家庭小说作者的榜样。家庭主题的连续性及其表现方式一直保留到我们今天的时代。

（3）寻找小说原著并澄清作者丢失的章节，研究者和读者仍想知道小说经典版本程高本最后四十回内容的真实性。新的续作不断出现，其中特别引人注意的是基于对小说多年版本的研究。

（4）在现代中国文学研究中，不仅有受小说《红楼梦》启发的科学研究和艺术作品，还有介于两者之间的中间类型作品——研究性的随笔，它们也有自己的艺术价值。①

这样，特鲁诺娃就找到了《红楼梦》在中国现代文学进程中继续发挥作用的3个方向，即以《红楼梦》为榜样写成的家庭题材小说作品；以残缺的经典本《红楼梦》为灵感契机的各种考证和续作；以及以《红楼梦》为研究对象写出的兼有文学性与学术性的随笔短评。我们认为，特鲁诺娃作为一个俄罗斯“红学”研究方面的学术新人，她的上述研究基本上属于文献综述式的表层介绍，对于俄罗斯本国读者，自然有其资料性的学术价值，但对中国研究者来说，独出心裁的深刻见解与启发性的理论探索毕竟有嫌不足。不过，她的上述研究，使我们看到了传统“红学”研究在今日俄罗斯仍然有传人和新的成果，这是我们应予鼓励和感到欣慰的。

特鲁诺娃对中国古典小说《红楼梦》如何影响现代中国文学进程的研究，于我们最有启发和借鉴意义的，就是把古典文学研究与现代世界、现代生活连接起来，从而使自己的研究有了现实针对性和实际指导性。我们说，注重学术研究的功利性，关注本国研究与对象国社会生活实际的联系，从而为国际间政治、经济、文化交流服务，是自沙皇俄国创立汉学学科以来，俄罗斯、苏联汉学一脉相承的宗旨，这个传统至今仍得到继承。俄罗斯汉学的这一研

① 《曹雪芹古典长篇小说〈红楼梦〉（18世纪）对中国现代文学进程的影响》（内容提要）第24—25页。

究特点，启发我们也应该把包括“红学”研究在内的传统学术，与现实政治文化的需要结合起来，当年毛泽东同志在《在延安文艺座谈会上的讲话》中指出，“我们必须继承一切优秀的文学艺术遗产，批判地吸收其中一切有益的东西，作为我们从此时此地的人民生活中的文学艺术原料创造作品时候的借鉴。……但是继承和借鉴决不可以变成替代自己的创造，这是决不能替代的”①。继承是为了借鉴，学古是为了创新，这是我们每一个从事古典文学与文化研究的学者必须牢记的教导。唯其如此，我们的研究才有生存的依据，才有在新的时代、新的世界中继续发展的动力。我们对特鲁诺娃的影响论“红学”研究，似乎也应作如是观。

（张晓丹　天津体育学院体育文化学院副教授；
李逸津　天津师范大学文学院教授）

① 毛泽东《毛泽东论文艺》第48页，人民文学出版社，1992年。

当代文学“走进”俄罗斯需求侧势能的构建*

郭景红

摘　要：近10年，在政府推动和帮助下，中国当代文学在俄罗斯翻译出版取得了很大的进步，出版的种类和数量都超过以往。但需求侧的势能不足。急需将“走出去”供给侧的动能转化为需求侧的势能，基于“受者中心”，构建需求侧的势能。这样中国文学才能真正“走进”俄罗斯，促进两国人民的相互理解和包容。

关键词：中国当代文学　俄罗斯　“走进去”　需求侧

近10年，在政府推动和帮助下，中国当代文学在俄罗斯翻译出版取得了很大的成就，出版的种类和数量都超过以往。不过，中国当代文学走进俄罗斯还有很长的路。从传播的层次来说，基本停留在表层，缺乏深层传播；从受者主体来说，局限于学界，还未普及大众；从传播的理念来说主要还是“走出去”，还未“走进去”。核心的问题是，我们突破了供给侧难点，还未克服需求侧问题，即未能培养受者可持续需求。

一、近10年中国当代文学“走出去”供给侧的动能

为了中俄两国文学更好地交流，中俄两国政府做出了很多努力。2006年、2007年中俄两国互办“俄罗斯年”和“中国年”，2008年、2009年中俄互办“俄语年”和“汉语年”。中国大使馆、中国作协和俄罗斯政府在重要活动框架内设立文学交流资助项目，如文集《中国二十世纪诗歌与小说：谈过去看

---

* 本论文为2020年度国家社会科学基金项目《中国新时期文学在俄罗斯的传播与接受研究》（项目批准号20BZW180）的阶段性成果。

未来》是中国驻俄罗斯大使馆资助的项目；《上海人：当代上海作家文集》① 是圣彼得堡建城300周年纪念文集。中国和俄罗斯于2013年5月签署《“中俄经典与现当代文学作品互译出版项目”合作备忘录》，双方商定6年内双方互译并出版不少于100种图书。2015年6月，中俄又签署了《〈“中俄经典与现当代文学作品互译出版项目”合作备忘录〉补充议定书》，将项目规模扩大一倍，即再增加100本，增加的种类为少儿文学作品及哲学社会科学、文化、人物传记类书籍。至2019年12月该项目下出版的中国文学著作达到38种。中俄两国不仅设立项目资助，还设立了一些奖项。

在俄罗斯“中国年”期间，中国作协主席铁凝带领20多位中国作家访问俄罗斯。访俄期间铁凝代表中国作协向为中俄文化交流做出重大贡献的俄罗斯汉学家索罗金（В. Ф. Сорокин）、李福清（Б. Л. Рифтин）、谢曼诺夫（В. И. Семанов）、热洛霍夫采夫（А. Н. Желоховцев）、扎哈罗娃（Н. В. Захарова）等颁发了“彩虹”奖。2007年9月5日第20届莫斯科国际书展“年度图书奖”颁奖，在分奖项中，主办方俄罗斯专门为书展主宾国中国设置了一个中国文学作品俄语翻译奖——“秋菊奖”。已故著名俄罗斯汉学家瓦西里·阿列克谢耶夫（В. М. Anekceeb）翻译的《中国古文经典》（两卷本）获得该奖。2015年，莫斯科中国文化中心与中俄友好和平与发展委员会为推动中俄文学交流设立“品读中国”文学翻译奖，该奖设立中国古典文学、现当代文学和诗歌翻译三个奖项。莫言作品《酒国》译者伊戈尔叶果罗夫（И. А. Егоров）获得现当代文学翻译奖。

1992—2008年间，俄罗斯只出版了20部中国当代文学作品，总发行量为10.6万册。而2009—2018年间，中国当代小说和散文俄译本出版数量达到了90部，总发行量为19.41万册。与前10年相比出版数量增加了4倍多，发行量也增长了近1倍。2009—2018年间，在单行本出版数量上最多的是著名儿童文学作家曹文轩（12部）和莫言（6部）。②

这些数据清晰地显示了中国当代文学在俄罗斯传播所取得的成就，在“走出去”中供给侧强大的动能。但是2009—2018这10年间，以俄文发表的

① 《上海人：当代上海作家文集》，圣彼得堡：作家“思想”出版社，2003年。

② Родионов А. А. О переводах новейшей китайской прозы на русский язык после распада СССР//Вестник СПбГУ. Сер. 13，2010，Вып. 2.

90 部中国当代小说和散文，平均发行量仅为 2156 册，最小发行量才为 300 册，最大的也不过 1.2 万册，绝大部分还是中俄两国友好交流活动下的项目资助出版，90 部书当中仅有 13 部以商业模式出版，10 年间仅有 10 部书在初次问世后再版。① 这些数据相对于中国当代文学的蓬勃发展就不太乐观，与传进中国的俄罗斯文学相比，逆差也很大。

问题大家已经意识到，我们在“走出去”，还没有转为“走进去”，尤其是还未从理论和实践上取得“走进去”的实质性突破。从理论上来说“走出去”着眼于“刺激-反应”传播模式的研究，注重的是“传者”和讯息的考察；没有站在“受者”的角度，是“传者中心论”，导致实践上都是从供给侧考量。而“走进去”从理论上来说着眼于“需求-接受”传播模式的研究，注重的是“受者”，是“受者中心论”，从实践上来说是从需求侧考量。

传播学家麦奎尔（Denis McQuail）和温德尔（S. Windahl）也认为传播学的研究应该从“传者中心模式”转为“受众中心模式”。所谓“受众中心模式”是“把受众的社会、心理需求的产生与满足作为活动的出发点与归宿，同时把受众的角色描绘成积极主动的”。卡茨等人认为“具有社会和心理根源的需求，引起期望，即对大众媒介和其他信息源的期望，导致了媒介披露的不同形式，结果是需求的满足和其他大都是无意的结果”②。观念的变化带来模式的更新，“避免‘译’完即‘走’的‘唯我’模式，达到关注目的语接受能力的多元化、多途径‘走进’之旅，实现中华民族优秀文化的有效传播”③，这种模式使中国文学走出去更有效益。那么，在文化壁垒和跨文化交流障碍之下，如何将中国文学“走出去”的动能转化为需求侧势能，真正构建起有效和可持续的需求，让中国现当代文学真正“走进”俄罗斯。

---

① Родионов А. А. О переводе и издании на русском языке новейшей китайской прозы в 2009-2018 гг. //Вестник Санкт-Петербургского университета. Востоковедение и африканистика. 2019. Т. 11. Вып. 4.

② 张国良《传播学原理》第 182 页，复旦大学出版社，1995 年。

③ 王亚文《中国本土文学译介传播能力的提升：从走出去到走进去——以刘慈欣小说〈三体〉为例》，载《中国出版》2019 年第 1 期。

二、当代文学“走进”俄罗斯需求侧势能的构建

“中国文化传播势能，需要在相互关系中建构。这些关系除了国内外市场之间的关系建设外，更重要的是基于国内外受众文化接受心理的关系建构。”① 马斯洛认为，人的需求由生理的需求、安全的需求、归属与爱的需求、尊重的需求、自我实现的需求五个等级构成。文学的传播当然不同于一般的传播，有着自己的特殊性，但也有一定的共性。在基于人类需求的共性的基础上，按照文学的特殊性在需求侧培养文学传播的势能。

1. 自我实现需求的培养

自我实现的需求其实就是人的潜能的发挥，是成长的需求。而语言对于人的成长来说是学习、求职、交友等的必需。文学是典范的语言，而且文学加载和凝聚了大量的风土人情等文化信息，文学的阅读是掌握语言和了解风土人情等文化信息最便捷的路径。所以当一门外语成为他者成长的必需，这门语言所书写的文学就成为必需了。

那么如何使语言成为他者成长的必需？这就要吸引更多的人来留学、工作、科研、商贸等。这样他们为了更好地学习、工作、科研和经贸往来，就必须学好汉语，了解中国文化、风俗、人情往来等，也就必须阅读、学习中国文学。

近10年中国文学在俄罗斯传播所取得成就的原因之一，就是俄罗斯学习汉语的人增多。目前俄罗斯设有汉语本科的学校已达到60多所，是苏联时期的10倍，每年都有500多名俄罗斯青年学子毕业于汉语专业，其中有一部分人会走上中国文学研究的道路。莫斯科大学、圣彼得堡大学、东方学研究所、世界文学研究所、基辅大学等学校还拥有中国文学方向博士学位的授予权。

下一步要努力使汉语成为俄罗斯中学甚至小学开始学习的外语，如果这样，中国文学就能伴随俄罗斯人民成长，成为俄罗斯人民实现自我的有效路径。这种努力是有可能的。从近几年儿童文学在俄罗斯的流行，就能够发现俄罗斯民间在儿童教育中对中国文学的需求。

据俄罗斯汉学家罗季奥诺夫对中国当代文学作品在俄出版情况的统计：

① 杨越明《中国文化国际传播：从动能转化到势能提升》，载《对外传播》2019年第9期。

在2009—2018年10年间，曹文轩是单行本出版量最多的作家，共13部，其中包括《青铜葵花》、《天瓢》、《细米》、《草房子》、《黄琉璃》（《大王书》第一部，2007年），这5部作品各出版了两次。此外，俄罗斯还出版了单行本《红瓦》、《乌鸦》、《红纱灯》（《大王书》第二部）。曹文轩作品单行本的发行量也较大，计1.58万册，位居中国当代作家作品在俄单行本发行量第4位。

儿童文学在俄罗斯的传播标志着中国文学开始“走进”俄罗斯新的范式，由原来倾向于成人转为儿童和青少年。童年和青少年时期所受到的影响比成年时期更持久，更深远。中国文学伴随着俄罗斯儿童的成长，是中国文学扎根俄罗斯的标志和路径之一。因此，加大改革开放，使中国文学成为世界人民成长的需求，让他们在成长的路上因学习、阅读、研究和从事有关中国文学方面的工作而获得荣誉、尊重，这是中国文学“走进”他国的重要路径。

2. 中国文学共同体的构建

按照马斯洛需求理论，人是社会性的，需要有归属感。建构中国文学传播的共同体，使阅读和从事中国文学研究者们有归属感，就需要建立更多的中国文学中心或者汉学中心等相关组织。从近些年中国文学的译介成果也能看出这点来。据俄罗斯汉学家罗季奥诺夫统计，2000—2016年参加翻译中国文学作品的译者有55位，最多产的译者分别是圣彼得堡大学副教授罗季奥诺娃（21篇）、圣彼得堡大学讲师弗拉索娃（16篇）、圣彼得堡专职翻译家叶果夫（14篇），其他比较活跃的翻译家包括圣彼得堡大学副教授罗季奥诺夫（10篇），圣彼得堡大学讲师米珍妮（7篇）。这些人都属于彼得堡汉学中心①。

这是因为共同体不仅有利于归属感的形成，也有利于促进受者之间的互动，受者与传者的互动，进一步加强沟通和协作。同时，共同体中还会形成“意见领袖集团”。“意见领袖”不仅频繁输出信息、影响，也积极输入信息，进一步紧密共同体内部成员的关系，使共同体具有更大的向心力。从传播的“二段流程”来看，人际传播在传播的认知、关心、评价、试用、采用等各个阶段都具有很大的作用，尤其是在评价和采用等关键阶段，其作用是大众媒介不可取代的。这样共同体就不断地通过各成员的触角与社会群体发生关系，

① ［俄］A. A. 罗季奥诺夫《走出去的翻译接力——汉学家眼中的中国文学》，《北京晚报》，2018-09-06。

影响和吸附周围的群体，共同体会越来越大，越来越有影响力。“走出去”考察都只注意到一站式的传播，而没有考虑如何通过受者再次传播，即文学的第二次或第三次传播，文学的再传播大都是通过人际传播的。

因此，构建中国文学工作者共同体，不仅使从事中国文学的俄罗斯人不孤单，具有归属感，同时也能发挥共同体的“意见领袖集团”的影响力和人际传播的重要作用，使中国文学“走进”俄罗斯。

中国文学共同体，不仅是传者和受者的共同体，还应该是文学的共同体，即中国文学应该归化为当地文学的一部分，融入当地的文学，不能总是作为一个他者存在。正如佛教传入中国后，本地化为禅宗。佛教文学在中国已经成为中国文学的基因之一，而不是时刻显现为一个异者。再如，庞德对中国诗歌意象的接受创造出一种意象诗，乃至形成一个流派——“意象派”。中国诗歌就融入了美国文学之中，不再是作为一个异者，格格不入。甚至随着寒山诗的流行，寒山诗及寒山形象成为美国 20 世纪 60 年代一代人的生活方式、行为打扮的方式。从这角度而言，寒山诗已经扎根于美国文学之中，扎根于美国人生活方式之中。扎根才是文学“走进去”的目标。

3.“娱乐传播”与“深度传播”

我们在中国文学“走出去”时着重的是文学审美性，较少去关注文学的娱乐性，甚至认为如果关注或者凸显文学的娱乐性就是自降身份，是媚俗。其实，文学的阅读是消遣娱乐的一种方式，“文学当然也有简易快捷的消遣性，它甚至是全世界最受公认的”[①]。甚至，对于王尔德等“为艺术而艺术”者而言，文学就是娱乐。

娱乐也是人的基本需要之一。作为个体，人通过娱乐情绪得到宣泄，但又不会激发行动，是无利害的，不是单向的激发人的感性冲动或者理性冲动，相反是对二者的平衡。作为社会的人，娱乐能够提供日常生活无法提供之物，给人选择的余地、希冀与愿望，弥补社会的缺陷所造成的真实需要，从而有效否定了社会匮乏和缺陷所造成的需要的合法性，为自我及他者消除负能量，维护社会的张力，给社会提供新的活力。[②] 传播本身具有二重功能：工具性和

① 王作伟《娱乐与西方现代小说发展的动态关系研究》，载《南华大学学报》（社会科学版）2020 年第 21 卷第 4 期。

② 理查·戴尔《娱乐与乌托邦》，载《当代电影》1998 年第 1 期。

娱乐性。娱乐性“虽然与工具性没有直接的关系，但可消除身心疲劳，充实情绪，间接的有利于‘应付环境’”①，从而起到传播工具性功能所无法直接达到的目的。同时，工具性因人而异，娱乐却具有普遍性。要想文学的传播具有普遍可接受性，就应该注重文学的娱乐性。

因此，无论是从文学性，还是人的基本需求，乃至传播的二重功能，都可以发现娱乐传播是一种“深度传播”。“深度传播”才是“走进”。

近几年科幻和谍情作品在俄罗斯的热销，就能看出娱乐传播的势能。麦加的《暗算》2015年在俄罗斯出版俄译本，发行量3000册。2017年，刘慈欣《三体》的俄译本在俄罗斯出版，首次印刷5000册，再版发行量为2000册。2018年，刘慈欣《三体III：死神永生》由埃克斯摩出版集团（ЭКСМО）推出，发行量7000册，同年，刘慈欣《三体II：黑暗森林》俄译本出版，首次印刷4000册，再版2000册。

无论麦加的谍情小说还是刘慈欣的科幻体，都具有很强的娱乐功能，这也是麦加和刘慈欣为俄罗斯乃至欧美等众多的国家的读者欢迎的原因。因此，文学要想“走进去”，就不能只关注文学传播的工具性，而应该兼顾文学传播的娱乐性。在纯文学的基础上，更应该注重通俗文学，在纸质传播的基础上借助新的传播手段、多种传播手段，电视剧、电影、网络、游戏等，而不是局限于文字传播，也不能局限于一种方式。

文学的“深度传播”也应该是一个复合、立体的方式。既可以是整部作品的传播，也可以是概要、片段，甚至是一个符号的传播。化整为零，细碎的东西比整部的更容易传入。例如可以将一部作品中的人物、情节、思想等等概括化后具象化、符号化，或者选择其中经典的话语，将这些符号作为服饰、钟表、建筑、交通工具、日用品等等各种用品或场地的装饰等，使这些文学化的符号深入人心、耳熟能详，甚至成为俚语、口头禅等。这种符号化的文学，简单明了、清晰、易于记诵，能很快扎根于人们的心里。然后借用受者熟悉的符号进行顺势传播，就没有认知屏障了。

网络是这时代的重要传播工具，网络具有迅捷性和普遍性，还带有很大的娱乐性。网络的传播更有利于大众化和扎根，具有很重要的传播势能。2012年，在俄注册的网站“散文”（San Wen）即以传播中国现当代文学为己

① 《传播学原理》第45页。

任。网站上经常推出关于中国文学的论文和汉学家翻译的中国文学作品。在余华凭《第七天》荣获第12届华语文学传媒大奖“年度作家”称号之后，网站即以《余华的巨款》为标题报道了此事件。对于苏童的长篇小说《米》，翻译者就是在“散文”网站免费推出给读者阅读的。另一在俄罗斯汉学界点击率颇高的网络论坛名为“东半球”（Восточное Полушарие），其“中国文学与艺术”讨论版版主为叶果夫。该讨论版长期追踪中国当代文学作品中文版和俄译本最新书讯，转载各类当代文学作品获奖信息和作家访谈，为俄罗斯的中国文学研究者和爱好者提供了互动园地。莫斯科 iTrex 翻译机构主办的2014年度“翻译的乐章”线上多语种文学翻译竞赛活动，余华短篇小说《命中注定》的俄译文在当年1340多篇参赛译文中脱颖而出，进入“年度最佳译作”候选名单。这种线上多语种文学翻译竞赛活动的举行，也有效利用了网络传播工具推动中国文学在俄罗斯的传播。①

所以，应该改变目前中国文学对外传播以纸质传播和文字传播为主的模式，增加符号化、影视化等通俗化、娱乐化作品，增加多样性，使中国文学的消费成为他者日常生活的一部分，与他们的日常生活息息相关，这样才能“润物细无声”。

4.“雪中送炭”与“口碑效应”

随着苏联解体，苏联加盟共和国都面临着国力急剧下降，高校、科研、文化等事业都遇到前所未有的困难。汉学家们都面临着工作条件艰苦、工资过低、研究经费不足等问题。一些汉学家甚至自费出版书籍。如斯佩什涅夫（И. А. Егоров）教授2003年编译了冯骥才的小说集《俗世奇人》并自费出版，并以此为教材给学生讲授中国方言俚语等。像斯佩什涅夫教授这样的人实属难得，而更多的人在困难中离开。因此加强对海外从事中国文学工作者的普查和了解，建立相关数据库，及时获悉他们的困难，加大对他们的关怀，雪中送炭。这样，不仅能解他们的燃眉之急，让他们从情感上具有归属感，更树立了“中国文学走进去”的正义和高尚形象，也将文学这种高级的需求变为一种最基本的需求。按照马斯洛的需求理论，越是基本的需求越强劲，潜力越大。这样会吸引更多的人来从事中国文学的工作，成为更多人生活和生存的一种方式。

① 袁森叙《余华在俄罗斯的译介与阐释》，载《小说评论》2017年第4期。

不仅要加大对从事中国文学相关工作者的资助，同时也要进入市场，按市场规律，让中国文学的传播活动成为一种商业，成为一种能够赢利的活动或者工作，而不仅仅停留于公益性质。项目和奖项可以作为短期的强化，要变项目和奖项运作模式为商业模式为主。无论是出版社还是个人还是其他的机构，只有利润才能持久运作，才能可持续发展。商业模式是以市场为导向的，只有商业模式，才知道市场真正的需求。而项目和奖项运作模式，其真正的运行主体是政府。而政府不可能每天盯着市场的，政府与市场是有一段距离的，并不清楚市场真正的需求，政府主导不仅效果不能长久，而且可能会有参差，不能满足市场的真正的需求。只有在明了市场的真正需求后，政府的推动才是最有效益的。

目前，在俄罗斯出版中国主题图书中坚力量是高校和研究机构，如俄罗斯科学院远东研究所、俄罗斯科学院东方学研究所、圣彼得堡大学、莫斯科罗蒙诺索夫国立大学、布里亚特国立大学、阿穆尔大学、赤塔国立大学、布拉戈维申斯克市国立大学、新西伯利亚国立大学、友谊大学等[①]，以及东方文学出版社（Вост. лит.）、科学出版社（Наука）、字母出版社（Азбука）等大型出版社和出版集团。他们有关中国文学的出版，大多是公益性质。公益性质的出版虽然确实也有必要，尤其在文学传播的初期。但公益性质的出版，资源有限，不利于调动传播的积极性。公益出版实质上也基本上是以“传者为中心”的，缺乏对市场需要的敏感性，对受者需求的了解缺乏直接性，不利于文学的融入和扎根。以后要从公益出版为主，转为商业出版为主。

商业出版的“口碑效应”一方面能直接反映受者的需求，直接显示出什么样的文学更利于传播和接受；另一方面也让受者直觉到当下流行的文学，吸引更多的读者。这几年的探索下，一些作品在俄罗斯的出版取得了成就。例如莫言（3.7 万册）、刘慈欣（2 万册）、余华（1.8 万册）、曹文轩（1.58 万册）、毕飞宇（0.65 万册）[②] 等人作品在俄罗斯的畅销。在这些以商业模式在俄罗斯出版发行的作品中，莫言的《丰乳肥臀》是首次印刷册数最多的作

① 刘森《中国主题图书在俄罗斯出版情况调查分析报告》，载《中国编辑》2015 年第 5 期。

② Родионов А. А. О переводе и издании на русском языке новейшей китайской прозы в 2009-2018 гг. //Вестник Санкт-Петербургского университета. Востоковедение и африканистика. 2019. Т. 11. Вып. 4.

品，印数1.2万册。印数和再版直观反映出商业出版的"口碑效应"。

当然，为了商业化的需要，出版商往往对作品进行媚俗化处理。如莫言的小说《丰乳肥臀》的俄译本采用了暗含媚俗倾向的装帧风格，译本封皮正中央是女性的丰满乳房及臀部图片，以感观刺激吸引读者阅读期待，会误导读者把一部严肃的文学作品当成艳俗小说。[①] 余华小说《活着》2014年由课本出版社出版，译本扉页简介中借同名电影之力吸引读者对作品的关注，对小说本身只做了只言片语的介绍。这种商业化的手法，不是真正靠文学作品生命力，而是靠一些花哨手段来吸引眼球，一定程度上遮蔽了文学真正的商业价值。但无论是"雪中送炭"还是商业出版的"口碑效应"，都可以使中国文学的"走进去"成为一种基本的需求。

结　语

文学作品作为一种反映了一个国家或民族的文化心态、行为、观念和制度的载体，记录了一个国家或民族在不同历史时期社会和精神风貌。[②] 中国当代文学在俄罗斯的传播为俄罗斯人了解中国打开了一扇窗户，推动中俄两国人民从"相识"走到"相知"。俄罗斯科学院东方所研究员、翻译家科布泽夫指出："俄传统文化认为，初次相识的微笑是动机不纯，一忍再忍则证明愧疚理亏；而通过中国的文学作品，他们逐步认识、认可了中国人的'异类'风俗：见人微笑旨在释放善意，礼让三分重在体现宽容大度。"[③]

但是中国文学走进俄罗斯还任重而道远，要将"传者为中心""走出去"的供给侧动能转化为"受者为中心""需求侧"的势能。在国内外市场之间，基于国内外受众文化接受心理相互关系中，建构"需求侧"的势能。需求是最好的"走进去"，"走进去"才能真正促进双方民众相互理解和包容，促进两国人民的友谊和团结。

（郭景红　北京外国语大学国际中国文化研究院副教授，文学博士）

① 王树福《热烈的与寂寥的：〈丰乳肥臀〉在俄罗斯》，载《中华读书报》，2013-08-28。

② 陈效卫、林雪丹《中国文学在俄罗斯落地开花》，《人民日报》，2014-11-27。

③ 陈效卫、林雪丹《中国文学在俄罗斯落地开花》，《人民日报》，2014-11-27。

定向采购与汉籍俄传的超前性*

陈肖杉

摘　要：多数情况下，汉籍传播、文化交流、汉学研究三者呈正相关，但18世纪汉籍俄传的进程与文化交流和汉学研究关联程度较弱。沙俄皇家科学院拟定书单，外务院将任务下达给政府派遣的使团或商队，在赴华期间利用政府提供的经费采买并交回，这种指定采购任务、指定采买人员、提供经费的汉籍传播模式可概括为“定向采购”模式。尽管当时俄罗斯尚未形成深入了解中国文化的群体，但在沙俄政府主导下，汉籍俄传具有超前性。搜集汉籍是近代图书馆学指导下俄罗斯皇家科学院开展资料准备工作的一环，传俄汉籍扮演的角色是备用资料，其文化价值并非传播的主要原因。当前的境外汉籍研究往往从中华文化扩散和当地汉学发展的角度进行考察，中国视角在相关研究中占据主导地位。但汉籍在东亚之外流传的过程中，中国士人鲜少参与，我们应站在汉籍搜集、使用者的角度重新考虑汉籍所扮演的角色，关注汉籍传播的原因和模式。

关键词：汉籍　俄罗斯　定向采购　图书馆学

本文探讨的汉籍是作为文物实体的汉文古籍，而非在境外生成的译本或是脱离原载体的文本。多数情况下，汉籍传播、文化交流、汉学研究三者呈正相关，如16世纪末西欧传教士来华，推动了中西方的深入交流，汉籍迅速传播至西欧，1739年编纂的法国皇家图书馆目录已收录汉籍300余部。西欧知识分子对中国的好奇与热情也使得汉学研究逐步兴起。

* 本文为国家社科基金重大项目“俄藏中文古籍的调查编目、珍本复制与整理研究”（批准号16ZDA180）和山东省社科基金青年项目“俄国传教士对华古籍搜集及译介研究（1900—1956）”（批准号20DZWJ03）的成果。

俄罗斯的汉学研究较之西欧起步较晚。一般认为，俄罗斯汉学形成于19世纪上半叶，成熟于19世纪后期。阎国栋先生所著《俄罗斯汉学三百年》将比丘林（Никита Яковлевич Бичурин，1777—?）视为俄罗斯汉学的奠基人，将王西里（Васильев Василий Павлович，1818—1900）创立的圣彼得堡学派视为俄罗斯汉学的第一个学派。但笔者调查发现，18世纪时已有近200部汉籍传入俄罗斯，换言之，成规模的汉籍俄传比俄罗斯汉学研究兴起早了一个世纪，这种超前性在汉籍境外传播的历史中较为罕见。本文将探讨18世纪汉籍俄传的模式和原因，并重新考察传俄汉籍所扮演的角色。

一、汉籍俄传的定向采购模式

根据俄罗斯科学院的档案，1730年，《经史海篇直音》和《字汇》两部汉籍入藏当时的沙俄皇家科学院图书馆，这是目前已知最早传入俄罗斯的汉籍。①

1725年，沙皇彼得一世派遣使团赴华，与清政府协商边界事宜。根据1776年沙俄皇家科学院工作人员巴克梅斯特尔（И. Ф. Бакмейстер）撰写的报告，沙俄皇家科学院开列书单，通过外务院委托使团购买一批书籍资料。两部汉籍由客臣德国学者巴耶尔（Theophilus Sigfried Bayer）开列，除汉籍外，还需采购四部在华耶稣会士编纂的字典②，分别为郭居静、金尼阁、曾德昭、恩理格所撰。由于使团对中国的文献并不熟悉，相关采购工作求助了当时在华的耶稣会士，1730年，使团返回彼得堡，将82册购自中国的文献交付皇家科学院。

自首批汉籍传入俄罗斯起，其传播模式已大致成型。沙俄皇家科学院拟定书单，外务院将任务下达给政府派遣的使团或商队，在赴华期间利用政府提供的经费采买并交回，这种指定采购任务、指定采买人员、提供经费的汉籍传播模式可被概括为“定向采购”模式。这种模式与同一时期汉籍传入西欧的过程有着很大区别，来自西欧的耶稣会士对中国文化有着较为深入的了

① Шафрановская Т. К.，Шафрановский К. И. Приобретение в начале XVIII в. китайских книг российским резидентом в Китае Лоренцом Лангом，Страны и народы Востока. Вып. 1. М.，1959.

② 这一书单收录于1727年萨瓦（Савва Лукич Владиславич）使团相关公文中，今藏于俄罗斯外交部档案馆。

解，他们长期在华，出于自身兴趣或传教需要逐步积累汉籍，而非基于明确的指令和书单开展搜集工作。

在19世纪上半叶俄罗斯汉学形成前，定向采购是汉籍俄传的主要形式。至1747年，俄罗斯皇家科学院藏有50余部汉籍，依据档案可知的条目包括《诗》《书》《礼》《易》《春秋》《金瓶梅》《水浒传》《天下一统志》《大清律例》《皇舆全览图》。遗憾的是，1747年，存藏汉籍的科学院珍宝馆发生火灾，馆藏汉籍被焚毁，火灾前馆藏汉籍详细书目已不可考。此时客臣巴耶尔已去世，为皇家科学院开列采购书单的工作由罗索欣（Иларио каренинович россохин）接替。罗索欣曾随第二届东正教传教士团赴华，返回俄罗斯后在皇家科学院承担满文和中文的翻译工作。科学院珍宝馆火灾后，罗索欣等科学院工作人员受命补充馆藏图书。1754年，外务院将罗索欣开列的采购书单交予赴华商队，书单包括68部汉籍、满文书籍和耶稣会士著作，叶拉契奇与东正教驻北京传教士团搜集了其中的42部，据档案可知的汉籍有《史记》《汉书》《南史》《北史》《资治通鉴》《资治通鉴纲目》《大明一统志》①。

根据1776年巴克梅斯特尔的报告，当时俄罗斯科学院共藏有202函，约2800册来自中国的汉籍、满文书籍和天主教传教士著作②。1796年，科学院工作人员布塞（Бусcе）为馆藏中国图书进行了编目，根据布塞的统计，1796年俄罗斯科学院藏有约2800册来自中国的图书，其中有中文资料176种，满文资料26种③，可判明汉籍91部。

二、汉籍俄传的超前性

汉籍俄传的进程与文化交流、汉学研究的关联程度较弱，其超前性有赖

① Шафреновский К. И., Шафрановская Т. К. Сведения о китайских книгах в библиотеке Академии наук в XVIII веке, Научные и культурные связи библиотеки АН СССР со стренами зарубежного Востока: Сб. докл. науч. конф. 6-кН АН СССР, Б-ка АН СССР. М. -Л., 1957. Шафрановская Т. К. Поездка лекаря Франца Елачича в 1753-1756 гг. в Пекин для пополнения китайских коллекций Кунсткамеры, Из истории науки и техники в странах Востока. Вып. 2. М., 1961.

② Вахтин Б. Б., Гуревич и. С., Кроль Ю. Л., Стулова Э. С., Торопов А. А. Каталог фонда китайских. ксилографов Института востоковедения АН СССР. Вып. 1. М., 1973.

③ 该目录1998年发表于德国《华裔学志》(*Monumenta Serica*)。

于定向采购模式。

中俄之间横亘着广袤的西伯利亚荒原，由于交通不便，两国的交流并不密切。1654 年，沙皇阿列克谢一世（Романов Алексей Михайлович）派出巴依科夫使团携带国书出使北京寻求建立贸易关系，但巴依科夫未能觐见顺治皇帝。《清史稿·志六十六·宾礼》记载，顺治十三年（1656），“俄国察罕汗遣使入贡，以不谙朝仪，却其贡，遣之归。明年复表贡，途经三载，表文仍不合体制。世祖以外邦从化，宜予涵容，量加恩赏，谕令毋入觐”。巴依科夫使团被遣返是中俄礼仪之争的开端，此后中俄围绕使者的礼仪发生了多次冲突。18 世纪时，中俄两国的交流仍障碍重重，沙俄国内也未形成深入了解中国文化的群体。这一点从定向采购汉籍的实施人员可窥一斑，由于缺乏相关人才，最初为皇家科学院拟定采购书单的是德国学者巴耶尔，其作为客臣在皇家科学院领导希腊与罗马历史的研究，而皇家科学院此时并无专职研究中国的学者。沙俄外务院指派使团成员朗格（Лоренц Ланг）负责在华购买汉籍，朗格不掌握中文，其购买工作由当时在华的耶稣会士协助完成。1747 年科学院珍宝馆火灾后，外务院指派叶拉契奇（И. К. Елачич）负责在华购买汉籍，叶拉契奇是克罗地亚人，其身份是商队的随团医生，并未掌握中文，对汉籍与中国文化既无深入了解，也无甚兴趣。

汉籍在东亚流传的重要传播者是深入了解中华文化的日本留学僧和朝鲜燕行使，在西欧流传的重要传播者是同样深入了解中华文化的耶稣会士，但 18 世纪的俄罗斯显然缺乏类似群体。正因如此，成规模的汉籍俄传有赖于定向采购这一独特的形式。汉籍在东亚和西欧的传播是文化交流过程中自下而上逐渐影响的过程，而汉籍俄传是沙俄政府的官方行为，可动用的人员、资源是学者以个人兴趣为主导的搜集行为所不能比拟的。18 世纪时，有赖于政府主导，汉籍俄传具有超前性。

定向采购模式下超前发生的汉籍俄传并非文化交流的结果，也并未有效促进文化交流和汉学研究。由于汉籍的采购者与采购书单的决定者分离，决定者往往参考西欧图书馆的藏书目录拟定书单，俄罗斯学者斯卡奇科夫（П. Е. Скачков）根据外务院所藏罗索欣手稿指出，罗索欣是依据 1739 年法国皇家图书馆汉籍目录拟定采购书单①。留学僧、燕行使和耶稣会士不断收集新的

① Скачков П. Е. О неизвестных рукописях Лариона Россохина, Народы Азии и Африки. 1965. No. 1.

汉籍作为学习材料，但多数情况下，俄罗斯只能获得已知的汉籍，无法获取“新材料”。

汉籍俄传也并未有效促进文化交流和汉学研究。汉籍俄传的参与者和汉籍的具体使用者多为公职人员或政府相关人员。参与者、使用者既无类似耶稣会士的传教热情，也无深入学习研究汉籍的动力，主要基于职责而非兴趣开展收集、翻译工作，使得汉籍入藏皇家科学院后往往束之高阁，受众较少。18 世纪，俄罗斯未产生影响深远的俄语汉籍、汉学研究成果。

此外，由于交流不畅，俄罗斯的定向采购活动从未与中国官方直接对接，承担购买任务的人员一般从北京的书肆采购汉籍。因此 18 世纪传俄汉籍以坊刻本为主，书肆提供的汉籍品种有限，校勘和装帧质量较差。如 1754 年科学院拟定了 68 种汉籍清单，但最终只购得 42 种。而同一时期，在华耶稣会士已具有版本学概念，在译介四书等经典时有意识地选择合适的注本。尽管汉籍俄传具有超前性，但这些汉籍版本价值较低，直至 19 世纪，俄罗斯学者研究中国时往往使用来自西欧的二手材料，早期传俄汉籍的价值并未得到充分发挥，18 世纪汉籍俄传并未给俄罗斯汉学的形成提供重要助力。

三、图书馆学与汉籍俄传

定向采购汉籍由沙俄政府主导，但对 18 世纪的俄罗斯而言，文化交流和汉学研究既非定向采购汉籍的原因，也非定向采购的目的。促成定向采购的直接因素是图书馆学理念的转变。

在公共图书馆发展的早期，其主要职能是贮藏。18 世纪初，以莱布尼茨为代表的德国学者进一步推动了近代图书馆学的发展。莱布尼茨的图书馆理论强调图书馆应主动搜集书籍，为学者的研究提前做好资料准备。① 图书馆与学者的关系应转变为先由图书馆收集和分享资料，再由学者开展研究。

莱布尼茨与沙皇彼得一世交往甚密，彼得一世曾数次与其当面交流，1712 年，彼得大帝聘请莱布尼茨作为科学宫廷顾问，而莱布尼茨也向彼得大帝系统阐述了科学院和图书馆的作用。1724 年 1 月，彼得大帝颁布谕旨，采

① 据王细荣《莱布尼茨的图书馆学思想及其科学基础》（载《大学图书馆学报》2009 年第 5 期）归纳。

纳莱布尼茨的意见，建立皇家科学院，并设立科学院图书馆。除整理俄国和西欧书籍，科学院图书馆也着手收集来自阿拉伯、中亚和中国的书籍。

18 世纪时，西欧图书馆搜集汉籍主要依靠来华传教士和汉学家捐赠和售卖藏书，沙俄皇家图书馆则主动开列书单采购汉籍，这一形式与当代公共图书馆采购书籍的方式非常相似。正因如此，沙俄皇家科学院图书馆的汉籍收藏积累迅速，且超前于文化交流和汉学研究发生。

需要指出的是，沙俄政府主导实施汉籍的定向采购，并不意味着沙俄政府和皇家科学院对汉籍另眼看待。18 世纪时，传俄汉籍主要存藏于皇家科学院珍宝馆，珍宝馆原为皇室搜集陈列艺术品之处，在皇家科学院图书馆建设过程中，珍宝馆被用于存藏来自阿拉伯、中亚、中国的东方文献。当时皇家科学院并未设置专职研究中国的职位，而阿拉伯-突厥学在沙俄具有一定研究基础，相关文献在珍宝馆中亦占比较大。搜集汉籍是近代图书馆学指导下俄罗斯皇家科学院开展资料准备工作的一环，但并非其重点工作。

结　语

在多数情况下，流传境外的汉籍承担着文化载体的角色，其传播与文化交流、汉学研究息息相关。因此，我们常将这种正相关视为必然。当前对境外汉籍的研究往往从中华文化扩散和当地汉学发展的角度进行考察，中国视角在相关研究中占据主导地位。

但考察 18 世纪汉籍俄传可知，这种正相关并非必然的。书籍扮演的角色、发挥的作用可以由其接受方来决定，在沙俄政府定向采购汉籍补充图书馆藏书的过程中，传俄汉籍扮演的角色是备用资料，其文化属性并未得到充分重视，若只从中国视角考察，很难全面认识汉籍角色的多样性。

这种情况并非孤例。16 世纪末西班牙传教士将明嘉靖叶逢春刻本《三国志通俗演义》进献给传教活动的资助者西班牙王室。此本被皇室收藏于埃斯克里亚尔皇家修道院，为传世孤本，且是后世《三国演义》诸版本的祖本之一，深受学界重视。然而学者对此本的考察囿于中国视角，叶逢春刻本绝非因其稀见性而传入西班牙。16、17 世纪《三国演义》在西班牙并不为学者了解，当时的汉学家所讨论的是诸如《论》《孟》的儒家典籍。与《三国演义》同被进献，同时入藏埃斯克里亚尔皇家修道院的汉籍非是《论》《孟》，而是对汉学家而言同样陌生的绣像本《风月锦囊》，两种书都带有大量图像，《三国演义》卷前钟陵元峰子序言“书林叶静轩又虑阅者之厌怠鲜于首末之画，详而加以图像”。叶逢春刻本《三国演义》传入西班牙，其主要角色是礼品而非汉学研究材料。传教士在向资助者进献礼物时主要考虑美观、价廉等因素，而非学术价值。

目前学界习用的境外汉籍研究范式可以看作是一种预设前提的研究，着重强调汉籍作为汉学研究材料的角色，使得学者强调探讨汉籍的学术价值，却忽视了汉籍传播过程中的差异性。学界广泛批评“东方主义”（Orientalism），认为这是一种基于西方思维方式所虚构的东方形象，是将“我者”强加于“他者”，但在境外汉籍的研究中，学者常采取一种反向的“西方主义”（Anti-Orientalism）。汉籍在东亚之外流传的过程中，中国士人鲜少参与，汉籍的搜集和使用往往基于完全不同的思维模式，而目前的境外汉籍研究有时会将中国士人对汉籍的认识和关切点强加于境外汉籍的搜集者和使用者。我们应站在汉籍搜集、使用者的角度重新考虑汉籍所扮演的角色，境外汉籍研究既称“境外”，不仅是地域的区别，也隐含了另一文化系统的认识和目的。在考察汉籍版本、内容的同时，也应关注汉籍传播的原因和模式。

（陈肖杉　山东大学儒学高等研究院博士生）

·德国汉学研究·

瓦格纳笔下的王弼、《老子》及魏晋思想*

张慕良

摘　要：本文拟对德国汉学家瓦格纳所著《王弼〈老子注〉研究》中的哲学性思考做出说明。概言之，瓦格纳理解的《老子》、王弼注《老子》皆是作为阐释"所以"（"道"）如何可能的"哲学性"文本，《老子》的语言风格具有鲜明的"哲学阐释"味道，而王弼作为哲学家正是品读出其意并严格依照《老子》语言特征而发明其意之人。王弼能以哲学家的态度及方式注《老子》，其背后体现的是正始玄学的求理而非卫道的学术特征。瓦格纳的这些哲学性思考为我们反思魏晋玄学在中国哲学发展史中的学术定位提供了可供借鉴的文化资源。

关键词：瓦格纳　王弼　《老子》　魏晋玄学

鲁道夫·瓦格纳（Rudolf G. Wagner，1941—2019），海德堡大学汉学系教授，德国著名汉学家。瓦格纳以对王弼及其《老子》注的研究而闻名于学术界，他自述总共用了23年的时间研究王弼，最终所成三书（*The Craft of a Chinese Commentator*：*Wang Bi on the Laozi*；*A Chinese Reading of the Daodejing*：*Wang Bi's Commentary on the Laozi with Critical Text and Translation*；*Language*，*Ontology*，*And Political Philosophy in China*）① 也成了整个学界研究王弼及《老

* 基金项目：吉林大学横向项目"儒家思想的中庸智慧"，项目号：2019（614）；吉林大学科学前沿与交叉学科创新项目"蕺山学与湛学关系研究"，项目号2020QY08。

① 三书被编为合集译成中文并以《王弼〈老子注〉研究》为书名出版，对应三编的译名分别为：《注释的技艺》《文本的批判性重构与翻译》《语言哲学、本体论和政治哲学》。本文写作所引文字主要参考中译本，故角标仅列中译本页码，不做三编区分，笔者认为有必要加入原文文字处将以括号形式列出。

子》思想不可不读的经典。学界已有针对三书的探讨多集中于瓦格纳所提出的《老子》文本以及王弼注释方式的"链体风格"(Interlocking Parallel Style)在形式上的合理与否,本文则拟"悬置"有关"链体风格"书写形式的问题,而从借其形式背后,即有关瓦格纳对王弼哲学、王弼注《老子》,以及正始玄学(以王弼为代表)整体学术特征研究的思想性角度谈其三书对于中国哲学研究的学理性意义,并亦借此文表达对瓦格纳先生的纪念。

瓦格纳在三书的文字中反复强调:(1)王弼是作为"哲学家"而非某一学派或学说的"卫道士","所有存在的文本共享一系列共同的主题、立场和实践,给它们强加后省性的'家'的区分是没有意义的"[①]。在正始玄学时期,"(王弼)无疑是最杰出的一员。他的注释类型的起点是严格的哲学性问题,他拒绝将各'家'分离的观念学传统,追求超越各学派以及它们据有的文本的真理"[②]。这样,作为在魏晋时期被思想家所运用的先秦经典《周易》《老子》及《论语》等在王弼处是没有所谓学派之分的前定的。(2)王弼虽作为"哲学家",但是其表达思想的方式并不是自由的文字发挥,而是传统的注疏,并且"他的注释是对汉代传统的最具毁灭性的批评"[③]。"王弼的哲学筹划是通过对一些文本(如《老子》《周易》和《论语》)的细读来关注某个核心的哲学问题。这种做法的隐含预设是,这些文本讨论的都是同一问题,因此系统地阐明这一概念的方式就是注释所有这些文本。"[④] 沿着瓦格纳所强调的两点来思考,我们就需要关注其书中的下述问题:作为"哲学家"的王弼在注释《老子》过程中所发现的并且是其前汉注所未见的《老子》文本特征是什么?《老子》与《周易》《论语》有何种关联性使其成为解释那共同的哲学唯一主题的承载性文本?而王弼又是通过何种方式使得《老子》文本中那个隐藏的主题能够得以呈现?以及,王弼生活时代的何种文化特征可以使其突破汉注来研究《老子》?为说明上述问题,我们将采取分析的方式,将王弼所关注的《老子》文本特征以及注释《老子》的思路做出说解。

---

① [德] 鲁道夫·瓦格纳著,杨立华译《王弼〈老子注〉研究》第6页,江苏人民出版社,2008年。

② 《王弼〈老子注〉研究》第9页。

③ 《王弼〈老子注〉研究》第20页。

④ 《王弼〈老子注〉研究》第28页。

一、《老子》文本的意旨及特征

（一）孔、老之关系

如前所述，在瓦格纳看来，王弼在作哲学思考之时并无学派属性之前在的划分，汉人所述的以区别性的学派归属对先秦思想家的类分只是学术史研究的一种方便，而并不代表哲学思考的绝对差异。一方面，“（孔子和老子）两个人追求共同的目标，他们的思想和教诫是互相补充而非彼此排斥的”①。这一点充分体现在裴徽与王弼之间的一段对话之中：

> 王辅嗣弱冠诣裴徽，徽问曰：“夫无者，诚万物之所资，圣人莫肯致言，而老子申之无已，何邪?”弼曰：“圣人体无，无又不可以训，故言必及有；老、庄未免于有，恒训其所不足。”②

“裴徽的问题不仅预设了孔子和老子的可比性，而且也预设了他们哲学观念的相容性。二者被假设为处理的是同一哲学主题，即作为‘万物之所以’的‘无’，以及这一‘所以’（that-by-which）与万物的关系问题。”③“玄学家们（裴策在其中有很高的地位）追随并发展了一种试图超越这些肤浅的学派划分而回归严肃的哲学探究的传统。他们否定了‘儒’和‘道家’这类名称的哲学价值。在他们看来，将孔子视为对于治理社会有某些价值的有关人和社会关系的学说的创立者（正如司马谈主张的那样）是一种误解；认为《老子》在宣扬‘绝礼弃学’时是对孔子的核心训诫的轻忽同样是一种误解。”④瓦格纳对此举例：“《春秋》的头一个字‘元’以及《系辞》中的‘太极’只是《老子》中‘道’的异称，与此相应，由孔子编撰的经典处理的也是和《老子》同样的问题。圣人与老子一样，处理的都是这一唯一实质性的哲学问题。”⑤这样，《老子》的作者就不是一个与其他学派的倡导者相

① 《王弼〈老子注〉研究》第118页。

② 《世说新语·文学》。

③ 《王弼〈老子注〉研究》第127页。

④ 《王弼〈老子注〉研究》第129页。

⑤ 《王弼〈老子注〉研究》第127—128页。

反的道家学者，而是一个探求玄奥的“万物之所以”的哲人。

另一方面，孔、老虽然探讨的是同一主题，但二者之间在思考如何把握“所以”的问题上所采取的方式是不同的。首先，在王弼的理解中，孔子是作为最高级别的“圣人”之位的，因为“圣人体无，无又不可以训，故言必及有”。瓦格纳在解释王弼这段回答的意思时讲道：“由于圣人完全意识到他所‘体’证的‘万物之所资’无法言说，因此他不说。这样，在那些可能是圣人及其先辈编撰的作品中有关‘无’这类神秘主题的论述的缺席就不是它们缺乏对终极事物的兴趣或理解的标志；正相反，他们对这类主题的沉默，是他们自身体现‘无’的本质的最高的证明。”[①]“孔子的‘不作’成为他的洞见的最终证明。圣人的行为、事迹和言语，比如记录在《论语》和《周易》中的那些，尽管看似琐碎，却只能被读作暗示着某些不可言说的东西的深玄的启示。它们通过暗示的方式处理的正是《老子》试图正面把握的问题。圣人的生活（包括他的不事著述）成为他所体证的作为万物之本的‘无’的活生生的展现。”[②] 这就表明了孔子深知对于形上之道的理解并非语言（其作为人外观并解释世界的工具）所能够完全把握，所以孔子是将对于道的理解落实于实在的“行”统摄“知”的人行之中，即以生命本真的时间性维度呈现作为体察“所以”亦即“所以”本身在其最高的表现形式中的自我表达。[③] 如此，以文本形式记录的看似琐碎的圣人之言，其背后承载着的乃是具有启示性的、有关于如何获得对于“所以”合理理解的内在逻辑。

这是孔子的方式，老子则不同。“恒训其所不足”，即是必要以语言的方式言说“所以”。正因为老子的做法仍停留于具有有限性的工具之中，所以，在思想的高度上，老子是要低于孔子的。王弼的这个思考方式里面蕴含着一个对于“真知”把握依据有效性及节约性的排序。例如，中国古人经常说“冷暖自知”，对冷、暖感受的最真实方式是身处于其环境之中；其次才是通过“器”的方式（如温度计测量），而欲从这些方式中获得对于冷暖的把握，就需要以其他条件（知识）为补充。所以，在对于确定“真知”的“自明前

---

① 《王弼〈老子注〉研究》第 130 页。

② 《王弼〈老子注〉研究》第 130—131 页。

③ 有关孔子“体察”“所以”（即“天道”）的思考方式的详细解释，可参张慕良《中国的哲学何以是世界的哲学？——重思芬格莱特》，载阎纯德主编《汉学研究》2020 年春夏卷。

提”（self-understanding）排序中，以“行”体必要高于以“知”辩，因此以拒斥语言而落于行动中的孔子之方法就自然地要高于老子，因此“王弼将老子定位为仅次于圣人孔子”[①]。但思想家若欲将所“感”予人以所“知”，即从思想如何表达的角度来讲，语言又成为“身教”（这种方式多数时要受时空条件的制约）之外人类间知识传递所使用的最必要与熟识的工具，因此“老子的低于圣人也确保了他对我们来说的可接近性”[②]。所以孔、老的差异在于对于语言的态度，而“不在于他们对‘无’（即‘道’‘所以’，笔者按)[③]的理解程度”[④]。“依据《老子》自身的指示，必须发展出一种对此有充分认识的读解策略：语言在表达‘无’时的弱点、不可靠和尝试性，这一读解策略同时要使这一表达方式的有限潜能尽可能地发挥出来。”[⑤] 所谓语言表达“无”的弱点，即日常语言本身的限定性。例如，当我们把一个对象规定为“杯子”，那么为不引起日常交流的混乱，这一对象就不应该再被指称为“桌子”“椅子”或其他。所以当我说“请递给我那个杯子”的时候，作为我说话对象的能够并愿意给予我帮助的人就会很自然地明白要把哪个指称物递给我，在同一文化语境之中，他自然地选择递给我那个“杯子”而不可能是那个“桌子”或“椅子”。而这个行为之所以能够顺利地发生，其中一个因素即是要归为语言所具有的限定性特征。如果我想要“杯子”，但是我却只说“请把那个‘物’给我”，则必然造成提供给我帮助的人的迷惑而不知如何去做。语言本身所具有的限制性对于我们理清实存物的关系有其固有的优越性，并能够在我们对于现实实存之物的把握之中提供便利，但也正是语言固有的限制性特征阻碍了其作为表述万物之“所以然”而非“当然”的非对象的

① 《王弼〈老子注〉研究》第124页。

② 《王弼〈老子注〉研究》第131页。

③ 此句原文为：This minimal difference is in their treatment of language, not in their level of understanding negativity.（Rudolf G. Wagner, *The Craft of a Chinese Commentator: Wang Bi on the Laozi*, Albany: State University of New York Press, 2000, p. 135.）“无”不是存在概念，而是属性概念，瓦格纳对“无”的用法即是此意，所以他用“negativity”来翻译“无”，negativity的原意是否定性，即否定所有具象存在的共同属性之后，“道”的属性只能是“无”属性，故可以“无”代“道”。关于《老子》文本中以及王弼注中对“无”的理解，也可参拙文《王弼“贵无论”辩证》，载《湖湘论坛》2015年第3期。

④ 《王弼〈老子注〉研究》第131页。

⑤ 《王弼〈老子注〉研究》第132页。

“天道”（“所以”）时的充分工具，即以“有限”把握“无限”会产生二律背反。因此，解决“如何合理运用有限性的工具去表征无限性的‘所以’”的问题追问就必然指向对于“语言”内涵的非“常思”中（瓦格纳也称为第二序列的语言，见下文），这也是理解瓦格纳提出的“链体风格”的前提。

（二）“链体风格”与思辨的语言

瓦格纳明确谈道：“作为一部以文字写下的书，《老子》是在充分了解语言作为一种界定的工具在对于终极之道的分析中并不够用的情形下，继续用语言对终极的东西做哲学上的探索的一种尝试。”[①] 这种语言尝试的方式，即是“链体风格”。在《注释的技艺》一书第三章《技巧与结构的哲学》中，瓦格纳举了大量例子来说明《老子》文本的“链体风格”，我们此处仅选举一例：

1 执而盈之，不若其已
2 揣而锐之，不可长保
3 金玉满堂，莫之能守
4 富贵而骄，自遗其咎
5 功遂身退，天之道
（《老子》第 9 章）[②]

瓦格纳指出，这一章中前四句并非无关系的平直叙述，而是包含了两个串联的 1、3 和 2、4，并由一个 c 要素即第 5 句结合起来。3 句中的“满”与 1 句中的“盈”相对应，4 句中的“富贵而骄”则承续 2 句所讲“揣而锐之”，所以一种合理的译文应该是：

1a 维持［一个人的德能］并增进
它不如什么也没有。

① 《王弼〈老子注〉研究》第 112—113 页。

② 瓦格纳强调这个例子“将呈示《老子》中链体风格的标准形式的使用。尽管其形式组织严谨，它仍给译者和读者来带了困惑。这是王弼通过建立恰当的关联直接提供了解决的少数例子之一”。参见《王弼〈老子注〉研究》第 85 页。

2b 擦亮［一把宝剑］并磨利它，也将
无法长久地保护［自己］。
3a 没有哪个用金玉来填满其［已很奢华的］宫室的人能保住
这些财富。
4b［已经］富有尊崇而又傲慢的人将
给自己带来灾祸。
5c 一旦功业完成了，就抽身退出——这才是天之道！[①]
这里面内含的就是 1a　2b
3a　4b

这样一种具有语词与内容有机整体性联系的结构性文本（以一个二元的修辞部分开头，这一修辞部分沿着并置的互补性对立面展开，通过有关它们的陈述的对偶指出它们相似的结构，并且达到一般性的结论[②]），“普通的文本是以线性的字符传达信息的，而链体风格则以空间性、结构性信息为主”[③]。这种“空间性、结构性”的信息传递方式背后隐含的是一种运用“语言”的思考，即：对于无法用语言作直接肯定性（限定性）描述的形上对象而言，应采取一种否定的言说方式，但这种否定又非单纯直接之否定，而是否定之否定。如上所引章节讲到的，维持一个人的德能并寻求其增进，如同欲不断地擦亮打磨一把宝剑保护自己一样，都是一些事实存在的具象之事，并且是在常识性思考（知性的思考）中被肯定之事。而《老子》却讲德业不必精进，就像金玉满堂之人无法保护住财富，再锋利的宝剑也无法保护自己，因为傲慢反而会给人带来灾祸。此意正是告诉读者要抛弃对于具象事物的留恋，因为任何具象都不足以完全承载“道”的存在，只有将具象拒斥掉，才能获得对于道的理解（理性的思考），因为具象存在本身是一种所谓的有限之物，所以它的存在是有终点的，它的存在到达某种限制为止，即当它与他物联系

① 瓦格纳指出“［ ］”内为依结构性分析而加，译文参考王弼意。参见《王弼〈老子注〉研究》第86—87页。

② 《王弼〈老子注〉研究》第108页。

③ 《王弼〈老子注〉研究》第58页。

的时候，因为受到对方的限制，所以他的存在亦即终止了。[①] 因此只有“功遂身退”，即将具象（身）完全的扬弃（aufheben），才是“天之道”。由此可见，《老子》语言中的否定乃是对于具象性的否定，而非对于“道”本身的否定，“道”之呈现恰是要在对于具象性的否定之中。这里面就包含了一种对于语言的辩证性运用，辩证性的语言就是用语言描述不可言说之道之存在的必然方法与手段。同时，《老子》选取了的“工具”是一种在哲学探索中并不可靠的、尝试性的媒介，这种方式又使得运用语言的哲学成为可能，这又体现着语言存在的辩证性。[②] 因此，“链体风格”背后的学理意义追问即是：必要以语言方式加以言说不可言说之物时该怎么办？《老子》所找到的并且可能亦是唯一的办法，就是“辩证法的语言”和“语言的辩证法”。[③] 进而，王弼作为思想家、哲学家，怎样来理解《老子》的语言风格并注释《老子》？这是瓦格纳著作所要继续探讨的问题。

二、王弼的注释方式

（一）定位为哲学家的王弼及其所思

瓦格纳反复强调王弼不是史学家或哲学史家，而是哲学家，所以“由各种早期文本如《庄子》《老子》《论语》或《周易》提供的选择没有以一种历史的或者历史逻辑的秩序进入他的思想世界，而是作为共时的思想选择和对

① 笔者此句说法参考了黑格尔的《小逻辑》，原文见该书第 96 页。［德］黑格尔著，贺麟译《小逻辑》，商务印书馆，1994 年。此句及下文用词多有参考黑格尔之语，这种借用暗含笔者对于《老子》与黑格尔思想之间具有相通性的认识，黑格尔亦称老子为“与哲学密切相关的生活方式的创始人”（《哲学史讲演录》）。而瓦格纳对于《老子》文本以及王弼哲学的理解，尤其是谈到王弼注老子的方式时所使用之语，或亦有此感（瓦格纳并未在文字中明确言说），详见下文。对此问题的深入研究，容留来自。

② 《庄子》在谈论“道”之存在时与《老子》采取了同样的语言及思维方式。如《庄子·知北游》篇载：“东郭子问于庄子曰：‘所谓道，恶乎在？’庄子曰：‘无所不在。’东郭子曰：‘期而后可。’庄子曰：‘在蝼蚁。’曰：‘何其下邪？’曰：‘在稊稗。’曰：‘何其愈下邪？’曰：‘在瓦甓。’曰：‘何其愈甚邪？’曰：‘在屎溺。’东郭子不应。……”

③ 关于“辩证法的语言”和“语言的辩证法”的深入理解，可参见王天成《形上之知与辩证法的生存空间》，载《形而上学、理性与辩证法》第 257—261 页，中国社会科学出版社，2018 年；孙利天《语言转向和语言的辩证法》，载《社会科学战线》1994 年第 5 期。

哲学问题的可能解决”①。作为“哲学家”，王弼的思考指向就是那个唯一的关于“所以”的问题，所以上述文本在王弼处皆可当作自己如何思考哲学唯一问题的工具性文化资源而没有学派的归属意识，亦无权威性的教义。“不管表面的用语有怎样的不同，像《老子》《周易》和《论语》这样的哲学文本处理的同样的几个关键问题，其中就包括有关圣人的问题。它们是圣人或仅次于圣人的亚圣撰写的。这些圣人体现的真理是同一的，他们的教化也一样，无论他们用什么样的材料或形式的例证。因此，在语境一致的基础上跨越术语差异和文本边界来辨识核心观念，就成了正当的、理性的方法。”② 这些文化资源能够以一种自由地被选择与互动的方式进入“哲学家”的视野，其遵循的唯一标准只来自于文本自身对于“所以”问题的理解方式以及这些方式之间的关系。所以在王弼处，“《老子》处理的是其他众多经典共同的主题，即‘万物之所由’的问题。它是孔子（在其言行中体现了这一真理）以外某种理解真理的尝试。在这里，《老子》是在与《论语》或《周易》等典籍同样的哲学和语言层次运作的，而且必须与它们一块儿解读”。③

为表达注释《老子》的“哲学性”指向，王弼做了对于《老子》及《周易》总体性概括的《老子微旨略例》和《周易略例》。瓦格纳指出此二文的撰写是受到严樽的启发，“通过撰写《注》和《指归》，严樽找到了解决逐句注释与一般性论文的问题的方式：前者的危险在于迷失于细节，后者的大视野的危险在于有可能脱离文本。王弼很欣赏这样的模式，因此既写了《老子》和《周易》的注释，又写了《老子微旨略例》和《周易略例》。”④ 在《老子微旨略例》中，王弼首先以“斯皆用其子而弃其母”对其前注做出了总体性的判词，其目的即是为了拒斥任何可能的学说性以及学派性的《老子》阐释。“王弼的批评并不出自任何一种特殊的学派立场；他攻击的是各家在注释《老子》时共通的方法论谬误。……各家的错误在于没有将《老子》解读为一个哲学家对不可捉摸的真理的追寻，而是将其当作一种可以被占有并用来加强这个或那个学派立场的拥有很高权威的经典。”⑤ 王弼进而指出，“解读《老

① 《王弼〈老子注〉研究》第723页。

② 《王弼〈老子注〉研究》第173页。

③ 《王弼〈老子注〉研究》第228页。

④ 《王弼〈老子注〉研究》第35页。

⑤ 《王弼〈老子注〉研究》第158页。

子》必须预设一种关于整个文本的基本意旨的理解，从而获得一个角度和语境，进而从这一角度出发，在这一语境中解读各个分章"[①]，《老子》文本中的各章（表面看似乎并无关联性）实际都在追寻同一个哲学目标，即"澄清万物的'所以'与万物的关系，并从中细绎出治理社会所需遵循的法则"[②]。

（二）"以《老》注《老》"原则下的王弼《老子》注

"王弼是在《老子》使用了链体风格这一假设基础上进行解读的"，这是瓦格纳对王弼《老子》注风格的整体性概括。"并非王弼作为注者发现了一种重要的文本特征，情况似乎是在他的同辈中有关于文本中的链体结构的共同理解。有些地方王弼感到有必要明确标记出隐蔽的段落或我们上面引证的大段平行式阶梯结构的个案中的链体关系，这似乎表明其他人没能把握其中的结构。"[③] 因此，王弼不是"创造"了一种解释老子的模式，而是欲回归并发现老子本人的写作方式，尤其是发现前人注释中没有发现的《老子》文本中存在的"链体结构"。这也正是瓦格纳讲到的王弼注《老子》所针对的隐含的读者群体的特征：他们并非初次接触《老子》，而是已经熟悉《老子》，并已经读过《老子》的几种其他注本的学者。[④] 因此，王弼注的超越性也就在于此：不是无主题的训诂，不是拘泥于某家某派的道德说教，而是针对哲学问题，一个孔、老共同关注的对于"道"（"所以"）的理解问题。"《老子注》必须通过将各章插入同一的总体宗旨和构建文本的同一性来帮助读者不断地重新发现各章的这一共同目的：在这种方式中，它将阻止读者陷入以琐碎的方式解读《老子》的陷阱，那样的方式将只得荃蹄而失落鱼兔。与此同时，王弼注的特定抱负是：消解一种建构完善且颇为盛行的解读策略，这一策略让自己依附于文本的表面，并为了具体学派的目标歪曲文本。只有这样，《老子》的真正意义以及随之而来的社会政治福祉才会被发现。"[⑤] 瓦格纳对此举例：

---

① 《王弼〈老子注〉研究》第158页。

② 《王弼〈老子注〉研究》第159页。

③ 《王弼〈老子注〉研究》第110页。

④ 原文为：王弼注的隐含读者不是学生或信徒，而是有较高教养且对该文本及其一种或几种注释了然于胸，这些注释分享王弼的哲学式解读的基本方向。他们是以头脑中先前的构造和解读考察王弼注的人，是其批评性的、潜在的反对者。参见《王弼〈老子注〉研究》第268—269页。

⑤ 《王弼〈老子注〉研究》第164页。

不尚贤，使民不争
不贵难得之货，使民不为盗
不见可欲，使民心不乱
（《老子》3.1 节原文）
王弼注：
1a 贤犹能也
尚者嘉之名也
2b 贵者隆之称也
3a 唯能是任尚也曷为
4b 唯用是施贵之曷为
5a 尚贤显名荣过其任下奔而竞
效能相射
6b 贵货过用贪者竞趣穿窬探箧
没命而盗
7c 故可欲不见则心无所乱也①

从这个例子中就可以明显看出王弼注的特征。若只看《老子》这一章的原文，最可能的解读即是将三个皆以“不……使……”为结构的句子作平行排比式的理解。但若参照王弼的“链体风格”注释，就会发现第三句并非与前两句的平行结构，而是对于前两句的总结。所以，“链体风格”不仅是用在王弼自己的写作之中，同时也被用来澄清《老子》的文本结构。上面的例子就很好地体现了王弼的注释风格，所谓“以《老》注《老》”，“老”意指《老子》文本本身之特征，而非学派立场之老子道家。②

如前所讲，王弼是作为哲学家来理解与注释《老子》，那么相对于其前解读《老子》文本的复杂性而言，王弼所聚焦的则只是那个独一无二的（道与万物及其副本圣人与百姓的关系）问题。“在这一过程中，王弼不再受《老子》的术语系统的束缚。通过运用《老子》《周易》和《论语》中的要素，

① 王弼注在原文中以顺序书写给出，译文为链体风格书写，笔者此处为说明问题，将王弼注原文以链体方式书写。参见《王弼〈老子注〉研究》第 106 页。

② 依此而论，王弼注《易》亦是“以《易》注《易》”。

王弼试图发展出一种精确的、抽象的哲学语言。”[①] “王弼因此为何以可能从具体的、可界定的存在者中认识这一‘所以’提供了一个本体论的理由。这一认识不能以第一序列的语言，即定义性的语汇和语法严密的论述，而是以第二序列的语言，这种语言以试验性的、启发性的以及语汇上不可靠的方式言说。在王弼的解读中，他注解和分析的文本包含的存在者以及知识/知觉/语言领域相当系统地闪现着这一‘所以’的隐秘印记。”[②] “他是在否定性对立的使用、两极中间的零点以及一般地在所有‘一’与众之间的关系中找到那些结构的。这些印迹向他证明：这些文本是为规避定义性语言的陷阱而撰写和创制的，同时试图阻止哲学性表达崩陷为神秘的沉默。”[③] 瓦格纳的上述讲法，如语言哲学、第二序列的语言、在否定性对立的使用等，其意指是理性把握“道”的方式，即前述“辩证法的语言和语言的辩证法”。所以，“在承认《老子》《论语》和《周易》中反复强调的有关辨识‘所以’的不可能性这一洞见的同时，他本人的注释为这些论断提供了哲学上的合理基础，并在此过程中改变了它们的意义。阻止对‘所以’的完全认识（而且只留下了间接的、神秘的做法作为识辨‘所以’之路）不是人类心智和语言的无能，而是作为无的‘所以’的必然结构”[④]。

三、魏晋思想的学术定位

瓦格纳谈道：“他（王弼）的《老子》解读的新活、有力和持续的影响源于这一约束：在这一简短文本中发现的可用性颇高的洞见，是由从更早的解释技艺中继承来的极高的解释合理性标准来衡量的，而且必须在高度竞争的语境中立脚，并且得益于随着中央集权的国家和正统的权威的崩解而来的短暂空缺。”[⑤] 这里指出了“短暂”的“正始玄学”时期的学术特征：非以学派权威为束缚，而以一种自由的论辩作为探讨哲学的方法，并仅以论辩内容的学理合理性作为衡量标准。“在一个开放的、相对友善的竞争环境中，出自

① 《王弼〈老子注〉研究》第 269 页。

② 《王弼〈老子注〉研究》第 775—776 页。

③ 《王弼〈老子注〉研究》第 781 页。

④ 《王弼〈老子注〉研究》第 789 页。

⑤ 《王弼〈老子注〉研究》第 269 页。

世族的缺乏虔敬的年轻人可以追寻圣人的哲学的而非道德的遗产、‘微言’而非表面文本的字句。”① “它是一个原创性的甚至是无法无天的思想、言说和行为能带来声名的时代；一个王弼这样的年轻学者不仅为中国哲学做出杰出贡献，而且自信地认为他们正在这样做的时代。”② “不断地借用孔子及其弟子的话，不仅表明玄学家们对他们的企羡，而且是一种声称他们具有与孔子或孔子所喜爱的学生（特别是颜回）相同的地位的尝试。”③ 瓦格纳的这些描述，无疑是要说明以“辨名析理”为特征的“正始玄学”是“只为学术而学术”的思想时代，“在这重视年轻、原创、风度和才华的环境里，年轻人彼此间的关系也改变了。在这一激昂的思想和政治气候中，传统的对赞助者的尊敬的预期——对身份和年岁以及其他形式的自我控制的尊敬，不是正始时代主导精神的内在装饰的一部分”④。例如，王弼的官职是何晏委任的，但王弼在撰写自己对何晏《论语集解》的校正时却完全没有顾虑这些因素，而且将自己的著作起了一个十分有针对性的刺耳的名字——《论语释疑》。“一个像何晏这样的人（处在他自己的思想名望和政治权力的高度）会因为青年王弼的《老子注》比自己的优秀，而将自己的注本毁掉；而正是这一姿态而非其他姿态使他获得了更大的名声，并被载入了《世说新语》。一个像钟会这样的人会让自己被何晏的一个观点说服，并通过他自己的著述来宣扬何的主张。……总之，论辩或注释由之建立的社会过程已经改变；他们不得不在一个思想的精英市场中的激烈竞争中生存，不可能再依赖师生间的传承。”⑤ 而正是这样的时代才能容许王弼“在很年轻的时候就在一个极为开放和竞争的环境中探索他的分析技艺”。⑥

瓦格纳对于魏晋时期（以正始玄学为例）思想特点的描写，启发我们的是对魏晋玄学在中国哲学发展史中的合理定位的反思。以王弼为代表的正始玄学家们既然能够不依附于任何学派，而是自由地运用先秦资源作为阐述其哲学思考的工具性文本；能够以自觉的“辨名析理”为问学方法以及学术追

① 《王弼〈老子注〉研究》第9页。
② 《王弼〈老子注〉研究》第13页。
③ 《王弼〈老子注〉研究》第17页。
④ 《王弼〈老子注〉研究》第19页。
⑤ 《王弼〈老子注〉研究》第153页。
⑥ 《王弼〈老子注〉研究》第21页。

求，那么我们就不能再以所谓“新道家”来标榜魏晋学术的特征及认王弼是“新道家”一派学者为思想前在来考察王弼。对此，瓦格纳在《注释的技艺》一书开篇便引用海德格尔的话指出：“（海德格尔）反对的是一种古老的、影响广泛的倾向：通过将某个哲学家的思想化约为‘学派’教条、政治偏向或他所属阶层的社会经济利益的合法化，来回避思想本身的挑战。”① 此外，瓦格纳也在不同章节中以“间接提醒”的表述方式消解读者可能有的且已根深的前在认知，“南朝的大学建制都没有将王弼的学术归入任何一家（如道家），而是给了它一个全新的名字——玄学”②。“针对道家或道教的辩驳的缺失也绝不意味着他接受了他们诠释《老子》的策略，并从一种道家的立场出发来攻击其他各家。王弼主张孔高于老的事实，并不能阻止他在这一批评中攻击儒家的解读方法。”③ 而且，瓦格纳也在极力强调王弼在所谓儒家传统中的地位，“王弼因《周易注》而在儒家传统中被供奉”④，其意不可不说也包含了一种自觉的纠偏。所谓儒、道两家的文本在玄学家的理解中皆是作为对于哲学唯一问题的回答方式，按瓦格纳之意，尽管王弼在哲学和文字学的精深上独出一格，但他无疑并没有发明经典中存在某个“系统”的观念，王弼的贡献是将这一“经典系统”的共同假设建立在哲学根基之上。王弼等玄学家所辨之“名”的最终指向是析其“理”，即追问万物存在背后之“所以”，这是对中国文化形式的形上根基的反思，这种反思所针对的是汉代所建构的异化的文化形态。这样一种自觉的指向于文化本质自身的“返”，体现了精神发展自身的内在要求，构成了中国哲学精神历史逻辑发展过程中的自觉的认识论反思环节。⑤

结　语

以上我们分别就瓦格纳所阐释出的《老子》文本特征和王弼注《老子》的方式加以说明，进而总结出瓦格纳所描述的魏晋思想特征，以及他的文字

① 《王弼〈老子注〉研究》第11—12页。

② 《王弼〈老子注〉研究》第163页。

③ 《王弼〈老子注〉研究》第158页。

④ 《王弼〈老子注〉研究》第22页。

⑤ 这一提法可参：张连良《中国哲学内在逻辑的历史展开》，载《长白学刊》2000年第3期。

对于我们从事魏晋玄学研究的启发。从上述内容我们可以做出判断，瓦格纳虽是具有深厚汉语言功底的汉学家，并且在其3部著作中保持一种传统汉学家的行文及考察问题方式，但瓦格纳对于王弼、《老子》、王弼《老子》注的研究绝不仅仅在于编订出一种由“链体风格”框架支撑下的新的批判性文本，[①] 那不是瓦格纳欲探求的根本问题。他反复强调王弼是一位哲学家而非哲学史家，这段话同样也适用于其本人——瓦格纳对文本考察的最终指向是哲学家的思考而非哲学史家的思考。“它（王弼《老子》注抄本）不可能诉诸儒家学者、朝廷、佛教徒和道教徒的推重。它只能依赖王弼解读《老子》的分析能力和哲学深度。那些一再寻找王弼《注》的某个抄本并将其传布于世的人，正是受到这些品质的吸引”[②]，正是这样的哲学深度吸引着瓦格纳去从事关于王弼的研究，亦正是瓦格纳的著作写出了王弼思想中的这些品质，使《王弼〈老子注〉研究》成为中国思想研究中的经典之作。

（张慕良　吉林大学哲学社会学院讲师）

① 笔者在此顺提一句：瓦格纳在论证《老子》文本中存在“链体风格”时所用的方法是基于历史性的考察，他选取了大约同时代的其他文本作为其论点支撑。这种方法因其归纳性的本质而留有较大的可辨伪性，这就有可能引起落于非哲学性思维方式中的读者或停留于辨析有关“链体风格”形式存在之真伪；抑或“信”“链体风格”之存在并依其作为考察与解读同时期文本的前在观念。从学理上讲，这两种思考方式皆有其局限性。

② 《王弼〈老子注〉研究》第310—311页。

德国汉学家梅薏华的中国文学翻译与研究*

陈怡雯　杜卫华

摘　要：柏林洪堡大学汉学系的梅薏华教授是民主德国与中国建交以后，最早来华的德国留学生之一，也是民主德国时期少见研究中国文学的汉学教授。她因对文学的热忱而与中国结缘，将自己的一生献给了中国文学的翻译与研究。本文以梅薏华汉学研究的历程为线索，展现其作为女性独特的研究视角，分析她为中国文学在德语国家传播所做出的贡献。

关键词：德国　女性汉学家　梅薏华　中国文学

1949年10月，民主德国与中国建交，为发展两国之间各方面的关系，汉学研究率先在民主德国发展起来。一批批从中国高校学成归来的德国留学生，奠定了民主德国时期对中国相关学科进行研究的人员基础。从1949年到1989年，民主德国成立了多个大规模的汉学研究机构，培养了数量可观的汉学研究人员，这些人为德国汉学的发展以及中德关系的发展做出了重要贡献①。

梅薏华（Eva Müller，1933—）是1949年新中国成立后最早来到北京一批德国留学生，也是德国汉学发展百年来为数不多的德国女性教授之一。在冷战年代以及两德统一之后，她坚持开展汉学研究，将自己的一生献给了中国文学的翻译与研究，极大地促进了中国文学和作家作品在德语国家的传播。本文梳理了梅薏华汉学学习和研究的经历，整理她在中国文学翻译与研究、中国女性作家研究以及德中文学关系与文化关系研究上的成果，展现梅薏华教授为中国文学奉献的一生及其作为女性独特的研究视角和坚韧不拔的个人品质。

---

* 本文为广东外语外贸大学2020年学位与研究生教育改革研究项目“促进中国文化走出去，培养国际化的德语研究型人才”（20GWYJSXC-05）的阶段性成果。

① ［德］顾彬《听顾彬讲汉学：汉学研究新视野》，广西师范大学出版社，2013年。

一、与汉学结缘及留华经历

1933年，梅薏华出生于德国东部普鲁士的柯尼斯堡市（Koenigsberg，德语含义为国王山），这也是康德生活的城市。第二次世界大战后，该市被划入苏联，改称加里宁格勒。跟很多东普鲁士和西里西亚的德国人一样，梅薏华与家人逃到了德国的艾斯莱本（Eisleben，德语意思为冰冷生命之地）附近，并在那里住了下来。她居住的小村子在“二战”末沦为苏联占领区，在1949年到1990年之间属于德意志民主共和国①。

1949年，民主德国成立后与中国建交，梅薏华十分敬佩中国人民依靠自己力量实现民族独立与解放，对与中国有关的学科产生兴趣。1951年，梅薏华在莱比锡外国语学院正式开始学习汉语。当时为了发展两国各方面的关系，政府在莱比锡设立了全德国第一个教授现代汉语的翻译班。据梅薏华回忆，翻译班仓促成立，因而缺乏足够的教科书、汉德词典和语言老师。她那时全部的学习材料，就只有毛泽东的《论人民民主专政》、中国的《婚姻法》、苏联对外宣传的中文版画报《苏联》。教她汉语的老师因为从来没有教过现代汉语，对中文声调、意义和语法讲解得十分粗略，只好让她们死记课文。很多学生学习了一段时间以后就放弃了，但梅薏华坚持了下来。莱比锡是一个国际重要的展会城市，中国代表团多次参加莱比锡的展会。因此她利用暑假的契机，向莱比锡博览会中国展馆的工作人员学习一些日常生活的词语，借此补充教学的不足。1953年，南京大学著名学者、诗人赵瑞蕻教授到莱比锡大学东亚所教书，他是战后第一位在德国教中国现代文学史的人。梅薏华抓住这个机会，来到莱比锡大学旁听赵瑞蕻教授的课，从此对中国文学产生强烈的兴趣，并读遍了当时能找到的已翻成德语的中国小说。

民主德国履行中德文化协定（1951—1954），派出留学生到中国学习，梅薏华通过努力获得了到中国留学的机会，开始了在北京大学中文系6年的学习生活，成为1949年以后最早来到北京的德国留学生之一②。这些学生背负

① 臧健《两个世界的媒介：德国女汉学家口述实录》第4页，北京大学出版社，2011年。

② ［德］梅薏华、任仲伟《首批来华的德国留学生介绍》，载《国际汉语教学动态与研究》2006年第2期。

着国家的使命，那就是在民主德国建立现代中国学，培养一批从事中德在科学、文化、政治、经济等各个领域交流和合作的专业人才。

梅薏华在北大读了1年的留学生汉语专修班，1955年作为本科学生进入北京大学中文系。这段时期，得益于教授和中国同窗的帮助，她掌握了现代汉语和古代汉语，广泛涉猎了中国的文学、历史和哲学。根据当时中文系的学习制度，她还学习了中国历史和革命史、亚洲文学、形式逻辑、马克思列宁主义、民俗学、中国诗歌的韵律等学科。而1958年前后中国展开的对于当代作家作品的批判使得梅薏华意识到文学中的政治性，后来她在民主德国研究中国文学就是避开现当代文学，而是研究中国古代文学[①]。1960年底，她在顺利完成了以关于“大跃进”的民歌为题的毕业论文，然后回到德国。1961年2月，在洪堡大学东亚所当助教，同时进行硕士论文的写作，题目为《白蛇传故事在中国文学发展中的变迁》。1966年，获得博士学位，论文题目为《“白蛇传传说”在至20世纪上半叶的中国文学中的反映》（*Zur Widerspiegelung der Entwicklung der „ Legende von der weißen Schlange “ in der chinesischen Literatur bis zur ersten Hälfte des 20. Jahrhunderts*）。1968年，她升为讲师，两年后升任副教授。1979年，凭借论文《工业工人在中华人民共和国小说中的形象，1949—1957》（„ Die Darstellung des Industriearbeiters in der Epik der Volksrepublik China 1949—1957 “）获得了教授资格，1983年被聘为柏林洪堡大学汉学专业教授。在此期间，由于中苏矛盾，梅薏华在很长一段时间里无法来到中国，为了将自己的研究进行下去，她曾经去往莫斯科和日本查找文献、收集资料。

二、学术兴趣与研究成果

梅薏华是民主德国少有的把研究方向放在文学方面的教授[②]。她从小就对文学感兴趣，可以说，文学是将她与中国连接起来的一把重要的钥匙。当她还在北大留学时，她就开始帮助北京的外文出版社翻译短篇小说。除了翻译

---

① 谢淼《政治事件对于德国汉学发展的影响》，载《中国文学研究》2015年第1期。

② ［德］梅薏华、姚军玲《我对德译本〈红楼梦〉的几点看法——访德国汉学家梅薏华》，载《国际汉学》2015年第1期。

之外，她还研究中国文学（古典小说和现当代文学）、中国女性作家和中德文学关系与文化关系。不管翻译还是研究，梅薏华都尽力与中国作家、文学研究家和批评家接触，甚至登门拜访向他们请教有关创作和翻译的问题。在她眼中，阅读文学作品是一种享受，能够满足她对现实的好奇心。

（一）中国文学的翻译与研究

20世纪六七十年代，梅薏华主要研究的是古典章回小说和古代通俗小说，撰写了一系列研究、评论以及译本后记。例如，她为北京大学德语教师赵林可悌（Käthe Zhao）等翻译的《中国古代寓言》（*Altchinesische Fabeln*）和施密特（Gerhard Schmitt）等翻译的《儒林外史》（*Geschichten aus dem Gelehrtenwald*）作了译后记，为库恩（Franz Kuhn）翻译的《红楼梦》（*Der Traum der roten Kammer*）题跋。70年代末，在民主德国与中国的关系回暖后，她把重心放到中国现当代文学，主编了多部译著与文集，向德语国家介绍了中国现当代重要的诗人与作家。[①] 例如，艾芜的《峡谷中的寺庙》及其他小说（*Der Tempel in der Schlucht und andere Erzählungen*）、《探索：16位中国小说家》（*Erkundungen. 16 chinesische Erzähler*）、《三篇中国新散文：对传统禁忌对非礼》（*Junge chinesische Prosa. Respektlos gegenüber alten Tabus*）、《当代中国新抒情诗》（*Junge chinesische Lyrik der Gegenwart*）、《北京人》德文选本、《色彩缤纷的世界：22个中国人的肖像》（*Eine Welt voller Farben: 22 chinesische Portraits*）、《中国文学辞典》的现当代文学部分等。可惜的是，由于当时的德国政治形势，她主编的《探索》（*Erkundungen II*）和进行的翻译工程项目《1922—1937年间东亚的无产阶级革命文学》（*Proletarisch-revolutionäre Literatur Ostasiens 1922—1937*）最终中断或未出版。

她关注中国文学在民主德国的翻译情况。发表了论文《民主德国的中国文学研究》[②]，在1992年台北中国文学翻译第二届国际会议上做了学术报告《1950—1990年间在东德的中国文学：选择、翻译以及接受的问题》（„*Chi-*

① Thomas Lange, „China: Fluchtort vor dem Europäischen Individualismus. Über ein philosophischens und literarisches Motiv der zwanziger Jahre“, in: *Fernöstliche Brueckenschläge: Zu deutsch-chinesischen Literaturbeziehungen im 20. Jahrhundert*, hrsg. v. Adrian Hsia u. Sigfrid Hoefert, 1992. pp. 49-76.

② Eva Müller, „Chinesische Literatur in der DDR“, in: *Fernöstliche Brueckenschläge: Zu deutsch-chinesischen Literaturbeziehungen im 20. Jahrhundert*, hrsg. v. Adrian Hsia u. Sigfrid Hoefert, 1992. pp. 199-210.

nesische Literatur in East Germany 1950-1990：*Problems of Selection*，*Translation and Reception* “）。

她在柏林洪堡大学开设中国文学史课、中国古典文学及当代文学课，为德国培养了翻译和研究中国文学的重要人才，如古华荣获第一届茅盾奖的小说《芙蓉镇》（*Hibiskus*）以及《探索集：中国当代短篇小说选》中的大部分故事就是由她的学生们参与翻译的。她的学生杜柔郁（Dorothee Dauber）研究李清照，取得了很好的成绩；她的瑞士学生凯勒（Raffael Keller）研究杜甫和柳宗元，提高了德语国家的汉学研究水平。90 年代初以来，她多次外出讲学，教授中国文学、文化等课程。1998 年她退休后，在德国、奥地利、中国等地的大学开展讲学活动。

（二）中国女性文学研究

梅薏华在北大学习期间，对于中国女性作家有着特别的关注，她喜欢阅读丁玲、茹志鹃、宗璞等人的小说。从她早期的“白蛇情结”以及对劳动世界中的妇女的研究可以看出，“妇女与文学”一直是她关注的一个主题，并在日后的课程、研讨班和论文中，对这一主题不断地进行深入研究。

20 世纪 80 年代，她开始主导进行中国女性文学研究项目，带领学生研究与翻译古代和当代的女性作家作品，促成了德国学生与中国女性作家的通信。这一项目一直延续到她 1998 年退休为止，使得大量的中国女性作家逐渐闻名于德语世界。她退休后，将重心放到现当代女性学者、作家的生活和写作上。她第一个研究对象是冯沅君及其事业，著有《依然存活的解放——作为作家和学者的冯沅君（1990—1974）》（*Gelebte Emanzipation. Die Schriftstellerin und Gelehrte Feng Yuanjun*，1900—1974）。第二个研究对象是马瑞芳的创作。此外，她还研究了张洁的创作，翻译了后者的长篇散文《世界上最疼我的那个人去了》，并且在 1999 年的奥地利格拉兹市亚非学院的文学座谈会上主持和翻译了张洁的朗诵。

1991 年，她参加了柏林自由大学罗梅君教授组织的德国第一个“中国妇女问题研讨会”，并做了报告，会后参与《中国与妇女》的编撰工作。1999 年 5 月、6 月，主持介绍和讨论了中国女作家和女性文学的文学座谈会，并介绍自己的冯沅君研究；2000 年，在柏林自由大学介绍马瑞芳研究。她发表的著作有《现代中国作家笔下的妇女形象》（*Frauenbilder bei modernen chinesischen Autoren*）、《当代中国文学中女性写作的视角》（*Aspekte weiblichen*

Schreibens in der chinesischen Literatur der Gegenwart）、《中国文学中“后现代派”的发展及当今中国女小说家的作品》、《从重大政治体裁小说到女性人物心理研究》（*Vom großen politischen Roman zum weiblichen Psychogramm*）等。在她和其他德国女汉学家的共同努力下，德国成为中国妇女问题研究的重要国家。

（三）德中文学关系与文化关系研究

梅薏华对于中德文化关系非常敏感，她对中德文学关系和文化关系非常感兴趣。她发现，从歌德（Johann Wolfgang Goethe）以来，很多德国文豪都受到中国文学和思想的启发，如德国诺贝尔文学奖获得者托马斯·曼（Thomas Mann）、黑塞（Hermann Hesse）和卡内提（Elias Canetti）以及其他著名作家，如卡夫卡（Franz Kafka）和布莱希特（Bertolt Brecht）等对于中国文化都有着一定的认知。她以德布林（Alfred Doeblin）于1915年发表的德国第一部表现主义长篇小说《王伦三跳》为例，论证了德国作家在创作时对中国历史、文化与思想的关注。她在研究《聊斋志异》早期的德文翻译时，发现了聊斋和道家的思想对德国宗教哲学家马丁·布伯（Martin Buber，1878—1964）宗教理论的重要影响。在研究20年代以来德国作家与中国的关系时，发现了魏斯柯普夫（Franz Carl Weiskopf）与中国作家的密切关系及往来信件，并将这些资料提供给了中国现代文学馆。[①] 此外，她也关注中国作家对德国文学和思想的思考。在研究中国作家写的留德回忆录时，她注意到了S. Y.（刘圣亚）对希特勒时期德国现况的描述，并称他的创作至今仍有参考价值。她发表了多篇文章，如《艺术与政治——20和30年代以来的德中文学关系》等等来分析中德文化关系。[②] 同时，梅薏华也关注文学中的家庭和婚姻观念，探讨母亲在小说当中的形象、地位和作用。

三、柏林洪堡大学任职经历与成就

柏林洪堡大学汉学系作为民主德国规模较大的汉学研究机构，在德国汉学的发展史上具有重要地位。民主德国大学系统里面只有两所大学开设有汉

① ［德］马汉茂、［德］汉雅娜、张西平、李雪涛主编《德国汉学：历史、发展、人物与视角》，大象出版社，2005年。

② 李雪涛《德国汉学史的分期问题及文献举隅》，载《中国文化研究》2007年第1期。

学专业，柏林洪堡大学和莱比锡大学。同时民主德国的汉学研究受到了政治方面的很大影响，因此，大部分研究中国的学者关注的是中国的政治、经济和社会，研究成果大都是信息参考和政策研究。[①]

1961 年 2 月，梅薏华开始在柏林洪堡大学东亚所担任助教。1968 年，担任洪堡大学的汉学系主任。1979 年到 1982 年，担任亚洲院副院长，1984 年担任亚洲院代院长，1985 年到 1990 年担任中国系主任。她在任职期间，承担了亚洲院大量的行政工作，组织了多个重要的研究项目以及国内外大规模的学术会议。20 世纪 70 年代初，她建立了一个文学研究小组，涵盖印度文学、蒙古文学、非洲文学以及阿拉伯文学，通过研究各国之间历史上的文学联系和影响，力图克服文学当中普遍存在的欧洲中心主义思想。她参与编撰的第一部《东亚文学字典》(*BI-Lexikon Ostasiatische Literaturen*)，首次为德语国家普及了蒙古、朝鲜和越南的文学。1986 年，她在意大利都林会上被选为欧洲汉学学会的理事。作为民主德国汉学家在欧洲理事会的代表，她于 1988 年组织欧洲汉学学会在魏玛召开年会。

两德统一之后，柏林洪堡大学汉学系面临着重组的问题。来自柏林自由大学的竞争让洪堡大学原有的汉学教授席位岌岌可危。[②] 柏林洪堡大学的原有教师面临着一场大换血，1992 年之后，原有的洪堡大学的教授转岗和下岗人员达到了 70%的比例。在这种情况下，梅薏华的研究更多的是文学研究，中国文学研究本来作为民主德国学科边缘的研究方向，成了政治变革中受到冲击最小的一个学科。[③] 她加强与德国西部汉学家的联系，促进了德国东西部汉学家的交流与合作，如加强了与柏林自由大学师生之间的交流，并于 2004 年同科隆大学合作完成大型学术成果《中国文学辞典》(*Lexikon der chinesischen Literatur*）的编撰。

结　语

梅薏华教授成长于冷战期间，她没有从事当时大部分民主德国人文社科

① 范劲《民主德国的中国文学研究——一个系统论视角》，载《中国文学研究》2019 年第 2 期。

② 许宽华《联邦德国柏林洪堡大学汉学教研室》，载《德国研究》1999 年第 1 期。

③ 张国刚《德国汉学研究》，中华书局，1994 年。

学者从事的政策研究，而是致力于中国文学的翻译与研究。在政治相对高压的框架下，她培养了众多优秀的汉学研究人员，促进了中国文学在德语国家的传播，为中德文化交流架起了更多的桥梁。在莱比锡的汉语学习、北京大学的留学经历、柏林洪堡大学的研究经历充实了梅薏华的汉学研究基础，而她对于中国文学翻译和研究这一研究方向的选择，让她能够在政治变动的时代不受大的政治风向的影响，稳定而又持续不断的开展中德文学关系研究；她对于中国女性作家和中国普通女性的关注，契合了作为少数派的德国女性教授群体对于女性知识分子的关注。

（陈怡雯　广东外语外贸大学西语学院硕士研究生；
杜卫华　广东外语外贸大学西语学院副教授，广东外语外贸大学阐释学研究院兼职研究员）

刺桐双塔佛教雕刻研究

[德] 艾锷风 著 郭延杰 译

译者按：艾锷风（Gustav Eck，1896—1971，又名艾克），德国汉学家。1923年，厦门大学创建，艾锷风受聘任教授之职。1928年，清华大学创建，艾锷风前往北京讲授德文，是季羡林《荷尔德林的早期诗歌》（学士论文）的指导老师。不久，艾锷风又转往北京辅仁大学任教。在厦门大学任教期间，在与同事戴密微考察泉州东西塔之后，二人合著有《刺桐双塔》一书，发表于哈佛大学燕京学社专著系列卷二，1935年由美国马萨诸塞州剑桥市哈佛大学出版社出版。在辅仁大学任职期间，其又著有《中国花梨家具图考》。艾锷风对中国古代建筑、铜器、玉器、绘画以及明式家具都有精深独到的研究。营造学社始创之初，梁思成力邀其加入。《中国花梨家具图考》则成经典，再版多次。

艾锷风与戴密微，皆为国际汉学名家，二人合著有《刺桐双塔——中国晚近佛教雕塑研究》一书，目前尚无汉译本。该书第一部分《介绍》为艾锷风所著。本文主要译自其中一个章节《雕刻》，在该书第11—18页。《刺桐双塔》在扉页写明：自1935年起，版权由哈佛大学本科生院的院长及同事们享有。至今已逾80年，因此属于公共版权范围。该书自出版以来，流传不广，较为稀有，学者书箧之中罕见。该章节对刺桐双塔佛教雕刻的独到见解，堪称20世纪研究中国佛教文化的重要论述之一。现将其译出，供学者同人研究之用。

作为刺桐双塔建筑方案的一种装饰，80幅嵌板镶嵌在琢石框架之上。这些嵌板，以中浮雕的手法，刻有真人大小的图像。主要的图案是祖师和罗汉，虚虚实实的僧侣肖像，和一系列的菩萨与金刚。须弥座上，有佛国装饰，还有叙事的嵌板饰带。各个塔层，斜顶之上，还有体形较小的神话人物充当“脊兽”。最初之时，刺桐双塔，内外壁龛，遍布雕刻。泉州往东北 77 英里（1 英里约 1069 米）远的福清瑞云塔，也能找到这种布局。[①] 在泉州，（刺桐双塔）80 幅壁龛人像中的 2 幅已经丢失，剩下的 78 幅也不在原位。如此众多的雕刻，可能集中在某个 20 年间生产（?），因为它们之间没有风格上的变化，虽然工艺和理念有所区别。东塔须弥座上的辉绿岩浮雕，尤为《开元寺志》编修者所赞扬。以东塔第一层的金刚以及刺桐双塔的其他几个代表作为例，称其“皆鬼工神斧，非人力所能也”[②]，技艺远在当地水平之上。这幅雕刻，带有当地乡野工艺的印记，也被赋予了它所处时代的所有特征。[③] 它有着狂野而又不失热烈的表现力。某些人物散发出来的力量，如同刺桐双塔一样的磅礴，似乎也因这种粗放的雕刻手法而更有所提升。驾驭这些坚韧的材料，有着不小技术困难。这使得某些人物，（形神）殊不相称。方正、纯朴的脸庞，蒙上粗鄙之气。尘生俗长的金刚与夜叉，显得诡异粗鲁。[④]

滥觞自泉州的地域影响，可以在闽南的其他两地发现。福清瑞云塔壁龛人像和浮雕，肇自明末。因为此塔建于公元 1607 年至 1615 年（明万历三十五至四十三年）。[⑤] 这些雕刻，可跻身全省顶级行列。福清瑞云塔的这些浅浮雕，某些极具表现力（插图页 64a，b），指向了中国雕塑艺术的一个较晚时期。这一时期之内，泉州德化的瓷制雕塑，以及福州的木制雕刻，从明代繁荣至今。

泉州西南约 60 英里远，在漳州市中心，许多造型完美的花岗岩人像，树

---

① B，图 358。

② 引自杜洁祥主编《中国佛寺史志汇刊》第二辑第 08-1 册，1980 年，台北：明文书局印行；（明）释元贤撰《泉州开元寺志》第 29 页，民国十六年（1927）重刻本。

③ 此处，就标准出版物而言，关于宋代绘画与雕塑问题，没有什么特别的参考书目可以提供。与此有关的几篇早期文章由 Kuemmel（KU），Glaser（GL），and Siren（S1）所撰。也可参考 ME，38—43。依据 Woelfflin 的归类，Elisseev 对唐宋僧侣肖像的主要特征做过一个比较分析（EL）。与泉州雕刻紧密相关，虽然在整体上稍显逊色，是杭州附近的石雕。杭州是五代时期吴越的首都，也是南宋的京城。它们曾被 Maspero（MA）首次提及，并做局部图示。也可参见 TS 和 S6。江苏甪直宝圣寺泥塑罗汉像，中、日（大村西崖）学者推定其源于唐（MI），但似乎稍晚得多。我们饶有兴趣地期待 Langdon Warner 关于镰仓雕塑的综合出版物。此书必定也将对相关的中国课题进行一番新的阐述。

④ 插图页 26（W IV 11），16（W II 3），49（E II 12），etc.；59（E V 11）；10；12a-d。

⑤ EK4。

立在众多公共场所。这些罗汉或祖师，据说早先属于漳州开元寺的一组作品。[①] 它们的制作时间难以断定，但是明显是同一批乡野雕刻。如果我们暂且无视它们的地域特征，我们可以认为这一批雕刻基本体现了唐以后中国雕刻的某些特征。[②]

现存的材料，也证明这种较晚的雕塑受到了同时代佛教绘画多么大的影响。[③] 并没有确实的雕塑样式，来制作这些雕刻。也没有雕塑的基本艺术原则。绘画与浮雕之间的分野，几近于无。有时某人甚至会说“刻画”。在一定程度上，某种美学悖论是真实存在的，即使是在那些雕塑被完美制成的案例里。类似插图页 15（W I 11）或 19（W V 1，2）那些浮雕，从它们的对角线构图法、轮廓、衣物的垂坠以及雕凿的“冲击”来看，可以设想为一幅绘画作品。插图页 27（W V 8）或 59（E V 15），织物褶皱的光与影，几乎可以让人联想到一条勾勒而成的完整曲线。插图页 61b，造型完美的达摩也处理如画。织物轻摆，而又不失明快的节奏，让浮雕极具这种宋代“雕塑”风格的代表性。没有一幅雕刻，显现出类似雕像般静滞的趋势。动作比比皆是：不只是在金刚“巴洛克式”的大步流星之中，也在其怒目圆睁的威吓恫斥之中，而且还在高僧大德的轻举慢动之中。浮雕的绘画特征是显而易见的，不管图案的类型区别有多大。

我们发现有某些证据来支持这样一个猜想：东塔须弥座上雕刻的传说，其绘画的原型可以追溯到日本足利幕府晚期（约在 1500 年）的一件绘本传奇。这一绘本现存于日本京都附近的清凉寺之中。这件著作，共有 6 卷。其中，有 5 卷图本，以及唯一的 1 卷文本。（这 5 卷图本之中）有 4 卷图本，为狩野元信所画。狩野元信是狩野派的知名创建者。在日本历史学家的眼中，

---

① 插图页 62a—d，63。

② 从五代到元代及以后，在中国雕刻里出现了某些所谓的“自然主义”元素，这使我们难以区分众多共存或兴替的朝代的雕塑手法。对易州瓷制祖师像的断代，从唐到明，各有不同。这是上述难题的最出名的范例。至于我们福建材料风格的问题，也是尤为值得关注。断代于唐，是基于所谓的陶瓷实物证据，参见 HO，卷首插图页：“唐代罗汉或祖师像”，以及第 35—37 页。此外，KU；PZ，131—155，plates 43—45；FI，116，464（富达藏品之残件），466（纽约大都会博物馆）；参见下文注释 60。

③ 参见 TA，日本《国华》杂志第 469 期：“……某些从中国进口的佛教绘画……被用来给雕刻做图样……”说的是日本镰仓幕府时期。

狩野元信是一个和汉折中式的人物。因此，据传这位画家曾摹习自中国出口至日本的绘画藏品。日本《国华》杂志第171期，翻版了狩野元信《初次郊游》。以该画的图像为主要依据来看，狩野元信积聚于其创作中的人物类型、一流的技法、衣物的处理、画面的比例（23英寸×13又6/8英寸）[约0.584米×0.349米]，甚至其透视画法，都使我们联想起东塔须弥座上的宋代嵌板雕刻（插图页33，No.5）。在这幅日本作品中，辇车内菩萨的图像，显示这个公认的绘画模型，在转化为雕刻之时，似乎曾经历了相当大的简化。启迪泉州石匠与狩野元信的原作，必定是中国的历史与风俗画派。中国历史与风俗画派，由古早的几个源流发展而成，以其日本分支土佐派步入绘画巅峰而声名大噪。但是，在东塔须弥座的雕刻中，不见唐代历史画的壮丽，更遑论日本镰仓幕府时期日本画的激情。唐代历史画的壮丽，可以从敦煌为数不多的遗存里一窥究竟。可以确定的是，刺桐双塔须弥座雕刻受到其同时代的中国风俗画的影响。[①] 虽然我们对这种画风知之甚少，为数不多的实例，[②] 展现了一以贯之的精致而鲜明的现实主义，如同这些叙事嵌板。其雕刻风格，在某种程度上，也带有这种外来风格的浓重习气。

存在于（叙事嵌板）传奇故事之中的活泼灵动的绘画现实主义，效果是显著的，不只是在脸部，而是在整个人物，包括它的织物。一个场景之中的所有人物都是紧密相关的。这个场景，被处理得如同一个单一的片段。在这个片段里，每个人物各司其职。当面临如何把绘画原型转化为浅浮雕的这个难题之时，雕刻师证明自身对任务已了然于胸。在把整个场景几乎完全搬到二维平面内的过程中，他通常需要避免有透视深度的刻画，只是间或才标示出遁线（合线）。他精通对角线构图，如同掌握肢体动作与织物动态那样。从正脸到不同程度的侧脸，头部姿态的拿捏非常精准。人物是成群出现的。因此，缺乏透视的深度并不妨碍场景的自然效果。反而是在雕刻师的处理之下，

① 参见TS，IV，插图页7—12：南京栖霞寺；舍利塔须弥座《八相成道图》。这些浮雕沿袭某种行将消亡的唐代传统。对比他们的构图与工艺，可能阐明风格嬗变的问题。出现在杭州飞来峰的一幅宋代（?）的作品《白马驮经》（S6，IV，pl. 607A），也需要与本书插图页38，No. 26对比。

② TO插图页61—64，“文姬遭掳，等等”。S4，I，115及其以下等等。S5，插图页LX，“昭君出塞”等等。画卷《别离》，传赵孟頫（1254—1322）作，柏林国立博物馆藏。

画面显得充实而有活力。特定人物的心境描述，以及常说的“于细微处见真实”①，赋予这些叙事雕刻质朴简明的温和魅力。

在更高塔层的罗汉、祖师以及其他类似肖像的作品，明显是在许多更早或同期的画派影响下创作的。贯休是一位画风狂野的表现主义艺术家。不只是贯休的作品启迪了雕刻师们，② 李龙眠所创作的、更为中和雅致的现实主义作品，以及同时代的僧侣肖像，也被用来充当原型。③ 诸如林庭珪和陆信忠之名，也应该被提及。因为留有他们落款的实物显示，其笔法远在同侪之上。④ 话说回来，刺桐双塔的某些浮雕似乎对此有颇多借鉴。扣除乡野工艺的因素之外，在雕刻完成的僧侣与罗汉之中，我们发现到处都能追寻到这两人的手法。林庭珪的绘画，注重线条，流畅逼真。陆忠信的罗汉，身宽体胖，丰满圆润。也许，在这种僧侣类型之中，最值得注意的雕刻，是 E Ⅲ 12（插图页 55，60）那位难辨身份的高僧大德。

在北平故宫博物院的藏品中，有一幅僧侣画像。它创作于南宋末期时的云南大理。这件令人关注的画卷，⑤ 是一幅混合了密宗和禅宗的微型人像作品。最值得注意的是它绘有一套十六禅宗祖师的画像。这些人物，静坐冥思，极具线条优美的特征。画像的着色、织物的处理，坐姿与握拳，都让人觉得他们与 Perzynski 在易州发现的彩瓷祖师像（三彩罗汉像），⑥ 以及漳州开元寺的某些雕刻，⑦ 有着一目了然的相似度。注重线条表现的观念、实事求是的现

① 注意力应转到有助于宋代文明重要历史的细节上。例如，插图页 39，No. 31 所示的佛塔类型。它似乎是这种样式、能确定时间的最古老的实例。密宗的标志性佛塔，有一改款保存于日本，如同五轮塔一样，样式更为古老。

② S4，I，108；TK，251，252.

③ EL，195，197.

④ TO，插图页 77—84，110—124；S4，II，56 及其以下等等；也可参见日本《国华》杂志中的另一范例，No. 459，插图页 1；No. 460，插图页 1，2；No. 465，插图页 1，2；No. 469，插图页 3，4，等等。

⑤ 密尔斯学院的 Helen B. Chapin 小姐（海伦嘉馨），在资料上惠我良多。她已将该画卷拍照。直到最近，它被保存于北平故宫博物院。题名《宋时大理国描工张胜温画梵像》。卷尾题署大理国年号纪年，相当于 1240 年。来自云南南陲的这幅微型画像，能够从服饰等等特征看出其半开化的出身。但是，总体特征是中国的。它能代表宋末典型的僧侣微型画像的常规风格。

⑥ 参见注释 43。

⑦ 插图页 62a—d，63。

实主义风格，显露在这些微型人像之中。这与前文曾提及的唯心描述、虚无缥缈的僧侣画像迥然不同。就此而言，我们得提及日本奈良东大寺著名的香象大师像（《绢本着色香象大师像》），以及原氏藏品的玄奘大师像。这幅玄奘大师像，至少在关于衣物的准确处理上提供了不少创意。在提供创意方面，大理画卷同样居功至伟。因此，大理画卷之中的许多祖师像，看上去如同就是易州祖师像的直接原型。其次，织物的相同勾勒，人物的相同姿态，也都能在漳州的某些雕刻上找到踪迹。[①] 这表明它们是同根近源的关系。东塔第4层菩萨的样式，也惊现在大理画卷之中，笨手笨脚，虎背熊腰，饰物繁多。而其中某些动物的画像，表现出与东塔须弥座传奇一模一样的、纯朴蒙昧的动物绘画现实主义风格。人们不禁会认为，保存在宋代寺院的藏经阁里，诸如此类或多或少普遍流行与时常寻见的作品以及微型画像传奇，也许影响教化了同时代的佛教徒雕刻师。

即使是金刚的样式，也与相关的、纯正的雕塑原理大相径庭。他们呈现出一种典型的"伪雕塑"风格。相较于前辈僧侣雕刻师，创造出这些作品的工匠们，更具宋代画家的眼光和审美。其次，大理画卷展现出了相近的几种样式。但是，有人可能在此为泉州的雕刻师们采纳借鉴了其他多种原型。这些嵌板，在一般建筑构造中的装饰作用，前文已述。金刚浮雕，尤其可能是这些画卷和版画的变种。甚至此时，这些画卷和版画，还挂在寺庙的院墙和门道上，为隆重的节庆添光加彩。普遍流行的雕像，在石雕工匠的工期里，凿錾成形。西塔之上，某些幽灵一般的雕像，近似当今众多节庆里流行版画的原型。[②] 它们朴实无华的构思，也使我们想起，某个"幽灵"在通俗小说中凶猛的模样。这本通俗小说成形于宋末元初。时至今日，它们不只是幸存残留于粗糙的版画之中，更是积极活跃在剧场的某些角色之上。William Cohn[③]，在谈及一件铁制的宋代残躯之时，坚称宋代的金刚看上去就像"真正的跤师和拳手"。东塔之上，金刚浮雕，手法老道，逼真有余。其中的"摩候罗伽"[④]，使人不禁想起这么一个情景：在某个舞台之上，有位演员出饰武生，或扮作天神。僧侣的拘谨自律，演员的举止如仪，都体现在某些浮雕之中，

① 插图页 62a—d，63。

② 参见 EK2，插图页 22，图 5。

③ CO1，52，插图页 47；CO2，82 及其以下等等，2 插图页。

④ 插图页 42（E I 3）。

体现在宋代典型自然主义风格的艺术处理之中。①

Tha'alibi 是来自 Nisapur 的一位穆斯林作家，他生活于公元 961 年至 1028 年。他从一个同时代、非华裔的立场，向我们表明其对“自然主义风格”中国宋式雕刻的印象。他对中国人有这么一个说法：他们“在雕塑上有独特品位，有绘画上有突出才能。因此，雕刻师所塑造的人物神韵十足。他们精益求精，直到能表达出人物的笑容。并且，区别开恶毒、羞耻、欢快、狐疑、得意、嘲弄的不同笑意……”②。

这些自然主义、个人主义风格的特性，再次借鉴自绘画，与正统的雕塑理念南辕北辙。这些特征，在当前藏品的许多实例中展露无遗。这种含蓄的“相由心生”，可以揭示从泉州宋式到“明心见性”，在风格上的一路演变。更加坦诚的“明心见性”的风格，主要表现在福清与漳州的雕刻之上。漳州雕刻的创作年代未定，但是其心性特征，更接近于瑞云塔的明式雕刻，更疏远于泉州浮雕浪漫虚幻的自然主义。③

福清的壁龛人像，或多或少地直接承袭来自于泉州宋式的传统。他们继续其“刻画”特点，并且不断加强其现实主义风格的倾向。例如，插图页 65b 的头部，明显是仿效插图页 15（W I 11）的头部。但是，明代的雕刻师已经成功地为其雕刻注入了各不相同的人格。因此，宋式的典型特征，早就销于无形。插图页 61c 的口部，就像一个“撅嘴”，是宋式和辽式普遍的一个特征。插图页 61b，同样也是一件宋代作品。将插图页 61c 的口部、插图页 61b 的唇部，与目前藏品中稍晚（明代）实例典型的口部相比较，就能清晰地阐明这种演变。在这些稍晚的人像上，能观察到逼真、自然的口部。从插图页 64b 和插图页 65b 唇间纯真的欢笑，到插图页 62 老僧慈悲的龇笑，从插

① CHA，图 969—972；S3，插图页 LXIV；TS，IV，插图页 5；S6，插图页 560B。

② P. Kahle《伊斯兰世界里的中国瓷器》，载《德国东方学会杂志》1934 年第 88 期。

③ 漳州及易州祖师像，与大理画卷祖师像的亲缘关系，外形层面多于心理层面。因此，我并不期于从这份落款清晰的大理画卷引申出对漳州及易州这两套塑像祖师的什么推论。事实上，越发逼真的描绘都出现在宋明间的这两套祖师像上。虽然，它们的“人格”更近似福清断代确凿的明代实例。至于与大理画卷在外形层面上的相类，可能归因于寺院藏经阁相似绘画范本的影响。一方面，插图页 63，漳州祖师像的头部尤为值得注意。这里，凿锋敏锐，下笔近似大理画卷微型人像的“工笔”风格。另一方面，它对“威武不能屈”有其个性化的表达。这又与富达藏品（FI，464）易州祖师像，在颏、口、鼻的处理，在眼部的风格化雕刻，在眉辫的轻舞飞扬，在前额的勾画描绘等方面，显现了紧密的相似。这两个头部的主要区别，也只是材料不同而已。

图页 63 头部的威严庄重，到插图页 65a 牙松齿摇达摩的苦笑不已，人们能够感受到极具个性的艺术表达。在眼部的处理上，能观察到一个相应的演变。

漳州与福清的这些雕刻，在不断增强作品人性的工法上，已臻至毗卢峰顶。唐文化由盛转衰之后，浪漫与通俗交织的新文化顺势而起，① 逐渐孕育出前文提及的明代雕刻某些特征。它独具个性，对瞬息即逝的感情进行特别渲染。这种渲染，使得后进的雕刻师父，得以特立于他们同为自然主义风格的宋代前辈之外。在宋代雕刻之中，无论是其恢宏浩瀚，抑或是其不着人性，② 都让人想起唐代的传统。时间在进入明代之后，它终于转进到了注重个性的领域，即使因此褪去宋代的浪漫色彩。③

原著在注释部分，其所引用的文献著都做缩写处理。这些文献，依出现顺序，全称如下：

B 指代：Boerschmann，E.，*Die Baukunst u. religiose kultur der Chinesen*，Vol. 3，Pagoden I，Berlin and Leipzig，1931.

KU 指代：Kuemmel，O.，“Die Ausstellung der Sammlung Perzynski im Berliner Kunstgewerbemuseum”，*O. Z.*，series 1，II，pp. 457-460.

GL 指代：Glaser，C.，“Die Entwickelung der Gewanddarstellung in der Ostasiatischen Plastik”，pt. 2，*O. Z.*，series 1，V，pp. 67-87.

S1 指代：Sirén，O.，“Studien zur Chinesischen Plastik der post-T'angzeit”，*O. Z.*，series 2，IV，pp. 1-20.

EL 指代：Elisséev，S.，“Notes sur le portrait en Extreme-Orient”，*Mélanges Linossier*，Paris，1932，I，pp. 169-202.

MA 指代：Maspero，H.，“Rapport sommaire sur une mission archéologique au Tcho-kiang”，*BEFEO*，XIV，No. 8.

TS 指代：Tokiwa，D. and Sekino，T.，*Shina Bukkyo Shiseki*，5 Vols.，Tokyo：Ryuginshya，1925.

S6 指代：Sirén，O.，*Chinese Sculpture from the Fifth to the Fourteenth*

① EL，195。

② 插图页 55，60（E III 12）。

③ 插图页 63，65a。

Century, 4 Vols., London: E. Benn, 1925.

MI 指代: Miao, D. F., "The Discovery of T'ang Dynasty figures at Lo Chih", *China Journal*, XVIII (April 1933), No. 4.

EK4 指代: Ecke, G., "Two Ashlar Pagodas at Fu-ching in Southern Fu-chien", *Bulletin of the Catholic University of Peking*, VIII, pp. 48-66, 4 plates.

PZ 指代: Perzynski, Fr., *Von Chinas Goettern*, Muenchen: K. Wolff, 1920.

FI 指代: Fischer, O., *Die Kunst Indiens*, *Chinas und Japans*, Berlin: Propyläen-verlag, 1928.

TA 指代: Tazawa, Y., "The Fine Arts in the Early Kamakura Age and the Buddhist Monk Chogen", *Kokka*, 39, 5 parts, in nos. 462, 464, 466, 467, 469.

TO 指代: Tomita, K., *Portfolio of Chinese Paintings in the Museum of Fine Arts*, Boston, with descriptive text, Cambridge, Mass., 1933.

TK 指代: Ku Teng, "Tuschespiele", *O. Z.*, series 2, VIII, pp. 249-255, 2 plates.

EK2 指代: Ecke, G., "Zaytonische Granitbruechen", *Sinica*, VI, 270, et seq., 296 et seq.

CO1 指代: Cohn, W., *Chinese Art*, London: The Studio, 1930.

CO2 指代: Cohn, W., *Asiatische Plastik*, *Sammlung Baron von der Heydt*, Berlin: B. Cassiner, 1932.

CHA 指代: Chavannes, E., *Mission archéologique dans la Chine septentrionale*, Paris: Ernest Leroux, 1915.

S3 指代: Sirén, O., "A Chinese temple and its plastic decoration of the twelfth century", *Mélanges Linossier*, Paris, 1932, II, pp. 499-505.

（译者：郭延杰　中共泉州市委党史和地方志研究室）

·美国汉学研究·

美国自然文学作家对中国传统思想的接受与实践

——以爱默生、梭罗、斯奈德为例*

石海毓

摘　要： 肇始于19世纪的美国汉学研究为美国民众了解中国传统思想提供了条件。在美国汉学兴起的过程中，美国自然文学经直接或间接的渠道深受中国传统思想的影响。美国自然文学以散文、日记等非小说形式思考人与自然的关系，以第一人称通过写实方式描述作者走进自然世界时身体和精神的感受。本文通过分析爱默生、梭罗及斯奈德三位美国自然文学作家对中国传统思想的接受与实践，阐发他们如何将中国传统的自然观念融入自身的自然书写中，进而与自然进行身心交流，并在此基础上进一步追踪中国传统思想中的自然观在美国的传播状况，从而凸显在人与自然和谐共生的命运共同体理念框架下文化多元化的重要性。

关键词： 美国自然文学　美国汉学　中国传统思想　命运共同体　文化多元化

美国自然文学开绿色写作之先河，以散文、日记等非小说形式思索人与自然的关系，以第一人称表述为主，以写实方式描述作者由文明世界走进自

* 基金项目：本文为北京市社会科学基金项目《生态文明价值导向下的美国自然文学研究》，批准号（18WXB007）、北京市教育委员会社科计划一般项目《美国自然文学中的女性作家作品研究》，批准号（SM201710038005）的成果。

然环境时身体和精神的体验，从17世纪的自然史书写开始，经过18、19世纪自然文学作家走入自然去寻求自我认识，逐渐发展为当代自然文学作家聚焦于人与自然的关系，试图在全球生态危机日益严重的现实情况下实现人与自然的和解。在发展过程中，美国自然文学不仅具有美国独特的新大陆特征，不可磨灭的欧洲思想影响，还受东方文化的浸润，因此，美国自然文学作家中不乏受中国传统文化影响进而在作品中有所呈现，甚至将一些生态理念付诸实践的作家。19世纪中期正是美国汉学确立时期，传教士对中国文化的研究与介绍带动了美国民众对中国传统思想的认识。拉尔夫·瓦尔多·爱默生（Ralph Waldo Emerson）和亨利·戴维·梭罗（Henry David Thoreau）为代表的美国自然文学先驱通过阅读翻译的儒家等经典来了解中国先贤的思想，这些早期美国自然文学作家受儒家、道家思想影响而在文本中体现出生态整体观等自然观念和思想；20世纪的加里·斯奈德（Gary Snyder）等自然文学作家作品中倡导的大地伦理、敬畏生命等深层生态思想，也是受到中国传统文化或间接或直接影响而进行的创造性接受。自然文学作家走入自然，通过人与自然亲密接触融入自然得到精神升华、心灵净化的美好体验，同时认识自然，实现人与自然和谐共生的生活实践也有明显的道家理念的烙印。本文聚焦爱默生、梭罗、斯奈德三位美国自然文学作家对中国传统思想的接受和实践，追踪中国传统思想中的自然观念在美国的传播情况的同时探索命运共同体理念框架下文化多元化的重要性。

一、中国传统思想中拒斥悲剧的生命观

西方当代学者约瑟夫·米克（Joseph W. Meeker）在《生存的喜剧：文学生态学研究》（*The Comedy of Survival*：*Studies in Literature Ecology*）一书中说道："拒斥悲剧的生命观对于结束人与自然之间漫长的灾难性争斗是必需的，拒斥对悲剧的渴求是避免生态灾难的重要前提。"① 米克认为无论是文学形式还是哲学态度，悲剧似乎一直以来就是西方文化的独特发明。悲剧文化强调的是对立冲突行为的结果，或者是对抗行为本身所带来的愉悦。从普罗米修

① Meeker W. Joseph，*The Comedy of Survival*：*Studies in Literature Ecology*，New York：Charles Scribner's Sons，1972，p. 59.

斯受难，俄狄浦斯王命中注定的罪恶，到《圣经》中的原罪都沉积为"反叛、对立、毁灭、死亡、救赎"的西方悲剧文化基础，从而形成"死亡的意义不断深化，而生命的意义不断淡化的悲剧情结"。而这种以牺牲生命为救赎代价的悲剧情结积淀了"人类轻视，甚至无视生态环境在场的心理，膨胀了人类高于自然万物、人类无所不能的人类中心主义意识"[①]。米克认为，在生态灾难面前，人类应该放弃对悲剧的盲目推崇，应该以喜剧的生存模式取代悲剧的生存模式。中国传统思想中主张整体的有机平衡、祥和安定，注重人与自然和谐共存拒斥悲剧的生命观恰恰就是米克所定义的喜剧范式。

现代生态伦理学的创始人之一，德国哲学家阿尔伯特·史怀哲（Albert Schweitzer）指出中国古代思想从对自然的观察中产生，认为天和地和谐地相互存在："地和天（或者阴与阳）并非互相对抗。光明和黑暗并不像查拉图斯特拉哲学那样作为善和恶在斗争中相对立。它们相互补充，并以此构成整个现实世界。"[②] 中国思想虽然承认自然力的二元存在，但并不主张二元对立，而认为互为补充的天和地是相互影响并以和谐的方式共存的，本质上是一体的，这就有别于西方二元对立的理性思想。但是，西方思想界也在反思中不断调整对自然的认识和态度。鲁枢元指出，在19世纪中叶，西方思想界的一些先知先觉开始了对工具理性的批评，对现代性的反思，开始了对工业时代科学技术的重新认识。因为他们发现从启蒙运动和工业革命以来的西方，由于自然与人文的分裂和对立，由于工具理性和科学技术至上思想的主导，西方社会现代化的发展迅速，但这却是以对大自然的无度掠夺为前提的，其结果是"造成了地球自然生态的衰败与相应的现代人精神生态的沦落"。在这一反思过程中，一些西方学者"开始以认真严肃的态度钻研中国文化，开始对中国古代圣哲表达由衷的敬意，开始从中国传统文化中学习如何与自然和谐相处"[③]。如普里戈金（I. llya Prigogine）指出："中国文明对人类、社会与自然之间的关系有着深刻的理解。近代科学的奠基人之一的莱布尼茨（Gottfried Wilhelm Leibniz），也因其对中国的冥想而著称，他把中国想象为文化成就和知识成就的真正典范"，"中国的思想对于那些想扩大西方科学的范围和意义

① 王宁《文学理论前沿》（第三辑）第153页，北京大学出版社，2006年。

② ［德］阿尔伯特·史怀哲著，常暄译《有大用的中国思想史》第72页，江苏人民出版社，2018年。

③ 鲁枢元《自然与人文》第4—5页，学林出版社，2006年。

的哲学家和科学家来说，始终是个启迪的源泉”。[①] 英国当代科学史家尼德海姆（J. Needham，1900—1995）在读过《庄子·在宥第十一章》后说：“请记住，当今人类所了解的有关土壤保护、自然保护的知识和人类所拥有的一切关于自然和应用科学之间的正确关系的经验，都包含在《庄子》的这个章节中，这一章和庄子所写的其他文字一样，看起来是如此深刻、如此富有预见性。”[②] 史怀哲在对西方人对待人与自然关系的观念进行反思时，对中国老子、孔子、孟子、墨子等思想家追求天人关系的和谐一致，把世界过程归结为追求伦理目标的世界意志，“强调人通过简单的思想建立与世界的精神关系，并在生活中证实与它合一的存在”表示敬佩和赞赏。他认为，这种思想以“奇迹般深刻的直觉思维”体现了人类的最高生态智慧，是“最丰富和无所不包的哲学”。[③] 中国传统思想在美国正式传播则始于19世纪初期，30年代美国汉学研究的开山鼻祖裨治文（Elijah Coleman Briclgman）创刊的《中国丛报》中就有对中国儒家文化和道家哲学思想的介绍。在美国自然文学作家中，儒家和道家思想中强调的人与自然和谐共生的生命观得到了普遍认同，主要体现在作家对儒家天人合一、仁爱万物的自然观和道家道法自然、崇俭抑奢观念的推崇和实践上。

二、万物合一、仁爱万物的自然观

中国传统思想对早期美国文学产生的重要影响主要体现在19世纪对以爱默生和梭罗为代表的超验主义者们的影响，他们通过美国早期的传教士对中国文化的研究和介绍获得了对中国的间接认识，而中国传统思想则“作为以改造人类社会为宗旨的道德哲学出现的儒家思想，经爱默生、梭罗等人的解读、契合、借用甚至误读，成为美国超验主义思想的内在组成部分之一”[④]。但是爱默生对中国的整体印象总的来说是负面的，他认为“中国的乏味在于

① 《自然与人文》第657页。

② 《自然与人文》第600页。

③ ［法］阿尔贝特·史怀泽著，陈泽环译《敬畏生命：五十年来的基本论述》第125—128页，上海社会科学出版社，2003年。

④ 刘略昌《梭罗与中国》第150页，九州出版社，2018年。

其无穷无尽的重复，无论是事件、人物甚至面孔，似乎都千篇一律”①。这种负面评价在当时并不是个别现象，而是19世纪欧洲主要思想家们对中国的普遍认知，他们认为当时的中国已经变成“一个自满自足、停滞不前、愚顽不化、腐败无能的综合物，深深地陷于历史的迷宫里”②。即使在这样的社会大背景下，爱默生还是将他的赞美之词献给了孔子。爱默生被他的传记作家称为“美国的孔子”，他对中国的兴趣主要是中国的儒家，通过阅读大量的翻译文字，他“很快便通过孔子深入到中国文化的核心”③。爱默生曾摘录了几十段《孔子》的译文，甚至从中选取了21段刊登在《日晷》上，而其中最吸引爱默生的是“宇宙的整体性、自然与人的和谐、人的整体性、伦理型与审美型的思维、沉思的气质，直观的认识方式”④。万物合一的宇宙整体性和自然与人的和谐在其著作《论自然》中有完美呈现：“站在空地上，沐浴在快乐的空气中，我仰头望向无尽的天穹——所有狭隘的自我消失了。我变成了一个透明的眼球。我什么都不是，我看到了一切。全能的上帝之流在我体内流淌，我是上帝的一个颗粒，是上帝的一部分。”⑤

在自然中，作者体验到个体与自然万物合二为一的整体性，自己不再是一个孤立的个体，而成为宇宙的一个颗粒。“我并不孤独，也不陌生。植物冲我点头，我也向它们致意。”⑥ 在对美的理解上爱默生也强调完整和谐的重要性，他认为自然是由各种形态构成的整体，衡量美的标准就是自然形态的统一，即“自然的一体完整性”，即“万物合一”。爱默生的追随者梭罗也秉承宇宙整体观，在《瓦尔登湖》中梭罗写道：“这是一个美好的黄昏，整个身体只有一种感觉，每一个毛孔都吸取着快乐。我奇异地在大自然中自由来往，已与大自然成为一体。”⑦ 爱默生和梭罗这一对美国自然文学的先驱虽然没有直接引用儒家思想中的自然观，但二人所持有的宇宙同一的整体观却受到了儒家思想的极大影响。

---

① 钱满素《爱默生和中国：对个人主义的反思》第176页，东方出版社，2018年。

② 《爱默生和中国：对个人主义的反思》第184页。

③ 《爱默生和中国：对个人主义的反思》第80页。

④ 《爱默生和中国：对个人主义的反思》第88页。

⑤ ［美］拉尔夫·瓦尔多·爱默生著，吴瑞楠译《论自然》第4页，中国对外翻译出版公司，2010年。

⑥ 《论自然》第5页。

⑦ ［美］亨利·戴维·梭罗著，王家湘译《瓦尔登湖》第130页，北京十月文艺出版社，2019年。

在美国当代自然文学作家中，深受中国传统文化影响的非加里·斯奈德莫属，他被誉为“深层生态桂冠诗人”，是著名诗人、散文家、环保主义者，对东亚传统文化研究颇深并深受影响，港台学术界研究斯奈德的专家钟玲认为“在对中国文化了解的透彻与全面性上，斯奈德在美国作家之中无人能比”①。中国的山水画、古代诗歌以及儒释道思想对斯奈德生态思想的形成起到了重要作用，他的作品中大量融入了中国的儒释道思想。其中东方生态伦理观倡导的人与自然的关系受到斯奈德的欣赏和推崇，他认为有别于犹太教、基督教等坚持的人与自然二元对立的关系，东亚文化主张人类一直是自然的一部分，自然犹如一个巨大的网，是一个不可分割的整体。斯奈德的作品充分体现了他的生态整体观，正如他的诗歌《砌石》中所写：“世界像无穷的/四维空间里/一局围棋。”整个棋盘中的棋子都独具功能，不可或缺，相互依存共同构成完整的一局棋，正如生态系统中的万物，彼此依赖共生共存，共同构成了生命与非生命的共同体。在《光的用途》一诗的结尾，斯奈德希望“人类站在更高的位置上，获得更深刻更清晰的视野，看看‘地球生命的共同体中优雅的成员’各自的作用，以及它们构成的这个完美的整体”②。值得一提的是，这首诗的结尾一句“如果你更上/一层楼/便会看到更远的千里”。引自中国古代诗人王之涣《登鹳雀楼》中的“欲穷千里目，更上一层楼”一句，足以看出中国传统文化对斯奈德深刻的影响。

儒家“中和”观主张对人对物均采取不走极端的宽容态度，提倡“仁爱万物”的理想，这一方面影响了古代中国人对人的态度，同时亦影响了对其他生命的态度，即尊重生命的伦理观。道家也主张人们应敬畏与热爱包括动物、在内的一切生命，不要轻视生命、暴殄天物。史怀哲指出，道教经典《感应篇》批判了为了取乐而进行的驱赶和宰杀动物的行为，提倡重视和善待其他生命：“慈心于物。——昆虫草木，犹不可伤。——射飞逐走，发蛰惊栖，填穴覆巢，伤胎破卵。——非礼烹宰。——劳扰众生。——春月撩猎。”③ 史怀哲进一步指出：“中国伦理学的伟大在于，它天然地、并在行动上同情动物。”④ 他认为《太上感应篇》所表达的思想是：“‘天（上帝）’

① 高歌、王诺《生态诗人加里·斯耐德研究》第51页，学林出版社，2011年。

② 《生态诗人加里·斯耐德研究》第156页。

③ 转引自《有大用的中国思想史》第235页。

④ 《敬畏生命：五十年来的基本论述》第75页。

赋予一切动物以生命，为了与‘天’和谐一致，我们必须善待一切动物。《太上感应篇》将喜欢狩猎谴责为下贱行为。它还认为植物也有生命，并要求人们在非必要时不要伤害它们。”① 正如雷毅所言：“道家思想已经超越了人类中心主义，而达到了一种生态平等主义和尊重生命与自然的伦理观。”②

深受中国传统思想影响的梭罗和爱默生假定了超灵魂的存在，认为人类不过是生态系统中的一个生态单位。所有自然的存在，包括人甚至石头，对于梭罗来说，都结合在一起成为一个整体。“我心目中的地球不是一种麻木的惰性的物质。它是一个实体，它有精神，是有机的和在其精神的影响下发生变化的，并且，在我身上无论如何都存在着那种精神的微粒。”③ 梭罗主张对宇宙采取更宽广的看法，他坚信所有的生物都是平等的，他认为植物、臭鼬甚至行星和星星都是围绕着他的平等伙伴。④ 面对当下日益严重的生态危机，斯奈德则提出了解决危机的重要路径——“保护荒野和保持野性”。他认为生态系统中的每个成员都是构成整体的特殊个体，都扮演着各自的角色，都是系统中平等的成员，荒野则是“近乎完美地合乎规则且自由自在，荒野展示了地球上动物、植物以及包括我们人类自身在内的丰富多彩的生活”⑤。斯奈德强调荒野是自然万物共同的家园，所有地球成员共同享有自然赋予的生存权利，人类要仁爱万物，不能以自我为中心而损害其他生物的利益。

三位作家对待自然界中其他生命的态度充分表明，在自然的整体生态关系中，人类只是众多物种中的一员，既不比其他物种高贵，也不比其他物种地位低下，因此，生物圈中的所有生物作为与整体相关的部分，由于自身具有的内在价值而拥有了平等地位。人类对于其他生命应该秉持敬畏的态度，因为在生态系统的生命网络中，每一个物种都构成网络中的一个联结点，生

① 《敬畏生命：五十年来的基本论述》第 73 页。

② 雷毅《深层生态学思想研究》第 76—77 页，清华大学出版社，2001 年。

③ ［美］唐纳德·沃斯特著，侯文惠译《自然的经济体系——生态思想史》第 106 页，商务印书馆，2007 年。

④ Bishop James Jr., *Epitaph for a Desert Anarchist, the Life and Legacy of Edward Abbey* , New York: Maxwell Macmillan, 1994, p. 223.

⑤ ［美］加里·斯耐德著，陈登覃琼琳译《禅定荒野》第 16 页，广西师范大学出版社，2014 年。

命彼此勾连，形成一个彼此呼应休戚与共的生命共同体。

三、道法自然、崇俭抑奢的行事准则

西方深层生态学对道家思想情有独钟，因为道家思想为它的理论提供了更有利的依据。道家主张人的行为要遵循“道”，正如老子曰：“人法地，地法天，天法道，道法自然”，[①] 其中的“道”就是指自然规律，作为自然整体之一部分的人的行为不要违反自然规律，才能达到人与自然的和谐共处。

斯奈德认为《道德经》已经清晰明了地阐释了中国早期文明中用“道或路”来描述自然和实践的过程，他对“道”有独特的理解：“‘道路’是指有迹可循，引领你去某地的‘线路’。”“汉字的‘道’本身就意指‘路、道、径或引领/遵循’。从哲学层面来看，‘道’指的是真理的本质和门径。”[②] 斯奈德深受道家的“合乎道”“无为”等观念的影响，他特别强调人在自然中要有恰当的行为，只有行为得当，“道法自然”，在很大程度上，“道”就可以引人抵达惊喜之境。斯奈德因此主张人们要关注自己的行为，不要忽视人类和其他生物之间的生态——经济链。斯奈德在《禅定荒野》一书中列举了由于人类不恰当的行为和生产方式在不同国家和地区对自然造成的伤害。比如，在地中海地区，由于不当的农耕方式导致栖息着各种野生动物的森林遭到越来越严重的破坏；在中国，随着农业的发展，低地阔叶林逐渐消失，“大约在3500年前大部分都已不复存在”。在美国西海岸商业化的森林从19世纪70年代开始砍伐，随着砍伐工具和运输工具的发展，砍伐规模居高不下，最终结果是西海岸低纬度地区的森林被砍伐殆尽。由于人类的行为不遵循自然规律，对自然造成了不可逆转的破坏，这不仅影响到人类的生存，同时也危及其他生物的生存。因此，斯奈德特别强调人类的行为要“合乎道”。此外，中国传统思想中关于保护土地及水资源的戒律，生态伦理的修身方法等也对自然文学作家产生了深远影响。道教提倡“见素抱朴，少私寡欲”，认为少私寡欲、崇俭抑奢、适度消费是十分必要的，主张人要控制自己过分膨胀的欲望，尊重自然的权利，不过分干扰和破坏自然，归于朴初、寡欲、和谐的自

① 罗义俊译注《老子》第71页，上海古籍出版社，2012年。

② 《禅定荒野》第164、165页。

然天性，这样，人能够远离物欲的膨胀与人性的异化，静心养性，达到“天地与我共生，万物与我为一”的境界，摆脱外物的诱惑，从而调节人与自然，人与社会，人与自我的矛盾，利于自然和社会的可持续发展。

梭罗深受中国传统文化中崇尚节俭的理念的影响，这可以在梭罗的瓦尔登湖畔简单生活观的实践中见到踪迹。从 1845 到 1847 年大概 2 年多的时间里，梭罗独自生活在瓦尔登湖畔，在那里他尝试着用自己的双手解决最为基础的生存需求，实践他的简单生活理念。他认为欲望和过度的需求占据了人们的时间和精力，使人活得像一架机器，“他们（人）被通常称为需求的一种命运的表象所支配”①，他劝诫人们思索什么是人的主要目标，当获得了生活必需品时，就不再需要过量的东西，这样的好处是人们可以从卑微的劳作中解放出来。梭罗要人们保持清醒和健康，主张降低需求，简单生活，他自己就是简单生活理念的积极施行者。梭罗选择了瓦尔登湖畔一处地方盖房子，他不断地践行着自己的简单生活观，不仅亲自动手盖好了遮蔽的木屋，而且还种植蔬菜和农作物来满足自己的日常食物需要，他从自己两年的实践经验中了解到，“获得必需的食物容易得令人难以相信，人可以和动物一样吃简单的食物，而仍然能够保持健康和体力”②。没有过度需求的简单生活的好处就是，梭罗从日常的劳作中解放出来，拥有了更多的时间去做一个自由的人。

斯奈德则强调“荒野”存在的重要性以及它和“自由”的关系。“一个人若想寻获真正的自由，就必须去体悟最简朴、最原生态的生活方式。世界是自然的，归根结底，也必然是野性的。”③ 他很欣赏和认同中国古代诗人“关心民生疾苦、简朴恬淡、与自然相融的个人生活”④。为了表达对中国古代诗人俭朴生活和崇高境界的敬意和向往，他甚至写下《仿陶潜》以及献给陆游的诗，并且在仿写中国诗人的诗作中加入自己的生活感悟和体验。在中国古代诗人中最受斯奈德推崇的是诗隐寒山，他翻译了二十四首寒山诗作，将寒山介绍到美国，使寒山成为当时美国青年人的偶像，同时寒山以天为幕以地为席，徜徉在大自然中的生活方式也引起美国青年的强烈兴趣，成为他们所向往的生活。斯奈德本人则游走在森林和大山中，去探索和感受自然，

---

① 《瓦尔登湖》第 54 页。

② 《瓦尔登湖》第 60 页。

③ 《禅定荒野》第 5 页。

④ 《生态诗人加里·斯耐德研究》第 130 页。

将自然视为自己真正的家园。对于自然的热爱使得斯奈德自己过着俭朴的生活，同时批判现代消费社会人类超常的物质欲求和过度消费，因为人类的不恰当行为给自然带来了额外负担，产生的恶果超出了自然的承载能力。

通过分析美国三位自然文学作家对中国传统思想的接受和实践，可以看到作为汉学一部分的中国传统思想中的自然观念在美国的传播，同时看到文化互鉴的益处及文化多元化的必要性。随着全球文化交流的日益增多，文化上的趋同性和多样性同时存在，但全球化的一个极致却是试图使所有文化失去本土化，达到所谓的文化大一统，以便安全交流。实际上，文化的趋同化、单一化最终必然导致生态多样性的丧失，给自然生态造成毁灭性的打击，将人类引向生存危机。[①] 因为人类的文化范式影响到对自然的态度，生态危机的根源是意识形态的危机，“是人类文化或文明的危机”[②]。不同文化的异质性可以在观念上互补，这有利于人类文明的健康发展。作为世界遗产的东亚文明博大宽宏、严于律己、关爱自然，东方文化的博大精深，可以弥补西方人本主义和科学的不足，超出了区域和种族界线，超出了物种界线，为危机中的世界带来希望。因此，保护文化多样性就是保护生态多元性。

在全球生态危机日益严重的当下，西方学者重拾对中国传统思想中自然哲学的关注，尤其是身居海外的一批当代新儒家开启了“新儒家人文主义的生态转向”。哈佛大学教授杜维明指出这一转向“对于中国精神的自我认同具有重大意义，因为它敦促中国重新发现自己的灵魂，对全球共同体可持续发展的未来也有深刻的意义”[③]。基于中国传统思想的现实意义以及全球生态现状，中国提出了建设生态文明和命运共同体的构想，主张人与自然、人与人、国与国之间和谐共生，携手共进。针对未来世界文化的发展取决于全球化与本土化之间的张力和互相制约的实际，中国学者王宁首次在中国语境下提出了“全球本土化”（glocalization）的策略，即弱势文化要强化民族立场和民族精神，坚守全球视野下的本土策略，把握世界文化发展大势，以独立的文化主体身份融入世界文化发展潮流，发挥民族文化自身的特长和优势。

（*石海毓　文学博士，首都经济贸易大学外国语学院副教授*）

① 《西方生态批评研究》第 178 页。

② 《西方生态批评研究》第 172 页。

③ 《自然与人文》第 6 页。

美国汉学家康达维的赋体诵读本质观探究

刘　倩

摘　要：赋、诵关系是历代赋学研究者探讨的重要话题之一，较普遍的观点是诵为赋在传播方式上的特点。赋体诵读本质观是美国汉学家康达维的创新性提法。在其赋学研究之初对赋体进行界定时，康达维便指出诵读是赋的主要特征，并通过对赋字意义演变过程的探索，进一步将诵读阐释为赋体的本质特征。此外，他还在“不歌而诵谓之赋”与“敷布其义谓之赋”的比较辨析中重申这一观点的合理性。康达维的这一提法标新立异，对于进一步厘清赋与诗的关系、推动中西赋学研究的发展具有十分重要的意义。

关键词：康达维　赋体　诵读　本质观

赋、诵关系是历代赋学研究者所探讨的重要话题之一，如朱光潜指出“赋可诵不可歌”①，骆玉明认为“赋之命名，取义于诵”②，马积高强调“赋是一种不歌而诵的文体”③。他们的观点主要根据班固《汉书·诗赋略序》中“不歌而诵谓之赋”一句而来，对诵较为普遍的认识是指赋在传播方式上的特点。作为现代西方最具影响力的赋学研究者，康达维（David R. Knechtges）在从事赋体研究之初便关注到了这一问题，他不拘泥于中国赋学界的传统说法，创新性地提出了诵读为赋体本质的观点。康达维这一观点产生于对赋体的界定工作中，论述他的观点之前，有必要对早期汉学家的赋体定位观进行系统梳理，以求在历史的语境下准确把握康达维赋体诵读本质观的思想内涵。

---

① 朱光潜《诗论》第203页，生活·读书·新知三联书店，1984年。

② 骆玉明《论“不歌而诵谓之赋”》，载《文学遗产》1983年第2期。

③ 马积高《赋史》第6页，上海古籍出版社，1987年。

一、赋体定位众说：赋体诵读本质观的背景与提出

在中西文体缺类导致“阐释赋这个类型使学者们感到困惑”[①] 的情况下，仅从汉学家对“赋”的定位入手，便可清晰探知他们的赋体观。早在19世纪初，英国传教士罗伯特·马礼逊（Robert Marrison，1782—1834）在《华英字典》（*A Dictionary of the Chinese Language*）中便对赋体进行了界定，他将“赋”译作“foo”，释为“铺陈散化的诗歌”[②]，这应该是西方学者对这一文体最早的阐释性说法。20世纪初，英国翻译大师亚瑟·韦利（Arthur Waley，1888—1966）在译著《古今诗赋》（*The Temple and Other Poems*）中将“赋”译作“fu”，指出“‘赋’是文学性诗歌的名称”[③]，至此，“赋”属于诗歌成为西方赋学研究者普遍认可的说法。随后，法国学者马古礼（Georges Margouliès，1902—1972）在《〈文选〉中的赋》（*Le “Fou” dans le Wen-siuan*）一书中更是明确给出了“赋”是兼具“叙述色彩”与“诗歌特点”[④] 的体裁这一定义。在欧洲赋学研究的推动下，美国学界也开始关注这一话题，哈佛大学的海陶玮（James Robert Hightower，1915—2006）教授认为“称之‘赋’的诗体可以被视为骚体诗的一个发展”[⑤]，既认可了西方汉学家“赋”属于诗的观点，又指明了赋与骚的关系。

在欧美赋体定位思想的长期浸淫下，特别是在导师海陶玮的引导下，康达维根据赋“不歌而诵”的特点，在西方传统诗学中为“赋”找到对应的文体名——rhapsody。“rhapsody”译作“狂诗”，来自于古希腊语，是古希腊时期一种由大臣或宫廷诗人进行吟诵或即兴创作的史诗。康达维认为“在汉代，诗人开始写以赋为标题的作品，显然这些诗被称之为赋是因为它们一般是用

① John K. Fairbank (ed.), *Chinese Thought and Institutions*, Chicago: University of Chicago Press, 1957, p. 310.

② ［英］马礼逊著《华英字典（第三卷）》第423页，大象出版社，2008年。

③ Arthur Waley, *The Temple and Other Poems*, London: Allen & Unwin, 1923, p. 14.

④ Georges Margouliès, *Le “Fou” dans le Wen-Siuan*, Paris: Paul Geuthner, 1926, p. XVII.

⑤ James Robert Hightower, *Topics in Chinese Literature*, Cambridge: Harvard University Press, 1965, p. 26.

来诵读的。”[①] 赋之所以可以译为“rhapsody”，就在于它具有诵读的特点。同时，他也承认：“尽管一些赋具有史诗的特点，赋当然不完全是史诗，但它呈现的媒介与狂诗类似。”[②] 狂诗并不能完全定义赋。然而，不可否认的是，采用西方诗学中的相似文体来翻译“赋”，能够拉近了西方人与赋体的距离，使他们从心理上不再排斥这种晦涩难懂的文体，进而有利于中国古代辞赋在国外的传播。随后，在《论赋体的源流》一文中，康达维指明“文体‘赋’之所以称之为‘赋’”“在其能诵读的本质”[③]，由此，赋体的诵读本质观正式被提出。

由以上发展过程可以看出，美国汉学家康达维的赋体诵读本质论是在西方赋学界无法为赋找到“英语对等词”[④] 而采用传统二分法对其进行定位的背景下提出的。他找到赋的主要特点——诵读，并以此为媒介为赋找到西方文学中的对应文体，解决了文体缺类给西方赋学研究带来的困难，推动了辞赋在海外的传播与接受。

二、赋体诵读本质观何谓

1. 赋义演变，与诵相通

诚如夏静教授所言“在研究方法上，汉学家们更注重利用新方法从某一特定的角度作复原式研究”[⑤]。在中国考据学与欧洲实证主义双重学术传统的影响下，康达维采用两者相结合的赋学研究范式，从“赋”字意义演变的历程阐释了赋在成为文体名之前与诵之间的关系即诵成为赋文体本质特点的过程。

“赋”与“敷”“铺”“布”同义。从字源学的角度来看，赋字最初写法为“”，战国时期字形由上下式调整为左右式，为“”，由贝、武两部分

① David R. Knechtges, *The Han Rhapsody: A Study of the Fu of Yang Hsiung (53B. C. -A. D. 18)*, Cambridge: Cambridge University Press, 1976, p. 13.

② *The Han Rhapsody: A Study of the Fu of Yang Hsiung (53B. C. -A. D. 18)*, pp. 13-14.

③ [美] 康达维《论赋体的源流》，载《文史哲》1988 年第 1 期。

④ [美] 郝大维、[美] 安乐哲著，何金俐译《通过孔子而思》第 44 页，北京大学出版社，2005 年。

⑤ 夏静《礼乐文化与中国文论早期形态研究》第 37 页，中华书局，2007 年。

组成。在甲骨文中，贝为是贝壳的象形符号；商朝时，贝壳被用作货币，赋字以贝为偏旁，显然与财物有关。《说文解字》中释义为：“赋，敛也。”① 加之瑞典汉学家高本汉（Bernhard Karlgren，1889—1978）的《古汉语字典》（*Grammata Serica Recensa*）之影响，康达维认为，“赋”最初的意思是“征赋”。他认为，征赋演变为赋体始于赋字意义的延伸。康达维指出，早期的赋可以与同音字“敷”替换使用，进而延伸出了“铺”“申”“陈”之义；因同样具有“申”“陈”之义，赋又与同音系字“铺”“布”产生了语义上的联系。据考证，赋、敷、铺、布为近声近义字，《毛传》曰“赋，布也”②，《毛诗笺》云“使群臣施布”③，说明赋即“布”义；《左传·僖公二十七年》云“赋纳以言，明试以功，车服以庸”④，《尚书·益稷》又云“敷纳以言，明试以功，车服以庸”⑤，可见，“赋”通“敷”。《文心雕龙·诠赋》篇说“赋者，铺也”，认为“赋”“铺”相通。因此，王念孙在《广雅疏证》中总结：“赋、布、敷、铺，并声近而义同。”⑥

康达维认为，正因具有了申、陈之义，在汉代以前，赋被用于宫廷中的赋诗活动。他指出在汉代以前，常有赋诗活动，《左传》中多有记载。《左传》文公十三年：“郑伯与公宴于棐，子家赋《鸿雁》，季文子曰：‘寡君未免于此。’文子赋《四月》，子家赋《载驰》之四章，文子赋《采薇》之四章，郑伯拜，公答拜”。篇中《鸿雁》《四月》《采薇》出自《诗经·小雅》，《载驰》出自《诗经·国风·鄘风》。可见，“尚文”思想“对于中国文学教化传统的形成有着根源性的影响”⑦，引《诗》来表情达意成为当时宫廷生活中一种风尚。此外，康达维还注意到《左传》中也有不属于《诗经》的即席创作诗。由此，他指出“赋诗”有两种方式：一是对已有诗作（主要来自《诗经》）的吟诵，二是即席创作诗歌。这正契合了东汉郑玄“赋者，或造

---

① （汉）许慎《说文解字》第131页，中华书局，2009年。

② （清）阮元校刻《十三经注疏》第568页，中华书局，1980年。

③ 《十三经注疏》第568页。

④ 杨伯峻《春秋左传注》第445—446页，中华书局，1990年。

⑤ 《十三经注疏》第143页。

⑥ （清）王念孙撰《广雅疏证》第386页，上海古籍出版社，1983年。

⑦ 夏静《中国思想传统中的文学观念》第20页，生活·读书·新知三联书店，2017年。

篇，或诵古”[①] 的观点。又《左传》昭公十二年记载：“宋华定来聘，公享之。为赋《蓼萧》，不知，又不答赋。叔孙昭子曰：‘必亡。’”[②] 康达维推断正如孔子“不学《诗》，无以言”（《论语·季氏》）观点强调的那样，诵诗与即席创作能力是那时衡量官吏合格与否的重要标准。

基于此，康达维指出：“‘赋’字也可解作‘诵’的意思。”[③]《国语》有云：“故天子听政，使公卿至于列士献诗，瞽献典，史献书，瞍赋，蒙诵，百工谏，而后王斟酌焉。”[④] 康达维认为这一段中的“赋”和“诵”用法相近，均取“朗读”之义。又韦昭注：“瞍赋公卿列士所献诗也。”[⑤] 郑众解释：“故《国语》曰‘瞍赋瞯诵’，谓诗也。”[⑥] 由此可知，瞍赋与蒙诵在这里用作互文，意义相通。诚然，“赋”“诵”相通古来有之，同为诵读之义。如《楚辞·招魂》中：“人有所极，同心赋些。”王逸注曰：“赋，诵也。”[⑦] 此外，康达维又指出赋是“用于一种与歌不同的特殊背诵方式，这种背诵方式被称为诵，在西汉文本中一般是指不配乐的吟诵或诵读”[⑧]。“《春秋》三传中记载赋诗言志的活动共计有八十三次。”[⑨] 通观赋诗言志活动各例，赋字在句中之意均为口头上的朗诵，即诵读。可见，具有诵读之义的赋是“在赋诗言志的活动中演变而来的”[⑩]，自此，赋与文学建立了紧密的联系。

2. 赋诗到赋体，诵读为介

康达维认为诵读是“‘赋’字由动词转到名词用法的中间过程”[⑪]。在汉代以前，“赋”是一个动词，主要是用来指在宫廷中诵读诗篇，随着其内涵的不断丰富，“在某一无法确知的时刻，赋变成了一种可诵读诗作的代名词”[⑫]。

---

① 《十三经注疏》第 1724 页。

② 《十三经注疏》第 2016 页。

③ 《论赋体的源流》，载《文史哲》1988 年第 1 期。

④ （春秋）左丘明《国语》第 3 页，岳麓书社，1988 年。

⑤ 徐元诰《国语集解》第 11 页，中华书局，2000 年。

⑥ （清）孙诒让《周礼正义》第 1865 页，中华书局，2013 年。

⑦ （宋）洪兴祖《楚辞补注》第 213 页，中华书局，1983 年。

⑧ *The Han Rhapsody：A Study of the Fu of Yang Hsiung（53B. C. -A. D. 18）*，p. 13.

⑨ 叶幼明《辞赋通论》第 7 页，湖南教育出版社，1991 年。

⑩ 孙晶《汉代辞赋研究》第 59 页，齐鲁书社，2007 年。

⑪ 《论赋体的源流》，载《文史哲》1988 年第 1 期。

⑫ *The Han Rhapsody：A Study of the Fu of Yang Hsiung（53B. C. -A. D. 18）*，p. 13.

分析可知，“可诵读诗作的代名词”的说法蕴含三层含义：一是赋的词性发生了变化，成了名词，即“赋”完成了从一个动词到一种文体的转变过程；二是赋与文学建立联系之初只是诗的一种诵读方法，并不具备新文体的特征，由于这些作品经常被用来吟诵，在汉代诗人的创作中开始出现标题中带有“赋”字的作品；最后，赋是一种诗作，康达维认为班固“赋者，古诗之流也”① 的说法在中国古代是最具代表性的，他结合龚克昌教授对这一观点的解读，表明自己认同“赋是属于诗歌一类的作品”② 之观点。其中，第三层含义不仅涉及赋与诗的联系，进而也引发了对二者区别进行探讨的话题。康达维在《扬雄赋研究》一书开始也曾试图对这两种文体进行区分，诚如韦利所言“区分赋的显著标志是它是不歌而诵的”③，他认为诗、赋区分的界线在于赋“不歌而诵”的本质特征。清代批评家刘熙载在《艺概》中曾指出：“赋不歌而诵，乐府歌而不诵，诗兼歌、诵。”④ 将歌、诵作为诗、赋区分的主要标准。马积高也在《历代辞赋研究史料概述》中强调“以赋的不歌而诵与诗相区别”的观点。由此可知，“赋字始用于文学指‘不歌而诵’之谓”⑤，赋体有别于诗体亦在于“不歌而诵”之谓，诵读是贯穿于“赋”从赋诗言志到赋体名称的整个转变过程中而没有发生变化的特点，也是赋成为一种独立文体的标志性特征。

此外，康达维猜测，“赋”字出现在篇名之初，尽管成为篇名的一个组成部分，表面上看似名词，但此时篇名中的“赋”字仍然是动词，为“诵读”之义。并以《子虚赋》与《怀沙赋》可称为《子虚之赋》《怀沙之赋》为例，来论证此时的“赋”意为对其中篇章的“诵读”。然而，尽管“赋”字出现在篇名时，文体的赋尚处于发展的初级阶段，但不能因为事物处于不成熟阶段就去否定其根本性质，赋体既然可以作为“一代之文学”与其他各期代表性文体并立，就表明篇名中之赋是名词而非动词，已然具有了文体学意义。由此来看，康达维为了凸显其赋体诵读本质观而将篇名中的“赋”字释为“诵读”之义的做法是有失偏颇的。

---

① （梁）萧统编，（唐）李善注《文选》第1页，上海古籍出版社，1986年。

② 龚克昌《汉赋研究》第209页，山东文艺出版社，1990年。

③ *The Temple and Other Poems*, p. 15.

④ （清）刘熙载《艺概》第76页，上海古籍出版社，1978年。

⑤ 张清钟《汉赋研究》第1页，台北：台湾商务印书馆，1975年。

3. 赋颂相通，取义于诵

康达维认为，汉代赋、颂相通现象的出现是赋体诵读本质使然。首先，赋在作动词使用时便具诵读之意。康达维猜测“赋”字大约是从公元前3世纪开始使用的一种文学用语，《楚辞·大招》篇中“投诗赋只”和《韩非子》篇中“先王之赋诵”的“赋”字初具文学意义，作动词用，意为诵文。其次，“颂”与“诵”通。康达维指出《孟子·万章下》曰：“颂其诗，读其书。不知其人可乎?”①，这里的“颂”通“诵”，意为诵读。诚然“诵颂二名，声近通用，经典多有”②。在中国古代典籍中，“颂”“诵”相通以及探讨近声字“诵”“颂”关系的例子不胜枚举。清朝朱骏声曰：“颂，诵也。此四始之本字。”③ 文中“颂”便是取诵读之意，其实，“颂”的本义即为“诵”，颂美之意等都是后起之意。可见，以“颂”来命名作品，起源于“诵”的诵读之意。因此，康达维认为，以“颂”命名的作品意不在颂，而在诵读。如屈原的《橘颂》以及《管子·牧民》篇中的《国颂》，东方朔的《旱颂》，“颂”字的意思都不是颂赞上德，而是对作品的诵读。

由此可知，诵读是赋与颂建立联系的桥梁。汉代“赋”“颂”在名称上互用的情况多有发生，如司马相如的《大人赋》和王褒的《洞箫赋》，又分别被称为《大人颂》和《洞箫颂》。《汉书·王褒传》中记载：“太子喜褒所为《甘泉》及《洞箫》颂。”称《文选》中题为《甘泉赋》《洞箫赋》的赋为颂，也是取诵读之义，并无赞扬颂美的意思。如康达维一样，中国学者也注意到了这个现象，并对此做了深入的研究。程千帆通过分析《汉书》，指出《诗赋略》中“刘向赋三十三篇中有《高祖颂》，王褒赋十六篇中有《圣主得贤臣颂》《甘泉宫颂》《碧鸡颂》，又李思有《孝景皇帝颂》十五篇，荀赋之属，则颂亦赋也”④。此外，由于“赋”是当时的代表性文体，在汉赋中很多原名为“颂”的作品也被改称作赋。如杨雄的《羽猎赋》，文章开头几句简单的议论之辞以后，便以“遂作颂曰”引出全文；班固的《两都赋》序中曰“奚斯颂鲁”，道出“颂鲁”的成文目的。序文中既然明确说是“作颂”，那么作品以“颂”命名才更为合理。再者标题称“赋”，而文中用“颂”，这就

① 杨伯峻译注《孟子译注》第251页，中华书局，1988年。

② 刘永济《文心雕龙校释》第31页，中华书局，1962年。

③ 朱俊声《说文通训定声》第450页，中华书局，1984年。

④ 程千帆《程千帆全集（第七卷）》第211页，河北教育出版社，2000年。

造成了标题与内容说法的不一致性，并不符合惯常的行文规则。

此外，中国古代文学中赋颂连用指一种文体时，亦取义诵读。康达维指出在《汉书》中赋颂并称的现象比较常见，如《淮南衡山济北王传》中“每宴见，谈说得失及方技赋颂，昏莫然后罢”；《枚乘传》中“诙笑类俳倡，为赋颂好嫚戏”；《严助传》的“有奇趣，辄使为文，及作赋颂数十篇”。从这些记载可以看出，赋作家们在宴席上，为制造幽默诙谐的气氛，常将奇趣之事，作成嫚戏之文。康达维认为《论衡·定贤》篇中：“以敏于赋颂为弘丽之文为贤乎？则夫司马长卿杨子云是也。”[①] 没有符合颂体“美盛德而述形容”[②] 特点的内容，并由此推断，赋颂并称与“颂”文体无关，而是单指赋体，“赋颂”取意“赋诵”。

由以上可知，美国汉学家康达维对赋体诵读本质观的阐释是全方位的。他首先从赋字意义入手，通过赋义的演变考究“赋”“诵”关系，指出赋与文学建立紧密联系在于其诵读的特点。通过对“赋”字由动词转变为文体名过程的解读，探究赋、诗区别，证实诵读在赋诗到赋体转化中的媒介性作用，进而指明诵读是赋脱离诗而成为一种独立文体的标志性特征。最后，康达维还以诵、颂关系为例，进一步证实了诵读的特点在赋与其他文体建立联系时所发挥的作用。可见，将诵读作为赋体一以贯之的本质特征是具有其合理性意义的。

三、对“不歌而诵谓之赋”与“敷布其义谓之赋”的思考

康达维认为中国古代文学中六义之赋与文体之赋概念上的混淆现象是造成人们对赋的本质特征认识不清晰的主要原因，为厘清二者关系，他对“不歌而诵谓之赋”与“敷布其义谓之赋”的含义进行了专门的辨析。首先，康达维认为，刘歆给赋下的“不歌而诵谓之赋”的定义意在说明“赋”不同于歌，是一种特殊类型的吟诵方式，特别是在汉代以前，特指不伴乐的吟诵。他指出此时的“赋”作动词用，取“敷”“陈”的意思，指口头上的陈述，通“诵”义，即诵读。康达维指出由这一定义可以看出，早期“赋”的特色

① 刘盼遂《论衡集解》第546页，中华书局，1957年。

② （南朝梁）刘勰著，范文澜注《文心雕龙注》第156页，人民文学出版社，1962年。

在于以口述、背诵的方式来赋诗。随着赋诗言志活动的风靡，“赋”逐渐成了这种可诵读作品的代名词，文体的赋产生。然而，康达维指出刘歆给“赋”所下定义主要是强调其功能，而没有涉及其文学体裁的性质，这就造成了后世文学批评家们不采用刘歆说法，而是用音近义通词去定义“赋”的现象出现。因而，《释名》中出现了“敷布其义谓之赋”[①] 的说法来定义赋，意在用“敷”“布”“铺”来解释赋。这里的“赋”为诗之“六义”之一，如《毛诗·关雎序》云：“故诗有六义焉：一曰风、二曰赋、三曰比、四曰兴、五曰雅、六曰颂。”[②] 这便出现了所谓的六义之赋。

康达维发现各类典籍中给“赋”所下定义，一般都取义“六义”之赋，即“敷布其义谓之赋”。诚然郑玄注《周礼》中：“赋之言铺，直铺陈今之政教善恶。”挚虞在《文章流别论》中指出：“赋者，敷陈之称，古诗之流也。”[③] 两种说法均从“赋”之“敷”“铺”的角度出发，来阐释“赋”。特别是刘勰《文心雕龙·诠赋》篇中“赋者，铺也，铺采摛文”[④] 的观点，因其论述更为精确，而被认为是最权威的说法。这一观点亦是取“赋”之“铺”义，这里的“赋”来源于《诗经》中的“六义说”（“六诗说”）。然而，鉴于“六义”之赋是一种以“直铺陈”的方式修辞作文的技巧，康达维认为这些定义中的赋也不是针对文学体裁而言的，而是对客观事物进行直接描述的一种方法，是立足于赋为写诗为文的表达方式，可将其释为敷陈。赋与《诗经》中比、兴的写作方法均属于表现方式的范畴，这便产生了以风、雅、颂为体裁，以赋、比、兴为表现手法的说法。正如万光治先生所言：“赋既然可与敷相通假，又最早语言表述方式发生关系，后人很自然地用它来概括文学中陈述性、叙事性、描绘性手法，并进一步用它来称谓以上述手法为主要特征的文体。”[⑤] 赋体创作一般是以一种铺陈的方式写景叙事，这就出现了文体的“赋”与诗义的“赋”意义区分不清的现象，进而引发了“诵读”与“铺陈”何为“赋”之本质属性的争论。

---

① （东汉）刘熙撰，（清）毕沅疏证，王先谦补，祝敏徹、孙玉文校点《释名疏证补》第 213 页，中华书局，2008 年。

② 《十三经注疏》第 271 页。

③ （清）严可均校辑《全上古三代秦汉三国六朝文·全晋文》第 1905 页，中华书局，1985 年。

④ 《文心雕龙注》第 134 页。

⑤ 万光治《汉赋通论》第 7 页，巴蜀书社，1989 年。

康达维认为，“六义说”中的“赋”是诗义的“赋”，强调的是“赋”具有铺陈的特点，而文体“赋”的产生在于“赋”可诵读的本质。他指出鉴于早期《诗经》注疏中对“赋”字意义的注解较为含混，无法确定“六义”或“六诗”是否为汉代以前的名称，也就不能断定是文体的赋是否来自于诗义。康达维认为如果东汉晚期郑玄对“六义”之“赋”的解释是关于这一问题的最早说法的话，那么很可能是文体的赋影响了“六义”中“赋”的定义。在东汉时期“赋”已经是当时社会上盛行的一种主流文体了，郑玄等人也是自那时才开始注“六义”或“六诗”的，若说他们的对“六义”的注解受文体赋铺陈的艺术特征影响，这也是有可能性的。康达维由此推断，在赋变成一种文体名之初，“铺陈”可能不是诠释“赋”最相关、最切题的意思。此外，康达维还指出以音近字来解释“赋”是东汉六朝以后才开始的，是在“赋”文体已经成熟的情况下才出现的，因此诵读才是赋的本质属性。

由此可见，对“不歌而诵谓之赋”与“敷布其义谓之赋”两定义具体含义的深入思考与辨析对于厘清文体之赋与六义之赋的区别具有十分重要的意义。前一说法出现时间较早，来自于赋诗言志活动中，从探源与文体发展的角度来看，是对于文体之赋的界定，所强调的赋体诵读本质观也是值得认可的。后一提法则相对较晚，意在突出“铺陈说”对“赋”之本质界定的影响，但从文体产生的过程来看，这并不是贯穿整个过程的主要特点。然而，康达维提出的文体的赋影响“六义”之赋的观点是需要商榷的。尽管郑玄他们在注释“六义”之赋时，赋文体已经十分成熟，其思想观念在一定程度上受到主流文学的影响，但是对“六义”之赋的注解属于对诗体特征的定义，主要依据还是诗的特点，因此文体的赋影响“六义”之赋定义的说法并不十分准确。

结　语

尽管赋学界中强调赋体“不歌而诵”特点的学者古来有之，但是将诵读上升为赋体的本质观却是康达维的一大创新性提法。通过这一观点提出的背景与过程、康达维对此观点的阐释以及对中国早期两个赋体定义的思考来看，赋体诵读本质观的提法与界定是非常准确与谨慎的。据史料记载，西汉最著名的两位辞赋家司马相如与扬雄都因口吃不能诵读（《史记》记载司马相如

"口吃而善著书",《汉书》记载扬雄"口吃不能剧谈")。尽管没有相关的文献资料可以证实，但是康达维猜测，他们的赋作可能是由别人代之诵读的。由此可以推断，他们的赋作并不仅是口头文学的形式，而是已经走向了书面化，开始与书面文学相联系。日本学者清水茂也认为:"汉武帝时代的辞赋欣赏法，就是'颂赋'与'看赋'并驰。以后辞赋的口头文学性越来越小，而书面文学性越来越大"。[①] 鉴于此，康达维准确指出"'赋'的本义是'诵'","文体的'赋'之所以称之为'赋'"在于赋的诵读本质。字面上来看,"赋"的本义，即"赋"原本的意义,"赋"在成为文体名之初，的确是从诵诗而来的；而文体的"赋"称之为"赋"，也是指"赋"成为文体名之初，赋体脱离诗体的标志为诵读，这也是前面已经论证的。此外，在辨析"诵读"与"铺陈"何为本质时，康达维采用的说法是"当'赋'最初变成一种文体名时"，没有否定"铺陈"在后期成为赋的主要特征甚至是本质特征的可能性。正如他所认为的赋体名的译法随着赋的发展变化需要调整一样，康达维将赋体的诵读本质观限定在赋体产生之初的提法也是非常谨慎的说法。

同时，康达维赋体诵读本质观的提出也具有十分重要的学术性意义。首先，赋"为古诗之流"，意味着赋体属于诗歌，具有诗歌的特点，然"赋自诗出，分歧异派"，说明赋体自成一派，与诗体又有区别。康达维诵读本质观的提出，突出了赋体的本质属性，打破了西方学者诗、赋文体概念不清的困境，对于清晰区分诗、赋关系以及推动赋体的海外传播与接受都具有非常重要的作用。其次，康达维赋论的提出是建立在西方汉学家诸如马礼逊、韦利等的研究基础之上的，其诵读本质观的提出标志着西方赋学研究进入了一个新的发展阶段；同时，康达维以他者的眼光阐释中国传统文学，提出的观点建立在传统赋学研究的基础之上，却又不拘泥于前人说法，他的提法标新立异，对于促进国内赋学研究的创新性发展具有十分重要的推动作用。

（刘倩　首都师范大学文学院博士）

① ［日］清水茂《清水茂汉学论集》第232页，中华书局，2004年。

·加拿大汉学研究·

加拿大传教士汉学的启蒙和发展（下）

——怀履光与中国研究院的建立和发展*

龙宇飞　［加拿大］甘露

摘　要：20世纪初以降的加拿大汉学启蒙于传教士汉学，其鲜明的考古学特色独树一帜。本文以加拿大传教士怀履光为研究对象，以多伦多大学东亚系史料为依据，梳理多伦多大学中国研究院的起承转合。通过该研究，厘清加拿大传教士汉学的萌芽、发展及向专业汉学的嬗变，同时以史实说明传教士汉学中内在的宗教逻辑。

关键词：加拿大汉学史　传教士　怀履光

在加拿大汉学史中，不能越过的是怀履光主教（Bishop White）②。对他的评价褒贬不一。一方面，一些学者因他把8000余件中国文物运到加拿大皇家安大略博物馆的行为感到愤慨。而另外一些学者指出，当时中国内忧外患，军阀割据，民间盗墓行为严重，文物保护形同虚设，如果没有怀履光，很多文物就会被损毁殆尽。本文不做道德判断，仅聚焦怀履光在加拿大汉学史中的地位与作用。希望能给学界一个更全面认识怀履光的视角。

怀履光（William White）对加拿大汉学的贡献，不止于对考古和中国犹太人研究，更主要的是，他催生了多伦多大学“中国研究院”的诞生。

在为博物馆收集文物的同时，怀履光愈发感觉到中国的文化魅力将吸引

---

*　本文为国家社会科学重大项目《多卷本〈中国文化域外传播百年史〉》阶段性成果（项目批准号：17ZDA195）［论文类］。

②　加拿大人称他为怀特主教，他是加拿大大主教按立的第一位主教，也是当时最年轻的主教之一。中国开封是他的主教教区，在他的主导下，中国基督教本地化进程才得以滥觞。

更多西方人的目光——他们不仅仅会到博物馆参观，还会进行学术研究。在写给柯雷利（Charles Trick Currelly）[①] 的信中，

> 他经常表达出对一个涉及博物馆与大学的研究项目的浓厚兴趣。他提到了研究型图书馆的必要性，并写道，他越来越关注对华北人的民族学研究的可能性，以及他们与欧洲的关系，他相信，在不久的将来，这将成为一个重要的学术领域。他相信，中国艺术在欧洲和美国的吸引力会越来越强，在艺术史领域会变得越来越重要。1929 年，他也曾以这种方式与科迪校长通信，科迪是该大学的董事会主席。1931 年，怀特在多伦多时，科迪曾要求他准备一份有关所有中国研究的课程备忘录。[②]

1932 年，怀履光在给科迪（Henry John Cody）[③] 博士的回信中，明确表达了到多伦多大学任教的意愿："我的生活非常充实、忙碌和令人满意，然而如果我在加拿大工作，尽管难度很大，但比目前在中国的工作具有更深远更重要的意义，如果我去多伦多大学工作，这将是一个为加拿大服务的难得机遇，我很愉快与您共事。"[④] 随后的信件中，怀履光对汉学的未来发展进行了详细的规划。他甚至计划为汉学系的东方学生建造一个"东方书院或礼堂"来营造家的氛围。他认为：鉴于加拿大与远东未来数年之间的商业活动不断增加，设立这样一个部门十分重要。因为建立这个部门可以被中国理解为友好和同情的姿态。作为加拿大的第一门汉学课程，它将有利于向加拿大青年介绍中国。在他设想的汉学系中，包括对汉学和日本学，重点放在汉学上，以满足由于交流的增加以及中国人民观念的根本变化，所导致的更深入理解中国的需要。他建议汉学教授同时担任安大略皇家博物馆中、日语系的管理者，这样他可以协助博物馆馆长的工作。他还设计了相关课程，并提出为中

---

① 柯雷利，加拿大牧师、考古学家，1914 年至 1946 年任安大略省皇家博物馆馆长。

② WALMSLEY L C., *Bishop in Honan: Mission and Museum in the Life of William C. White*. Toronto: University of Toronto Press, 1974, pp. 164-165.

③ 科迪，1932 年至 1945 年任多伦多大学校长（President），1944 年至 1947 年任多伦多大学校监（Chancellor）。

④ 1932 年怀履光写给时任多伦多大学校长科迪的信。信件藏于多伦多大学托马斯·费舍尔善本图书馆（Thomas Fisher Rare Books）。

国一流大学的研究生提供奖学金的建议。他的报告还涉及人员和预算等。[①]

与此同时，博物馆馆长柯雷利等人通过多方渠道，寻求建立汉学教授席位的经费来源。1933 年 1 月，柯雷利在美国纽约卡内基基金会（Carnegie Foundation）获得了为期三年的信托基金，以设立一个汉学教授席位。如果需要建立中国研究机构，基金会还会追加资金。1934 年 2 月，由于怀履光妻子病情恶化，医生建议他们尽快回国，于是他们离开了居住了 25 年的开封回到多伦多。刚刚回国，怀履光立刻就投入到建立中国研究机构的工作中。

在与科迪校长的讨论中，一件事是必须解决的——建立一个中文图书馆。怀履光深知图书馆对于汉学研究的重要性。皇家安大略博物馆中沉睡着的文物需要典籍的解释，开展汉学研究需要书籍支撑，加拿大人需要通过书籍了解中国。此时，"慕氏藏书"[②] 在出售的消息传到了怀履光耳中。不少买家鉴于慕氏藏书的收藏条件[③]而无法购买，而怀履光满足了。经过几番讨价还价，怀履光代表加拿大多伦多大学以 1.05 万加元的低价买下了全部藏书，这只是市价的三分之一。书买到后，怀履光出资购买了另外的 1 万册图书和 5000 份金石拓片。他在写给科迪校长的信中兴奋地说："我敢说这是我为多伦多做的最大贡献了。"[④]

图书买到了，运出中国成了大难题。因为中国政府颁布法令，禁止出口 1851 年前出版的中国图书。所以，1933—1935 年间"慕氏藏书"一直留在中国，怀氏在此期间积极与当局斡旋，设法运出藏书。与此同时他雇佣了美国公使馆的一位退休海军武官义理寿（I. V. Gillis）[⑤] 负责代理和图书的编目工作。义理寿曾经是葛思德（Guion Moore Gest）的中国图书代理人，在古籍鉴

---

① *Bishop in Honan*: *Mission and Museum in the Life of William C. White*. p. 166.

② 关于对慕学勋的详细考证，见：李国庆《慕学勋及"慕氏藏书"初考》，载《文献》2017 年第 1 期。

③ 出售藏书附带三个条件，一是藏书必须由学术研究机构收藏，以供更多人研究。二是买家必须整体收藏。三是收藏机构必须把藏书以"慕氏藏书"命名，纪念慕学勋。

④ 周欣平《东学西渐：北美东亚图书馆（1868—2008）》第 158 页，高等教育出版社，2012 年。

⑤ 义理寿对葛思德藏书和慕氏藏书越洋西传有着巨大的贡献。他与葛思德藏书的渊源请参见：何义壮的文章《普林斯顿大学东亚图书馆和葛思德文库》，载《东学西渐：北美东亚图书馆（1868—2008）》第 135—139 页。

定、收藏和管理方面很有经验。经过他与福开森（John Calvin Ferguson）[①] 的协助，这批图书最终于1935年6月抵达多伦多，存放于皇家安大略博物馆内保存。由于怀履光的特殊贡献，多伦多大学任命他为慕氏图书馆的第一任馆长。

1934—1943年，近10年的时间里，怀履光一方面进行考古研究，一方面与柯雷利和科迪校长一起筹划中国研究院，他还在大学附校讲授夜校的汉语语言和文学课程，也开设了一些大学内的中国文化讲座等。中国研究院建立之初的教学目标是“应对中国的外交，传教以及商业贸易的需要”，学院成立当年的暑期课程班（6月3日—9月17日）注册了9名学生。秋季学期开学后，注册有6名全日制学生，24名非全日制学生（修习一门或多门课程），以及夜校的31名学生。

到1941年，怀履光已经完成了中国研究院的规划，如：该学院应该与博物馆紧密结合；该院院长应该也是另外一个专业院系的教授，效仿美国哈佛燕京学社[②]；应该提供荣誉课程（honor courses）；学院应该有全职教师而不是从其他院系借调兼职教师等。[③] 1942年，多伦多大学首次设立汉学教授席位，聘任怀履光为教授。1943年7月1日，中国研究院正式成立。[④] 如怀履光所愿，他担任该院院长的同时，还兼任安大略博物馆东方部主任。中国研究院被设置于安大略博物馆内，这样学生能接触到东方的藏品并使用这里的“慕氏藏书”。

① 福开森（John Calvin Ferguson），加拿大安大略省人，美国卜思端大学哲学博士，1886年来华，成为著名的社会活动家。1888年任汇文书院（金陵大学前身）首任院长。1896年福氏辞去院长职务，出任南洋公学（即上海交通大学和西安交通大学前身）监院（1897—1902）。1925年，福开森还曾受聘为北京故宫博物院的首个西方人顾问。1943年12月，福开森作为交换战俘被日本遣送回美国。

② 叶理绥（Serge Elisseeff）被任命为哈佛燕京学社的负责人同时还兼任哈佛大学远东语言教授。

③ 1941年3月15日，Additional Memorandum Concerning Chinese Studies in the University of Toronto（关于多伦多大学中国研究的补充备忘录）。多伦多大学档案馆档案号：A81-0011（001）/school of Chinese Studies/school of Chinese studies（01）。

④ 根据1943年5月，多伦多大学第1592号法令，《关于建立中国研究院的决议》规定建立中国研究院。同时建立中国研究院理事会，该理事会成员包括：多伦多大学校长，中国研究院院长，学院教师以及由每年校长提名的人员。该委员会主席由中国研究院院长担任。同时设立中国研究委员会参议院常务委员会，由议长、副议长和其他7名参议员组成，法定人数为3人。该法令生效日期为1943年7月1日。

虽然怀履光是一名优秀的传教士、主教[①]，但却不是一个好的院长。首先，中国研究院的学术研究定位较低。以传教语言教学、外交和贸易为教育目标的定位，使该机构缺乏研究型学院的属性。教师队伍以传教士为主，专家型学者不多。在建院之初的教师队伍中，海伦·弗纳尔德（Helen Fernald）讲授《中国艺术史》的同时，担任怀履光的博物馆助手。华兹（Ruth Watts）教汉语，他是怀履光在中国传教时的下属。从中国回国休假的黄思礼（Lewis Calvin Walmsley）[②] 讲授《中国历史与文明》，中国古代史专家史景成（C. C. Shih）和曾在芝加哥大学任教的鲁德福（Richard C. Rudolph）[③] 随后加入了教师团队。

其次，学院的学术氛围压抑，管理不当。大量宗教和社会活动以及考古研究工作已经使怀履光忙得不可开交，再加上繁重的教学任务，所以他对学院的管理工作很少过问。更糟糕的是，古稀之年的怀履光很难从主教的角色转换成学者型管理者的角色。大学与教区管理完全不同，主教可以说一不二地不言自威，而大学学者在追求真理的道路上是平等的。他们通过自由辩论和学术成果树立威信。新入职的专家型学者们对怀履光的权威构成了巨大的威胁。明义士的威胁上文已经提及，自不必说，就连多年来与他合作的柯雷利也成了他的对手，两人的关系由原来的无话不谈，恶化到不相往来。学院和博物馆其他学者的学术新观点都被冠以怀履光的名字发布，一些别人的成果也被他不加引用地使用。[④]“任何质疑他意见的人都构成了对他的威胁。当

① 怀履光是第一位奉圣权从事传教活动的主教，他在担任河南主教期间，传教成绩突出，并积极推进主教本土化改革。他的主要支持者，就是多伦多大学校长科迪博士。见：*Bishop in Honan: Mission and Museum in the Life of William C. White*, pp. 128-129.

② 黄思礼（Lewis Calvin Walmsley），1919 年毕业于多伦多大学维多利亚学院，获文学士（B. A）学位。1921 年同传教士妻子一同来到中国，在成都华西坝专为外籍教师子弟创办的加拿大学校担任校长，1929 年后还任过华西大学教育系助教、讲师、副教授。授教育学，社会心理学，实验心理学。1948 年离开成都，接替怀履光，担任多伦多大学东亚系任系主任。

③ 鲁德福（Richard C. Rudolph），美国加州大学洛杉矶分校中国文学和考古学教授。1945—1947 年，他受聘于怀履光，担任安大略皇家考古博物馆远东部的代理馆长和助理保管人。1947 年受美国加州大学洛杉矶分校（UCLA）聘请，筹建东方语言系。

④ 参见明义士写给柯雷利的一封长信。方辉《明义士在皇家安大略博物馆》，载《殷都学刊》2000 年第 1 期。

时的一位同事说：‘当有人反对怀履光对学院的观点时，我的内心吓得要死。’”[①] 正如怀履光的传记作者和行政职务继任者黄思礼所说的那样，在学院管理上的失败是因为他把在中国养成的管理方式移植到了加拿大。怀履光更像一个中国人，甚至比中国人更中国人。中国比西方对他的影响要大得多。在东方，礼仪要求不能去纠正处于权威地位的人，即使他很明显地错了。上级的意见也不应受到质疑。可以肯定地说，在中国习以为常的“礼仪”，在加拿大学术气氛中水土不服，怀履光在处理棘手问题时，态度变得暧昧不清，模棱两可。[②]

最后，在中国研究院的人才引进和持续发展上，怀履光起到了阻碍而不是推动作用。由于学术气氛压抑，学者们无法发出声音，人心惶惶，纷纷离开，明义士就是其中最典型的例子。怀履光“偷了明义士的大脑，但却没有说明这些智慧信息的出处”[③]。明义士多次写信给柯雷利，控诉怀履光的行为，这深深地伤害了怀履光的自尊心和权威感。他永远不能原谅明义士的“叛逆行为”，为了不让明义士“碍事”，他设法取消了洛克菲勒基金的拨款，断了明义士的经济来源。然而博物馆方面同情明义士的处境，把他重新列入了工资名单之中，并建议他回到中国去[④]——这也是明义士的梦想。接下来就是前文提到的毕业论文风波，直到1942年明义士才拿到博士学位，当年他57岁。1948年1月21日，在等待教会安排他的回中国时，明义士突然收到一封令未来充满变数的信。多伦多大学校长西德尼·史密斯（Sidney Smith）通知他，怀履光主教即将退休，学校已经成立了一个委员会来选择他的继任者，并将重组中国研究院，问他是否“有兴趣担任新系主任”。此时，消息传来——济南附近战斗激烈，齐鲁大学迁往南方，回中国的梦想再一次破灭了。经过慎重抉择后，明义士决定接受母校的邀请，“在加拿大为中国服务”。[⑤]

然而怀履光不会让明义士这个对手成为他的继任者。在他的大力阻挠

---

① *Bishop in Honan*：*Mission and Museum in the Life of William C. White*, p. 169.

② *Bishop in Honan*：*Mission and Museum in the Life of William C. White*, pp. 169-170.

③ Dong Lin-fu. *The Search for God in Ancient China*：*James Mellon Menzies*, *China Missionary and Archaeologist*. Toronto：York University, 2001, p. 352.

④ 多伦多大学档案馆档案号：A81-0011/（001）/school of Chinese Studies/graduates students.

⑤ *The Search for God in Ancient China*：*James Mellon Menzies*, *China Missionary and Archaeologist*. pp. 390-394.

下，结果发生逆转。3 月 29 日，明义士被告知在 2 月 21 日时，这个职位已经由黄思礼接任。对史料的整理表明，在甄选委员会会议上怀履光起到了他一贯的“为他所喜欢的人助选的作用”。怀履光不仅把学术水平远不及明义士的黄思礼推上了院长的位置，而且还把博物馆远东部主任的位置让给了对他唯命是从的助手海伦·弗纳尔德。明义士愤然写道：“令我最受伤的，是看到加拿大中国学成为美国大学圈乃至全世界的笑柄。”因为这两人都不是中国学专家。①

由于中国内战的影响，中国研究院的招生每况愈下，在这种情况下，学校决定对中国研究院进行重组。把独立研究所性质的中国研究院并轨到大学日常教育体系中，降低了其行政地位。1948 年 7 月 1 日，中国研究院正式更名为东亚系（Department of East Asiatic Studies），隶属于文学院（Faculty of Arts）。② 1948 年 9 月 28 日的《环球邮报》写道：

> 皇家安大略博物馆新的东亚系取代了原中国研究院。目前只开设汉语、历史与文明、艺术与考古学等课程，但已开始计划开设日本学和韩国学。黄思礼博士四周前才从中国回来，担任该部门的负责人，他完全胜任这项工作。1944 年至 1945 年，他曾在中国研究院任教。此后，他在印度和中国生活和旅行，并担任四川成都加拿大学校的校长。这所中学的教师全部是加拿大人，大部分学生是该地区西方传教士和官员的子女。最近，由于中国北方共产主义运动的压力，入学人数激增。除了黄思礼博士外，新部门的还包括研究历史的史景成，文学士海伦·弗纳尔德小姐任助理教授，以及讲授语言课程的瓦茨夫人（Mrs. Watts）。

新东亚系的建立，并没有改变招生不景气的窘境，更糟的是，去中国传教已经受严格限制。西方对中国贸易禁运，因此外交和商贸方面的人才需求大大降低，1948 年，新东亚系仅仅招收了 12 名注册语言和历史课程的学生。③

① *The Search for God in Ancient China: James Mellon Menzies, China Missionary and Archaeologist*, p. 393.

② Senate, minutes, 12 Mar. 1948, p. 64.

③ Anon. “Asia Studies Will Replace Former School”. *Globe and Mail*. 1948-09-28.

黄思礼担任系主任后，一方面继承了怀履光的教学模式，另一方面迫于形势，进行了改革，新增了一些课程，如“从 1949 年到 1950 年，多伦多大学扩展了中国研究项目，新开了三门基础课和五门与汉语、中国历史和中国文明有关的本科生荣誉课程。从 1950 年起，多伦多大学的许多教授和研究生开始从事中国艺术、宗教、文化、法律和古代史等方面的研究”①。1949 年，该系获得了学士学位授予权，开始了学位教育。尽管如此，东亚系终究摆脱不了怀履光时代的影响。

多伦多大学的领导层也发现了这个问题，因为黄思礼并非知名汉学家②，其学术引领能力和权威性都不如怀履光，不能推陈出新。而当时多伦多大学对东亚系的学术定位已经不再是“传教、考古、和外贸人才的培养”。新中国的建立令西方社会哗然，他们希望能更深入地了解中华文明，这个与西方有着迥异的意识形态的“他者”。而且，近邻美国在中国学方面的迅速崛起也触发了加拿大高等教育对亚洲及中国的重视③。时任校长西德尼·史密斯开始物色人选，替换黄思礼。1952 年，史密斯校长参加在印度新德里举办的英联邦大学校长会议期间，偶然听到了牛津和剑桥大学两位副校长之间的谈话，才把目标锁定在牛津大学的杜百胜（W. A. C. H. Dobson）身上，从而才促成了杜百胜赴加拿大接手东亚系的工作。

明义士、怀履光等传教士汉学家成功开启了加拿大汉学研究的帷幕。尤其是怀履光在建立中国研究院后，把传教士汉学由业余学术转化为学院教育，使汉学融入大学教育体系，对加拿大汉学由传教士阶段转化成专业汉学阶段

① 《东学西渐：北美东亚图书馆（1868—2008）》第 161 页。

② 黄思礼是个教育工作者，善于言辞，也是一名艺术家，擅长绘画，但他的学术重点并不在汉学上。他曾经在华西大学讲授教育学、社会心理学、实验心理学，虽然在 1945 年—1946 年期间在休假时在多伦多大学中国研究院担任过教师，但其学术积淀尚浅。他的主要作品是在东亚系工作十几年后出版的。如：1958 年与张英兰合著有《王维的诗》。1968 年著有《田园诗人——王维》；他还接受了为华西协合大学撰写校史的任务，著有《华西协合大学》，1974 年由美国纽约亚洲基督教高等教育联合会出版。他还为怀履光撰写了传记，《河南主教》（*Bishop in Honan*：*Mission and Museum in the Life of William C. White*），1974 年由多伦多大学出版社出版，成为研究怀履光的重要史料之一。

③ “二战”前，美国汉学因循欧洲汉学的路径，重视中国古代史、文献学、语言学研究。但很快就另辟蹊径，强调汉学与社会科学各个学科联姻，包括宗教性、社会学、人类学、政治学、心理学和文学等学科，形成了与欧洲汉学不同的美国中国学研究范式。详见：熊文华《美国汉学史》第 39—40 页，学苑出版社，2015 年。费正清《费正清中国回忆录》第 372—373 页，中信出版社，2017 年。

起到了奠基作用。

但我们应该清楚看到的是，虽然加拿大传教士汉学家对中国文化的偏爱和研究具有偶然性，但随着文化研究的深入，知识生产主体的潜在意识形态会逐渐显露出来。就明义士而言，“从甲骨文中找到‘上帝’的概念如同‘在摩西之前希伯来人的原始的上帝概念’一样好。他认为这为基督教与中国文化的融合提供了坚实的基础”[①]。事实上，从明末开始，来华传教士在中国古代文献中找“上帝”是一项坚持不懈的使命。利玛窦（Matteo Ricci）“所采取的‘适应政策’的基点就是承认中国古代有着和西方一样的上帝信仰，只是到以后中国的后儒们遗忘了这种信仰，传教士的任务就是唤醒中国人的这种信仰”[②]。明义士试图从比“四书”“五经”早近一千年的甲骨文中，寻找“上帝”，为利玛窦在《中庸》《诗》《书》《易》《礼》[③] 中发现的“上帝”寻求考古上的更早佐证。他生命中的三个伟大的激情——“我的亲华主义、我的科学爱好和我的传教目标”[④] 中，“传教目标”贯穿始终，“亲华主义”和“科学研究”的最终目标服务于传播上帝的福音。他是在“古代中国搜寻上帝”的人[⑤]。

更为典型的是怀履光，其研究中国文化的最终目的，除了自称的“传播中国文化，让加拿大人了解中国”外，同样具有强烈宗教目的和殖民主义色彩。首先，他研究开封的犹太人，试图让这些犹太人找回宗教信仰，更深层的目的是为了给基督教在中国传播的历史合法性背书。其次，他的秘书金士顿小姐说他有三个兴趣，“中国文化和文明，圣公会，共济会”[⑥]。不难看出，他对古代中国的研究一方面是出于个人爱好，另一方面是为了便于文物鉴别，

① *The Search for God in Ancient China: James Mellon Menzies, China Missionary and Archaeologist*, p. IV.

② 张西平《20世纪中国古代文化经典在域外的传播与影响研究导论（上、下）》第102页，大象出版社，2018年。

③ 利玛窦在他的《天主实义》上卷第二篇中，例数了从中国古代文献中找到的带有“上帝”二字的语句。参见：《20世纪中国古代文化经典在域外的传播与影响研究导论（上、下）》第102页。

④ 1948年3月22日，明义士写给西德尼·史密斯校长的信。

⑤ 该观点来自约克大学Dong Lin-fu（董林夫）的博士论文题目：*The Search for God in Ancient China: James Mellon Menzies, China Missionary and Archaeologist*。

⑥ STURSBERG P. *The Golden Hope: Christians in China*, Toronto: The United Church Publishing House, 1987, p. 95.

希冀更好地服务于其攫取中国文明产物并据为己有的目的。最后，但也是最重要的是，他在中国已经颁布法律禁止运文物处境后，仍不择手段，把大量中国文物运出中国，具有殖民主义和帝国主义性质。正如加拿大联合会传教士、世界著名和平战士、中国人民的老朋友文幼章（James Gareth Endicott）在评论《河南主教》（*Bishop in Honan*，1976）一书时写道：

> 不平等条约允许传教士在中国内地从事宗教活动，但他们却从事大量的商业交易，购买中国的文物，这合法吗？把这么多中国的宝藏运出中国难道不是一种不友好的帝国主义行为吗？如果一些传教士领袖利用他们在中国和西方高级官员中的巨大威望，敦促中国的博物馆保护中国的考古文物，他们很可能会成功。①

除此之外，怀履光对儒家和道家文化的青睐，其中的宗教原因不能忽视。怀履光是资深共济会成员（33级石匠），“他把古老的共济会的仪式与中国古代的礼仪进行对比研究，希望找出其中某种宗教上的关联”②。其目的是为基督教在中国文化中的合法地位寻找证据，这些证据都能批驳其研究的纯学术性辩解。客观上，传教士的汉学研究确实起到了推动中国文化的海外传播的作用，但其主观内因却值得警惕与反思。

［龙宇飞　滁州学院外国语学院教授；
甘露（Lucy Gan）多伦多大学东亚图书馆馆员］

① ENDICOTT J G. “（review）Bishop in Honan：Mission and Museum in the Life of William C. White by Lewis C. Walmsley”. *The Canadian Historical Review*，1976，57（2），pp. 202-204.

② *The Golden Hope：Christians in China*，p. 95.

·西班牙汉学研究·

汉学家达西安娜·菲萨克及其中国文学译介观研究*

李秋杨 ［西班牙］劳尔·拉米雷斯·鲁伊斯

摘　要：本文通过梳理中外资料，介绍了西班牙马德里自治大学东亚研究中心的创始人、汉学家达西安娜·菲萨克教授（Taciana Fisac Badell）作为中国现当代文学译介者、中国问题研究者、汉语教学及研究者的三重身份及主要贡献。着重分析了菲萨克中国现当代文学翻译的译介观，揭示其翻译作品体现出的人文性、时代性和社会性特征，并就其翻译风格与翻译策略进行了阐述。同时，结合当代西班牙新汉学的发展历程，探讨了菲萨克教授在中西文化交流中起到的重要作用。

关键词：西班牙汉学　汉学家　达西安娜·菲萨克　中国现当代文学翻译

海外汉学发展与中国文化外译活动之间长期存在着糅合共生的关系。① 中国文化在西方世界的传播离不开海外汉学家的辛勤付出，汉学与翻译相互渗透、交错发展，汉学家们在翻译文本的甄选、翻译风格的构建、翻译策略的运用、传播媒介的选择以及读者接受广度和效度等方面，都发挥着重要的作用。② 这一点可以通过对西班牙汉学家菲萨克教授的译学历程和汉学贡献的考

---

* 本文为2020年国际中文教育研究重点项目“西语国家本土化中文教学资源动态数据库建设”（课题编号：20YH11B）；2019年湖南省社科基金项目“当代西班牙汉学家群体更替与代际特征研究”（课题编号：19YBA323）阶段性成果。

① 袁丽梅《海外汉学助力中国文学“走出去”——关系分析与策略思考》，载《外语学刊》2018年第5期。

② 张西平《中国文化外译的主体当是国外汉学家》，载《中外文化交流》2014年第3期。

察，得到充分印证。本文通过梳理西班牙汉学家、马德里自治大学东亚研究中心创始人达西安娜·菲萨克（Taciana Fisac Badell）教授作为中国现当代文学译介者、中国问题研究者、汉语教学及研究者的三重身份，着重分析其中国现当代文学的译介观，以彰显其对中国文学的西译做出的重要贡献。

一、汉学渊源与西班牙的东亚研究

菲萨克与中国结缘源于她的父亲西班牙著名建筑师米格尔·菲萨克（Miguel Fisac）。在1953年的一次亚洲之旅后，米格尔·菲萨克预测，未来亚洲将在世界扮演重要角色，汉语将成为未来世界重要的语言之一。七八岁的菲萨克开始在家庭教师的指导下学习汉语。17岁时作为EFE机构翻译，陪同西班牙国王和王后，进行了西班牙恢复民主制后对中国的首次国事访问。1984—1986年，她在意大利那不勒斯东方大学获得“中国语言与文学”硕士学位；1990年，菲萨克获得西班牙教育部奖学金，进入马德里自治大学做博士研究，并于1992年以《当代中国女性文学与社会》为题，以优秀成绩获得哲学与文学博士学位。1993年7月，她正式成为马德里自治大学东亚语言文化方向教授，这是东亚研究中心的第一位女教师。期间，她还在美国斯坦福大学亚洲语言学系（1989—1990）、英国牛津大学圣安东尼学院（1992）、美国北卡罗来纳大学（1994）、荷兰莱顿大学（1995）、俄亥俄州立大学（2006）和加州大学河滨分校（2012）的中国学研究机构访问学习和进行博士后研究工作。她多次往返中国北京大学、中国社会科学院等中国知名学府进行学术交流，这些学习和交流经历，为她的汉学研究、中国现当代文学研究奠定了重要基础。

菲萨克教授在将汉学研究与文学翻译深度融合、互促互进方面，走出了一条颇具特色的创新之路。1992年10月，马德里自治大学成立“东亚研究中心”（Centro de Estudios de Asia Oriental），菲萨克教授担任中心主任。该研究中心是西班牙高校中第一个提出“东亚研究”概念的学术机构，该校与其他大学一起，倡议确立该研究领域的学科名称。该中心的成立，为以高校科研机构为核心的西班牙新汉学研究拉开了序幕。2003年3月，该中心设立两年制的东亚硕士研究生学位，包括中国研究和日本研究。这是西班牙第一个专门进行东亚文化研究的官方学位。至此，东亚研究在西班牙迈出了关键的第一步。随着课程改革，马德里自治大学又开设了四年制亚洲研究和非洲研究本科专业，其中包括阿拉伯文、中文和日文。2009年6月19日，马德里自治大学理事会批准“东亚研究中心”升为学院级研究中心。马德里自治大学东亚中心形成了融合语言、翻译、文学、社会学、人类学、政治学等多学科、多领域的科研教学机构，成为西班牙高校中师资力量最强的东亚科研机构之一。

二、菲萨克作为汉学家的多重身份

（一）中国现当代文学译者与研究者

若从译者角度切入中国现当代文学在西班牙译介历程的研究，可以发现达西安娜·菲萨克的突出贡献和引领作用一直贯穿始终。菲萨克是当代西班牙第一批从事汉西文学翻译的译者，从20世纪80年代开始，她一边从事中国文学研究，一边进行文学翻译。从西班牙对中国现当代文学的译介时期来看，这一时期正是翻译作品选材呈现多样化的开始，她的翻译作品贯穿于中国现当代文学各个阶段。例如：鲁迅、巴金和钱钟书这三位中国现当代文学作家的作品分布在20年代、30年代和40年代，1982年，她在西班牙《新迹象》（*NuevoIndice*）上发表了译作——鲁迅的《立论》（*La argumentación*）、《这样的战士》（*Un soldado así*），随后陆续翻译出版了巴金的作品《家》（*La familia Kao*，1985）、铁凝的《没有纽扣的红衬衫》（*La blusaroja sin botones*，1989）、高晓声的短篇小说《陈焕生进城》（*Chen Huanshengva a la ciudad*（1989）、钱锺书的《围城》（*La fortalezaasediada*，1992）。受2010年上海世博会西班牙馆邀请，阎连科、劳马、周嘉宁、张悦然和陈众议五位中国作家，在菲萨克的带领下，从北到南游历西班牙城市，完成《西行西记：中国作家讲述西班牙》（*Viaje a Xibanya*：*escritores chinos cuentan España*[1]，2010），全文由菲萨克翻译。这是第一本多位中国作家同时描绘西班牙风貌的现代文学著作，它也成为中西文化交流的一个重要里程碑。后来，她又翻译了一系列中国当代文学作品，例如铁凝的短篇小说《飞行酿酒师》（*El enólogovolador*，

---

① Fisac Taciana，（trans.）*Nota sobre los autores*，Zhongyi Chen （eds.），Madrid：Siglo XXI，2010，pp. 211-221.

2016）、阎连科的长篇小说《四书》（*Los cuatrolibros*，2016）、毕飞宇的短篇小说《大雨如注》（*Caíanchuzos de punta*，2017）、曹文轩的短篇小说《小尾巴》（*El pequeñoapéndice*，2018）。2013年，为纪念中西建交40周年，由马德里中国文化中心组织，*Intramuros* 杂志第37期《中国特别报导》（*Intramuros-Especial China*）发表了包括阿来、毕飞宇、迟子建、池莉、刘震云、苏童、铁凝、莫言等20位当代作家的传记、自传和回忆录等，菲萨克做了全本翻译。菲萨克通过西班牙文学杂志、期刊和学术讲座等公共空间，将中国现当代文学传播给西班牙读者。2012年8月，她获得第六届"中华图书特殊贡献奖"。

菲萨克不仅在中国现当代文学翻译实践中树立了典范，还对不同年代中国作家的思想、中国文化和社会现实进行着深刻反思。她的研究既包括对中国文学分阶段的介绍和论述，如：《中国文学解读》（*Para entender la literatura China*①，2003）、《毛泽东时代中国文学、政治控制与文本重述》（*Literatura, control político y reescritura de textosen la China del periodomaoista*②，2009）和《21世纪中国文学》（La literatura china en el siglo XXI③，2015）。其中，毛泽东时代的中国文坛及中国知识分子的政治书写是菲萨克非常感兴趣的一个领域。例如她将"文革""上山下乡""改革开放"等中国社会历史变革作为背景介绍写入《没有纽扣的红衬衫》译者序言中，以冷静和批判的目光向西班牙读者介绍小说发生的时代背景。另外，菲萨克还从自身文化出发，反观中国作家在欧洲文化影响下所作出的尝试和创新，例如：《欧洲文化能否激励中国作家?》（*¿Puede la culturaeuropeainspirar a los escritores chinos?*④，2017）、《寻根还是创新？欧洲对当代中国作家阎连科文学创作的影响》（*¿Traición o innovación? La influencia europea en la creación literaria del escritor chino*

① Fisac Taciana，"Para entender la literatura China"，*Quimera: Revista de literatura*，no. 224-225 (2003)，pp. 34-39.

② Fisac Taciana，"Literatura，control político y reescritura de textos en la China del periodo maoísta"，*Revista de Occidente*，no. 338-339 (2009)，pp. 105-124.

③ Fisac Taciana，"La literatura china en el siglo XXI"，*Contrastes: Revista cultural*，no. 51 (2008)，pp. 99-111.

④ Fisac Taciana，"Puede la culturaeuropeainspirar a los escritores chinos?"，*Revista de Occidente*，no. 430 (2017)，pp. 47-60.

*contemporáneo Yan Lianke*①，2018）等。

（二）中国问题研究者

菲萨克教授对中国思想、社会、文化等问题的思考是建立在阅读和翻译中国现当代文学作品实践基础上的，在对中国现当代文学近四十年的研读过程中，她形成了对中国知识分子、女性等社会群体的独立观察与思考意识，例如：菲萨克出版了《中国女性研究》（Mujeres en China②，1995）；《中国知识分子与权力》（Los Intelectuales y el poder en China③，1997）；《中国知识分子的发声与沉默》（Voces y silencios de la intelectualidad china④，1995）；《在挑衅和屈从之间：中国古典文学中的女性形象》（Entre la provocación y la sumisión：la imagen de la mujer en la literatura clásica china⑤，2000）、《中国女性的不同现实》（Las diferentes realidades de las mujeres en la China⑥，2006）等。进入21世纪以后，她的研究视野进一步扩展到对中国整体的文化、思想、民族性和社会变迁的关注与论述，例如：《转型中的中国：社会、文化、政治与经济》（China entransición：sociedad，cultura，política y economía⑦，2000）、《西班牙亚太研究形成》（La formación sobre Asia-Pacifico en España⑧，

① Fisac Taciana，"¿Traición o innovación? La influencia europea en la creación literaria del escritor chino contemporáneo Yan Lianke"，*Araucaria：Revista Iberoamericana de Filosofía，Política，Humanidades y Relaciones Internacionales*，no. 40（2018），pp. 137-158.

② Fisac Taciana，*Mujeres en China*，Madrid：Agencia Española de Cooperación Internacional（AECID），1995.

③ Fisac Taciana，*Los Intelectuales y el poder en China*，Madrid：Trotta，1997.

④ Fisac Taciana，"Voces y silencios de la intelectualidad china"，*Revista de Occidente*，no. 172（1995），pp. 77-90.

⑤ Fisac Taciana，"Entre la provocación y la sumisión：la imagen de la mujer en la literatura clásica china"，*Autoras y protagonistas：I Encuentro entre el Instituto Universitario de Estudio de la Mujer y la New York University en Madrid.* Elena Postigo Castellanos & Pilar Pérez Cantó（ed.），2000，pp. 47-56.

⑥ Fisac Taciana，"Las diferentes realidades de las mujeres en la China"，*Crítica'.* no. 125（2006），pp. 33-37.

⑦ Fisac Taciana，*China en transición：sociedad，cultura，política y economía*，Barcelona：Bellaterra，2000.

⑧ Fisac Taciana，"La formación sobre Asia-Pacifico en España"，*Anuario Asia-Pacifico*，no. 1（2004），pp. 401-406.

2004)、《中国：儒家文明?》(¿China：una civilizaciónconfuciana?[①]，2005)、《亚洲的腾飞：中国》(El despegue asiático：China[②]，2005）等著作，描述了转型时期的中国。近年来，她的研究《当代中国的革命、政治与宣传》(Revolución，política y propaganda en China[③]，2016)、《邓小平以来的新中国》(La nueva China desde Deng Xiaoping[④]，2020）更趋向于对当代中国政治、经济发展的总体阐述。值得注意的是，菲萨克除了对当代中国政治、经济和社会发展研究的关注之外，还对中国古籍整理做出了贡献，《西班牙图书馆中国古籍书志》[⑤]（2010）为菲萨克和杜文彬、吴云等学者合作编纂的有关西班牙9大图书馆所收藏的中国古籍之书目。该书收录了西班牙最重要的中文古籍收藏，不仅为西班牙乃至整个欧洲从事中国古籍整理者提供研究指南，也为海外中国古籍之藏品调查，提供了重要信息。

（三）汉语教学及研究者

菲萨克的译者、中国学研究者身份与她的汉语教学和汉语研究工作密不可分。她认为，19世纪末和20世纪初，中国语言修改了印欧语言的语法术语，但在毛泽东时期（1949—1976)，它没有纳入到各国语言学家（其中许多是中国语言学家）的讨论中。因此，各个语种留下了对中国语法的不同诠释，西班牙语编写的汉语语法书与本国语法表述及含义不同，西班牙语母语者很难理解掌握汉语语法概念、界定及其类别，使众多西语母语者在学习汉语时遇到了重重障碍。为此，她翻译出版了叶步青（*Po-Ching Yip*）和 *Don Rimmington* 编写的《汉语语法》(Gramática de la lengua China[⑥]，2015)，以确定

---

① Fisac Taciana，“China：¿una civilización confuciana?”，*Temas para el debate*，no. 125（2005)，pp. 28-30.

② Fisac Taciana，“El despegue asiático：China”，*Cuadernos de sostenibilidad y patrimonio natural*，no. 8（2005)，pp. 27-31.

③ Fisac Taciana，“Revolución，política y propaganda en China”，*Revista Iberoamericana de Filosofía*，*Política*，*Humanidades y Relaciones Internacionales*，no. 35（2016)，pp. 105-125.

④ Fisac Taciana，“La nueva China desde Deng Xiaoping”，*Politeia*：50 *años de cultura*（1969-2019)，Miguel Satrústegui Gil-Delgado（coord.)，Barcelona：Galaxia Gutenberg，vol. 2（2020)，pp. 551-560.

⑤ Fisac Taciana、杜文彬、吴云《西班牙图书馆中国古籍书志》，Madrid：Centro de Estudio de Asia Oriental de la Universidad Autónoma de Madrid，2010.

⑥ Fisac Taciana，（tran.）*Gramática de la lengua China*，Po-Ching Yip & Don Rimmington（eds.)，Madrid：Catédra，2015.

汉语在语音、语法、词汇、语义等多个层面上术语的界定和理论，能够为西班牙母语者接受和理解。她还在多次讲座中提到，西语地区汉语教材编写应该按照诸如王士元（*Willian S. Y. Wang*）（1965）、赵元任（*Chao Yuen-ren*）（1968）、艾尔顿（*Viviane Alleton*）（1973）和李讷（*Charles N. Li*）& *Sandra Thompson*（1981）等著名语言学家对汉语面貌的描写，来帮助西班牙语母语者了解汉语语法的具体特征与用法，从而进一步了解两种语言的差异。在《汉语语言句法和语义分析》（Una aproximación al análisis sintáctico y semántico de la oración simple en la lengua China[①]，1993）、《汉语语音结构：语调研究》（La estructurafonológica de la lengua China：introducción al estudio de los tonos[②]，1985）等文章中，她专门讨论了汉语语音语调、句法和语义问题。她正结合在马德里自治大学近三十年的汉语教学实践，编写一部以西班牙语母语者为教学对象的汉语教材。

三、菲萨克的文学译介观

（一）翻译方式

中国现当代文学的海外翻译远非汉语与外语之间的语码转换，它涉及目的语国家的意识形态、价值观、文化传统、文学观念以及读者的审美趣味、接受心理与思维习惯等传统翻译学之外各种复杂因素。[③] 为了在各层面达到译介效果，汉学家除了独自翻译与研究中国现当代文学外，还采用种种合作互动的方式。[④] 菲萨克通过征询作家意见、获得原始文献、互访交流、请中国作家推荐作品等方式和中国作家开展合作。随着 20 世纪 80 年代初中国文坛复兴，中国新时期文学解冻，菲萨克跟中国文坛之间的缘分越结越深，她通过参加国际会议和到中国访问的机会，接触到多位中国作家，这为她在之后翻

① Fisac Taciana，“Una aproximación al análisis sintáctico y semántico de la oración simple en la lengua China” *Boletín de la Asociación Española de Orientalistas*，no. 29（1993），pp. 291-314.

② Fisac Taciana，“La estructura fonológica de la lengua China：introducción al estudio de los tonos”，*ELUA：Estudio de Lingüística. Universidad de Alicante，no.* 3（1985-1986），pp. 149-164.

③ 曹文刚《海外汉学家与中国现当代文学对外翻译出版》，载《出版科学》2017 年第 3 期。

④ 孙会军《翻译家葛浩文对中国现当代文学的研究与推介》，载《燕山大学学报》（哲学社会科学版）2014 年第 3 期。

译中国现当代文学作品打下了重要基础。在她熟识的现当代中国作家中，包括对中国当代文学非常有影响力的小说《家》的作者巴金先生；《围城》的作者钱锺书先生；另外还有最早将“女性主义”引入中国文学的作家，同时也是第一位两次获得茅盾文学奖的女作家张洁；以及著名短篇小说《组织部来了个年轻人》的作者王蒙。除此之外，她还在年轻的时候就结识了后来的诺贝尔文学奖得主莫言、中国作家协会理事高晓声、中国作家协会现任会长铁凝，以及当代作家毕飞宇和曹文轩等人。2010 年，受上海世博会西班牙馆邀请，菲萨克陪同五位中国作家到西班牙访问，并把他们的感想全文翻译成西语，发表在《西班牙之旅：中国作家笔下的西班牙》一书当中。此次旅行中，菲萨克进一步接触到获得鲁迅文学奖、老舍文学奖的当代中国作家阎连科。菲萨克教授与中国作家、批评家保持密切友好的合作关系，建立了牢固而深厚的友谊，促进了中国现当代文学的翻译研究及其在西语世界的传播。

（二）翻译选材

汉学家在面对众多中国文学作品时面对的首个问题就是如何选择合适的原文文本，即“译什么”。“译什么”对于译著的重要性，可视为抓住译事的根本。[①] 对于菲萨克译介观的考察，首先要关注的是她的文本选择观，这些可以从他译介实践和著述中窥见。汉学家翻译中国现当代文学在选材上受到多种因素制约。

一是时代性。[②] 在中国现代文学作品中，菲萨克选择了鲁迅、巴金、钱锺书三位经典作家的作品进行翻译。在译作选材上集中体现出她对民族性、时代感以及作品自身呈现的思想深度和语言魅力的综合考量。[③] 她冲破意识形态和地缘政治网络，在西班牙期刊《阅读》（Leer）上撰文评价和译介优秀的中国作品，其对中国文学作品的深度阅读、理解和阐释具备了高于西方主流倾向的灼见。将翻译研究与文学评论相结合的研究工作使菲萨克有别于普通译者，而更接近并影响到公众阅读行为，她以译者与研究者的双重身份所共同

① 许均《翻译论》，译林出版社，2014 年。

② 黄友义《汉学家和中国文学的翻译——中外文化沟通的桥梁》，载《中国翻译》2010 年第 6 期。

③ Zhu Xuchen, “Taciana Fisac’s Translation of Chinese Modern and Contemporary Literature”. *Sinología Hispánica: China Studies Review*, no. 7 (2018), p. 31.

积蓄的雄厚文化资本，为中国现当代文学作品的内在气质做出了最好的注释，并形成了一定的舆论氛围，共同成就了中国文学作品在西语世界的知名度与影响力。

二是社会性。菲萨克一直将作品的文学价值和社会价值，视为首要考虑的要素，从众多作品中主动找寻兼具文学性和社会意义的优秀作品。她将自己对中国现当代文学的翻译实践与研究紧密结合起来。在她的多篇著述研究中，包含对中国作家作品特征的深刻理解，同时，也基于这些理解，她形成了自己对中国现当代文学反映出的各个不同年代的中国社会现实的深刻关注与思考。这些观点出现在她不断更新的对于当代中国政治、社会的研究中。菲萨克自身的“汉学家”身份和专业立场，在无形中介入了对中国现当代文学的具体认知。在中国当代文学中，菲萨克选择翻译铁凝、张洁、高晓声、毕飞宇、曹文轩、阎连科以及莫言等作家的作品，这集中反映了她对中国社会转型时期，女性题材、知识分子题材、教育题材、政治题材等方面的关注。在这些作品的选材上，她以冷静和批判的目光，重新审视中国社会的巨大转变和正在浮出水面的新问题。她反思中国当代文学作品所反映的社会现实与西班牙曾经走过的道路极为相似又有些不同，这些译介和反思使得读者产生阅读共鸣。在菲萨克 20 世纪 80 年代的翻译作品中，反映出西班牙汉学家试图揭开神秘中国社会面纱做出的探索和尝试，这些题材的选择，揭示出西方读者对解禁后的中国社会的好奇。菲萨克在攻读博士学位时，关注的是中国妇女问题，而女权问题和女权运动是当时恢复民主制国家的西班牙最为关注的社会问题之一。她最早把女作家张洁、铁凝的作品翻译成西班牙语，这一选材与西班牙本土社会问题息息相关。翻译对异域文化身份有着巨大的建构力量，而这种建构背后隐藏的却是译者对本土的政治、社会和文化的关怀。

三是审美习惯。在对中国当代文学作品翻译的过程中，菲萨克的选材体现了她对于异域东方的好奇、探索与想象。这与西方读者对中国神秘文化图景或带魔幻现实主义色彩作品的喜爱不无关系。[①] 菲萨克倾向于对原作进行一定程度的阐释或重述，以传达意义和信息，一方面本着译者伦理与操守，对

① 王建开《中国现当代文学作品英译的出版传播及研究方法刍议》，载《外语教学理论与实践》2012 年第 3 期。

原作中的文学审美元素和特殊写作艺术予以保留，同时在译作中尽力重现。例如：菲萨克对毕飞宇作品的译介，强调其创作的想象力以及作者对时代的提炼能力；对于阎连科作品的翻译，她详细阐释了阎连科的创作方法和风格，对阎连科所谓的“神实主义”①、作品的诗意营造手法及创作中的戏仿成分等都做出了清晰的界说。② 菲萨克用六年时间完成阎连科《四书》翻译，为不了解当代中国政治运动的西班牙读者详细展开了当时中国社会的时代背景。菲萨克在翻译阎连科的《四书》时，为增强小说的故事性，对该作品进行了艺术阐释，使译本更便于西方读者理解，菲萨克考虑到读者的审美习惯，对小说的叙述方式、结构和风格都进行了改写③。

（三）翻译策略与风格

第一，菲萨克采用将汉语原版著作直译为西班牙语的方式来翻译中国现当代文学。近年来，在西班牙出版的用西班牙语或加泰罗尼亚语翻译的中国现当代文学翻译作品，翻译采用转译方式远远多于直译，直译是直接从汉语翻译为西班牙语，转译是指通过第三种语言，通常是通过英语、法语、意大利翻译为西班牙语，或由西班牙语翻译为加泰罗尼亚语。④ 由于英西文化的差异，导致在翻译过程中二次变形的可能性非常大，最终呈现的目的语文本与原著的偏差也会更大。在这样的整体背景下，我们看到菲萨克的译作均为从汉语原版翻译到西班牙语的直译。菲萨克对中国文学向西班牙传播过程中的转译持批评态度，她认为这种方式在很大程度上背叛和损害了原文本。这一方面证明了菲萨克教授自青年时期打下了深厚的汉语功底，同时反映了她追求精准性的翻译原则与翻译风格。菲萨克在回顾以往出版的转译中国文学作品时发现，源自英法读者接受偏好的译本，无论从语言还是内容上，译者都或多或少采用了贴近英法语读者文化习俗和审美习惯的归化式

① “¿Traición o innovación? La influencia europea en la creación literaria del escritor chino Contemporáneo Yan Lianke”.

② Fisac Taciana, “Yan Lianke: un autor comprometido con la literatura y la China contemporánea”, *Revista de Occidente*, no. 407 (2015), pp. 91-94.

③ Yan Lianke, *Para leer loscuatro libros*, Fisac Taciana. (trans.), Barcelona: Galaxia Gutenberg, 2016, pp. 7-13.

④ Maialen Marín Lacarta, “A Brief History of Translations of Modern and Contemporary Chinese Literature in Spain (1949-2009)”, *1611: Revista de Historia de La Traducción*, no. 6 (2012), p. 4.

“变通”，而这些“变通”未必适合西语母语者的认知心理、语言习惯和审美价值。因而，她选择汉语原文，她坚持采用直译的方式，尽可能保证汉西语言表达、文化背景和思维方式的自然转换，坚持在对第一手文本的细读之中发现文学问题，寻找有理可据的客观事实或文献依据，尽可能保持独立的思考，不随波逐流。

第二，菲萨克对翻译理解的细微之处还体现在对汉西语言语法结构的深刻对比上。她认为，由于汉语是高度依赖语境的语言，因此在翻译中文作品时，印欧语系的译者不得不对场景进行想象。例如：在翻译唐诗的过程中，译者脑海中也会浮现出山水组图，做到“诗中有画，画中有诗”。翻译当代作品时，译者需要熟识语境才能正确理解作品。另外，中文作品中有很多“言外之意”需要靠语境来理解，[①] 阅读汉语作品时，读者需要通过构建语境来理解故事。因而，作为西班牙语译者，必须在建构语境上下足功夫，甚至增加额外信息来帮助读者理解作品。从这点来看，翻译中国作品的西语译者不得不同时充当“作家助手”的角色。菲萨克通过在译著的前言、扉页和封底等处增加对原作者创作时代背景、作者的介绍，帮助以西语为母语的读者了解原作者的创作意图，这其中也掺杂了她本人对作品的理解。

第三，菲萨克翻译风格随着中国现当代文学作品写作风格变化做相应调整。菲萨克认为，译者可以使一个作家成功，也可以使其失败。很多中国文学的西班牙语译本都不属于前者，这些译本并没有为优秀的中国作家打开西班牙市场，其中一部分原因是译者没有准确把握原作的风格。很多中国现当代文学的西班牙语译著，不仅离原著的神韵相差较远，甚至连基本的翻译准确性也存在问题。她强调，译者既不能背叛原文，也不能背叛目的语。为了成功地翻译一部文学作品，译者需具备写作才华，还要付出时间和精力，在语言上字斟句酌，反复推敲，尽量减少读者的阅读障碍。[②] 菲萨克在翻译20世纪50年代“简化版”的巴金的《家》和翻译中国当代小说大不相同：《家》的语言简单、用词简洁；而中国当代作品则大多具有实验性的语言风

---

① *Una aproximación al análisis sintáctico y semántico de la oración simple en la lengua china*, pp. 291-314.

② Fisac Taciana, “Anything at Variance with it must be Revised Accordingly: Rewriting Modern Chinese Literature During the 1950s”, *The China Journal*, no. 67 (2012), pp. 131-148.

格，词汇也更为复杂。[①] 她的西语译本随着原文本的特征不断进行调整，在最初的翻译工作中，菲萨克尽可能地贴近原文。随着时间的推移，她的翻译风格发生了改变：在忠实原文的基础上，她更注重目的语的文学风格。

第四，菲萨克推介中国现当代文学的介质和渠道包括期刊、专著、高校机构等公共空间。她的译作如《家》和《围城》分别由马德里的 Ediciones SM 出版社和巴塞罗那的 Anagrama 出版社出版。她翻译的曹文轩、苏童、铁凝、毕飞宇等人的短篇小说发表在西班牙知名文学杂志《阅读》（*Leer*）上。在菲萨克的推动下，从 2016 年开始，《阅读》与中国人民文学杂志社合作，连续每年向读者推出《纸上丝路：中国当代文学》（*Senda de papel*）副刊，把中国当代作家的作品片段翻译成西班牙语，让西班牙读者更直接全面地接触中国当代文学。另外一些翻译类研究性文章发表在西班牙《伊比利亚—美洲哲学、政治、人文和国际关系》（*Revista Iberoamericana de Filosofía, Política, Humanidades y Relaciones Interncionalies*），《西方》（*Revista de Occidente*）、《东亚语言和话语研究》*Lengua de Asia Oriental, estudios lingüísticos y discursivos* 等学术期刊上。另外，她还邀请中国当代作家到西班牙进行文学交流，通过“东亚研究中心”高校科研机构，举办各类讲座，向当地学生、民众传播中国文学。

结　论

作为中国现当代文学发展的见证者与参与者，半个多世纪以来，菲萨克目睹了 20 世纪中国作家逐渐融入西语世界的重要历程。她以跨文化的视野和身份，描绘了中国现当代文学的整体特征，并身体力行地促进了中国与西班牙语国家和地区发生的世界性的交流与结合。菲萨克在对中国现当代文学的微观细读与宏观理论辨析之间，体现出一个学者的人文主义情怀。菲萨克向西语世界推介中国现当代文学作品，不拘泥于某一个特定的对象或时期，而是通过对中国现当代文学思潮和知识分子思想的梳理，对中国现当代社会、政治、历史脉络与走向的准确把握，以及对汉西语言的多维度、多层面的精

① Fisac Taciana《达西安娜·菲萨克：汉西不同的故事叙述方式：文学翻译中的准确性与流畅性问题》，载《中国作家网》2014 年 8 月 26 日。

准对比，以点带面，不断扩展其翻译译作。在文本选材上，菲萨克注重文本类型的多样化，偏爱反映民族性、社会性以及具有审美特色的文学题材；在翻译风格上，适应作家多变的写作风格，注重采用直译代替转译的方式，对一手的汉语文本进行翻译；在翻译策略上，菲萨克对坚持文本内容完整性的呈现，采用汉西语言对比的方法，在归化和异化方法之间寻求平衡，尽量向西班牙读者展示丰富而全面的文学风貌。

（李秋杨　天津师范大学外国语学院副教授；
劳尔·拉米雷斯·鲁伊斯　西班牙胡安卡洛斯国王大学历史系教授）

异质符号域的多向对话与权力关系

——论明清小说的西班牙语翻译历程之流变*

蔡雅芝

摘　要： 早在16至17世纪，一批西班牙传教士前往中国并成了汉学研究的先驱，明清小说的西班牙语翻译也正是在那个历史时段开始萌芽。令人不解的是，在明清小说对外翻译的多语际场域中，由西班牙语翻译的明清小说文本却没有占据最为核心的位置。相反，在20世纪，西班牙语世界的学者却是从英语世界重新"发现"了明清小说，从其英译本再度译为西班牙语；直至20世纪后期，明清小说的西语翻译才逐渐走向初步的成熟。这一翻译历程之流变所关涉的不仅是小说文本的语符转码问题，实际上还有文明变迁与文化权力中心转移的问题，潜藏其后的恰然是西班牙帝国由盛转衰、英国崛起与全球化互动深向推进等世界格局的根本性变动。随着异质符号域之间权力关系的动态变化，符号域的边界对话主体接续性地发生了转变，进而催生了多向的对话并推动了明清小说文本在不同时期的西班牙语翻译进程。

关键词： 明清小说　世界文学　异质符号域　西班牙汉学

在《什么是世界文学?》一书中，大卫·达姆罗什（David Damrosch）对全球化时代的世界文学给出了其著名定义。① 在该定义中，首先，达姆罗什论述了世界文学一定是在语际传播的流动过程之中，世界文学是国族文学走出本土在语际传播以产生影响的"椭圆折射"（elliptical refraction）。所谓"椭

* 本文为教育部人文社科青年基金项目"明清小说在西班牙语世界的传播与接受研究"（18YJC740003）与浦江人才计划（18PJC003）的阶段性成果。

① David Damrosch, *What is World Literature?*, Princeton: Princeton University Press, 2003, p. 281.

圆折射”，乃是达姆罗什借用光学术语“椭圆反射”（elliptical reflection）所创造的短语，旨在表明国族文学在世界空间传播中源语文化与目的语文化在交汇中进行了整合与融通。其次，达姆罗什认为翻译对于推动国族文学（national literatures）成了世界文学起到了非常重要的作用。正如美国翻译理论学家劳伦斯·韦努蒂（Lawrence Venuti）在《世界文学与翻译研究》一文中强调的：翻译推动了国族文学走向世界文学，而且如果没有翻译就没有世界文学。[①] 因此在某种意义上来说，世界文学就是翻译文学。再者，世界文学并非是一套固定不变的经典，而是一种阅读方式，这强调了阅读的当代性，并赋予了世界文学新的动态与生命。

与此同时，比较文学学者亨利·雷马克（Henry Remark）认为世界文学在其概念所指称的品质上往往暗示着一种时间的因素，[②] 因为一个国族的文学要在世界的阅读平台上获得声誉，通常需要经历时间的沉淀，虽然达姆罗什对世界文学所给出的崭新定义消解了世界文学的时间性及其必要性，赋予了当代文学成了世界文学的合法性，但是我们仍然不能否认的是，诸多流传至今的明清小说，其本身就是极为优异的国族文学，而历史上诸多译家对这些小说的多种异质语言的翻译，就证明了中国明清小说在审美的多元性上具有世界文学的可能性。

尽管如此，国族文学并非天然就诞生成了世界文学，依照达姆罗什的论述，一部作品要成了世界文学，“必须像光线发生折射那样，穿过语言、文化、时间、空间等构成的介质，在椭圆形空间中反射出第二个焦点，由此形成一种混杂、共生的作品”。[③] 换言之，一部作品必须跨越时代、语言、民族、国别等界限，历经演变与融汇，才能在世界范围内实现流通，而世界文学也正是在这一翻译进程中获益的审美性书写。达姆罗什引用了古巴比伦史诗《吉尔伽美什》（*The Epic of Gilgamesh*）的翻译与流通作为例证，描刻并阐释

① Lawrence Venuti, “World literature and translation studies”, in *The Routledge Companion to World Literature* , edited by Theo D'haen, David Damrosch & Djelal Kadir, London and New York: Routledge, 2012, p. 180.

② Henry H. H. Remark, “Comparative Literature, Its definition and Function”, in *Comparative Literature: Method and Perspective* , edited by Newton P. Stallknecht & Horst Frenz, Carbondale: Southern Illinois University Press, 197, p. 2-3.

③ *What is World Literature* , p. 281.

了这种“椭圆折射”的途径。当我们在达姆罗什对世界文学的定义下来看视明清时期的中国小说向他国文化空间散播的历程时，不难发现的是，诸多明清时期操用汉语言文字撰写的小说恰是经由翻译的途径，跨越时间的鸿沟在世界多种语际空间之中实现了流动。正因为如此，这些审美性书写文本作为原本的国族文学，在新的语言空间里发生了移植与重生，不断地被新的读者进行阅读，并进而列席于世界文学之中。以《红楼梦》为例，目前这部书写于清代的著作已经陆续被译为英文、俄文、德文、日文、法文、西班牙文、韩文、意大利文等34种语言文字，总共至少有150余种译本，其全译本也多达36种。[①] 客观地说，这部古典小说早已突破了本土语境，成了享誉世界的文学巨著。古代文言短篇小说的代表之作《聊斋志异》也是最早被翻译与传播至多语际空间的明清小说之一，目前这一作品至少已被译至了29国语言文字，且有多达60余种译本。

当把视线聚焦于西班牙语世界，对明清小说文本在该语际空间移植与重生的历程加以探寻，将能看到，这一翻译历程所涉之空间是尤为广泛的：众所周知，西班牙语世界的范围从伊比利亚半岛延续至拉丁美洲的广袤土地，涵括了西班牙、阿根廷、墨西哥、智利、委内瑞拉、古巴等21个国家与地区，而隶属于这一语言共同体的人口数量当前则仅次于汉语与英语。其次，这一翻译历程在时间维度上也跨越了数个世纪，从16、17世纪至今历经了多个历史时段的复杂变迁与进展。倘若从一个较为宏观的视域来看视明清小说文本译至西班牙语的发展历程，且给予一个整合性的回顾与讨论，不难发现，这一翻译历程之中实际上蕴含了一项在多个文明主体间建构的多元且动态的对话。这一对话并非一个静止的在场，恰恰相反，它一直处在持续的变动之中，在不同的历史时段，建构翻译对话的主体接续性地发生了更替。面对这一历程之中翻译对话主体接续性的变动，我们不得不提出的一项设问便是：16、17世纪的西班牙汉学家既然已经在汉学研究上取得了令人瞩目的领先地位，何故此后在明清小说文本翻译的多语际场域间其西班牙语翻译却未能占据最为重要的位置？缘何在20世纪时，西班牙语世界的学者从英语世界再度“发现”了明清小说？又是什么根源性地导向了这项延续数世纪的翻译历程中的多向对话的发生？在此将对这一问题提炼出一些回答的思路。

---

① 唐均《〈红楼梦〉译介世界地图》，载《曹雪芹研究》2016年第2期。

一、西班牙的汉学先驱与明清小说翻译之萌芽

在当下明清小说对外翻译的多语际场域的全球格局之中，与英语、法语、德语乃至日语等众多语际空间的明清小说文本的翻译相比较而言，明清小说文本的西班牙语翻译未必能在其中占领最为核心的位置。然而，与现今之格局悖反的是，在16、17世纪，西班牙传教士毋庸置疑曾是开启西方汉学研究的先驱角色。在汉学研究初创的时期，西班牙的一众传教士引领且推动了汉语典籍的对外翻译，为东西方的文化交通发挥了开创性的作用。当时从西方不远千里来到东方的传教士之中，与中国曾经发生密切联系的西班牙学者众多，包括方济各·沙勿略（St. Francois Xavier）、马丁·德拉达（Martín de Rada）、桑切斯（Alonso Sánchez）、门多萨（González de Mendosa）、高母羡（Juan Cobo）、庞迪我（Diego Pantoja）等人。事实上，在传教士的身份之外，他们也兼为资深的汉学家，具备精湛的学术修养。马丁·德拉达于1575年前往中国，此后撰写了第一部汉语语法与词汇著作，[①] 被称为西方首位汉学家；1592年，多明我会的传教士高母羡在菲律宾马尼拉翻译了明朝范立本的劝善启蒙文本《明心宝鉴》[②]，这部译作成了中国第一部被译至西方的汉语典籍；西班牙传教士门多萨虽然未曾躬身踏足过中国的土地，但1588年他在罗马以西班牙语出版了其最为重要的著作《中华大帝国史》，[③] 此后，在十年内，这部著作被译为了7种欧洲语言，有36个版本在欧洲印刷出版，并成了当时欧洲用以了解中国的最为重要的著作。此外还有众多早期西班牙传教士为中西融通与文明交流做出了贡献，在此我们便不再赘述。

正在16、17世纪中西两国文明发生密切交集之际，明清小说文本的西班牙语翻译也产生了短暂的萌芽。据记载，当时有西班牙传教士译出了《聊斋志异》的单篇内容，[④] 以便作为其开展汉语学习的教材。然而，当我们对明清

---

① 该作全名为*Arte y Vocabulario de la Lengua China*。

② 《明心宝鉴》的西语译名为“*Beng Sim Po Cam-Espejo Rico del Claro Corazón*”。

③ 该作全名为“*Historia de las Cosas Mas Notables, Ritos y Costumbres, del gran Reyno de la China, sabidas assi por los libros de los mesmos Chinas, como por relación de Religioso y otras personas que an estado en el dicho Reyno*”.

④ 王丽娜《中国古典小说戏曲名著在国外》第228页，学林出版社，1988年。

小说文本的西班牙语翻译详作梳理之后却发现，那时西班牙的传教士阶层实际上并未能更为系统与全面地译出明清小说。事实上，在当时两国文化发生密集交流之际，西班牙传教士来华的事业重心仍是传扬与输出基督教教义，而他们开展汉籍翻译之目的，主要在于更为深入地推进其传教事业，或是为西班牙的王权统治提供政策咨询与依据。该时期来华的西班牙传教士大抵业已深刻地意识到，儒家思想及其经典在中国传统社会与民众心理中占据了绝对的主导地位。为了更好地传播基督教教义，他们必然需要更为深入地了解儒家文化经典及中国文化传统。从那个时期的书籍翻译与论著撰写中，我们正也可以窥见，这些传教士兼汉学家的翻译作品多是聚焦在儒家文化典籍与西方文化典籍上，而其书写多着力于向欧洲介绍中国之概况。高母羡最早译出的明朝文本《明心宝鉴》，实际上就是明朝时在民间广为流通的儒家通俗读物与教化启蒙文本。因而，尽管彼时在中西两国的互通与对话之中已经出现了小说文本翻译的萌芽，在当时迅速发展的西班牙语与汉语互译的整体当中，相较于儒家经典文本的翻译而言，小说文本的翻译一直是游离于更为边缘的位置，传教士们所推动的少量的小说文本的翻译，也多半是为了进行语言学习之用。

带入文化符号学的理论视域来看明清小说文本介入西班牙语语际空间的翻译历程，我们将能够更为清晰地评判翻译现象与其历史文化背景之间延布的密切联系。文化符号学家尤里·洛特曼（Juri Lotman）曾经借助拓扑学的空间、区域、边界与位移等概念，对文化符号域的空间结构做出了描述。他认为，符号域（semiosphere）一方面是民族的历史、语言、观念、习俗等多个符号体系的集合，另一方面是符号存在和运作的空间及机制，既是文化存在的条件，也是文化发展的结果。[①] 与此同时，洛特曼把以自然语为边界的民族文化视为一个符号域。事实上，16、17 世纪，西班牙的传教士与汉学家在汉学上的突破与发展也无法与当时西班牙所处的全球历史语境及其自身符号域空间的拓展割裂开来。

15 世纪，西班牙在王权政治上获取了统一并推进了首个全球化浪潮的来临：1469 年，卡斯蒂利亚-莱昂王国的伊莎贝拉一世（Isabel I la Católica）与

① Juri Lotman, *Universe of the Mind: A Semiotic Theory of Culture*, Trans. Ann Shukman, London: LB. Tauris & Co Ltd, 1990, p. 125.

阿拉贡王国的斐迪南二世（Fernando II el Católico）的政治联姻弥合了破碎的王国，奠定了西班牙的基本版图，在1492年二者联手收回南部格拉纳达之后，历时漫长的收复失地运动（Reconquista）宣告完成，同年，哥伦布（Cristóbal Colón）扬帆出海，在西班牙的资助下抵达美洲，开辟了从西班牙前往美洲大陆的海上航道。从16世纪起，急剧涌入伊比利亚半岛的黄金白银极大地振奋了帝国实力。在西班牙政教合一的体制下，帝国君主兼是狂热虔诚的天主教徒，随着航海的持续开拓与国力的增强，依托着辽阔的殖民地，西班牙传教士的事业在世界范围内铺展开来。这些怀有强烈宗教热情的传教士前往的目的国之一便是中国，而始于16世纪下半叶的“马尼拉大帆船”（El Galeón de Manila）贸易则又建立了东方、西班牙与拉丁美洲之间在贸易、社会、政治与文化上的多重联系。从文化符号学的视域来评判当时西班牙在全球版图内势力的崛起与权力主体地位的上升，毋庸置疑，在那个历史时段，西班牙在宗教、经济、领土、语言等多个范畴的扩张，张扬地明示了其符号域空间的边界正在不断地向其外缘推进与拓展。也恰然是在这一边界的拓展之中，其符号域边界得以触及了其他的异质文明，正是在这一历史契机之下，西班牙与中国在宗教、文学、艺术等多个文化维度上产生了直接的交集。

尤为重要的是，洛特曼在阐明符号域意涵的基础上进一步指出，符号域不仅具有边界性，其边界还拥有对话的机制。关于边界的性质，他在《论符号域》一文之中曾经精辟地论述道：“边界是符号空间中最为重要的功能与结构，为其符号机制提供了必需的材料。边界是一种双语机制，可以把外部信息交流转化为符号域的内部语言，反之亦然。因此，只有在边界的协助与作用之下，符号域才能与其他异质符号空间与非符号空间建立联系”。[①] 洛特曼在此强调与凸显了符号域的边界所具备的重要功能，与此同时，他也指出，一个符号域对于其他异质符号空间（extra-semiotic space）的新信息的接收便是翻译。事实上，本文中所操用的异质符号域（heterogeneous semiosphere）这一术语亦即异质文化符号所组成的符号域，实际上指涉的也就是洛特曼所论述的异符号空间。因此，我们可以认为，翻译实质上就是两种以上的异质符号域在其边界的交集空间（the space of intersection）中所生成的文化转码现

① Juri Lotman, “On the Semiosphere”, *Sign Systems Studies* , Vol. 33, no. 1 (2005), p. 210.

象，而文学翻译更然是在两种异质符号域的交集之间建构了多元对话的审美关系。如若将达姆罗什定义下的世界文学与文化符号学对翻译的论述加以汇通，“世界文学在翻译之中形成”的这一论断也恰恰意味着，世界文学是在异质符号域边界的对话之中形成。

及至18、19世纪，西班牙在争夺全球海外殖民地的激烈竞争之中渐处下风，无力再与英荷等新兴资本主义国家抗衡，与此同时，西班牙的汉学也步入了停滞。在该种历史境遇之下，西语世界的汉学家对明清小说的翻译虽已萌芽，但还未及至发展成熟，便已经开始走向式微。然而，此时与西班牙步入衰败之境况并行且构筑了极大反差的则是盎格鲁-撒克逊国家的崛起。率先开展工业革命的英国崛起为新的“日不落帝国”，及至18、19世纪，其综合国力已经领先于世界。虽然在18世纪之前，英国学界对于明清小说的认知仍然多是源自从其余欧洲语言转译为英语的文本，但是，自从东印度公司的詹姆斯·威尔金森（James Wilkinson）翻译的《好逑传》（*Hau Kiou Chuan or the Plasing History*，*A Translation from the Chinese Language*）由托马斯·帕西（Thomas Percy）编撰并于1761年出版问世起，[①] 英国就开启了对明清小说的直接翻译。1812年，英国的传教士与汉学家马礼逊（Robert Morrison）把志怪小说《搜神记》译为英语，并最早向西方介绍了《三国演义》与《红楼梦》，自此往后，明清小说的翻译便在英国蓬勃开展了起来。[②]

总而言之，在18、19世纪，西班牙符号域空间的缩减接续性地导向了其汉语典籍翻译的放缓；与此同时，中国虽然直至清朝早期仍是全球化浪潮中的积极参与者，在此时也开始走向固守陆地。直至20世纪，明清小说才再次被陆续介绍与翻译至西班牙语世界，这是我们接下来要讨论的问题。

二、西班牙汉学停滞后的对话转向：从英语世界“再遭遇”明清小说

自18世纪开始的西班牙国势的衰微与其汉学发展的停滞，致使中国与西班牙两个语际文化空间的学者围绕明清小说这一要题的互动也陷入了沉寂。

---

① 詹姆斯·威尔金森1719年携译稿归英，后来在其逝世之后，英国主教托马斯·帕西对其进行编撰并增补大量译注后出版。

② 江慧敏《中国小说在英国的翻译传播与影响》，载《北京第二外国语学院学报》2014年第6期。

直至20世纪时，西班牙语世界才再度以一种新的方式遭遇了明清小说文本，从某种意义上来说，此次的再度遭遇是西班牙语世界借助于英语世界对明清小说的重新发现。

以《红楼梦》的西班牙语翻译历程为例，其在西班牙语语际空间的介入与英语世界就有着极为深厚的渊源。谈及西班牙语世界最早对于《红楼梦》的评介，我们无可回避地需要回到阿根廷那位负有盛名的作家与评论家——博尔赫斯（Jorge Luis Borges）那里。确切地说，博尔赫斯生前从未踏足过中国，他也并不通晓汉语，然而，在其书写之中，博尔赫斯却反复提及了这个在其眼中异域且遥远的东方古国，而且他“做梦都想去中国”。在1940年，博尔赫斯与其挚友比奥伊（Adolfo Bioy Casares）、奥坎波（Silvia Ocampo）夫妇选编了《幻想文学集》（*Antología de la Literatura Fantástica*）一书，在该书的序言之中，博尔赫斯写下了西语世界第一次对于《红楼梦》的文学评介。[①] 而且，在书中他还特地选取了《红楼梦》中的两节内容译成西班牙语，分别将其命名为《宝玉之梦》（选自《红楼梦》第五回《贾宝玉神游太虚境 警幻仙曲演红楼梦》）与《风月宝鉴》（选自《红楼梦》第十二回《王熙凤毒设相思局 贾天祥正照风月鉴》）。依据张汉行的考证，博尔赫斯对于《红楼梦》的阅读主要是源自于王际真的英文译本以及弗兰茨·库恩的德文译本，而其从《红楼梦》中翻译且收入《幻想文学集》中的两章内容，亦是从英语译得而来。[②] 值得提及的是，当博尔赫斯借助于英语世界的翻译文本关注到中国文学作品时，英语世界对于《红楼梦》等诸多作品的翻译已经步入了成熟。早在1830年，英国人德庇时（John Francis Davis）在英国皇家亚洲学会学刊（*The Royal Asiatic Transaction*）上就发表了《汉文诗解》（On the Chinese Poetry）一文，讲解了《红楼梦》中的两首西江月并附其英译，于是该篇诗论无意中成了了英国学界对于《红楼梦》的首次评介；在1892年，时任英国驻澳门副领事的裘里（Henry Bencraft Joly）将《红楼梦》正式译成英文。显然，博尔赫斯对于《红楼梦》的探访及翻译，与其深厚的英文学养及其经由英语世界对中国文学的理解是密不可分的，从博尔赫斯的诸多文学评论文本之中

① Jorge Luis Borges, *Antología de Literatura Fantástica* , Buenos Aires: Editorial Sudamericana, 1940, p. 4.

② 张汉行《博尔赫斯与中国》，载《外国文学评论》1999年第4期。

也可以看出，翟理斯（Herbert Allen Giles）所著的《中国文学史》对他产生了极为悠远的影响。《中国文学史》一书中所引介的包括《红楼梦》《聊斋志异》在内的多部中国文学作品，早早便引发了这位诗人与作家的关切。

后续《红楼梦》西班牙语全译本的翻译与出版，在很大程度上也深受英译本的影响。1991年，中国外文局出版了《红楼梦》的西班牙语全译本（*El Sueño de las Mansiones Rojas*），译者是秘鲁的诗人、译者与评论家米尔克·拉乌埃尔（Mirko Lauer）。虽然在这一译本中米尔克未具体言述其翻译之途径，但是在其另一译作《易经》的译序中，米尔克曾明确表明其不通中文，而且他对于汉语文学文本的西班牙语翻译基本上是源于英文的转译，由此我们不难推断，其《红楼梦》译本也是基于英文译本转译的结果。此后，外文局又出版了一部译本，虽然这一版本的译者署名写为Tuxi[①]，但是这一译本实际上就是米尔克翻译的同一译本。若是论及当前影响最为广泛的《红楼梦》的西班牙语译本，当属赵振江与格拉纳达诗人何塞·安东尼奥·加西亚·桑切斯（José Antonio Sánchez García）共同翻译的译本，然而，倘若究其渊源，这一个译本某种程度上也受到了米尔克版本的影响，[②] 据赵振江所言说，在1987年他受格拉纳达大学邀请赴西翻译《红楼梦》时，出版社已经提供了一个待校阅的底稿，这一份底稿实际上也就是外文局先前基于英语转译的来自于米尔克的译本。[③] 不过，依据译者所言，他们原本以为只是对这一自英语转译的译本进行校阅，但实际上他们最终做的不只是校订，而是进行了历经多年的改译乃至重译，直至2005年三册译本才全部出齐。在对《红楼梦》进入西班牙语语际空间的历程的回顾与看视中，我们可以见出的是，《红楼梦》的英文译本以及潜藏于其背后的英语世界文化对该作的西班牙语评介与翻译施加了深重的影响。在这里值得补充的是，把《红楼梦》最早译为西班牙语的译者米尔克事实上还从英文转译了《水浒传》《西游记》等多部明清小说文本。

在此不妨再援引一例，前文中曾经提及过，《聊斋志异》最早的西班牙语翻译可以追溯至来华传教士译出的汉西对照的单篇故事。随着历史语境的变

① Tuxi为“西语图书”的拉丁字母音译缩写，当时代指中国外文局。

② 赵振江《西文版〈红楼梦〉问世的前前后后》，载《红楼梦学刊》1990年第3期。

③ 程弋洋《〈红楼梦〉在西班牙语世界的翻译与评介》，载《红楼梦学刊》2011年第6期。

迁，先前的译文受制于其“效果历史”（effective history），在西班牙语语际空间的影响难以持续，且遗稿难见。但是，在20世纪时，西班牙语世界与《聊斋志异》再度发生了交汇，而这一交汇的历程与英国学界同样存在着千丝万缕的联系。早在19世纪时，英国学界就已经陆续开启了对于中国志怪小说的翻译，且对于作为中国志怪小说创作高峰的《聊斋志异》产生了尤为浓厚的兴趣。1867年，英国驻华参赞与汉学家梅辉立（William Frederick Mayeres）译出了《聊斋志异》中的《酒友》《嫦娥》《织女》等单篇故事；1880年，翟理斯又译出了《聊斋志异》的164个篇目，此为英国学界第一个较为完整的译本。与之相比，西班牙语世界对于《聊斋志异》的再次翻译则相对晚近得多，直至1941年，才有一个新的译本在巴塞罗那问世。这一译本当时被命名为《奇异短篇》（*Cuentos Extraños*），由译者拉斐尔·德·罗哈斯·罗曼（Rafael de Rojas y Román）选取了10篇故事从英语转译完成。在译作的序言中，译者便直白地点明了其对于翟理斯的《聊斋志异》英译本的推崇之情。[①] 于此后辗转数几十载后，马德里的塞鲁埃拉出版社（Siruela）在1985年又再推出了一个《聊斋志异》的选译本，译名为 *El Invitado Tigre*，这一译本是由博尔赫斯与伊莎贝尔·卡尔多纳（Isabel Cardona）共同从翟理斯1880年版的英译本转译而来。译本中选取了16篇单篇故事以及《红楼梦》中的两节内容。[②] 在这一译本的序言之中，博尔赫斯将《聊斋志异》与《一千零一夜》做比，实际上，这一评介最初就源自翟理斯《聊斋志异》英译本的序言。

在细看明清时期的诸多小说文本在这一历史时段中被译至西班牙语的历程之后，我们便抵达了这样一层思考，那就是：围绕明清小说文本的西班牙语翻译开展直接边界对话的异质符号域之主体场域发生了一个极为关键的转变——在16、17世纪时，西班牙帝国正在极力向外拓展其自身符号域的场域空间，那时在西班牙与中国两个主体场域之间由西班牙的诸多传教士直接建构了对话的通渠；然而，在20世纪时，当西班牙语世界再度遭遇明清小说文本之际，西班牙语世界的学界认知明清小说文本的直接源流由中国本土转向了英国学界。在这一历史时段之中，诸多译家围绕明清小说开展的西班牙语

① 罗一凡《创造中国怪异：Rafael Rojas y Román 首译〈聊斋志异〉西班牙语译本研究》，载《蒲松龄研究》2017年第4期。

② 该两节内容早前收录于博尔赫斯编《幻想文学集》。

翻译受到了来自英国学界的无可回避的浸染与影响。换言之，随着全球整体权力格局的变迁，就明清小说的西班牙语翻译这一论题而言，开展异质符号域边界对话的主体转变为了西班牙语世界与英语世界。不过，随着时间的进一步推移，这一格局还将历经新的发展，异质符号域边界之对话也将再度产生新的变化。

三、再度直面：西语世界本土汉学的上升与明清小说西译

1975 年，西班牙从佛朗哥（Francisco Franco）的威权主义政治与文化压抑中解脱出来；此后几年，中国也迎来了经济、社会与文艺思潮的复苏与变革；此外，现代性主导下的技术更新与全球信息互动便捷时代也恰逢到临。在新的历史语境之中，中国与西班牙语世界的文明边界在对外寻求拓展的过程中再度产生了直接的交集。在这一历史时段，明清小说文本的西班牙语翻译也出现了新的发展态势，由西班牙主导的西班牙语世界的本土汉学与翻译再次迈入了上升的新阶段。

在这一时期，在中国和西班牙与拉丁美洲之间催生了新的边界对话，推进这个对话的一个至关重要的动因便是西班牙语世界汉学的再度发展——以西班牙为主导的西班牙语世界的本土汉学进入了新的历史时期，并且，一代汉学家取得了骄人的翻译成就。毋庸讳言，当今西班牙语世界最为重要的几位汉学家诸如雷林科（Alicia Relinque Eleta）、拉米雷斯（Laureano Ramírez Bellerín）、苏亚雷斯·吉拉德（Anne-Hélène Suárez）等人都隶属于这一代学者。他们正是在 20 世纪 70 年代中后期至 80 年代来华，在学成之后又陆续返回了西班牙。在这一历史时段中，这批汉学家的成熟与耕耘对于明清小说更为深入地介入到西班牙语世界发挥了甚为关键的作用。在上文中，我们曾经论及过《聊斋志异》在传教士时期曾传入西班牙语世界，此后，在英国学界的影响之下又诞生了新的西班牙语译本，及至 20 世纪八九十年代西班牙汉学逐渐步向成熟之际，《聊斋志异》的西班牙语翻译又再度取得了新的发展。1985 年，《聊斋志异》的又一重要译本问世了，这一个译本由汉学家拉米雷斯与劳拉·罗维塔（Laura A. Rovetta）共同自汉语直接译至西班牙语。这个译本中共收录了 105 篇故事，所遵循的原著是 1979 年由上海古籍出版社发行的乾隆十六年（1751）的铸雪斋抄本，相较于之前的几个西班牙语译本而言，

这无疑是一个完整得多的译本。[1] 此外,《聊斋志异》还有一个译本,在 90 年代初期由恩里克·加通(Enrique P. Gatón)与伊梅尔达(Imelda Huang-Wang)二人合力从汉语直接译为西班牙语。

《聊斋志异》的译者拉米雷斯凭借其颇为丰厚的译著与精湛的译笔,在西班牙语世界的汉学界赢得了声誉。在《聊斋志异》之外,拉米雷斯还曾经译出了《儒林外史》《元朝秘史》等诸多作品。1992 年,他以《儒林外史》的西语译作摘取了西班牙最为重要的翻译奖项——西班牙国家翻译奖,这无疑意味着西班牙学界与民众对其译作的认可。《儒林外史》的法语节选译本早在 20 世纪 30 年代就已诞生(全译本于 1976 年推出),与法语等其他欧洲语言译本相比,《儒林外史》在西班牙翻译出版的时间确然较晚,直至 1991 年它才由拉米雷斯自汉语译成西班牙语,然而,尽管译出的时间更为晚近,拉米雷斯凭借其深厚的汉语学养与令人称道的译笔,成功地推动了这部小说在西班牙语世界的介入。值得一提的是,汉语典籍的西译并非一桩易事,西班牙语、汉语二者原本就从属于两套迥异的文字符号系统,一为音素文字(phonemic language),一为语素文字(logogram language),二者在语言的形态及其本质上呈现了极大的差异;与此同时,每个时代的汉字思维观念也不全然相同,诸多明清小说中所操用的汉语历经演变与更替,与现今之汉语相比也有着不少差异,因此,将其翻译至西班牙语也自然复杂且艰难了起来。作为一位汉学家,拉米雷斯对于汉语言文字的理解与翻译有着独到的见解,这一点从其论著《从汉字到语境:现代汉语翻译理论与实践》(*Del carácter al contexto: Teoría y práctica de la traducción del chino moderno*, Universitat Autònoma de Barcelona, 1999)中诸多对于翻译理论与翻译策略的探讨也可见一斑。事实上,他对于翻译的思索也融汇于其翻译过程之中。例如,为了重现《儒林外史》中吴敬梓借古喻今的写作手法,且体现出作品中所操用的汉语与当代汉语之间的差异,拉米雷斯在翻译《儒林外史》时,专门调用了一批 18 世纪的古西班牙语词汇,既重现了“写前朝之事”的基调,为译本的读者营造了一种阅读过去的效果,也带来译本读者与原文读者相近的阅读体验,以此巧妙地寻索翻译之中的动态对等(dynamic equivalence),可谓是用心良苦的创译。我想强调的是,唯有造诣精深的译家,才能在完整地融通汉语语境中原文文本

① 古孟玄《〈聊斋志异〉西译本与中西文化差异》,载《蒲松龄研究》2014 年第 4 期。

的基础上，完成高水准的且融合自身翻译理念的译本。事实上，除了这一部译本，1993 年外文局亦有另一部《儒林外史》的译本，然而其传播与影响却远然不及拉米雷斯的译本。

又者，雷林科（Alicia Relinque Eleta）也是当今西班牙语世界最为重要的汉学家与译家之一，她与拉米雷斯是来华学习的同一代学人。雷林科深耘于中国古典文学的研究与翻译，她不仅先后译出了《文心雕龙》与《文赋》，也推动了明清小说在这一新历史时段的西译。她协助赵振江完成了其《红楼梦》西班牙语译本的校对，更是历时多年完成了《金瓶梅词话》的翻译并于2010 年出版；与此同时，她撰写了多部相关研究论著，包括《中国叙事：小说和其他非文学形式》与《古代中国的权力建构》等。当西班牙本土汉学逐渐步入成熟之时，多位优异的西班牙汉学家围绕着明清小说与中国再次建构起了直接的对话，客观地讲，较之于转译的作品，这些汉学家从汉语直译的作品在其目的语（target language）语境中的认可度确然更高。拉米雷斯因其《儒林外史》的西班牙语译本荣膺了西班牙国家翻译奖，在 2017 年雷林科也凭借其丰硕的翻译与研究成果荣获了西班牙第一届黄玛赛翻译奖与中华图书特殊贡献奖。[①] 在雷林科译出《金瓶梅词话》的同年，该作也有另一由英文转译的译本在西班牙出版，但是其影响仍然不及雷林科的译本。的确如此，倘若从翻译批评（translation criticism）的视角来评判，一部译本要能够较为成功地进入异质语际空间并且发展为异质语境下的历史流传物（Überlieferung）与文化经典，汉学的成熟与功力深厚的译家必定构筑了不可或缺的一环。

在检视这一历史时段诸多译家对明清小说文本开展的西班牙语翻译之后，我们不难见出的是，在明清小说的西班牙语翻译之中，由英语世界直接施加于西班牙语世界的影响有着相当程度的减缓；相反，从 20 世纪 80 年代开始，在西班牙语世界与中国之间由汉学家直接建构并推进了一项新的异质符号域之间的边界对话。同时，两国学界与民众对该时期的诸多西班牙汉学家译作的认可，则又恰然契合了美国汉学家宇文所安对于汉籍翻译的论断，亦即“汉籍的翻译主要应当依靠本国汉籍人才的培养”[②]，实际上，宇文所安所抱

① 黄玛赛（Juan de Marcela），中国比利时混血，其父为清朝驻西班牙公使，曾在西班牙生活多年，翻译了诸多作品并为促进中国与西班牙在 20 世纪的文化交流发挥了重要作用。为纪念其为中西文化交流所做出的贡献，西班牙特设立了该翻译奖项。

② 许渊冲《中国经典外译只能靠汉学家吗?》，载《国际汉学》2017 年第 3 期。

持的这一观点与翻译史学家马祖毅对于汉籍翻译的论说是不谋而合的。[①] 严格说来，当前西班牙的汉学研究主要还是高等院校等学术机构的产物，诸多汉学家也多供职于此，[②] 在拉丁美洲，虽然开办汉语或东亚研究专业的大学仍然较为有限，但也呈现出了些许起步，近年来多个孔子学院的设立也为语言推广与汉籍翻译的发展注入了部分新的生机。

思考至此，我们对于明清小说文本介入西班牙语世界的多个历史时段的发展取得了一个较为宏观的把握，而且，我们看视到了这个历时弥久的过程之中，在多个异质符号域边界上所生发的对话。在这里，有必要特别指出的是，在全球化互动时代的语境之下，异质符号域边界的交融与对话，并非表征为单纯的一对一的对话，而是表征为多个异质符号域间多向、混杂、动态的对话。同样，从国族文学到世界文学的翻译传播，决然不仅是一个简单的语码转换（code-switching）问题，也并非一个封闭的、一贯的源语至目的语之间的语言文本传播过程。倘若我们继续将这一思考推向更深的层面，实质上，在源语言以外的多语际空间亦即多个异质符号域之间，还延布着多重紧张而密切的互动关系。在该种境况之下，诸多异质符号域之间历时性的权力关系的变动深刻地影响了异质符号域间的对话主体与对话关系的改变。于是，当我们在世界文学与文化符号学的双重视域下来回溯并看视明清小说文本在西班牙语世界翻译与传播的进程时，就会发现，这一翻译历程流变之中蕴含了诸多起承转合，其间涉及的远非单纯的西班牙语与汉语之间的语言转换问题。就其本质上而言，这一流变在深层所指向的是权力关系的问题，其中隐匿的是异质符号域间的权力关系的变化所带来的边界对话的变化。

四、异质符号域多向对话中的权力关系

后结构主义哲学家福柯（Michel Foucault）透过其知识考古学与权力谱系学的讨论，曾做出一项颠覆性的提醒：权力关系无处不在。这里，福柯所强调的权力并非西方政治哲学中支配-压抑的权力观，而是强调“权力是关系、

① 马祖毅《汉籍外译史》第 7 页，湖北教育出版社，1997 年。

② 当前在西班牙开设东亚研究专业的相关大学为马德里自治大学、格拉纳达大学、萨拉曼卡大学、塞维利亚大学、巴塞罗那自治大学、马拉加大学、阿利坎特大学、庞培法布拉大学等。

是网络、是场，强调权力的分散性与多元性”。[1] 显性（visible）、刚性（hard）的权力容易被体察，而隐性（invisible）、柔性（soft）的权力则不惯于直接显现。在其定义中，“权力不是一个机构，一种结构或一种某些人被赋予的力量；它是给定社会中复杂策略关系的总称”，[2] 并且，“权力本质上是一种力量关系”。[3] 以福柯的这一视域来看全球文明的多个异质符号域之间的关系，实际上在其间也无不延布着复杂、多变、杂糅的权力关系。而此时作为异质符号域的边界对话而出场的翻译，在文明间权力关系的变动之中，成了了这一权力关系与多向对话的忠实映射。

对此，本篇论文主要是从两个层面来展开了讨论。

第一，全球文明主体的实力变动与重心转移导致了文明间权力关系的变化，而权力关系的变化随之带来了异质符号域之间的边界对话主体的改变。我们在此可以把明清小说的西班牙语翻译历程划分为以下几个主要阶段：首先，在16、17世纪，在西班牙、葡萄牙引领的全球化浪潮之中，在西班牙与中国两个异质符号域之间发生了直接的边界对话，正是在这一历史时段中，明清小说文本的西班牙语翻译在西班牙传教士的推动下产生了短暂的萌芽。其次，当西班牙帝国步入衰落之时，中国与西班牙两国学界之间的直接互动也逐步迈入了停滞，取而代之的是西班牙语世界与崛起的英国世界之间的新型对话，在这一阶段之中，西班牙语世界的学者是从英国学界辗转再度遭遇明清小说文本，并且完成了诸多自英文转译的明清小说文本翻译。再者，自20世纪70年代中后期起，西班牙走出了政治独裁，而中国的经济实力也逐步提升，同处于全球化互动时代的两个异质符号域之间逐渐再度产生了交集与互动，在这个过程之中，一代西班牙汉学家也发展了起来，促使明清小说文本的西班牙语翻译迈向了一个新的成熟阶段。

通过看视明清小说文本被翻译至西班牙语世界的历史进程，能够较为清晰地觉察到，异质符号域的对话主体接续性地处在转变的过程之中。这一历程之中的翻译并非只是静止的一对一的语符转码活动，实际上它无可避免地被卷裹于文明间的对话格局与关系之中。随着文明的变迁与权力的兴衰，一

① 王治河《福柯》第159页，湖南教育出版社，1999年。

② Michel Foucault, *Power and Knowledge*, New York: Pantheon Books, 1988, p. 236.

③ Michel Foucault , *Dits et Ecrits, III, (1976-1979)* , Paris: Gallimard, 1994, p. 87.

个文明的边界也在不断地发生着移动、扩张抑或是压缩。提出“文明冲突论”的政治学学者塞缪尔·亨廷顿（Samuel P. Huntington）曾经论及，“语言在世界上的分布反映了世界权力的分配”。[①] 与此同时，语言又是翻译所栖居且无法摆脱的能指符号，倘若在逻辑的推演下阐发开来，便能发现，在翻译与文明变迁之间存在着一种紧密的张力：文明的上升致使其边界扩张，从而企及遥远边缘的文明，且触发了异质符号域的对话主体与主体间关系的改变。实际上，在一部作品由国族文学走向世界文学之时，必定会经历一个复杂的互动与交融的过程。在多个异质符号域互动的动态历程之中，翻译现象与异质符号域间权力关系的变化之间表征出了微妙而密切的关系。

第二，发生边界对话的异质符号域主体各自处在不同的历史发展阶段，因此，在对话主体之间也存在着权力差异。这一强势文化与弱势文化之间的权力对比，直接地影响了边界对话亦即翻译的方向与内容。一方面，文化视域下的翻译文学研究已经揭示，异质符号域之间的传播方向，主要表征为强势文化至弱势文化的输出，而这种输出的效应实质上带来了对于原本的权力关系的强化。这一项论断准确地解释了，缘何在英国的实力上升之后，明清小说的翻译是由英国扩张其影响至西班牙，从英语转译至西班牙语，而并非相反的情况。诚然，现下西班牙的汉学已经初入成熟，但是，倘若对当前汉语言文学的西班牙语翻译展开细致的分析，我们能够发现的是，英语世界的学界对于西语世界的汉籍翻译仍然不无影响。另一方面，在翻译的历史进程之中，也存在从弱势文化至强势文化的逆向输出，然而，值得注意的是，这种输出通常是极具选择性的。16、17 世纪，在当时开展的众多从汉语抵达西班牙语的翻译与书写之中，西班牙的传教士对于儒家经典文本的翻译尤为重视，然而，他们对于小说文本的翻译则是采取了厚此薄彼与相对忽视的态度。这某种程度上也说明，西班牙传教士在这一翻译行为中所践行的无意或刻意的筛选实事上是对于其归属的符号域主体需求的一种呼应与迎合。这样一种筛选下的翻译究竟是出于客观的汉学研究，还是更多的是为了服务于西方中心主义的殖民统治，抑或是旨在完成一种东方主义式的异域想象与猎奇呢？这也便构成了一个值得思索的问题。我想说的是，当时西班

① ［美］亨廷顿著，周琪、刘绯、张立平、王圆译《文明的冲突与世界秩序的重建》第 53 页，新华出版社，2017 年。

牙传教士对于其翻译对象的筛选背后无不存在有这层选择机制与权力关系。换言之，在符号域边界的对话之中，同样存在有中心-边缘的关系，就传教士时期明清小说文本的西班牙语翻译而言，它无疑是处在异质符号域边界对话的边缘，这自然是由当时的历史政治环境所决定的。事实上，对于翻译现象背后的深层社会文化结构与权力关系的探寻，恰然也契合了翻译研究领域的“文化转向”，后殖民理论批评家斯皮瓦克（Gayatri Chakravorty Spivak）也正是从这一进路在“翻译的政治”的命题下展开了探讨。

综上所述，作为一个文化资本与符号的再生产过程，翻译之中渗透了多层的权力，其中一项深层且切要的权力关系便蕴藏于异质符号域之间的基本对话格局之中。无论是翻译的对话主体、翻译的方向抑或是翻译的内容，其背后牵涉的因素并非仅限于文本的语码转换与译者的主体因素。从一个整合性的视角来考察，翻译的出场与文明实力的变迁有着密切的关系，在翻译与符号域主体之间的权力关系变化之间延布着一种永恒的紧张。从最初西班牙的传教士零星译出明清小说文本，到其西班牙语翻译步入停滞，再发展至西语学界由英语世界重新发现明清小说，以及直到20世纪后期西班牙语世界本土汉学的上升与发展，其间无不维系着如此一种张力。翻译的发展与流变并非一种静止的在场，相反，它是一个多元、动态过程，并且，我们可以断言的是，只要有异质的文明存在，就寓示着异质符号域与边界的存在，由此翻译也将一直存在。在异质符号域的动态互动之中，翻译作为一个超出语言转码之上的问题，深刻而敏锐地映射了各文明主体间权力关系与其文化边界的交锋与对话。这一点，也恰然是对于达姆罗什提出的“椭圆折射”这一隐喻的呼应与补充。恰然是在这一纷繁复杂的多向对话过程之中，明清小说文本由国族文学跨越了界限，走向了西班牙语世界，并同其他多个语际空间的翻译，汇流成了世界文学的一个部分。

（蔡雅芝　西班牙格拉纳达大学翻译研究博士，
复旦大学西班牙文系讲师）

·阿拉伯汉学研究·

汉学家加法尔和他的丝路史学研究*

肖娟娟

摘　要：苏丹汉学家加法尔·卡拉尔·艾哈迈德是阿拉伯世界的汉学领域代表人物，主要从事丝绸之路文化带、中阿关系史研究。他对中国和阿拉伯地区的文明交流史、中国和苏丹两国关系史方面的研究做出了重要贡献，进一步推动了阿拉伯汉学在这一领域的研究。

关键词：加法尔　丝路史学　中阿关系史　汉学研究

加法尔·卡拉尔·艾哈迈德（Gafar Karar Ahmed），苏丹汉学家，现任苏丹驻华大使。加法尔是阿拉伯世界的汉学领域代表人物，主要从事丝绸之路文化带、中阿关系史方面的研究。

加法尔于1991年进入北京大学语言学院学习中文，此前曾就读于喀土穆大学并获得新闻专业及非洲亚洲研究专业硕士学位。又于1993年进入南京大学攻读博士学业，从事中国阿拉伯关系研究，师从历史系陈德芝教授。1996年发表博士论文《中国-阿拉伯关系：苏丹个案研究》（Sino-Arab Relations, Sudan Case Study），他是南京大学首个获得世界史专业学位的外籍博士。1999年至2001年，加法尔在北京大学历史系博士后流动站从事中阿关系史研究，并被聘为讲师。他是北京大学阿拉伯伊斯兰文化研究所和北京大学中东研究中心的成员、上海外国语大学中东研究院研究员、南京大学元史研究室的客座教授、扬州大学苏丹研究中心特聘教授、苏丹学研究中心（喀土穆）成员，至今仍是这些中心的成员。

---

* 国家社科基金重大项目“阿拉伯史学经典《历史大全》的汉译与研究”（项目编号：19ZDA2387）的阶段性成果。

加法尔在丝绸之路文化带研究、中阿文明交流史研究、中国苏丹关系史研究、中国和阿拉伯国家友好交往方面做出了重要的学术贡献，已经发表的相关学术论文、著作达70余篇。著有《埃及中国关系的现状和未来》（金字塔出版社，1998年）、《苏丹共产党与苏丹南部问题》（喀土穆大学出版社，2005年）、《中国沙特阿拉伯关系》（科威特大学出版社，2004年）、《中国能源工业与中阿关系》（开罗大学出版社，2004年）、《五十年的友谊：中国也门关系》（大马士革阿拉伯战略研究中心，2006年）、《中国阿曼关系史》（阿曼教育部，2007年）、《跨越二千年的苏丹中国关系探源求实》（时事出版社，2014年）等书，并发表了《中国-阿拉伯关系中的民间外交》[①]《唐代中国与阿拉伯世界的关系》[②]《自伊斯兰教兴起至20世纪初阿拉伯半岛和中国的历史关系》[③]《中世纪阿中文明对话及其缘起》[④]《中国与海合会国家在石油领域的关系、现状以及面临的挑战》[⑤]《中阿合作论坛的成就及发展趋势》[⑥]《试析中国在苏丹西部达尔富尔地区冲突中的立场》[⑦] 等多篇学术论文。2020年，加法尔在埃及最具影响力的报纸《金字塔报》上发表了题为《中国战“疫”中的人性之光》的文章，并被《北京日报》转载，加法尔在文中对中国人民在抗击新型冠状病毒感染的肺炎疫情中展现的勇气和责任给予了高度评价。

在过去的25年中，加法尔长期关注中国历史、文化和外交政策，并将之

---

① ［苏丹］加法尔·卡拉尔·艾哈迈德著，周放译《中国-阿拉伯关系中的民间外交》，载《阿拉伯世界研究》2008年第6期。

② ［苏丹］加法尔·卡拉尔·艾哈迈德著，金波、俞燕译《唐代中国与阿拉伯世界的关系（上）（下）》，载《新疆师范大学学报》2004年第25卷第2期、第3期。

③ ［苏丹］加法尔·卡拉尔·艾哈迈德著，陈璐、马杰、戴志轩译《自伊斯兰教兴起至20世纪初阿拉伯半岛和中国的历史关系（上）》，载《北大中东研究》2015年第1期。

④ ［苏丹］加法尔·卡拉尔·艾哈迈德著，史月译《中世纪阿中文明对话及其缘起》，载《阿拉伯世界研究》2009年第3期。

⑤ ［苏丹］加法尔·卡拉尔·艾哈迈德著，王蕊、孙俊萍译《中国与海合会国家在石油领域的关系、现状以及面临的挑战》，载《中国-阿拉伯国家经贸论坛理论研讨会论文集》（第二辑），2011年。

⑥ ［苏丹］加法尔·卡拉尔·艾哈迈德著，包澄章译《中阿合作论坛的成就及发展趋势》，载《阿拉伯世界研究》2014年第3期。

⑦ ［苏丹］加法尔·卡拉尔·艾哈迈德《试析中国在苏丹西部达尔富尔地区冲突中的立场》，载《国际展望》2009年第2期。

与其外交工作和对中国社会的切身体验相结合开展汉学研究。加法尔的汉学研究特点是注重中外比较，他擅长考察阿拉伯古代历史学家、旅行家手稿及阿拉伯古籍，并与中国古代文献进行对比研究。下文着重从中国和阿拉伯地区文明交流史研究、中国和苏丹关系史方面论述加法尔的汉学研究成果。

一、中国和阿拉伯地区文明交流史研究

中国和阿拉伯地区文明交流史研究是加法尔的研究重点之一，加法尔以历时性的维度，系统研究了唐朝、五代十国、宋朝、元朝、明朝、清朝及民国时期阿拉伯半岛和中国的关系。作为阿拉伯学者，加法尔提供了新的研究视角，并在很大程度上填补了这一研究领域的空白。加法尔参阅了大量的阿拉伯古代文献和中国古代文献，如《泰伯里史》《历史大全》《黄金草原与珠玑宝藏》《历代先知和帝王史》《赛伊拉菲中国印度见闻录》《史记》《前汉书》《后汉书》《新唐书》《旧唐书》《经行记》等，从早期中阿交往、中阿正式外交关系、军事关系、经贸往来和民间文化交流等方面进行了研究。

（一）伊斯兰教兴起前及伊斯兰教早期的中阿交往

对于中国和阿拉伯地区最早的交往，加法尔认为可以上溯到伊斯兰教兴起之前。① 公元前193年至120年，张骞曾两次出使西域，到达过阿拉伯地区的条支，也就是今天的伊拉克，他被誉为丝绸之路的开创者。在《阿中友好关系中的民间外交》中，加法尔认为，“张骞的出访从此打通了中国通往西亚的道路……东亚至西亚路上通道和由红海经阿拉伯湾至印度洋的海上通道早在汉朝时就被中国人和阿拉伯人所熟知。②” 因而，可以认为早在伊斯兰教兴起前，中国和阿拉伯地区已经开始了人文外交活动。

为证明中国船只在伊斯兰教出现之前就曾到过阿拉伯地区，加法尔指出《宋书·夷蛮传》记载了隋朝中国船队驶往阿拉伯湾，《黄金草原与珠玑宝藏》描述了中国船只来到阿拉伯地区拜见希拉国王。③

虽然阿拉伯文献中并未记载穆罕默德在世期间曾向中国派遣使团，但加

① 《自伊斯兰教兴起至20世纪初阿拉伯半岛和中国的历史关系》，载《北大中东研究》。

② 《阿中友好关系中的民间外交》，载《阿拉伯世界研究》。

③ 希拉国（240—633）在今伊拉克的库法、希拉、巴比伦地区。

法尔注意到穆罕默德及其生平在中国古籍中有记载。《旧唐书》对穆罕默德及伊斯兰教的崛起有如下记述：

> 大食国，本在波斯之西。……大食族中有孤列种，代为酋长，孤列种中又有两姓，一号盆泥奚深，一号盆泥末换。其奚深后有摩诃末者，勇健多智，众立之为主，东西征伐，开地三千里，兼克夏腊，一名钐城。[①]

此外，加法尔提到628年至638年间有四位穆圣弟子曾为传布伊斯兰教到达过广州、泉州和扬州，并长眠于诸地。[②] 加法尔曾亲自到泉州对伊斯兰传教士的坟茔、阿拉伯碑文、书法、伊斯兰教墓群进行考察，并认为这些坟茔属于穆罕穆德在世期间从麦加和麦地那来到中国的早期伊斯兰传教士。因此，加法尔认为，“穆罕默德在世时期，极有可能有阿拉伯使团被他派往中国”[③]。

（二）中阿正式外交关系的建立

关于唐代中国与阿拉伯伊斯兰国家建立的正式外交关系，加法尔进行了重点考察。他研究了《旧唐书》《册府元龟》中记载的34位阿拉伯特使到达中国的时间，包括两任哈里发阿里和奥斯曼统治时期，以及伍麦叶王朝和阿巴斯王朝统治时期派遣的特使。加法尔指出：“651年，第三任哈里发奥斯曼向中国派遣了一支阿拉伯使团，标志着阿中正式建立外交关系……从公元651年—800年，阿拉伯和中国之间一直保持着持续的交往。”[④]

此外，加法尔还注意到唐代中国和阿拉伯伊斯兰国家的关系经历了三次短暂的危机。第一次危机是伍麦叶王朝统治时期，中国与阿拉伯军队指挥官古太白·本·穆斯林在公元713年进行了一场战争。第二次危机出现在公元751年，即阿巴斯王朝统治早期，两国在边境产生冲突，史称怛罗斯之战。这场战争以中国军队失败而告终，两国关系因此曾一度紧张。第三次危机发生于公元758—879年，中国和阿拉伯国家均出现了分裂状况，特别是黄巢起义对外国商人的屠杀，让两国外交关系受到了严重影响。这一局面在宋朝得到

① 《唐代中国与阿拉伯世界的关系（上）》，载《新疆师范大学学报》。

② 《阿中友好关系中的民间外交》，载《阿拉伯世界研究》。

③ 《唐代中国与阿拉伯世界的关系（上）》，载《新疆师范大学学报》。

④ 《唐代中国与阿拉伯世界的关系（上）》，载《新疆师范大学学报》。

改善，中阿双方在明朝又重新恢复了直接和密切的外交往来。

对于双方的军事关系，加法尔指出唐代中国和阿拉伯伊斯兰国家军事关系密切，双方缔结战略性军事联盟的主要目的是为了一致抵制吐蕃和突骑施对两国疆界的威胁。① 加法尔引用了《旧唐书》中的如下描述：

> 十四年，诏以黑衣大食使含嵯、焉鸡、沙北三人并未中郎将，各放还蕃。②

“黑衣大食”指的就是阿拉伯人建立的阿拔斯王朝。加法尔认为上述“含嵯、焉鸡、沙北”很可能是阿拉伯名音译，应该是哈西姆、雅赫牙和阿里·希伯尼。

（三）中阿商贸往来频繁

论及中国和阿拉伯地区商贸往来时，加法尔谈到历史上“阿拉伯半岛与中国的贸易联系十分紧密，两个地区就像一个整体一样紧紧联系在一起”③。中国和阿拉伯的史料对中国和阿拉伯国家之间的海陆商贸路线、商贸海港、商业政策、货物种类等都有详细记载。中国和阿拉伯地区进行商贸往来的三条海上交通路线被历史学家分别称为“海上丝绸之路”“海上瓷器之路”和“海上香料之路”④。当时著名的阿拉伯海港城市包括伊拉克巴士拉、巴格达，伊朗塔赫里（旧称尸罗夫），苏丹哈拉伊卜（旧称埃得哈布），也门亚丁，阿曼苏哈尔等。中国的海港城市包括杭州、广州、扬州和泉州，其中广州最为重要。阿拉伯国家向中国出口的货物包括“乳香、圆木、干鱼、树胶、阿拉伯胶、没药、咖啡、象牙、龟甲、犀牛角、樟脑、龙涎香、香水、药材、蔗糖、棉花、棉布、珠宝、珍珠、琥珀、羊毛、地毯、铁器、黄金、白银”⑤，中国向阿拉伯国家出口的货物主要是“丝制品、瓷器、麝香、高良姜、肉桂……”⑥。

---

① 《唐代中国与阿拉伯世界的关系（上）》，载《新疆师范大学学报》。

② 《唐代中国与阿拉伯世界的关系（上）》，载《新疆师范大学学报》。

③ 《自伊斯兰教兴起至20世纪初阿拉伯半岛和中国的历史关系（上）》，载《北大中东研究》。

④ 《自伊斯兰教兴起至20世纪初阿拉伯半岛和中国的历史关系（上）》，载《北大中东研究》。

⑤ 《唐代中国与阿拉伯世界的关系（下）》，载《新疆师范大学学报》。

⑥ 《唐代中国与阿拉伯世界的关系（下）》，载《新疆师范大学学报》。

加法尔还深入分析了唐宋时期颁布的针对阿拉伯伊斯兰国家经贸往来的保护性法令、措施及税收制度。阿拉伯史料中明确细致地记载了中国进出口贸易的程序、海上贸易督察机构、专门供阿拉伯人进行商业活动的市场。中国宋代史料《萍洲可谈》还记载了由中国皇帝任命外商蕃长，实施外商自治管理。加法尔向我们介绍了一些有影响的阿拉伯藩商，如被称为“两市之首”和“两市之长”[①] 的艾布·阿里·易卜拉欣，以及从事香料贸易的著名阿拉伯商人“蒲寿庚”等人。加法尔认为中国皇帝十分了解阿拉伯伊斯兰国家，并尊重伊斯兰教及文化，这在很大程度上促进了双方的贸易繁荣。

(四) 中阿民间文化交流紧密

对中阿民间文化交流进行分析时，加法尔考察了历史上曾出访过阿拉伯国家的中国学者和航海家，如贾耽、杜环、汪大渊、郑和、马明心哈吉(1719—1782)[②] 等，他认为中阿民间的文化交流“并非现代社会的产物，而是具有两千多年的历史积累”[③]。加法尔指出，唐代地理学家贾耽在其海航日志《广州通海夷道》中详细描述了“中国通往阿拉伯地区的道路”[④]，唐代文人杜环在其著述《经行记》中记述了“阿拉伯地区的风土人情、繁荣的经济和管理有序的城镇，向中国人描绘了一幅美好的阿拉伯画卷”[⑤]，元朝航海家汪大渊在其撰写的《岛夷志略》中记述了“有关埃及、马格里布地区及阿拉伯半岛的重要信息[⑥]”。

此外，加法尔还考察了历史上著名的阿拉伯来华者，包括伊斯兰学者、阿拉伯商人、航海家和地理学家，如第一代精通汉学的阿拉伯专家、伊拉克史罗夫商人苏莱曼，其著作《中国印度见闻录》“详细描绘了唐朝的政治、社会、经济制度[⑦]”，又如阿曼商人谢赫阿布杜拉（中国史料称“辛押陁罗”）曾担任广州“统察藩长司”，他为广州的发展做出了重要贡献。

值得一提的是，加法尔认为宋代中国对阿拉伯地区，尤其是对阿拉伯地

① 两市指的是泉州和广州。

② 马明心哈吉（1719—1782），著有《朝觐途记》。

③ 《阿中友好关系中的民间外交》，载《阿拉伯世界研究》。

④ 《阿中友好关系中的民间外交》，载《阿拉伯世界研究》。

⑤ 《阿中友好关系中的民间外交》，载《阿拉伯世界研究》。

⑥ 《阿中友好关系中的民间外交》，载《阿拉伯世界研究》。

⑦ 《阿中友好关系中的民间外交》，载《阿拉伯世界研究》。

区的宗教活动有了更清晰的认识，这是一个十分新颖且具有说服力的观点。加法尔重点考察了赵汝适（1170—1231）的《诸藩志》，该书不仅清晰描述了阿伯半岛国家的诸多内陆路线和地名，还是第一本详细介绍麦加和描述朝觐的著作。文中提到的“佛居”指的是克尔白天房。

> 佛居，用五色甃成。每岁遇佛忌辰，大食诸国皆至瞻礼，争持金银珠宝以施，仍用锦绮覆其居。[①]

加法尔认为，历史上阿中民间文化交流在元朝达到顶峰。虽然蒙古人终结了大部分阿拉伯地区和中国的直接外交关系和经贸往来，但元朝时，在华阿拉伯人中涌现出大批杰出的学者、商人、外交家和行政官员，如设计并建造元朝大都（北京城）的伟大工程师叶海亚·道希尔、为元朝天文学发展做出贡献的杰出叙利亚学者尔萨及行政官员杰艾尔·夏姆思丁·欧麦尔等人。[②]

二、中国和苏丹关系史研究

加法尔将另一个研究重点聚焦到中国和苏丹交往史，著有《跨越二千年的苏丹中国关系探源求实》[③]（*Explore the History of Sudan-China Relations over the Past 2000 years*），他的博士论文《中国-阿拉伯关系：苏丹个案研究》正是这本书的雏形。虽然有不少研究者对中阿关系史从事了大量研究，但即便在中国学者的研究中，也较少对中国和苏丹关系史进行介绍。《跨越二千年的苏丹中国关系探源求实》填补了中外学界对中国和苏丹关系史研究的空白，是了解中国苏丹关系史的必读著作。对加法尔的这一著作对外经济贸易大学外语学院戈铁鹰教授给予了高度评价，他在序言中称：

> 无论是中西交通史，还是中阿关系史，抑或还有中非关系史，相关

① 《自伊斯兰教兴起至20世纪初阿拉伯半岛和中国的历史关系（上）》，载《北大中东研究》。

② 《阿中友好关系中的民间外交》，载《阿拉伯世界研究》。

③ ［苏丹］加法尔·卡拉尔·艾哈迈德著，史月译《跨越二千年的苏丹中国关系探源求实》第4页，时事出版社，2014年。

著述中都将苏丹这个同样曾兴盛一时的阿拉伯文明古国与中国的交往忽视了，要么寥寥数语，要么只字未提……本书的出版无疑将弥补这一缺憾。[①]

《跨越二千年的苏丹中国关系探源求实》共四章，分成两个部分，第一个部分论述了苏丹与中国的古代交往史，第二部分以时间为序梳理和研究了从1955年到1989年间的两国关系史。《跨越二千年的苏丹中国关系探源求实》时间跨度大，涵盖内容广，论述了两国政治、经济、文化、民间等方面的友好交往，这是对中国和苏丹关系史最为完备的介绍。

（一）中国和苏丹两国关系源远流长

《跨越二千年的苏丹中国关系探源求实》第一个部分是第一章，加法尔论述了从古代苏丹库施国的麦罗埃文明（公元前280—公元525）到20世纪初的两国交往史。加法尔提供了丰富翔实的研究资料，证实了两国的友好关系源远流长，绵亘千年。

尽管中国和苏丹文明交流的最早文字记载出现在唐朝，在此之前双方交往的直接证据少之又少。对于古代中国和苏丹关系的研究，加法尔对苏丹的考古发现和中外古籍中的相关线索进行了分析。麦罗埃遗址[②]出土了中国瓷器和按照中国瓷器式样设计的麦罗埃瓷器，这说明早在麦罗埃时期中国和苏丹就保持了联系。其次，中国古籍《吴时外国传》（成书于240—253）记载了苏丹的丰富物产“黄金、珠母、玳瑁、树胶、犀牛角、象牙、珍珠以及祖母绿等宝石”[③]，《山海经》《史记》《后汉书》出现的“西王母”一词，诸多学者认为指的应该是麦罗埃的库施女王，这表明古代中国对苏丹麦罗埃的政治制度和社会文化有一定的了解。

唐代旅行家杜环在阿拉伯国家的游历也引起了加法尔的关注。关于杜环在阿拉伯国家的游历，加法尔提出了独到的见解，他认为杜环曾经到过苏丹。公元751年，杜环作为怛罗斯之战的战俘，被送到库法。杜环在阿拉伯帝国境内生活了十余年，回到中国后撰写了《经行记》，记录了其周游西亚北非的

① 《跨越二千年的苏丹中国关系探源求实》第4页。

② 麦罗埃是非洲古代库施王国的都城遗址。

③ 《跨越二千年的苏丹中国关系探源求实》第15页。

见闻。《经行记》是第一部系统记录阿拉伯文明的中文著述，原书已遗失，仅部分内容可见于其他古籍的摘引。杜环在《经行记》中提到的一个叫作“摩邻国”的地方：

> 摩邻国，在秧萨罗国西南，渡大碛行二千里至其国。其人黑，其俗犷，少米麦，无草木，马食干鱼，人餐鹘莽。鹘莽，即波斯枣也。瘴疠特甚。诸国陆行之所经也，山胡则一种，法有数般。有大食法，有大秦法，有寻寻法。①

加法尔认为杜环所记载的“摩邻国”应该是苏丹红海岸的贝扎地区，贝扎地区居民的肤色为黑色，该地区椰枣树遍布，鱼类资源丰富，且宗教混杂，这与杜环关于“摩邻国”说法高度吻合。②

值得注意的是，加法尔还研究了第一个苏丹驻中国的贸易办事处，他发掘的这一史料具有十分重要的价值。19世纪末，苏丹商人穆罕默德·哈只·阿里在广州成立了第一个苏丹驻中国的贸易办事处，为增进两国关系做出了突出贡献。加法尔曾到苏丹北部柏柏尔市对穆罕默德·哈只·阿里的后代做了实地考察，他采访了哈只的孙子艾哈迈德·萨比特，获得了大量的第一手原始材料。加法尔谈到哈只曾先后娶了两名中国女子为妻，后携两名妻子及孩子返回苏丹生活，他的后代中有不少保留了很明显的中国人的面部特征。③中国史料以往鲜有记述和中国女子通婚的外国人，加法尔对穆罕默德·哈只·阿里的研究是一个重大发现。这是对19世纪末及20世纪初苏丹与中国之间频繁贸易活动的有力证明。

（二）中华人民共和国成立后的中国苏丹关系

《跨越二千年的苏丹中国关系探源求实》第二个部分包括第二章1955—1969年苏丹与中国的关系、第三章1969—1985年苏丹与中国的关系、第四章1985—1989年苏丹与中国的关系。从这一部分的参考文献中我们可以看到，加法尔在文献研究方面极其下功夫，他不仅参考了大量中阿文献、媒体报道，

① 《摩邻，中国中世纪关于西非洲的记载》，载《中国史研究》2001年第1期。

② 《跨越二千年的苏丹中国关系探源求实》第22页。

③ 《跨越二千年的苏丹中国关系探源求实》第46页。

还借其在外交部担任外交官之便，查阅了大量苏丹方面的官方档案，包括苏丹外交部和贸易部档案、苏丹驻华使馆档案、苏丹官方代表团访华报告、苏丹高级政府官员涉及中国的往来信函等。加法尔利用丰富翔实的历史资料，论述了新中国成立后两国的友好交往。

第二章主要讨论了1955—1969年苏丹与中国关系的发展。加法尔指出在苏丹独立前，中国和苏丹就维持了友好的关系，1955年万隆会议的召开是中国与苏丹重新开启文明交往的起点。在这次会议上，中方对苏丹获取主权，建立独立国家表示了极大的支持。① 1956年苏丹独立后，双方实现了文化、贸易、体育代表团频繁互访。② 1959年，苏丹与中国正式建立外交关系，是第四个与中国建立外交关系的非洲国家。20世纪50年代末60年代初，在西方遏制中国进入非洲市场的背景下，苏丹向中国敞开了大门，它是当时中国在非洲的第四大市场。

在第三章，加法尔重点论述了1969—1985年苏丹与中国关系的发展，即苏丹尼迈里总统执政期间两国的交往关系。加法尔认为尼迈里总统为中国与苏丹的友好交往奠定了坚实基础，这一时期是"苏中关系③发展中极为重要的阶段之一"④。本章根据两国政治局势的不同阶段，以时间为序划分为几个小节。第一小节考察了1969—1971年苏丹与中国的关系，这一时期两国关系取得了突破性进展，是两国关系发展的重要阶段。1969年加法尔·尼迈里发动军事政变取得政权，奉行共产主义路线，这对两国关系产生了积极影响。当时中国向苏丹提供了大量的经济技术援助，中国向苏丹提供的贷款总额为2亿元人民币，并承诺从苏丹购买大量棉花，这"表明了中国人民为图稳固发展两国人民友好关系的真挚情谊"⑤。第二小节考察了1971—1976年苏丹与中国的关系，加法尔指出"这一时期两国关系稳固发展，中国对苏丹的支持从未间断"⑥。中国持续向苏丹提供经济、技术、军事援助，两国在体育、文化、医疗合作等方面也开展了合作。加法尔在本书的前言中谈到"苏丹的多

① 《跨越二千年的苏丹中国关系探源求实》第50页。

② 《跨越二千年的苏丹中国关系探源求实》第53页。

③ 此处的苏中关系指的是苏丹中国关系。

④ 《跨越二千年的苏丹中国关系探源求实》第82页。

⑤ 《跨越二千年的苏丹中国关系探源求实》第88页。

⑥ 《跨越二千年的苏丹中国关系探源求实》第110页。

条公路、大桥、纺织厂以及农业、卫生事业的发展都是中国援助政策的最好体现"[①]。苏丹始终坚持"只有一个中国"的立场，参与了"两阿提案"[②]的筹备工作，在国际社会上为 1971 年新中国恢复联合国的合法席位做出了贡献。第三小节考察了 1977—1985 年苏丹与中国的关系。加法尔指出，这一时期中国和苏联关系明显恶化，苏丹中断了与苏联的联系，并在设立红海地区安全区等问题上采取了和中国一致的立场，两国关系在重大战略问题上越来越紧密。

第四章主要论述了 1985—1989 年苏丹与中国的关系。1985 年尼迈里政府倒台，苏丹政权两经更迭，即 1985—1986 年的过渡政府及 1986—1989 年由萨迪克·马赫迪总理领导的政府。[③] 加法尔指出，这一时期"两国的关系虽然未能达到尼迈里总统统治期间的发展水平，但仍然平稳发展"[④]。

结 语

综上所述，加法尔在丝绸之路文化带、中阿文明交流史方面的汉学研究成果具有重要的学术价值。他为早期中阿交往、中阿正式外交关系、军事关系、商贸往来、民间文化交流方面的研究提供了新的视角，对中国学者的中阿关系史研究具有较大的启发性。同时，加法尔弥补了中国苏丹关系史研究的空白，为这一研究领域奠定了重要的基础，为其他学者打开了研究这一领域的新大门。

（肖娟娟　北京语言大学外国语学部国别和区域研究专业博士研究生）

① 《跨越二千年的苏丹中国关系探源求实》第 6 页。

② "两阿提案"指在 1971 年 10 月 25 日的联合国大会上，由阿尔巴尼亚、阿尔及利亚等 23 个国家提出"恢复中华人民共和国在联合国组织中的合法权利"的议案。

③ 《跨越二千年的苏丹中国关系探源求实》第 168 页。

④ 《跨越二千年的苏丹中国关系探源求实》第 6 页。

·日本汉学（中国学）研究·

高田时雄与古汉语史研究*

周萍萍

摘　要： 日本著名敦煌学家高田时雄（1949—）是在战后日本敦煌学研究鼎盛时期成长起来的新一代学者。他以主攻的语言史研究为中心，一直耕耘于敦煌文献与汉语史的关联研究领域，别具一格，高识远见。高田教授运用语言学和文献学的研究方法，对汉语音韵学、汉藏对音、河西方言史等方面进行了深入的分析和研讨，取得了很多优秀研究成果，丰富了汉语史研究。同时，他还立足于国际视野，注重国家间的学术交流，本着传承敦煌文明的初衷，致力于国际敦煌学的发展和未来。

关键词： 高田时雄　敦煌学家　古汉语史　研究

高田时雄教授是日本著名的敦煌学家，是在战后日本敦煌学研究鼎盛时期成长起来的新一代学者。他的主要研究领域是敦煌写本的语言史，在学术上的成就主要有《敦煌资料的中国语研究——九、十世纪的河西方言》（『敦煌資料による中国語史の研究——九・十世紀の河西方言』，1988）、《敦煌·民族·语言》（2005）、《汉字文化三千年》（『漢字文化三千年』，2009）、《中国语史的资料和方法》（『中国語史の資料と方法』，1994）、《明清时代的音韵学》（『明清時代の音韻学』，2001）等论著和编著，以及《回鹘字音考》（「ウイグル字音考」，1985）、《于阗文书中的汉语词汇》（「コータン文書中の漢語語彙」，1988）、《慧超〈往五天竺国传〉的语言和敦煌写本的性格》

* 本文为中央高校基本科研业务费专项重点项目"日本的丝绸之路学研究"（项目编号：3162019ZYKB03）中期研究成果。

(「慧超『往五天竺國傳』の言語と敦煌写本の性格」，1992）等著名论文。高田教授将古汉语研究与敦煌学相结合，发挥其卓越的语学才能，分析了中国多个时代及地区记录下的各种写本和刊本资料，论证严密，观点精辟，从汉藏对音资料、河西方言的语言史和敦煌古逸音韵文献 3 个方面，给我们勾勒出一段以人文社会的具体生活为背景的汉语史。

一、敦煌汉藏对音资料的研究

高田教授于 1968 年考入京都大学文学部中国语学・中国文学科，1976 年赴法国留学获得博士学位，1987 年就任京都大学教养学部副教授，1997 年晋升为京都大学人文科学研究所教授，直至 2014 年退休。期间，于 2003 年担任过日本敦煌学国际联络委员会干事长。京都大学的敦煌学研究历史悠久，也是日本敦煌学的发源地，内藤湖南（1866—1934）、狩野直喜（1868—1947）、羽田亨（1882—1955）和藤枝晃（1911—1998）等著名敦煌学家皆出自敦煌学京都学派。在这种浓厚的学术氛围中，高田教授立足于东亚敦煌学传统，以极高的水平融合欧洲东方学的研究视角，面对敦煌写本广杂的内容和多语种的特点，为敦煌写本及汉语史研究提出了新的见解和新的框架，催生了广度与深度兼备的研究新领域。

针对敦煌写本与汉语史研究的关系，高田教授撰写了《敦煌遗书与汉语史研究》[①] 一文，总结了前人学者利用敦煌出土的古逸文献在汉语史方面的研究成果。他认为以古逸文献为主的汉语史材料，如《切韵》《唐韵》《玉篇》，以及佛典音义、经籍旧音等敦煌出土的残片，是早期敦煌遗书语言研究的主要对象，且已经取得颇丰的研究成果。但是在这个基础上，他进一步指出这些文献多反映的是中原文化，还应与包括敦煌在内的河西地区的语言史结合起来研究。

高田教授于 1988 年出版了《敦煌资料的中国语研究——九・十世纪的河西方言》一书，同年获得了第十六届金田一京助博士纪念奖。这本著作是高田教授在学位申请论文的基础上修订润色后出版的。书中仔细核实了藏于伦敦和巴黎的敦煌文献第一手资料，厘清了关于“汉藏对音资料”的过去所有

① ［日］高田时雄《敦煌遗书与汉语史研究》，载《敦煌研究》2006 年第 6 期。

研究成果，涵盖了《千字文》《金刚经》《阿弥陀经》《大乘中宗见解》《般若波罗蜜多心经》《唐蕃会盟碑》等14种汉藏对音资料。他指出，汉藏对音资料的介绍始于20世纪20年代。1920年，法国亨利·马伯乐（Henri Maspéro）的著作《唐代长安方言考》（*Le dialecte de Tch'ang-ngan sous les T'ang*）引用了汉藏对音本《千字文》的部分内容。1923年，日本的羽田亨撰文《汉蕃对音千字文断简》（『漢蕃対音千字文の断簡』）介绍了附有藏文注音的《千字文》，并释读、转写了其中的汉藏对音，确定了其性质及与唐代西北方音的关系。之后，英国一些学者陆续介绍了音译为藏文的《金刚经》《阿弥陀经》《大乘中宗见解》等，而从30年代开始出现了以这些汉藏对音数据为研究对象的综合性较强的论著，如罗常培的《唐五代西北方言》等。①

传统的汉语音韵史研究主要是把通过反切及注音整理划分出的用字分合情况与《切韵》系韵书的韵类相对照，分析其归并，同时使用外语中汉字借音资料作为推定音值的辅助材料。② 高田教授不仅使用了敦煌写本中汉文的注音资料，还特别提出资料可以通过语言的历史背景进行分层研究，这是他在研究中的一项重要发现。他说道，藏文音译的汉文资料尚有许多收藏于英法两国，直至第二次世界大战后的1957年，其概况才介绍给学术界。数据数量一举增加，相互比较成为可能，因此数据的层次才清楚了。③

基于此，高田先生在其著作中将收集到的14种汉藏对音资料大致分为两类。第一类为长安音，亦称A类，是以拉萨的唐蕃会盟碑碑文中的人名、地名、官职名等对音为标尺，分析出其音韵特征与唐代长安音较为接近；第二类为河西音，亦称B类，特征是全浊声母均有无声化现象。④

罗常培先生的《唐五代西北方言》以汉藏对音的音韵学分析为主，而且参酌注音本《开蒙要训》、唐蕃会盟碑等的研究，长期在音韵学界保持着极大的影响力。但是由于成书时间较早，采用的资料有限，存在一定的局限性。

① 高田時雄『敦煌資料による中国語史の研究——九・十世紀の河西方言』第10—12頁、東京：創文社、1988年。

② 祝世潔譯「高田時雄教授之学問」第2—3頁、載東方學研究論集刊行会編『東方學研究論集：高田時雄教授退職紀念』（中文分册）、京都：株式会社臨川書店、2014年。

③ 《敦煌遗书与汉语史研究》，载《敦煌研究》。

④ 『敦煌資料による中国語史の研究——九・十世紀の河西方言』第187頁。

高田先生新增补了罗书中未能利用的法国国立图书馆收藏的汉藏对音资料，指出罗书在利用资料时存在缺陷，未注意到资料间的性质差异和整体的层次，而且使用的对音资料均属于长安音。

高田教授从音韵学的声母、韵母和声调3个方面对汉藏对音材料进行分析。关于声母的问题，他首先介绍了切韵和唐代的声母系列，然后从无声无气音、无声出气音和有声音3个系列进行解说，详细列举了喉音、齿音、鼻音、轻唇音等，并归纳了河西方言的声母体系，认为其声母共5组26个。① 但是，高田教授认为，由于方言存在地区性差异，所以要完全复原单一的声母体系是非常困难的，汉藏对音资料只能反映出以K和O为代表的保守体系，以及不同时期的资料之间的差异。② 他发现，舌上音和正齿音的合并、摩擦音清浊的合并，以及齿头音和牙音的口盖音化不仅存在于现代西北方言，在整个北方语中也是显而易见的特征。③ 而对于全浊声母是否送气的问题，高田教授认为注音材料《开蒙要训》中浊音字有时用清音字来注音，但通常都是不送气音，并指出《大乘中宗见解》里的全浊声母不分平仄，全部用送气音来转写只是特例。④ 关于韵母的问题，高田教授首先介绍了切韵及慧琳音义的韵母体系，然后从韵摄入手，分析了遇摄、蟹摄、止摄、效摄、流摄、咸摄、深摄、山摄等15项，最后对河西方言的韵母体系进行了归纳，认为其韵母共15摄79韵。他提出汉藏对音资料大多属于9、10世纪时期，而陆法言的《切韵》和慧琳音义皆早于这个时期，所以它们的韵母体系是无法完全正确解释这些对音资料的，必须结合语言变化的历史背景。⑤

史文琴指出，高田教授对于模韵做了进一步的细分，而且还将鱼韵和虞韵清楚地区分开来。⑥ 高田教授提出，《南天竺国菩提达摩禅师观门》《道安法师念佛讃》和《般若波罗蜜多心经》等对音资料中的唇音字全部用-u来写，其余的对音资料则用-o来写的。还认为，鱼韵使用的是-i（-yi）、-u

① 『敦煌資料による中国語史の研究——九・十世紀の河西方言』第108—109頁。
② 『敦煌資料による中国語史の研究——九・十世紀の河西方言』第107—108頁。
③ 『敦煌資料による中国語史の研究——九・十世紀の河西方言』第189頁。
④ 『敦煌資料による中国語史の研究——九・十世紀の河西方言』第69—75頁。
⑤ 『敦煌資料による中国語史の研究——九・十世紀の河西方言』第180—181頁。
⑥ 史文琴《敦煌汉藏对音材料研究的几个问题》，载《敦煌学辑刊》2012年第4期。

(-yu) 两种标记法，而虞韵大多用的是-u 的标记法。[①] 并在《寒食诗》对音资料中将鱼韵和虞韵分别假定为［y］［ÿ］和［iu］［ÿu］。[②] 关于声调的问题，高田教授认为应从调类和调值两个方面进行分析，但是在汉藏对音资料中可作为分析声调的材料甚少，研究有一定困难。[③]

他认同邵荣芬提到的对音资料中存在全浊上声变去声的现象，但同时他认为这种现象是汉语史上公认的事实，在唐代就已证明了。[④] 但对于次浊上声变去声，他认为在现在的北方方言中，次浊上声应归属于清上声，而不是全浊去声。[⑤]

高田教授还从人称代词、疑问词、结尾词、句末助词和疑问句等语法方面分析了汉藏对音资料，并在附录中转写了全部汉藏对音资料，添加了《开蒙要训》注音通用表、资料对音标和资料的图片。可以说，高田教授通过精准的资料分析，完成了现存大部分汉藏对音资料文本还原，研究方法新颖，结论具有说服力，不仅对汉语史产生了很大影响，对敦煌学及中亚语言史研究也影响颇深。

二、河西方言的语言史研究

高田教授的第二大研究领域是关注包括敦煌在内的河西地区各民族语言，阐明中亚语言交流的实态。他认为，敦煌拥有汉代以来的悠久历史，多少代人一直努力经营该地区的居民，培养了其独特地文化与语言。这就必然形成了广义上的河西语言圈的一部分。在唐代以及吐鲁番统治时期，使用长安音仍是通例。但后来的归义军时期，寺院里的诵读佛经也开始使用河西音。而且，敦煌居民写下的归义军时期的语言材料极多，仅从汉字书写的表面来看是难以把握其实际情况的。尤其是文言的因素增加了，河西的特征就不能不变得更加微弱。然而理解了经过复原的河西音的背后，对各种写本的看法自

① 『敦煌資料による中国語史の研究——九・十世紀の河西方言』第116—119頁。

② 『敦煌資料による中国語史の研究——九・十世紀の河西方言』第10頁。

③ 邵荣芬《敦煌俗文学中的别字异文和唐五代西北方言》，载《中国语文》1963年第3期。

④ 『敦煌資料による中国語史の研究——九・十世紀の河西方言』第182頁。

⑤ 『敦煌資料による中国語史の研究——九・十世紀の河西方言』第183頁。

然会完全改变，所以有必要从河西语言史的角度对敦煌文献整体试作重新研究。①

1985年和1990年，高田教授陆续发表了《回鹘字音考》（「ウイグル字音考」）和《回鹘字音史概述》（「ウイグル字音史大概」）两篇论文，阐明回鹘字音的特点在于，虽是以中国西北部的河西方言发音为基础，但其使用回鹘语的音韵系统，没有声调的区别，声母和韵母页大大简化。这项研究成果开拓了理解西域历史和语言文化的新天地，给相关领域的古代突厥语、阿尔泰语及日本语言学带来了极大的影响和启发，因此荣获了昭和六十一年（1986）度第五届东方学会奖。②

高田教授在《回鹘字音考》中使用了两种佛书音注的小断片作为研究材料，一个是原东德柏林科学院所藏的《慈悲懺音字》，另一个是伊斯坦布尔大学现藏的《法华经音》。

他首先从声调进行考证，发现两种资料中一半以上的字都是用其他两种声调的文字来注音的，几乎无视了平上去三声之间的区别，而且这些注音声调的归属与切韵系韵书是完全不同的。《慈悲懺音字》中牵（平）、遣（上）二字都用坚（平）来注音，排（平）、背（去）、败（去）三字都用贝（去）来注音，《法华经音》中私（平）、訾（上）、肆（去）三字都是用四（去）来注音，可以认为是完全忽略了声调的存在。由此，高田教授断定，这种忽略声调存在的现象，证实上述资料能够被用来证明吐鲁番曾经存在回鹘化字音的最大理由。接着，高田教授对两种资料文字的声母进行了考证，发现其出现的声母合并现象与汉藏对音资料的声母合并大体上是一致的。而且，他认为回鹘人应该是用音读的方法来诵读汉文佛典的，所以这种注音在形态上很明显是回鹘文。由此，高田教授得出的结论是，回鹘字音应该是以9世纪吐鲁番的汉语语音为基础建立起来的，但是，经过一个很长的演变过程之后，这种字音出现回鹘化，并进入到回鹘字音的时代。《慈悲懺音字》和《法华经音》在吐鲁番的流行以及它的注音书的作成，应该是11世纪后半叶之后，而且很明显都是出自回鹘的。③

① 《敦煌遗书与汉语史研究》，载《敦煌研究》。

② 「高田時雄教授之学問」、『東方学研究論集：高田時雄教授退職纪念』。

③ ［日］高田时雄著，钟翀等译《敦煌·民族·语言》第159—174页，中华书局，2005年。

为了进一步证明，古代回鹘民族应该有一种被引入到回鹘语中、被其音韵体系所吸收的，并且只存在于回鹘字音中的语音，高田教授在论文《回鹘字音史概述》中继续对《慈悲懺音字》和《法华经音》两种文字材料的韵母进行了考证。他发现，这两种注音资料在韵母的通用上具有三个特点，一是没有一、二等间的元音的区别，二是合口 u 介音常常被简化，三是 i 介音有时也被忽略，并且汉语本来应有的区别淡化了，同时在字音上表现出了回鹘语的一些特征。在这个基础上，高田教授推测，唐代时期的敦煌使用的是长安方言，但自 786、787 年开始，经历了前后 70 年的吐鲁番统治期，进而又在归义军政权下，这时期的长安方言的影响力逐渐减弱，土著方言占据强势。而在 9 世纪中叶，回鹘被驱逐出他们的故地蒙古高原，迁居东部天山的南北两麓，在那里从前的长安方言仍然会以读书音的形式流传下来，同时也存在着用于口语的土著方言。①

1993 年，高田教授又撰写了《回鹘字注音的吐鲁番汉文写本残片》一文，以在柏林所藏的吐鲁番收集品中的一件在汉文各行间加上回鹘文字注音的汉文写本残片为研究材料。

经其考证，这个残片是一件利用某种佛典的背面书写的写本，使用的是草书体的回鹘文字和用木笔书写的汉字字体，应为元朝时期的遗存。经过对残片的复原和音韵特征的考究，高田教授认为，该残片的注音中所用到的回鹘字对音，应该是以河西型方言为基础的，自 10 世纪末逐渐形成的字音。②

高田教授也对于阗语以及河西语言圈的其他多种语言进行了诸多论考，发表了《于阗文书中的汉语词汇》（「コータン文書中の漢語語彙」，1988）和《敦煌发现的多种语言文献》（Multilingualism in Tun-Huang，2000）两篇力作，不仅对于阗文书中的汉语词条的音韵进行了仔细分析，还阐明了和河西方言渗透有关的语言交流和多语言生活的本质。

1988 年，高田教授撰写了《于阗文书中的汉语词汇》一文，对散见于敦煌出土的于阗文书中的汉语词汇进行音韵学的分析。他发现，这类文书中包含了相当数量的汉语词汇，多为地名、官职名、人名等固有名词。然后，他在前人的研究成果的基础上，对文书中的汉语词汇进行了考证，推

① 《敦煌·民族·语言》第 185—201 页。

② 《敦煌·民族·语言》第 208 页。

定出共计 89 条汉语词汇，对于其中的“六种”“政南”“新城”等词汇的推定等提出了自己的见解，认为文书中的于阗语通行于 10 世纪左右，应称之为新于阗语，因为在音韵组织上与保留较古形式的古于阗语存在较大的差异。为了更好地考证中古音的声母、韵母是如何用于标记于阗文字，高田教授将（于阗）婆罗谜文字撰写的《金刚经》与于阗文书中使用的撰写发进行了考察和比较。

他发现从汉语音韵史的立场出发，大部分敦煌出土的于阗文书基本上都是以一种与《金刚经》相同的汉语方言为基础作成的，只不过文书是由多人执笔写成，是按日常使用词汇的音形所做的注音。它更倾向于语音，特别是通摄鼻音尾脱落的趋势在文书中比较明显，这在汉藏对音资料和其他河西方言资料中不多见，由此亦可见这类于阗文书之贵重，在河西方言发展进程的考察上也具有重要的研究价值。①

《敦煌发现的多种语言文献》一文的主旨就是要把敦煌写本中关于敦煌地区流行的语言状况做一总结。基于这个出发点，高田教授逐项列举了粟特语、于阗语、梵语、回鹘文四种敦煌写本所见语言。之后，对于敦煌地区出现的藏语和汉语共存现象进行了详细解说。他指出，因为吐蕃在 786—848 年间对敦煌实行军事统治，既然统治者使用藏语，不难想象各级政府机构也在使用藏语，敦煌百姓也不可避免会接触到藏语，而且从敦煌文献中也发现，吐蕃时期的杂写经常与官方行政文书的开头一致，有的契约文书是汉人书写的，使用的却是藏文。② 9—10 世纪河西、中亚地区摆脱吐蕃统治以后，藏文仍然占有很高地位，并常作为外交语言。③ 敦煌出土的佛经抄本、汉藏双语文献，以及寺院和汉藏双语群体社区的存在都反映出敦煌地区出现过汉藏文共存时期。但是，高田教授认为，从汉代起敦煌就属于讲汉语的中原汉政权，虽然吐蕃统治时期对汉语的使用有一定冲击，但在归义军统治时期，汉语中的河西方言成为敦煌的主要语言。④

① 《敦煌·民族·语言》第 296—299 页。

② 《敦煌·民族·语言》第 8 页。

③ ［匈牙利］乌瑞（Uray Geza）著，耿昇译《吐蕃统治结束后甘州和于阗官府中使用藏语的情况》，载《敦煌译丛》（第一辑）第 212—220 页，甘肃人民出版社，1985 年。

④ 《敦煌·民族·语言》第 13 页。

三、敦煌音韵史料的研究

在音韵史方面，高田教授发表了一系列的研究成果，如《敦煌本〈玉篇〉》（「玉篇の敦煌本」，1987）、《敦煌本〈玉篇〉・补遗》（「玉篇の敦煌本・補遺」，1989）、《慧超〈往五天竺国传〉的语言和敦煌写本的性格》（1992）和《莫高窟北区石窟发现〈排字韵〉札记》（2004）等。

《敦煌本〈玉篇〉》主要是以英国马尔克・奥莱尔・斯坦因（Marc Aurel Stein，1862—1943）收藏品中的敦煌本《玉篇》残片为考察对象的。这部残片贴在 S. 6311《佛说善恶因果经》纸背，写在高 27 厘米的黄纸上。[①] 高田教授首先对敦煌出土的写本是否为《玉篇》进行了考证。他从部首和内部排序排除了写本是汉代许慎的《说文》和晋代吕忱的《字林》。但是发现，这个敦煌写本所引的书是《礼记》《尚书》，与顾野王的原本《玉篇》大量引自经书是一致的，而且这个写本在引用《内则》的经文之外又引了郑注，更加符合原本《玉篇》的体例。

高田教授认为，这个敦煌本《玉篇》最引人注目的特征是直音的注音方式，这点与原本《玉篇》有所不同。原本《玉篇》虽然也有直音的方式，但是还是主要以反切为原则的，然而这个敦煌本的注音全部使用了直音的方式。因为反切注音法的使用对于作者和读者的要求较高，而直音方式更容易为民间所接受，所以高田教授进一步推测，这个敦煌本应是为提供民间使用而经过改编的《玉篇》的众多版本之一，即为顾野王原本《玉篇》的大众化改编本。后世的《玉篇直音》《春秋直音》和《九经直音》等书的存在，也为使用直音注音法的字书经常为民间所需要提供佐证。高田教授在发现敦煌本《玉篇》的面貌与顾野王的富有学问气息的原本已有相当的差异后，对这个敦煌写本的年代进行了推测，认为其大概是唐末五代的 9 或 10 世纪前后的写本。[②] 但是，后来高田教授获知这个写本是 8 世纪之物，马上对之前的推测进行了修正，认为有必要稍微上溯《玉篇》的改编及其大

---

① 《敦煌・民族・语言》第 307 页。

② 《敦煌・民族・语言》第 313 页。

众化的势头出现的时代。[①]

《敦煌本〈玉篇〉·补遗》是对《敦煌本〈玉篇〉》的补充。敦煌本《玉篇》的残片共有两个，一个藏于英国伦敦，高田教授于1980年访问大英图书馆时亲手考察过这个残片。另一个藏于俄罗斯圣彼得堡奥登堡，高田教授称无法看到其实际面貌，只能通过孟列夫等编的目录揣测其大略情形。但是不久，高田教授发现俄罗斯圣彼得堡奥登堡收集的敦煌本《玉篇》残片的照片，实际上已经刊载于陈祚龙的《敦煌古抄文献会最》(1982)。[②] 因此，高田教授依据这幅照片对前文《敦煌本〈玉篇〉》进行了补遗。

在文中，高田教授就对英俄的两个残片进行了对比研究，发现它们使用的纸张的尺寸和颜色均相同，而且注音都使用的是直音法，标记为红色，所以他推断，这两个残片属于同一写本。在获取俄藏残片的照片后，高田教授逐行对该残片的注文进行了探讨，提出了一些新的见解。他考证，该残片内容共11行，不是孟列夫所编《目录》记载的6行，而且《目录》最初记录的写成红字的直音注音字“莫”，实际上应该读作“英”，是对“影”字的注音。[③] 高田教授还指出，俄藏残片中大量援引古书尤其是经书的经文与注这点，与公认的原本《玉篇》体例是相符合的，特别是它的部首的排列方式，更能表明《玉篇》民间流传本的多样性。[④]

慧超的《往五天竺国传》记录了他经由南海进入印度，归途中路经西域的所见所闻，被视为玄奘《大唐西域记》之补充，具有极高的史料价值。敦煌出土的慧超《往五天竺国传》写本为该书目前仅存之本，且被学界认为是慧琳《一切经音义》中所载的慧超《往五天竺国传》一书的节略本。针对这个论断，高田教授撰写了《慧超〈往五天竺国传〉的语言和敦煌写本的性格》一文，从汉语史的角度出发，探讨写本使用词汇的若干语言特征，同时立足于其他旁证资料，提出了敦煌出土的慧超《往五天竺国传》写本为《慧琳音义》所据之定本的草稿本的假设，并加以证明。

高田教授发现，敦煌本慧超《往五天竺国传》中虽然以书面语为基调，但其中混杂口语的成分，如“共”“向”“個”“裏”等常用于口语的词均在

① 《敦煌·民族·语言》第325页。

② 《敦煌·民族·语言》第318页。

③ 《敦煌·民族·语言》第318页。

④ 《敦煌·民族·语言》第322—323页。

写本中出现，特别是在诗歌中经常使用的“足”字出现频率最高，达到了27例。[①] 在考察口语成分的同时，高田教授还发现，敦煌本慧超《往五天竺国传》存在很多不正规语法的例子，行文颇为粗杂，但是与《慧琳音义》所据之定本的相似度很高，两者之间出现了很多字句异同现象，如敦煌本中“胡蜜”“播蜜”两处，在慧琳所据本中分别作“胡蔑”“播蔑”。由此，高田教授再结合学界将敦煌本慧超《往五天竺国传》认定为8世纪之物，以及慧超撰写此书时年纪尚轻等已有的研究成果，进一步提出了自己的推论——敦煌本慧超《往五天竺国传》非慧琳所依据的三卷之定稿本，而可看作是一种属于草稿本系统的写本。[②]

2001年，高田教授在台湾举办的一场学术研讨会上，了解到莫高窟北区石窟新发现的《排字韵》残片一事。当时，敦煌研究院的彭金章教授介绍了文献《排字韵》的残片及其价值，并认为该残片是《广韵》以后的一部重要的而已失传的韵书，对此，高田教授在会上也提出了该残片大概是《礼部韵略》的一种之意见。其后，他对此韵书残片展开了进一步研究，注意到该残片的内容其实与有名的王文郁的《新刊韵略》完全一致，并在此基础上，撰写了《莫高窟北区石窟发现〈排字韵〉札记》一文，意在指出敦煌文献《排字韵》残片与王文郁的《新刊韵略》的一致性的同时，提出关于发现该残片的意义的若干要点。[③]

高田教授认为，北区石窟发现的《排字韵》是刻本的两页残片，每半页有13行，《新刊韵略》也是每半页13行，而且正文的内容完全相同，包括注释、反切、又音、重添字在内，文字全部一致，除了是否排字的重大差异，形式上也有许多相同之处。特别是韵部之间用鱼尾形的记号加以区分这点，非常明显地反映了《新刊韵略》与《排字韵》的继承关系。[④] 并且，是否排字完全是出于民间出版商的创意，是为使用者的便利而考虑的版面设计，可以说是《排字韵》作为《新刊韵略》的一个坊刻本的富有特色的形式。在此考究的基础上，高田教授进一步提出，作为未经增字版本的《排字韵》应更

① 《敦煌·民族·语言》第367页。

② 《敦煌·民族·语言》第375—378页。

③ 《敦煌·民族·语言》第459页。

④ 《敦煌·民族·语言》第460页。

名为《排字新刊韵略》或《排字新刊礼部韵略》较为合适。[①]

高田教授的这些论文加上前述的回鹘语、于阗语等河西语言的研究成果，译为中文后均收录于《敦煌·民族·语言》。这本书囊括高田先生卓越的研究成就，在语言史和中亚史等相关领域广泛流传，得到了中外研究者的高度赞誉。

四、致力于中日和国际之间的学术交流

高田时雄教授以主攻的语言史研究为中心，涉足诸多学问领域，统合各个领域知识，高识远见，不但继承了已臻细腻的传统中国音韵学，而且在日本的东方史研究传统基础上，将欧洲文献学、东方学的研究视角融合在一起，对于敦煌写本及敦煌社会复杂的语言状况提出了新的见解和新的框架，构建了古汉语研究的大方向。1983 年 4 月，高田时雄协同森安孝夫、熊本裕、武内绍人、吉田丰四位在日本关西地区（京都、大阪）从事西域语言和历史研究的学者组成了“青年敦煌者协会”。他们利用敦煌文献分别在回鹘、于阗、汉、藏和粟特文领域确立自己的地位，同时准备合作研究《善恶因果经》等文献，使敦煌学京都学派进入了一个新的发展时期，呈现出专一性和综合化研究的新特征。

随着敦煌文献在世界范围内陆续公开，各国敦煌学者加强了在各个研究领域的联系。高田教授积极致力于国际，特别是中日两国的学术交流，不仅在日本国内是东方学会、日本中国学会、日法东方学会等的会员，在国际上还担任了中国敦煌吐鲁番学会理事、敦煌学国际联络委员会干事长。同时，他还兼任俄罗斯科学院东方文献研究所发行的杂志《东方文献遗产》的海外编辑员，以及《中国语言学集刊》的编辑顾问等职务。

从 1990 年起，高田教授联络日本和中国的敦煌学研究者，开设了“中国语史的资料和方法”（1990 年 4 月—1993 年 3 月）、“中国音韵史研究”（1993 年 4 月—1998 年 3 月）、“十六、十七世纪亚洲语言接触”（1998 年 4 月—2002 年 3 月）、“王玄策研究班”（2002 年 4 月—2006 年 3 月）、“西陲发现中国中世写本研究班”（2006 年 4 月—2011 年 3 月）、“中国中世写本研究班”（2011 年 4 月

① 《敦煌·民族·语言》第 463—465 页。

—2014年3月）等一系列专题研究班。[①]

系列专题研究班从2007年开始至2019年出版13期的《敦煌写本研究年报》，刊登了中日两国以及国际上的最新研究成果，这项活动不仅促进了中日敦煌学研究者之间在汉语史等领域的成果交流，进而有助于国际敦煌学学术史的研究。此外，他从2003年开始每年都参加俄藏敦煌文献轮读会，积极与中国大陆的张广达教授、荣新江教授和郑炳林教授等，以及中国台湾敦煌学者郑阿财教授、朱凤玉教授等，保持密切的学术交流，并经常赴中国的大学和研究机构举办学术讲座。2012年12月6日，高田先生应中国敦煌研究院邀请，做了题为《日本敦煌学的历史和特点》的学术讲座，详细介绍了日本敦煌学的特点和历史发展阶段。[②]

高田教授一直把自己作为敦煌文化的传承者与研究者，秉承敦煌文化的开放与包容，正视敦煌及敦煌学的历史和现实，积极推进敦煌学各个领域的发展。2014年，为了纪念高田教授退休，京都大学东方学研究论集刊行会编的《东方学研究论集》刊登了一文《高田时雄教授之学问》，逐项列举了高田教授运用语言学和文献学在分析和研究敦煌写本中取得的成果，高度赞誉“其学问之深湛、贡献之卓著，在日本国内外有口皆碑”[③]。

（周萍萍　外交学院教授）

① 文女《〈敦煌写本研究年报〉出版》，载《敦煌研究》2007年第6期。

② 顾淑彦《日本著名学者高田时雄教授来敦煌研究院作学术讲座》，载《敦煌研究》2012年第6期。

③「高田時雄教授之学問」、『東方学研究論集：高田時雄教授退職紀念』。

司马辽太郎历史小说与近代日本东洋学关系考论

——以《戈壁的匈奴》为例*

李国磊

摘　要：《戈壁的匈奴》是司马辽太郎第一部历史小说。在材源方面，小说中成吉思汗攻伐西夏的动机、西夏魂借鉴了石滨纯太郎的《东洋学漫谈》，而《东洋学漫谈》中的成吉思汗叙述改编自内藤湖南从奉天故宫带回的《蒙古源流》文本，呈现出内藤湖南→石滨纯太郎→司马辽太郎这一近代日本东洋学的谱系。在思想方面，司马辽太郎在《戈壁的匈奴》中已开始触及处于中心的“中国”、周边少数民族、日本之间的关系问题，可清晰窥见近代日本东洋学的底流。通过对小说材源、思想两个方面的考察，可探明《戈壁的匈奴》处在近代日本东洋学知识生产的谱系之中。

关键词：司马辽太郎　历史小说　近代日本东洋学《戈壁的匈奴》

《戈壁的匈奴》是司马辽太郎（1923—1996）第一部历史小说，[①] 1957 年

* 本文系国家社科基金重大项目“近代以来中日文学关系研究与文献整理（1870—2000）”（项目批准号：17ZDA277）、天津市教委科研计划项目“《韃靼漂流记》文本的多维征用研究”（项目批准号：2020SK072）的阶段性成果。

① 历史小说包含了两个基本的维度：一是以历史上的事件、人物、风俗等史实作为素材；二是通过符合史实的事件和人物的发展来描述历史的本质，符合这两个条件的文学作品可视为历史小说。具体可参见日本大辞典刊行会『日本国語大辞典』第二十卷第 487 頁、東京：小学館、1976 年。司马辽太郎的第一部小说是《波斯的幻术师》，发表于 1956 年 5 月，但这部小说是一部充满幻想的虚构之作，并非历史小说。《戈壁的匈奴》虽然是司马的第二部小说，却是其严格意义上的第一部历史小说。

5月刊于《近代说话》第一期。司马辽太郎曾谈及石滨纯太郎（1888—1968）《东洋学漫谈》中“成吉思汗为夺西夏王妃而征服西夏，后被王妃所伤死去”的故事。通过比较可以发现，小说《戈壁的匈奴》的情节梗概与石滨纯太郎在《东洋学漫谈》中的成吉思汗叙述近乎一致。对此，矶贝胜太郎（1935—2016）指出司马辽太郎在创作《戈壁的匈奴》时参考了石滨纯太郎的《东洋学漫谈》。①

笔者认同矶贝胜太郎的观点，但矶贝的研究并未具体说明司马辽太郎受到了该书哪些方面的影响。同时需要指出的是，石滨纯太郎在《东洋学漫谈》中虽标注了“成吉思汗为夺王妃而征服西夏”的故事出自《蒙古源流》，但他对故事的转述是否忠实这一点需要做进一步考证。因此，仅探讨《东洋学漫谈》与《戈壁的匈奴》两者之间的关系显然是不够的，需将《蒙古源流》纳入到研究对象中来，对这三者的关系进行综合考察。另外，《戈壁的匈奴》作为司马辽太郎第一部历史小说，如何对这部作品进行评价和定位，对于把握司马辽太郎历史文学的整体风貌也极为重要。本文将就上述问题进行探讨。

一、《东洋学漫谈》对《蒙古源流》中成吉思汗叙述的改编

石滨纯太郎在1968年去世。司马辽太郎1979年4月在《敦煌学的先人》一文中回忆了石滨纯太郎对他的影响以及两人之间的交往，对石滨纯太郎的人格和学问给予了很高的评价。② 人格方面，赞誉他是一位具有近代独立精神的町人学者，学问方面的评价主要集中于他在西域学的成就。其中，司马辽太郎特意提及了石滨纯太郎所著《东洋学漫谈》中“成吉思汗为夺西夏王妃而征服西夏，后被王妃所伤死去”的故事，具体如下：

> 起初，有人对成吉思汗说，西夏国王的王妃是一个难得一见的美人，把她抢来纳为妾，如何？由此，战争爆发，蒙古军顺利取胜，将王妃俘获。据说是被那美丽的王妃所伤，成吉思汗才死去。（中略）虽然是一个

① ［日］磯貝勝太郎『司馬遼太郎の幻想ロマン』第176頁、東京：集英社、2012年。

② 「敦煌学の先人」、『司馬遼太郎全集』第六十八巻第237—242頁、東京：文芸春秋、2000年。

传说，但可以说展现出了西夏魂。[①]

石滨纯太郎在《东洋学漫谈》中标注了上述内容引自《蒙古源流》一书，[②] 但并未标明版本。石滨在 1942 年 12 月刊于《北亚细亚学报》第一辑《蒙古源流札记》一文中回忆道：

> （内藤）先生极为爱惜手校本，不轻易借于别人。但在大正十五年（1926）夏，我得到数日许可，抄写了手校本。该书的末尾有两条先生的识语：岁丙午十月在奉天时将盛京文溯阁藏四库全书本校订此月十二日起至十四日下午五点止；同月廿七日以盛京翔凤阁藏蒙满汉三文印本再校过。[③]

由此可推断石滨纯太郎在《东洋学漫谈》中有关成吉思汗的叙述所参考的应为内藤湖南（1866—1934）在奉天（沈阳）故宫搜集到的《蒙古源流》文本。内藤湖南是日本最早研究《蒙古源流》的学者，[④] 曾在 1905 年、1906 年多次赴奉天搜集该书的蒙古、满、汉文本。石滨纯太郎指出内藤的一大贡献在于通过满、蒙古、汉三个版本的校勘，探明“蒙古源流先由蒙古文译为满文，再由满文译为汉文，并非由蒙古文直接译为汉文”[⑤]。石滨纯太郎私淑于内藤湖南，1924 年曾随内藤赴巴黎、伦敦等地调查东洋学书籍，1925 年回国。石滨纯太郎与内藤湖南在东洋学领域有很深的渊源，司马辽太郎更是将两人界定为师生关系。[⑥]

1940 年 1 月，江实（1904—1989）以《蒙古源流》的满文本、汉文本为基础，经过考证和注疏，由弘文堂书房出版了该书的第一部日译本。江实出

---

① 「敦煌学の先人」、『司馬遼太郎全集』第六十八巻。

② 石浜純太郎『東洋学の話』第 208 頁、大阪：創元社、1943 年。

③ 石浜純太郎「蒙古源流札記」、『北亜細亜学報』第一輯、第 66 頁、亜细亜文化研究所 1942 年。

④ 森川哲雄『「蒙古源流」五種』第 30 頁、福岡：中国書店、2008 年。

⑤ 「蒙古源流札記」第 65—66 頁。

⑥ 司馬遼太郎『司馬遼太郎が考えたこと』（14：エッセイ）第 314—317 頁、東京：新潮社、2002 年。

身于京都帝国大学，曾师从鸳渊一学习满语、蒙古语，他在日译《蒙古源流》时，实际上参阅了内藤湖南从奉天故宫所收集的文本：

> （内藤博士）在明治三十八年（1905）、三十九年（1906）分别将蒙古文刊本《蒙古源流》、满文刊本《蒙古源流》带入我国。蒙湖南先生遗属内藤乾吉学士厚谊，得以借览这些学界前辈先贤拍摄、冲洗、花费异常苦心的结晶。两刊本的蓝晒一同庄严地置放于正在起草这篇文章的我的书桌旁。这两刊本尔来已历三十五年风霜，给予我沉静的叱咤之感，感慨诚深。[①]

可见，石滨纯太郎与江实对《蒙古源流》的摄取都来自内藤湖南从奉天故宫带回的文本。石滨纯太郎在1942年发表的论文《蒙古源流札记》中评价江实的日译本为“令人叹赏之劳作”，研究篇部分“博涉精研”。[②] 另外，他对译本中的疏漏等进行了补订，并未对《蒙古源流》日译本中有关成吉思汗叙述的具体内容存在疑义。本文以江实1940年所译《蒙古源流》为底本，[③] 与《东洋学漫谈》中的成吉思汗叙述进行比较，以观照两者之间的关系。以下为底本《蒙古源流》中的成吉思汗叙述：

西夏王听说成吉思汗消灭金政权后大惊，派使者进献贡品。成吉思汗接受并回赠礼品。这位使者告诉成吉思汗的近臣：“西夏王妃乃惊世美人。”于是，近臣便向成吉思汗进谏夺其为妃。之后，成吉思汗遣使到西夏，对西夏王说：“我即将远征撒儿塔兀勒，你率兵作为右翼出征。”西夏王以“你尚未统一天下，为何以‘大汗’自称？”为由拒绝。成吉思汗大怒，意欲攻灭西

---

① 江実訳註『「蒙古源流」の諸本の研究』、『蒙古源流』第15頁、東京：弘文堂書房、1940年。

② 「蒙古源流札記」、『北亜細亜学報』第一辑第63頁。

③ 石滨纯太郎、江实都参考了内藤湖南从沈阳故宫带回的《蒙古源流》文本，但存在一个问题：内藤湖南带回了蒙古、满、汉三个文本，两人主要参考了哪个文本？笔者将此作为今后的研究课题。在本文中，作为解决这个问题的方法：第一，进行译本间的比较，将《蒙古源流》的几个文本（如：岡田英弘『岡田英弘訳注「蒙古源流」』、東京：刀水書房、2004年；乌兰《〈蒙古源流〉研究》，辽宁民族出版社，2000年等）与江实《蒙古源流》日译本进行比较，可明确他们对成吉思汗的叙述是一致的。第二，从目前《蒙古源流》版本比较研究来看，未提及成吉思汗叙述之间存在差异。因此，以江实《蒙古源流》日译本作为底本进行比较是合理可行的。

夏，但听从大臣的建议，暂时忍辱放弃进攻西夏，着手统一天下。他在34、35、37、39、41、43、45、47岁时，多次出征，不断扩大版图。在最后一战中攻占西夏，斩杀西夏王。王妃沐浴后侍奉成吉思汗，成吉思汗受伤命危，王妃跳河而死。①

在《蒙古源流》中，成吉思汗具有四个特征：第一，有雄心，实现大一统。成吉思汗虽被西夏王拒绝出征，且遭到他的语言羞辱，但听从大臣的建议，经过数次征战，逐步实现统一，使国家休养生息19年，最后攻灭西夏。第二，有智慧。成吉思汗欲攻打印度，在山坡遇到"瑞兽"，推想到此次出征可能遭遇的意外，最后率军返回。第三，施民政，休养生息。成吉思汗结束了天下散漫无统的局面，实现天下统一后，1208年至1226年使国人休养生息，享和平幸福。第四，对臣下公平，且有为他人考虑之心。成吉思汗结束对撒儿塔黑臣的远征后，封赏部下，普济臣民。为避免其他大臣的嫉妒，暂未封赏功臣博尔术那颜。后来，成吉思汗通过讲述博尔术那颜的功绩和忠心，消除了大臣的误解，最后使博尔术那颜得到封赏。②

与成吉思汗的正面形象此相比照，西夏王的形象呈现出一种负面邪恶的倾向：第一，趋势趋利且无信用。西夏王得知成吉思汗夺取金政权后，感到吃惊恐惧，遂派使臣向成吉思汗纳贡称臣。成吉思汗西征时命其为右翼，西夏王不听从成吉思汗的命令，且以语言羞辱。第二，西夏王有变幻的本领，早上能变为有花纹的蛇，中午可变为有花纹的虎，晚上会变为孩童。第三，西夏王被抓后，杀之，对成吉思汗有害，赦免之，对成吉思汗后代有害，杀与不杀，都给人带来不吉利。射、斩、刺都无法将西夏王杀死，只能用他长靴底下的钢刀才能将其斩杀，脖颈处流出乳汁。

由以上分析可以看出，《东洋学漫谈》与《蒙古源流》中的相关叙述是不同的，主要集中在两点：第一，成吉思汗征服西夏的原因不同。在《东洋学漫谈》中，成吉思汗为夺西夏王妃而征服西夏，夺取西夏王妃是成吉思汗发动战争的根本原因。在《蒙古源流》中，西夏王向蒙古进献贡品，臣服于蒙古。成吉思汗意欲西征，西夏王违令拒绝出征，并以言语触怒成吉思汗，他为自己的誓言以及天下的大一统而征服西夏。第二，所表达的主题不同。

① 『蒙古源流』第50—68頁。"撒儿塔兀勒"的译法参考了《〈蒙古源流〉研究》第162页。

② "撒儿塔黑臣""博尔术那颜"的译法参考了《〈蒙古源流〉研究》第165页。

在《东洋学漫谈》中，西夏王妃使成吉思汗受伤致死，所表达的主题是“西夏魂”。较之《东洋学漫谈》，《蒙古源流》中掺杂了较多神话怪异元素，西夏王被描述成一个言而无信且“邪恶”的形象，是应该被征伐的对象。西夏王被斩杀之前，对成吉思汗讲：“如果你要娶古儿别勒只·豁阿，要仔细搜看她的全身。”[①] 这暗示了西夏王妃的危险性，从而在一定程度上凸显了成吉思汗受伤而死的悲剧色彩。在《蒙古源流》中，西夏王妃固然有大义凛然的一面，但表达的主题更侧重于赞美成吉思汗的大一统以及治世济民的功绩等。

实际上，石滨纯太郎通晓《蒙古源流》的文本，之所以会出现上述差异，是因为石滨在《东洋学漫谈》中站在处于“边缘”的西夏的立场上，对《蒙古源流》进行了改编。石滨纯太郎在《东洋学漫谈》中多次强调“这是一个有趣的传说”，“极为有趣的、戏剧性的逸话”，[②] 在一定程度上反映出了改编的事实。

二、《东洋学漫谈》对《戈壁的匈奴》创作的影响

《东洋学漫谈》是司马辽太郎介绍最为翔实的东洋学著作之一，本文试从成吉思汗攻伐西夏的动机、西夏魂两个方面来论述《东洋学漫谈》对《戈壁的匈奴》的影响。

（一）成吉思汗攻伐西夏的动机

在《东洋学漫谈》中，有人告诉成吉思汗西夏王妃是一个难得的美人，劝其夺来纳为妃子，由此战争爆发。即夺取西夏王妃是成吉思汗发动战争的动机和目的。

司马在《戈壁的匈奴》中是如何叙述成吉思汗 5 次攻伐西夏的目的和动机的呢？铁木真对西夏女子产生憧憬源于 19 岁时与回纥商人桥尔别的对话。桥尔别对铁木真讲，世界上最好的女人不在安息国、吐蕃国、身毒国、鞑靼，而在西夏。“桥尔别精妙地讲着那肌肤、气息、脸庞、身体，西夏女子娇艳的模样刻画在了青年的脑海里。”[③] 桥尔别告诉铁木真要知晓世界的女人，成为

① 『蒙古源流』第 63—64 頁。“古儿别勒只·豁阿”的译法参考了《〈蒙古源流〉研究》第 226 页。

② 『東洋学の話』第 184 頁。

③ 「戈壁の匈奴」、『司馬遼太郎全集』第二卷第 472 頁、東京：文芸春秋、1997 年。

商人是最好的方法。但铁木真拒绝他的建议，选择了战争和掠夺的方式。

铁木真19岁时第一次进攻西夏，那时他尚是朔北一小部族的土酋。第二次是在32岁时，他在朔北的势力还很微弱。前两次征伐西夏都以失败告终。第三次是在44岁时，铁木真已即位蒙古皇帝5年。他越过戈壁征服西夏，“对铁木真而言，西夏的执念如同恋情一般。”[①] 小说这样描述大将蒙克的心境：“大汗在南征的军旅途中，他会征服世界上所有的大国。小国只有等待从枝头坠落的命运。但唯有西夏例外。大汗想早点得到那些女人。青年时，回纥人桥尔别所讲的西夏女子是怎样的，铁木真的这种心理如同恋情一般。”[②] 蒙克包围西夏城后，提出“不夺城池，不愿兵戎相见，不取王性命，只要汝国公主”，最终虽得到西夏王妹，但她在到达铁木真军营前死去。第四次是在51岁时，成吉思汗西征，因俘获的五位女子与所憧憬的西夏女子无法相比，极为失望，将她们一一斩杀。第五次是在65岁时，成吉思汗举大兵包围西夏，遣使表明“投降后不杀戮，不夺市民财产，只想得到公主李睍”，最终实现青年时的夙愿。

由以上分析可以发现，在小说《戈壁的匈奴》中，回纥商人桥尔别告诉青年铁木真世界上最好的女人在西夏，从此便抱有了对西夏女子的憧憬。成吉思汗五次征伐西夏的动机都在于掠取西夏女子，这与石滨纯太郎《东洋学漫谈》中的叙述是一致的。

（二）西夏魂

石滨纯太郎在《东洋学漫谈》中谈道：“据说是被那美丽的王妃所伤，成吉思汗才死去。（中略）虽然是传说，却展现出了西夏魂。”[③] 他进一步指出，西夏与宋、辽、金、元等相对峙，虽然为时宜之便接受册封，但在辽亡金衰元兴的历史中，能够自立不倒，确实不易。由此可见石滨纯太郎对西夏的偏爱和同情。

小说《戈壁的匈奴》主要从两个方面来写西夏以及西夏公主。第一，西夏作为边缘小国对蒙古的反抗。铁木真率领蒙古军团越过戈壁，挥师南下。一个月后，铁木真的军团包围西夏城。蒙古军队“黄白旌旗如云一般缭绕，

---

① 「戈壁の匈奴」、『司馬遼太郎全集』第二卷。

② 「戈壁の匈奴」、『司馬遼太郎全集』第二卷。

③ 『東洋学の話』第184頁。

全军身着银兜、银甲，弩弓一万挺，军车五千台，战马五十万，这仿佛是装饰其人生的最后一幕历史剧”。[①] 与此相比照，守卫西夏城的是未满20岁的未婚公主李睍。她在数月前刚刚替代病死的德日王指挥作战。西夏军在李睍公主的麾下英勇作战。“他们战意大振源于一种恐惧，如果战败，只能等待被掠夺和虐杀。这是铁木真崛起以来蒙古军队战史告诉他们的。”[②] 西夏军采取了彻底的守城战，未向城外派出一兵一卒，如若不然，面对蒙古兵的强大军势，片刻也无法支撑。士兵和所有的西夏市民手持石、弩弓，狙击城墙下的蒙古士兵。守城1个月后，西夏城水粮皆断。李睍每天巡视城墙，激励市民，但人们连拉弓的力气也都消失殆尽。通过以上叙述，小说意在突显西夏虽是边缘小国，力量薄弱，但不屈从于强大的蒙古。

第二，西夏公主的个人牺牲与成吉思汗之死。蒙古军队停止攻城，集结于西郊之丘。蒙古使者前来劝降，虽遭到李睍拒绝，但使者仍不离去，他坦言成吉思汗的真实意图是得到她本人，并保证投降后不会杀戮，只掠夺王室的财富，不侵害市民的财产。最终，公主同意成吉思汗的要求，并自备车骑赴蒙古军营中。西夏市民因生命和财产无事而欢呼，但对于公主个人来讲，注定是一个悲剧。当夜，成吉思汗病发，7日后死去。小说虽未直接言明成吉思汗是因李睍死去，但根据前后文脉和语境，暗指了西夏公主使成吉思汗致病而死。显然，《戈壁的匈奴》是在“西夏魂”这一主旨和框架下来写西夏以及西夏公主的。

综上可见，《戈壁的匈奴》在成吉思汗攻伐西夏的动机、西夏魂等具体的情节架构中借鉴了《东洋学漫谈》这部东洋学著作，而《东洋学漫谈》中的成吉思汗叙述改编自内藤湖南从奉天故宫带回的《蒙古源流》文本，材源上呈现出内藤湖南→石滨纯太郎→司马辽太郎这一近代日本东洋学的谱系。

三、《戈壁的匈奴》中的近代日本东洋学底流

尾崎秀树认为，司马辽太郎的历史小说可以作为一种史论来读，其把握

① 「戈壁の匈奴」、『司馬遼太郎全集』第二巻。

② 「戈壁の匈奴」、『司馬遼太郎全集』第二巻。

历史人物和事件的方式独特，从中可以感受到一种文明论式的扩展。[①] 在《戈壁的匈奴》中，司马辽太郎的评论并非完全针对故事情节而展开，有时受阐释欲望的支配，脱离掉故事情节的束缚，不断引申、扩展出他的文明认识。《戈壁的匈奴》的情节主要围绕着成吉思汗五次攻伐西夏而展开，故事的主角是蒙古和西夏，但不容忽视的是，小说内部隐含了 3 种文明的比较关系：第一，骑马民族与农耕民族；第二，朴素主义的民族与文明主义的社会；第三，“周边”的西夏与“中心”的宋。关于骑马民族与农耕民族的文明关系，小说叙述如下：

> 这个时代，沙漠民的人生是靠着对“物”“女人”的强烈执念而成立的。越趋向于北方，越加干冷，对生物的生息，显示出严酷的冷淡。居住于此的骑马民族对南方丰饶的土壤和色彩所寄予的梦想是农耕民族的子孙无法想象的。中国五千年的历史，从某个角度来讲，正是怀有这个梦想南下的塞外蛮族与守护中原谷物收获和文化的农耕民族之间的摩擦。[②]

《戈壁的匈奴》的情节与中原农耕民族并无直接关系，但司马将相关评论引入到小说中，对农耕民族和骑马民族进行比较，显然是为了阐述其文明史观，即中国五千年是骑马民族与农耕民族之间摩擦的历史。这种文明比较具有鲜明的近代日本东洋学特质。[③] 近代日本东洋史学的创设者为那珂通世，他将原来的中国史转变为包含“东洋诸国、诸民族历史”的“东洋史”，把中国置于“东洋”诸民族“争天下”的空间格局之中，桑原骘藏、白鸟库吉等东洋史学家进一步将“东洋诸民族”描述为汉与非汉、农耕与骑马/游牧两大

---

① 尾崎秀樹『歴史文学論——変革期の視座』第 26 頁、東京：勁草書房、1976 年。

② 「戈壁の匈奴」、『司馬遼太郎全集』第二卷。

③ 王海认为司马辽太郎作品中农耕与骑马/游牧二元对立的历史叙述受到了大阪外国语学校《朔风》杂志的影响，具体可参见：王海「司馬遼太郎研究：その記者活動期の思想を中心に」第 36—43 頁、関西大学博士学位論文、2013 年。但实际上，司马在大阪外国语学校就读期间摄取东洋学知识的途径是多元的，是否直接受到该杂志的影响尚需进一步考证。

势力相互对抗、角逐的关系。[①] 小说对成吉思汗之后的骑马民族进一步论述：

> 铁木真征服世界后，将蒙古人留在朔北故乡，其子窝阔台也固守此规，特意将首都置于与世界人文隔绝的喀喇和林。但是他的孙子忽必烈创立大元帝国，违背祖父训条，将首都迁至中原，让蒙古人作为亲卫队住在都城，结果元灭。此时，支撑大元帝国的蒙古军团丧失了之前的野性，变为普通人。同样，从满洲骑马民族女真强大起来的爱新觉罗努尔哈赤，只凭六十万游牧民便灭掉四亿之民的明朝。清朝建立后将都城置于北京。今天，作为通古斯族一派的古代满洲民族这一名称只存在于民族学之中，人种已经不复存在。[②]

上述评论与小说情节也无直接关系，是司马辽太郎阐释欲望支配下的文明认识，与宫崎市定《东洋朴素主义的民族与文明主义的社会》中的代表性观点不谋而合，即朴素主义的民族不断征服文明主义的社会，后被文明主义的社会所同化，中国历史重复着这种循环。司马辽太郎最后一部历史小说《鞑靼疾风录》的主题之一便是朴素主义的民族女真攻入北京，建立清王朝，后被文明主义的社会所同化。"今天，古代满洲民族只存在于民族学之中，人种已经不复存在"等类似表述在《鞑靼疾风录》后记中也可找到。[③] 由此可见，司马的第一部历史小说《戈壁的匈奴》已触及朴素主义的民族与文明主义的社会的关系问题，与最后一部历史小说《鞑靼疾风录》存在互文关系。

《戈壁的匈奴》对西夏与宋的文明比较着墨虽少，却直接展现出了司马辽太郎的文明史观。小说中，西夏国王[④]李睍对城破战败做好了心理准备，战败一方的国王以死谢幕是通常的结局。因西夏国王是女性，成吉思汗意欲得到其身体。她虽然感觉到恐惧，但不会寻死，因为那是王室的义务，小说这样写道：

> 西夏国是一个商业国家，由几个富商支持，王室才得以成立。不像

① 黄东兰《作为隐喻的空间——日本史研究中的"东洋""东亚"与"东部欧亚"概念》，载《学术月刊》2019 年第 2 期。

② 「戈壁の匈奴」、『司馬遼太郎全集』第二卷。

③ ［日］司馬遼太郎『韃靼疾風録』第 577 頁、東京：文芸春秋，1998 年。

④ 小说中，李睍是西夏德日王的侄女，德日王病死后，她成为西夏国王。

其他国家一样，是一个专制国主。被选择、被承认，都城有危机时，代表市民尽责。使李眖决意已定的与其说是壮烈的美谈式的感情，莫如说是作为王室不成文的义务感。[①]

从以上表述来看，小说将西夏视为民主国家和市民社会，西夏公主慷慨赴蒙古军营乃是义务，是“公”的体现。对于“不像其他国家一样，是一个专制国主”这一表述，联系到西夏、蒙古时代的历史背景，这个“专制国家”显然是指当时处于中心的宋朝。宋朝周边存在为数不少的少数民族政权，他们处于周边，与宋朝是“周边与中心”的关系。而在小说中，处于周边的西夏是市民社会、民主国家，以“公”作为行动选择的导向，处于中心的宋朝是专制国家，中心与周边在文明的评价上产生了反转。由此，宋朝这一中心被解构，隆起的周边民族成为新的中心，即所谓“去中心的中心化”。[②]

《戈壁的匈奴》发表后，较有代表性的观点是“小说没有以日本为舞台，也没有出现日本人”[③]。实际上，这种看法并不准确。司马辽太郎在《从特殊到普遍》一文中曾谈道：“我从孩童时便对中国周边抱有兴趣，这一点恐怕到死都不会改变吧。中国的周边也包括日本。日本、蒙古、朝鲜、旧满洲都处在同一次元。”[④] 另外，司马辽太郎在《为何写小说》一文中，再次谈及自己从中学时代便憧憬中国周边的少数民族，并强调自己“一直将日本史作为中国周边一民族的历史来看待，对中国并没有崇拜之情”[⑤]。简言之，司马辽太郎将日本视为中国周边的一个民族，将中国他者化的同时，使自身隆起为新的中心。实际上，将日本视为中国周边民族的一员，突显与中国的异质性，拉远与中国的距离，这在近代日本东洋学中也是常见的。譬如，在《东洋朴

① 「戈壁の匈奴」、『司馬遼太郎全集』第二卷。

② 关于“周边隆起、去中心的中心化”这一表述，具体可参看：王升远《史迹评骘、雄主回望与“浪漫远征”——保田与重郎〈蒙疆〉中的“满蒙鲜支”叙事》，载《外国文学评论》2017 年第 1 期。

③ 例如：（1）磯貝勝太郎『司馬遼太郎の幻想ロマン』第 177 頁、東京：集英社、2012 年。（2）志村有弘編『司馬遼太郎事典』第 70 頁、東京：勉誠出版、2007 年。

④ 尾崎秀樹、司馬遼太郎「特殊なものから普遍的なものへ」、『司馬遼太郎全集月報』（32）第 249 頁文芸春秋、1974 年 4 月。

⑤ 司馬遼太郎『司馬遼太郎が考えたこと』15：エッセイ第 87 頁、東京：新潮社、2002 年。

素主义的民族与文明主义的社会》一书中，宫崎市定在宋、明末清初、清末三个历史时期提及日本，着重墨于日本与中国的不同，详述日本与中国周边少数民族的相似、相通，力证日本是一个朴素主义的民族。[①] 司马辽太郎在看待处于中心的“中国”、周边少数民族、日本三者之间的关系时，展现出鲜明的近代日本东洋学特征。

结 语

《戈壁的匈奴》作为司马辽太郎第一部历史小说，一直未能引起学界足够的重视，原因之一在于没有意识到这部小说与近代日本东洋学之间的关系，两者的关系集中体现在以下两个方面：第一，在材源方面，呈现出内藤湖南《蒙古源流》→石滨纯太郎《东洋学漫谈》→司马辽太郎《戈壁的匈奴》这一近代日本东洋学的谱系；第二，在思想方面，《戈壁的匈奴》已开始触及“中国”、周边少数民族、日本之间的关系问题，涉及农耕民族与骑马民族、朴素主义的民族与文明主义的社会、“中心”与“周边”3 个层面的对立，呈现出中心被解构、周边隆起、“去中心的中心化”等特征，可清晰窥见近代日本东洋学的底流。通过对小说材源和思想两个方面的考察，可明确司马辽太郎的历史小说创作处在近代日本东洋学知识生产的谱系之中。

战后，近代日本东洋学的知识生产与亚洲侵略之间相互渗透的共犯关系被提及、批判，[②] 日本学界存在一种截断战前与战后的学问联系进行思考的倾向。[③] 而司马辽太郎作为一个具体案例可以说明近代日本东洋学式的视角和思考方式在战后并未消失，近代日本东洋学式的知识生产仍在继续。

（李国磊　天津外国语大学日语学院讲师）

① 宮崎市定『東洋に於ける素朴主義の民族と文明主義の社会』第 169、187、193—196 頁、東京：冨山房、1940 年。

② 旗田巍「日本にわける東洋史学の伝統」、『歴史学研究』1962（11）第 28-30 页、歴史学会研究会編集。

③ 岸本美緒責任編集『岩波講座「帝国」日本の学知』（第 3 卷：東洋学の磁場）第Ⅵ頁、東京：岩波書店、2006 年。

《使清日记》所载三次笔话解读*

聂友军

摘　要：1870 年柳原前光奉命出使中国期间，以典雅的汉文撰有《使清日记》一卷三册，其中收录了使团成员名仓信敦与中国友人的三次笔话内容，广泛论及使团来华使命、中国通商大臣威权、天津教案影响、使团进京要求等。三次笔话从一个侧面反映出当时一般中国知识士人对日本近况的隔膜与无知，也用隐晦的笔法表现了当时中国府学不兴、文学不振的颓势。相较于官修正史或中日高阶官员个人文集的正统性，《使清日记》一类资料以其原生态与"在野"的性质既有助于还原中日关系由前近代走向近代的更多细节与真相，也对正确理解近代中国发生新变的内在逻辑与外部环境，以及选择取舍的意愿与受限制性不无裨益。

关键词：《使清日记》　名仓信敦　笔话

1870 年（清同治九年，日本明治三年）日本外务省委任柳原前光（1850—1895）出使中国，"谋通信贸易之事"（《使清日记序》）。柳原等在上海登岸，与地方官接洽后决定进京，遂取海路经烟台抵天津，接获总理衙门先后两次照会与回函后返沪归国。柳原前光以典雅的汉文撰有《使清日记》一卷三册[①]，详细记载了使团的行程见闻与在华活动，翔实收录了使团成员为达成使命而公私并用、多方交涉的努力。

---

* 本文系国家社科基金后期资助项目"柳原前光《使清日记》研究与校注"（项目批准号 20FWWB002）阶段性研究成果。

① 柳原前光『使清日记・明治三年』（写本）（上、中、下册）、东京：临时帝室编修局、1922 年。考以中秋、重阳等相关记载，《使清日记》通篇皆以农历纪事。

《使清日记》中收录了使团成员名仓信敦（1822—1901）[①] 与中国旧知新雨三度笔话的详细内容；重阳节名仓信敦曾与中国友人赋诗相酬，其中有句："虽然会面难豫约，数字笔谈亦好缘。"（《使清日记》九月九日）足证使团成员尤其名仓信敦与中国知识士人交往时，"笔话"是一种重要的交流方式。《使清日记》所载名仓信敦与中国友人的三次"笔话"内容，忠实呈现了两国走向近代化的进程在若干层面存在差异，对当时中国社会状况的观察视角颇为独到，而且不乏深刻见解。

一、与张秀芝笔话

柳原一行初到上海不久，八月十二日，名仓信敦的旧知、四品官衔五品官张秀芝到访使团寓所，与名仓信敦笔话交流，最后使团其他成员也参与笔话。笔话内容丰富，所涉甚广，举其大者，主要有 3 个方面：第一，请教通商大臣威权；第二，询问气候交通，为使团进京做准备[②]；第三，探问天津教案余波与影响。

（一）请教通商大臣威权

此番笔话内容的一大关键是张秀芝告以通商之事易行，名仓信敦向张秀芝请教通商大臣有何等威权。

> 秀芝曰："通商之事甚易，惟弟现未奉委办理贵国之事，自有陈司马照料一切，想必能妥惬也。"……秀芝曰："总理各国事务衙门在京师，

① 名仓信敦，日本幕末时期为滨松藩（现日本静冈县）藩士，明治维新后历任外务省大主典、外务大录、外务大佑、元老院书记生、修史馆掌记等职。1862 年 6 月 2 日，名仓信敦搭乘日本幕府派遣的商船"千岁丸"抵达上海港；1863 年，随外国奉行池田长发赴法国谈判横滨锁港之事时，途经香港、上海；1867 年，受幕府派遣，率领滨松藩商民再次访问上海。名仓信敦常与中国文人以"笔话"方式进行交流，有《沪城笔话》《沪城笔话拾遗》等笔谈记录留存，著有《名仓松窗翁自传》《海外壮游诗》，都是与中国相关的重要史料。1870 年 9 月，名仓信敦随柳原前光抵达上海，参与两国建交通商交涉。名仓信敦极力推崇"日清联盟"，并利用此前数次访华积累起来的与中国地方官员、知识士人交往的经验和人脉，在柳原前光使团出使过程中发挥了重要作用。

② 名仓信敦虽然此前有三次到访上海的经历，但历次活动范围都极为有限，对北京、天津等地的气候风土、水路交通等状况不甚了解，故有此问。此时使团对进京面见恭亲王一事甚为乐观，所担心的只是寒冬渐近，或会导致水路结冰、旱路不通，而没有预料到待到天津后却收到不准进京的答复。

恭亲王总司其事，别有中堂、尚书等官同佐理之。外则金陵有五口通商大臣，天津则有三口通商大臣，此其大略也。”信敦曰：“请问通商大臣威权？”秀芝曰：“通商大臣，金陵系两江总督代管其事，小事在外作主，大事则咨总理衙门施行。”（《使清日记》八月十二日）

张秀芝所说的总理衙门由恭亲王总司其事，中堂、尚书佐理，外则金陵有五口通商大臣、天津有三口通商大臣，且通商大臣“小事在外作主，大事则咨总理衙门施行”的“大略”，令使团明确了此行应该打交道的对象，也大致了解了清廷负责外交交涉的各大员的职责与权限。其中南北两通商大臣所司不仅通商，凡涉洋务均在管辖范围内，军事、交通、税务、教育等无不与闻，为全国事权最重的两大疆吏。柳原一行到天津后，便主要由三口通商大臣成林负责与其接洽和会商。

八月九日，柳原一行甫一抵沪，受长崎县委派前来上海侦办在日清民伪造日钞案的蔡祐良[①]即建议将长崎县知事致苏松太道员涂宗瀛的信函托与专办租借会审事务的同知陈福勋（即张秀芝笔话中所谓“陈司马”）转递。陈福勋面见蔡祐良与名仓信敦，却不敢擅接书信，称须第二天禀明道署再来回话。柳原等意识到清朝官场等级制度之森严。经此番笔话，使团更明确地知悉清廷外交权收归总理衙门而恭亲王又主其事，进一步坚定了要进京面见恭亲王的念头，并着手为进京做准备。

（二）探问天津教案余波

在询问北京与天津之间冬季的水陆交通状况时，名仓信敦问及天津教案的后续影响：

信敦曰：“闻闾巷之说，天津杀法人之后拒外国船进口，不知弟等附坐轮船而往无碍否？”秀芝曰：“现在尚无滞碍，商船尚通行也。”（《使清日记》八月十二日）

---

① 蔡祐良与桥口正弘受长崎县委派，一起到上海调查在日清民伪造日钞案。（《使清日记》八月九日）因蔡祐良通中文，故被柳原使团留助使事。后使团确定北上天津，蔡祐良非使团成员，遂于八月二十五日乘船回长崎。（《使清日记》八月二十日、八月二十四日）

天津教案是中国近代史上一次重大的中外文化、宗教、外交冲突事件。1870年，天津有匪徒迷拐人口案件牵涉到法国设在天津的教堂，民众为反对天主教会在法国武力庇护下的肆行宣教活动而攻击教会机构，造成包括法国驻天津领事丰大业（Henri Victor Fontanier）在内的数十人被杀，教堂等多处房屋被焚毁。教案发生后，法、英、美、俄、普、比、西7国联衔向清政府提出“抗议”，并调集军舰至大沽口威胁。直隶总督曾国藩奉命处理，但处理结果却招致中外与朝野的一致不满，清政府改派两江总督李鸿章前往天津处理，在做出巨大让步后方平息事端。

柳原一行接到的外务省训令中有收集天津教案情况的要求，《使清日记》中也有对天津教案高度关注的种种记载。柳原前光甫到上海便持欧美诸国驻东京公使的介绍信，至英、美、普鲁士等国领事馆，“以告来使之故，且问天津动静及国情”（《使清日记》八月十日）。使团一行九月三日傍晚抵达天津紫竹林租界，第二天就到教案发生地探看：“岔北岸头有法国天主堂，即今兹五月乱民所焚毁。往探之，堂龛俱烬，独留砖壳而已。”（《使清日记》九月四日）使团成员也与清朝官员及士人多次论及天津教案。

此番笔话中名仓信敦问及天津教案余波及影响。使团所关心的倒不是自身的安全问题，而是担心他们附坐的外国轮船是否可以不受阻碍地通行。其实，无论清朝官员还是一般士商，在和柳原使团交流时并不因为他们是外国人而刻意讳言天津教案。比如，苏松太道员涂宗瀛接见柳原一行时，即以天津教案余波未平而劝他们不要急于北上：“据愚见，现在天津有惨杀法国人一案，和战未定，不可谓无危险，不若待下官将各位来意细告上司各宪，听取回信，而后定其行止，此乃万无一失之策也。”（《使清日记》八月十七日）柳原等终因等候回信耗时太久而决定尽早启程去天津。

《使清日记》中又载：

> 花房义质访美国领事，领事云：“清国乱民焚毁天主堂一事，李鸿章等与外国官吏议，斩首事民十五人，谪廿二人，又约定重修天主堂，出偿金若干，略至平决。”（《使清日记》九月四日）

清政府对外妥协，对内镇压，最终对天津教案的善后处理结果是：杀16人，缓刑4人，流放25人，将天津知府张光藻、知县刘杰革职充军，派崇厚作为专使前往法国道歉，以示与法国“实心和好”，向西方各国赔偿银50余万两。《使清日记》十月五日条记录了崇厚奉命出使法国，行经天津的情况。

二、与侯平齐笔话

八月二十五日，名仓信敦访侯平齐笔话，笔话内容分3个层次：第一，名仓信敦言使团不日即离沪赴京，特来奉别，侯平齐称“嘱书尚未告竣”，可能此前名仓曾向侯平齐索要墨宝，此时尚未完成；第二，名仓信敦详细解释使团赴京及“通信”使命；第三，侯平齐请教自己感兴趣的日本问题。

（一）淹留天津议事亦未可知

名仓信敦通过此前与陈福勋、涂宗瀛打交道，并与张秀芝笔话，已经对使团接下来履行使命的方式有了新的判断。他一方面认为使团有可能需要淹留天津，与三口通商大臣议事，另一方面却也相信迁延一段时间后仍有机会进京，可以当面向总理衙门递交外务省公信，并议通信通商事宜，并乐观地展望“进京无所妨”。

> 信敦曰：“闻天津有通商大臣镇此，若果然，弟等淹留天津议事亦未可知也。”平齐曰：“兄用道台文书乎？抑至通商大臣处面见乎？”信敦曰：“前日道台作书，驰报北京及天津，故弟等进京无所妨。”平齐曰：“谅必道台直达北京，不禀总督、抚台乎？”信敦曰：“弟等既以呈总衙书示道台，道台是以报北京。且此行在到京议通信通商，故道台不必禀总督、抚台耳。”平齐曰：“何为‘通信’？莫非两国往来文书否？”信敦曰：“弟等所带文书系本邦大臣呈贵邦大臣，并使弟等细议事也。”（《使清日记》八月二十五日）

名仓信敦提及“此行在到京议通信通商”，侯平齐不解“通信”之意。他从中文字面意义上理解“通信”一词，以为若解作“两国往来文书”，似亦不十分妥帖。名仓信敦解释说，使团的使命在于“到京议通信通商”，一方面递交国书，另一方面也需要按照外务省的训令与授权，同中方“细议事”。

联系日本历史上称朝鲜派往日本的官方正式使节为“朝鲜通信使”[①] 这一命名方式，当不难理解所谓“谋通信贸易之事”的“通信”，狭义而言指柳原使团作为正式外交使节出使清国递交所携带的国书，广义而言则旨在向中方表达建立邦交的意愿。

（二）中国士人有限的日本认知

名仓信敦在与侯平齐笔话过程中简要提及日本新近发生的王政复古、壬辰之役、明治维新等大事（《使清日记》八月二十五日），而侯平齐的若干发问却表现得对日本近况所知甚少，而且意欲了解的意愿也并不强烈。其对日本的认知仍停留在从历史文献中获取的一知半解，乃至一些类似徐福东渡（事见《秦始皇本纪》《淮南衡山列传》）的传说逸事。

> 平齐曰：“正一位在何处？”信敦曰：“以正一位为赠位，故生时无升此位者。”平齐曰：“贵国将军何品？”信敦曰：“君未闻敝邦政治一新，旧将军已废止，不用之。”平齐曰：“今以天子为尊，然否？”信敦曰：“旧将军时，百司职名皆从俗称，此番皆已改正。”平齐曰：“去岁闻得贵国有干戈之事，谅必废将军而起。”信敦曰：“然。本朝政在将家者六百余年，三年前始复古，数十万兵卒，昼夜若矢石间，至客年春干戈始罢。”平齐曰：“平秀吉有后裔否？”信敦曰：“无。”平齐曰：“贵国有徐村，系于徐福后裔，然否？”信敦曰：“闻纪伊州有徐福祠，未闻有徐村也。”（《使清日记》八月二十五日）

侯平齐作为名仓信敦旧知，虽然与日本人有一定的交往，但对日本仍十分隔膜，其知识来源仅限于史书上的零星记载，以及一些道听途说的传闻逸事。侯平齐的情况并非个案，而是具有相当的普遍性。虽然身处开放港口上海，外国人进出十分频繁，其中既有日本商民前来，也不乏赴日经商的中国人往还，理论上讲能够便利、迅捷地获取海外信息，侯平齐对日本新近发生的明治维新等大事也有所耳闻，故问及“今以天子为尊，然否”，也提到“去

① 朝鲜通信使有广狭两义，广义的通信使指 15—19 世纪朝鲜王朝派往日本室町幕府、丰臣秀吉政权、江户幕府和明治政府的外交使节，狭义的通信使则专指壬辰倭乱后 1607—1811 年间朝鲜派往江户幕府的 12 次外交使节。朝鲜通信使与日本派往朝鲜的“岁遣船”一起构成当时朝鲜与日本官方往来的主要形式。

岁闻得贵国有干戈之事”，但从笔话内容及其所占篇幅看，事实上他对日本现状并没有很迫切的了解的兴趣，而是问及“正一位”“将军何品”“天子为尊”“平秀吉后裔”“徐福后裔”等十分陈旧的问题。足见当时一般的中国知识士人对明治维新以后的日本既缺乏真正意义上的了解，又对日本社会、政治、经济等现状缺乏关心与了解的意愿。

三、与郭阶笔话

《使清日记》八月二十七日条详细记载了松江府海防官郭阶到柳原等在上海的寓所与名仓信敦及柳原前光等人笔话的情况。

（一）因尊介，达名士

此番笔话的核心内容是名仓信敦意欲得到郭阶的推荐信，以便到北京后能得到照拂：

> 信敦曰：“……请问京内有尊友否?”郭阶曰：“能文者大都出京，其余无足访也。”信敦曰：“弟等不谙北京地理，阁下若有尊友在京，则愿领一二荐书，因尊介，达名士，伏乞垂怜。”郭阶曰：“翰林院毕（名保厘，号东屏），阁下可访伊问一切也。”信敦曰：“愿欲得尊书以使入京，敢请如何?”郭阶曰：“谨作书转达，晚间送上。”（《使清日记》八月二十七日）

名仓信敦一方面因“不谙北京地理”，希望进京之后仰赖郭阶推荐的朋友照顾；另一方面希望借助郭阶的介绍，可以结识京内名流[①]。郭阶答应向翰林院毕保厘致信，但因使团一行未能进京，故荐书终未发挥效用。

如果单纯按照公务往来的必要性判断，时任补用道候补知府、借署松江海防同知的郭阶与柳原使团本无交集，但他们之间却数次往还，在郭阶一方，与其说他有着清廷官员的职衔，倒不如说他是以一个知识士人的身份与柳原一行打交道，遂成就了柳原使团与中国士人交往的一段佳话。除这次笔话外，使团与郭阶日后仍有交往。行将回国的柳原等在向涂宗瀛告别后，“回路转至

① 名仓信敦向郭阶提出：“原领一二荐书，因尊介，达名士。”（《使清日记》八月二十七日）

小东门内海防厅郭阶家，阶不在，留刺而还”（《使清日记》闰十月十四日）。

（二）使团进京要求终遭拒

八月十七日，柳原一行拜会涂宗瀛时，涂宗瀛建议由他将日本外务省致清总理衙门的公函代为转递恭亲王，听取回信后再定行止。柳原等了解到要得到总理衙门回信需60天，嫌耗时太久，坚持亲往北京。涂宗瀛因当时尚不知总理衙门的态度，不好径直拒绝他们的进京要求，于是以“事关两国通商条约，须期历世不渝”相劝，让柳原等不必急在一时，并以颇具哲理意味的“当事者越从容越妥当”相安慰。涂宗瀛还以天津教案余波未平为由劝阻，但柳原等仍坚持进京。

柳原等于八月二十八日离沪赴津，九月三日在天津面见三口通商大臣成林。柳原反复陈说“愿速赴北京，谒恭亲王，面陈交际事宜，了使命”。成林以与从前外国与华交涉的“成案”不符，劝其不要进京：

> 成林曰：“本大臣系总理王大臣派委在津，为三口通商大臣，办理各国事务，今贵使等若要进京，请俟本大臣先通报总署，得其可否，以决进止。”（《使清日记》九月三日）

成林的答复较之此前涂宗瀛的态度更加明确，拒绝柳原一行进京的理由也更为充分。当了解到若由成林向总署递书，听取回音，往返只需5日时，柳原等表示赞同。《使清日记》中载有成林转送的总理衙门照会，以及总署致成林的两封来函抄稿。其照会中称：“各国官员初次到津欲请议约通商事宜，应在津与通商大臣先行酌议。”（《使清日记》九月十一日）如此回复无疑重申了成林与柳原面谈时所表达的立场。

恭亲王不仅以“与成案不符”“有违体制”拒绝了柳原等的进京要求，其回复日本外务省的公函甚至称“大信不约”，认为两国不必更定条约。总理衙门坚持“准其通商，以示怀柔之意；不允立约，可无要挟之强”[①]的原则。柳原等感觉如此回复与自己来意不符，故向曾国藩、李鸿章、成林等多方游说、数番交涉，一面将国书加封信函，托成林转递恭亲王，一面将应议

① 《奕䜣等又奏议复成林奏日本来函折》，载宝鋆等编《筹办夷务始末》（同治朝）第八册卷七十七第3131页，中华书局，2008年。

各事宜拟稿送交成林，打算和成林“面商酌定”。成林与李鸿章受其请托，分别致信总署劝说，恭亲王终于同意另复日本外务省照会一件，准其换约之请。

四、与笔话互文的对华实录

《使清日记》中多处记载中国各地府学不兴、文学不振的颓败气象，虽未明言，却与日本明治维新后蒸蒸日上的有为局面形成潜在的对照。类似对华观察与记录，与前述 3 次笔话很好地构成“互文”关系，互为表里，相得益彰。

（一）府学不行，文学不振

《使清日记》曾载名仓信敦参观天津府学时的所见所闻：

> 名仓信敦往观府学，文庙荒圮，学中寥寥，生员亦不多。有教官丘浚恪者，忧文学不振，冰檗自矢，颇有慷慨之色云。（《使清日记》九月十四日）

柳原等在天津时，未具名的某中国人前往他们的寓所拜访，《使清日记》载有他们的部分谈话内容：

> 有客来谈，语次及时事，曰：“此地文人寥寥，故府学亦属荒凉。官员皆俗吏，只李鸿章、丁寿昌有文才耳。”又曰：“今帝方今专修英学，不出多年洋化必当盛开。”（《使清日记》十月十日）

“今帝”指同治皇帝，在位期间依靠曾国藩、李鸿章、左宗棠等一批重臣镇压了太平天国、捻军，平定了陕甘回变；其时先进的中国人日渐清晰地意识到向外国学习的必要性，遂大举兴办洋务新政，清朝后期出现了一个政治稳定的时期，史称“同治中兴”。

按照此处中国与谈者的说法，同治皇帝专修英学，并对“洋化”抱有极大信心。在这一过程中起决定作用的是中国社会发展变迁的内因，但西方传来的进步、进化等思想的外因同样起到不小的促进作用。18 世纪以后西方的崇古传统逐渐式微，现代人的优越意识渐趋清晰。与之类似，中国长期以来称美三代的做法也慢慢丧失了其合法性，接受西学熏染的中国知识人也开始持有进步观，并一股脑地接受了从达尔文（Charles Robert Darwin）的自然选择（natural selection）到斯宾塞（Herbert Spencer）等人高倡的社会进化论（Social Darwinism）。

但也不宜过分夸大同治时期“洋化”的实际效果，一方面，同治帝直至1873年方亲政，翌年底便以19岁的年纪早逝；另一方面，清朝统治者包括洋务派的各项改革措施仍是出于保存传统封建体制而进行的，与日本明治维新有本质的区别，尽管后者在彻底性方面仍有所保留。

（二）内外交困与思想探索

《使清日记》所载“府学不兴”“文学不振”虽系对晚清状况的写照，其发端却可远溯自明清鼎革之际，晚清的内忧外患进一步加剧了这一态势。清入关后，相当一部分汉族知识人刻意与异族统治者保持距离，自觉选择了以追索学问为志业的道路。理学思想的束缚、科举的诱惑与压力、文字狱的压制等几方面因素共同作用，导致许多文人皓首穷经，将全部精力用于训诂考证，加剧了烦琐考证的治学态势，知识人的思维也逐渐走向僵化，学术亦表现得缺乏活力，进一步压抑了知识人的入世情怀。

在太平天国运动之前，由地方知识人创立和维持、得到官方赞助的半官方的学校、书院、藏书楼和地方社学遍布全国。但太平天国运动之后，情况发生很大变化，这种传统机构及其对民众的教化影响日渐减小，这种变化甚至早在鸦片战争后即出现并缓慢发展。随着废除科举制，兴办新式学堂，长期占据中国传统社会中心位置的士绅阶层在思想上和行动上都发生了重大变化。

在鸦片战争以后的百余年间，士大夫作为传统知识分子，由中国传统文明的自觉捍卫者逐渐变成批判者和改革者。社会和政治初起瓦解时，知识阶层中有相当一部分人产生自觉不自觉的文化防卫意识，努力在中国文化传统中寻找西方思想的对等物；直至他们面对千疮百孔的旧传统无以为继时，便试图为中国重新确立新秩序，于是转而向西方文明寻求新的观念和制度作为解决之道。新式学堂培养出的平民知识分子与留学归国人员成为推动社会变革与传播科学技术的主导力量。对西方的学习从注重“器物”，转向“制度”，最终走向全面的文化（主要是文化的精神层面）学习与引入。

结　语

柳原使团主动关注晚清中国国情、天津教案等，并在《使清日记》中留存下细致记录，还多渠道获取并总结对华交涉经验。《使清日记》中不乏以“他者”的眼光冷静观察晚清社会而产生的洞见，多次提到鸦片危害，对当时中国府学不兴、文学不振的状况也多有留意。《使清日记》中许多看似寻常的记录，却包含使团成员有意识地对华情报刺探与信息收集的用意。与当时清廷官员、知识士人普遍对日本近况隔膜与无知形成对照，同时期的日本对中国的了解则要充分、深入得多，而且日方普遍表现出热衷于主动了解中国的意愿。

以往研究者多强调《使清日记》的“实录”价值，将它用作近代中日换约建交前官方接触的一手史料；绝大多数研究未能有意识地与它拉开一定的时空距离，将其作为客体化对象解读的研究尚不足。但恰恰是类似名仓信敦与中国知识士人的笔话等资料，这些官方正史与中日高阶官员个人文集逸收的资料，以其原生态的样貌与“在野”的性质，成就了其多元、独特的价值。借助这些“在野”资料，不仅有助于还原中日关系由前近代走向近代的更多细节与真相，而且对于正确理解近代中国发生新变的内在逻辑与外部环境，以及中日朝野针对两国关系及其走向的选择取舍及其受限制性也不无裨益。

柳原使团借由在中国的亲身见闻与观感，为后续的中日两国订交谈判做了多层面的准备工作；通过与清廷官员接触、交涉与公私交往，为换约谈判进行了卓有成效的“彩排”；通过旧友介绍从而认识新知的方式，大大拓展了使团成员的在华交际范围，有力助推了其外交使命的达成，丰富了他们在华期间的生活，也加深了他们对中国、中国文化尤其是中国风尚习俗的体验和理解；借助翰墨结缘的方式，使团成员在与中国知识士人的借助笔话这一方式，进一步加深了对中国政治、社会与文化的了解，便于多渠道获取情报并及时调整对华交涉策略。

1870年柳原使团访华，以谋通信贸易之事为最大要务，其心目中是以西方与日本、西方与中国订约建交为范本的，尽管他们并不认为这个范本尽善尽美，但仍极力争取仿此方式与中国建立联系，继而再与朝鲜半岛建立类似联系。尽管不宜夸大《使清日记》在日本流布与影响的范围，但《使清日记》的文字记录与使团成员的口头讲述，无疑是近代日本人所能获取到的有关中国社会现实的第一手资料。类似笔话等“在野”资料客观上助长了日本统治阶层部分别有用心的人对中国的轻慢和侵略扩张的野心。循此逻辑，日本 1874 年借口琉球漂民事件出兵台湾，1876 年强迫朝鲜签订《江华条约》，1879 年吞并琉球，终至 1894 年挑起甲午战争，我们据此判断，类似笔话等近代中日直接交流的资料在后续一系列重大历史事件与中日关系进程中发挥了“蝴蝶效应”式的诱因作用，当不为过。

（聂友军　浙江工商大学东亚研究院教授）

刍议"奈良文首"淡海三船的诗佛精神世界*

徐　臻

摘　要：日本奈良时代的"文首"淡海三船一生倾心奉佛，将佛教信仰投射到诗歌艺术中，偏爱引用大量佛语、佛典、佛理入诗，流露出浓郁鲜明的佛教色彩，形成与同时代《怀风藻》截然不同的佛门诗风。解读淡海三船的现存诗作，通过对其人生经历的考察以及奈良佛教的历史性叙述，发现在生活上，他力图将仕宦与佛教信仰结合，既入世参政又寻求自由的隐居状态；在创作中，他借诗歌的外在形式直接以佛教用语来表现佛教哲思与佛教精神文化生活。佛教与诗歌的交互滋养使他创作出奈良时代最初的日本佛门诗歌，他也借助诗歌的形式展示了内心的宗教领悟，获得了精神慰藉。

关键词：淡海三船　佛教　奈良时代　日本汉诗

生活在奈良时代（710—784）的"文首"① ——淡海三船（722—785）擅长汉文、笃信佛教、精通内外两典，曾任大学头、文章博士，是奈良朝首屈一指的文学家、诗人和著名佛学家。现存汉诗有《唐大和上东征传》卷末附录的诗及序二首、《经国集》所收诗五首。存诗数量虽不多，却填补了《怀风藻》（751）之后日本上代汉诗的空白，从内容来看亦可窥见对佛教的明显偏好，是日本汉诗中佛教题材的先驱作品。但由于年代久远，现存资料较少，学界对其汉诗的研究稍显不足。仅有王勇的《淡海三船をめぐる東アジアの

---

* 本文系国家社科基金一般项目"文学地理学视域下中日古代跨境诗歌图考"（20BZW072）阶段性成果。若无特别标注，本文引用的诗歌均出自：与谢野宽、正宗敦夫注《日本古典全集・怀风藻・凌云集・文华秀丽集・经国集・本朝丽藻》，日本古典全集刊行会，大正十五年（1926）。

① 《续日本纪》记载："自宝字后，宅嗣及淡海真人三船为文人之首。"

詩文交流》[①] 及藏中进的《文人の首——淡海三船の生涯と文学》[②] 两篇代表论文，梳理文献考察诗人的仕宦经历，考述他与唐人的文学交往，在其诗歌与佛教信仰的关系上却语焉不详，给本文留下了探讨的空间。佛门诗是宗教与汉诗相互交涉的有待深入开拓的领域，如果忽略了这一重要环节，必然会影响对诗人诗作完整性与丰富性的认识。本文结合《日本高僧要文抄》所录《淡海居士传》及《续日本纪》的《淡海三船卒传》，考察诗人的创作与佛教信仰的内在关系，通过细读文本探析淡海三船的诗佛精神世界。

一、佛光炽盛的奈良文坛与淡海三船的佛学修养

奈良时代，佛风炽盛，日本天皇利用强势的政治权利、丰厚的经济实力和优越的文化特权，大力倡导佛教。此一时代，天皇政令畅通全国，树立起超越氏族与地域之上的统一意识形态，这种统一的意识形态又集中表现为国家佛教的形式。历任统治者圣武天皇、光明皇后与孝谦女帝都热心佛法，不仅兴建宏伟的东大寺，铸造大佛，设坛授戒，还在宫廷中频繁举办大型法会，大规模地抄讲经文。754 年四月初，渡日的鉴真大和上甚至为圣武天皇等皇室成员亲授菩萨戒。在佛教信仰与皇权紧密结合的背景下，奈良文坛的上空笼罩着一片佛光。首先，僧侣直接参与诗歌创作，成为繁荣奈良诗坛的一支重要力量，《怀风藻》中就有四位僧侣的十一首诗入选。贵族文人亦多沾染佛法，以居士自号者甚多，仅奈良时代由唐僧思托所撰的《延历僧录》（卷五）中就载有“居士”三十人的传记，藤原良继、藤原種继、藤原不比等、藤原继绳、中臣镰子等显贵，石上宅嗣、淡海三船、佐伯今毛人等一流文人均在其列。贵族文人还开始创作结交名僧、过访僧院、阐释佛理的诗作，如《经国集》卷十所收高野天皇的《赞佛诗》、石上宅嗣的《三月三日于西大寺侍宴应诏》，《唐大和上东征传》卷末所附藤原刷雄、石上宅嗣的《五言同伤大和上诗》均为奈良佛门诗歌的代表作。

而论及奈良贵族文人中创作佛教题材诗歌最早且数量最多者，当推“文

① 王勇《中日书籍交流史》第 104 页，国际文化工房，2005 年。

② 藏中进《文人之首——淡海三船的生涯与文学》，载日本文学协会编《日本文学》第 42—58 页，1971 年。

人之首”——淡海三船。据可勘文献记载，淡海三船的一生都与佛教结下不解之缘。记载他与佛教渊源的传记主要是思托所撰的《延历僧录》（已散佚）卷五所收《淡海居士传》，《日本高僧要文抄》第三卷抄录了《延历僧录》的这篇佚文：

> 淡海居士、淡海真人三船，曰元开。近江天皇之后，锡得天枝，流海源别，赐真人姓。童年厌俗，忻尚玄明。于天平年，伏膺唐道璿大德，为息恶。探阅三藏，披检九经。真俗兼该，名言两泯。胜宝年，有敕令还俗，赐姓真人。赴唐学生，因疾制亭。虽处居家，不着三界。示有眷属，常修梵行。求会真际，故奉太微之圆觉。顺时俗，故奉法宾至。①

根据上文，三船早年拜于赴日的唐僧道璿座下修习佛法，接触佛学熏染的时间较早。道璿乃日本华严宗初祖、禅宗第二祖，赴日时曾携带诸多佛教经籍，在奈良大安寺讲经颂法。据《三国佛法传通缘起》卷中“华严宗”条载：“璿公随普寂习传华严及以禅法，亦善天台宗，达菩萨戒。璿公赍华严宗章疏，始传日本。”可知，道璿不但精通戒律、华严，还兼及台教、北禅。在奈良时代六宗兼修的风气下，三船必然跟随道璿兼习各宗，“探阅三藏，披检九经”，对佛禅的领会甚至精进到了“真俗兼该，名言两泯”的境界。胜宝年间（749—757）敕令还俗后，仍然以居士的身份“常修梵行”“奉法宾至”。又据《东征传》记载，还俗的三船还曾拜谒鉴真，伏膺为斋戒弟子，受其开示与化导。通过鉴真，三船应该对唐代盛行的律宗与天台宗有更深入的了解。纵观淡海三船的经历，他一生都注重研习佛理，且不依宗派限定，俱收并蓄释门各家义学，博采众长，堪称维摩诘式的在家居士典范。

这种执着的佛教信仰必然会为他的诗歌创作开拓新题材、新境界，他的文学思想与文学创作无不打上佛教的烙印。《续日本纪》（卷三十八）中的《卒传》记载三船“性聪敏，涉览群书，尤好笔札”，《大日本史》（卷二一四）亦记载三船“为人聪敏，博涉群书，善属文，名高一时”。除汉诗外，他的汉文作品还有《唐大和上东征传》《大乘起信论注》《送戒明和尚状》《扈

① 黑板胜美《日本高僧传要文抄·元亨释书·国史大系·新订增补》卷三，吉川弘文馆，2007年。

从圣德宫寺诗序》《大安寺碑文并序》等，尽管大多已散佚，但从题目来看，均与佛教相关。可以说“文人之首”——淡海三船的精神世界中始终贯穿着虔诚的佛教信仰，他既是奈良的“当代诗匠”又精通佛禅，是日本“诗佛”一般的存在。

二、以佛典、佛语入诗

淡海三船在创作中常常将佛教三藏（经、律、论）典籍中具有佛教思想色彩的概念、术语、典故等引入诗歌，作为语词材料。这种现象在中国文学中早已出现，孙绰、许询首在诗歌中“加以三世之辞”（《世说新语·文学》注引檀道鸾《续晋阳秋》）当为文人诗歌引用佛语之始。而日本汉诗中最早以佛典、佛语入诗者当推淡海三船，《东征传》收录的三船拜谒鉴真的汉诗及序文就是典型一例。

五言初谒大和上二首并序

闻夫佛法东流，摩腾入于伊洛；真教南被，僧会游于吴郡。未丧斯文，必有命世；将弘兹道，实待名贤。我皇帝据此龙图，济苍生于八表，受彼佛记，导黔首于三乘，则有负鼎掷钓，虽比肩于绛阙，而乘杯听铎，未连影于玄门。爰有鉴真和上，张戒纲而曾临，法进阇梨，照知炬而戾止。像化多士，于斯为盛；玄风不堕。实赖兹焉。弟子浪迹嚣尘，驰心真际，奉三归之有地，欣一觉之非遥。欲赞芳猷，聊奋弱管云尔。

其一

摩腾游汉关，僧会入吴宫。岂若真和上，含章渡海东。
禅林戒纲密，慧苑觉花丰。欲识玄津路，缁门得妙工。

其二

我是无明客，长迷有漏津。今朝蒙善诱，怀抱绝埃尘。
道种将萌夏，空花更落春。自归三宝德，谁畏六魔瞋。①

① ［日］真人元开著，汪向荣校注《中外交通史籍丛刊·唐大和上东征传》第98—100页，中华书局，2000年。

上述诗序先用典故烘托鉴真弘法的历史地位，首句的“摩腾”指迦叶摩腾，他曾和竺法兰于公元67年应东汉明帝邀请到洛阳从事《四十二章经》的翻译；“僧会”指三国时期的康僧会，于公元247年入吴国都城建业弘法。借用两位历史名僧弘法的故事，比喻鉴真东渡的功绩与东汉时期来华传法的迦叶摩腾以及三国时期到东吴弘法的僧会一样伟大。接着铺陈奈良朝廷对鉴真的迫切需要，再叙述鉴真及弟子赴日传教的盛况，最后用“弟子浪迹嚣尘，驰心真际”点明皈依之心。

紧接着的两首诗则表达了诗人拜谒鉴真的感受与心情。第一首是初谒鉴真的祝贺诗，第二首是皈依鉴真，成为斋戒弟子的自庆诗。第一首以“网”喻“戒”、以“花”明“空”，佛意深远。第二首用“无明客”“有漏津”形容自己以往对佛法的疑惑，但自蒙鉴真的开示善诱后，便脱尽凡尘，不再畏惧“六魔瞋”了。全诗及序文可谓句句用佛语、处处显典故，“禅林”“缁门”“漏津”“三宝”“戒”等字眼都是典型的佛家语，可见三船曾大量涉猎佛经。如，“漏津”出自《大般涅槃经·第二十四卷·光明遍照高贵德王菩萨品第二十二之六》的“无涅槃无漏之法。若其有者，我应得之”；“无明”出自《摩诃般若波罗蜜多心经》的“乃至无意识界，无无明，亦无无明尽”；“真寄”出自《维摩诘经·见阿閦佛品第十二》的“同真际，等法性，不可量”；“空花（华）”出自《楞严经·卷四》的“忽有愚人，于彼空华所灭空地，待华更生”；“三宝”语出《安般守意经·序》的“佛教三宝，众冥皆明”；“六魔”的出典为《杂阿含经·第二四四经》的“有六魔钩。云何为六”。以佛语润饰诗语的现象显然说明了诗人平日深入研读典籍，透彻佛法，了然于心，才能将习佛的心得体会自然而然地外化为诗的形式展现出来。

又，细读《经国集》所收三船的诗歌，发现他偏爱使用的佛语为“尘”字。上述诗及序有“弟子浪迹嚣尘”“怀抱绝埃尘”之句，又有《和藤六郎出家》的“高风如可望，从此谢尘嚣”之句。“尘”在先秦文献中有世俗的意思，《老子·四章》曰：“和其光，同其尘。”佛教传入中国后，“尘”被视为与涅槃境界相对应的概念，专指纷扰的尘世。佛教认为人世就像尘埃一样，有所谓“尘世”“凡尘”“尘事”，道宣《净心诫观·下》：“云何名尘，坌污净心，触身成垢，故名尘。”智顗《法界次第初门》：“尘以污染为义，以能染污情识，故通名为尘也。”三船也受到这种佛教观念的影响，在诗文中出现“嚣尘”“埃尘”的说法。

三船的诗歌还往往言“法”。如，《和藤六郎出家》的“法云爰叠彩，惠日更重轮”、《于内道场观虚空藏菩萨会》的“凤阙留仙影，龙墀演法音”、《扈从圣德宫寺》的“垂文传正法，照武扫凶臣”、《初谒大和上》序的“闻夫佛法东流，摩腾入于伊洛”等句皆数此类。“法”的梵文是“Dharma”，音译为“达摩”。《俱舍论》称“能持自相故名为法”，意思是每一事物必然保持它自已特有的性质和相状，有一定的轨则，使人看到便可了解是何物。佛教把一切事物都叫作“法”，佛经中常见到的“一切法”“诸法”就是“一切事物”或“宇宙万有”的意思。而三船诗中的“正法”“佛法”则指佛法，或由佛法引申出的与佛教有关的意思。如，“法云”出自《华严经·入法界品》的“深入菩萨行，乐闻胜法云”之句，比喻佛法如云能覆盖一切。“法音”则比喻佛法如美妙的音乐滋润着人们干涸的心田。

考察三船诗歌中的佛语和佛典，发现正如日本学者藏中进所言：“虽身处《万叶集》的时代，但（淡海三船的）作品全部为汉文……他的汉诗虽有浓淡之别，却均以某种方式与佛教相关。”① 三船通过佛教典故与佛教语言营造出浓郁的佛教氛围，将读者带入梵音绵长而渺远的诗歌世界，给人以特殊的艺术体验。并且，这种新的佛门诗风也是与奈良时代整个日本社会文化思想崇尚佛教相适应的。

三、参悟佛性之“理”与“真”

汉传佛教将大乘佛教中修习成佛所要达到的最高涅槃境界用“理”来阐释。隋天台智顗大师著《观无量寿佛经疏》阐释“理”曰：“六即佛者，一理即佛……理即佛者，一切众生皆有佛性，虽背觉合尘，轮回三途六道，而佛性功德，仍自具足，故名理即佛，以心之理体就是佛也”②，将“理”解释为佛性之圆满。然而，“理”本是儒家的思维特质，遥承自孟子的“穷理尽性”。东晋名僧僧肇曾用“理”解说佛义，不讲神秘超然的悟，而讲“穷理尽性”之理。他在《注维摩诘所说经》中说：“佛者，何也？盖穷理尽性，

① 藏中进《文人之首——淡海三船的生涯与文学》，载日本文学协会编《日本文学》第42—58页，1971年11月。

② 大正一切经刊行会编《大正新修大藏经》（第38卷）第410页，新文丰出版公司，1996年。

大觉之称也"[①]。竺道生更频繁地谈论"理"，说"佛为悟理之体""菩提即是无相理极之慧""以佛所说，为证真实之理""无物之空，理无移易"[②]等。奈良时期，中日佛教界交往密切，义学深奥驳杂的中国佛教各宗派相继传日。受中土佛教重义理的濡染，奈良南都六宗亦注重钻研佛教义理。沐此佛风，奈良汉诗也开始阐释佛性与佛理，而淡海三船最早在诗中言"理"。如：

"乐道心逾逸，安空理转真。"（《和藤六郎出家》）
"是空神尚寂，即色理逾深。"（《于内道场观虚空藏菩萨会》）
"已观心有种，旋觉理无言。"（《听维摩诘经》）

诗人将"理"与"空"统一而言，体悟之"理"即大乘佛教的"空"。此"理"明显来自道生的涅槃佛性论。而道生的"理"又是从对《维摩诘经》和《法华经》的注解中总结出来的。道生认为，理即是佛、当理为佛、理为佛因。《注维摩诘所说经》中说："从理故成佛果，理为佛因也"，"佛为悟理之体"，"佛以穷理为主"，"穷理尽性"，"既人其理，即为彼岸"，"如来身从实理中来"，"观理得性"。[③]

诗人参悟此"理"后，随即发出"安空理转真"的感叹，形成了一种新的真实观。宇宙万物都内外明澈、直契本源，即心即佛，自己与宇宙间的绝对真实完全契合无间，触处是道，立处皆真。佛典也大量讲真实，《华严经》里说"解了诸法真实性"，"于真实性觉如如"，《大般涅槃经》卷二十三《光明遍照高贵王菩萨品》又说："云何名为如法修行？如法修行即是修行檀波罗蜜乃至般若波罗蜜，知阴、界、入真实之相。……修有二种：一者真实，二者不实。"[④]按此教理，我、法两空，不但一切具体物象是空的，所有名相、概念也都是空的，万物都只是虚幻的相对真实。《金刚经》又说"凡所有相皆是虚妄，若见诸相非想，即见如来"，只有领悟到佛陀的智慧才能从幻相中见

---

① 大正一切经刊行会编《大正新修大藏经》（第38卷）第360—533页，新文丰出版公司，1996年。

② 大正一切经刊行会编《大正新修大藏经》（第12卷）第51页，新文丰出版公司，1996年。

③ 鸠摩罗什译，鸠摩罗什、僧肇、道生注《注维摩诘所说经》第134—142页，上海古籍出版社，2011年。

④ 大正一切经刊行会编《大正新修大藏经》（第5卷）第118页，新文丰出版公司，1996年。

到“诸法实相”。诗人悟此佛理，诗中言“真”，认为只有得到“真实”的佛智才能参悟“诸法实相”，领会“般若性空”。

上述诗歌对佛教义理的阐释流露出诗人遁迹空门的冥心空无，包含着积极的哲理反思，但也充斥意蕴浓重的佛语，颇似禅偈。这大概是诗人出于与道友切磋共勉，提升佛学理论修养的需要而作诗吧。类似的情况还有同被誉为奈良“文人之首”的石上宅嗣也以诗歌演说佛理，共同体悟“真”，其诗曰：“幸属无为梵城赏，还知有截不离真”（《三月三日于西大寺侍宴应诏》），表现“身外之真”，即蕴真体道的真实性。这种“真”不是对现实生活的客观概况，而是超越平凡生活、超脱形迹的佛国世界里的高远精神境界。三船、宅嗣等奈良文人追求的是一种觉悟，觉悟到宇宙万有、一切现象背后的真实——“诸法实相”。

四、描写佛家法会与听讲经文

奈良皇室时常举办大型法会来宣扬佛教，以达到镇护国家、稳固统治的目的。每次大型法会上，都要讲经说法，对重要佛教典籍进行研讨。《续日本纪》多次记载了皇室的讲经、读经、抄经活动。例如，神龟四年条记载“二月辛酉，（圣武天皇）请僧六百尼三百于中宫，令转读金刚般若经，为消灾异也……十二月己丑金光明经六十四帙六百四十卷颁于诸国……即令转读”；天平十三年条有“三月乙巳，并写金光明最胜王经、妙法华严经各十部”；天平胜宝二年条记录“五月乙未，（孝谦天皇）于中宫安殿，请僧一百讲仁王经”；天平胜宝七年条又有“十二月甲寅请僧一百于东大寺转读仁王经焉”[①] 等佛事活动的记录。

皇室举办的法会与听讲经文自然是三船诗歌的重要话题。如，作于孝谦天皇在祚时的《于内道场观虚空藏菩萨会》诗曰：

凤阙留仙影，龙墀演法音。是空神尚寂，即色理逾深。
夕梵闻云岭，朝钟徹雾林。幸从无漏界，长绝有为心。

---

① 日本国会国立图书馆藏《国史大系卷二 · 续日本纪》第 72—186 页，经济杂志社，明治三十年（1897）。

诗题的“虚空藏菩萨”源自佛陀耶舍所译《虚空藏菩萨经》。虚空藏菩萨是一切香集佛国的大菩萨，已从释尊那里听闻受持无上甚深妙法。此诗即是描述在宫中听讲该经的情形。全诗对仗工整，按照“叙事—演说佛理—写景抒怀”的步骤铺陈开来，在清幽的景物描写中寄托宗教情怀。首联起笔颇有气势，用“凤阙”与“龙墀”点明参加法会的地点是在内廷。颔联阐释色空，用“寂”与“深”表达观空感悟。颈联“夕梵闻云岭，朝钟徹雾林”化用自唐太宗所书《大唐三藏圣教序》的“晨钟夕梵交二音于鹫峰”之句，诗人赋予寻常景色以佛法色彩，以佛性之眼观世间万物，则万物皆沾染上佛法之色。尾联表明诗人的皈依心志，用“无漏界”与“有为心”这一对立的概念表明已获佛果，远离痴念。从整体来看，诗人要展示的不仅是佛教义理的枯燥解读与佛事活动的简单描述，而是在幽静的佛教色彩浓郁的风景中产生的宗教体验。

又有五言《听维摩诘经》诗云：

> 演化方文室，谈玄不二门。已观心有种，旋觉理无言。
> 地似毗耶域，人疑妙德尊。谁知从此会，赖人总持园。

诗题的《维摩诘经》是大乘佛教的一部重要经典。该经提倡佛法在世间，倡导不离世间本位而解脱成佛的法门。其教义时时为中国僧人所称道，是中国士大夫文人佛教信仰来源的一部重要佛典。鲁迅先生就曾说：“晋以来的名流，每个人总有三种小玩意，一是《论语》和《孝经》，二是《老子》，三是《维摩诘经》，不但采作谈资，并且常常做一点注解。”① 《维摩诘经》传入日本后亦被皇室贵族所喜爱，据《上宫圣德法王帝说》和《法隆寺伽蓝缘起并流记资材账》记载，圣德太子就曾亲自宣讲该经并著疏，写有《三经义疏》，即为《法华经》《胜曼经》《维摩诘经》之义疏。

三船此诗的主旨仍是谈论对《维摩诘经》的体会。首联中的“不二门”就是《维摩诘经》中的重要概念。“不二”指世间万物千差万别都是相对而论，没有绝对的不同，“不二法门”则指平等无差异之道。《维摩诘经》曰：

① 鲁迅《吃教》，载《鲁迅全集》（第五卷）第 328 页，人民文学出版社，2005 年。

“文殊师利叹曰：善哉！善哉！乃至无有文字语言，是真入不二法门”①。因此，“不二法门”虽有言说，但不可言说，故有了颔联的“旋觉理无言”。三船感悟到佛的不可言说，心中有佛，则佛无处不在。最后，颈联和尾联将描写的重点落在了法会的举办地点上，以“赖人总持园”间接盛赞此次讲经。颈联中的“毗耶”原指维摩诘居士所住的毗耶城，三船将法会地点比为毗耶城；“妙德”是文殊师利菩萨之译名，此处化用了《维摩诘经》中释迦牟尼来毗耶城说法，维摩诘称病不去，释迦派文殊师利前往问疾的故事，比喻诗人虽不言却深得佛法妙谛。

纵览全诗，开篇点明举办佛事活动，接着谈论对佛经教义的感悟，最后回归到对听经地点的关注，并运用佛教色彩浓郁的佛语、佛典描绘“地”与“园”，亦是按照“叙事-演说佛理-写景抒怀”的基本步骤展开。由此看来，这似乎是诗人描写佛事活动的一个基本格式，将客体之景之物的描绘及咏叹与宣扬佛教义理有机结合于一体，在对整体景物的欣赏中自然而然地接受佛教义理的陶冶。

五、出离遁世的世界观与调和儒释的思想倾向

据前文《淡海居士传》记载，淡海三船乃大友皇子曾孙，出自在皇权斗争中失败的天智天皇一系。因此，他少年出家，远离政权中心，淡泊名利。三十岁左右时被选为赴唐学生，虽“因疾制停”，却自此踏上仕途。还俗的三船依然寄心佛教，个人生活上近乎僧人，在佛理和山水中寻求寄托，其诗也流露着一种出离遁世的世界观。如《赠南山智上人》一首：

独居穷巷侧，知己在幽山。得意千年桂，同香四海兰。
野人披薜衲，朝隐忘衣冠。副思何处所，远在白云端。

这首诗流露出对“林下风流”的吟唱与向往，是三船诗作中较为出色的一篇，日本学者小岛宪之亦将它作为三船的代表作收录在《本朝一人一首》里。纵览全诗，“穷巷”“幽山”“野人”“白云”等释庄意象交合并用，融为

① 鸠摩罗什译，赖永海等译注《维摩诘经》第95页，中华书局，2010年。

一体，共同透出隐逸之思。诗人的知己“南山智上人”生活在幽涧泉清、峰高月白的山林里，云间的茅屋就是他的居所。诗中的山林云岑和冥迹其中的“野人”明确地指示着僧人独居深山的生活。僧人隐遁的地方是蛮荒寥廓、远离人寰的“幽山”，诗人经过崇山峻岭才能接近隐匿其间的僧人，而僧人却似乎更冥迹于“白云端”，越使人感到山林本身的神秘。虽不能完全断言诗中隐逸遁世的思想全部都是直接来源于佛教，有些可能还潜藏着道家的隐逸思想。但是，由于传入日本的中国佛教在很多思想理论上都与老庄的神仙隐逸思想相混杂，所以诗中的思想观念就整体而言，接受了中国佛教的影响是无疑的。

604年，圣德太子下诏兴隆佛法：“笃敬三宝，三宝者佛法僧也，则四生之终归，万化之极宗”①，崇佛之风渐盛。但天皇对于佛教的态度普遍是从政治考虑，并集中表现在对儒释关系的安排上，总体上采取以佛为主，儒释并用的政策。身处这样一个时代的贵族阶层自然会受到儒家影响，三船虽自幼受染于佛教，亦会受到奈良时代精神与儒家主流意识形态的影响。《续日本纪》各卷就零散记录了三船还俗后的仕途沉浮，卷三十八还录有三船的《卒传》，以大段笔墨叙述其政绩与官职升降：

> 宝字元年，赐姓淡海真人，起家拜式部少丞。累迁，宝字中，授从五位下，历式部少辅、参河美作守。八年，被充造池使，往近江国修造陂池。时，惠美仲麻吕道自宇治，走据近江，先遣使者，调发兵马。三船在势多，与使判官佐伯宿祢伊达等，率数百骑而至，烧断势多桥。以故贼不得渡江，奔高岛郡。以功授正五位上勋三等，除近江介。迁中务大辅兼侍从，寻补东山道巡察使，出而采访，事毕复奏，升降不惬造，颇乖朝旨。有敕谴责之，出为大宰少贰，迁刑部大辅，历大判事、大学头兼文章博士。宝龟末，授从四位下，拜刑部卿兼因幡守。卒时年六十四。②

从上述《卒传》的记载来看，三船后半生的仕宦生涯几经沉浮，多有坎

① 日本国会国立图书馆藏《国史大系卷一·日本书纪》第377页，经济杂志社，明治三十年（1897）。

② 日本国会国立图书馆藏《国史大系卷二·续日本纪》第714—715页，经济杂志社，明治三十年（1897）。

坷，始终都未能进入三位以上的高官行列。他曾奉命平定惠美仲麻吕之乱，得到天皇嘉奖。处理地方政务却“颇乖朝旨”，遭到贬责。晚年才出任与学者身份相符的文章博士、大学头。尽管如此，后半生的三船依然将擅长汉文与官场实务作为人生的双重目标，人生观颇似深受儒释思想浸润的中国传统士大夫。

三船的诗歌亦反映出这种调和儒释的思想倾向，如《扈从圣德宫寺》（高野天皇在祚）：

南岳留禅影，东州现应身。经身名不成，历世道弥新。
寻智开明智，求仁得至仁。垂文传正法，照武扫凶臣。
茂实流千载，英声畅九垠。我皇钦佛果，回驾问芳因。
宝地香花积，钧天梵乐陈。方知圣与圣，玄德永相邻。

该诗前半篇以圣德太子的传说①烘托孝谦天皇开启新时代崇佛之风，再用“传正法”“扫凶臣”“流千载”“畅九垠”等官方辞令赞美天皇的文治武功。其中“寻智开明智，求仁得至仁”一句出自儒家典籍，是儒家的核心思想。《论语·述而》曰“求仁而得仁，又何怨”，《孟子·公孙丑下》言“仁智，周公未之尽也”。后半篇勾勒出宝地香花、钧天梵乐的佛国世界，借机恭维孝谦天皇是与圣德太子一样贤德的崇佛之君。这篇伴游佛寺的帝颂之诗反映出诗人儒释调和的政治理想以及政治性存在。他发现寻找与政治隔绝的地方，探求所谓的佛道，毕竟还是离不开政治的庇护。因此，诗中一边谈论儒家之仁、表明忠君之心，一边又渴望摘得“佛果”。总体而言，从三船的出仕经历、时代精神的感染以及诗作表现的思想倾向来看，儒家教化仍然占据着诗人精神世界的一角，佛教与儒家政治在其人格中牢固地交织在一起。诗人并不是永久地凝视着佛国的彼岸世界，咏唱对神佛的崇拜与隐逸的憧憬，而是一只脚踏进佛教的门槛，另一只脚却仍留在凡俗尘世，既出世又入世。这种亦佛亦俗、亦僧亦士的双重人格就使他的诗歌不再是单纯的宗教膜拜活动，而是在诗意地觉悟着某些佛禅义理的同时也表达着与俗世的牵绊。

① 自奈良时代起，日本人就认为圣德太子是南岳慧思的转世，而慧思是开创天台宗的智顗之师，以特异的禅定与法华信仰被日本人所敬仰。

结 语

综上所述，淡海三船的诗歌作为日本最早的佛门诗，折射出奈良时代佛教兴隆之况，反映了僧人与贵族文人间千丝万缕的联系以及国家佛教体制下僧侣对政治的依赖。而诗人作为虔诚的佛教信徒，在处理文学与佛教的关系上，始终跳不出佛教意识的束缚，诗歌主题与审美情思全部都纳入了佛学思想与佛教信仰的范围内。尽管身为日本人写作汉诗，语义难免直白，也会流于堆砌典故、抽象说理的弊端，但这些诗歌保留了诗人当时的心境和佛学倾向，解读它们可以了解诗人的佛学修养与其对文学创作的影响。比如，佛教经籍与佛事活动成为诗人的新语言、新题材；中土佛教注重阐释义理的传统深化了诗人作品的哲理内涵；《维摩诘经》所提倡的不离世间的居家修行方式与成佛主张充实了诗人的内在情感与心灵世界；佛教教义宣扬的虚幻不实的世界观与隐遁避世的人生观则给仕途坎坷的诗人带来极大的精神慰藉。要言之，佛教促使诗人对人生与世界的终极意义进行了深入的思考，这些思考也在他的诗中得到充分体现，构成了诗人精神世界的重要组成部分。

（徐臻　西南交通大学外国语学院副教授）

日本近代汉诗的“文化内共生”特征

——以夏目漱石汉诗为例*

王广生　荣喜朝

摘　要：日本近代汉诗，是东亚共有的文学财产，具有多元文化“内共生”之特征，对其研究亦需进行多重视角、立体式的解读。本文以夏目漱石的汉诗为例，从作为诗歌本体、作为日本变异体文学及作为近代性文学，这三个方面对其“文化内共生”之特征进行概要性的分析和说明。

关键词：内共生　变异体　近代性

一、何谓“文化内共生”

笔者一贯主张，日本文化可看作一个纵横立体的动态系统，内含纵向的“古今之变”和横向的“对异文化的接受与变异以及作为其结果的多元文化内部共生状态”（即文化的共生）等多个“跨越性”内容，简言之，日本文化，尤其是近代日本文化具有典型的多元文化“内共生”的特质。

“内共生”原本为生物学上的一个假说，现被笔者借用于描述和阐明多元文化相遇、冲突、融合、变异之后产生的一种新的文化样态。在生物学上，“内共生学说”（endosymbiotic theory）的发展过程简要如下。1905 年，学界提出叶绿体是由原先的内共生体形成的这一构想。20 世纪 20 年代新的学者提出了对线粒体的相同构思。1970 年，琳·马古利斯（Lynn Margulis）在《真

* 本文为国家社科重大项目“中国文化域外传播百年史（1807—1949）”（批准号 17ZDA195）的阶段成果。

核细胞的起源》一书中正式提出这一假说。在笔者看来，这一假说包含三个层面的意义：

第一，两种或多种（微）生物形成共生关系，且其中一种或两种生存于另一种（微）生物之体内与之形成一种内部的共生关系，形成新的生命形态。本文则是指发生学意义上日本的汉诗创作。即日本汉诗既不是中国文学，也不是原有的日本文学，而是一种新的文学样态。

第二，进入另外一个（微）生物体内的（微）生物体作为它们重构而成的新生物形态的一个有机部分而继续存在且具有维持原来相对独立性的功能和表征。本文即指中国文化和诗歌审美进入日本文化语境，形成一种独特的文学创作样态，即日本汉诗。日本汉诗虽然已经不属于中国文学而成为日本文学有机的组成部分，但是其所据的内在规则和审美形式依然具有原有汉语诗歌的部分功能和主要表征（如日本汉诗中的律诗创作也力求遵循相应汉语的平仄、古韵和对仗及审美特质等规则）。

第三，两个或多个（微）生物相遇、形成内部共生的关系便会在客观上重构一个具有和原有生命形态和功能不同的新的物种，以适应外部环境和内部生命的重组。日本的汉诗即是中国文化和日本文化对话与融合的结果，而融合了中国古代文化的某些文化因子（尤其是汉文化）的日本文化获得了适应性的拓展。

要之，“内共生”此种生物学现象也在某种程度上适用于描述多元文化间的对话、变异和融合状态。此外，需要特别说明的是，这一“文化内共生”理论是以严绍璗先生自20世纪80年代起开始在国内人文学术界倡导的“变异体理论”① 为思考的基点而提出的，并可与之形成互补关系的一种新的文化（文学）学理论。文学变异体理论侧重过程的发生学思考，是一种文化生成机制的考察；而“文化内共生”假说则更加便于阐明多元化融合、变异之后的一种文化相对稳定的日常实态和内部因素构成。换言之，一个是动态分析，一个是常态描述，两者互为补充，形成一种全方位、立体观察的思考视角与路径。就日本历史文化形成的过程观之，日本文化无疑包含了上述文化“内

① 严绍璗先生自1985年以来在论述中日古代文学关系以及跨文化研究领域内所提倡并实践的一种理论体系，与文学的发生学、原典实证方法论等共同构建了严氏学术体系，成为新时期中国人文学术少有的原创性理论，其价值有待后来者深度地发掘。

共生”的几个层面的指向，其内部既有日本民族的本土性文化表述，也有以汉文化和佛教文化为主要表现的外来文化的因子，而近代以降，日本文化又开启了西洋文化的学习和引入，因此，近代日本文化，又具有了一种导入性的西方近代的理性和启蒙之特征，即具有了近代性的品格和价值。

综上，作为日本近代文学（文化）有机构成的夏目漱石汉诗亦复如是观之。以下，我们将从漱石汉诗内在的三个生成维度，即作为诗歌审美本体的漱石汉诗、作为文学变异体的漱石汉诗以及作为近代性文学的漱石汉诗，这三个方面展开讨论，以阐明其内在多元文化共生之现实。

二、作为诗歌的夏目漱石汉诗

漱石的汉诗，尤其是创作于《明暗》期的汉诗，可谓日本明治汉诗的高峰。或许正因如此，漱石汉诗是日本高中国语教材中收录第二多的日本汉诗（收录最多的是菅原道真的汉诗）。对漱石汉诗的分析固不可忽视与其小说创作、人生经历、时代背景的关照互证，也不可轻视西方符号学、形象学等理论和框架，但于汉诗的研究而言，首先还是要回归诗歌本身，从其语言、格律和内在结构等层面入手，以中国诗为参照才能找到真正的诗心。古有郑樵《通志略序》所云“诗者，人心之乐也”为证。

以夏目漱石的最后一首汉诗为例：

真踪寂寞杳难寻，欲抱虚怀步古今
碧山碧水何有我，盖天盖地是无心
依稀暮色月离草，错落秋声风在林
眼耳双忘身亦失，空中独唱白云吟①

已有解读，基本将这首汉诗放在了夏目漱石思想（史）的框架内进行考量和分析：或将之与晚年“则天去私”的思想联系在一起，或将之与其小说《明暗》之创作进行思想上的比照分析，但却少有语言、格律和内在结构以及在此之上对意境和审美完成度的判断。

---

① 『漱石全集』（第十八卷）第66—67頁，東京：岩波書店，1995年。

在《漱石汉诗与禅思想》一书中，陈明顺先生认为，第一句的“真踪”，与大正五年十月八日的汉诗中出现的“真龙”意趣相同，表达“本来面目”。第二句“欲抱虚怀步古今”的“虚怀”是指心中没有一个念头的“无心”，整句话的意思是持无念之心步古今。即，在陈氏看来，该诗即夏目漱石的临终偈，吟诵了圆熟的禅境。①

反顾国内，相关的研究亦多循此思路而忽略对其审美的判断和分析。实际上，若自文学审美性的视角出发，逐次关注其用词、格律以及结构、意境，则会发现，漱石这首汉诗从形式到内容有着完整而统一的意味，也会发现该诗内部思想情感层面的矛盾与张力。

具体而言，首联“真踪寂寞杳难寻，欲抱虚怀步古今”，“真踪”之词，颇为生涩，“真”字，属于较为生僻的用词。“真”字背后直白的理性和判断，不仅损害了传统诗歌自身的美学表达，也不符合夏目漱石所崇尚的“禅”的精神和“道”的审美。“寂寞”二字无论是直接还是间接修饰“真踪”，都与其后“杳难寻”未构成语意的递进关系，从而造成本诗第一句话内在语感和语意的分裂。“欲抱虚怀步古今”一句，在笔者看来，“我”的欲念彰显过于直接。“虚怀”，多被解释成“无我之心”，那么，既然“无我”何须“我”抱，既然“我抱”，那一定是以“我”的存在为前提的。如此，“虚怀”也非真正的“虚”，而是掺杂了个人欲念之“心”。“步古今”之语，显得粗糙而着力不足。

其下颔、颈二联中，“碧山碧水”“盖天盖地”之语也非高水平的汉诗表述，而“依稀暮色月离草，错落秋声风在林”一句，色泽晦涩，渗透着一种隐而不去的孤独感。按照吉川幸次郎的话，这一联颇有些阴气。②

最后一联，“眼耳双忘身亦失，空中独唱白云吟”，被很多学者认为是夏目漱石晚年提出的“则天去私”这一著名思想命题的诗化表达。“眼耳双忘”虽然在逻辑上承接“暮色”与“秋声”之句，但该句暴露了诗人还是以理性的方式“思考”，与“空中独唱白云吟”的悠然和“天地无心”形成了冲突和矛盾。

要之，漱石最后一首汉诗追求形式的正确（七律规则），用语相对文雅，

① 陳明順『漱石漢詩と禅の思想』第1頁、東京：勉誠社、1997年。

② 吉川幸次郎『漱石詩注』第207頁、東京：岩波書店、1967年。

且有生硬之处，造成了诗歌整体意境受损，就审美的完成度而言实有不足。因此，从上述文学审美即格律、用词和结构、意境等层面考察下的漱石汉诗，所呈现出的形式的特点实与其思想上未能抵达“开悟与超脱”相一致，而漱石汉诗在形式与内容、文体与思想等层面的冲突与统一，也正是在中国传统诗歌本体的审美性的视角下才得以发现的。

三、作为日本变异体文学的夏目漱石汉诗

夏目漱石的汉诗在跨文化的视野下，其审美具有中日美学、文化的复合性特征，同时又具有作为世界近代文学的近代性品格，换言之，漱石汉诗是一种典型的文学变异体。

国内读者阅读漱石的汉诗，很容易从中找到中国文化尤其是陶渊明、王维、白居易等诗人遗风，在思想层面则多处可见老庄、禅宗等的影子。

1916 年 9 月 30 日，夏目漱石曾作一首七律汉诗，尾联写道：“描到西风辞不足，看云采菊在东篱。”[①] 明白地表露了对于陶渊明的追慕之情。

不过，漱石汉诗作为日本近代文学的一部分，还具有日本文化审美的独特因素以及近代性的品格，这一点读者未必可知。

且看漱石在大正五年（1916）十一月十九日的诗作：

大愚难到志难成，五十春秋瞬息程
观道无言只入静，拈诗有句独求清
迢迢天外去云影，籁籁风中落叶声
忽见闲窗虚白上，东山月出半江明[②]

该诗后三联，用词造句、景致临摹、意象塑造、意境営造等方面都体现出了较高的水准和修养。而且，诗歌整体起承转合较为自然，结句意犹未尽，富有余韵。极具中国禅诗的特色与风姿。不过，仔细体会，还可以感受到有别于中国传统禅诗的独特审美心理。

① 『漱石全集』（第十八卷）第 57 頁。
② 『漱石全集』（第十八卷）第 66 頁。

苍山空寂，明月清朗。在中国禅诗传统之内，月亮之形象往往借以表述和象征禅者的心怀和佛性。五代名僧贯休法号即为“禅月”，其诗集名为“禅月集”，即取此意。唐代寒山和尚，写过《秋月》一诗，以月表心，诗曰：

吾心似秋月，碧潭清皎洁。
无物可伦比，叫我如何说？

禅意里的月亮，也常常指向透彻透明的开悟的过程或是愉悦。

唐代禅僧玄觉法师有一首《证道歌》，其中写道：

一月普现一切水，一切水月一月摄。
诸佛法身入我性，我性还共如来合。

王维《山居秋暝》诗云：

明月松间照，清泉石上流。

以上诗句，无不散发着空灵通彻、自得自在的禅意和情怀。

反观漱石的这首汉诗，尤其最后两联，与尚未开悟的心境、犹在焦虑的灵魂相一致，显现出一种幽明微暗的氛围和意境。或许这也可看作日本汉诗用语中常出现的“语言遮断”现象，作为承载原有文化信息传统的“月”之意象，在漱石这首汉诗中发生了剥离和变异。即原有中国传统禅诗中的空灵通彻之境，吹起了日本文学中独有的阴柔幽玄之风。

四、作为近代性文学的夏目漱石汉诗

若将漱石汉诗放在世界近代文学的视域中，我们亦可发现其内部所具有的近代性文学的品格。换言之，漱石自觉地尝试以汉诗这样的传统文学样式呈现近代人的精神世界。

国内外学者多已指出，漱石晚年的汉诗充满了焦虑与孤独感。而这种孤独感从何而来？对于这一点，却鲜有追问。在笔者看来，这与漱石超越时代的、基于汉文学（汉诗）创作实践的“近代性”密切相关。

且看落款为1916年10月6日的汉诗[①]中：

非耶非仏又非儒，穷巷卖文聊自娱
采撷何香过艺苑，徘徊几碧在诗芜
焚书灰里书知活，无法界中法解苏
打杀神人亡影处，虚空历历现贤愚

调侃和戏谑中的焦虑和自负，显而易见。在夏目漱石看来，基督教、佛教和儒学，皆非他要选择的道路，正如他在《题自画》中所言：“碧落孤云尽，虚明鸟道通。迟迟驴背客，独入石门中”，他的道路是克服和超越东西文化差异的殊途，是孤独者之路。夏目漱石最后一首汉诗的结句，即“眼耳双忘身亦失，空中独唱白云吟”之中的情绪，在笔者看来，本质上属于无所定着的、丧失神性与信仰的现代人精神世界的焦虑与痛苦。而这份近代性的思索和孤独，正是漱石汉诗所具有的近代性品格，也是其文字中沉吟的诗心。

综上，漱石汉诗内部的“古今”以及“多元文化融合共存”之现象，固然可在严绍璗先生所倡导的“文学变异体”理论之框架内得到较为合理的展示。不过，如若补以“文化内共生学说”的视角，将这两种方法和理念相结合，或可更为完整而准确地描述漱石汉诗内部各种文学（文化）因素变异、融合的事实：“变异”侧重过程，“内共生学说”侧重变异后相对稳定的、现存状态。

总之，唯有在注重漱石汉诗审美价值的前提下，将之放在世界近代东西方文化冲突与融合的语境中，才能充分发掘和体悟其具有的“多元文化内共生”的品格与价值。而这种“文化内共生”的现象，也是近代以来各国文学和文化真实而普遍的存在状态。

（王广生　首都师范大学副教授，日本文化研究中心主任；
荣喜朝　河南科技大学副教授，日语系主任）

① 『漱石全集』（第十八卷）第59頁。

近代日本文化语境下的北京风俗研究

——以青木正儿编《北京风俗图谱》为中心*

黄晓星

摘　要：日本汉学家青木正儿编著的《北京风俗图谱》用图画的形式保存下了清末民初北京的社会生活方式，以及商业、娱乐、戏曲、礼仪等方面的世风民俗，再现了这一时期的历史图景。作为他者的描绘，《北京风俗图谱》也表现了日本学者特有的敏感和独特的视角，有助于我们加深对这一时期日本知识分子中国观的认识和理解。

关键词：青木正儿　《北京风俗图谱》北京民俗　日本汉学　清末民初

清末民初之时，随着中外文化交流不断加深，外国学者研究中国文化的兴趣日渐高涨。尤其是全国政治、文化中心北京备受关注，外国学者通过文字或图像记录和研究北京民俗的成果如雨后春笋般出现，为今天研究和考察北京的民俗提供了珍贵的素材。在照相技术尚未普及的年代，他们还留下了大量的图画作品，生动形象地再现了北京的婚丧嫁娶、岁时节庆等重要民俗事象的文化图景。图谱以手绘线描的方式将事物描摹下来，制成系列绘画，使人们能够更直观有效地了解历史。外国学者编著的《北京风俗图谱》，更体现了作者来自异域的文化敏感和独特的观察视角，可以为今天的民俗研究提供珍贵的印证和补充。日本人搜集和调查中国资料的传统由来已久，且保存的资料极其丰富，研究也相当深入。其中相当一部分是关于北京的风俗的，如《言文对照北京纪闻》《京华事略》《北京市井风俗篇》《北京风俗问答》

* 本文为北京中外文化交流研究基地资助项目“青木正儿《北京风俗图谱》研究”（项目号：BF-SUSKJD-17015）的阶段性成果。

等，日本汉学家青木正儿的《北京风俗图谱》（以下简称《图谱》），就是此类作品的代表之一。

明治维新后，受益于日本开放的政策，许多日本学者得以来中国旅行和学习。同时，在这一时期，日本也出现了一股“中国情趣”风潮，即通过亲身体验和旅行来体会中国风情。此外，青木正儿所在的京都学派也强调要站在中国人的立场以中国人的方式理解中国，再现中国文化的原貌。在这样的学风之下，汉学家们踏上中华大地，亲身体验中国文化。整体来说，这一代汉学家对于中国有了更多了解，能够从想象中的“中国”走进现实中的中国。从青木的学术研究和个人生涯来看，亲身游历中国的经历对于其汉学研究，无论是戏曲文学、绘画艺术研究，还是民俗学、名物学研究，都有着深刻的影响。

一、青木正儿与《北京风俗图谱》

青木正儿（1887—1964），号迷阳，京都大学文学博士，是活跃在20世纪前期的日本著名京都学派汉学家。他对于中国古典文学特别是戏曲的研究不仅在日本有极大影响，在中国学术界也有相当地位，因此被中国学术界喻为“日本新起的汉学家中有数的人物”和“日本研究中国曲学的泰斗”。青木正儿曾于1922年赴中国，组织“考盘社”，研究南画。又于1925至1926年赴中国京师大学堂留学，研究中国戏曲，著有《中国近代戏曲史》，成为研究明清戏曲的重要著作。①

在北京期间，青木正儿耳闻目睹了许多北京的民俗活动，并在1926年请了刘延年等三位画师将这些民俗景象和一些民俗物品描绘下来，自编目录，编成《北京风俗图谱》。在《原编者序》中他提到了《图谱》的来龙去脉：

> 此图谱系大正末年，余于北京留学中起草，制定目录，命当地画工绘制而得。其时有赖余所奉职之东北大学法文学部所支出之费用。归国后，余志在自作图说、与图谱并行出版公之于世。惜乎忙于本职，无暇着手。光阴荏苒，不久余转任京都大学，图谱底本徒劳搁置于东北大学

① 丁明拥《中国戏剧史学史稿》第142页，中国传媒大学出版社，2016年。

图书馆内。然而近日幸得东北大学教授内田道夫博士珍惜，业余执笔著作图说，又有平凡社将之与图谱一并刊行，诚为喜之不尽、感激不尽云。①

《图谱》篇幅不大，但详细地分为 8 个纲目，分别为岁时、礼俗、居处、服饰、器用、市井、游乐和技艺，共有 117 幅彩图。内容很丰富，往往是在一幅图中画有多个人物或人物群像。《图谱》不仅描绘了人物，还将背景环境也写实地画出来，更有大量对于细小部件的详细描绘，使得民俗活动的场景更丰富。通过来自东瀛的“旁观者”的描述和解说，今天的读者也能够对当时的社会民俗有更深刻和直观的体会。

二、《北京风俗图谱》的编绘特点

《北京风俗图谱》的内容如书名所指，描绘的是北京日常的风俗图景，这类风俗题材其实颇为常见，但青木正儿的编选也有其特色。

（一）具有历史传承性

《图谱》绘制于 1925 至 1926 年间，但所选的民俗内容很多都是可以上溯到更早的年代，并能从历代记载北京风俗的文献资料中得到证明，具有历史延续性和传承性。例如，《图谱》中的正月十九“白云开庙”、七月初七“闺女丢针”、七月十五“盂兰法船”与“二闸河灯”、八月十五“中秋拜月”、十二月二十四的“祭祀灶神”等与明代刘侗、于奕正的《帝京景物略》中记录的习俗相同。② 青木正儿不仅注意记录现实生活中的民俗事象，也重视透过民俗事象认识历代生活史及民俗文化的风貌，并对这些民俗追本溯源。

“闺女丢针”图展示了中国传统节日七夕节投针乞巧的习俗。古代重视女孩的“女红”，即针线活。七夕这天，女性会开展各种乞巧活动，意在“祈巧艺，求巧配”，七夕如果能顺利穿针引线即预示着“得巧”。到了明清两代，穿针取巧演变为“投针验巧”。《帝京景物略》记载：“七月七日之午丢巧针，

① ［日］青木正儿编，内田道夫解说《北京风俗图谱（1）》第 5 页，东京：平凡社，1964 年。

② ［日］寺田隆信，许总译《三百年来北京社会风俗的再现——〈北京风俗图谱〉与〈金瓶梅〉插图比较观》第 147—154 页，载《明清小说研究》1989 年第 2 期。

妇女曝盅水日中，顷之，水膜生面，绣针投之则浮，看水底针影。有成云物花头鸟兽影者，有成鞋及剪刀水茄影者，谓乞得巧，其影粗如锤、细如丝，直如轴蜡，此拙征矣。"[①] "投针验巧"就是将水倒在盆中露天放一夜并在七夕白天晒一天，水面上会依稀结成膜状。再将针放在水面，针浮在膜上，此时观察盆底的倒影，如果形成各种形状便预示着"得巧"，如果是一条直线则意为织女给了一个棒槌，宣告乞巧失败。这种验巧活动完全靠运气判定，充满游戏的意味，给闺阁中的女子带来了很多乐趣。在《图谱》的"闺女丢针"图中，几名穿着旗装的女性围着院子中的水盆，有两名年幼的女孩在长辈的引导下向盆中投针，画面上还能看出年少懵懂的小女孩脸上流露出的紧张神情。青木正儿也注意到了中国传统民俗与日本文化的关系，文字解说部分不仅提到了投针验巧的习俗与中日两国都熟悉的牛郎织女传说的关联，还在后文中指出牛郎织女是日本天女神话"羽衣神话"的原型。[②]

中秋拜月也是中国古老的传统节日习俗。中国古代早已有祭月的仪式，《东京梦华录》卷八中就记录了北宋都城东京（开封）过中秋节时的热闹情形[③]，在元代末期又兴起了吃月饼的习惯，明代时则将中秋祭祀的习俗固定下来。到了中秋之夜，每家都设供桌，挂上画着月神、月宫、玉兔的月宫图，摆上月饼、高粱秆、青豆、瓜果，点上香，由家中女性拜月，祈求太阴星君（即嫦娥）的保佑。在《图谱》的"中秋拜月"图中，也描绘了满族家庭的几名妇女在院子中跪着拜月的情景，墙上挂着月宫图，供桌上摆着月饼、鸡冠花、香烛等物。解说中还提到了"男不拜月，女不祭灶"的传统，画面中有两名男性站在一旁观看，反映了拜月是女性专属这一特点。[④]

中秋过后，深秋的阴历九月初九是中国传统节日——重阳节。重阳节有着悠久的历史，早在战国时代民间就有九月初九赏菊、饮酒的风俗，在唐朝时，九月初九被正式定为重阳节。《图谱》中的"重阳登高"图就展示了重阳节时秋高气爽，人们登高饮酒、远眺赏景的情景。《图谱》的解说中还特别提到，北京的登高去处有紫禁城中的景山、文人墨客常去的陶然亭、西郊的

---

① 张定亚《简明中外民俗词典》第289页，陕西人民出版社，1992年。

② 《北京风俗图谱（1）》第38页。

③ 邓之诚《东京梦华录注》第215页，中华书局，1982年。

④ 《北京风俗图谱（1）》第49—51页。

西山、北郊的土城以及乾隆皇帝亲笔题的“蓟门烟树”。[①] 明清两代，北京在重阳节时盛行登高。皇帝会亲自去万岁山（景山）登高拜佛祈福，皇后和妃子们则在故宫御花园的堆秀山登高远眺。在民间，重阳节登高也同样盛行，人们或登上自家花园的假山亭台，或在京城内外爬山饱览风景，主要的游览地有西山八大处、香山、五塔寺、白塔、陶然亭、钓鱼台、蓟门烟树等。老北京人对重阳节相当重视，除了登高之外，还有戴茱萸、赏菊、饮菊花酒、吃花糕、食烤肉、涮羊肉、吟诗作赋等活动，《燕京岁时记》记载：“赋诗饮酒，烤肉分糕，洵一时之快事也。”在《图谱》的“重阳登高”图中，也极力还原了这一风俗，图中的远处背景是一座城墙，说明地点应该是接近城外，而人们相继登顶一个几层高的小城楼，坐在楼上的人们或登高远眺，或三五好友相聚欢谈，桌上摆着茶、果、酒、菜，一幅深秋重阳佳节的景象。

北京先后有辽、金、元、明、清几代王朝在此设都，也造就了北京的风气和习俗。清末民初的北京，处于封建社会晚期，此时的民俗反映出历史延续的特征也不足为奇。青木正儿选择这一类题材入画，除了出于对旧民俗文化的关心之外，还有作为汉学家“厚古薄今”的学术立场和传统。当时正值北京从中国传统农业社会向近代社会转换，近代城市的生活方式已经悄然进入北京人的日常生活，在同时期中日两国的北京民俗类作品中，已经有了不少新时代的特色。例如，20 世纪初，北京街头开始出现了人力车，并很快风行，成为民国时期街头的一种特有景象。陈师曾的《北京风俗图》册页中就描绘了人力车夫出卖苦力拉车的艰辛场景。北京还出现了一些新兴的行业和事物，清政府所办的新政，例如警察、邮政、电灯、电话、自来水等，在同时期的日本官话读本《北京风俗问答》中也已经出现。[②] 但是在《图谱》中，青木正儿没有涉及太多这些新兴事物，只将目光投在传统风俗上。

在《原编者序》中，青木正儿曾说到他编《北京风俗图谱》的原因：自己原来是研究戏曲小说的，所以十分关心风俗，前年游历江南、北京，表面观察，发现旧时风俗多已消失，不少都为新的洋风所代替，而《图谱》中保存了不少旧时北京风俗面貌，若在今天出版还是很有意义的。[③] 正是由于编绘

---

① 《北京风俗图谱（1）》第 53 页。

② 宋莉华《近代日本官话读本中的北京书写——以〈北京风俗问答〉为中心》，载《上海师范大学学报》（哲学社会科学版）2007 年第 5 期。

③ 《北京风俗图谱（1）》第 5 页。

《图谱》的初衷是记录旧时风俗，复原传统北京生活图景，因此在编绘的过程中，格外注意选取能体现具有历史传承感的民俗事象。

（二）凸显满族民俗特色

北京在地理上处于农耕文化与游牧文化的交汇地区，并且在历史上曾是元、明、清三代的都城，各民族杂居、融合的现象也在民俗上有明显反映。以满族习俗为例，绘制《图谱》时，清朝已经灭亡十几年，此时虽然不复旧时的光华郁馥，但昔日的满族遗风仍然流传在北京的大街小巷之间，早已渗透进了北京文化的肌体细胞深处，这也成为北京风俗中的一大特点。

《图谱》中记录了许多旗人的服饰、发型、衣食住行和生活场景，为我们了解清代满族的生活留下了珍贵的直观资料。例如，在发型方面，《图谱》中的男性人物大部分留着辫发，即按照满族的习俗将头发剃掉部分，将剩下的编成辫子留在脑后，有部分人在辫子之上还戴着清朝官帽或礼帽。而满族女性与汉族女性的发型则有很大差异，《图谱》中的满族女性大多梳着满族流行的“两板头”（“二把头”）等发型，并热衷在头上搭配饰品，如珠宝、头簪、大绒花和鬓花。满族信仰萨满教，萨满教认为花具有驱除恶魔的作用，因此满族女子特别喜欢在头饰和发髻上插花，一般将花戴在发髻的正中，或选两朵花在头发的两端，俗称为“压髻花”。青木正儿也注意到这一点，《图谱》中描绘的满族成年女性头上大都戴花。此外，在“服饰第四”部分的四—10“妇女头髻上”和四—11“妇女头髻下”中，还专门介绍了一些典型的满族妇女发型，如“架子头”“两板头”“老样儿”“蒙古旗头”等。[①]《图谱》中所描绘的满族女子的发式基本上是符合实际的。到了民国后期已经很难在现实生活中看到这类传统旗人发型了，青木正儿的捕捉可以说是十分及时。

满族的服饰有本民族独特的式样，《图谱》中也突出了满族服饰的特点。清初推行的服饰改换政策“十从十不从”中有一条“男从女不从”，即男子必须遵循满族习俗剃发留辫，但女子可以保留汉族服饰。《图谱》中的旗人男性多穿着长衣，如厚的袄子、袍子或薄的长衫，并在外面套着坎肩或长袖的马褂，颜色以蓝色、棕色和黑色居多。《图谱》中也有穿着格外华丽气派的达官贵人，如第一张图“春联门神”中有一位气宇轩昂的男子穿着厚实的貂皮大

① 《北京风俗图谱（1）》第143页。

衣，正在接受一名年轻男子向他作揖请安；“厂甸年节”图中也有一位年长的满族男子在袍子外套着毛朝外的皮毛马褂，显得华贵不凡。女子服饰则比男子服饰更为复杂，《图谱》中特意将旗人女子服饰和汉人女子服饰进行区分。旗人妇女多穿着蓝色、绿色的袍子或长衫，并在外面搭配坎肩，年轻女子则大多穿着红、绿、紫的单色袍子，旗装上绣着雅致的图案，袖口和领口镶着花边。脚上穿的是白袜配上“花盆底”或“马蹄底”绣花鞋，衬得十分高挑。满族女性都是天足，《图谱》中也写实地反映了这一点。同时，满族无论男女都喜欢戴配饰，男子有玉佩、串珠，女子有荷包、香囊、手绢等。若是细心观察，会发现《图谱》中也详细地描绘了这些细节，只是由于版本大小有所限制，有的细小部件看得不够清楚，也是《图谱》在出版和流传中的一个遗憾。

除了发型和服饰之外，满族人的礼仪习俗也独具特色，清末的满族礼俗尤以烦琐、奢侈、礼多著称。《图谱》中随处可见满族人注重礼节的传统。满族有俗语：“俗尚齿，不序贵贱。”《图谱》中的青年人在长辈身边都恭敬地鞠躬、垂手。在“旗人女子服装”一图中，就描绘了满族家庭中的典型场景：两名老年妇女坐在中间，年轻人和孩子们则站在一旁侍奉。二—23 的“男女揖拜请安”图中，还专门介绍了几种典型的满族请安的姿势。图中有一名听差模样的男子四肢和膝盖着地，在行叩首礼，另外两名老年男子在相互请安，姿势是哈腰且双腿弯曲，双手向前伸。此外，还有一名满族男子在请大安，这是一种满族下级对上级行的礼节，又称“打千儿”，其姿势是箭袖袖头朝下，左膝前屈，右腿下弯，左手贴身抚膝，右手下垂。满族女性的请安礼和男性的有所不同，图中有一名旗装女子头微微低下，双手贴腹相交，双腿并拢，膝盖弯曲呈半蹲状，手中的手绢轻轻搭在腿上，这是典型的满族妇女请安“打千儿”的姿势，称为蹲安。

值得注意的是，《图谱》中的旗人形象与同时期其他同类作品中的旗人形象具有一定差异。例如，在陈师曾的《北京风俗图》中，描绘的旗人形象多是不务正业的没落王孙、前朝遗老，他们或提笼架鸟，或逗狗打趣，旁边还有题画诗“金铃小犬随侬走，饭罢衔烟逛市场”等，表现和讽刺了旗人百无聊赖、坐以待毙的生活状态。[1] 原先养尊处优的旗人到了民国失去了特权地

① 刘卓《陈师曾眼中民初的北京民俗——论陈师曾〈北京风俗图〉册页中的民俗表达》，载《民俗研究》2015 年第 5 期。

位，与普通百姓无异。清朝时的旗饷供养使他们大多数早已失去了自食其力谋生的技能，生活的旧习却没有太大改变，长期形成的不事生产的观念仍存在。陈师曾描绘旗人败落后的生活，既是出于对这一特殊阶层的生存状态的关注，也是出于知识分子在时代发生巨变后对于社会现实的思考和感叹。而在《图谱》中，旗人的生活显得殷实而体面。他们衣着华丽高档，居所装饰优雅，并带有丫鬟和随从，依然享受着富贵而悠然的生活。特别是婚丧嫁娶，青木正儿都描绘的是旗人家庭的仪式场面。《图谱》用了多幅图描绘满族婚礼和葬礼盛大的排场。民国初年，满族王公贵族虽然失去了爵位和特权，但长期以来积累了大量资产，并且有皇庄、王庄可以为其提供地租，或变卖祖上遗留的房产、田地、珍贵文玩等，因而在此时仍然可以维持优裕的生活。

满族民俗中的丧葬、居室布置、建筑、喇嘛教、神龛、娱乐等内容都在《图谱》中有详细的描绘，可见青木正儿对于北京满族民俗的深刻观察。在清朝二百几十年“首崇满洲”的基本国策之下，满族人尤其是其中的上层长期在经济、政治和文化上居于绝对优势地位，这个钟鸣鼎食的特权阶层群体的好尚无疑对民俗文化的风格与流向产生了极其重要的影响，不可等闲视之。《图谱》一改此前日本人对于满族风俗“辮发腥膻”的鄙夷态度，更侧重记录满族风俗，体现了青木正儿作为汉学家的眼光。而1799年日本出版的《清俗纪闻》等中国民俗著作则重闽浙地区的汉族习俗，两者相互结合，使得日本读者能够更完整地认识中国风俗。对于今天的民俗研究者而言，也可以将其与相关文献互相印证，加深对满族民俗的认识。

（三）侧重社会上层风俗

民俗文化特征往往受到上流社会和贵族阶层的深刻影响。与同时期的北京风俗作品相比，《图谱》描绘的风俗显然选取了更多社会上层的生活场景。虽然民俗是全民的习俗，但由于北京连续几百年作为封建王朝的都城，有大批贵族、官僚聚集，许多民俗活动都有王公大臣、贵族、仕女、宦官、商贾参加。平民百姓也能耳闻目染朝廷的礼仪和皇亲国戚们的生活。《图谱》中描绘了很多穿着清朝官服的官员，穿着毛皮华服的贵族，儒雅的知识分子，以及戴着旗头、穿着绸缎旗装的满族贵妇等。由于上层社会的影响，很多民俗活动并不局限于其原本的形式，而是升级为一种享受、游玩、休闲娱乐的活动。

随着清朝的覆灭，封建统治阶层的特权逐渐消失，人们可以进入许多原本专供皇室享受、普通百姓难得瞻望的地方。1914 至 1926 年，北京几乎所有的御花园和皇家寺庙都向大众开放了，《图谱》就是在同一时期编成。封建贵族气派而奢华的私人宅院，也有部分向公众开放，昔日的宰相府、亲王府此时成为平民百姓游玩的公园和会馆。[①]《图谱》中连续用了三幅图——“王府门前”“王府门内”“王府花园”介绍了一座王府及其花园气派的景象。[②] 时代的新变化为青木正儿观察上层社会的活动提供了条件和便利。

值得注意的还有《图谱》中展现的这一时期人们的精神面貌和社会风貌。《图谱》中，北京环境整洁，社会秩序井然，人们的生活殷实富足。其描绘的人物，除了“抽大烟”和“乞丐”等极少数图之外，无论是旗人、汉人、妇女、儿童、喇嘛、道士、小贩、农夫等，都干净整洁，形象都较正面。对于北京街头的商贩、工匠等劳动人民的形象，《图谱》中专注于刻画其劳动时的动作、器具等细节，并在图中记录尽可能多的民俗信息。与此形成鲜明对比的是，陈师曾《北京风俗图》册页中也有大量篇幅描绘了这类人物，但着重描写北京下层赤贫民众艰难谋生的生活状态，如：《拾破烂》《算命》《拉骆驼》《卖烤白薯》《人力车》《扛肩》《乞婆》《淘粪郎》等。[③] 他认为文人画不重形似，而应重视画家的精神气质和思想表达，因此，在描绘这些穷苦劳动人民时，除了表现行业特征，还通过图画和旁边的题诗、题词表现了贫民生活的窘迫和谋生的艰难，寄托了画家对民生疾苦的同情，使人看了不禁产生怜悯之情。

与《图谱》相比，同时期其他的北京风俗类著作多有对于北京社会现实的失望与批评。例如北京具有文化地标地位的“琉璃厂”，一向是文人心中的“京都雅游之所”，《图谱》中的“厂甸年节”图中描绘了琉璃厂在正月里的繁荣景象。[④] 正月灯会是北京正月里的重要传统习俗活动，这一活动结束后，人们便恢复各自的工作。18 世纪后，北京的灯市就集中到琉璃厂举行。在清末日本人访华游记《清国巡游志》中，对琉璃厂有如下记载：“十二日，上午

① 史明正《从御花园到公园——20 世纪初北京城市空间的变迁》，载《城市史研究》2005 年。

② 《北京风俗图谱（1）》第 124—127 页。

③ 《陈师曾眼中民初的北京民俗——论陈师曾〈北京风俗图〉册页中的民俗表达》。

④ 《北京风俗图谱（1）》第 13 页。

在市内散步，来到刘福寺街、琉璃厂街……未遇珍奇之物，却多有假货赝品。”① 德富苏峰在《七十八日游记》中也提到：“琉璃厂我去过几次，每次都想或许会找到什么有意思的事，可是到今天为止还没有任何收获。”② 不仅在琉璃厂，衰败之象还见于北京的各处古迹，德富苏峰在 1906 年游访明十三陵时，在他眼中“墓地已经变得非常破旧，这里没有牌位，没有香炉，就连燕子都敢大胆地来筑巢”。③ 此类现象在同时期描述北京社会生活的著作中屡见不鲜：日本官话读本《北京风俗问答》中渲染了北京社会秩序混乱、公共卫生状况堪忧、市民生活习惯极其不文明的社会氛围；原田藤一郎批评北京环境不整洁、建筑破败、旗人堕落；小林爱雄批评北京文化古迹荒废坍塌、门卫敲诈勒索、文化大国斯文扫地；等等。④ 通过这些对北京肮脏、落后、无序状态的叙述和批评，不难看出日本文人对于中国文化的态度已经发生了明显变化，这也是古代典籍中的“古代中国”的形象与现实中的“现代中国”的实际产生落差的结果。安藤彦太郎认为，“对古典中国的尊敬和对现实中国的轻蔑，是明治以来日本人中培植起来的中国观的特点”。⑤

与其相比，青木正儿更像是一个来体验异国情调的旅行者，带着好奇的眼光捕捉带有中国风情的事物。《图谱》不仅是对北京风俗的记录，更蕴含着作为汉学家的青木正儿的情感表达和对于北京乃至中国的认识。在《图谱》里，荡漾着一种对于中国文化的浓厚的感情，以及对于所研究事物的珍视。青木正儿将中国学作为纯粹的研究对象，自始至终带着审美的态度来研究中国民俗和事物，最终塑造出了一个闲适而雅致的北京形象。

三、青木正儿的中国学治学方法与中国观

《图谱》的编著期间正处日本近代中国学（Sinology）的开创期，青木正

① 教學參議部總裁武田篤初『清國巡遊誌』、佛教圖書出版株式會社、1900 年。

② ［日］德富苏峰《中国漫游记·七十八日游记》第 404 页，中华书局，2008 年。

③ 《中国漫游记·七十八日游记》第 407 页。

④ 王升远《明治时期日本文化人的北京体验及其政治、文化心态》，载《上海师范大学学报》（哲学社会科学版）2013 年第 5 期。

⑤ ［日］安藤彦太郎，卞立强译《日本研究的方法论——为了加强学术交流和相互理解》第 4 页，吉林人民出版社，1982 年。

儿作为日本近代中国学研究的代表性人物，在编著图谱中体现出了怎样的学术传统和学术立场？要探讨这些问题，首先要追溯到青木正儿编著《图谱》的起因。曾有学者认为，青木的北京风俗研究仅仅是其研究中国古代诗文的辅助手段之一，这一观点无疑对于青木的中国学研究方法和学术贡献缺乏认识。《中华名物考》的自序中，青木曾提及自己重视中国风俗和风俗画的原因：

> 半个世纪前，当我还在京都大学读书的时候，为了加深对所学专业"中国文学"的理解，我感到有必要了解一些中华的风俗，因此常常在研究室阅览上海出版的《点石斋画报》。有一年夏天，我回老家休假，在一家旧书店的店门口偶然发现了《清俗纪闻》十三卷本（宽政年间，长崎奉行中川忠英编）。在这套书中，作者用插画详细地说明了清国的风俗，刚好满足了我的需求。虽然缺了一册，我还是悉数买了下来。其中的房屋构造、室内设施、家具服饰等图片与说明文字相得益彰、一目了然，使我从中获益不少。直至今日，我仍然把它当作我的帐中秘本而非常宝贝。那之后，虽然我也留心寻觅，但是再也没有找到总结得那样深得要领而方便的书……在我广阅群书的过程中，山东京传的《骨董集》、柳亭种彦的《还魂纸料》、喜多村信节的《瓦砾杂考》等著述援引古图谱考证过去风俗器物的方法使我大受启发，我觉得研究中华风俗可学习此方法。之后稍加留心，我发现中华的风俗画在明代曾经非常盛行，但是明代的这类书籍却非常少。进入清代后随着文人画的流行，风俗画随之受到轻视而流传甚少。诸如此类原因，这方面的资料非常匮乏，因此这个方法执行起来也非常困难。①

在京大求学时代的青木正儿就已经意识到，要理解中国文学，必须了解中国的风俗和生活。青木不是单纯对具体物品好奇考证，而是不满足于表面的文学和艺术，追求进一步贴近中国文化的生活方式，探究产生这些文学艺术的土壤。青木的中国文化造诣深厚，受过系统的现代学术训练，在考证中华名物源流时，注重文学理解的基本功，往往能旁征博引、引经据典，同时

① 青木正儿《中华名物考》第3页、东京：春秋社、1959年。

还能经常引用诗文进行互证。但是在生活趣味和美学的体会上，则更贴近东亚古代文人的方式，且不断通过家具、饮食、旅行等各种方式来实现他对于中华文化的向往。可以看到，青木正儿对中国古代生活图景进行具体细致的考证，试图尽最大可能对其进行复原。此外，青木自身对于绘画也有相当的造诣和兴趣，这也是他热衷绘制图谱的原因之一。虽然青木对于中国名物和风俗的研究主要是在晚年进行，但是他对于中国风俗的兴趣从这一时期的论著中已经可见端倪。

青木正儿的学术研究主要分为三个领域，分别是中国古代文学、绘画艺术、名物风俗学。从京都学派的学术谱系来看，其师辈铃木虎雄、内藤湖南、狩野直喜都主张“中国史、中国文学、中国哲学不应分开研究”，而应该“三位一体”地展开研究。这一主张在后辈青木身上得到了继承与创新，青木不仅对此了然于心，将京都学派的学问特点充分吸收和发挥，而且进一步向前推进，产生了独到的研究成果。无论是在中国文学思想史、名物民俗学还是在古代文人生活方式考证领域，都是融会贯通、触类旁通、相互互补，无不是在呼应其师辈的这一主张。实际上就是把研究从文学研究铺开，延伸到民俗学和文化人类学的领域，从文化整体上进行文学的认识和研究，这也与青木将艺术研究与文学研究结起来的思路是一致的。他不是把文学研究看成孤立的领域，而是看到了文学与其他艺术如绘画、音乐的相通之处。《图谱》的绘制正是青木对于这一设想的实践。

众所周知，青木所属的京都学派，在研究方法和学理分析上都受到西方研究方法的极大影响，摒弃了江户时代的儒学意识形态束缚，转而以客观准确的学科知识为指导。首先，由于受到日本学界追随西方文化的影响，日本开始强调科学、实证的方法论特点，从实地调查出发研究中国问题，再现中国文化的原貌，这也极大地促成了日本汉学研究的成长和与中国的交往。青木两次留学中国也正是在这一背景下进行的。曾有研究者指出，从青木的论著来看，到中国留学前的青木的研究仍然以文献为中心，尚未能够把握中国现实社会的形态。而北京的留学生活使青木在实际的中国体验和生活与手中的原典之间发现了联系，开始立足实际的中国，进而认识中国、思考中国。前往中国留学之后，青木正儿的研究重心开始发生转移，由积极介绍中国当代文化和近代文学革命，转向研究中国古典文学。《图谱》中竭力复原中国古典生活的努力，正是青木此时思想深处转变的反映。

此外，在明治维新之后，西方社会科学被大量地引入日本，人类学、民族学、民俗学等学科的方法和学术思想对于日本学术产生了巨大影响。在京都学派方面，狩野直喜、铃木虎雄为代表的第一代研究者们注重介绍西方汉学研究的新成果和新方法，并且结合中国最新的文物考古资料和考证学成果。作为他们的学生，青木正儿吸收和继承了其师狩野直喜的研究方法，用西方学术观念观照中国研究。在《中国学研究中邦人的立场》中，青木指出，“作为日本的中国学研究者，必须采用西方先进的方法与模式来进行研究，具体到文学领域，就是采用文学的史的研究方法，以及开拓戏曲、小说等俗文学的新领域”①。在西方研究方法和模式的影响和启示下，近代日本中国文学研究率先进入近代学术研究之列。

在关于中国古代文人生活的研究上，青木的研究思路与勃兰兑斯相近，着重从文学的外部进行文学思想史研究，关注“日常化”的中国文学与文化。文化不仅是理念、制度、价值体系，也可以表现为各类民俗、风物、仪式……如事物的一体两面，应该由表及里，逐层深入递进，这样才能避免文化误读，全面深入地进行异国文化研究。此后的日本中国文学研究走的正是这样一条道路，可以说，青木正儿的这一思路，是具有相当远见卓识的。在开拓新学术领域上，青木正儿有着胜过其师狩野直喜和铃木虎雄的勇气和自信。

明治以前的日本传统汉学研究，“在价值观念、道德标准、行为模式等方面与中国文化趋同”②，不仅在资料上完全依靠中国文献，在治学之道上亦紧紧追随中国。江户时代还长期将中国儒家思想作为日本主流意识形态。中国古典文学已经成了日本本国文学文化的一部分，不存在“自我”与“他者”的差别。到19世纪中叶后，清政府日渐衰落，成为西方蚕食的对象。而日本则走上了全盘西化，学习西方的道路。《图谱》绘制之时，即20世纪20年代，得益于明治维新的成功，日本已经崛起成为东亚强权国家，而此时的中国面临内忧外患，国势衰微。日本对于中国文化的态度，也发生了根本性的近代转向。在此背景下，怀着对中国文化的无限向往来到中国的青木正儿，其目睹的中国社会的现实与中国古籍经典中形塑的中国形象想去甚远。其北

① ［日］青木正儿《青木正儿全集》第46页，春秋社，1984年。

② 钱婉约《从汉学到中国学——近代日本的中国研究》第3页，中华书局，2007年。

京之行不是走马观花的观察，还引发了诸多对北京、中国的历史与现实问题的思考。葛兆光曾指出："日本汉学面对的问题是如何区别'自身本有的古典文化'和'作为外来文化的中国古典'，区别和确立'他者'，是为了确立'自我'即日本的位置。"[①]青木正儿在体验了中国的文化和生活之后，加上其时日本社会中国观的影响，内心也体验到了经典文本中的文化中国与近代的现实中国之间产生的差异带来的冲击。通过对《图谱》进行分析和品味可以感觉到，在对待中国的观念上，与其师辈相比，青木正儿逐渐克服了传统汉学研究中主体性的迷失和"自他"不分的问题。他以旁观者的身份和立场，冷静地记录和审视历史的存在。在方法论上，则彰显了日本新兴中国学"彼为彼、我为我、高举晦藏、以之洁己而可止耶"的口号和风气。

总体来说，青木正儿开辟的新领域和丰硕的研究成果，以及种种自由不羁的想法、开放的学术视野和学术态度，对于此后的日本中国学及中国本身的文学研究，都带来了很大的刺激和启示。

结 语

《北京风俗图谱》为不可多得的日本学者对清末民初北京风俗的记录，涉及的民俗内容广泛，遍及社会和家庭生活的方方面面，无论从中日文化交流史或日本汉学史的角度，都值得我们重视。从《图谱》中可以看出，青木正儿追求的是客观真实的中国文化图景，而不是虚幻的中国幻象。虽然记录的琐碎事项很多，但条理清晰，事无巨细都留下了形象的历史图像，小小的册子蕴藏了大量的民俗信息，保存了一个时代的北京民俗史料，其史料价值和学术价值自然不言而喻。青木正儿在主业之外如此热衷于中国民俗的观察和研究，主要是为了把稍纵即逝的民俗现象捕捉下来，还原中国古典文学艺术中的生活图景，以辅助其古典戏曲诗义的研究。这不仅是青木的个人兴趣使然，也是与其实证主义的追求是一致的，体现了学术论证过程的严谨与周密。

长期以来，海外中国学研究普遍存在一个问题，即研究的对象是"缺席的中国"与"想象的异邦"，和真实的中国差距很大。[②] 在日本江户时代

---

① 葛兆光《域外中国学十讲》第29页，复旦大学出版社，2002年。

② 《域外中国学十讲》第1页。

(1603—1868)，德川幕府实行闭关锁国政策，汉学家们难以亲历中国进行实地体验，因此，他们对于中国文化的知识，只能来源于书本。《图谱》对于中国民俗的记录都来自青木正儿在中国的亲身经历，这也是前代日本汉学家所未有的。北京不仅是旅行和游学的目的地，也是青木正儿实地探察中国传统文化、了解中国国民的视窗。以其对北京风俗的研究为考察对象，日本知识分子对于中国文化的情感、态度及中华观亦可窥见一斑。可以说，青木正儿在一定程度上摆脱了东方主义文化殖民的心态，在看待中国传统文化时，具有求真求实的历史意识。在研究方法上，20 世纪上半叶日本对中国民俗的研究，经历了从翻译和注释中国民俗原典、介绍中国风俗到研究民俗现象和深层文化心态的逐渐深化的过程，反映了日本中国民俗文化研究水平的日臻向上。这一时期，由于日本中国学本身得到了迅速发展，且具有传统的中国文化的浸染的基础，以及其时日本的社会环境，日本中国学蔚为大观，形成了一个庞大的学术体系。从 20 世纪上半叶日本中国学的发展来看，青木正儿有极强的代表性，称得上具有时代标杆的意义。

青木正儿这样带着珍视东亚文化传统的价值观念，关切中国文化的现状和未来的日本学者，也代表了这一时期来华日本知识分子中一种充满良知的声音。青木对于中国的描绘、书写、评论，成为一股无法被政治和战争阻断的涓涓细流，虽然细小却显得弥足珍贵。正是有这样理性、友善的力量存在，才成为中日关系的希望。

除《北京风俗图谱》之外，海外仍有大量关于中国民俗的记录和研究，有很多尚不为人们所知，如果能对其研究调查情况进行历史梳理，把握这些资料的脉络和形成背景，在学术史和中外文化交流史领域都将是极具学术价值的课题，可以作为今后的研究内容，进行更为深入的挖掘和研究。

（黄晓星　广东技术师范大学外国语学院讲师）

遣明使策彦周良日记中的“小单尺”解

陈　茜

摘　要：遣明使策彦周良的汉文入明日记《初渡集》中多次出现“小单尺”一词，“单尺”也称“短尺”“短册”“短籍”“单册”“短策”“探策”等，是日本室町时期常用词语，在五山禅林中被广泛使用。它既指书写汉诗、和歌或俳句的工具；因常出现在诗会或歌会中，故又指诗会或歌会。弄清“小单尺”的含义不仅可以管窥策彦周良乃至日本五山禅僧创作汉诗的热情以及对中国文化的倾心，了解中国文化对日本文化润物细无声的影响，还可对今日传承与弘扬中国古典文化有些许启示作用。

关键词：策彦周良《初渡集》小单尺　五山汉文学　中国古典文化

策彦周良（1501—1579）法名周良，字策彦，号怡斋，后更谦斋，日本五山汉文学后期的代表诗僧，室町时期京都天龙寺妙智院三世，明嘉靖十八年（1539）至二十年（1541），作为中日“勘合贸易”的副使首次入明，嘉靖二十六年（1547）至二十九年（1550），作为“勘合贸易”的正使再度入明，并留下两部汉文入明日记《初渡集》与《再渡集》。日记中记录策彦周良在华期间常与中国文人诗歌唱酬，也常与日本人进行诗会或联句，互相切磋，互相学习，形式多样，内容丰富。其中常常出现“小单尺”一词，百思不得其解。弄清楚“小单尺”一词的含义有利于理解策彦周良的文化活动，了解日本中世知识分子的生活样态。以下笔者将以策彦周良日记中的“小单尺”展开本文的论述，详述追踪“小单尺”含义的过程，不足之处，敬请方家指正。

一、初见“小单尺”

笔者最早在策彦周良的《初渡集》[①] 中发现5处地方出现“小单尺”一词，其中4处出现在策彦周良入明前在博多等待顺风期间，兹举用例如下：

(1) 明嘉靖十七年（日本天文七年，1538年）十二月十日[②]
今日，于新篁山中单尺，以《松寺看雪》为题。

新篁山指日本博多新篁院，是策彦首次入明时担任勘合贸易正使的湖心硕鼎所属寺院。此日，于新篁院举行“单尺”，题为《松寺看雪》。

(2) 明嘉靖十八年（日本天文八年，1539年）正月廿一日[③]
兴德小单尺，新篁虽坚诱，予不出，以《宫莺》为题，诗四首代少年，(诗略——笔者注)；又代统上司，(诗略——笔者注)；又代仁叔恕上司，(诗略——笔者注)；(诗略笔者注)，未受用。

此日在博多兴德寺举行“小单尺”，以《宫莺》为诗题，策彦未参加，但代少年、统上司、仁叔恕上司作诗6首，还有1首未被采用。

(3) 明嘉靖十八年（日本天文八年，1539年）正月廿五日[④]
正使和上招致大光、东禅、吉治、钓云[⑤]并予等，而就新篁院见设斋，⺀斋[⑥]小单尺，以《梅边会友》为题，诗罢后晚羹，酒四五行。

---

① 本文使用的《初渡集》版本为牧田諦亮『策彦入明記の研究』(上)、佛教文化研究所、1955年。同时参考策彦周良自笔本，即东京大学架藏写真帐『妙智院所藏史料』第11—12册。凡引自《初渡集》中的内容，笔者皆重新标点。

② 『策彦入明記の研究』(上) 第19頁。

③ 『策彦入明記の研究』(上) 第26頁。

④ 『策彦入明記の研究』(上) 第32—33頁。

⑤ “钓云”：牧田諦亮『策彦入明記の研究』(上) 中作“钧云”；东京大学架藏写真帐『妙智院所藏史料』中作“钓云”，因此本文作“钓云”。

⑥ “⺀斋”：牧田諦亮『策彦入明記の研究』(上) 中作“斋。小单尺”；东京大学架藏写真帐『妙智院所藏史料』中作“⺀斋小单尺”，因此本文作“⺀斋小单尺”。

此日正使湖心硕鼎招待策彦、大光、东禅、吉治、钓云等人在新篁院吃斋饭，饭后举行“小单尺”，诗题为《梅边会友》。

(4) 明嘉靖十八年（日本天文八年，1539年）正月晦日[①]

圆觉寺小单尺，以《春雨移药苗》为题。予代新篁、诸少年作诗，(三首诗略，笔者注)；又代三正统上司，(诗略，笔者注)；翻忧人道杀风景，不觅花栽觅药栽，三四句未受用。

此日博多圆觉寺举行“小单尺”，以《春雨移药苗》为诗题，策彦代正使湖心硕鼎、诸少年、三正统上司各作诗一首，最后一首诗的后两句未被采用。

还有1处“小单尺”出现在策彦周良完成勘合贸易任务，归国之后：

(5) 明嘉靖二十年（日本天文十年，1541年）十月十二日[②]

定林主盟设斋见待予，国清、觉雄光伴。斋后小单尺，以《枫寺暮钟》为题。

策彦登陆日本后，向大内义隆复命，此时刚完成复命，暂居山口。定林主盟设斋饭招待策彦，国清、觉雄陪同。饭后举行“小单尺”，以《枫寺暮钟》为题。

从上文来看，“小单尺”与“单尺”可能是诗会的代称。而查阅中国文献，“单尺”一般指数学中的测量工具，这个解释与上述汉诗创作当无关系。那么，“单尺”的意义在日本发生了变化？还是具有日本原有的含义？具体作何指代？一时间百思不得其解。

二、“小单尺”为何物？

“小单尺”到底是什么？抱着这个疑问，笔者有幸于2018年赴日本留学一年，得以在日本调查了解。在日期间，笔者有幸拜访庆应大学堀川贵司教

① 『策彦入明記の研究』（上）第33頁。

② 『策彦入明記の研究』（上）第208頁。

授，期间就“小单尺”向堀川教授请教，堀川教授耐心地为笔者讲解，还特意拿出自己收藏的单尺作生动展示，看到实物后笔者恍然大悟，对“小单尺”一词有了大体的了解。

回来后笔者又查阅《日本国语大辞典》（小学馆，2001）、《国史大辞典》（吉川弘文馆，1988）、《邦译 日葡辞书》（岩波书店，1980），不见“单尺”词条，仅《日本国语大辞典》中有两处相关：一处是“たんざく（短册・短籍・短尺）”词条的用例中，解释为“用来写字或作为物体标记的小的细长纸条”[①]；另一处是“たんじゃく（短册・短籍・短尺）”词条的“表记”一栏，有“单尺（文・伊・明・天・馒・黑）”[②]，“文・伊・明・天・馒・黑”是日本古字典的简称，分别指《文明本节用集》《伊京集》《明应五年本节用集》《天正十八年本节用集》《馒头屋本节用集》《黑本本节用集》。由此来看，短册、短籍、短尺、单尺应指代同一事物，只是在不同的字典中表记不同。顺着这个线索，笔者查阅《改订新版 古本节用集六种研究与综合索引》[③]，其中《黑本本节用集》中作：“短尺（タンジャク），或作短策，又作探策，又作单尺，又作单册。”[④]《馒头屋本节用集》中作：“短尺（タンジャク），同单尺。”[⑤]《明应五年本节用集》中作：“短尺（タンシャク），呼诗会云~~，或~册（ザク），又探策，或作短籍，又作短策，又单尺。”[⑥]

至此，“单尺”的意义即可明了。“单尺”（タンジャク）又作“短尺”“短册”“短籍”“短策”“单册”“探策”等，室町时期常用“短尺”，现在常用“短册”，与和歌相关时也多用“短册”，是日本室町时期常用词语，既

① 日本国語大辞典第二版編集委員会、小学館国語辞典編集部『日本国語大辞典　第二版』（第八巻）第 1213 頁、小学館、2001 年。

② 『日本国語大辞典　第二版』（第八巻）第 1219 頁。

③ 中田祝夫『改訂新版　古本節用集六種研究並びに総合索引』、勉誠出版、2009 年。此书中收录六种古本《节用集》的影印本，分别是『黒本本節用集』『饅頭屋本節用集』『伊京集』『明応五年本節用集』『天正十八年本節用集』『易林本節用集』。古本《节用集》指最初于日本室町中期成立的日语字典，编者不详，记录室町时期的日常用语，根据词语的首个日语发音，按照いろは的顺序排列，每一类中又再分天地、草木、官职、财宝等小类。后世沿用“节用集”一名，不断进行改编和订补，此类字典一直盛行至明治初期。

④ 『改訂新版　古本節用集六種研究並びに総合索引・黒本本節用集』第 78 頁。

⑤ 『改訂新版　古本節用集六種研究並びに総合索引・饅頭屋本節用集』第 61 頁。

⑥ 『改訂新版　古本節用集六種研究並びに総合索引・明応五年本節用集』第 80 頁。

指个人书写汉诗或和歌、俳句等的工具，又指诗会、歌会。据堀川老师相告与查阅文献可知，单尺原意指用作写字记录的细长纸片，平安时代中期以后，专门用作书写和歌的用纸，最初与怀纸并用，室町时期之后，由于单尺的简便性，逐渐取代怀纸。单尺的尺寸，在室町时期依等级而不同，天子的单尺长约35.5~36.5厘米，宽约5~6厘米；诸家的短册长约33.4厘米，宽约5厘米。单尺常用云纹样纸张或金银彩笺等。

单尺的书写样式，根据《国史大辞典》“具体的短册书写样式的顺序详见水岛之成撰写的《草露传》第十一册［元禄九年（1696）序］”①，于是笔者查阅《草露传》（水岛卜也，东京大学藏本）。简而言之，一般而言，以七言绝句为例，上端中间是诗题，右边一行记录汉诗的第一句和第二句，左边一行记录第三句与第四句，最下端中间是作者的名字。若是和歌，依照和歌的特点，五七五句式放在右边一行，七七句式放在左边一行。七七句式较短，其后直接写入作者的姓名。具体如下图所示：

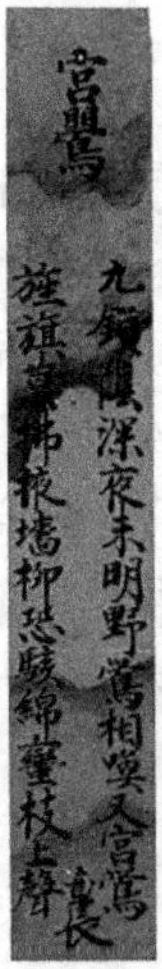

图1　汉诗的单尺
高辻章长②的七绝

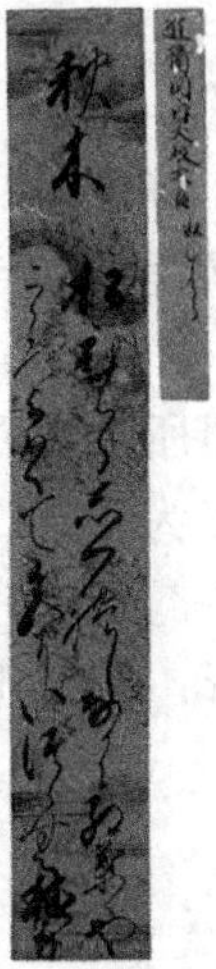

图2　和歌的短册
近衛稙家③的和歌

① 国史大辞典編集委員会『国史大辞典』（第九卷）第339頁、吉川弘文館、1988年。

② 高辻章长（1469—1525），日本室町后期至战国时期公卿。

③ 近衛稙家（1503—1566），日本战国时代公卿。

单尺作为日语中的汉字词汇，与中国文化是否有关联呢？为解开疑问，笔者查阅《汉语大词典》，其中“单”作“记载事、物的纸片或票证。……元杨瑀《山居新话》：‘李公一日遣人来杭果木铺，买砂糖十斤，取其铺单。’又如：账单；礼单；客单；收款单”①；“尺”作“幅，元萨都剌《题梅石道士卷》诗：‘玉堂道士字一尺，绿清老人诗四联。’”② 由此来看，“单尺”一词的构成保留了汉语的原有意义，表示一幅记载汉诗或和歌的纸片。

三、五山文学中的“单尺”

不仅是策彦周良，“单尺”在日本五山禅林中也被广泛使用。了解“单尺”不仅可以了解日本中世知识分子的创作环境，而且是了解其创作手段的入口。日本知识分子不是闭门造车，而是聚集在一起，使用“单尺”进行创作，互相分享，互相分析，互相切磋，加深朋友间的友谊，促进汉诗水平的提高。

据堀川老师介绍，日本中世时期的汉诗会一般有三种形式：第一，提前告知诗题，提前作好汉诗并写在单尺上，汉诗会当日，带着写好汉诗的单尺赴会；第二，汉诗会时当场宣布诗题，参会者根据同一诗题即兴创作汉诗并写在单尺上；第三，提前在多个单尺上写上不同的诗题，汉诗会时参会者抽取，后按照所抽到的单尺上的诗题即兴作诗，并将诗作写在单尺上的诗题下。诗题多为四字，参会者创作完成后，将单尺收集起来由专人朗读，在场参会者一起评判所作汉诗的优劣，并不特别排列名次。汉诗会多在五山禅僧间举行，有时也会加入公家贵族。兹举《荫凉轩日录》③ 中的部分用例如下：

---

① 罗竹风等编《汉语大词典》（第三卷）第418页，上海辞书出版社，2015年。

② 《汉语大词典》（第四卷）第5页。

③ 按，《荫凉轩日录》是日本室町中期，京都相国寺鹿苑院荫凉轩的历任轩主所记录的公用日记，共61册。其中永享七年—文正元年（1435—1466）由季琼真蘂所录，文明十六—明应二年（1484—1493）由龟泉集证所录，故本文所举例（1）（2）（4）（5）（6）中的第一人称皆指龟泉集证，例（3）的作者为季琼真蘂。本文所使用的《荫凉轩日录》凡引自『大日本佛教全書・蔭涼軒日録』（大法輪閣，2007年）的内容，笔者皆重新标点。

(1) 明弘治二年（日本长享三年，1489年）七月三日[1]

（前略）。数刻后典厩[2]持单尺纸并总题目录来，赋之。横川《残暑》、景徐《初雁》、愚《蛩》，东启、芊洲、月关、季龙、元龄、伯龟，诗众十员，皆各题也。景徐、愚、在典厩东居，脱衣按诗。无几小補亦同所按诗。愚自典厩被出帷披之。此日于万松轩常德院殿御佛事有之，点心了修懺，半斋斋会，愚此会先约之故辞万松斋会，小補者万松斋会了来。八鼓前各书诗袖之，往禅昌。先柏木殿诸诗一见，而与诸歌同所置之。无几京兆来，张诗场。大平[3]读歌，东启读诗，诗了张宴，大概如今朝，宾位：京兆、东启、芊洲、月关、典厩、玄蕃、神六、牟礼次郎、秋庭、长盐、庄、波贺部，十二员，主位：横川、柏木殿、愚、二乐、景徐、冷泉、南阳、中将殿、右马助殿、大平、丰前守、赤泽，十二员，廿四员，二员减，二员增。与今朝同出杯，二三献过辞座，横川二献过归，愚四献过归，及归点灯，一时盛会也。

此段内容详细记录日本五山禅林汉诗会的情形。此次诗会共有11人参加，分别是龟泉集证、横川景三、景徐周麟、东启、芊洲、月关、季龙、元龄、伯龟、典厩、小補，每个人有各自的诗题。诗会开始前，典厩[4]拿来单尺纸与诗题总目录，横川景三的诗题是《残暑》，景徐周麟的诗题是《初雁》，龟泉集证的诗题是《蛩》，其他人的诗题不详。诗会开始后，景徐周麟与龟泉集证位于典厩的东边，二人脱下外套开始作诗。诗作完成后在八鼓前写在单尺上，塞入袖中带到禅昌院。

在禅昌院，首先由柏木殿通览全部诗作，后将汉诗单尺与已作好的和歌短册放在一起。京兆[5]来后，举行诗歌大会。大平朗读和歌，东启朗读汉诗。读毕举行宴会，共24人参加，两三轮上菜后宴会开始解散。

---

① 『大日本佛教全書·蔭涼軒日録』（第四）第2頁。

② 本论文不用专名号，但为读者辨别不增加难度，特增加人名号。以下同。

③ “平”：此字后有小注：“考此间有二字许余白”，本文省略。

④ “典厩”：公家细川氏典厩一族的人。在此使用典厩代称。

⑤ “京兆”：公家细川氏京兆一族的人。在此使用京兆代称。

（2）明弘治四年（日本延德三年，1491年）九月八日[1]

今朝九峰来请诗题，书“子瞻帽”三字塞命。

九月九日[2]

芳洲、九峰、惟俊持《子瞻帽》诗之草案来，劝赤饭。……《子瞻帽》五首作之，各分之诚莎谷者也。……晚来于栖老轩评《子瞻帽》诗，会者二十员，秉笔悦、萱、骏、俊、昙、及第芳洲首座，诗后有宴，行杯者二返。

九月十日[3]

斋前，一览《子瞻帽》单尺诗翰，不好者皆命诸童令改书。

九月八日早晨九峰来请龟泉集证命名诗题，龟泉命题为《子瞻帽》。九日芳洲、九峰、惟俊一起拿来以《子瞻帽》为题所作的5首汉诗，请龟泉集证点评。于是当晚龟泉集证在栖老轩开会评定《子瞻帽》诗作，参会者20人，会时记录者6人，会后举行宴会。十日，斋饭前，龟泉集证又看了一遍写在单尺上的以《子瞻帽》为题的诗作，写的不好的都令侍童通知修改。

与上一条不同的是，这次是提前统一命题，并不当场评诗，而是诗会后请德高望重者评定。诗题也与其他应季或临时起意的诗题不同，从作诗的人群来看，当是年轻一辈的汉诗创作练习与互相切磋。

其他用例比如：

（3）明天顺八年（日本宽正五年，1464年）三月十四日[4]

前十日贺前日御成，仍云顶合院老少来临，单尺以《花时[5]游辇寺》为题，其诗曰：（诗略，笔者注）。

风流之会可谓一时美谈，千载轨范也，凡丛林闻者羡之不幸乎。

（4）明弘治三年（日本延德二年，1490年）二月七日[6]

愚追思陶化坊会，不堪感慨。彼单尺之诸诗廿一首，愚暗记之。见

① 『大日本佛教全書・蔭凉軒日録』（第五）第102頁。

② 『大日本佛教全書・蔭凉軒日録』（第五）第102—103頁。

③ 『大日本佛教全書・蔭凉軒日録』（第五）第103頁。

④ 『大日本佛教全書・蔭凉軒日録』（第一）第458頁。

⑤ “时”：此字后有小注：“考一本无时字”，本文省略。

⑥ 『大日本佛教全書・蔭凉軒日録』（第四）第149頁。

之则去岁二月廿六日也，实千岁佳会也。同念八景徐翁为首又有会，皆少年众也。前会后会皆以《花下感旧》为题，凡前会众，愚所记者廿一员也，后会众十一员。

(5) 明弘治三年（日本延德二年，1490年）九月九日①

今日于松泉轩有单尺，愚勤之，以《赋菊花贺新居》为题，早旦作七篇与诸生。

(6) 明弘治三年（日本延德二年，1490年）九月十一日②

晚来，彦龙藏主来，去九日自堺归洛，寓堺之圆通寺者五十日许，大半遇风雨闭户，单尺一度有之，以《海寺迎洛客》为题，善庆院天圭和尚出之。

结 语

从策彦周良到五山禅林，再到公家社会，从德高望重者到初出茅庐者，频繁举办汉诗会，并在诗会时使用“单尺”，表现出日本中世知识分子对汉诗创作的极大热情与互相切磋、互相学习的态度。“单尺”一语，不论是构词来源，还是活动内容，都反映出中国文化对日本文化润物细无声的影响。

另一方面，我们可从中得到启发，自古中国诗人多是口诵，今后中国诗人也可尝试用正式的方式写出。若即兴创作，“单尺”可及时记录下诗作，便于之后修改，而且在新时代的今天，虽不能流觞曲水，但可以此种方式展开诗歌创作的交流，传承中华文明，弘扬中国诗歌文化，让渐行渐远的古典诗歌重回人们的视线。若采用预先创作，使用“单尺”的方式，可以有充足的时间好好思索，反复推敲，最终拿出自己最高水平的诗歌进行交流，使其在文人之会中更加发挥作用，使得交流层次更高，进一步促进交流，增加友谊。

最后，对堀川贵司教授表示诚挚的谢意，感谢堀川教授热情和无所保留的帮助。

（陈茜　河北大学外国语学院）

① 『大日本佛教全書・蔭涼軒日録』（第四）第287頁。

② 『大日本佛教全書・蔭涼軒日録』（第四）第289頁。

吉田松阴的中国观及梁启超的回应

——从《清国咸丰乱记》谈起*

陈 莹

摘 要：安政二年（1855），吉田松阴翻译了广东人罗森的《满清纪事》，题名为《清国咸丰乱记》。该译本聚焦晚清太平天国运动，吉田松阴通过翻译深入动乱现场，流露出“以中国为殷鉴”的意识，这构成了其中国认识的一翼。另一面，他仍潜移默化地受到儒家文化的陶染，在幕末改革中，重新解读孟子学说，以民本主张来反抗西方侵略，强化天皇集权。吉田松阴对中国的双重态度不仅触发了明治初年“文明论”等级结构和“脱亚入欧”思潮的生成，也在半个世纪后，影响了梁启超等赴日群体对革命、民主理念的认知及对本土改革的想象。

关键词：吉田松阴 《清国咸丰乱记》《满清纪事》 孟子学说

吉田松阴（1830—1859）是日本幕末的重要儒学家和改革家，他在短短29年的生涯中，提出了不少有创见的观点，且在松下村塾和野山狱中开设讲坛，培养了大批学人，对明治维新初期的政制改革产生了深远的意义。而其思想起点，离不开中国文化的熏陶。中日学界对此话题已有不少卓越的研究成果，特别是《吉田松阴与近代中国》《兵学与儒学之间——论日本近代化先驱吉田松阴》两书辟出专章，从日本汉学研究的角度分析了吉田松阴的思想如何受到了孟子学说的启发，继而推陈出新，独成一家之说。② 本文试图从吉田将清人罗森的著作《满清纪事》翻译成《清国咸丰乱记》这一事实切入，通过对读两份文本，探究其翻译重点背后对中国的认识、态度及其历史影响。

---

* 本文为北京语言大学一流学科团队支持计划的阶段性成果，项目编号为JC201918。

② 郭连友《吉田松阴与近代中国》，中国社会科学出版社，2007年；唐利国《兵学与儒学之间——论日本近代化先驱吉田松阴》，社会科学文献出版社，2016年。

一、从《满清纪事》到《清国咸丰乱记》

《满清纪事》的作者为广东人罗森，他于 1854 年随美国战舰抵达日本。幕府的情报员平山兼二郎为了解太平天国运动，与其进行了笔谈，并将《满清纪事》稿本抄录下来，制成刻本发行，现收藏于关西大学增田文库。1855 年春，吉田松阴在野山狱中，将刻本翻译成日文，题名《清国咸丰乱记》，署名山阴烂柯老樵，译作前附有例言 4 则。

据市古宙三考证，吉田松阴在接触到罗文之前，已对中国的太平天国运动有所措意。[①] 这一方面源于日本社会整体上对该事件的关注潮流，另一方面也因吉田松阴自己迫切希望对世界形势有进一步把握。太平天国运动爆发于英国叩关、殖民之后，1853 年美国佩里舰队首次抵日，翌年与德川幕府签订了《日美和亲条约》，日本也陷入了空前的危机状态，怎样才能避免成为第二个“清国”？这是吉田松阴等日本思想先觉者急需解决的问题。《满清纪事》作为记录清廷历史现场的要闻，得到了吉田松阴的关注。这份记录不仅使得他对太平天国事件的了解，由模糊猜想深入到具体认知，同时反映出中英订约后对社会发展的负面影响。如其在翻译例言中声明的：“其国［中国］之治乱，常至与我相关”[②]。吉田松阴的担心源于中日两国唇齿相依的关系，更在于西欧列强殖民日本的野心，所以为了给国人敲响警钟，他在翻译中带有明显的殷鉴意识。日译本《清国咸丰乱记》不是按原著逐字直译，而是采用了机动地加以增删整合的翻译策略。吉田松阴自述道：“原文中非紧要之处，删除之；又有难读之处，姑且意译以记之。其要只在欲使人易知彼国事变之大概耳。”[③] 除保留主体结构外，吉田松阴还完全照搬了原文中太平军领袖发布的告示、诗歌等细节，又为了便于国人理解，在译文中加入了不少批注，以上翻译方式和重点暗含着其个人观点和态度。

从两份文本的题目来看，罗文中的“纪事”二字表明作者本意是要力图客观、持中地记录事件的始末，而吉田松阴将其修改成《清国咸丰乱记》后，

① 参见市古宙三『近代中国の政治と社会』、東京大学出版会、1971 年。

② 「清國咸豐亂記・例言四則」、『吉田松陰全集』第 2 巻第 58 頁、岩波書店、1934—1936 年。原文以日文写作，引用部分由笔者翻译。

③ 「清國咸豐亂記・例言四則」第 58 頁。

更为精确地向日本人转述了事件的发生时间和地点，且“乱记”中的“乱”字也折射出译者的否定态度。有关事件的起因，罗森在篇首就提到嘉庆年间各国夷人来华经商，引入鸦片“蛊遍民寰”，最终酿成战争之祸；且被迫5口通商后，广州地区受夷人滋扰，盗匪日猖，而官僚却只顾作威作福、鲜少实干，引发众民激愤。在这一情势下，太平天国运动的领导者冯云山和洪秀全（原文作洪秀泉）自立“保良攻匪会”，帮助乡民抵抗匪患。二人为求生计加入的外国教会被诬为邪教，冯氏因此被捕入狱，因“此时危急，骑虎难下，洪秀泉、冯云山故纠合乡民而与官兵相拒”①，经由此一系列事端拉开了太平天国运动的序幕。吉田松阴将以上动因转录于《清国咸丰乱记》②。罗森强调触发这场运动的导火索是“夷人”“番人”，从鸦片战争英人侵华，到基督教与本地文化水火不容，无疑都加剧了官民之间的冲突，而起义则是无奈之举。在美日签订和约后，吉田松阴最担心的莫过于夷人与国人杂居，在日常生活、贸易往来、宗教信仰等方面产生冲突，重演“清国”的惨剧。③ 如他在《乱记》的批注中所言，“开交易之时，其祸必至于此。殷鉴不远”④。罗森在叙述起义的过程时语带肯定，譬如他提到太平军唯有南京一役“杀人至多”，起义初还规定“不准抢掠百姓”，且“法律整严，行军肃虔”，反观政府军队“兵勇所至，财物一空”⑤，所以在百姓的心目中“盗匪掠民犹留余地，恶兵勇亦甚于盗贼也”⑥。罗文意在凸显洪秀全等人揭竿而起的合理性。吉田松阴尊重原文，在翻译时，也将此背景如实转述给国人。⑦ 然而，与罗森不同的是，他在译前的例言四则中，明确指出这是“一大变乱”⑧，担心清廷未能有效“治乱”，而影响到一衣带水的日本。

从以上起因、经过、定性几个方面的来看，在以同一事件、同一文本为

① 《〈满清纪事〉关西大学增田文库本》，载陶德民编《卫三畏在东亚——美日所藏资料选编》卷上第310页，大象出版社，2016年。

② 「清國咸豐亂記」第59—63頁。

③ 「野山雜著・獄舍問答」、『吉田松陰全集』第2卷第92頁。

④ 「清國咸豐亂記」第60頁。

⑤ 《〈满清纪事〉关西大学增田文库本》第311页。

⑥ 《〈满清纪事〉关西大学增田文库本》第311页。

⑦ 「清國咸豐亂記」第64—65頁。

⑧ 「清國咸豐亂記・例言四則」第58頁。

基础的两份叙事中，除了语言不同之外，受政治立场和思想观念驱使，两者主题倾向有所不同。清末士大夫阶层中不乏对该运动的追随者，特别是经济上穷困潦倒、政治上渴望革新的士人，譬如罗森对该事件表示同情，香港《循环日报》的创办者王韬也曾与洪、冯等人有往来。实际上，除罗文中记载的南京一役，太平军烧杀抢掠的记录在史料中比比皆是。吉田松阴以迫切的心态、在极短的时间内译出的内容，其中虽不乏错漏之处，但其翻译目的非常明确，将该事件比作大唐盛世的安禄山谋叛①，认为这是一场颠覆天朝权威统治的动乱。《满清纪事》一书作为吉田松阴了解中国的窗口，改变了他对天朝上国的看法，并使他以此为先鉴思考日本的改革方向。

二、吉田松阴对“清国”的双重态度

学界既往研究多将目光集中在 1868 年，以其为明治维新的开端和日本走向现代国家的起点。然而历史如先后相继的浪潮，是无法割裂的，幕末时期的思想萌芽也至关重要。从江户时期的朱子学盛行，到 19 世纪末福泽谕吉将中国视为东亚“野蛮”国家，几十年间，为何日本对中国的态度发生了天翻地覆的转变？以吉田松阴代表的幕末思想家对“清国”的双重态度为探究这一历史问题提供了线索。

在回溯幕末历史现场之前，有必要先提纲挈领地了解下日本明治改革乃至 19—20 世纪现代化进程的内在逻辑。自福泽谕吉以“文明—半开化—野蛮”定义文明等级秩序后，以专制主义为轴心的中国社会形态则被归为“野蛮”的底层②，当代日本学者子安宣邦和中国学者赵京华敏锐地剖析道，这种将中国差异化为低等国家的做法，实际上遵从的是以西欧为中心的文明论叙述方式。③ 以攘夷志士闻名的吉田松阴，在黑船抵日后，表现出极端的抵触情绪，但是他对驶入日本海湾的美国舰队也颇为好奇，不顾幕府的禁令，趁夜潜入船中，打算借此机会赴欧美诸国进行深入考察；而另一面他将中国在鸦片战争中失利的原因归结为制度的衰退，再通过翻译有关太平天国的历史片

① 「清國咸豐亂記・例言四則」第 58 頁。

② ［日］福泽谕吉著，北京编译社译《文明论概略》第 11—18 页，商务印书馆，1959 年。

③ ［日］子安宣邦著，赵京华译《东亚论——日本现代思想批判》，吉林人民出版社，2011 年；赵京华《中日间的思想：以东亚时代史为视角》第 36—61 页，生活・读书・新知三联书店，2019 年。

段，进一步了解到“清国”官僚腐败的乱象。由此对比可知福泽谕吉的《文明论概略》和“脱亚入欧”提议不是凭空产生的，早在幕末时期，即便是最为激进的攘夷儒学家，也因时局变化而对东西方文明产生了新的认知，并在潜意识里形成了差级序列。从吉田松阴在翻译《清国咸丰乱记》的字里行间流露出的“殷鉴”意味，可知曾经象征东亚权威的“天朝上国”，如今被他视为战争失败、国家动荡的反面典型，多次警示国人避免重蹈其覆辙。此番对中国的重述，与“西方冲击”密切相关且对后世产生了深远影响，特别是“没落帝国”的印象逐渐在福泽谕吉的文明理论中得到了强化，以至“清国”终被定义为“野蛮国家”。

“西方的冲击”对19世纪的东亚国家来说，无疑是剧烈的，却不是促成其走向现代的唯一动因，中日间原有的文化纽带也是不可忽视的。吉田松阴思想意识中呈现出复杂的态度，一方面以“清国”为鉴，另一方面又以孟子学说中的仁政为改革典范，此态度不仅凸显了汉学家个体在历史场域中的独特性，同时揭示出日本转型期思想动向的复杂性。吉田松阴在翻译《清国咸丰乱记》的过程中，看重罗文对官兵、洪党和民众三者关系的叙述，这在很大程度上启迪了他对日本社会改革的构想。譬如，官兵不得民心致使洪秀全等人组织起义，而洪党“救民于水火”的宣言深入人心又促其势力大增，总结成一句话即“得道者多助，失道者寡助”。此语原出自《孟子·公孙丑下》[①]，经罗文引用后，特别得到了松阴的推崇。吉田松阴有着极深的汉学素养，1855年于野山狱中作《讲孟余话》，辩证地吸收孟子学说，形成了“国体论”“尊皇论”的代表思想和救国方案。他在整理此文稿时，也在翻译《清国咸丰乱记》，研究太平天国运动加深了其对儒学治国的关注，他指出：“今天要兴隆我神州之国，击退四夷的挞伐，必须依靠仁道。”[②]“仁道”是孟子政治思想的核心，应用到国家治理层面上，指唯有君主施行仁政，方可善治天下。《满清纪事》中还交代了起义前的另一事端，朝廷的剿匪将领用策不当，为断敌方粮草致使众多百姓饿死，罗森在文中严厉批评此法不顾苍生，还申明：“行军纪律须本于爱民，果能得法以视民如子，曾见箪食壶浆恭

① 杨伯峻译注《孟子译注·公孙丑下》第86页，中华书局，1988年。

② 「講孟餘話」、『吉田松陰全集』第2卷第389頁。

迎。"[①] 吉田松阴将此例吸收到自己对国情的反思中，他强调："人正严武备疲民力。吾正弛武备厚民生。一旦有事，大旆所向无不箪食壶浆出而迎之。"[②] 野山狱中的阅读和思考革新了吉田松阴的思想观念，尤其是从罗文和孟子学说中获取的情势与新知，促使他将"民众""民心"摆在日本政治发展道路的首要位置。如《讲孟余话》中所说"得民心者，得善守也"[③]，《狱中问答》中也断言"今之须务者莫如厚民生正民心，使民养生丧死无憾，亲上死于长而不背。无务是，而云炮云舰，舰炮未成而疲弊随是，民心背是。策莫失之如是。此事孟子先生已言尽"[④]。相比西方的坚船利炮，他认定国家的稳固、君主的地位与百姓的民生问题息息相关。吉田松阴选择重释孟子学说，并推重其民本思想，并非偶然事件，而是基于他对中国传统"天下观"的认识及对当下重建国族的想象。何为理想之国？孟子给出的答案是，君王应以浩然正气行王道，则能使得天下归心，而反面来看，如若君王昏庸，民则有权以有道伐无道。以武王伐纣为先导，这种"王朝更替观""天道轮回观"成为中国农民起义的正当性、合法性根基，太平天国运动也不例外。罗森记录道，洪秀全在攻占南京后，以"虎贲三千，直扫幽燕之地；龙飞九五，重开尧舜之天"[⑤] 抒发雄心壮志，吉田松阴在译文中也抄录了此诗。"尧舜之天"代表的即以"王道"为基础的"天下观"，孟子认为，施行仁政，不仅有助于国泰民安，还可使得外夷归顺。吉田松阴认可并承继此观念，他一面从"动乱记录"中认识到官逼民反的后患，另一面又希望从孟子学说中寻找方法来缓解本国社会矛盾的思想资源。孟子口中的"仁"同孔子、荀子等儒学大家之说有所不同，其"仁政"包含了对四夷的统治，这适用于吉田松阴在幕末面临的困境。吉田松阴深受"莅中国而抚四夷"[⑥] 启发，设想日本也能建立如中国三代一样"对内爱养万民，对外威服夷狄"[⑦] 的理想状态。

① 《〈满清纪事〉关西大学增田文库本》第 310 页。

② 「野山雜著・獄舎問答」第 95 頁。

③ 「講孟餘話」第 280 頁。

④ 「野山雜著・獄舎問答」第 93 頁。

⑤ 《〈满清纪事〉关西大学增田文库本》第 314 页；「清國咸豐亂記」第 72 頁。

⑥ 《孟子译注・梁惠王上》第 16 页。

⑦ 「講孟餘話」第 272 頁。

三、梁启超对吉田松阴中国观的双向解读

作为日本现代化重要的启蒙思想家，吉田松阴的学说很快在中国产生了回响，先后经黄遵宪、康有为等人推介至晚清知识界而得到广泛传播。在众多思想先觉者中，梁启超（1873—1929）对吉田松阴的推崇至高，他的诸多观念与此东洋资源深为契合。梁氏将此“精神粮食”创造性地转化为推动国内政治改革的思想基石，并在晚清中国产生了广泛的影响。

关于梁启超与吉田松阴的关系，中日两国学者已有相当深入的研究，如郑匡民的《梁启超启蒙思想的东学背景》、狭间直树编《共同研究：梁启超——西洋近代思想的受容与明治维新》、石云艳的《梁启超与〈松阴文钞〉》。[①] 人们注意到，梁启超是通过康有为的藏书与授业接触到吉田松阴的著作，且与其尊王攘夷、报国强国主张产生了共鸣。探索摆脱民族危机的救国之道，是梁启超解读吉田松阴思想的基础。梁启超在 19 世纪末至 20 世纪初的政治思想摇摆于激进和保守之间，如夏晓虹所言，梁启超在 1902 表现出“由鼓吹流血的革命到退回温和的改良的思想转变。”[②] 郭连友在《梁启超与吉田松阴》中具体将梁启超的政治思想分为两个时间段，即主张反清的 1898—1903 年和主张立宪的 1903—1906 年，进而分析吉田松阴的学说如何对梁启超在不同时期的政治实践产生了影响。[③]

笔者受此启发，试图更进一步探究梁启超在以上两个时间段内对东西洋文明的综合接受与再造。梁启超多次在文中至为推崇吉田松阴，甚至曾改名为吉田晋向其致敬。吉田松阴的学说中有浓重的破坏倾向，梁启超誉其为“明治维新主动力之第一人”，正是因为吉田松阴有着“打破局面”的意志和行动。[④] 吉田松阴除在书桌案头讨论救国策略之外，还以实际行动试图阻止藩主赴江户参拜将军，策划暗杀幕府老中[⑤]间部诠胜。虽然最后均以

① 郑匡民《梁启超启蒙思想的东学背景》，上海书店，2003 年；石云艳《梁启超与〈松阴文钞〉》，载《梁启超与日本》第 139—168 页，天津人民出版社，2005 年；［日］狭间直树编《梁启超·明治日本·西方——日本京都大学人文科学研究所共同研究报告》，社会科学文献出版社，2001 年。

② 夏晓虹《晚清女性与近代中国》第 231 页，北京大学出版社，2014 年。

③ 郭连友《梁启超与吉田松阴》第 172—199 页，载《吉田松阴与近代中国》。

④ 中国之新民（梁启超）《新民说·论进步》，载《新民丛报》第 11 号，1902 年 7 月 5 日。

⑤ 老中：日本幕府的官职名。

失败告终，但却表现出了顽强的对抗决心。梁启超深受触动，以日本改革为范本，他指出："日本自明治元年以后，至今三十余年无破坏，其所以然者，实自勤王讨幕，废藩置县之一度大破坏来也。"[①] 所以他提倡"破坏亦破坏，不破坏亦破坏。破坏既终不可免除，早一日则受一日福，迟一日则重一日害"[②]。这一救国逻辑也出现在同年梁启超写给康有为的书信中。康有为反对法国大革命的暴力主张，但梁启超却认为"破坏终不可得免，愈迟则愈惨，毋宁早耳"[③]。梁启超深受法国革命和日本维新的影响，"无血之破坏者，如日本之类是也，有血之破坏者，如法国之类是也"[④]，两国急进反抗、暴烈破坏等因素被他视作求得进步的必经之路和启蒙资源。自庚子（1900）前后至壬寅（1902）年间，梁启超在多篇文章中赞誉"破坏"为美德，[⑤] 并以颇有感染力的文风和政治变革热情影响了大批青年学人。值得注意的是，其破旧立新的主张受到了多种因素的驱动，除了对吉田松阴的推崇和效仿，之所以受法国大革命自由平等理念的影响，也离不开他对传统制度的看法。当时，两宫回銮后，清廷故态复萌，缺乏改革诚意，梁启超对政制痼疾痛心疾首，断言若"此病根不拔，则思想终无独立自由之望"[⑥]；同时在《新民丛报》刊登的《释革》一文中，宣扬革命是"今日救中国独一无二法门"，应"从根柢处掀而翻之"[⑦]。梁启超迫切希望迎来转机，其激进思想不断加深，他对清廷的认识与吉田松阴的"中国观"有一致性：19 世纪 60 年代，日本人通过观察太平天国运动，了解到没落帝国内部的问题，半个世纪后，梁启超认定这一旧制将中国拖入了亡国灭种的险境。为了改革旧弊，他分别从日本侠者[⑧]舍身之举和西方的现代革命中得到启迪，

---

① 中国之新民（梁启超）《新民说·论进步》。

② 中国之新民（梁启超）《新民说·论进步》。

③ 梁启超《与夫子大人书》光绪二十八年四月，载丁文江、赵丰田编《梁任公先生年谱长编（初稿）》第 144 页，欧阳哲生整理，中华书局，2010 年。

④ 中国之新民（梁启超）《新民说·论进步》。

⑤ 梁启超《饮冰室自由书破坏主义》，载《清议报》第 30 册，1899 年 9 月 11 日；任公（梁启超）《十种德行相反相成义》，载《清议报》第 84 期，1901 年 5 月 21 日。

⑥ 梁启超《清代学术概论》，载《饮冰室合集》专集第 9 册第 6831 页，中华书局，2015 年。

⑦ 梁启超《释革》，载《新民丛报》第 22 号，1902 年 12 月 14 日。

⑧ 梁启超称"以义愤号召于天下"促成日本自强的日本"藩士"为"侠者"。参见《湖南时务学堂课艺批》，载杨家骆编《戊戌变法文献汇编》第 2 册第 549 页，鼎文书局，1973 年。

而发出了本土改革的新声。

清末梁启超不断思考应选择哪种政治途径来实现救国的目标，并主动汲取异质文化来构建改革本国的理想，1902年前后确是他吸收新知的旺盛期，且造成了思想的剧烈冲突，但很难以某个明确的时间点断定其思想发生了突变。可能性更大的是，破坏骤进与和平渐进这两股力量胶着于其内心，而此复杂心态也表现在他对吉田松阴中国观的解读上，如上文所示，他希望推翻旧制而呼吁学习吉田松阴的破坏精神，又因保皇立场，以其“勤王敌忾世皆口，刻意励行独有君”① 来自勉。戊戌政变失败后，梁启超两次赴日，对吉田松阴的了解有所增多，同时他借明治维新思潮后的日本学者视野接触到更多西学知识，特别是德国政治学家伯伦知理的国家主义，并再次将东西方思想熔于一炉，形成了引领思潮的新见解。在《新民说·论国家思想》篇中，他指出：“所谓对于一身而知有国家者何也，人之所以贵于他物者，以其能群耳。”② 梁启超展开了对“国”和“群”的思考，表面看来这些概念都来自西方现代国家观念的启发，实际上他在接受和运用陌生语辞时，都离不开吉田松阴代表的东亚思维从中穿针引线。

近代中日两国面临着多国进犯，有着富国强兵的迫切需求。吉田松阴的改革观依托兵学基础，他认为万众一心和军民一体是凝聚国家实力的根本，并指出：“鄙见处置之急莫如《孟子》。其要有二，在于安万民，得天下之才，来多士。其规模使六十六国成为一块石，剿抚万国夷辈，除五大洲之陋名，赐天朝之佳名。”③ 吉田松阴从孟子学说中找到了重铸国家力量的要义，并由此继续发扬山鹿素行的武士道论，他塑造出的兵学理论与道德修养和政治统治密切相关，并被梁启超誉为“全日本之新精神”。而此理论中的立志为国献身，绝对尊崇天皇等主张又成了军国主义的雏形。在军国主义全面渗入日本社会，成为穷兵黩武的工具之前，其中的爱国尚武之精神教育曾一度得到中国人的推崇，如学者董炳月所言：“此种精神或意识的生产是保国保种的历史要求。”④ 梁启超在《论尚武》中指出：“尚武者，国民之元气，国家所恃以

① ［日］吉田寅次著，梁启超节译《松阴文钞》第7页，广智书局，1906年。

② 中国之新民（梁启超）《新民说·论国家思想》，载《新民丛说》第4号，1902年3月24日。

③「書簡・兄杉梅太郎に贈る」安政二年四月廿四日、『吉田松陰全集』第5巻第333頁、東京：岩波書店、1934—1936年。

④ 董炳月《同文的现代转换——日语借词中的思想与文学》第147页，昆仑出版社，2012年。

成立，而文明所赖以维持者也"[①]，因而他赞颂"日本尚武之风，松阴养之实多"，"日本维新诸杰咸有此气度，故能相反相成以建大业"[②]。在中国的危机时刻，他以日本为师，认为最急需的莫过于加强内部团结，培养具有尚武精神的国民。该文还指出尚武的最终目的是"自立于竞争剧烈之舞台"，"驰骋中原，屹立地球"[③]，此语中具有浓重的社会达尔文主义倾向，可见梁启超的救国期待是受到西方文化冲击而萌发的，但成型过程和内在理路却脱不开吉田松阴的国家观和东亚文化的影响。在日期间，梁启超读到更多日本学者转译的西方典籍，对伯伦知理"国家主义"尤为属意，其思维模式也更向西方中心主义的文明论靠拢。《政治学大家伯伦知理之学说》一文与卢梭主权在民、自由平等之说展开对话，指出"我中国今日所最缺而最急需者，在有机之统一与有力之秩序"，他强调以建国问题为首，再谈国民之幸福，[④] 此时其笔下之意与吉田松阴的"重民"提议、孟子的"民本"思想相去甚远，而是深植于西方政治思想史脉络，试图从中借鉴适合于中国改革的政治经验。吉田松阴在安政二年（1855）前后，吸收孟子的政治论，从儒家道德和王道政治角度出发，批判幕府体制，呼吁天皇为满足民本诉求应施行仁政。其中民贵君轻等"民本"思想，虽然内含一定的民主因素，但本质上此政教合一理念的目标是"赐天朝之佳名"，显然属于王朝更替、天道轮回的前现代思想。而半个世纪后，重民之说通过梁启超的文论回流到中国后，因时局变化和东西文化交流这一媒介催化而产生了以建立现代国家为目标的现代性意义。这一转型过程呈现出中日两国文明互鉴的历史细节，也见证了东亚地区现代国家理性和民主思想的成型。梁启超等改革思想家在接受外来文化影响的过程中，既有西方近代启蒙思想的影响，也与日本幕末和明治初年的思想动向密切相关，且这些东西洋知识对该接受主体来说，并不是非此即彼的关系，梁启超作为改革先驱，急切地想要了解新知识，并将其融为一体，为言说个人观点和推动国家变革做出了积极的探索。

---

① 中国之新民（梁启超）《新民说·论尚武》，载《新民丛报》第28号，1903年3月。

② 《松阴文钞》第7页。

③ 中国之新民（梁启超）《新民说·论国家思想》。

④ 中国之新民（梁启超）《政治学大家伯伦知理之学说》，载《新民丛报》第38—39号，1903年10月4日。

结　语

吉田松阴的“中国观”是构成其学说体系的基础和核心。在古代东亚的视域内，中国曾是正统的代表和制度的典范，却在1840年后的内外交困中日益衰落。吉田松阴由此对日本前途产生忧虑。而阅读和翻译《清国咸丰乱记》的过程，进一步加深了其危机感，他不断探求引领日本步入近代的方法，提出了尊王、攘夷、民治等主张。值得注意的是，当东亚文化圈遭到西方文明的冲击，夷夏权势发生转移后，虽然日本思想界否定并瓦解了中国的权威地位，但是吉田松阴为了缓解本国的内忧外患，仍将目光投向传统中国，从儒家文化中寻找解决方案，以孔孟的仁心、仁政、仁道为其思考源泉。吉田松阴在野山狱中，以孟子的浩然正气为精神支柱，留下一部《讲孟余话》，其中的汉学踪迹成为明治维新的前哨；半个世纪后，梁启超又抄录出《松阴文钞》，借日本志士的改革精神鼓舞国人，对中国的现代化政治改革产生了重要影响。此思想环流提示我们应重新审视东亚的现代化进程。众所周知，《新民说》是梁启超具有代表意义的系统性思想著作，其中对西方资源的借鉴和引用也备受当代学人关注。事实上，在东西方文明交汇于清末的这一特殊历史节点上，我们通过梁启超对吉田松阴学说的解读，可发掘出其政治思想的多重性和改革方案的特殊性，即不完全从属与西方的“现代性”方案，而是深植于东亚文化结构之中。这也进而说明了中日的传统思想在西方的冲击下，并非一触即溃，而是以蓬勃的生命力融入新学说新思想中，从而在世界文明的脉络中，标识出中日交流的地缘关系和文化属性。

（陈莹　北京语言大学博士后）

·朝鲜半岛汉学研究·

程复心《心学图》对朝鲜中期性理学的思想影响及意义探析

周月琴

摘　要： 元儒程复心所作《心学图》载于其积三十余年之功为朱子《四书集注》分章为图而成的《四书章图》一书。该书曾得到当时大儒程钜夫等的赞赏并成为元代科举考试的重要参考书，清代逐渐失传。但该书曾传入朝鲜半岛并对16世纪中期的朝鲜性理学的思想发展产生了重要思想影响。本文通过考察程复心《心学图》对退溪心学不可替代的思想影响，及朝鲜性理学者的批判与退溪的维护，来探析程复心在朱子学心学化过程中的思想作用及其应有的思想历史地位。

关键词： 程复心　《心学图》　朝鲜性理学　退溪心学

《心学图》为元儒程复心所作。程复心（1257—1340），字子见，号林隐，婺源人（今江西）。师从朱子从孙朱洪范，一生业儒。史载其“尝取文公《四书集注》，会黄氏、辅氏众说折中之，分章为图，间附己意，积三十余年始成，名曰《四书章图》。及取《语录》诸书，辩证同异，增损详略，著《纂释》二十卷，发明濂洛诸儒未尽之旨，有功后学。”① 该书内容包括两部分：一为《四书章图隐栝总要》（上、中、下）3卷（共123图）；一为《四书章图纂释》19卷，包括《大学句问章图纂释》1卷（23图）、《中庸句问章图纂释》1卷（44图）、《论语注问章图纂释》10卷（395图）、《孟子注问章图纂释》7卷（111图）。全书共22卷，696图。《心学图》即载于《四书章图隐栝总要》卷之中《圣贤论心之要》部分。

① （元）汪幼凤《程教授复心传》，载（明）程敏政《新安文献志》卷七一。

据程复心《自序》，该书完成于大德壬寅（1302），很快就被推荐给朝廷并得到当时大儒程钜夫、赵孟頫等的赞赏，成为元代研究四书学的名著，程复心也因此被特授徽州路儒学教授。后与倪士毅所著《四书辑释》合编刊刻，成为元代科举考试的重要参考书，在清代逐渐失传，程复心其人及其著书也被性理学发展史研究所忽视。但该书曾传入朝鲜半岛，对朝鲜中期的性理学发展产生过重要思想影响，尤其是《心学图》成为16世纪中期的朝鲜儒林领袖李退溪集圣贤心学于大成的《圣学十图》中不可缺少的部分，因此程复心及其《四书章图》受到了李退溪的极力称赞，但同时也引起了朝鲜性理学界的争论与反对，《四书章图》也于倭乱后在朝鲜半岛失传。

本文通过对程复心《四书章图》中的心学思想对退溪心学形成之影响的探析，论述了程复心《心学图》对朝鲜中期性理学思想的影响及其历史意义，以此来探讨程复心在朱子学心学化过程中的思想作用及其应有的思想历史地位。

一、程复心与《四书章图》：研究现状及其在理学本土被忽视的思想历史根源

据学者考证，该书在元代盛行，在明代被收入《永乐大典》及多家书目著录，清代逐渐失传。目前中国所存《四书章图》单行本仅见元刻残本六卷，其中《中庸》一卷藏于山东省博物馆，《孟子》五卷藏于中国国家图书馆。[①] 另据韩国学者考证，该书曾传入朝鲜半岛，但在倭乱后失传。[②] 也就是说，《四书章图》单行本自清代以后即在中国和朝鲜半岛失传，目前唯一保存了三部元刻本的只有日本。在日本保存的三部元刻本中，《经籍访古志》卷二著录两部后至元三年建安吴氏德新堂刻本《四书章图纂释》，其一为昌平学旧藏《四书章图纂释》二十卷，即今公文书馆藏本；其二为枫山秘府藏元刊本，三册三卷本，即日本宫内厅书陵部所藏两部元代建本之一；第三部为书陵部所藏两册五卷本，亦系后至元三年德新堂刊本。[③]

---

① 顾永新《元程复心〈四书章图纂释〉初探》，载《人文与价值：朱子学国际学术研讨会暨朱子诞辰880周年纪念论文集》，华东师范大学出版社，2011年。

② ［韩］田炳郁《程复心〈四书章图〉与四端七情说源流》，载《中国哲学史》2017年第1期。

③ 顾永新《元程复心〈四书章图纂释〉初探》。

另据笔者搜集考察，目前国内有两部《四书章图》，一为上海古籍出版社于2012年出版的“国外所藏汉籍善本丛刊”之日本宫内厅书陵部所藏宋元版汉籍选刊第二十五册即程复心的《四书章图纂释》五卷；另一部由人民出版社与西南师范大学出版社于2015年联合出版的“域外汉籍珍本文库”第五辑，即程复心《四书章图纂释》二十一卷，附《四书章图隐栝总要》三卷。该书即为日本国立公文书馆所藏后至元三年德新堂刊本。这两部由日本所藏元刻本重新引进的《四书章图纂释》，为目前中日韩学者在研究程复心思想时所能依据的基本资料。

之所以出现《四书章图》单行本在理学本土失传的情况，据笔者考察，有以下几种原因。

其一，在元代统治者实行民族分化政策、汉人身份地位低下这一大的历史背景下，自汉代以来始终作为社会精英的士大夫，为了维护自身的社会地位和经济地位，在元代被迫成为儒户这样一种职业。[①] 在推荐程复心《四书章图》的《浙江等处行中书省咨》文中，就多次提到程复心为“老儒”[②]。同时，在元朝的科举考试中也贯穿了民族分化政策，南方儒士处于科举考试的最底层，但南方尤其是程复心家乡所在的新安正是朱熹理学思想的重镇。由此可知，程复心身为处于元代民族身份底层的南人儒士，尽管其《四书章图》受到了当朝名士大夫程钜夫等人的赏识，但却并没有受到朝廷重视的时代根源。

其二，程复心《四书章图》未被朝廷重视的现实历史思想根源，与元代南北方儒学的思想差异有着直接关系。

实际上，早在靖康之难以后，中国在进入南北分裂的同时，在思想上也产生了很大差异。南宋自理宗代开始肯定程朱理学，与真德秀以《心经》和《大学衍义》为载体将朱子学心学化的思想发展有着直接的关系。为了避免程朱理学的现实批判主义精神所导致的理学一再被现实政权打击与禁锢的命运，真德秀开始将朱子学沿着心学化的方向发展，其核心是由程朱理学以“格君心之非”为代表的现实批判主义精神，转向以“主敬成圣”为代表的个体人

① ［美］万安玲《宋元转变的汉人精英家庭：儒户身份，家学传统与书院》，载《中国社会历史评论》第9卷，2008年。

② 《元典章》卷一四，《吏部八·公规二》。

格的圣贤心学修养，在思想载体上表现为由程朱理学所重视的《大学》八条目所追求的社会群体的道德实践追求，转向以《心经》为载体的个体人格的成圣追求。这样不仅避免了王权对士权的现实打击，也使得心学化后的理学最终被王权所承认。但如此一来，被心学化后的南方理学也逐渐脱离了现实政治与社会（即程朱理学以大学为基础的修齐治平之现实政治追求），走向个体内心的道德修养方向（内圣）。

与此同时，与南宋政权并立的北方金朝实行的仍然是传统经学与辞章之学，在政治上追求的仍然是治术之学。研究者指出："与南宋普遍注重内圣的理学家们不同，金代的北方之儒们多着眼于传统主义的治术，有发展为技术型官僚的诉求。这种特征一直延续到了元代。……有无实际的治术才是蒙古帝王们最为关心的内容，……仅凭高玄义理似乎不足以触动蒙古帝王的心怀。"[①] 这里指出了一个对于程复心及其《四书章图》不被元统治者重视的重要的思想历史背景，就是元代南人儒士与北方儒士的现实思想差异所导致的真实历史根源，即崇尚治术的北方儒士受到元统治者的赏识，而崇尚内圣之学的南方儒士不仅在元代的民族分化政策中处于最底层，而且因其所崇尚的是对现实治术毫无帮助的内圣之学而无法受到元统治者的重视。而程复心的《四书章图》继承的正是真德秀一系的内圣之学。

进入元中叶以后，作为北方儒士代表的李孟集团占据主导地位，同样崇尚治术，对南人儒士的内圣之学不感兴趣，而吴澄、虞集、程复心等均属南人儒士。这也是为何程复心的《四书章图》经过层层举荐，获得多位名士大夫的肯定和赞赏，最终仍被当朝宰辅李孟否定的根本原因。

其三，程复心《四书章图》的研究方法及其理论价值问题，也是导致该书在理学本土失传的原因之一。具体而言，程复心编纂该书的目的并不是为了理学思想研究，而是为了初学者如何学习和把握朱子的《四书集注》。如程复心在该书卷首所言："《四书章图》并隐栝朱子《章句》《集注》《或问》，分纲布目，总要会繁，本末始终，昭然义见。初学子弟先且逐章取图细玩，然后熟读《章句》《集注》《或问》，则于各章之意，如驾轻就熟，指掌可求，

① 刘成群《吴澄国子监改革与元代的儒学生态》，载《朱子学刊》2001 年第一辑（总第二十一辑）。

不烦口授，亦训蒙之一助也。"①

也就是说，程复心之所以要为初学者编纂这样一本图文并茂的四书学用书，一是由于新安是朱熹的祖籍地因而早在南宋就已成为朱子学的重镇，儒生学习朱子最为重要的理学著作《四书集注》乃为必然；另一个原因则与元代中期朱子的《四书集注》成为科举考试的标准有着直接的关系。在经历了元初理学名儒赵复将朱子的《四书集注》及《小学》等传入北方，及位列台辅的许衡对朱子学的推广，至元代中期，在理学名臣程钜夫、元明善等人正式将朱子的《四书集注》定为科举考试的程式之后，朱学成为国是②，《四书集注》成为所有士人科举考试的必读书籍。程复心的《四书章图》正是在这一思想历史背景下完成的。因此，该书主要为初学者掌握朱子的《四书集注》而做，自然也有为初学者能够应试科举的目的。

但程复心这种为初学者学习而图解《四书集注》的编纂方法，也导致了该书在元代的四书学研究中的地位问题。首先是程复心的《四书章图》在体例上的因袭问题。许家星指出，程复心此书不仅基本袭用宋赵顺孙的《四书纂疏》，且"在袭用的方式上很不规范，极易造成误解，如复心认为《纂疏》对引用者已标明姓氏，故该书不再标明。这样的后果是为了掌握该书的材料来源，必须对照《纂疏》来读"③。

其次是该书的理论深度问题。许家星还对程复心《四书章图》对朱子《四书集注》的"发明与辩证"内容进行了条分缕析地考证，结论显示，该书并没有在朱子学的根本理论上有大的发明，仅仅是对朱子后学解释少数句子的辩证，所谓"发明文公未尽之说"，也只是在个别地方提出了自己的看法而已。④

但在与程复心同时代的四书学研究者中，却有能够代表当时四书学研究

① （元）程复心《四书章图纂释凡例》。

② （元）苏天爵《滋溪文稿》卷五，《伊洛渊源录序》："逮仁庙临御，肇兴贡举，网罗俊彦，其程试之法，表章六经。至于《论语》《大学》《中庸》《孟子》，专以……朱子之说为主，定为国是，而曲学异说，悉罢黜之。"

③ 许家星《一部图解〈四书集注〉的力作——程复心〈四书章图纂释〉探析》，载《孔子研究》2015年第6期。

④ 许家星《一部图解〈四书集注〉的力作——程复心〈四书章图纂释〉探析》，载《孔子研究》2015年第6期。

最高成就的元儒倪士毅所著的《四书辑释》一书。这直接导致了《四书章图》在由元至明的流传过程中，因被坊间刻书者将其与《四书辑释》合编刊刻而逐渐被历史所掩盖的结果。①

同时，明清学者对程复心这种图解《四书集注》为学方式的批判也是导致该书单行本在理学本土失传的原因之一。如明代理学大家薛瑄就批评说："程复心《四书章图》破碎义理，愈使学者生疑。"（《读书录》卷八）尤其是清代史学家全祖望批评程复心说："宋儒自嘉定而后多流为迂腐，其所著书有绝可笑者，程复心《四书章图》亦其一也。每章为一图，而为之别白其崎趋，如儒则有君子小人之分，学则有古为己今为人之分，达则有上下之分。但每章如此，不亦愚耶？是亦何劳为之图乎？"（《鲒琦亭集外编》卷二七）全祖望不仅是史学家，且为黄宗羲辑补《宋元学案》，因此他对《四书章图》批评的历史影响不言而喻。

总之，由于上述原因而导致程复心《四书章图》一书在清代以后逐渐在理学本土失传，史上有关程复心的研究也很少。在自元代以至清代的理学发展史研究著述中，均无程复心及其《四书章图》的研究。直到最近几年，才出现了对程复心《四书章图》的关注。除了许家星（2015）、顾永新（2006、2011）之外，日本学者宫纪子的《程复心〈四书章图〉出版始末考》（2001）一文，通过对元代有关该书被层层推荐的公文的考证，概述了该书被当时元代社会了解与接受的过程。韩国学者田炳郁的《程复心〈四书章图〉与四端七情说源流》（2017）一文，讨论了程复心的《四书章图》对退溪四端七情说的影响。

问题在于，尽管最近几年中韩学者开始关注程复心《四书章图》及其对朝鲜儒学的影响问题，但研究成果只有上述几篇，关注的重点均为该书的版本及基本内容分析，且因为该书在中国与朝鲜半岛失传已久，程复心及其著作在中国理学发展史上几乎没有任何影响，因此并未受到学界的重视。

但是，如果站在理学在朝鲜半岛传播与发展的宏观视域下进行考察，便可发现，虽然程复心及其著作在理学本土早已被历史的尘埃所淹没，但对16世纪中期朝鲜性理学的思想发展却起到了极为重要的思想影响，尤其是载于

① 顾永新《从四书辑释的编刻看四书学学术史》，载《北京大学学报》（哲学社会科学版）2006年第43卷第2期。

《四书章图隐栝总要》中的《心学图》与《心统性情图》，曾经对朝鲜中期的朱子学家李滉（1501—1570，号退溪）的心学思想的形成起到了重要影响，在其集心学思想之大成的《圣学十图》中，有三图出自程复心的《四书章图》，即《第二西铭图》出自《四书章图隐栝总要》卷之上，《第六心统性情图》与说及《第八心学图》与说，出自《四书章图隐栝总要》卷之中。可见程复心《四书章图》对李退溪心学思想的的形成起到了理论依据及心学内容的重要意义，同时也引起了以李栗谷为代表的朝鲜理学派的批评与反对，这种影响一直持续到19世纪，因此应该受到学界的关注。

二、《心学图》对退溪心学思想的影响及意义

如上所述，程复心的《心学图》载于《四书章图隐栝总要》卷之中“圣贤论心之要”部分。图1为李退溪在《圣学十图》中所引用的程复心《心学图》。

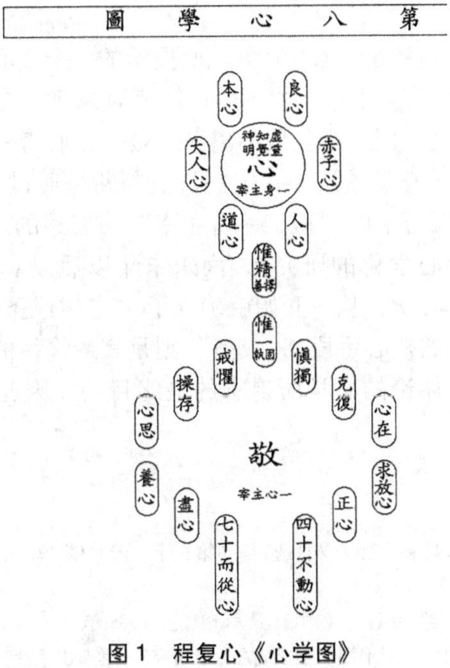

图1　程复心《心学图》

可以看出，《心学图》分为上下两部分，中间由“惟精择善”“惟一固执”两个小圈连接起来。上圆中心为一“心”字，“心”字下有“一身之主”四字，其上（图的方向）从左至右分别排列“虚灵、知觉、神明”三个概念；圆圈的外边最上有“良心、本心”四字，最下有“人心、道心”四字，左侧有“赤子心”，右侧有“大人心”；下图核心是一“敬”字，“敬”字下是“一心主宰”四字。围绕着“敬，一心主宰”，从上到下、从右至左、两两相对，分别排列了“戒惧、慎独，操存、克服，心思、心在，养心、求放心，尽心、正心，四十不动心、七十而从心”这一系列修养论概念。在《心学图》后，有程复心所作《心学图说》，解释了赤子心、大人心、人心、道心、良心、本心等图中所列概念的意思。[①]

《心学图》对退溪心学的意义首先表现在能够为退溪的圣贤心学修养论提供一个可供参考的修养纲目。退溪在《第八心学图》与说之后解释说：“右林隐程氏掇取圣贤论心学名言为是图，分类对置，多而不厌，以见圣学心法，亦非一端，皆不可不用功力云尔。”[②] 说的就是《心学图》作为“圣学心法”能够为学者如何通过个体道德修养而成就圣贤人格所提供的修养纲目意义。

但为研究者所忽视的是，《心学图》所提示的一个核心修养论价值判断对退溪圣贤心学的理论依据意义。这一核心价值判断即程复心在《心学图说》的最后提出的：“要之，用工之要俱不离乎一敬。盖心者一身之主宰，而敬又一心之主宰也。”在《心学图》中，这一价值判断是通过上图圆心中的“心，一身主宰”，和下图圆心中的“敬，一身主宰”来表达的。

据笔者对朱子学心学化的研究[③]，南宋末年以后以真德秀《心经》为载体的朱子学心学化之心学，从一开始就确立了“主敬成圣”的目标。“主敬”是个体人格道德修养的核心手段，“成圣”则是其最终目的。这一核心命题代表了基于朱熹理学本体论的心学所追求的最终目的。因此，程复心的《心学

① 日本宫内厅书陵部藏宋元版《汉籍选刊》（第二十五册）第299页，上海古籍出版社，2012年。

② 《陶山全书》（一）第201页，韩国退溪学研究院，1988年。

③ 周月琴《〈心经附注〉对退溪心学形成之影响研究》，学苑出版社，2015年。

图》与说，以最为直接的表现形式和哲学命题，为李退溪集圣贤心学[①]于大成，提供了必要的理论依据。这才是李退溪极力赞成并将《心学图》与说收入其《圣学十图》中的根本原因。

但也正是因为李退溪首次在朝鲜性理学发展过程中关注到了程复心《四书章图》的心学思想对其圣贤心学的意义，并在其集圣贤心学于大成的《圣学十图》中直接使用了程复心《四书章图隐栝总要》中的三图，这在自立国以来始终坚持程朱理学为国家意识形态的李氏朝鲜，引起了两班官僚士大夫的争论、反对与批判，显示出16世纪中后期李氏朝鲜性理学传播与发展过程中，对传统理学的坚守与心学化的发展之间的思想冲突，反映了该时代理学本土的性理学心学化发展对朝鲜半岛的思想历史影响。

三、对《心学图》的质疑、批判与维护：朝鲜的朱子学心学化发展与传统理学的反对

实际上，李退溪首次见到《心学图》与说，并不是在程复心的《四书章图》中，而是在明代程敏政附注南宋理学家真德秀所编《心经》而成的《心经附注》首页。换言之，朝鲜性理学界最初接触并了解程复心其人及其《四书章图》，不仅是通过程敏政的《心经附注》获得的，而且从其了解过程中还可以发现，在朝鲜性理学发展史上，正是李退溪在其圣贤心学思想体系的形成过程中，首先了解到程复心其人及其《四书章图》的。了解的原因，也是因为退溪弟子对程复心《心学图》的反对与争论。

最初的争论是由退溪弟子赵穆引起的。众所周知，程敏政的《心经附注》对退溪心学的形成起到了不可替代的思想影响，以至于退溪“视《心经》如父母”，并首次在16世纪中后期的朝鲜性理学界开始研究与推广《心经附注》(以下简称心经)。在这一过程中，退溪多次向门人弟子讲解并讨论心经，并形成了退溪学派的系列心经研究著述，如赵穆的《心经禀质》，金富伦的《心经札记》，李德弘的《心经质疑》《心经讲录》，曹好益的《心经质疑考误》，

① 因为迄今为止尚无人关注到与阳明心学同时形成的这一系心学的形成过程及其理学意义，因此在性理学发展史上也从无这一系心学的研究。笔者在长达20余年的追踪研究中，将基于朱子学心学化的这一系以“主敬成圣”为目的的心学，命名为圣贤心学。

郑逑的《心经发挥》等。正是在教授与学习《心经》的过程中，以赵穆为代表的退溪弟子对程复心的《心学图》提出了反对意见。

赵穆（1524—1605），字士敬，号月川，横城人，居礼安。15岁入退溪门下，终身侍奉退溪。著述有《月川集》《困知录》等。《心经禀质》即收录于《月川集》卷之四。该书主要记录了赵穆在跟随退溪学习《心经》的过程中遇到的问题，以及退溪对此的回答。《心经禀质》总共包括20条问答，其中第10至第18条只有退溪的答语，赵穆在注中说，"此下九条问目见失，故只书先生答辞"，内容也比较简单。除此以外，《心经禀质》中的问答内容，涉及赵穆与退溪之间关于心经的一些重要学术问题的讨论，其中的第二、第三两条问答中就记载了赵穆对程复心《心学图》的反对，以及退溪的维护。

赵穆在第二条中问了两个问题：一是，《心学图》的作者是不为真西山？二是，问《心学图》分左右排列本心、良心等众多心学概念，以及戒惧、慎独等众多修养功夫概念之先后次第是否精审的当，不可改变？

赵穆之所以问《心学图》的作者是不是真德秀，是因为明代程敏政的《心经附注》本来就是附注真德秀《心经》而成，他在《心经附注》首页附注了程复心的《心学图》，但却没有标明作者，故赵穆会问《心学图》的作者是不是真德秀[①]。退溪在答书中一开始回答说："未敢必以为西山作，然其规模位置甚精审的当，不可轻看。恨不著作者姓名耳。"但其下紧接着就做了确认，说："更按：图乃新安程林隐复心所作，见林隐《四书章图》中卷。"[②] 由此可知，李氏朝鲜对程复心及其《四书章图》的关注，始于退溪师徒。

尽管退溪在答书中已经表明对程复心《心学图》的肯定，但赵穆并不满意，而是在第三条中进一步提出了自己对《心学图》的疑问，认为《心学图》存在着以下三个问题：

一是，关于"良心"和"本心"的分置问题。程复心在《心学图》的最上端分置"本心"和"良心"，赵穆以朱子所谓"良心者本然之善心，即所

① 实际上，程敏政在《心学图》后已经附注了程复心的《心学图说》，明确提到"程氏复心曰"，而且在其后的按语中也明确说："程氏此图尽心学之妙而所论亦足以发心学之要，故揭之编首，使学者之所向往而为求端用功之地云。"赵穆仍有此问，可见性理文化在朝鲜半岛传播过程中接受者首先要经过语言理解的文化传播现象。

② ［韩］赵穆《心经禀质》。

谓仁义之心也”为依据，认为“良心即本心，本心即良心，何可以分乎?”[1] 就是说，“良心”和“本心”既然是同一个东西，又怎能分开对置呢?

二是，关于“赤子心”和“大人心”的分置问题。《心学图》在“良心”和“本心”之下分置“赤子心”和“大人心”。赵穆认为，虽然“赤子心”主于气，“大人心”主于理，但依据程子“已发而去道未远者推之，则其本意皆主于理而言，非如人心道心之辨也”，即认为“赤子心”和“大人心”在本意上皆主于理，这与“道心”主于理，“人心”主于气的情况完全不同，因此，程复心将“良心、本心”和“赤子心、大人心”，都如“人心、道心”一样分置两边，是错误的。

三是，关于《心学图》下半部的敬图问题。赵穆认为，程复心在敬图的右边既然已经列出了“克服、心在”，就不应该在其下再加上“求放心”，因为这样会让人弄不清楚“求放心”到底是“心在”之前的事，还是“心在”之后的事；其次，程复心在敬图左边既然已经列出了“戒惧、操存、心思”，这本身就是心性修养功夫，再在其下加上一个“养心”，就显得重叠颠倒，没有秩序了。

通过以上对《心学图》的问题提出，赵穆得出的结论是，《心学图》并非精审周密不可移易的，因此希望能够改动《心学图》中“心思”与“养心”的位置，并以此求教于退溪。

对于赵穆提出的第一个问题，退溪认为，只有“求放心”与“心在”的位置有一点不妥，如果把二者的位置对换，使“求放心”与“心思”相对，“心在”与“养心”相对，“能求放心，则心得其官矣。心无不在，则心得其养矣”。除此以外，程复心的《心学图》“但见其可敬可法，未见有谬误须改处”[2]。表现出对《心学图》的坚决维护态度。

对于赵穆提出的后两个问题，退溪在答书中也做了具体分析和回答。关于程复心《心学图》将“良心、本心、赤子心、大人心”对置的问题，退溪认为，程复心在“人心、道心”两旁对置“赤子心、大人心”等，并不是要像对置“人心、道心”那样有所选择取舍，而是为了让学者就此体认心的意

---

① 《心经禀质》。

② 《心经禀质》。

义，并说“此是林隐翁四五十年林下潜心所得，恐难以一朝率然立论所能攻破也”[①]。再次重申坚决维护程复心《心学图》的态度。

从理学心学化的宏观思想史的发展背景看，退溪坚持程复心《心学图》将心分为种种名目，乃是“要以见心之为物，浑然全体之中，随其所发所就地头分剂而有如此般样名目，欲使学者因其名目而究其意义，玩味而体认之，久则众理融会而心之全体在是矣。乃于其下始对举人心、道心而继之以精一、戒惧、克服、操存之属，其间有许多要妙功夫旨趣”。也就是坚持以心体立论，表明在由程朱理学之性体走向明代以心体立论的心学思潮中，李退溪非常自觉地选择了以心体立论的心学思想而非固守朱熹理学之心性论。

心经心学自真德秀开始便明确提出“舜禹授受，十有六言，万世心学，此其渊源。”[②] 至程敏政附注《心经》，同样强调《心学图》“尽心学之妙而所论亦足以发心学之要。”[③] 在叙述为何附注《心经》时，程敏政也说“今独取《心经》为附注而《政经》未暇及焉，以为诚有得于心学，则举而措之，无施不宜。”[④] 王阳明也一再强调“圣人之学，心学也”。可见朱学自南宋末年的真德秀始即已朝着心学化的思想方向发展，至明代中叶在理学本土已经形成了心学思潮。在这一思想历史发展背景下，以程敏政《心经附注》为载体所代表的心经心学，是在朱子学心学化的思想背景下发展程朱理学，也就是学者通常所说的狭义上的理学与心学之别。因此，尽管赵穆坚持的是程朱理学立场，仍然受到退溪的坚决反对而坚持程复心的心学思想，根源便在于此。

但是，在同样以心体立论的前提下，心经心学与阳明心学又存在着根本的分歧。这种分歧首先表现在阳明以“心即理”而区别于程朱理学之“性即理”，而心经心学却继承了程朱理学对心体的分析与辨别。

王阳明以“心即理”的绝对命题，将心、性、理在本体论意义上统统归结为儒家三纲五常之道德规范，并提出一个“致良知”的实践方法，不仅是取消了程朱理学所强调的心之理性认识能力的意义，而且带有某种强制性的意味。王阳明说：“此心在物则为理。如此心在事父则为孝，在事君则为忠之

① 《心经禀质》。

② （宋）真德秀《心经赞》，转引自［韩］宋熹準编《心经注解丛编》（一）第14页，首尔：学民文化社，1985年。

③ （明）程敏政《心经附注序》，转引自《心经注解丛编》（一）第14页。

④ 《心经注解丛编》（一）第342页。

类。……诸君要识得我立言宗旨，我如今说个心即理是如何，只为世人分心与理为二故，便有许多病痛。”① 这种简单粗暴的社会道德实践要求，因为缺乏程朱理学对心的理性认识能力的哲学论证与修养论意义，从而显得缺乏哲学理论依据。

与王阳明“心即理”心学单纯的社会道德实践要求不同，自真德秀开始的心经心学，从一开始就继承了程朱理学对心有善恶与心之理性认识能力的重视，并在此基础上继承了孟子与《尚书·大禹谟》对心的进一步分析与综合，程复心《心学图》便是将《尚书·大禹谟》之“人心、道心”与孟子提出的“良心、本心、大人心、赤子心”综合起来，并以程朱理学对心之虚灵、知觉、神明之判定为理论基础，以“心为一身之主宰，敬为一心之主宰”为核心命题，为心经心学的进一步发展提供了理论基础。换言之，如果说程朱理学是以心说性，阳明心学是以性说心的话，那么真德秀以来的心经心学则是以敬说心。

正是因为心经心学继承的是程朱理学的心学理论，退溪才对赵穆提出的疑问给出了否定的回答，坚持认为对程复心的《心学图》不可怀疑，进而对赵穆提出的程复心《心学图》下图中“心思”与“养心”的位置问题也做了否定回答。退溪分析说：

> 公以养心为用工之初而林隐图继养心与心思之后，深斥其非，此亦鄙见所未喻也。孟子曰：“养其大体为大人。”大体之谓，心也。吾未知此所谓养者，只养于用工之初、可恃以为平生地乎？抑通乎为学始终本末而言也？周濂溪《养心亭说》曰：‘予谓养心不止于寡而存耳，盖寡焉以至于无。无则诚立明通。诚立，贤也；明通，圣也。’是圣贤非性生，必养心而至之。夫程翁之所谓养心亦若是，其不可以为用工之初明矣。何可轻议之耶？”②

即认为“求放心”的个体人格修养功夫是一个贯穿始终的终身修养工程而非仅仅是为学之始的功夫。

① （明）王守仁《传习录》（下），《王阳明全集》第121页，上海古籍出版社，1992年。
② 《心经禀质》。

值得注意的是，与程朱理学上承孔子生知之论不同，退溪继承心经心学修养论的观点，从一开始即认定“圣贤非性生，必养心而至之”，即将程朱理学附属于理气本体论之下的心性哲学修养论，上升为心经心学本体论，并将周敦颐的无欲论作为个体人格成圣成贤的基本要求。进一步，在李退溪的心性哲学中，这种心性修养不仅要求养心不止于寡欲而必须达到无欲，而且要求时时刻刻进行这种无欲的修养。因此，对于赵穆提出的对“求放心”位置的疑问，退溪也认为“却恐不必为疑也”，并分析说：

> 何者？举其大概而泛论之，求放心固若为始学之事，若推其极而细论之，有大不然者。夫所谓放心，非止谓逐物，营营奔驰之心，一刻一念，些少走失，皆放也。夫所谓求，非谓一日一饷，乍然寻来捉住便为终身为学之基本。盖日日念念，在在处处，才觉有透漏，便即收摄整顿得惺惺，是之谓求。……苟放心之求只在于始而无与于终，孟子当曰学问之始必求放心可矣，今以‘学问之道无他’六字包括而言之，是固程子之意也。然则求放心所置之处亦不必疑而欲移动之也。①

考《陶山全书》，退溪《答赵士敬》的此封书信写于乙丑年（1565），下距完成《圣学十图》只有 3 年时间，已经处于心性哲学完成的最后阶段，因此在上述答赵穆关于修改程复心《心学图》的问题中，已经显示出退溪关于圣贤心学修养论的基本思想，即个体在如何成就圣贤人格问题上，其无欲之程度与时间上不间断的休养要求，以及内在观念上所有念头都必须时时刻刻进行道德修养的严格要求。在此后完成的《圣学十图》中，退溪就选择了朱子的《敬斋箴》与陈茂卿的《夙兴夜寐图》，在程复心《心学图》提供的圣贤心学修养论纲目的基础上，进一步完成了从时间到空间的具体的个体人格的道德修养方式。

正因如此，退溪对弟子们不断提出的有关程复心《心学图》在位置上的排序问题不合理的批评，始终持坚决维护的态度。问题是，除了退溪弟子的批评之外，当时的青年学者、后来继退溪成为朝鲜儒林领袖的李珥，也对程复心的《心学图》提出了批判。

---

① 《心经禀质》。

李珥（1536—1584），字叔献，号栗谷、石潭，本贯德水。23岁谒退溪先生于陶山，以师礼事之。29岁明经及第，拜户曹佐郎，官至吏曹判书。著有《圣学辑要》《繫蒙要诀》等。其学问由弟子金长生、赵宪等继承，并形成与以退溪及其弟子为核心的岭南学派并立的畿湖学派。这两大学派构成17世纪以后朝鲜朝性理学思想发展的基本脉络，李珥也与李滉一起被并称为五百年朝鲜王朝的儒学双璧。

栗谷虽然没有关于《心经》的直接著述，但他对退溪理气互发论的批判以及在人心道心问题上的理学观点，却直接影响了17世纪畿湖学派的心经思想研究，因此具有重要的心学意义。与此相关的是，栗谷在退溪生前也曾向退溪提出了《心学图》的问题。在《上退溪先生书》（庚午）中，栗谷在讨论退溪《圣学十图》的问题时，特别对《心学图》提出了批判，他在信中从三个方面进行了论述。

第一，关于图中各种有关心的概念在排列位置上的问题。栗谷认为：

> 林隐程氏《心学图》可疑处甚多，试言其略：则大人心乃圣人之心，是不动心、从心之类也，何以置之道心之前也？本心则虽愚者亦有此心矣，若大人心则乃尽其功夫、极其功效能全本心者也，岂可不用功而自有耶？且以遏人欲、存天理分两边功夫已为未安，而其功夫次第亦失其序，心在、心思亦似易置。既曰慎独、克服、心在而乃曰求放心，虽反覆推之，终是失序。①

即认为《心学图》各种关于心的概念排列有顺序问题。

第二，对退溪为《心学图》辩护的批评。说：

> 阁下推衍，至以颜子为求放心，此亦未安。大抵圣贤之言，有精有粗，不可就其精者而强求其粗，就其粗者而强求其精也。孟子求放心之说泛为学者言也，是粗底也。孔子克己复礼之说是专为颜子而言也，是精底也。今于其精底必抑而卑之使为粗，于其粗底必引而高之使为精，

① ［韩］李珥《栗谷全书》（一）第181页，成均馆大学校，大东文化研究院，1971年。

则虽是说得行，岂是平正底道理耶？①

认为退溪不应该用颜子不违仁之说来为程复心《心学图》做辩护。

第三，关于程复心对“慎独”“戒惧”“尽心”“正心”在意思上的错误理解的批判，说：“且以慎独置之遏人欲一边，则凡是省察之事皆当属焉；以戒惧置之存天理一边，则凡是涵养之事皆当属焉，然而尽心是知而乃属乎涵养，正心是行而乃属乎省察，此亦不可晓也。”②

栗谷不仅指出《心学图》中之“良心、本心、大人心、赤子心”等在位置排列上的失当，以及将“尽心”置于“存天理”一边、将“正心”置于“遏人欲”一边在位置上的错误，而且批评退溪对《心学图》在位置上的维护，最后得出结论说“珥意此图重文叠说而已，别无意味，恐不必取也”③。认为程复心的《心学图》毫无意义，可以弃之不用。

如在答赵穆的书信中一样，退溪对李珥的来信也在答书中做了周密详尽的论述与批驳。

退溪首先对有关排列顺序失当的问题做了阐述，指出：

心圈上下左右六个心，只谓圣贤说心各有所指有如此者，以其本然之善谓之良心，本有之善谓之本心，纯一无伪而已谓之赤子心，纯一无伪而能通达万变谓之大人心，生于形气谓之人心，原于性命谓之道心，于是以良心、本心其义类相近故对置诸上左右；赤子心、大人心、道心、人心以其本语之相对，故对置诸中下左右。④

就是说，心圈上下的六个心只是对心的各种意义上的概念进行了展示，并不具有修养论意义上的对比。接着指出，《心学图》中的排列本身并不具有功夫次第的先后顺序问题，说

此六者，正如朱子以《西铭》前一段为基盘者同焉，当其说基盘时，

① 《栗谷全书》（一）第181页。
② 《栗谷全书》（一）第181页。
③ 《栗谷全书》（一）第181页。
④ 《栗谷全书》（一）第181页。

安有功夫旨可分先后耶？自惟精惟一以下方说做功夫底，亦犹《西铭》后一段下棋子处一般，其以遏人欲、存天理为相对功夫，其来尚矣。真西山亦云‘克治存养，交致其功’，于此对说，何为而不可乎？……盖以为圣贤论心法处不止一端，皆不可不知，不可不用功力云尔。其从上排下，亦以其作图之势有不得不然者，非谓其如《大学》之有功程先后也。①

仍然是从修养论纲目的意义上论述《心学图》各种心的概念的排列意义。

其次，针对栗谷上述批评退溪不该以颜子求放心进行推论为《心学图》的顺序问题辩护的问题，退溪反驳说："求放心三字若如来谕而已，则孟子当言曰学问之始当求其放心足矣，何得谓'学问之道无他'云云耶？"② "若谓到颜子地位功夫已精细，无复有一毫放心之可言，则'才差失便能知之'说著不得矣。朱子每每为学者举此章者，以为始之固在此，终之亦以此。若以孟子之语推其极而细论之，颜子之不远复亦可以拟言于此矣。"③ 这是以孟子的修养论为《心学图》提供理论依据，认为孟子的"求放心"在个体人格修养中是一项贯穿始终的修养功夫而非栗谷认定的修养功夫之始。

最后，针对栗谷提出的《心学图》将"存天理"与"遏人欲"对置以及"尽心"与"正心"的位置错误问题，退溪也提出了自己的看法，说："至如心在、心思、尽心、正心之易置，则来说亦似有理。然心非省察何由而在？思而立乎大岂不是涵养？则二者所属初亦无碍。忿恚、恐惧等，一有之而不能察云云，则正心岂必偏于涵养乎？尽心虽云属知，此图非分知行，只分遏人欲、存天理耳，尽心之训曰极其心之全体而无不尽者，必其能穷理而无不知也，以此属之理一边岂有不可？"④ 从修养功夫论的意义上论述了上述各种心的概念在排列上的合理性。

针对栗谷从总体上否认程复心的《心学图》的观点，退溪亦持坚决维护的态度。他在《圣学十图》的《心学图》与说后特别加上了按语，说："右林隐程氏掇取圣贤论心学名言为是图，分类对置，多而不厌，以见圣学心法，

① 《栗谷全书》（一）第 181 页。
② 《栗谷全书》（一）第 181 页。
③ 《栗谷全书》（一）第 182 页。
④ 《栗谷全书》（一）第 182 页。

亦非一端，皆不可不用功力云尔。其从上排下，只以浅深生熟之大概言之有如此者，非谓其工程节次如致知诚意正心修身之有先后也。”① 再次阐明程复心《心学图》的圣贤心学修养论纲目而非具体修养程序的意义。

针对学者一再提出的“求放心”在《心学图》中的位置问题，退溪也在按语中说：“或疑既云以大概叙之，‘求放心’是用工初头事，不当在于‘心在’之后。臣窃以为，求放心浅言之则固为第一下手著脚处，就其深而极言之，瞬息之顷，一念少差，亦是放。颜子犹不能无违于三月之后，只不能无违，斯涉于放。惟是颜子才差失便能知之，才知之便不复萌作，亦为求放心之类也。故程图之叙如此。”以《论语》“颜子三月不违仁”为例深入分析孟子“求放心”的修养论意义，为程复心《心学图》中“求放心”的位置辩护。

进一步，退溪又在按语中对程复心其人进行了介绍，说：“程氏字子见，新安人，隐居不仕，行义甚备，白首穷经，深有所得。著《四书章图》三卷。元仁宗朝以荐召至，将用之。子见不愿，即以为乡郡博士致仕而归。其为人如此，岂无所见而妄作耶?”② 从其为学与为人的角度来论证《心学图》的合理性。

《圣学十图》不仅是退溪 68 岁时完成的集圣贤心学于大成的著作，而且是上呈当时朝鲜国王宣祖的政治学著作，即退溪所言“引君当道”之作，所谓“圣学有大端，心法有至要”③，“惟有昔之贤人君子，明圣学而得心法，有图有说，以示人入道之门，积德之基者见行于世。”④ 即以《圣学十图》作为引君当道的手段，可见其现实历史意义之所在。

总之，在对待程复心《心学图》的问题上，16 世纪中期的朝鲜学术界对其提出批评意见的并不仅仅是在学术思想上与退溪不一致的青年学者李珥，而是包括了赵穆、李德宏等极为崇拜退溪的门人弟子。而无论是当时还是后世，程复心此人的心学思想在理学本土都没有起到任何思想影响。因此，关键在于李退溪为何在面临如此大的批评压力时依然坚持强硬的维护态度？反过来，作为青年学者的李珥又为何对儒林领袖李退溪维护《心学图》的做法

① ［韩］李滉《增补退溪全书》（一）第 208 页。
② ［韩］李滉《增补退溪全书》（一）第 208 页。
③ ［韩］李滉《增补退溪全书》（一）第 195 页。
④ ［韩］李滉《增补退溪全书》（一）第 196 页。

提出如此直接的批判？这在以程朱理学为意识形态的礼教森严的儒教社会中似乎难以理解。

实际上，李退溪之所以坚决维护程复心的《心学图》，也正是因为作为《圣学十图》第八图的《心学图》，为退溪的圣贤心学提供了一个个体人格修养的大纲，而其后的《第九敬斋箴图》和《第十夙兴夜寐箴图》则分别从时间上和空间上为学者的圣贤人格修养提供了具体的实践方式。从这个意义上讲，《心学图》乃是李退溪圣贤心学为学方式中不可或缺的前提和大纲，退溪也因此极力论证《心学图》的存在意义并不惜对抗包括自己弟子在内的朝鲜性理学界。

而退溪之所以要维护《圣学十图》的正当性，是因为在现实历史意义的层面上将《圣学十图》视为“引君当道”的政治手段，目的是为了解决当时李氏朝鲜所面临的政治危机，即自15世纪末开始延续了半个世纪之久的士祸政治危机。退溪曾说，最初因新进士林与勋旧派的政治冲突所造成的士祸，由于新进士林所追求的道学政治，造成了王权与士权的激烈冲突，半个世纪中王权对士权的一再打压，造成大量作为社会精英的士官僚被血洗，最终成为连王权也无法抗衡的政治危机，退溪曾极言士祸所造成的“国脉亦从而断丧”的严峻性。因此，才最终通过《圣学十图》完成了自南宋末年真德秀以来的心经心学，以个体人格的圣贤修养为目标，一方面引导激进的新进士林退出中央权力核心，重新回归乡村，化解李氏朝鲜半个世纪以来的士祸政治危机，另一方面又通过上呈宣祖《圣学十图》试图“引君当道”，使国王通过个体人格的心性修养自觉承担起治国的重任。而《心学图》所提示的“心为一身之主宰，敬又为一心之主宰”的命题，正是圣贤心学之所以能够成立的哲学根基。

因此，从根本上讲，李退溪对《心学图》的坚决维护，实际上是为了维护集圣贤心学于大成的《圣贤十图》的现实政治意义。而李珥之所以在礼教森严的现实历史氛围下，坚决反对曾以师礼视之的儒林领袖李退溪所维护的《心学图》，也是因为他坚守的是李氏朝鲜自开国以来就以坚守程朱理学的现实批判主义精神为核心的道学政治，也就是后来导致士祸政治的新进士林派所坚守的程朱理学。因此，李珥在学术上坚决维护的是程朱理学的心性哲学，反对李退溪对程朱理学的心学发展，也因此认为程复心的《心学图》没有任何意义。在退溪去世后，继退溪之后成为朝鲜儒林领袖的李珥，不仅在性理学上坚决维护程朱理学，批判退溪的圣贤心学，在政治上也重新恢复了道学派的激进政治追求，很快就造成了 17 世纪初的朋党政治与学术分裂，最终导致了李氏朝鲜的衰亡。

结　语

单纯站在理学本土的角度看，程复心《四书章图》一书因为受到元统治者的民族分化政策以及掌握政权的北方儒士集团重治术的时代特征影响，南宋末年以来以吴澄、程复心等为代表的元代作为朱子学重镇的新安理学群体，不仅处于民族分化政策的最底层而不得不以儒户为职业，同时也因为在思想上由朱熹理学的现实批判主义精神转向了个体内在的圣贤人格追求而缺乏现实的治世力量，因而受到身处朝堂掌握权力的以李孟为代表的北方儒士集团的否定，再加上程复心以为初学者学习《四书集注》为目的图解四书的治学方式缺乏理论上的创新，因而在由元至明的刊刻流传中，被更具理论价值的《四书辑释》所掩盖，最终造成了程复心《四书章图》在理学本土的失传。

但如果我们换一个视角，站在朱子学在朝鲜半岛传播与发展的宏观视野下，再来考察，从程复心《心学图》在 16 世纪中后期的朝鲜性理学界所引起的反对、争论、批判与维护中，便可明确观察到程复心《心学图》对李退溪圣贤心学思想形成的不可或缺的思想影响，即《心学图》不仅为圣贤心学的个体人格成圣追求提供了一个心学纲目，其核心命题“心为一身之主宰，敬又为一心之主宰”，又为《第九敬斋箴图》与《第十夙兴夜寐箴图》所提供的具体人格修养方式提供了理论依据。因此，李退溪才会在争论中极力维护程复心的《心学图》。

换言之，站在性理学在朝鲜半岛传播与发展的宏观视域下观察研究，我们最终发现了程复心《心学图》的心学思想在性理学发展史上应有的思想地位，其《四书章图》一书在理学发展史的地位也应该重新得到重视与研究。

（周月琴　北京语言大学教授）

朝鲜李建昌对中国文学的批评与接受*

王　成

摘　要：朝鲜文人李建昌对中国文学的批评与接受，突出表现在《伯夷列传》解读、《易》若干问题考辨、欧阳修《朋党论》受容等方面。作品细读、经典考辨、文本受容等构建了李建昌中国文学多维、立体的接受面相，具有特殊的意义、价值：一方面丰富了朝鲜《史记》接受史，体现出他一贯的为文之法；另一方面展现出其文章善于议论、思辨的艺术风貌，深化了审美批评；另外，也拓宽了关于朝鲜朋党的认知视野，彰显了李建昌强烈的政治参与意识。

关键词：李建昌《伯夷列传》《易》《原论》接受面相　批评意义

李建昌（1852—1898），字凤藻，号宁斋、明美堂，朝鲜朝高宗时期文臣、诗人。16岁科举及第，步入官场后，得到高宗赏识，1866年（清同治五年）以书状官身份到过燕京，著有《明美堂集》。有人将金泽荣、李建昌比作朝鲜的韩愈、柳宗元。李建昌对中国文学的批评与接受是多方面、多角度的，如探讨中国文学的发展嬗变历程，引用中国文学典故以议论、说理等，但最具个性特点者当属《伯夷列传》细读、《易》若干问题思辨、欧阳修《朋党论》受容等方面。将这几方面作深入挖掘、论述，以点带面，不仅可见李建昌中国文学批评与接受的特点，更可管中窥豹，透视出中国文学域外传播、影响的广泛与深入。

---

* 国家社科基金项目“韩国古典散文与中国文化之关联研究”（项目编号：14CZW038）阶段性成果。

一、《伯夷列传》解读及其特点

《伯夷列传》为伯夷和叔齐的合传，是《史记》列传之首。文章以孔子等人的言论为线索，用许由、务光等人的事迹作陪衬，叙述了伯夷、叔齐兄弟二人在其父死后都不愿继承王位，后劝阻周武王伐纣、不食周粟，隐居首阳山最终饿死的事迹，颂扬了二人积仁洁行、清风高节的崇高品格。

朝鲜文人阅读《史记》往往以列传为学习的重点，《伯夷列传》因其独特的教化、道德规范意义，成为被重点关注的篇目。李建昌《〈伯夷列传〉批评》从文章技法、遣词造句、结构布局等方面对《伯夷列传》进行解读，呈现出如下几个突出特点：

第一，注重文章结构层次的划分，以及章节核心思想内容的归纳总结。

李建昌《〈伯夷列传〉批评》文末附有一段总结性文字，开首云："此文凡五大节，第四大节中有两节，故亦可谓六大节。"① 考察李建昌关于《伯夷列传》整篇文章的论述，可知其层次划分如下：从"夫学者"到"其文辞不少概见，何哉"为第一节，从"孤竹君之二子也"到"怨耶非耶"为第二节，从"常与善人"到"是邪非邪"为第三节，从"道不同，不相为谋"到"众庶冯生"为第四节，从"同类相求"到"附骥尾而行益显"为第五节，从"岩穴之士"到最后为第六节。

李建昌认为《伯夷列传》的每一层次并非散漫无章、没有核心观点，相反，"每一节各有一字眼，第一节'信'字，第二节'怨'字，第三节'天道'字，第四节'道'字，第五节'名'字，第六节'圣人'字"②。李建昌具体点评时也围绕每一节的"字眼"来展开，如第一节"《诗》《书》虽缺，然虞夏之文，可知也"句③，李建昌解释："六艺之可信，虞夏之可知，皆孔子删述之力，非孔子则不信不知矣。"④ 第一节"尧将逊位，让于虞舜，舜、禹之间，岳牧咸荐，乃试之于位，典职数十年，功用既兴，然后授政。

① 李建《明美堂集》，韩国民族文化推进会编《韩国文集丛刊》（第349辑）第198页，首尔：景仁文化社，2005年。以下所引李建昌文献，如无特殊说明，均出自此版本，不再一一标注。

② 《明美堂集》（《丛刊》第349辑）第198页。

③ 韩兆琦评注《史记》第931—935页，岳麓书社，2012年。

④ 《明美堂集》（《丛刊》第349辑）第198页。

示天下重器，王者大统，传天下若斯之难也”句[①]，李建昌评论道：“如此议论，孔子后，惟史公而已。孔子所以不概见者，史公已知其义，而犹曰何哉者，此谦让，不敢曰直知圣人之意也。然先解其义，而后作疑辞，不可曰不知，亦是倒笔。”[②] 李建昌总结此小节时指出：“此节本意，若曰古之圣贤多矣，非孔子所序列，则学者所不信。”[③] 综上可见，李建昌始终围绕“信”字对本小节进行解读。关于《伯夷列传》其他每一小节，李建昌也都紧紧围绕各节“字眼”展开，不再一一赘述。

第二，注重文章的“意”与为文的构意，欲通过解读《伯夷列传》传授读书之法。

李建昌解读《伯夷列传》时非常重视对文章“主意”的探究，他认为“主意”是读书要掌握的第一要义：

> 太史公作《史记》，盖出于发愤。古来读《史记》者，皆以“怨”为主意，又见伯夷传多用“怨”字，谓“怨”之尤者。然伯夷何如人也，昭乎日月，崒乎泰山。史公于数千年中作列传，竟将第一笔与他出色，是何等贵重。若于此，专为一‘怨’字作主意，则是与伍子胥、灌仲孺传一例矣。[④]

对于古人认为《伯夷列传》“以‘怨’为主意”，李建昌持反对意见：司马迁将《伯夷列传》置于列传之首必有一番考量，如果“专为一‘怨’字作主意”，那么和其他列传也就没有什么区别了。李建昌认为《伯夷列传》“合作三项文字看”，即有三个主旨思想蕴含于其中，“一是感慨古今，一是赞叹圣贤，一是发扬自家”[⑤]。《伯夷列传》一文，尤其是开篇“夫学者”三字，是整部《史记》的“主意”，“大抵是全部《史记》总序，《伯夷传》不过借题作名”，“第一笔，分明是《史记》全部总序”[⑥]。

---

① 《史记》第931—935页。

② 《明美堂集》（《丛刊》第349辑）第198页。

③ 《明美堂集》（《丛刊》第349辑）第198页。

④ 《明美堂集》（《丛刊》第349辑）第198页。

⑤ 《明美堂集》（《丛刊》第349辑）第198页。

⑥ 《明美堂集》（《丛刊》第349辑）第198页。

李建昌充分考虑到阅读方法的问题，《〈伯夷列传〉批评》文末总结性文字曰："凡读古人书，须先观古人为此书之主意，又观此书之体面，然后字句篇章、文义法例，可次第观也。"① 读书要有先后关注的重点，先观"主意"（即文章主旨），次观"体面"（即文章结构），再看字句、语法，形成有序的次第关系。为向读者阐明该如何入手，李建昌对个别语句进行了细致的剖析，以作示范。如分析第二节时说："凡读书第一须拣虚实。若是实处，虽小事短文，不可不着眼。若是虚处，虽大关系大起落，只可随手抹过"②，提醒读者要考虑作者在谋篇布局时的虚写与实写，并相应做出不同的选择。他认为："伯夷正传是虚，'怨耶非耶'四字是实。若就此全篇看，则怨不怨，亦是虚景"③，同时指出："古今人看'怨'字太实，所以全篇主意体面，都不成说话。"前人过于强调"怨"字，"皆以'怨'为主意"，导致未能充分领悟出《伯夷列传》的主旨。在总结第三节内容时，李建昌再次道出对于文章实笔、虚笔的认识，"此处分明是史公自说。古今人看'怨'字做实事，以此节也。然此乃借题中又借题，不过过路滚说，千万莫作实写看。若作实写看，史公有灵必悔此一句，欲唤后人删去。"④ 李建昌强调不能太过实看，因为这只是借题发挥的手法而已，是行文安排的需要，"此一节，未尝非实笔，然亦不过是行文，不得不然"⑤。

第三，探讨《伯夷列传》的深层次内涵，能理性、客观地进行评论。

朝鲜文人认为《伯夷列传》的关键点在于司马迁想求名于世。有人认为司马迁的求名是想以孔子自居，如李玄锡《伯夷传解》指出司马迁已经意识到"名"有轻重之分，个人与其有怨，不如各从其志，秉义循名。司马迁想以《史记》传于后世而彰显其名，伯夷等贤人也需要依靠孔子为之立名。李德胄《伯夷传解》认为司马迁既然有"各从其志"的想法、志向，却又汲汲求名于世，这是应该批评的。李建昌以司马迁的口吻道出写作《伯夷列传》的本意："余故不为许由诸人立传，而传自伯夷始。若吾列传中诸人，将得吾

① 《明美堂集》（《丛刊》第349辑）第199页。
② 《明美堂集》（《丛刊》第349辑）第199页。
③ 《明美堂集》（《丛刊》第349辑）第199页。
④ 《明美堂集》（《丛刊》第349辑）第199页。
⑤ 《明美堂集》（《丛刊》第349辑）第199页。

文而传信于来者，岂非幸欤?”① 这才是司马迁的真实用意。因此，他说许由、卞随、务光、太伯等人是陪客，伯夷是主人；伯夷、颜渊等人是陪客，孔子是主人；孔子也终究是陪客，作者司马迁要做真正的主人。“孔子序列之序列二字，乃序传列传之义，此是《史记》列传总序之所以作也。”② 李建昌指出，世人都想身后留名，但名不能自立，只能借助圣贤之口笔而传于世，贤如伯夷者也需要孔子才得以传世。司马迁作人物列传，传中的人物也将借助《史记》而扬名于后世，“名不能自立，惟有圣人为之叙列，然后名可以传矣。故虽以伯夷之贤，必得孔子，然后彰于后世，而信于学者也，此一节”③。金泽荣《题李凤朝〈伯夷列传批评〉后》云：“李凤朝《伯夷列传批评》，谓子长自以纂述一部史记，进退千古人物，如孔子春秋之权，自处于青云之高士，其说诚妙矣。”④

李建昌对《伯夷列传》的解读具有重要意义，与他一贯的读书为文之法是一脉相承的。李建昌非常重视文章的构意，在回复友人的书信中反复强调文章构意的重要性，其《答友人论作文书》曰：

> 凡为文，必先构意。意有首尾、有间架，首尾粗具，间架粗当，即疾笔写之。但令联属相贯通，了了易晓，不暇用语助等闲字，不暇避俗俚语，恐亡失正意，所欲言者不载也。意立然后修其辞。凡修辞者，欲诸美洁精而已。修前一句，勿思后一句；修上一字，勿思下一字。虽为千万言之文，其兢兢乎一字。……凡构意，亦宜先择之。有主意必有敌意。将以主意为文，宜别用敌意为一文，以彼攻此。……以辞当意，以意当辞，辞不当意，则虽巧，可使拙也；意不当辞，则虽整，可使乱也。拙之然后逾工，乱之然后逾整，句句而皆工者，必害于意；言言而皆正者，必累于辞。⑤

这段文字紧紧围绕意与辞的关系进行讨论，李建昌认为为文要先构意，

① 《明美堂集》（《丛刊》第349辑）第199页。
② 《明美堂集》（《丛刊》第349辑）第199页。
③ 《明美堂集》（《丛刊》第349辑）第199页。
④ 金泽荣《韶濩堂集》，《丛刊》（第347辑）第498页，1990年。
⑤ 《明美堂集》（《丛刊》第349辑）第120页。

在此基础上，考虑语言修辞、篇章布局等，“辞与意，不相愈之为当，当之为法，法定而文斯可毕矣”①。为文之法不能一概而论，也不能过分死板，应根据实际需要作合理选择，“适乎其相当”，他说：“长者短之，短者长之；疏者密之，密者疏之；缓者促之，促者缓之；显者晦之，晦者显之；虚者实之，实者虚之；首顾尾，尾瞻首；前呼后，后应前。或纵或擒，或揣或挫，或结或理。纷纭乎其不可一概也，了乎其不可歧也，适乎其相当也。”② 他在解读《伯夷列传》时就充分遵循了这一原则。

李建昌《〈伯夷列传〉批评》与朝鲜其他《伯夷列传》各类评论文章共同构成了朝鲜《伯夷列传》接受史。朝鲜文人创作了大量关于《伯夷列传》的评论文章，如赵普阳《伯夷传注解》、金得臣《伯夷传解》、魏伯珪《伯夷传说》、林乔镇《伯夷传解》、姜奎焕《伯夷传签录》、李云锡《伯夷传解》、李德胄《伯夷传解》、李德馨《书伯夷传》、姜再恒《辨夷齐传》等。

> 很多朝鲜文人对于《伯夷列传》的理解与评价，多从文本出发，对于《伯夷列传》中记载的伯夷、叔齐事迹，基本认为可信。同时，他们认为司马迁在《伯夷列传》中，处处引孔子之言为议论依据，以孔子自居，并能继孔子《春秋》而作《史记》，再联系《太史公自序》中的相关内容，使得他们将《伯夷列传》作为列传之首，对司马迁也多有肯定。③

二、《易》若干问题思辨及其意义

李建昌自幼研读《易》理，勤于思考，“余尚幼，读《易》乾卦，便疑既有上九，何得见群龙无首?”（《易圈序，出读易随记》）④ 疑惑一直困扰着他，直到多年后忽有所思：只有卦图而无爻图，难道是爻不可图？于是信手

① 《明美堂集》（《丛刊》第349辑）第120页。

② 《明美堂集》（《丛刊》第349辑）第120页。

③ 翟金明《文本的力量——以朝鲜汉籍所涉〈史记〉〈汉书〉资料为基础的研究》第204页，中国社会科学院研究生院博士学位论文，2017年。

④ 《明美堂集》（《丛刊》第349辑）第143页。

画大小圈子若干：

> 故三阳之圈，得干六。三阴之圈，得坤六。一阳二阴之圈，得震等三卦各二。一阴二阳之圈，得巽等三卦各二。因而重之，则一阳五阴之圈，得复等六卦各二。一阴五阳之圈，得姤等六卦各二。二阳四阴而阳相连之圈，得临等六卦各二。二阴四阳而阴相连之圈，得遁等六卦各二。二阳四阴而二阳间一阴之圈，得明夷等六卦各二。二阴四阳而二阴间一阳之圈，得讼等六卦各二。二阳四阴而二阳间二阴之圈，得震等三卦各四。二阴四阳而二阴间二阳之圈，得巽等三卦各四。三阴三阳而一间二之圈，得随等十二卦各一。三阳三阴而三相连之圈，得益等六卦各二。三阳三阴而三相间之圈，得既济等二卦各六。六阳之圈得干十二，六阴之圈得坤十二。合为小圈四、大圈十三，小卦二十四、大卦一百五十六。①

这样画法的结果是“因见六十四卦，尽在其中。正变顺逆，其妙无穷。乃悟羲皇画卦，元是以二乘三一法，乃万化之所从出，而若所谓八分十六，十六分三十二，与以八加八之数”（《易圈序，出读易随记》）②。李建昌另作《易说僭疑，出读易随记》，内容包括《疑太极不应称一》《疑太极不可图》《疑太极即作易圣人》《疑四象不当称太少》《疑先天易无了时》《疑河图洛书》《疑五行》等。限于篇幅，下面以《疑太极不应称一》《疑河图洛书》为例进行分析，以见李建昌对《易》的思考与辨析。

《疑太极不应称一》开篇曰：“古今《易》说皆谓一生两，两生四，四生八。夫两四八者，孔子之所言也。若一者，孔子之所不言也。孔子不曰易有一极，是生两仪，而曰易有太极，是生两仪。则极之得名，离乎象数也审矣。何可释‘太’为‘一’耶?”③ 李建昌对古今《易》说表示了质疑，并以相传由孔子所著《易传》作为批驳的依据，《易・系辞上》曰：“是故《易》有两极，是生两仪，两仪生四象，四象生八卦。”④ 那么何者为太极呢？李建昌

① 《明美堂集》（《丛刊》第349辑）第182页。

② 《明美堂集》（《丛刊》第349辑）第143页。

③ 《明美堂集》（《丛刊》第349辑）第191页。

④ 陈鼓应、赵建伟注译《周易今注今译》第627页，商务印书馆，2016年。

引述孔子之言加以论证，“孔子曰：形而上者谓之道是也。道固一也。如贞夫一、一以贯之，皆喻夫道也。”①

“道”是中国哲学乃至整个思想文化领域中最具影响力的范畴之一，是天地之始、是万物所依侍的根本，《老子》曰：“道者，万物之奥。”②“道”随着发展获得了越来越丰富的文化内涵，金岳霖曰：“中国思想中最崇高的概念似乎是道。所谓行道、修道，都是以道为最终的目标。思想与情感两方面的最基本的原动力似乎也是道。”③ 而“一”在中国古代文化中是一个非常复杂的概念，《老子》《淮南子》等先秦典籍认为，“一”是万物存在的根本，天地万物本原归一，《老子》曰：“道生一，一生二，二生三，三生万物”④，《淮南子》云：“一者，道之本也”（《原道训》），“一也者，万物之本也”（《诠言训》）。⑤ 李建昌指出不可以说“一生两”，理由是：“若谓一生两，则是道但生两，而自两以下，则皆自相生育，而不得直出于道矣。”⑥ 李建昌认为“道”与“一”具有等同的文化内涵，“道固一也”，是统摄宇宙自然与社会最高的本体概念。如果是“一生两”，同理类推就变成了“道生两”，自两以下就是自相生育，而不是“直出于道”，不是由“道”来统摄了。

李建昌对“两仪”也有一番独到见解：

> 且论两仪，夫两者，何也？一个又一个也。仪者，何也？阳仪奇、阴仪偶也。然则两仪者，一个奇，一个偶也。奇偶虽则两个，其实一个。何以言之？奇者，非他，即偶之连者也。偶者，非他，即奇之断者也。且今画一奇，则中一画黑者，奇也。两傍白处，已偶矣。画一偶，则左右两画黑者，偶也，而中间白处已奇矣。（《疑太极不应称一》）⑦

历代易学家关于“两仪”的阐释不一，一说为阴阳，一说为天地，一说

---

① 《明美堂集》（《丛刊》第349辑）第191页。

② 朱谦之《老子校释》，第252页，中华书局，1984年。

③ 金岳霖《论道》第16页，商务印书馆，1987年。

④ 朱谦之《老子校释》第174页，中华书局，1984年。

⑤ 何宁《淮南子集释》第58、1012页，中华书局，1998年。

⑥ 《明美堂集》（《丛刊》第349辑）第191页。

⑦ 《明美堂集》（《丛刊》第349辑）第191页。

为奇偶，一说为刚柔，一说为玄黄，一说为乾坤，一说为春秋，通常说法为阴阳。李建昌认为两仪一奇一偶，并且奇偶相辅相成，呈对立统一关系，“奇者，非他，即偶之连者也。偶者，非他，即奇之断者也”[①]。他通过画图的方式，形象地说明奇、偶的这种对立统一关系，“今画一奇，则中一画黑者，奇也，两傍白处，已偶矣。画一偶，则左右两画黑者，偶也，而中间白处已奇”[②]。所以说，虚实、高下、曲直、燥湿、黑白等，大抵有一便有二、有二便有一，是对立统一的关系。他进一步论述道：

> 易有太极，即此道之形于上者也。是生两仪，即此道之形于下者也。道形于下而为器，于是乎有形，于是乎有名，于是乎有数。形者，奇偶也。名者，阴阳也。数者，一二也。即令满世间皆奇，则何处有阳之名；满世间皆偶，则何处有阴之名。[③]

李建昌通过一系列的推理、分析后得出结论：“故知一者，对二而称也，其必在形而下之后乎？故曰易有太极，是生两仪，犹言是生一仪也。两仪可以为一仪，则太极，不可以为一极。”[④]

河图、洛书是中国古代流传下来的两幅神秘图案，历来被认为是河洛文化的滥觞，是中华文化、阴阳五行术数之源头。汉代儒士认为河图就是八卦、洛书就是《尚书》中的《洪范九畴》。《易·系辞上》云：“河出图，洛出书，圣人则人。”[⑤] 传说伏羲氏时有龙马从黄河出现，背负“河图”，有神龟从洛水出现，背负“洛书”。伏羲根据这种“图”“书”画成八卦，后来周文王又根据伏羲八卦而编成文王八卦和六十四卦，并分别写了卦辞。朱熹《周易大义》第一次把河图、洛书单列出来，并将其图置于卷目。河图、洛书成为学术界长期争论不休的问题。

李建昌对河图、洛书持怀疑态度，并从以下几个方面加以阐说。首先，关于“龙马出”之事。在李建昌看来，伏羲氏仰观俯察而作《易》，那么仰

① 《明美堂集》（《丛刊》第349辑）第191页。

② 《明美堂集》（《丛刊》第349辑）第191页。

③ 《明美堂集》（《丛刊》第349辑）第191页。

④ 《明美堂集》（《丛刊》第349辑）第191页。

⑤ 陈鼓应、赵建伟注译《周易今注今译》第627页，商务印书馆，2016年。

观则无所不观、俯察则无所不察，龙马出于此时，则亦在俯察之中，又怎么可以作为《易》的本原？并且龙马之语不见于经书，只有河图固有，“周家藏之，与天球同宝。孔子思之，与凤鸟同瑞”①，但是至今没有听说天球是何经典。其次，关于“圣人则之”一句的疑惑。“惟河图洛书，以有系辞‘圣人则之’一句，遂谓作《易》之本”，欧阳修对此也表示怀疑。但是圣人遵循“只效则其图书之象，以开人文之始而已”②，系辞也不言河图、洛书。再次，李建昌认为河图、洛书是“汉儒创纬谶，附会经典”，目的是为了取悦当权者，“除禁立官，以保遗经之一线”③。他的理由是：河图、洛书出自于一人之作，同是白点黑点，不应该把圆者标为图、方者标为书。他认为一二至九十之数，都是天地自然生成，不可能是待河图而知之。况且“若洪范一二三四，则只是序次之数，有何关系，而谓出于洛书耶”④。

李建昌对《易》的深刻体悟，缘于他“以家庭之教，蚤知文字，五岁能属词，十龄受六经”（《复峿堂族丈象秀书》）⑤，熟读中国各类文化典籍。深厚的文化底蕴使他对中国文学典籍有着理性的思考与判断，勇于质疑、敢于翻案是其突出特点，如关于《孟子》“民贵君轻”说的辨析（《读孟子》）、对曾巩《答王深父论扬雄书》的论述（《书曾子固论扬雄书后》）等。不仅对文学典籍作理性思考，“李建昌喜欢对历史人物进行再观照”⑥，《与洪汶园论荀彧书》《重论荀彧书》《于肃忠论》《论唐顺宗事》《孟敏论》等文章，对荀彧、孟敏、于谦、唐顺宗等人物以及发生在这些人物身上的事件大胆评论，独抒己见。

朝鲜朝文人曹兢燮（1873—1933）在写给金泽荣的书信中对李建昌的多篇文章进行了评价，重点指出了李建昌文章的思辨意识：

宁斋之学识，本不及农岩，而其操执议论，诚有过之者。文章则终有如前日所论，治衰之异、要其精妙处，可与望溪、惜抱相上下，而非

① 《明美堂集》（《丛刊》第349辑）第196页。
② 《明美堂集》（《丛刊》第349辑）第196页。
③ 《明美堂集》（《丛刊》第349辑）第196页。
④ 《明美堂集》（《丛刊》第349辑）第196页。
⑤ 《明美堂集》（《丛刊》第349辑）第117页。
⑥ 李岩、俞成云《朝鲜文学通史》（下）第1330页，社会科学文献出版社，2010年。

今人之所及。如《于肃忠论》，虽望溪当为之汗流。《顺宗事》是千古独见，即使昌黎见之，亦必自悔其实录《永贞行》之作。但恐是为景庙发者，而又好翻成案为新论，不能无纷纷之议耳。《己亥礼说》，密于酷吏之断狱，而老、少、南三党俱非所欲闻，无怪乎耕斋之欲去之也。《易说》亦是其所自得，可备一家。(《与金沧江书》)①

曹兢燮认为李建昌学识不及金昌协（号农岩），但他喜“操执议论”，文章议论、说理则胜于金昌协，“治衰之异、要其精妙处”可与方苞（字望溪）、姚鼐（世称惜抱先生）相提并论。李建昌“好翻成案为新论”，其《于忠肃论》《论唐顺宗事》《论己亥礼说》《易说僭疑，出读易随记》等文章，均是自得之见，取得了较高的艺术成就。虽不乏溢美之词，但曹兢燮指出了李建昌文章善于议论、说理这一特点，颇具识见。

三、欧阳修《朋党论》的受容及其价值

朋党即为争权夺利、排斥异己而形成的相互倾轧的宗派。在古代社会，士大夫结党、发生朋党之争是普遍存在的现象，如东汉党锢之祸、唐代牛李党争、宋代元祐党案、明代东林党案等。朝鲜王朝延续五百多年，期间有两百多年被朝廷各大势力组织起来的朋党所掌控，这在古代世界史上也是绝无仅有的。朋党政治现象也引起了中朝文人学者的关注与讨论，欧阳修作有《朋党论》，该文传到朝鲜后引起强烈反响，朝鲜文人竞相效仿、学习，李建昌是其中颇具特点的受容者之一。

李建昌《原论》一文近五千字，是中朝文学史上论述朋党篇幅最长的文章之一。李建昌以欧阳修关于朋党的论述引出话题，文章开篇曰：“呜乎！朋党之名，所由来远矣。然其邪正逆顺之分，与夫众寡之别，久暂之殊，可指而言也。欧阳修之论朋党，自唐虞殷周始。”② 欧阳修《朋党论》云：“臣闻朋党之说，自古有之”③，后广泛征引史实进一步说明：

---

① 曹兢燮《岩栖集》，《丛刊》（第350辑）第112页，1990年。

② 《明美堂集》（《丛刊》第349辑）第167页。

③ 李之亮注释《唐宋名家文集》（欧阳修集）第25页，中州古籍出版社，2013年。

尧之时，小人共工、驩兜等四人为一朋，君子八元、八恺十六人为一朋。舜佐尧，退四凶小人之朋，而进元、恺君子之朋，尧之天下大治。及舜自为天子，而皋、夔、稷、契等二十二人并列于朝，更相称美，更相推让，凡二十二人为一朋，而舜皆用之，天下亦大治。《书》曰："受有臣亿万，惟亿万心；予有臣三千，惟一心。"纣之时，亿万人各异心，可谓不为朋矣，然纣以亡国。周武王之臣，三千人为一大朋，而周用以兴。①

在欧阳修看来，唐尧时期，共工、驩兜等四个小人结为一个朋党，八元、八恺等十六位君子结为一个朋党；虞舜时期，皋陶、夔、稷、契等二十二人结为一个朋党；殷周时期，周武王的臣子三千余人结为一个朋党。李建昌认为欧阳修关于朋党始自唐虞殷周的说法是不够准确的，彼时还不能称之为朋党，直到东汉、唐代、宋代之时，朋党才开始大兴。东汉、唐代、宋代的朋党也有区别，东汉之党众多且持久，但是"李固、陈蕃之为忠，与夫梁冀、张让之为恶，是亦人，皆可以言者矣"②；唐代朋党则不然，"牛僧孺、李宗闵均之非君子也，亦非小人之甚者也，盖已难乎言之矣"③；宋代的朋党比较严重，范仲淹、程颐、苏轼、刘挚等都是君子，吕夷简、王安石等也不可斥之为小人，"斯尤朋党之所未有者也"。唐代朋党前后仅数十年，宋代朋党亦不过数世，却最终亡国。朝鲜朝相较于东汉、唐宋更为严重，"若夫举一国之众，而分而为二为三为四，历二百余年之久，而不复合。其于邪正逆顺之分，亦卒无能明言而定论者，惟我朝为然"④。

欧阳修《朋党论》一文的核心观点是：朋党自古有之，且有君子与小人之别，"君子与君子以同道为朋，小人与小人以同利为朋"，他由此提出"君子朋"与"小人朋"、"真朋"与"伪朋"的论题。君王要善于甄别君子之朋与小人之朋的本质区别，近君子之真朋而去小人之伪朋。用小人之朋党，国家就会动乱灭亡；用君子之朋党，国家就会长盛久兴。李建昌有别于欧阳修，他深入探讨了造成朝鲜朋党政治的原因，这主要体现在8个方面：

① 《唐宋名家文集》（欧阳修集）第25页。
② 《明美堂集》（《丛刊》第349辑）第167页。
③ 《明美堂集》（《丛刊》第349辑）第167页。
④ 《明美堂集》（《丛刊》第349辑）第167页。

其故有八：道学太重，一也。名义太严，二也。文辞太繁，三也。刑狱太密，四也。台阁太峻，五也。官职太清，六也。阀阅太盛，七也。承平太久，八也。①

李建昌对 8 个方面都做了较为细致的阐释，限于篇幅，我们重点分析“文辞太繁”“官职太清”两个方面。所谓“文辞太繁”，即“抉摘字句以罪人”，也就是文字狱。李建昌指出，文字有特殊意义，“一登纸墨，传之久远，既不可以揜匿磨灭”。所以有人将它作为排除异己、杀人害人的武器，朝鲜朝很多士子因此而惨遭横祸，“我朝百余年来，士大夫之遭党祸者，大抵皆坐于此”②。“抉摘字句以罪人”的具体做法是：“有为之考证焉，有为之笺注焉，有为之钞略其要语焉，有为之敷衍其余意焉。”③ 李建昌认为从未有曼衍烦僿如朝鲜朝这般严重者，“曼衍故不切于事情，烦僿故务刻于议论，事情不切，则曲直难明，而是非难覆，闻之者易以眩。议论务刻，则爱恶愈偏，而感愤愈激，见之者易以触”④。如果刻意从文字中寻找毛病，那么即便“有善于辞命者，难乎其无失矣”，何况文字变成党同伐异的工具。关于“官职太清”，李建昌认为为官者都希望博得清廉的名声，所以竞相争夺。隋唐以来重视科举取士，文职始盛，但是唐代翰苑、宋代两制，“其员额犹不至如我朝之滥，而权势犹不至如我朝之重”⑤。关于朝鲜朝官员臃肿现象，许筠《官论》有着深刻体悟：“我朝官制，法唐而尤滥且冗。”⑥ 具体表现在：

除政府六曹三司侍从之外，衙门员数之滥且冗，不可殚言。管宗戚一宗人足矣，而有宗亲、仪宾、宗簿等司。掌财贿，户部裕矣，而设济用、尚衣、司赡等司。典酒食，一光禄优矣，而有内资、内赡、礼宾、司导、司宰、司酝等司之分。有刑曹则不必分掌隶院，有军资监则不必

---

① 《明美堂集》（《丛刊》第 349 辑）第 167 页。

② 《明美堂集》（《丛刊》第 349 辑）第 167 页。

③ 《明美堂集》（《丛刊》第 349 辑）第 167 页。

④ 《明美堂集》（《丛刊》第 349 辑）第 167 页。

⑤ 《明美堂集》（《丛刊》第 349 辑）第 167 页。

⑥ 许筠《惺所覆瓿稿》，载《丛刊》（第 74 辑）第 229 页，1991 年。

分丰储、广兴二仓。庙乐为祀，而舍太常，别立乐院，用特一也而有典牲、司畜二署，甚至涓设分二司，医药分三处。其他杂而复者，亦难枚举。而一司之官，一色俱有二员，多则十三四，少不下六七。[①]

朝鲜朝"专以文职，为激励士大夫之具"[②]，况且"多以相荐引为用"，这种情况导致"年少气锐之士，权倾朝野，咳唾顾眄，足以荣辱当世，而不悦者乘之。急则为士祸，久则为党论"[③]。士祸是小人害士，党论是士类自相残害，危害更大。李建昌得出结论："盖天下之祸，常启于盛美。世道之患，必由于偏重"[④]。李建昌从八个方面论述朝鲜形成朋党的原因，"夫是八者，党论之所由来也，而其得失则彼此均焉"。找出形成朋党的原因，知其然知其所以然，才能对症下药，从而根除朋党，改变这种政治局面，这比只是理论性论述更具现实指导意义。

李建昌《原论》拓宽了对朝鲜朋党的认知，也体现出他强烈的政治参与意识。朝鲜文人根据本国政治的实际情况，创作了大量论述朋党的作品，如柳成龙《欧阳子〈朋党论〉》、许筠《小人论》、李德寿《朋党论》、丁范祖《朋党论》（上中下篇）等，这些文章各有侧重，从不同的角度阐释对朋党的认识。柳成龙《欧阳子〈朋党论〉》继承欧阳修从儒家"义""利"角度区分君子与小人，并将辨别君子、小人的希望寄托在人君身上的观点，但不同意欧阳修将朋党界定为中性词。柳成龙认为朋党应有褒贬之分，他将"君子之真朋"与"小人之伪朋"修改为"君子之朋"与"小人之朋"，尽管只是去掉了"真""伪"二字，意思却发生了根本的变化。许筠所处时代是朝鲜党争最为激烈、最为复杂的时期，其《小人论》虽题为论"小人"，实则痛斥的是"淫朋之害"。许筠认为古代的小人与现今的小人虽称谓一样但内涵有异，"古之所谓小人者，其学足以济其辨，其行足以欺夫俗，其才足以应乎变。故其在位也，人不测其中，而足以行其所欲为"[⑤]。许筠认为当时参与党争的人都是党同伐异、争权夺势的"淫朋"，当今国家既没有小人也没有君

① 《惺所覆瓿稿》,《纵刊》（第74辑）第229页。

② 《明美堂集》（《丛刊》第349辑）第167页。

③ 《明美堂集》（《丛刊》第349辑）第167页。

④ 《明美堂集》（《丛刊》第349辑）第167页。

⑤ 《惺所覆瓿稿》,《丛刊》（第74辑）第232页。

子，有的只是党同伐异之人。李德寿《朋党论》将欧阳修的朋党自古有之，人君应明辨真伪、退小人而用君子的观点作为立论依据，再借鉴许筠当今国家士大夫皆为党同伐异之徒一说，指出党争终将导致国家灭亡，去朋党势在必行。他因此提出“告诫”“薄谴”“重罚”三步走的去朋党战略思想。丁范祖《朋党论》（上中下篇），上篇从古今对比的角度阐说朋党，中篇和下篇讨论如何消除朋党之祸。

《原论》体现出了李建昌一贯的政治参与意识，他作有大量谈论朝鲜政治、社会发展等问题的文章，如《拟论时政疏》《论钱币房屋疏》等。《拟论时政疏》近七千字，是李建昌给朝鲜国王的上疏，试看文末一段总结性文字：

> 自今伊始，凡有一念之不实者，省察而亟改之，无留于方寸。一事之或私者，尅复而决祛之，无淹于时日。廓然而大中，蔼然而至诚。高听远视，勿以聪明自用。真知实践，勿以声貌袭取。监先宪而率旧章，勿为无益之变更。崇耆德而信正士，勿听近习之干求。分官授职，勿亲丛脞之务。立经陈纪，勿启委靡之渐。人有不用，用之必专，事有不任，任之必久。精选牧民之官，勿频移而数递。慎守命德之器，勿骤躐而累迁。廉勤者奖之，贪懦者黜之，恬静者引之，躁竞者抑之，谠直者进之，阿顺者远之。有功必赏，而勿滥加予赉。有罪必罚，而勿轻施赦宥。勿开进羡之路，以小利隳大体。勿置供奉之藏，以私蓄绌公用。外至珍玩之类，屏之斥之，勿近于圣躬。土产常用之物，爱之惜之，俾纾其民力，昧爽丕显。于以饬励百工，向晦燕息。于以节宣六气，日行讲对之筵。谨其程限，而无或间断。极选顾问之士，简其礼数，而使之尽言。上自六经四书祖宗谟训，以至历代名臣章疏，如朱子前后封事及陆贽、李纲诸奏，不必专求于一书，惟取切要于时政。更进迭御，循环反复，心究体验，默契深造，则必有犁然而有味。①

语段内容是对国王的种种规谏、期许，希望国王知错能改、赏罚分明、举贤授能、广泛听取建议、节俭而不奢侈、重视经筵等。《原论》《拟论时政疏》《论钱币房屋疏》等，体现出李建昌强烈的政治参与意识，蕴含着积极的

① 《明美堂集》（《丛刊》第349辑）第101页。

经世致用精神。

李建昌对中国文学的批评与接受是多方面的，突出体现在《伯夷列传》解读、《易》若干问题思辨、欧阳修《朋党论》受容等方面。从文本解读、经典考辨到文心抉拾，构筑了中国文学批评与接受的鲜活个案，有着突出的学术意义，丰富了朝鲜《史记》接受史，也为朝鲜士子提供了一套解读文学文本的方法。李建昌“好翻成案为新论”的思辨意识，使其文章呈现出鲜明的艺术特点，在朝鲜文学史上独树一帜。李建昌强烈的政治参与意识，使其对朝鲜政治、社会等存在的现实问题能给予理性的思考与判断。

（王成　黑龙江大学文学院副教授）

传承儒家思想的活化石

——韩国乡校考*

李　燕

摘　要：作为儒家的传统学校，乡校在朝鲜半岛已存在1000多年。乡校最早产生于高丽早期，名称确立在1127—1142年间，职能包括了祭祀、教学等，兴盛于朝鲜早中期，衰退于后期，丧失教育职能在朝鲜末期，日本统治时期成为日帝掌控地方势力的根据地。20世纪60年代儒教正式成为韩国的宗教之一后，乡校也成了儒教的重要传教之地。迄今仍通过忠孝、礼节班、书法等教育课程发挥着地方教化功能，其传统建筑也成为儒家传统文化的重要载体，意义非凡。

关键词：儒家　韩国　乡校

《左传》襄公三十一年（公元前542）“郑人游于乡校，以论执政。然明谓子产曰：‘毁乡校何如？’子产曰：‘何为？夫人朝夕退而游焉，以议执政之善否，其所善者，吾则行之；其所恶者，吾则改之。是吾师也，若之何毁之？’”① 这段关于乡校的最早历史记载说明“乡校”早在公元前6世纪就已经产生了，而且其功能还包括了自由的议政权利，带有某种地方议会的色彩。后来韩愈还专作一篇《子产不毁乡校颂》来赞扬子产的这种支持言论自由而使国家得到治理的精神。所以中国最早的“乡校”形象可以说是树立为了一种民主政治的理想境界，之后历史中的乡校也继续存在，作为地方教育机关，用于为科举培养地方人才。

---

* 本成果受北京语言大学校级科研项目（中央高校基本科研业务专项资金）赞助，项目编号为18YBB35。

① （清）阮元校刻《十三经注疏·春秋左传正义》（卷40）第4376页，中华书局，2009年。

如今传统的乡校在国内已经难见踪影，而在韩国却仍然保留着大大小小的传统乡校。现共有234所乡校分布在韩国各地，其中首都圈30所、江原道16所、忠清道56所、全罗道55所、济州岛3所、庆尚道74所。[①] 所有乡校的名称皆以“地名+乡校”的形式构成，如“阳川乡校”“忠州乡校”“江陵乡校”“庆州乡校”，等等。

韩国乡校的历史悠久，它是随着儒学传播到朝鲜半岛而出现的，可以看作是儒学在朝鲜半岛成熟的标志之一。朝鲜半岛的“学校”最早可追溯到高丽太祖十三年（930），太祖王建（877—943）于西京（现平壤）“创置学校，命秀才廷鹗为书学博士。别创学院，聚六部生徒教授。”[②] 这里的“学校”因属于京城，所以跟“国子监”“太学”的意义相近。而“六部生徒”应该指跟京城对应的地区行政单位的学生，因为新罗（前57—公元935）建国之始就有地方分六部的记载。所以，最开始的乡校应该是王建创立的“学院”。地方学校的广泛兴起应该是仁宗五年（1127）的3月，“诸州立学，以广教道”[③]。而“乡校”一词首先出现在《高丽史》中是在仁宗二十年（1142）2月：“东堂监试，赴举诸生，须赴冬夏天都会，许录姓名。在外生徒，各于界首官乡校都会，给状赴试。”[④] 所以，可以推测出“乡校”一名使用的确立在1127—1142年间。高丽朝起，朝鲜半岛的乡校便具备了祭祀、教授儒学经典、为成均馆选拔生徒的职能，其运营的经济基础是朝廷拨给的位田，乡校儒生可免服军役。

而到了儒学大兴的朝鲜时期，乡校在高丽朝基础上有了更大的发展。根据《朝鲜王朝实录》的详细记录，其经济基础具体到土地、奴婢及书籍等方面。朝鲜王朝提供给乡校的土地扩大至祭田、位田和学田；并且拨给各级乡校不等数额的官方奴婢供使用，级别等同于司级；还颁赐给乡校各种儒学经书及儒学大家文学之书，以保障乡校教学的正常进行。作为朝廷财政全面支

---

① 成均馆官网数据，http://www.skk.or.kr/skin/。

② 郑麟趾等撰《高丽史》志卷28，http://db.history.go.kr/id/kr_074_0010_0020_0010_0010. 本数据库附有影印纸质原文，因此可与纸质出版书籍具有同等引用效力。

③ 郑麟趾等撰《高丽史》志卷28，http://db.history.go.kr/id/kr_074_0010_0020_0010_0210.

④ 郑麟趾等撰《高丽史》志卷27，http://db.history.go.kr/id/kr_073_0010_0020_0120_0110.

持的地方官学，乡校所具有的社政功能也是重要而多样的。其中包括了继承自高丽朝的地方教化、儒学人才培养及祭祀圣贤的功能，同时还衍生了乡校生徒直谏的特权，无才高龄生徒甚至可充当低级官吏或充兵力，乡校还成了高级官吏被贬之地。朝鲜早中期的乡校，一方面具有出现在朝廷议政内容之中的崇高地位，一方面又存在着无法回避的痼疾。首先是难以避免的自然灾害，失农歉收会对需要官田作为经济支撑的乡校造成停业危机，生徒若无粮食供给，只能被遣散回家读书。其次是从世宗时期（1418—1450）就开始出现的生徒废学、恣意妄为的士风败坏现象。朝廷崇尚儒学而给予的优渥条件和地位反而诱发了乡校生徒恃才骄纵无礼、训导教官等尸位素餐、以乡校为避役安身之所等的另一极端恶相。由此，从朝鲜中期即逐渐呈现的乡校祭祀之礼被破坏、乡校生徒成分由士族转平民、乡校被贱视等现象持续发展到朝鲜后期之时，从英祖初期（1724—1776）开始，乡校就正式颓废了，被书院的盛世所取代。朝鲜末期随着甲午改革（1894—1896）中新式教育体制的设置，乡校的地方教育功能被新式学校取代，只剩下了祭祀的功能。[①]

从大韩帝国（1897—1910）时期开始，日本帝国主义势力开始侵入朝鲜半岛，乡校成为其掌握地方势力的手段之一。日本完全占领朝鲜半岛后的殖民统治时期（1910—1945），虽然1911年成均馆被废除了，但乡校却得以保留，并且发生了一系列变化。首先是随着日本帝国主义对朝鲜半岛行政区域的改变而使得朝鲜时代的很多乡校被废除或并和，数量上有所减少。其次是将已经由地方儒林自主管理的乡校财产转换为了政府管理，而且乡校收入的六成以上被拿去维持普通学校的运营，只有小部分用来维持乡校的祭祀及建筑的维护方面。不过在1919年“三一运动”以后，乡校的收入在独立运动的压力下被转换为了地方教化的费用，即用于日本帝国主义推行朝鲜半岛的怀柔政策，主要经费项目包括有视察团体和儒林团体的补助、演讲、建立图书馆、作诗大会、长寿宴等等。再次是乡校的祭祀活动，参加的主导阶层由儒林人士逐渐变为了日本官吏和普通学校的教职工及学生们，祭祀后还追加了以亲日为目的的讲演活动。[②] 可以说，乡校在日本殖民统治的时期成了日帝掌

---

① 李燕《从〈朝鲜王朝实录〉看乡校衰落的内因》，《国际言语文学》第47号（韩国首尔），2020年。

② 金明友《日帝植民地时期乡校研究》，韩国中央大学博士学位论文，2007年12月。

握地方势力的重要媒介物，而主导乡校的儒林也在这个时期显示了不可忽视的力量，亲日与抗日共存。

1945 年解放以后，乡校重新回归儒林。该年 10 月全国儒林大会在成均馆召开，不仅让成均馆还原，还成立了儒道会。1963 年“财团法人成均馆”设立，“儒教”这一概念正式化，开始作为一种现代形式的宗教与其他七大宗教（佛教、基督教、天主教、圆佛教、天道教、大倧教、大巡真理会）并存于韩国，成均馆则是儒教的“总本山”。而一直保存完好的乡校成了儒教的地方布教之地，受成均馆领导。儒教的传教活动则由“儒道会”这个组织来实施。于是儒家思想在当下的韩国分两个渠道传播，一是属于学术研究的儒学，二是属于宗教活动的儒教。乡校就相当于儒教的各地“教会”。然而截至 2015 年的儒教信徒数（75，703）比 1985 年的统计数目（483，366）少了 40 万名左右，从某种程度上可以反映出三十年间儒家思想在韩国民间的衰落趋势。其中主要是受到基督教思想的强有力攻击，祭祀与否已经成为儒教家庭与基督教家庭的标志性区别。①

尽管面临着西方宗教的强烈攻势，成均馆及其领导的乡校仍然在继承和发扬儒家思想的道路上砥砺前行。首先在乡校的数目上没有太大波动，很好地保存了活动的根据地。关于乡校的具体数目，据《世宗实录》地理志的记载，可知当时多达 329 所。根据一邑一校的原则，后来乡校的建立和废除都跟行政区域的变动密切相关。朝鲜时代最后建立的乡校是韩国的统营乡校和鳌川乡校。1919 年全国共有 349 所，而到了 1944 年全国变为了 327 所。1945 年朝鲜半岛摆脱日本帝国主义的统治后，南边韩国所拥有的乡校（现今 234 所）要多于北边朝鲜（现今 114 所②）。韩国各道乡校的数目不仅跟该道的行政区域划分有关，而且还反映了当地儒学传统的深厚。例如，庆尚道的乡校数目最多，正好跟配享文庙的韩国十八贤中庆尚道出身的数目相呼应，其中有七名出生在庆尚道，占有近一半的比例。由于这些乡校都是维持着传统建筑样式，很多规模较大且年代久远的都被指定为了不同级别的物质文化遗产。截至 2017 年，儒教拥有国家指定文化遗产 99 处，从某种意义上可以说是为

① 成均馆编纂的《儒林手帖》及韩国文化体育观光部《2018 年韩国的宗教现况》报告书。

② Chen Yufei《现代韩国社会乡校的功能和意义变迁：以江原道春川乡校为中心》，江原大学硕士学位论文，2016 年，第 15 页。

儒家思想的继续传递起到了保护作用。

这些传统建筑构成的乡校主要由三个空间构成，即祭祀功能的文庙空间、教育功能的讲学空间及辅助祭祀和讲学的后勤空间。乡校内部建筑的空间排列主要遵循中轴线原则或随自然环境而布局。按中轴线分布的建筑呈左右对称的形式，随自然环境分布的建筑则依据地势的高低来体现各自的位阶。中轴线布局的乡校一般位于平地，随自然环境布局的乡校一般处于倾斜之地。乡校的建筑从外观上看，接近于中国北方的传统式建筑，主要包括了大成殿、东西庑、明伦堂、东西斋、内外三门、楼阁及祭器库等。其排列方式共有四种：前庙后学、前学后庙、左学右庙、右学左庙。"庙"指祭祀儒家圣贤用的大成殿，"学"指用于讲学的明伦堂。平地的乡校一般采取前庙后学的配置方式，而倾斜地的乡校较多采用前学后庙的布局。大成殿两侧配两庑，明伦堂两侧配两斋。虽然各个乡校会有差异，但一般孔子及四圣（颜子、曾子、子思、孟子）配享于"殿"，韩国的十八贤（薛聪、崔致远、安裕、郑梦周、金宏弼、郑汝昌、赵光祖、李彦迪、李滉、金麟厚、李珥、成浑、金长生、赵宪、金集、宋时烈、宋浚吉、朴世采）及中国其他儒家圣贤配享于"庑"。大成殿一般采用五至七梁架构、圆柱，两庑一般采用三梁架构、方柱。大成殿、明伦堂一般采用庑殿式屋顶，其他建筑一般都采用悬山式屋顶。这些建筑上的差异皆体现了礼制上的等级上下，也是儒家思想最坚固的载体。

然而乡校不只是沉睡的传统建筑，它仍然热血沸腾地活动着。如今乡校设立的目的被设定为以儒教精神基础阐明道义、扶植伦理、发展文化、振兴功德，管理人员包括典校、掌议、监事。典校由成均馆任命，掌议由该乡校的儒林总会根据该地的人口数量决定。每个乡校都设有财团法人，财团理事也由儒林代表担任，财政由基本财产收入和赞助资金构成，用于文庙的维修、教育及其他教化事业、儒教的振兴等等，而且每年要把财产收入的10%缴纳给成均馆。[①] 在祭祀方面，各地乡校都要实施儒教所规定的定期仪礼——释奠（阴历二月、八月的上丁日）和焚香礼（阴历每月朔望日），追思儒家圣贤。在地方教化方面，20世纪80年代以后，全国乡校都开设了"青少年人生教育现场教室"，如今共同的新运营方式是开设礼节班、忠孝班、书法班、传统文化班等。韩国人在日常行为中表现的种种礼节，无不跟乡校的这些教化活动

① 《儒林手帖》。

相关。

因此，可以说乡校不仅是儒学在历史发展中遗留下来的活化石，展现了儒家教育和礼制的风貌，而且当今仍然在继承和传播儒家思想，是儒家思想深入民心的关键媒介体。各个地方信奉儒家思想的儒林人士把乡校作为精神的依托之处，并通过它将儒家的核心思想简要地传递给民众，而且让儒家的礼仪规范得以代代相传，保存至现在。

［李燕　北京语言大学孔子与儒家文化研究所特聘研究员，
韩国东国大学（首尔）文学博士］

·蒙古汉学研究·

蒙古国汉学家策·巴扎尔日格查*

包呼格吉勒图

摘　要：本文就蒙古国汉学家、蒙古国国立大学教授策·巴扎尔日格查在汉学研究领域所做出的贡献做了简短梳理。

关键词：策·巴扎尔日格查　蒙古国　汉学研究

蒙古国著名作家、翻译家、汉学家策·巴扎尔日格查先生1938年出生于蒙古国阿鲁杭盖盟（省）额尔德尼满都拉苏木（县）。他1957年考入蒙古国国立大学语言文学系汉语班，曾师从确·罗布森扎布、策·达赖等毕业于北京大学的名师，2003年获得蒙古国国立大学汉学方向博士学位，是蒙古国国立大学最早培养出的一批汉语人才之一（共9人）。毕业后，1962—1975年期间，他曾在蒙通社工作，从1975年开始在蒙古国国立大学教授汉语课程，直至2010年退休。2014年，他因病在乌兰巴托逝世。

身为作家的他笔耕不辍，1970—2009年共出版了《雪山上的雪》（1970，小说集）、《塔米尔河的鹅卵石》（1974，小说集）、《火焰》（1979，小说集）、《睿智》（1979，散文集）、《花的原野》（1980，小说集）、《走马驹》（1981，小说集）、《梦中的山谷》（1989，诗歌集）、《狗吠声》（2009，小说集）等8部作品集和一部长篇小说《母校的太阳》（1975）。先后获得过"蒙古国文化功勋奖章""达·纳楚克道尔吉文学奖""蒙古国自由作家协会奖""蒙古国翻译家协会奖"等诸多荣誉。

---

* 本文系2019年度内蒙古哲学社科规划项目"中蒙现当代文学交流70年回顾与展望"的阶段性成果，批准号（2019NDB082）。

策·巴扎尔日格查先生毕生为推动蒙古国汉学事业做出了杰出的贡献，在汉语教学、译介中国文学方面建树颇丰。

一、策·巴扎尔日格查先生的汉语教学业绩

策·巴扎尔日格查先生从事汉语教学三十余载，在教材建设和培养汉语人才方面付出了辛劳。蒙古国国立大学从1957年开设汉语班到60年代中期停办汉语教学为止，汉语班学生所能读到的参考书目唯有额·古尔斯德先生所编的《蒙华简略辞典》(1952)、《蒙中会话》(1957)，汉语教学全靠任课教师边写教案边授课为主，汉语教材建设无从谈起。20世纪70年代中期蒙古国国立大学恢复汉语教学后热衷于汉语教学的策·巴扎尔日格查先生毫不犹豫地从蒙通社转到国立大学教授汉语课程，并编写了多部教科书和教参著作，对推进蒙古国汉语教材编写工作起到了促进作用。他先后编著了《汉语词汇手册》(油印本，1981)、《翻译教程》(1985)、《汉蒙词典》(手稿，1985)、《汉蒙名词比较》(1992)、《汉蒙翻译比较研究》(合著，1999)、《蒙汉语翻译法》(2002第一版，2012第四版)、《蒙汉-汉蒙大辞典》(2007)、《汉蒙成语词典》(2010)等。

策·巴扎尔日格查教授在三十余年的汉语教学岗位上共培养了200余名汉语人才，指导的汉学方向研究生就有19名，其中硕士16名、博士3名。目前，在蒙古国汉学界挑大梁的人物多为策·巴扎尔日格查教授的学生，如翻译《论语》《大学》《孙子兵法》《习近平谈治国理政》的末·其米德策耶、译介《三国演义》《狼图腾》等诸多文学作品和中国电视剧的德·宝鲁德巴特尔、著有《中国古代文学史纲》的雅·钢巴特尔等。他们不仅共同构建了当今蒙古国汉学研究的梯队，也为促进中蒙两国人文交流做着应有的贡献。

策·巴扎尔日格查先生长期从事培养汉语人才工作的同时还每时每刻地在关注着他们的成长，为此他注入了极大的精力和心血。他多次为爱徒们的汉学成果担任过审稿人或翻译审校人，提出了诸多建议和修改意见，从而鞭策后人多出好著作。例如：为末·其米德策耶翻译的《论语》担任翻译审校人，为雅·钢巴特尔的《中国古代文学史纲》一书担任审稿人，为勒·确吉乐玛译著《对外汉语教学实用语法》[1] 担任编审，为特·察哈尔编著的《中

① 卢福波《对外汉语教学实用语法》，北京语言大学出版社，1996年。

国少数民族》(2005)一书作序等。

二、策·巴扎尔日格查先生对中国文学的译介

策·巴扎尔日格查深受蒙古国老一辈汉学家确·罗布森扎布先生的影响，特别注重翻译介绍中国文学的重要性。确·罗布森扎布先生曾翻译出版过鲁迅作品集《长明灯》(合译，1962)和《中国古代笑话故事》(1962)。如同其恩师，策·巴扎尔日格查先生从事中国文学的译介工作多年，先后出版了老舍作品集《月牙儿》(合译，1973)、诗集《光的赞歌》(1989)、《诗经》(1999)、《席慕蓉诗歌集》(2006)、中国古今文学作品集《祝愿》(2006)等。由于我国学界宣传报道蒙古国汉学成果极少，国内学人对策·巴扎尔日格查先生翻译的这些成果还很陌生，在此有必要一一详细介绍。

老舍作品集《月牙儿》是中蒙关系交恶时期在蒙古国出版的唯一一部中国文学作品集，此作品集囊括了老舍的《黑白李》《马裤先生》《善人》《断魂枪》《牺牲》《月牙儿》《柳家大院》《老字号》等小说。正因为这部翻译作品的存在，即便在中蒙两国关系最不理想之时，两国间的文学交流也未曾间断。这其中策·巴扎尔日格查先生功不可没。此书前言中较详细地介绍了老舍先生的文学创作经历。

《光的赞歌》是以艾青的诗《光的赞歌》命名的中国现当代诗歌集。此诗歌集的规模可称得上前所未有，除收录了艾青的《光的赞歌》《雪落在中国的土地上》《我爱这土地》《煤的对话》等14首诗外，还包括了田间、白桦、胡乔木、北岛、冰心、顾城、韩霞、王亚平、臧克家、顾城等39位汉语诗人的75首诗。这部诗集同时还收录了中国少数民族诗坛上具有一定影响力的作家诗歌，如蒙古族的纳·赛音朝克图、巴·布林贝赫、阿尔泰、奥斯尔、道·德力格尔仓、勒·敖德斯尔、仁·斯钦朝克图以及藏族的饶介巴桑，哈萨克族的塔里木、维吾尔族的黎·穆塔里夫等11位诗人的27首诗。这是蒙古国出版的第一部中国多民族诗人作品集。序言中策·巴扎尔日格查先生以《中国现当代文学发展概述》为题写了近2万字的介绍性文章。

1999年出版的《诗经》译作是策·巴扎尔日格查先生为纪念中蒙两国建交50周年献礼的作品。策·巴扎尔日格查先生参考张松如的《诗经选读》(1951)、余冠英的《诗经选译》(1957)、袁愈安的《诗经全译》(1991)、

王宗石的《诗经分类诠释》（1993）等中文文献，选译完成了这部基里尔蒙古文版《诗经》。策·巴扎尔日格查先生基里尔蒙古文版《诗经》的序言中详细介绍了《诗经》在世界各国的传播情况。策·巴扎尔日格查先生在其《我翻译的〈诗经〉》一文中提到了他翻译《诗经》的良苦用心，他说“早在16、17世纪，蒙古文人已把中国经典长篇小说翻译成蒙古文，唯独这一中国文学经典还未有蒙古文译文，我们年轻一代的很多人至今对于这部经典闻所未闻，属实一大憾事。我国70余年来过于推崇西方文明而忽视了东方文明这一根本，时至今日我国译介东方文学经典数量少之又少的状况足以证明这一观点。本人虽深谙能力有限，但出于填补中国文学经典《诗经》未出现蒙古文译文的空白，还是竭尽全力地完成了这本拙作，以飨读者”①。

2006年出版的《席慕蓉诗歌集》是在蒙古国出版的第一部中国台湾作家诗歌集，也是席慕蓉在蒙古国出版的第一部作品集。席慕蓉在蒙古国出版的第二部作品集《我的家在高原上》（散文集）则由策·巴扎尔日格查先生的学生德·孟和吉日嘎拉翻译完成，于2011年出版发行。

中国古今文学作品集《祝愿》是策·巴扎尔日格查先生平生最后完成的译作，书名缘于鲁迅先生的《祝福》，但为避免与早先阿日图儒先生翻译出版的《祝福》重名，特意取名为《祝愿》。《祝愿》中囊括了李白、王维、杜甫、鲁迅、殷夫、臧克家、陆文夫、玛拉沁夫、冯骥才、张承志、梁小斌、舒婷等古今中国作家的诗歌、散文和小说。

除此之外，策·巴扎尔日格查先生还翻译出版了越南人民领袖胡志明汉语诗歌集《狱中诗抄》（1995），此译作后又被《回忆胡志明》（2000）一书收录。

结　语

策·巴扎尔日格查先生在教授汉语和译介中国文学之余，还在《蒙古国科学院语言文学研究院学报》《蒙古国国立大学学报》《蒙古消息报》等重要学术载体上发表了《蒙汉术语规范化的几个问题》《蒙古语中的汉语词汇》《论中国现当代文学的革新》《论〈诗经〉》《东方诗人博·雅布呼朗与李白》

① 策·巴扎尔日格查《心声》（论文集）第164—165页，乌兰巴托，2014年。

《毛泽东诗词的语言运用特征》等近20篇汉学方面的研究论文。

他曾参加过在北京北戴河举行的“第二届诗经国际学术研讨会”(1995)，宣读的《诗经的蒙古文翻译与蒙古民歌》一文被收录于《第二届诗经国际学术研讨会论文集》①。

策·巴扎尔日格查先生的一生是在加强中蒙两国文化交流的事业中度过的，他为研究传播中国文化事业一直勤奋工作，为中蒙两国人民民心相通铺路架桥，直到生命的最后一息，是值得我们铭记的一位汉学家。

（包呼格吉勒图　内蒙古社会科学院副研究员）

① 中国诗经学会编《第二届诗经国际学术研讨会论文集》，语文出版社，1996年。

·南亚汉学研究·

汉喃文化接触视域下的越南身体观研究

——以越南抄本《人身赋》为例*

李几昊　陆和凯　姚洁敏

摘　要：越南文化是汉文化圈的重要组成部分之一，其内容和形式受到了中国传统哲学文化的影响。《人身赋》类文献反映了越南对人体生命认知的构建，在越南文献中颇具特色。本文对现藏于越南国家图书馆的 R. 325 抄本《人身赋》进行文献解读，与中国哲学相比较，认为其受到中国传统哲学中“天人观”“气论”“天道循环”等影响，并进一步发扬，形成了别具特色的越南身体观。

关键词：人身赋　身体观　越南哲学

越南作为中国的邻国，自古以来就受到中国传统文化的影响，无论是越南古代所使用的文字和政治制度，还是其风俗习惯和建筑风格，都体现着浓厚的中国气息。其中的生命医学文献更是体现了中国传统哲学文化，王小盾先生团队就曾对汉喃古籍进行了全面的描写，如：《乐生心得》用易学原理来解释人体；《医书运气》序直言：会论医书全是易，闲看易道总是医；黎朝太医院大使林答英编撰的《傅中明理录》就以“傅中”“明理”等理学核心理论指导医学实践；罗溪先生编撰的《泽园辑要医书》在“太极学说”的影响之下以“先天太极”模型来构拟人体结构。① 李无未先生曾提出“东亚语言学”视域的学术理念，跨越“国别”和“语系”范畴，着眼于历史上形成的

* 教育部人文社科项目：中医原创思维的易学方法论研究（编号：19JCZH223）。

① 鉴于国内汉喃文献有限，此处提到的越南文献皆出自刘春银、王小盾、陈义主编《越南汉喃文献目录提要》，中央研究院中国文哲研究所，2002 年。

“汉字文化圈”内“跨文化”互动的东亚语言学学术关照关系，同时提出“环流”研究理论模式，从“东亚各国为一个文化整体”的学术角度出发，去研究汉文化圈的文化接触。① 该文化理论是李无未先生以“汉语史”为研究对象而提出的，但笔者以为，该理论亦可指导汉文化圈的哲学文化研究。本文基于李先生的“东亚汉文化圈”接触互动思想，以《人身赋》为例对越南“身体观”进行分析，剖析其思想的中国哲学来源和越南“在地化”状况。

《人身赋》是越南传统文献中的一种关于生命起源、发展、人体构造、脏腑功能的歌赋体文献。其反映了越南对人体生命的认识，同时又深受中国传统哲学的影响。因此，对《人身赋》进行研究和分析，可从中窥探中越文化哲学中对身体认识的异同。

王小盾先生《越南汉喃文献目录提要》记载了五种《人身赋》抄本，分别为 VHv. 1815、VHv. 1025、VHv523、VHv. 2093、VHv. 579，真柳诚在越南国家图书馆又发现 R. 325，皆为未刊写本。国内对此类文献关注甚少，王小盾所记录文献笔者未能目睹，今以笔者所见真柳诚在汉喃研究所发现的 R. 325《人身赋》抄本为例进行分析②，以希引起对汉喃文献研究的关注。

一、越南抄本《人身赋》概览

《人身赋》为 19—20 世纪的写本，共 1 册 62 页。书高 26. 7 厘米，幅 14. 8 厘米。无界、无边、无鱼尾。每半页 6 行，行约 26 字，小字双行，未注作者。该抄本论及人身内容仅有开头 3 页余 3 行。③ 后为《室女赋》《百方赋家传秘法》《礼天地及天官科/祈病通用》及治病祝由之法，本文探讨的仅《人身赋》论及人体生命的内容。

《人身赋》按照其中描述的内容和特征，可以大致分为三个主要部分：人体的生成和发育过程、人体器官的属性及其运行、机体的盛衰。第一部分作为《人身赋》的开端，从人体的本源和胚胎的形成进行阐述，以“气”

① 李无未《东亚语言学视阈下的汉语史研究》，载《东疆学刊》2013 年第 4 期。

② ここは医史学の真柳研究室です・ベトナム國家圖書館の古醫籍書誌。http://square.umin.ac.jp/mayanagi/.

③ 本文所研究的《人身赋》文本来源于越南国家图书馆，https://lib.nomfoundation.org/collection/1/volume/858/.

作为人体的本源，对人体的形成进行了一个本体论上的建构，“五行范体，四气成形，兹有一人之天定真为万物之最灵”“气禀氲氤，反视诸天地之气，近取诸男子之身，天有五色五行风云霜露，人有六经六腑精血液精……”，进而再讲到具体的胚胎形成机理和发展过程，“秉一元之胜赋，以生具初生也，母血初开，父精滴至，阴阳交而射子宫，精血合而遂冲气成一团圆……”，并按时间的推移而对胚胎的发展分别进行描述，其中从胚胎形成的第一个月到第十个月都有较为具体的状况描述，“一月如白露结珠，二月如桃花办子，三月四始生男女，成五脏血脉象形，五六间始受火金具四肢骨筋脾胃毛发……”。第二部分主要对人体内脏器官的功能属性和运作方式进行描述，阐述人体各脏器的从属关系和协调作用，“肺右属心而鼻居肺部吸入肾与肝，耳属肾而目存肝，脾肝属四肢……脾肾心肺血多气少”。第三部分聚焦于人的机体的盛衰以及养生之道，“谨其身，人可为人，使其志定气闲心清神悦，戒色欲正思虑以养心神，寡言语薄滋味以养气血，节劳逸以养五脏筋骨。”

二、中国哲学对越南身体观的渗透

1. 天人合一的身体内涵

天人关系是古代中国人的基本思维方式之一，中国传统哲学的天人关系有天人合一的思想。《老子》：“故道大，天大，地大，人亦大。域中有四大，而人居其一焉。人法地，地法天，天法道，道法自然。”[①]《庄子》云：“天下莫大于秋毫之末，而太山为小；莫寿于殇子，而彭祖为夭。天地与我并生，而万物与我为一。”[②] 老庄皆已认识到人和天的同一性特征。《孟子·尽心》言：“尽其心者，知其性也。知其性，则知天矣。存其心，养其性，所以事天也。夭寿不贰，修身以俟之，所以立命也。”《中庸》亦谈到“天命之谓性，率性之谓道，修道之谓教。”[③] 张岱年从中国哲学思想流变中总结出天人合一有两个层次，即天人相通和天人相类。[④] 程雅君在张岱年的二分法基础上，通过《黄帝内经》等医学文献对天人合一提出了更细致的分类，认为天人合一

① 李存山注译《老子》第79页，中州古籍出版社，2008年。

② 陈鼓应注译《庄子今注今译（上）》第32页，中华书局，1983年。

③ （宋）朱熹撰《四书章句集注》第25页，岳麓书社，2008年。

④ 张岱年《张岱年自选集》第55页，重庆出版社，1999年。

具有四层内涵，即天人同构、天人相应、天人交通、天人和谐。四者为递进关系。[①] 天人合一观念是中国古代思想家在对宇宙自然的探索中形成的抽象思维方式，并用以服务社会生活中各个领域的理论构建和实践方式。

《人身赋》中多处体现了“天人合一”的思想，通过和中国哲学天人合一思想比较，二者有明显区别。如论及人体构成就完全比附于天地，简单把天的结构特点与人体的结构特点进行类比：“天有五色五行，风云雾露，人有六经六腑，精血津液。天有阴阳升降，人有脏腑调兮。”其中不仅涉及了天和人的同构性，而且意识到了天人的同源性。“五行”和“气”是构成天和人的根本因素，“五行范体，四气成形”，此处有天人相应的萌芽，但是并未进行更完善的论述。此论述与汉代董仲舒《春秋繁露·人副天象》：“物疾莫能偶天地，唯人独能偶天地。人有三百六十节，偶天之数也；形体骨肉，偶地之厚也。上有耳目聪明，日月之象也；体有空穹进脉，川谷之象也……何高物之甚，而类于天也。”[②] 有高度相似性，即认为人和天在形体上具有相似的结构和性质，人乃天之副本，即天和人的类似性和同一性，属于张岱年二分法中的天人相类的内容和程雅君四分法中早期天人同构阶段。

综上所述，《人身赋》虽继承了中国天人合一的思想，并作为身体观的认识方法，以对天的认识来解释对人体的认识，体现出中国传统的整体观。但相对于中国天人关系而言，《人身赋》的天人合一思想仅发展到天人同构的层次，只是比较机械、朴素地将天与人进行关联，而没有像中国一样进一步发挥出天人合一的最终状态“天人和谐”，上升为一种更具能动性的理论指导。

2. 以“气”为本的身体构建

“气”是核心的哲学范畴，被中国哲学家赋予了本体论、认识论和伦理道德等意义，在中国传统哲学中占至关重要的地位。

中国传统哲学选择“气”作为构成物质精神世界的基本要素，是基于对“无”的推崇。日本学者汤浅泰雄曾从“气”和“无”关系角度分析中国哲学选择“气”作为宇宙发生论的原因：中国古人重视流动而看不见的作用，将流动不居之物成为“气”气流动而无形即是“无”[③]。“无”作为有形之物

① 程雅君《中医哲学史》（第2卷）第475页，巴蜀书社，2010年。

② （汉）董仲舒撰《春秋繁露（下）》第443页，中华书局，1975年。

③ 杨儒宾主编《中国古代思想中的气论及身体观》第63页，巨流图书股份有限公司，2009年。

产生和存在的根据，正如《易经》所言“形而上者谓之道，形而下者谓之器”，即言有形之器生于无形之道。《道德经》：“天下万物生于有，有生于无。”“无”是产生万事万物的根本。老子的“无中生有”思想到魏晋时期发展到了巅峰，其中以王弼《老子注》为代表的“贵无”思想最为突出。“天下万物，皆以有为生。有之所始，以无为本。[①] 富有万物，犹各得其德。虽贵，以无为用，不能舍无以为体也。”[②]“气”即“无”，虽是无形，但却是万物的本源。庄子论及宇宙发生时即将“气”和“无”相联系，由“无”而为一“气”，由“气”而生物、成形。因此在古代中国，乃至古代东亚的身体观中，除了形体和精神外，还有气构成人体的本源，即身体观的三元论。“贵无”的哲学思想在越南哲学，尤其医学理论中影响颇大，越南医圣黎有卓在其《海上懒翁集成先天·评君心说》：“观身中脏腑表里配合则肺与大肠……肾与膀胱之配合，唯独命门无配者，诚理对之见难穷，岂不别有一点明而为有生之祖耶。”认为命门无形，不涉形迹，为生之祖，故不与五脏六腑相配，应用“无”生“有”的哲学逻辑，建立自己命门为脏腑之祖的观点。

《人身赋》在选择性地继承中国哲学“气”的基础上，将“气”与其身体观相结合，构成异于中国哲学的身体观。在《人身赋》开篇提及：“五行范体，四气成形”“反视诸天地之气，近取诸男子之身”，在此体现了自然意义上的“气论”思想，其把“气”物质化，作为直接构成人体的元素，仅仅在物质意义上进行使用，即使借鉴了五行的概念，对身体的运动变化进行解释，但过于笼统和简单，其侧重点还是在身体的气本体论。在对于精气的交合和生命形成过程中，《人身赋》提出“阴阳交……精血合而遂乘冲气成一团圆旋转”，“阴阳”而“冲气”的思想在老子的《道德经》中有所阐述，“万物负阴抱阳，冲气为和”，阴阳二气相协调而形成和谐共生的秩序，进而产生万物。“气”在这里既是构成万物的要素，也蕴含着某种协调有序的秩序，因此“气”在《人身赋》里面除了是构成人体本源之外，还是人体变化的内在动因和机制，掌控着人体的整个发展过程，如从胚胎发育到生老病死的运动过程，“太极动而一生壶水，一月如白露结珠，二月如杏花瓣子，三月四始生男女，成五脏血脉……”，阴阳二气的对立统一运动决定了世间万物包括身体在

① （魏）王弼注，楼宇烈校释《老子道德经注校释》第110页，中华书局，2008年。

② 《老子道德经注校释》第10页。

一定的条理和秩序下运动发展。

《人身赋》中的身体观体现的是“自然之气”的运用，以“气论”解释身体的生成机理，对“气”的理解处在物质和机械的层次，但人体是复杂的生命体，仅用简单的“气本论”进行物质解释会导致对于更加具体的身体内在变化状态和规律无法形成系统认识，更无法产生关于身体内部具体器官运作的气论体系和生理系统。而中国传统身体观虽以“气”为核心，但具有更抽象的内涵和广泛的应用。如孟子赋予“气”人性论和道德修养内涵，将“浩然之气”视为人的一种精神状态和人格修养。庄子指出“气”运动的根本方式：“聚”和“散”，即阴阳二气的交互作用。张载则把“气”上升为认识万物不可或缺的因素。因此，中越的哲学基础不等，发展路径亦大相庭径，导致越南“气”理论具体而微，而中国则更抽象系统。

3. 天道周行的运行模式

身体是一个复杂的动态系统，生命活动需要靠身体的正常运动维持。由于文化和实践差异，不同的文化体系对身体的功能运作有不同的认识。从而形成了别具特色的运行轨迹。对于身体功能运行轨迹，中医文献有较为具体的描述。兹以《人身赋》反映出来的饮食吸收、消化、输布运行轨迹和中医经典《黄帝内经》比较。下以《黄帝内经·经脉别论》和《人身赋》图示之：

> 《人身赋》：饮食入胃腑之中，渣滓下大肠之广肠，至广遂分清浊，清入膀胱，浊入人中，至膀胱又判清浊，浊为溺，清升胆，上胆遂引入脾，脾又散于五脏，传变汁成五汁，唾涕泣涎汗之相通，周流径有六径，肾肺肝心脾之所掌，汁生血，而血有其形，汁生气而气无其象，气血生精藏于肾，坚涩而不倚不倾，精气生神遂于心出入而无偏无党。《黄帝内经·经脉别论》：“食气入胃，散精于肝，淫气于筋。食气入胃，浊气归心，淫精于脉。脉气流经，经气归于肺，肺朝百脉，输精于皮毛。毛脉合精，行气于府。府精神明，留于四脏，气归于权衡。权衡以平，气口成寸，以决死生。饮入于胃，游溢精气，上输于脾。脾气散精，上归于肺，通调水道，下输膀胱。水精四布，五经并行，合于四时五脏阴阳，揆度以为常也。”①

① 傅景华、陈心智点校《黄帝内经素问》第37页，中医古籍出版社，1997年。

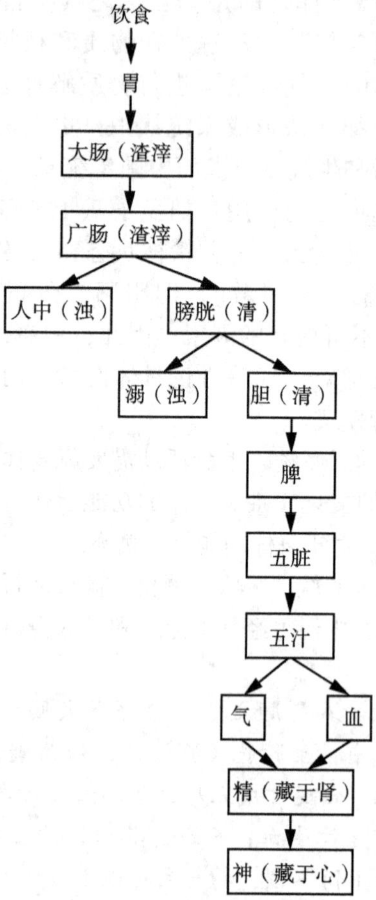

图 1 《人身赋》循环路线

从图 1 可知，《黄帝内经》和《人身赋》的运行轨迹具有很大的相似性，人体运作轨迹是一整个完整的路线，人体五脏六腑等器官都具有各自的功能，每个器官之间都具有相应的联系和协调关系，每个器官有独特的位置和功能，相互协调有序地运行，环环相扣，既分工不同，又密切合作，缺一不可。

《黄帝内经》（图 2、图 3）的身体运行轨迹不只有内部整体性思维，还体现了抽象的外部整体性思维。《黄帝内经·经脉别论》有两套运行轨迹，而《人身赋》只有一套（图1）。并且《黄帝内经》主要强调的是水谷精微，水液在人体内的循环和代谢和人体的周环运行，而《人身赋》却在运行系统中涉及了“精、气、神、血”的生成，各脏腑的功能，更具体和杂多。

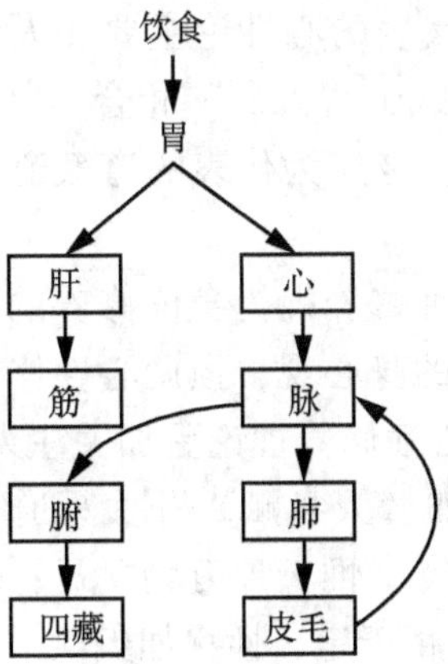

图2 《黄帝内经·经脉别论》第一套循环路线

图3 《黄帝内经·经脉别论》第二套循环路线

越南身体观虽然继承了中医哲学的整体性思维，把人体内部看成一个整体，但这种整体性思维较为具体，仅限于身体内部，而不是抽象、完整的整体性思维。因此，《人身赋》的人体运行轨迹是比较具体和简单的，其提出了一个冗长的运行系统，虽运行路线较长，涉及的器官也较多，但该系统并未完善，仅仅是一个单向的、有断缺的线性运动轨迹，并没有完整的周环系统，而是在一个较为感性和具象的层面上去阐述的，并没有和中医一样具有形而上的理论高度，而是专注于身体内部整体性的医学理论构建。中医哲学是中国哲学的一部分，在发达的中国哲学体系之下，中医哲学能够吸收和发展丰富的中国哲学思想，通过中国哲学内在的思维方式和认识工具构建中医哲学，因此中医哲学具有完善的形而上学体系、整体思维和以类取象的意象思维等。而越南的医学由于并没有如此丰富和发达的哲学作为理论依托，虽然也借鉴了中国哲学的影响，特别是中医哲学的概念和思维方式，但是并没有深刻完整地理解并运用中医哲学体系，只是片面地、有选择性地借鉴。在这样的条件下，越南的身体观构建出的身体内部运行轨迹必然借助于中医哲学，但是却又异于中医身体观，在诸多的差异下构成越南医学自身的身体观。

4. 形神兼顾的身心修养

中国哲学里，“心性论”历来是身心模式的重要课题，蒙文通曾言：“儒家心性之论，亦以兼取道家而益精”[①] 孔孟为代表的心性论主要和人的“道德”相联系，把“人”对“心性”的思考和实践于“天命”相合，服务于儒家的仁善道德，而与其相对的“心性论”是来自老庄为代表的道教道家“自然本性”论，强调人的自然本性，崇尚自然。

越南《人身赋》中的身体养生部分也把心性修养视为身体修养的重要条件，吸收儒道两家的心性论思想以构拟身体中的身心观，强调心性修养对身体的作用，形成了完整的身心修养论。越南的心性修养理论更加关注人本身，突出人的独立性和主体性，回归身体的视角。如《人身赋》开头写道“人之天定，真为万物之最灵”，借鉴了《尚书·泰誓》“惟天地万物父母；惟人万物之灵”[②] 的思想，人和万物都由气构成，但人由天定，性犹如天性，因此人为万物之最灵，人的主体性由此体现出来；再者，《人身赋》讲：“谨其身，人可为人，使其志定气闲心清神悦，戒色欲正思虑以养心神。”这段话与《医学入门》的《保养》篇具有高度相似性，“戒色欲以养精，正思虑以养神，……薄滋味以养血，寡言语以养气，……养心，莫善于寡欲”[③]。这两段话含义基本一致，都强调养生中的心性修养，通过使心志清明，端正思虑，清心寡欲，保持健康的心态，修养心神和气血，获得身体内部的和谐运行。

心性修养是人可称之为人、优于其他物种所在，是人高于自然的特性。因此越南身体观突出了人的独立性，将人从自然中独立出来进行审视。中国哲学虽然也以人为研究对象，心性修养也以促进身体有序运行为目的，但是受“天人和谐”整体性思维和联系性思维影响，中国哲学很少把人独立于自然而看待，而是从天人合一，注重从人与自然、人与社会的联系中去认识心性与身体，这种联系是人体正常生命活动的重要环节，人的身心与自然环境

---

① 《蒙文通文集》（卷一）第256页．巴蜀书社，1993年。

② 《尚书》第81页，岳麓书社，2019年。

③ （明）李梃《医学入门》第26页，中国中医药出版社，1995年。

有关，要“顺四时而适寒暑”。宇宙变化的自然规律、社会治乱的规律等都被用于解释身体的生理变化，对身体的解读依赖于这些规律。①

突出人的独立性是越南身体观的特点，不仅仅在《人身赋》心身修养的部分中，也是整体的一个特点。正如前文提到的越南身体观具有“具象”“直观”和“形而下”的特点，并没有像中国哲学一样具有丰富和系统的抽象哲学思维，而是侧重关注人体本身，独立对人体进行阐述，这种独立思维与中国哲学的思维存在差异性，而思维的差异性在一定程度上可以解释前文所说的越南身体观与中国身体观的理论差异。

结　语

《人身赋》中继承了大量的中国哲学思想，在对身体的认识上借鉴了中国哲学的认识方法和认识架构，但是并没有发展出与中国哲学具有高度一致的身体观，而是在中国哲学的基础之上有选择性地借鉴了部分理论，发展出具有差异性的身体观。从《人身赋》身体观与中国传统身体观的差异中可以看出，古代越南身体观在继承中国哲学方面具有保守性和选择性。

因此，在谈及越南文化的时候，不能简单地将其视为汉文化的复制，而是要考虑到中国哲学传播到越南的深层次背景。萨义德提出：各种观念和理论也在人与人、环境与境遇以及时代与时代之间旅行，某一观念或者理论，由于从此时此地向彼时彼地运动，它的说服力是有所增加还是有所变弱，以及某一历史时期和民族文化中的一种理论，在另一个历史时期或者境遇中是否会截然不同。② 在探讨中国哲学对越南身体观的渗透及影响的时候，必须建立起理论传播的时空观。中国传统哲学进入越南，在影响越南文化和生活实践的同时，亦受到了越南文化及实践的影响；越南文化在继承中国哲学的同时，也在不断地改造和发展其内涵，进而指导越南的实践活动，因此，研究越南文化的理论渊源，对我们更好地认识和发展中国哲学具有重要意义。

（李几昊　厦门大学人文学院在读博士；
陆和凯　厦门大学人文学院哲学系在读硕士；
姚洁敏　上海中医药大学科技人文学院中医各家学说教研室副教授）

① 牛素珍、许楠、牛彦平《论中国哲学对中医文化的影响》，载《光明中医》2018 年第 23 期。

② ［美］爱德华·萨义德著，李自修译《世界·文本·批评家》第 400 页，三联书店，2009 年。

·中国文化经典域外传播与研究·

在唐诗之外“发现”中国诗歌

——论加拿大汉学家施吉瑞的石湖诗研究*

万 燚

摘 要：加拿大汉学家施吉瑞试图发现唐诗之外的中国诗歌，其《石湖：范成大诗歌》堪称西方世界首部全面引介石湖诗的学术著作。他厘清了石湖诗的师法对象，对范成大山水诗、田园诗、爱国诗予以相当细致的阐述，还论及范成大对佛教的虔诚与诗歌间的关联。施吉瑞的某些观点虽有待商榷，但诸多看法至今仍具借鉴意义。

关键词：施吉瑞　范成大　石湖诗

唐诗不仅是国内古典文学研究的重镇，也是多年来欧美汉学界中国诗歌研究的焦点，尤其是以宇文所安为代表的唐诗研究在域外汉学界有重要地位与影响，这很可能使不少海外学人产生“唐后无诗”的错误认知。与此同时，在“一代有一代之文学”观念的影响下，宋词也常被不少人视为宋代文学之代表，这自然使宋诗被“有意”忽视。部分西方汉学家也注意到目前宋诗研究较为薄弱，如傅君劢（Michael A. Fuller）在《哥伦比亚中国文学史》中指出，“在某种意义上，相比于唐诗，学者们对宋诗的知识是相当不足的”①；何瞻（James M. Hargett）更是直言，除了苏轼、陆游等著名诗人之外，“宋代诗人的辉煌成就依然被严重忽视，在西方世界尤其如此”②；施吉瑞（J. D.

---

* 国家社会科学基金“欧美汉学界中国文学史书写话语建构研究”（项目批准号：19BWW017）。

① ［美］梅维恒主编，马小悟等译《哥伦比亚中国文学史》第370页，新星出版社，2016年。

② James M. Hargett. Book Review of Stone Lake: The Poetry of Fan Chengda (1126-1193). *Chinese Literature: Essays, Articles, Reviews* (*CLEAR*), Vol. 16 (1994), p. 152.

Schmidt）也极力反对“唐后无诗”说，试图为唐后诗（包括宋诗）正名[①]，并竭力“发掘”唐诗之外的中国诗歌。

作为“中兴四大诗人”之一，范成大的诗歌虽未自成一体，但题材丰富、风格多样，尤其是使金纪行诗与田园诗堪称宋诗的经典之作，在中国诗歌史（尤其是宋诗史）上亦有不可忽视的地位。在北美汉学界，何瞻、施吉瑞、黛博拉·玛丽·鲁道夫（Deborah Marie Rudolph）、尼尔·尤金·博利克（Neil Eugene Bolick）等学者均对石湖诗有不同程度的关注，一些文学史著述也有论及，如梅维恒（Victor H. Mair）主编的《哥伦比亚中国文学史》也列专节介绍范成大诗歌。总体来看，影响最大、成就较高的是加拿大汉学家施吉瑞的《石湖：范成大诗歌》［*Stone Lake：The Poetry of Fan Chengda（1126—1193）*］[②]一书，该著虽已出版近三十年，但至今依然堪称欧美汉学界最为立体、全面介绍范成大诗歌的学术成果，意大利汉学家蓝觉迪（Lionello Lanciotti）称其为“第一部全面深入研究范成大人生及诗歌关系的论著”[③]，而且其视野、方法、结论对今日的范成大研究依然不乏参考价值与借鉴意义。

一、石湖诗的师法对象

对宋代诗人而言，前代诗歌杰作（尤其是唐诗）既是试图跨越的高峰，更是学诗的绝佳范本。施吉瑞觉察到，范成大在真正掌握诗歌写作技巧之前，一直在不断寻觅师法对象，这从其早期诗歌中可以明显看出。陶潜、鲍照、李白、白居易、王建、李贺等前代著名诗人都成为他的学习对象，如《行路难》（“赠君以丹棘忘忧之草”）明显模仿鲍照的乐府诗；《夜宴曲》《神弦》则有李贺诗歌辞藻华丽的特点。此外，范石湖诗歌中不少意象还明显有李白歌行体的影子。总而言之，“这些早期模仿作品给我们的印象是，范成大尚未形成一个比较明确的学习方向”[④]。我们认为，施吉瑞对范成大早期诗歌学习

① 王立《与古人为友——施吉瑞教授的中国古典诗歌研究》，载《天中学刊》2016年第6期。

② J. D. Schmid. *Stone Lake：The Poetry of Fan Chengda（1126-1193）*，Cambridge/New York：Cambridge University Press，1992.

③ Lionello Lanciotti. Book Review of Stone Lake：The Poetry of Fan Chengda（1126-1193）. *East and West*，Vol. 43（1），1993，p. 363.

④ *Stone Lake：The Poetry of Fan Chengda（1126-1193）*，p. 25.

对象的精细梳理是相当有效且准确的。但是，施吉瑞所谓范成大“拼命地”模仿不同诗歌风格的说法却引起了质疑，如乔纳森·皮斯（Jonathan O. Pease）直言，广泛学习前人诗作在宋代年轻诗人中极为普遍，非范成大独然[①]。

范成大不但广泛学习六朝与唐代诗歌，同代诗人也是其效法对象，尤其是受江西诗派的影响最为显著。施吉瑞注意到，杨万里早期诗作受江西诗派影响，且一生都十分推崇黄庭坚，尤其对黄庭坚诗歌中丰富的典故与擅于化用前人诗句的能力相当赞赏。他还引用黄庭坚的著名诗论“以故为新”与“夺胎换骨”，而后来又直言对黄庭坚、陈师道的不满。范成大与黄庭坚的复杂关系与杨万里有相似之处，甚至可以说石湖诗用典是山谷诗歌的回声，“黄庭坚用典的精神超越用典本身，这对范成大及南宋其他诗人来说极为重要”[②]。同时，范成大的诗歌风格与江西诗派也有相似性，如包括《初夏》等早期诗歌明显与“陈与义最成熟作品在精神与风格方面高度相似”[③]，二者均颇具王维、孟浩然诗歌之风，且他们都擅于处理动与静。总体来看，范成大早期诗歌可以被视为陈与义诗歌的回声，且二人都宗杜甫，而范成大试图超越唐音无疑也受到陈与义的影响，尤其体现在他擅于以精微笔法描摹自然。关于范成大模仿江西诗派的诗作，施吉瑞认为，其《次韵温伯雨凉感怀》大量使用典故，且来自韩愈、杜甫等深受黄庭坚尊崇的诗人，无疑是沿袭黄庭坚的诗歌路数，诗人对官宦生活的不满与渴望回归故园，也与山谷诗在主题上有相似之处；而《次韵杨同年秘监见寄二首》（其一）虽然未使用繁多的典故，但极富智性，这类诗歌缺乏率真的抒情，已与江西诗派有别，范成大的诗名也源于超越江西诗派并形成自己特有的风格。

具体来说，施吉瑞指出，范成大诗歌中的智性（wit）、用字（diction）、句法（syntax）、修辞（figures of speech）、拟人谬化（the pathetic fallacy）、自然的艺术与艺术的自然（the art of nature and the nature of art）均与江西诗派的影响有关。在北宋诗歌（尤其是苏轼、黄庭坚诗歌）充满智性的时代环境下，范成大也继承了黄庭坚等北宋大家这一诗歌风格，其五言绝句《江上》

① Jonathan O. Pease. Book Review of Stone Lake: The Poetry of Fan Chengda (1126-1193). *Harvard Journal of Asiatic Studies*, Vol. 55 (1), 1995, p. 249.

② *Stone Lake: The Poetry of Fan Chengda (1126-1193)*, p. 37.

③ *Stone Lake: The Poetry of Fan Chengda (1126-1193)*, p. 25.

“是对唐代离愁书写的一个机智的回应”①，而且“他的智慧与由佛家思想引发的乐观主义有联系”②。黄庭坚与范成大均重“诗眼”或炼字，如黄山谷喜用“粲”，而范石湖善用“卷”“挽”，且范诗的用字极富想象力与原创性，如《胥口》“一雨快晴云放树，两山中断水粘空”中的“放”“粘”。黄诗句法“奇崛”，范成大早期律诗于此也多有继承，且是有意模仿，其《立春日郊行》中的“曲尘欲暗垂垂柳，醅面初明浅浅波”，每一句皆用隐喻，即便在其“典型的”晚期作品中，虽然“江西句法”已经消弭，但他依然坚持纯粹的“江西模式”写作。黄庭坚诗歌尚“奇”，尤其是常使用明喻与隐喻，这是宋代诗人重新审视世界并使诗歌再现活力的重要表现。范成大早期诗歌也多表现琐碎的日常生活（如疾病、睡眠等），且常大量使用隐喻或其他比喻辞格，这“显示出他极力模仿黄庭坚的智性”③。

范成大还继承韩愈将人的情感赋予花的做法，但其早期诗歌以更有意味的方式使用拟人谬化，如《岭上红梅》中的“花不能言客无语，日暮清愁相对生”，显示出诗人与鲜花之间更富同情性的关系，但此后他倾向于以更积极的态度看待自然的人化，并成为显示其智性的手段。施吉瑞还注意到，范成大运用拟人谬化，较之南宋前的诗人明显不同，尤其表现在涵括的自然物更广，以及富有智慧、风趣的调侃。黄庭坚的题画诗经常模糊自然与艺术的关系，如《题郑防画夹》（其一）试图打破自然与艺术的界限，范成大在这方面虽然延续黄庭坚，但更为复杂，如《夏夜》模仿性突出，《雨凉二首呈宗伟》（其二）“片云催雨雨催诗”中的“催”意在说明自然之力催生诗歌，这一艺术特点在后期诗歌中运用得更加纯熟，如《八月二十二日寓直玉堂，雨后顿凉》中的“将此工夫报答凉”未说明作者的诗才，而是意在酬答自然，这与黄庭坚将拟人谬化常用于题画诗已然不同。据此，施吉瑞强调，“范成大诗歌最具吸引力的特征，是将自然的外在世界与艺术的内在世界混融”④，换言之，兼融人工与自然，其方式是通过丰富华美的辞藻使自然更具艺术性，比如常使用描绘色彩绚丽的词语，甚至运用通感创造更为复杂的艺术效果，这铸就了范成大成熟诗歌的典型特征。

① *Stone Lake: The Poetry of Fan Chengda (1126-1193)*, p. 42.

② *Stone Lake: The Poetry of Fan Chengda (1126-1193)*, p. 43.

③ *Stone Lake: The Poetry of Fan Chengda (1126-1193)*, p. 50.

④ *Stone Lake: The Poetry of Fan Chengda (1126-1193)*, p. 56.

总而言之，在施吉瑞看来，“范成大诗歌技艺的几乎每一个维度都是他对于黄庭坚和其他北宋作家（比如苏轼）回应的产物，通过考察范成大对江西风格的效法，我们可以提供一个令人满意的关于范氏成熟诗歌风格主要特征的描述”①。范成大既学习包括江西诗派在内的宋代前贤，但又试图改变江西传统与北宋拟人传统，且避免江西诗派密集用典和炼字、句法的极端化。因此，施吉瑞赞同纪昀所谓范成大的诗歌是江西诗派与独特人格妥协的产物。施吉瑞所言应为《四库全书总目提要》论范成大诗歌“盖追溯苏、黄遗法，而约以婉峭，自为一家”② 之说。

二、山水诗的独特手法与风格演变

施吉瑞认为，范成大诗歌中人化自然的特点与南宋诗人、画家将自然人化的趋势直接相关，如马夏派笔下的山水较之北宋画家更为宁静、亲切。范成大的佛教“信仰”及由此形成的自然观（自然是慈爱的）也是因由，《雪霁独登南楼》中的“久坐天容却温丽”及《乾道癸巳腊后二日，桂林大雪尺余，郡人云前此未省见也。郭季勇机宜赋古风为贺，次其韵》中的“天公恐我愁瘴雾，十日号风吹石裂。同云乃肯度严关，一夜玉峰高巀嵲”等诗句有直接体现。而《乳滩》（徽岩之间，滩如竹节，乳滩之险居第一）中的“清溪可怖亦可喜，造化于人真虐戏”更是表现了诗人与自然的亲密关系，正是这种宁静与柔和，将其山水诗与田园诗区分开来。

施吉瑞还细致梳理了范成大山水诗歌的创作历程。认为其模式在《谒南岳》已然奠定，在长江三峡组诗中定型。《谒南岳》善用比拟，但“天柱已峻极，祝融更高寒。紫盖郁当中，冈势汹崩奔”四句充满早期山水诗中未见的活力，而该诗有结构缺陷，故与成熟之作有明显差距，且对其桂林时期的山水诗歌有损。范成大桂林时期诗歌的缺陷很可能与此时官宦生活压抑有关，且诗人正经历诗歌的美学转型。但范成大最终克服了“情感与文学问题”③，并创作出代表其最高水平的山水诗，即长江三峡组诗。范成大意识到，描摹

① *Stone Lake: The Poetry of Fan Chengda (1126-1193)*, p. 59.

② 四库全书研究所《四库全书总目》（整理本）第 2142 页，中华书局，1997 年。

③ *Stone Lake: The Poetry of Fan Chengda (1126-1193)*, p. 71.

家乡美景的诗歌形式（近体八行诗）并不适合呈现巴山蜀水（包括长江三峡），所以，他采用更为自由的古体诗。诗歌技巧方面，三峡组诗也常将自然人化，如《刺濆淖》将长江比为江神，《蛇倒退》中的“山前壁如削”“上疑缘竹竿”，《四十八盘》中的“诘曲不前如宦拙”均是如此。但三峡组诗与范成大早期诗歌及那些脍炙人口的作品有不小差异，如《白狗峡》（陆路亦自峡上，过西岸有玉虚洞）中的自然物（如“石矶铁色顽，相望如奸朋。踞岸意不佳，当流势尤狞”“惨惨疑鬼寰，幽幽无人声”“俯窥得目眩，却立恐神惊”）邪恶并充满敌意，显然与其他诗歌中的宁静、柔和截然不同。同时，三峡组诗经常表现不同凡响的力量感，虽然入蜀之后他回归宁静，但这种精神暗流依然贯穿其在蜀期间的大部分山水诗歌，尤其是在谒峨眉诗中达到高峰。范成大在四川时期的诗歌虽然在一定程度上偏离他“诗歌发展的总体方向”[①]，但在此期间获得的精神视野深刻影响了他此后的宗教与文学生活。对范成大而言，四川既在地理空间上远离故土，又是脱离普通世界的诗歌天地，而其《荆渚中流，回望巫山，无复一点，戏成短歌》不仅是从地理上告别四川，也是与在蜀期间的诗歌风格作别，回归此前的诗歌风格。当然“范成大不仅与四川山水作别，同样也是在某种意义上告别山水诗，因为虽然他依然写作富有意味的山水诗歌，但他越来越倾向于写作田园诗”[②]。

总体而言，施吉瑞既探索了范成大山水诗创作的美学背景、哲学基础，还厘清了其演进历程及风格演变，这无疑为我们打开了又一扇了解范成大诗歌的窗口。与之相反，国内学界时至今日对范成大山水诗依然缺乏足够观照，这或许可见出施吉瑞的独特眼光。

三、田园诗对传统的“因革”

田园诗在中国文学史上有悠久历史，尤其是陶渊明的田园诗在中国文人精神世界中扮演重要角色，“返归自然成为诗人回归自然本性的隐喻”[③]。施吉瑞指出，范成大受到由陶潜开辟的佛道传统及白居易开拓的新儒家传统的

① *Stone Lake: The Poetry of Fan Chengda (1126-1193)*, p. 73.

② *Stone Lake: The Poetry of Fan Chengda (1126-1193)*, p. 74.

③ *Stone Lake: The Poetry of Fan Chengda (1126-1193)*, p. 75.

影响，但“他最大的贡献之一是将田园诗将其从此前的学术负累中解放出来”[①]。从风格角度看，范成大前四川时期的田园诗风格与其山水诗保持一致，以刘禹锡为代表的仿竹枝词影响了范成大的田园诗，尤其是借用其中的民歌成分。范成大还模仿王建的诗歌，这些诗歌未被皴染上哲学、政治色彩，而是描摹生动且富有吸引力的农民热情好客场景（如《田家留客行》），或表现真实的农村宗教习俗（如《乐神曲》）。范成大入蜀之前少部分田园诗既没有新乐府诗歌的政治关注，也没有陶潜的佛道色彩，如《插秧》（种密移疏绿毯平），但已呈现出此后成熟作品的诸多特征，如比喻手法与出乎意料的结尾。同时，这意味着范成大业已关注农人生活。范成大很多诗歌直接表现农民的生活图景，如《竹下》（松衫晨气清），此诗或有白居易诗歌的影子，却缺乏政治信息，而是试图呈现共同人性。因此，从这个意义上看，范成大的诗歌具有更丰富、复杂的精神维度。与山水诗相同，四川经历也堪称其田园诗的转折，范成大曾写过两组竹枝词《夔州竹枝歌九首》，但只是形式上的效仿。诗人提供了四川农人的生活画面，这“超越了大多数唐代诗歌的哲学与政治传统”[②]。当然，诗中所揭露的农民生活困境——贫穷、疾病，无疑是其浓厚人文意识的体现。

与国内学界相同，施吉瑞对范成大田园诗佳作——《四时田园杂兴》（以下简称《杂兴》）予以特别关注。他认为，《杂兴》均用七言，具有风格上的一致性，但主题却较为多样，部分主题在范成大后四川田园诗中再现。范成大的田园诗沿袭传统，但主题却明显不同，他既避免在诗中进行白居易式的社会评论，又对农民的生活困境有所不满，如《夏日田园杂兴》之“采菱辛苦废犁锄，血指流丹鬼质枯。无力买田聊种水，近来湖面亦收租”。而诸如《冬日田园杂兴》之“炙背檐前日似烘，暖醺醺后困蒙蒙。过门走马何官职，侧帽笼鞭战北风”，虽有陶潜意味，但并未显示出隐逸优于市井与官场的倾向。当然，在施吉瑞眼里，这两首诗成功的关键在于充满“智性”，如前诗中的“亦”及后诗中的“战”。但又认为两首诗并不典型，因为《杂兴》缺乏范成大成熟诗歌的典型特征，如幽默、拟人谬化、语言华美、机智的比喻，其原因在于范成大或许有意识地进行自我约束，即他“以一种完全不同的眼

① *Stone Lake: The Poetry of Fan Chengda (1126-1193)*, p. 76.

② *Stone Lake: The Poetry of Fan Chengda (1126-1193)*, p. 80.

光来处理这些诗歌，这与同时期其它创作并不相同”[①]。进一步讲，诗人“有意抑制其一贯风格，去迎合由陶潜所代表的田园诗传统”[②]。当然，施吉瑞也认识到这一判断缺乏足够的文献支撑，简短诗序所透漏的信息极为有限，且表明诗作乃随性而为，这颇有陶潜《饮酒》组诗序言的意味，只是范成大并未如陶渊明那般在其中寄寓明确的哲学信息。

施吉瑞认为，虽然范成大有意淡化其一贯诗歌风格，但《杂兴》依然可见其成功诗歌的典型特征——智性，如《春日田园杂兴》中的“土膏欲动雨频催，万草千花一饷开；舍后荒畦犹绿秀，邻家鞭笋过墙来”，依然是充满智性的诗歌；《冬日田园杂兴》之“放船开看雪山晴，风定奇寒晚更凝。坐听一篙珠玉碎，不知湖面已成冰”，起始制造悬念，诗尾突转并揭示答案，也颇有戏剧意味。《杂兴》大部分诗歌以宁静为主，但亦偶有偏离，如《晚春田园杂兴》之“蝴蝶双双入菜花，日长无客到田家。鸡飞过篱犬吠窦，知有行商来买茶”，显示出范成大有意控制智性，将突变减少到最小；《秋日田园杂兴》之“橘蠹如蚕入化机，枝间垂茧似蓑衣；忽然蜕作多花蝶，翅粉才乾便学飞”也如是，诗人有意降低出乎意料的感觉，显然是为了迎合传统的“平淡”风格。范成大保持“平淡”可以看作是他早期诗歌内省性的延续，这种内省性继承自黄庭坚、陈与义，当然也与佛教冥想有关。如《春日田园杂兴》之“柳花深巷午鸡声，桑叶尖新绿未成。坐睡觉来无一事，满窗晴日看蚕生”，看似“无一事”，视野也较为狭窄，但也具有冥想特点，这正是范成大后来佛教诗歌的突出特征，其诗歌的智性被动静并置取代。范成大有时通过感知的转换来体现动静并置，如《晚春田园杂兴》之“新绿园林晓气凉，晨炊蚤出看移秧。百花飘尽桑麻小，来路风来阿魏香”，诗人敏锐地感知“近似通过佛教冥想达至的对更高现实的直觉”[③]。同样，《春日田园杂兴》之“骑吹东来里巷喧，行春车马闹如烟。系牛莫碍门前路，移系门西碌碡边”，体现诗歌之美的并非政治寓意，而是动静并置。当然，施吉瑞也看到，《杂兴》中的部分诗歌并非“平淡”可以概括，如“新筑场泥镜面平，家家打稻趁霜晴；笑歌声里轻雷动，一夜连枷响到明”，诗中人物的兴高采烈与《杂兴》大多数诗

① *Stone Lake: The Poetry of Fan Chengda (1126-1193)*, p. 82.

② *Stone Lake: The Poetry of Fan Chengda (1126-1193)*, p. 82.

③ *Stone Lake: The Poetry of Fan Chengda (1126-1193)*, p. 84.

歌中冥想的宁静不同。由此可见，施吉瑞洞察到组诗的复杂性与多样性，或正如傅君劢所言，"'四时田园杂兴'的成功之处在于它将各种杂陈的观点——农民并不总是欢乐或是痛苦的——聚拢在一起，避免了早期此类诗歌的刻板立场"①。

在施吉瑞看来，较之《杂兴》，《腊月村田乐府十首》更具艺术整体性，组诗采用七言歌行体，篇幅也更长，诗人试图以此呈现当地民俗画卷。范成大早期模仿鲍照、李白、白居易的乐府为创作《腊月村田乐府十首》奠定了坚实基础。但从题材看，其早期作品多哀叹命运不公，这与田园诗无甚关联，他只是借用古老的歌行体来表现民俗，且与刘禹锡等前代诗人不同，范成大借用乐府来描绘现实而非具有政治意味的农人生活。同时，这些诗歌形式上也更为自由，诗人还在诗中使用俗语、谚语，这与书写对象无疑更匹配。施吉瑞还指出，从诗歌风格角度看，《腊月村田乐府十首》更符合其一贯风格，即充满智性，如《祭灶词》《卖痴呆词》相当风趣。范成大未刻意抑制对幽默与比喻的喜爱，如《照田蚕行》中的"近似云开森列星，远如风起飘流萤"，《分岁词》中的"饤盘果饵如蜂房"，《灯市行》中的"岁寒民气如春酣"。施吉瑞提出，《腊月村田乐府十首》的真正魅力在于描绘当地生活的现实性，这源于其喜爱家乡民俗且以之为荣。总体来看，《杂兴》与《腊月村田乐府十首》体现了"范成大田园诗歌风格的多样性"②，这种多样性从根本上讲乃创作目的有别，当然也体现了范成大"不可思议的灵活性"。且与陆游擅长简单直接描摹不同，范成大的田园诗保持了"一定的艺术距离"，这或许源于其敏感的天性与多病体弱。

四、独具特色的爱国诗

范成大饱尝国破家亡的苦难，尤其是在四十五岁出使金国，为其爱国诗歌创作提供了丰富的题材与情感体验。辉煌的爱国诗篇也是范成大名垂千古的重要原因。施吉瑞认为，范成大的爱国诗虽然数量有限，但令人印象深刻。他早期不满宋对金政策题材的诗歌成就有限，而出使金的经历使其爱国诗歌

① ［美］梅维恒主编，马小悟等译《哥伦比亚中国文学史》第398页，新星出版社，2016年。

② *Stone Lake: The Poetry of Fan Chengda (1126-1193)*，p. 88.

得以丰富发展，记录出使经历的七十二首纪事诗多控诉政治软弱与政治欺骗，认为这是北宋覆亡与岳飞抗金失败的原因，如《双庙》运用模糊及讽喻性的语言讽刺徽宗与高宗。施吉瑞尤其注意到，与陆游爱国诗中的激愤、雄放不同，范成大有时似乎忘记身处敌国，包括《临洺镇》在内的诗歌并未表现出对敌人明显的敌意，在入金之前所作《雷万春墓》也是如此。范成大与陆游爱国诗在艺术形式方面也不同，陆游多用七言古体，范成大常用七言绝句，这或许与二人作诗时的官位有关。施吉瑞这一猜测颇有新意，但似乎缺乏可靠证据。范成大的爱国诗常用庄重、严肃的口吻，这源于此类诗歌的公共性。诗人“小心翼翼地控制其惯常的诗歌技法”[①]，所以，他极少使用拟人谬化、比喻。但范成大的爱国诗与其他作品的联系依然清晰，包括一闪而过的智性，如《相国寺》“羊裘狼帽趁时新”暗含讽意；《清远店》“大书黥面罚犹轻”更具讥讽意味。范成大爱国诗虽然少用比喻，但富有色彩的意象与其典型性诗歌不同，诗中常见阴沉色彩，《栾城》之“栾城风物一凄然”可以很好地概括爱国诗的基调。当然，鲜亮色彩的词汇也时被范成大运用，只是多与悲凉场景并置，如《定兴》“新城迂次少人烟，桑柘中间井径寒。亦有染人来卖缬，淡红深碧挂长竿”。范成大出使之后极少写爱国诗，在桂林任职期间所作《画工李友直为余作冰天桂海二图，冰天画使北虏渡黄河时，桂海画游佛子岩道中也。戏题》，抗金使命感明显削弱，且以梦境道出，似乎暗含抗金希望渐趋渺茫。总体来看，范成大爱国诗受欢迎源于“精妙的艺术技巧及其对在金统治下中国北方生活的生动描绘”[②]。

五、佛教与石湖诗

佛禅与宋代文人生活及文学创作关系相当密切，诗僧与僧诗亦大量出现。施吉瑞认为，虽然宋代堪称“后佛教”时代，但佛教在此时知识分子的精神世界中仍然扮演主要角色，尤其是《景德传灯录》《碧岩录》是研究禅宗历史的重要资料。施吉瑞所言佛教对知识分子精神世界的影响颇有见地，但所谓“后佛教时代”一说则有待商榷。因为虽然学界有宋代乃佛教衰落期之说，

① *Stone Lake: The Poetry of Fan Chengda (1126-1193)*, p. 88.

② *Stone Lake: The Poetry of Fan Chengda (1126-1193)*, p. 96.

但宋代佛教僧尼人数超唐代且佛教与文人的关系亦更密切，故艾朗诺在《剑桥中国文学史·北宋》中认为，“比起过去来，佛教在宋代社会、文化中越来越无所不在。在这一时期的精英文学中，也总能见到佛教的影子”。[①] 施吉瑞提到，王安石与苏轼的诗歌都曾受到佛教世界观的影响，但“与同时代的其他诗人相比，佛教似乎更强烈地影响了范成大，所以，如果不理解其人生中的主要哲学，也就无法理解他的诗歌”[②]。佛教与范成大的生活及诗歌创作都有千丝万缕的联系，如从其早期诗歌中可见参禅打坐成为范成大生活的一部分，尤其是在1177年51岁时朝拜峨眉山之后直到去世，佛教诗歌在数量和质量方面都有极大提升，甚至其诗集的每一章都有很多诗歌直接指向佛教。更为重要的是，与宋代其他作家相比，范成大的佛教思想学术性成分削弱，虔诚与信仰的因素更多，如《岁旱，邑人祷第五罗汉得雨，乐先生有诗，次韵》中的“神力悲愿俱无穷”。范成大终其一生对宗教神迹颇为着迷，佛教也是他战胜疾病、走出逆境的信仰支撑。范成大著有大量偈颂诗，可谓其“精神历程的重要记录”[③]，这在南宋诗人中相当罕见，如他在1185年的《十月二十六日三偈》有不少语汇来自印度佛经。笔者认为，虽然范成大是否真正信仰佛教有待进一步探究，但他人确实较少言及范成大的佛教“信仰”，这或许可以视为施吉瑞研究范成大诗歌的一大“发现”。

在范成大的偈颂中，睡眠与疾病是常见的书写对象，且“在文学生涯的早期，范成大开始将睡眠与佛教徒的超脱尘世（特别是超脱官场）相联系”[④]。在这些诗歌中，范成大发展了由陶潜开创的将“闲”与俗世作比传统。未至中年，范成大就已经建立起了睡眠世界与佛教信仰间的联系，如《诺惺庵枕上》用佛教术语来解释醒与睡之间的模糊，此类诗歌比偈颂更受欢迎。在范成大流传下来的诗歌中，疾病主题也相当常见，且他已经觉察到疾病与睡眠间的紧密联系，如《病中夜坐呈致远》，这类写作直接灵感来源于释迦牟尼的老、病、死体验。总之，“范成大将睡眠与疾病作比，意在表现物质世界的幻象本质”[⑤]，只是后来他转向强调睡眠与疾病的积极意义，如《春晚

① ［美］孙康宜、宇文所安主编，刘倩等译《剑桥中国文学史》第476页，三联书店，2013年。

② *Stone Lake*: *The Poetry of Fan Chengda*（*1126-1193*），p. 62.

③ *Stone Lake*: *The Poetry of Fan Chengda*（*1126-1193*），p. 65.

④ *Stone Lake*: *The Poetry of Fan Chengda*（*1126-1193*），p. 66.

⑤ *Stone Lake*: *The Poetry of Fan Chengda*（*1126-1193*），p. 66.

卧病，故事都废，闻西门种柳已成，而燕宫海棠亦烂漫矣》不仅将病房视为短暂人生的象征，而且将其作为其冥想之处。施吉瑞认为，范成大此类诗歌最具吸引力之处，在于它们超越了哲学与宗教，而且还以此作为其感知外在世界的媒介，如《自晨至午，起居饮食皆以墙外人物之声为节，戏书四绝》，意在表现诗人虽闲居，却加强了对世界的感知，这是对黄庭坚诗歌“内省性”“合乎逻辑的发展与完善”①，范成大通过冲破江西诗歌的藩篱，最终指向人类体验的内核。

结　语

与国内学界聚焦考察范成大的田园诗不同，施吉瑞对范成大山水诗、田园诗、爱国诗、佛禅诗都有较为细致的分析，尤其是范成大的山水诗似乎被国内学者集体遗忘，而施吉瑞此举或许有助于我们更为全面、立体了解范成大的诗歌成就。总体而言，施吉瑞关于范成大诗歌的研究清晰地梳理了范成大诗歌的师法对象，细致阐述了其山水诗、田园诗、爱国诗的写作缘由、创作情境与发展历程，敏锐地洞察到佛教与范成大诗歌之间存在的关联，还试图对石湖诗进行别具慧眼的理论总结（如智性），其在强调概括性、整体性的同时，又不乏理论性、创新性。虽然其中一些观点或有待商榷，如纳森·皮斯（Jonathan O. Pease）认为该书论述的逻辑性与精确性时有欠缺②，但瑕不掩瑜，且诸多看法至今依然具有借鉴意义。

（万燚　四川轻化工大学教授）

① *Stone Lake*: *The Poetry of Fan Chengda* (*1126-1193*), p. 68.

② Jonathan O. Pease. Book Review of Stone Lake: The Poetry of Fan Chengda (1126-1193). *Harvard Journal of Asiatic Studies*, Vol. 55 (1), 1995, p. 247.

无为与法

——英语学界对《韩非子》与道家思想关系的建构与重构*

孙亚鹏

摘　要：立足于对“无为”与“法”之间关系的判断，英语学界在《韩非子》与道家思想关系上形成了两种截然不同观点：一方从对“君道无为”的义理阐释出发，试图揭示《韩非子》中的道家底色；另一方从文本训诂入手，试图重构道法之间的关联。英语学界之所以对这个论题表示关注，是因为《韩非子》中的“无为”和西方君主立宪制或古典自由主义在思想上存在一定的通约性，能够与西方对法律精神、治国之道的追寻产生共鸣。但是由于缺乏对中国政治思想的整体关照，其分析亦有不足之处。

关键词：《韩非子》　无为　道家　英语学界

《韩非子》是先秦法家的集大成之作。自19世纪中后期进入西方汉学的视域以来，已经积累了相当可观的海外研究成果。但是由于其并非显学，国内学者对这些成果少有关注，可谓珠玉蒙尘。笔者通过整理发现，最近半个多世纪以来，英语学界中对《韩非子》“法”思想的阐释是值得给予关注的，有的观点发前人未发之覆。这其中，对于《韩非子》中道法关系的认识呈现出建构与重构的正反两种意见。正方认为道家对韩非的法治思想有深刻的影响，主要体现在《主道》《扬权》《大体》等篇中所蕴含的“无为”理念以及

* 本成果受北京语言大学院级项目资助（中央高校基本科研业务专项资金），项目批准号：21YJ100001。

《解老》《喻老》篇中对《道德经》的注释和互文。而反方则从文献实证出发，试图证明“无为”的发生和道家思想并无渊源，《解老》和《喻老》篇亦系伪作，并非出自韩非之手。

一、援道入法：对《韩非子》与道家思想关联的建构

正方的意见——《韩非子》和道家思想存在紧密联系，是有着长久的传统的。甚至可以说在英语学界，韩非从一开始就是和老子、庄子一起以“道学者”的身份而示人的。对《韩非子》文本最早的英译（选译）出现在汉学家翟理思（Herbert A. Giles）的《中国文学史》（*History of Chinese Literature*，1901）一书中，此书在文类编排上将韩非归为“Taoism”（道家）的条目下，列在老庄和列子之后。翟理思从《韩非子》和《道德经》的文本互文入手，认为《韩非子》和道家思想渊源颇深，《韩非子》中对道家思想的诠释不仅精妙，而且其所引用的可能是最原始的老子的言论，以至于翟理思认为《道德经》在后期编修过程中吸收了《韩非子》中的一些内容。①

翟理思对韩非本人的介绍中未见任何“法家”（legalist）的字眼，而代之以明显的“道家”的标签。在对韩非的介绍之后，翟理思又选译了《喻老》篇中的“扁鹊见蔡桓公”、“纣为象箸而箕子怖”和“以象三年为楮叶”三个典故，分别对应了《道德经》中的“天下之难事必作于易，天下之大事必作于细”“见小曰明”“恃万物之自然而不敢为也”三个思想理念。客观上讲，韩非的思想属性在翟理思笔下发生了一定的变形，韩非思想中道家的因素得到了突出和放大，但若是不熟悉先秦思想，读者很难认识到韩非其实是法家代表人物。

翟理思虽然揭示了韩非和道家的联系，但是这种联系是建立在韩非的“道学者”身份的基础上的，这种视角存在一定的扭曲。而探寻韩非思想中的“援道入法”才是后世学者的主要研究进路。当然，“援道入法”的前提是明确韩非的法家属性。华兹生（Burton Watson）就是依据这样的研究路径，立足法家的立场，来审视道家理念在韩非思想中的影响和作用。他在《韩非子》的节译本 *Han Fei Tzu*：*Basic Writings* 的导读部分从“君道”的角度对“援道

① Herbert A. Giles, *History of Chinese Literature*. New York: D. Appleton and Company, 1901, pp. 70-72.

入法”的产生原因进行了解读，他说：

> 道家思想和法家思想在先秦早期就发生了相互联系，其中一个比较明显的原因是：长久以来，儒家和墨家一直用道德和宗教类的溢美之词来形容理想的君主，如“天子”“民之父母”“圣明之君”。但是法家因为对宗教和道德持摒弃的态度，所以需要另一套话语体系来构建理想君主。由于道家也同样否认传统的宗教和道德理念，因此切合法家的需要。于是，道家描述其圣人的话语被法家所借用，以描述他们心目中无所不能的、依法治国的君主。
>
> 道家的圣人是全知的，法家的君主是拥有绝对权力的，在绝对性方面二者是一致的。道家的圣人超越了传统意义上的是非、好坏，法家的君主也是这样的，因为他本身就是法。道家的圣人采用了一种虚静的处世之法，并且刻意避免任何强制和不自然的行为。法家的统治者亦然，他作为一个庞大官僚机构的首领，只是发布命令，对臣下的工作悄然观察，但是对具体事务不亲自干涉；他建立了国家机器，但是让其自行运转。道家的圣人倡导“出世”，从而遁入一种神秘和超验的世界中。同样，法家的君主也采用一种“避世”的策略，避免和下属接触以免产生私人情感，幽居简行，深藏不露，其内心的想法神秘难测。①

我们可以这样理解华兹生的看法，即，由于法家学说诞生于政治实践，是经验性的，因此其理论建构（特别是在“君道”方面）欠缺形而上的哲学根基。法家通过吸纳改造道家哲学，弥补了这一不足。虽在序言中华兹生并没有说明《韩非子》中哪些篇章在“君道”理论的建立方面借用了道家思想，但我们可以在这里进行举例参验，如《主道》篇说：

> 道者，万物之始，是非之纪也。是以明君守始以知万物之源，治纪以知善败之端。故虚静以待，令名自命也，令事自定也。虚则知实之情，静则知动者正。有言者自为名，有事者自为形，形名参同，君乃无事焉，归之其情。

---

① 笔者译，原文见 Burton Watson，*Basic Writings of Mo Tzu*，*Hsün Tzu*，*Han Fei Tzu*. New York：Columbia University Press，1967，pp. 9-10.

这段话的起始就表明韩非对道家理念的尊奉。他认同“道”是宇宙的本原，主宰万物的是“道（天道）”，而不是“天命”或“鬼神”。这二者的区别是前者蕴含着客观规律，而后者的意志是不可捉摸的。道家认为既然有客观规律的存在，就要因循其理，顺其自然，所以老子提出“为无为则无不治”的为治思路，强调“虚静”是君德之根本，认为帝王具备“虚静”之德就能收到民“自化”的治理效果。韩非同声相应，也倡导君主在自身主体性方面“去智绝能”，不要妄为。华兹生所评论的“对具体事务不亲自干涉。他建立了国家机器，但是让其自行运转”。其实就是指“虚静以待，令名自命也，令事自定也”，是韩非由道生法后，“法内无为”的君道体现。

道家的“清静无为”对韩非的“君道”观的影响实则有二，上面说的以法治国，制约君主对实际政治运作过程中的负面作用只是其一，统御和考核臣下的“术”治是其二。在韩非的“法、术、势”的思想体系中，只有“法”是不行的，徒法而无术，会造成“无术以知奸，则以其富强也资人臣而已矣”（《韩非子·定法》）的局面，因此需要有“术”治相辅助。而“术”治也是源于“无为”的政治产物。华兹生所说的“法家的君主也采用一种‘避世’的策略，避免和下属接触以免产生私人情感，幽居简行，深藏不露，其内心的想法神秘难测”就是对“术”治的描述，对应了《主道》篇中的“函其迹，匿其端，下不能原；去其智，绝其能，下不能意。”在“术”治中，“无为”表现在君主要隐匿个人的喜好，无见其欲，杜绝臣下任何形式的奉承迎合，采用“审核刑名”的办法，只观察、参验臣下的工作实效，将个人的主观判断降至最低，即“功当其事，事当其言，则赏；功不当其事，事不当其言，则罚”（《韩非子·二柄》）。

葛瑞汉（A. C. Graham）在认同道家和韩非在“无为”的相似性之上，进一步指出了二者的区别以及“无为”在被韩非改造后的所赋予的新的政治效用。葛瑞汉首先肯定了道家对韩非的影响：“《主道》《大体》和《道德经》一样，总体上是韵文，这两篇文章发展了道法的相互交融。”[①] 然而，这并不是意味着韩非原样照搬了道家“无为”的理念，他说：

---

① 笔者译，原文见 A. C. Graham，*Disputer of the Tao*：*Philosophical Argument in Ancient China*. Chicago：Open Court，1989，p. 285.

韩非和老子生活在两个平行的世界。《道德经》中的“道”是不以人的意志为转移，人只能在各方面适应不可违逆的自然力量和规则。韩非则认为宇宙中的“道”是可以被理解、掌握并转化成一种与天地相对应的社会秩序。在这个秩序中，人类的天性可以被刑德二柄所引导和规范。韩非确实是古代中国在思想上和现代西方最为相近的哲学家之一。①

葛瑞汉明白地指出，道家的“无为”在人的管理方面崇尚一种自然的状态，重视天道，信奉无政府主义，以《道德经》所描述的“小国寡民”“鸡犬之声相闻，民至老死不相往来”为理想的社会模式，但《韩非子》中的这种“无为”并不是消极的无所作为，更不是自削势位，放任自由主义，而是将“道”所体现的自然规律转化成了具体的“法”，凡事一断于法，依据“法”的力量达到“治纪以知善败之端”。之所以要凭借“法”的力量，是因为韩非认为像尧舜桀纣这样的帝王在现实中只是千世而一出，大多数君主无论德行还是资质都是“上不及尧舜，下亦不为桀纣”（《韩非子·难势》）的中人。这些中人能力有限，“力不敌众，智不尽物”（《韩非子·八经》），只有在法律的帮助或规范下才能治理好国家。此外，葛瑞汉进一步认为这种“法内无为”具有西方式的进步意义，他说：

法家的“法”和西方的法律有很多相似的特征。法家的“法”制定周密、脱离了个人私利、是公开且不容商榷的。尽管君主能免于法律的制裁并超越其上，但是在惩罚别人的时候，君主也是要受法律的制衡。②

又说：

总之，在韩非“政治法自然”的机制中，君主的地位并不是很突出。君主的作用被降低为国家机器的一个零部件。大臣对国家事务提出处理意见并具体实施，君主只是对结果进行检查并据此给予奖惩。君主的功能，用一个简单的计算器也能胜任。当然，一个政府只有用“计算器”

① 笔者译，原文见 *Disputer of the Tao: Philosophical Argument in Ancient China*, p. 289.

② 笔者译，原文见 *Disputer of the Tao: Philosophical Argument in Ancient China*, p. 290.

将君主取代才能达到免除人为因素的状态。……我们是不是可以说在韩非的政治机制中，真正统治国家的是大臣呢?①

按照葛瑞汉的理解，从某种意义上讲，韩非的“君道无为”的政治理念是对君主主体性的消解，这和西方的君主立宪制已然是十分相近的了。持这种看法的不独是葛瑞汉一人，林语堂在《中国人》(*My Country and My People*)一书中，对韩非的法治主义大加褒扬，他认为韩非的“君道无为”和英国的君主立宪制在本质上是一致的，只可惜这个理念虽然在中国很早就被提出，但却是在英国在实践中所应用:

韩非子的法治制度，也存在有一种道家的基本思想，就是“明君无为于上”。君主所以要虚静无事，无为于上，因为他知道那些君主依一般常情而断，实际上没有任何办事的能力。是以应该筹划一个机械式的政治机关，它的机构作用的行进自然而然公平而完备，不关乎统治者的智愚贤不肖。君主是以成为一个徒负虚名的骸壳，有如现代的立宪政体。……这在基本上是一种君主无为主义的学理，为韩非子所倡导，而现代英国实行而获有成效者。②

除了林氏以外，在中国近代“子学复兴”时期也有一些学者，为了寻求经略国家的路径，积极地将韩非“无为”的政治思想比附于西方的民主政治。由于这些探讨都是中文书写，且超出了本论文的题旨，所以这里就不加讨论了。

二、因法全道：对道法关联的重构

如果说华兹生、葛瑞汉等人是从对“君道无为”的义理阐释的入手，试图揭示《韩非子》与道家思想的关系，那么英语学界的另一方则从文本训诂入手，试图消解、重构道法之间的关联。

---

① 笔者译，原文见 *Disputer of the Tao: Philosophical Argument in Ancient China*, p. 291.

② 林语堂著，郝志东、沈益洪译《中国人》第214页，学林出版社，2000年。

顾立雅（Herrlee G. Creel）在 *On the Origin of Wu-wei* 一文中认为“无为”之说最早源于法家申不害而不是老庄，后被韩非所承继，所以“无为”是在法家内部滥觞、光大并传承的，并不是从道家那里引入的。具体来说，根据顾立雅的观点，韩非思想的来源主要是商鞅和申不害，而“有意思的是，《商君书》中一次也没有出现‘无为’这个概念。……而《韩非子》中明确指出‘无为’是从申不害处所借鉴的。关于这一点也可以从关于韩非的其他文献中得到印证，所以我们可以得到一个并不算勉强的推断，即‘无为’可能是源于申不害。”[①] 那么‘无为’为什么不是源于《道德经》呢？顾认为根据史学界的最新研究成果，《道德经》和《庄子》的成书年代分别是公元前三世纪和公元前四世纪末期到三世纪初期，这比之前推断的成书时期要晚二百年左右。由于这一时间坐标的改变，儒道、道法的相对关系都发生了变化。早期儒家构建于道家哲学之上的说法就不成立了，道家应该是在儒家思想之后才确立的。道法关系也应该发生变化，英语学界例如韦利（Arthur Waley）、戴闻达（J. J. L. Duyvendak）包括顾立雅自己之前的“由道生法”的旧有认识[②]都应当随着原始材料的改变而改变。

顾立雅认为申不害逝于公元前337年，彼时很可能《道德经》和《庄子》尚未成书，就算是道家思想的形成要先于《道德经》的写成，但也不会早于法家，因为申韩二子法思想的雏形可以追溯至更早期的公元前七世纪时期的管仲。那么“无为”究竟肇始于何家？顾认为这需要梳理早期文献中对“无为”的记载，以观察“无为”这个概念在先秦时期的演进，才能得出结论。顾发现《易传》《尚书》《春秋》《左传》《国语》中均没有出现“无为”这个词。“无为”这个词虽然在《诗经》中有使用，但是其含义并不在我们所

① 笔者译，详见 Herrlle G. Creel，“On Two Aspects in Early Taoism”，*What's Taoism*，Chicago：The University of Chicago Press，1970，p. 69.

② 韦利这样评价法家：“这并不令人感到奇怪，即，尽管现存的文献抛弃了道家的抽象原则和理念，但其哲学基础仍是在道家的神秘主义中所寻得的。”参见 Arthur Waley，*The Way and Its Power：A Study of the Tao Tê Ching and Its Place in Chinese Thought.* New York：Grove Press，1958，p. 83. 戴闻达写道：“由《道德经》中发展出来的一些理念，包括‘无为’，在法家的著作中得到进一步的阐释。”参见 J. J. L. Duyvendak，Trans. *Tao Te Ching*. London：John Murray，1954，p. 12. 顾立雅早期的意见也是概莫能外，他说：“法家诸子皆以道家为其形而上的基础，在这之上构筑起专制的集权独裁主义。”参见 Herrlle G. Creel. “On Two Aspects in Early Taoism”，*What's Taoism*. Chicago：The University of Chicago Press，1970，pp. 37-38.

关注的层面。政治思想意义上的“无为”第一次出现在《论语·卫灵公》中：“子曰：无为而治者，其舜也与？夫何为哉？恭己正南面而已矣。”这也是《论语》中唯一一次使用这个词汇。对于这句话解释，顾立雅认同韦利的解读。韦利认为所谓“恭己正南面而已矣”有两个层面的意思，一是指“为政以德”，即要从修养自身入手，来治理国家和天下；另一层意思是：作为君主，不需事必躬亲，而应该举贤授能，群臣分职。[①] 这两层意思也是孔子对“无为”的解读，显然，儒家的“无为”和道家的“无为”是不一样的，因为老子是不“尚贤”的。《论语》之后，《墨子》和《孟子》中都没有使用“无为”，一直到公元前3世纪，《荀子》中出现了两三处“无为”。但是，在这之前的《申子》就已经多次使用了“无为”，只是由于它的残缺状态以及非显学属性，所以很多人忽视了它的价值。

根据顾立雅的整理和统计，“无为”在《申子》残篇（1347字）中出现了6次，如：

> 镜设精无为，而美恶自备；衡设平无为，而轻重自得。凡固之道，身与公无事，无事而天下自极也。
>
> 故善为主者，倚于愚，立于不盈，设于不敢，藏于无事，窜端匿疏，示天下无为，是以近者亲之，远者怀之。
>
> 上明见，人备之；其不明见，人惑之。其知见，人惑之；不知见，人匿之。其无欲见，人司之；其有欲见，人饵之。故曰：吾无从知之，惟无为可以规之。

这些“无为”的概念和儒家也不一样，儒家的“无为”的基底是“仁德”，而这种“无为”是“术”治的组成部分，君主虽然不参与具体事务的运作，但是负责对结果的审核参验，手握治吏驭臣的生杀二柄。韩非的“无为”是完全和申子的“无为”一致的，《韩非子》中的很多表述和《申子》原文有高度的近似性或者以“申子曰”的形式直接引用，所以不能说韩非的“君道无为”是受道家的影响。顾立雅更是大胆地提出了一种见解，即，道家

① Arthur Waley, Trans. *The Analects of Confucius*. London: George Allen & Unwin Ltd., 1945, p. 18.

的“无为”分为两层含义，第一种是“事天”——见素抱补、少私寡欲。第二种是“治人”——君道无为。道家的后一种“无为”是源于申不害的思想的，这也就是说顾否认了人们一般所认同的“因道全法”，而重构了“因法全道”的新关系。

顾立雅的看法并不是孤立的。安乐哲（Roger T. Ames）也同意应该在法家传统内部对“无为”这一概念的发展进行思考。根据安乐哲的研究：“‘无为’在《商君书》中尚未得见。在《管子》中它作为一个专门术语，曾出现九次。……《管子》只在理论上提出了法家‘无为’思想，而《韩非子》则赋予这一理论政治实践原则。这并不是说《韩非子》对‘无为’的法家解释应是最早的，它可以溯及到某一早期在郑地发展起来的法家理论，而这一支法家理论又可能与申不害有关。”①

安乐哲所说的“在郑地发展起来的法家理论”是指韩非在《外储说右上》篇中两处提及“无为”以及另一个概念“无见”时（无见，就是不表现人之好恶，不对任何议题发表意见），都将之归于一位“郑长者”，“郑长者有言曰：‘夫虚静无为而无见也’”，“郑长者有言曰：‘体道，无为、无见也’”和“田子方知欲为廪，而未得所以为廪。夫虚无无见者，廪也”这样看起来似乎韩非的“无为”理论和这位“郑长者”颇有渊源。据统计在整部《韩非子》中“无为”一共出现过 17 次，其中 8 次是出现在《解老》里（但学界对《解老》是否出自韩非之手目前仍是存疑的），有 2 处“无为”是以“申子曰”的形式出现的，所以在这种情况下，“郑长者”对韩非“无为”思想的影响是显而易见的。

那么谁是“郑长者”呢？根据钱穆对有关“郑长者”的资料的分析，认为此人应不早于魏文侯（前 424—前 387）之师田子方，不迟于秦宣王（前 319—前 301）② 如果郑长者的“郑”字实际上是指郑国，那么此人就与申不害同为郑国人，其生存年代也和申不害大致相同（申不害卒于前 337 年），所以“郑长者”就是申不害的可能性非常大，这也说明了韩非的“无为”思想应该追溯至公元前四世纪上半叶的郑韩地区，而不是道家。

---

① ［美］安乐哲著，腾复译《主术：中国古代政治艺术之研究》第 49—50 页，北京大学出版社，1983 年。

② 钱穆《先秦诸子系年》第 501—502 页，香港：香港大学出版社，1956 年。

一般来说，《韩非子》受到道家影响的另一个明证就是《解老》和《喻老》两篇文章。《解老》以解释《老子》五千言中若干章节文句为主，它表现了韩非对《老子》理解的角度和程度。《喻老》则是在理解《老子》原文的基础上，引譬连类，以历史事实和传说来诠释老子简约话语的微言大义。《解》《喻》二文是世所公认的对《老子》的最早注释。但是对于《解》《喻》二文是否出自韩非之手，英语学界也有所质疑。如果这两篇文章被证明是伪作，再加之顾立雅、安乐哲对“无为”之说出处的质疑，那么道家思想对韩非的影响真的要打个问号了。

英语学界对于这两篇进行真伪辨析的主要学者是瑞典汉学家龙德（Bertil Lundahl）。龙德指出，《解老》篇中存在有大量的儒家思想，尽管郑良树和周勋初认为这可能是韩非早期受到荀子影响的作品，但是龙德通过细读认为，本篇中很多理念其实和荀子所反对的孟子站在了一起，多提倡“仁爱”和“性善之说”，甚至对“礼”持贬抑的态度，如，“礼者，忠信之薄也，而乱之首乎”，这就和荀子的观点相悖了。此外，该篇中一些劝诫君主恬淡寡欲，保身重生的说法也是令人质疑的，如“圣人之游世也，无害人之心；无害人之心，则必无人害”，这和《八奸》《备内》《扬权》《奸劫弑臣》篇中所认为的奸蔽环伺，“上下一日百战”的宫廷斗争是矛盾的，也动摇了韩非“刑德二柄”的立论基础。就《喻老》篇而言，龙德在引述郑良树的意见的基础上，进一步提出了自己的见解。龙德认为在《喻老》篇中子罕的形象是正面的，他拒不受玉而成为道德楷模。这和韩非在《二柄》《外储说右下》《难三》《说疑》《人主》篇中所一贯塑造的“窃国之臣子罕”的形象相悖逆。此外，《喻老》篇中的一些主张和韩非的法家思想相左，如“将欲翕之，必固张之；将欲弱之，必固强之。”这种知雄守雌的说法和《显学》篇中的“力多则人朝，力寡则朝于人，故明君务力”以及《八说》篇中的“明主者，通于富强则可以得欲矣”的竞争图强的理念相去甚远。所以龙德认为《解老》《喻老》皆是伪作。① 而《解》《喻》二篇的辨伪无疑进一步削弱了韩非与道家思想的联系。

---

① Birtil Lundahl, *Han Feizi: the Man and the Work*. Stockholm: Institute of Oriental Languages, Stockholm University, 1992, pp. 127-130.

三、君道无为：无论门户的思想共识

在国内学术界，由于法家的非显学属性，人们对道法关系的讨论并不深入，此外，又有太史公之言“韩非者，韩之诸公子也。喜刑名法术之学，而其归本于黄老。”（《史记·韩非老子列转》）为之背书，所以韩非受到道家的影响成为一个“并不热切的共识”。但是顾立雅对“无为”思想来源的审视确实引发了我们的问题意识。如果说韩非汲取了道家的很多思想，那么为什么在《韩非子》十万余言中直接提及“老子”的只有《难三》篇中的一处?[①] 同时，我们还要考虑司马迁本人对道家思想的钟情，以及汉初黄老思想的流行是否对《史记》的客观性有所影响。加之许多研究都怀疑《解老》《喻老》并非由韩非所亲炙，所以这个问题显得更加扑朔迷离。

解决这一问题的关键还是对“无为”源起的考察，这也是以上正反两种意见的聚焦所在。依据顾立雅和安乐哲的意见，《申子》最早系统使用了“无为”这个词汇，但如果仅凭这一点，就将“无为”思想的发端归之于申不害，进而将韩非的“君道无为”放在法家内部来考察，是有一些狭隘的。对于“无为”思想的考证，不应该只是以“无为”这两个字眼为研究依据。中国传统的“无为”思想（政治层面）的表述方式很多，但思想本质是一样的，应该从整体上进行把握，考察其流变，但是很可惜这一点被顾立雅所忽视了。

诚如顾立雅所言，《易传》中确实没有使用“无为”这个词，但是《易传·系辞》有言：“黄帝尧舜垂衣裳而天下治”“简易而天下理得”，这其中“垂衣裳”“简”都蕴含着体天行道、顺乎人情人性、不逞私智的“无为”思想。王充《论衡·自然》于此有明确的诠释：“垂衣裳者，垂拱无为也。”对于“简”，桑伯子因为能够“居敬行简”，近于无为，故孔子夸奖他有人君之度，“可使南面”（《论语·雍也》），所以“垂衣裳”和“简”都是“君道无为”的一种表述方式。除此之外，儒家还有“为政以德”“南面而听天下”等表述方式，如《论语·为政》说：“为政以德，譬如北辰，居其所而众星共之。”朱熹将其注解为：“为政以德，则无为而天下归之”，“为政以德，则不动而化，不言而信，无为而成。”（《四书集注》《论语·为政》注）顾立雅说

① 老子曰：“以智治国，国之贼也。”（《韩非子·难三》）

《孟子》中也没有出现“无为”，但是《孟子·离娄下》中曾说为政者应该如“禹之行水，行其所无事”，能够如此“则智亦大矣”以及“人有不为也，然后有以有为”其中的“无事”“不为”不都是“无为”的另一种表达吗？

我们知道，“天下同归而殊途，一致而百虑”，对于涉及人类思想中的一些重大的、永恒性的主题，诸子虽表述不一，角度不同，但其学说的本质中存在着同源性和统一性。“君道无为”就是先秦时期在各家学说交融交织、相互为用的过程中所形成的一种共识。如前文所示，“无为”思想的萌芽最早可以追溯到西周，而司马谈的六家之说只是汉代的一种提炼和总结。它是一种网格化的思维，无法衡量思想史中的源、流交织反复，螺旋演进的过程。因此，在“无为”思想源远流长、表述多样的背景下，考察哪个流派孰先孰后地创造了这个学说其实是具有很大的不确定性的，其实际意义也不大。我们应该探讨的是“君道无为”这种共识的内在生成机理。实际上，在西周至战国时期，人们普遍认为绝对的君权具有一定的危害性，因此必须对君权加以约束和限制。无论是儒、法提倡的政治艺术层面的“无为”还是道家在本体论方面的处“虚”守“无”、全无事事，其主观动机都是通过提倡君主体道、从道、摒弃个人的私智与好恶，来达到有效消解君主在政治上的主体性的目的，从而确保政治秩序的稳定和与民为利。

结　语

由上可见，英语学界关于道家之于韩非的影响的研究，其本质还是一种门户之见视域下的局部研究，虽有可资借鉴之处，但其学术进路缺乏对中国政治思想的整体关照。此外，从比较文学和比较思想的角度上讲，我们还应当思考英语学界的学术动机，是什么使得他们对《韩非子》中“援道入法”“法内无为”的理念表示了热切的关注？

显然，在西方思想家看来，“法内无为”体现了一定的进步意义，存在中西方思想上的通约性。具体来讲，这种暗合之处主要体现在两个方面，一方面亚里士多德也强调了统治者的情欲对国家治理的危害，而依法治国是最好的选择。他指出“凡是不凭感情因素治事的统治者总比感情用事的人们较为优良”“让一个人来统治，这就在政治上混入了兽性的因素”“法律是最优良的统治者"[①] 这和韩非所主张的君主应当去好去恶，无见所欲，"释法术而心治，尧不能正一国"（《韩非子·用人》）等思想是十分相近的。此外，亚里士多德还反对柏拉图的"哲学王"的人治之道，他认为人无完人，"哲学王"的理念过于空想，不符合政治现实，这也和韩非提出的"尧舜千世而一出"，大多数君王资质中等，应当"抱法处势而治"的主张十分相仿。另一方面，韩非的"君道无为"和"人性论"又和西方古典自由主义、新自由主义曲通暗合。以大卫·休谟（David Hume）、亚当·斯密（Adam Smith）和埃德蒙·柏（Edmund Burke）为代表的自由主义主张人性有不可避免的缺陷，并由此出发，对国家权力、特别是君权抱有高度的警惕和不信任，主张限制、约束的君权，反对许多早期的主流政治架构，例如君权神授、世袭制和国教制度，支持以共和制或君主立宪制为架构的自由民主制。可见在思想原点上这两种学说是相近的，这也是葛瑞汉、林语堂积极地将"君道无为"比附于君主立宪制背后的学理原因。

（孙亚鹏　文学博士，北京语言大学培训学院副院长）

① ［古希腊］亚里士多德著，吴寿彭译《政治学》第163、171页，商务印书馆，1965年。

· 春秋论坛 ·

论斯奈德诗歌中的“流动”和“高古”*

张俊萍　陈苇杭

摘　要： 美国当代诗人加里·斯奈德深受东方文化，特别是中国古典文化的影响。东方的直觉思维与哲学精神在其思想中深深扎根，直接塑造了他对自然界的体验方式。本文采用中国古典文论《二十四诗品》作为理论视角，运用《诗品》中的《流动》《高古》二品分析加里·斯奈德诗歌中的“流动”和“高古”风格和诗境，探究诗人溶解的、孤立的自我如何达到的“空”“无”的状态，创造出流动融合、高古超越的诗歌境界。

关键词： 加里·斯奈德　“流动”　“高古”自我　空

加里·斯奈德（Gary Snyder）是美国当代著名的“自然”诗人、散文家、翻译家、环保社会活动家、“垮掉派”的代表人物之一。国内外对他的研究聚焦于其诗学特征、生态意识和文化思想。由于斯奈德在少年时期就开始对中国文化产生强烈兴趣，他大学时期攻读东方语言文学，研究中国古典诗歌，翻译寒山诗歌，后东渡日本十余年专习禅宗佛教。他对自然界的体验方式及其创作思想深受东方直觉思维与哲学精神，特别是禅宗佛教的深刻影响，他的诗歌的“认识论内核”就是东方式的“以目击和感悟取代推理和思辨的倾向”①。因而，国内外学者对其诗歌背后的东方文化意蕴颇为关注。但迄今为

* 江南大学基本科研计划—重大项目培育课题“20 世纪美国文学研究新视野”（编号：JUSRP1910ZD），江南大学基本科研计划重点项目“语言认知与跨文化研究”（编号：2020JDZD02），受“中央高校基本科研业务费专项资金资助”。

① 刘生《加里·斯奈德诗中的中国文化意蕴》，载《外语教学》2001 年第 4 期。

止，在具体的诗歌特质、诗歌意境方面，多数仍限于用西方文学批评理论来解读，这使得斯奈德诗歌的"东方"内涵尚未得到充分的剖析。本文拟以中国古典文论《二十四诗品》[①] 作为理论视角，运用《诗品》中的《流动》《高古》二品探究加里·斯奈德诗歌中的"流动"和"高古"风格及意境，剖析深受佛、道思想中"空"这一范畴影响的诗人怎样在创作中或"溶解"自我或"孤立"自我，达到"空""无"的状态，创造出流动融合、高古超越的诗歌境界。

一、斯奈德诗境的起点："空"

"空"这一概念在中国文化数千年的发展过程中具有丰富的内涵。首先，"空"是一种全然"忘我"的心理体验，在这过程中人与自然相互交融。其次，"空"又指"性空"，指一切事物由众缘合成，其性本空。既然宇宙万物都是由各种条件（缘）而产生，"缘起性空""缘生则生""缘阙则阙"，那么，领悟到"空"就可以消除人对内心执念之物的过度追求，从而获得一种非功利的内心世界。第三，"空"是人摆脱自己内心对世界先入为主的认识与固定看法，因为"先见"使人无法看清万物的本相。斯奈德诗歌中的"空"是融合这三种"空"义的一种涤除过度思虑后与自然交融所产生的"忘我"的平和安宁的心境。

斯奈德对"空"这个中国文化、哲学中的重要概念的把握，主要来自他深入学习的佛道思想。斯奈德"对《道德经》的推崇与喜爱绵延一生"[②]。受道家思想影响，他感悟道："一种无，可以产生万物，而万物之中心仍有那玄妙的'空'。"[③] 他还说，"道"的追随者只有忘却自我才能真正得"道"。[④] 与

① 学界对《二十四诗品》的作者是否确为司空图仍然有争议，但由于这并非本研究的主要关注点，本文暂时将司空图作为《二十四诗品》的作者。《二十四诗品》全文二十四个章节，每个章节本身便是一首十二行的四言诗，它用简练的诗句精巧地解释了二十四种饱含中国古典审美意蕴与佛道哲学思想的诗歌境界。

② 钟玲《史耐德与中国文化》第52页，首都师范大学出版社，2006年。

③ Gary Snyder, *The Gary Snyder Reader: Prose, Poetry, and Translation, 1952-1998*, Washington, D. C.: Counterpoint, 1999, pp. 293-294.

④ Gary Snyder, *The Practice of the Wild*, Washington, D. C.: Shoemaker & Hoard, 2003, p. 161.

此同时，“在亚洲诸文化传统之中，斯奈德吸收思想养分最多的（是）禅宗……”① 他甚至认为，“中国文化的精神遗产本质上就是禅宗”②。“佛禅的启蒙”“以智慧引导他重塑其内在的自我”③。

道家思想与佛禅思想引导他深入认识了“空”的概念，这一概念成为他诗歌中的重要因素，使他的诗歌常常达到“无我”的境界。用他自己的话来说，这是对人的意识中“自我的重要性”的摒弃，从而能够不受自我意识的干扰，“参与到广阔的世界中”④ 并体察到世界深刻奥秘的显露⑤。在这种心理状态下，他摆脱了知性思维的干扰，用“感受”与“体验”的方式去发现万物的本相，达到与天地万物相契合的状态；同时，当“自我”或溶解或独自而立时，他诗歌中的“流动”“高古”境界也得以形成。

二、流动之诗境：溶解的自我

《二十四诗品》中的“流动”一品描述了一种流畅平滑的动态之美：

> 若纳水輨，如转丸珠。夫岂可道，假体如愚。荒荒坤轴，悠悠天枢。载要其端，载同其符。超超神明，返返冥无。来往千载，是之谓乎。

这十二个短句中每四句可以看作一个意义组。第一组认为，看上去仿佛在流动的“水輨”和“丸珠”其实只是笨拙的“假体”，仅仅描述了流动的表象而没有道出“流动”的终极含义。⑥ 第二组指出，真正的“流动”是天与地围绕它们的枢轴运转不息，并带来整个宇宙的无尽变化。最后一组暗示

---

① 《史耐德与中国文化》第 52 页。

② Gary Snyder, *The Real Work: Interviews and Talks, 1964-1979*, New York: New Direction Pub. Corp., 1980, p. 104.

③ 霍红宇. *A study of Gary Snyder's Buddhist Thoughts in his Poetic Journey*, Shanghai: Shanghai Jiao Tong University Press, 2013, p. 139.

④ Gary Snyder, *A Place in Space: Ethnics, Aesthetics, and Watersheds*, Washington, D. C.: Counterpoint, 1995, p. 179.

⑤ *The Real Work: Interviews and Talks*, 1964-1979, p. 21.

⑥ 张国庆《〈二十四诗品〉诗歌美学》第 295—299 页，中央编译出版社，2008 年。

“流动”是宇宙的一个基本原理，而“真正的流动”必须是“互渗”，契合于佛禅的“缘起性空”。

第一，以《二十四诗品》所论，流动的本质一般难以用语言道出，以致人们往往借用“假体”进行描述。同样，斯奈德也借用了多种流动意象作为宇宙规律的体现与外化，“道出”并创造了流动的诗性境界。

斯奈德诗歌里的典型“流动意象”有以下几种：（1）流动的光，包括月光（如 *Piute Creek*）和星光（如 *Pine Tree Tops*）；（2）流动的空气，包括风和雾；（3）流水，该意象贯穿了斯奈德的整部诗集《山河无尽》，包括河流、溪流、洪流、融雪和降雨。需特别注意的是，这些意象只有在“流动”并充当连接事物的媒体时才会形成诗歌中流动的境界。例如，月亮与星辰光线的垂直流动连接了大地与天空；弥漫于整个自然空间的空气融合了所有事物；而流水，无论是垂直还是水平运动，都连接了它流经的地点，并将诗境从附近延伸到遥远处。随着这些流动的意象朝着多种方向运动，一切都被连接起来，形成了整体统一、内部相连的诗性境界。

第二，流动的意象连接万物、产生运动，而人流动的视角则连接了这些流动的意象。在斯奈德的诗歌里，流动的视角体现于两类元素：诗境中的漫游者和流动意象的排列方式。

（1）在空间中自由穿行的漫游者，即使在没有水流或风等意象时，他们也能带来整个诗境的流动。漫游的旅行者是斯奈德诗集《山河无尽》中的典型人物，他们用探索的眼睛展现了世界并创造了流动的诗歌境界，而他们本身既是流动意象，也是连接其他流动意象的“视角”。例如：“河边的小山，沼泽中的柳树，/伸向内陆的平缓山谷。/观看的船已漂向页面之外。”①

此诗的前两行将一系列事物并置，并以平行的结构描述出它们的位置，整体自然景观似乎静止不动，然而，在第三行中，仅仅一只小“船”就带来了整个诗境的流动，它精妙地暗示了流水的存在，带领旅行者欣赏变换的景色。而这只“从页面漂过”的小船扩展了诗歌景观的范围，将流动的诗境延伸到更遥远的空间。在流动的过程中，人与船成为一体，人与整个空间也融为一体，并且船只与“纸页”相互穿透：不同事物之间以及人与事物之间的分隔全然溶解。通过这种方式，斯奈德用简洁的语句创造了流动的诗性境界。

① Gary Snyder, *Mountains and Rivers without End*, Washington, D. C.: Counterpoint, 1996, p. 5.

（2）流动意象的排列方式能显示出观察视角的转换。一般认为，不仅“单一形象本身的独特性”有助于创造“流动之美”，而且“不同形象的组合”，其中包括“意象的转换”“意象间的相互作用”和“一种意象向另一意象的连续趋势”①，也有助于表现“流动”之境。

斯奈德诗歌《噢流水》是个典例：“噢流水/冲洗我们，我，/在褶皱的花岗岩下/平直的石板/坐在帐篷边，在松荫里/七尾睡着，/山峦轰鸣崩塌/雪原融化/土壤/铺散在微小的岩脊上/为了野洋葱和花朵/蓝色/花葱/大/地/僧伽”② 这里，流动意象的排列方式使整个诗境更加平顺流畅。这首诗中的流动诗境始于流水“冲洗我们，我”。诗人与流水重叠，在流动的视角下，流水一路上连接事物，使原本只包括“花岗岩”“松树荫”的诗境后来扩大至包括“轰鸣崩塌”的“山峦”和“融化”的“雪原”，并随着“微小岩脊上的”“土壤”和“花朵”而再次缩小。在这样的排布下，整个诗境流淌转动。随着流水“超超神明，返返冥无”，诗人融入自然世界的流动中，并简洁而神秘地结语道：“大/地/僧伽”：这是世上难以言喻（“夫岂可道”）的事物或感受，这是诗人在与大自然合而为一的瞬间得到的启示。

第三，“互渗”也是促成斯奈德诗歌流动之境界的一个重要思想。显著影响了斯奈德思想的华严禅宗认为，世界具有“包囊共生的特征”，并“特别强调事物之间的非侵入性的互渗关系”③。斯奈德高度重视这种“依缘而生”“相互渗透的关系”，他将世界视作一个有机的整体，他在诗中将地球称为“鲜活的涌流之地”④，在其中所有事物“相互渗透”“相互反映”。例如，他的诗行“山行走于流水，水荡漾每一座山”⑤ 描述了山与水的相互融合与映照，创造了一个无分异的整体景观。在他看来，一切都是“道”或者自然规律的外化；“每个生物都是流水中的漩涡与涌流”，是宇宙运动的“一首歌”⑥。

---

① 刘则权《论〈二十四诗品〉之“流动”》，载《西安航空学院学报》2017 年第 6 期。

② Gary Snyder, *Turtle Island*, New York: New Directions Pub. Corp., 1974, p. 73.

③ 黄淑均，“A Hua-yen Buddhist perspective of Gary Snyder”, *Tamkang Review*, 1989, 20 (2), p. 205.

④ *Turtle Island*, p. 41.

⑤ *Mountains and Rivers without End*, p. 8.

⑥ *Turtle Island*, p. 73.

第四，斯奈德营造“流动”诗境的关键在于，他在诗歌中“溶解”了“自我”。当诗人不自觉地沉浸于大自然中，成为其动态过程的一部分时，其自我意识越来越弱，自我重要性甚至被彻底取消。斯奈德曾在他的日记中写下一些具有华严禅宗意蕴的自然事物：“光与云的变换，混沌的完美，事事无碍的美丽/交错互动”[①]。日语中“事事无碍”（“Jiji mu-ge”）描述了一种没有任何担忧的心理状态，在这种状态下将人与世上其他事物分开的壁垒尽皆消解。而这正是对自身重要性的取消和对个人存在的溶解。诗人以“溶解”的心灵来体验自然并从中获得巨大的愉悦，随着流动的视角感知世界的运动与变迁，而溶解的自我则消除人与自然事物间的差异与分隔，成为自然世界动态过程的一部分。在这样的状态下，流动的诗歌境界生成。

三、高古之诗境：孤立的自我

《二十四诗品》中的《高古》一品描述的是一种超越庸常的崇高境界：“畸人乘真，手把芙蓉。泛彼浩劫，窅然空踪。月出东斗，好风相从。太华夜碧，人闻清钟。虚伫神素，脱然畦封。黄唐在独，落落玄宗。”

在《高古》中，超凡脱俗的仙人乘着真气在无穷的宇宙时空中悠游，穿透一切界限，感受“月出东斗，好风相从”的清新怡人。而当他凝视远方看到夜色里翠绿的山峰时，清远的钟声传入他耳中。《二十四诗品》指出，带着这般氛围或给人以如此感受的诗可以被视为“高古”。

“高古”是“人类对庸俗生活的超越”[②]。“高”是对空间的超越。“古”则是对时间的超越。在中国哲学中超越时间是“克服人类脆弱存在的方式”，它实际上是“解除人的物质性，解除时空的限制”[③]。在顿悟的时刻，诗人感受到某种深沉而持久的事物，在古老的宁静中体悟到永恒，并得以与先人交流。

斯奈德众多诗歌具有这种超越性特征的“高古”品格。

---

① Gary Snyder, *Earth Household: Technical Notes and Queries to Fellow Dharma Revolutionaries*, New York: New Directions, 1969, pp. 15-16.

② 《〈二十四诗品〉诗歌美学》第258页。

③ 朱良志《中国美学十五讲》第192页，北京大学出版社，2006年。

第一，斯奈德诗歌中的高古超越境界与其对山的持久热爱有关。他将山地世界阐释为“垂直、精神、高度、超越、坚硬、抵抗与阳刚之气”①，并认为“那些不同凡俗闪闪发光的漂浮雪峰是精神的许诺”。他用感官与心灵感受、体验山脉，也因而理解了中国传统的审美心态。他称赞中国的山水画，说中国画“向广大的空间开放”；他了解寒山，一位有着同样孤独自我的中国古代僧侣，他在寒山的世界中见到了关于“寒冷、高度、孤绝、山脉的意象”②，他的心对这种美产生了强烈共鸣。例如在诗歌《八月中旬于苏窦山守卫台》的结尾处：“就着小铁罐，饮一口凉雪水/透过静寂长空/眺望迢迢无限。”③ 诗人独立于孤寒难攀的山上，靠近天空与大地，在那里尘世的一切喧嚣都得到涤除，他的心灵由此变得肃穆而寂静。在这样的孤独中，远眺的目光带他漫游“迢迢无限”，并“透过静寂长空”，他的世界慢慢扩大，正如《高古》中所言，诗人超越了物理的限制与阻隔（“脱然畦封”）从而走向精神的超越（“黄唐在独，落落玄宗”）。

斯奈德写了众多诗歌描述他在山上庄严超然的感受。山脉成为诗人表达感受、吐露心声以及同宇宙、同自己沟通必不可缺的场所。他感到在山地世界中，所有自然的事物都在“人类的浮躁易变之上高翔”④。“对他来说，高山代表着崇高和超越尘世的生活。”⑤

第二，斯奈德诗中超越的境界不仅仅在于那些崇高的山峰，其他的自然物，如月亮、古树与岩石往往能形成一种深沉静默的诗性世界，由之产生的顿悟的瞬间亦能引发高古的诗歌境界。最典型的例子便是斯奈德的《松树冠》：

> 在深蓝的夜晚/霜雾迷蒙，天空发光，/一轮月/松树梢上 /曲折的雪光，隐去/向天空，霜，星光。/靴子嘎吱作响/兔子的踪迹，鹿的踪迹/我们知道什么。⑥

---

① *The Practice of the Wild* , p. 108.

② Gary Snyder, “Reflection on My Translations of the T'ang Poet Han-shan”, *Manoa* , 2000, p. 12.

③ Gary Snyder, *A Range of Poems* , London: Fulcrum Press, 1966, p. 9.

④ *The Gary Snyder Reader: Prose, Poetry, and Translation, 1952-1998* , p. 313.

⑤《史耐德与中国文化》第 22 页。

⑥ *Turtle Island*, p. 33.

这首短诗中蕴含了丰富的崇高或古老的意象，包括神秘的夜空、白色的月光、头顶的星辰、高大的松树，以及兔子和鹿的小径。它们或是在高度与广度上超出了人类可触及的范围，或是在人类出现之前就已存在于这世界。带着这样的崇高性与古老性，它们能营造出一种深沉寂静的氛围，对心灵的放松冥想、感受自然万物的细微本质十分有利。《二十四诗品》认为，在平淡与宁静中人能发觉世界细微精妙的奥秘①。在靴子吱嘎作响的瞬间，诗人的脚步与古老的动物小径重叠，使他产生与大自然的连接感，并带来诗歌最后一行中顿悟式的启示“我们知道什么”，这句诗显示了对自我的超越：诗人并不试图用逻辑推理来分析任何确切的概念；相反，他诉诸自己的感官来接收大自然的信息。正如他在另一首诗中说过的：“清澈凝神的心/不沾他义/寓目即真。”②

第三，斯奈德诗中超越高古的境界也往往由听觉感受到的声音带来，例如铃声。它打破原先的静默同时带给人一种新的、庄严的寂静。随着它缥缈的声音不断回响，将人们带向遥远的过去，正如斯奈德诗歌《在枫桥》所写的：“张继听到钟声之处。/系泊于石阶/空旷，拍打的浪/钟声传来/穿过海面。”③

这首诗中所写的枫桥与寒山寺正是张继千年前创作的《枫桥夜泊》中的桥与寺。但古人已去，这个地方由此带上了历史沧桑变迁的悲凉感。然而，这样的寂静中仍响起寺庙清越的钟声，它萦绕着穿过大海，超越了空间的极限，连接了过去与现在。这类似于《高古》所谓的“太华夜碧，人闻清钟。虚伫神素，脱然畦封”。钟声能带来精神的纯净、顿悟的瞬间，带来对永恒的感知和与远古事物相交汇的时刻。在钟声中，诗人打破了时间的界限，超越此在的生存而悠游于过去。

综上所述，斯奈德诗歌中的超越境界具有双重意义：它是诗人独立于孤绝的高山，超越尘世的生活、享受自然的无限广阔；也是诗人以深静澄明的心灵体悟事物的微妙的精髓，并在顿悟的瞬间超越其生命。在这样一种美的形成过程中，很难说是高古的世界创造了孤独的自我，还是庄严的心境产生

① 《〈二十四诗品〉诗歌美学》第 32 页。

② Gary Snyder, *Riprap & Cold Mountain Poems*, San Francisco: Grey Fox Press, 1965, p. 8.

③ *The Gary Snyder Reader: Prose, Poetry, and Translation, 1952-1998*, p. 544.

了超越的高古诗境。诗人孤独的自我在历史的悲怆感与乐观态度之间转换，表达出诗人面对宇宙的永恒与无限时心中的崇敬、孤高与享受。在对时空、对自我与对现世的超越中，诗人获得了精神的飞升，感受到生命的诗意。或者可以说，“空”的起点产生孤独、深沉而寂静的心灵，使诗人感受到宇宙的永恒与无限。高古的诗歌境界也由此生发。

结　语

斯奈德与西方早期的自然作家或普通的生态诗人不同，他的诗歌吸收了佛道思想以及中国古典诗歌的精髓，因此具有深厚的中国美学意蕴。斯奈德认为自己与中国诗歌有“深刻的共鸣”①。他最爱的中国诗人是寒山、王维等。与这些诗人一样，“空”成为斯奈德诗歌境界的生发点，引起诗人自我意识的溶解与孤立。“空”是诗人放下自我的重要性而达到不受逻辑分析思维干扰的心理状态，并由此融入自然世界的运动变化。当斯奈德将“空”的心理体验表达于他的诗中时，“流动”“高古”的诗境由此产生。

“流动”之诗境产生于自我的溶解。自我的重要性被彻底地取消，诗人不自觉地沉浸入自然中，成为其动态过程的一部分，感受到宇宙无尽的变化与事物间的相融互渗。流动的意象作为媒介连接了他诗中的其他事物，而诗人流动的视角则连接了流动的意象。随着流动视角感知世界的运动和变化，诗人与自然事物之间的分隔得到消解。于是，诗人的心灵达到无比澄空的程度，力图把握万物的精髓与本质。

而“高古”超越之诗境则来自遗世独立之自我。斯奈德诗歌中的山，崇高、孤绝而寂静的山中世界，是他对荒野的经年热爱与他对寒山诗的强烈共鸣的结合体。独立于山中世界和高远境地，诗人在与这无声世界的宁静沟通中超越了喧嚣纷杂的现代世界，感知到宇宙自然的深邃启示，并在深沉古老的静默中顿悟了自然界的讯息，感受到永恒，从而得以超越时空、沟通古今，获得精神的自由。

（张俊萍　文学博士，江南大学外语学院副教授；
陈苇杭　中山大学外国语学院研究生）

① *The Gary Snyder Reader: Prose, Poetry, and Translation, 1952-1998*, p. 328.

《乾隆年编华夷译语》之西洋馆译语初考

——以法语版“天文门”与意大利语、拉丁语版之对比为中心*

全　慧

摘　要：《乾隆年编华夷译语》可被视作起自明代的辞典合集《华夷译语》之扩充续编版本，除延续多种民族语言之外，更增加了数种西洋译语。围绕五种西洋馆译语的编译者、编纂目的与流程、相互关系、使用效果等方面，学界已有一些发现和猜想。本文通过梳理对比法语、意大利语和拉丁语三版中“天文门”的内容，有了一些更具体的发现，试图为解决以上问题提供新的线索。

关键词：《乾隆年编华夷译语》《弗喇安西雅语》“天文门”比较研究

故宫博物院藏《乾隆年编华夷译语》一般被学界称为“丁种本”①（又称

* 本文所用的三种译语文本均蒙北京外国语大学李雪涛教授惠赐，特此感谢。

① 《华夷译语》是明清两代朝廷以对外交流的需要，由官方组织编纂或刊行的各种《译语》《杂字》《来文》的统称。这些书中并未署有《华夷译语》名，20世纪30年代，德国学者福克司（Walter Fuchs）发现该类典籍，并统称为《新华夷译语》，后日本学者纷纷研究该类典籍，也随称《华夷译语》，并分甲、乙、丙、丁四类——见春花、李英、郭金芳《清乾隆年编〈华夷译语〉述论》，载《故宫学刊》2018年第1期。近年来，故宫出版社将故宫博物院所藏乾隆年间编纂的此类译语陆续影印出版，统以故宫博物院藏《乾隆年编华夷译语》名之。

会同四译馆《华夷译语》），系清乾隆十三年（1748）合并会同馆①、四译馆②后陆续编制而成，现存42种71册，多为民族语言，与西方语言对照的译语则有6种：《暎咭唎国译语》（英语）、《弗喇安西雅语》③（法语）、《额呼马尼雅语》（德语）、《伊达礼雅语》（意大利语）、《拉氏诺语》（拉丁语）和《播呼都噶礼雅语》（葡萄牙语），后5种因每卷首页均明确标注“西洋馆”字样，学界也以“西洋馆译语”代称。关于这五种西洋馆译语的编制者④、编纂过程及相互关系等，学界有诸多猜想，但囿于现有资料，迄今鲜有定论：翻译者是否为对应母语的传教士？汉字译音者是否中国学外语的学生、外语程度如何？是先集中力量翻译了其中一种语言、其余四个语种再据此翻译，还是五种语言的翻译分别进行、偶有互相参照？最终成果是否可以满足编纂目标？本文拟对法语版本的第一大类“天文门”进行内容分析，并与意大利语和拉丁语版进行版本和文本的对比，所得出的结论或可为解答以上问题提供一些新的线索。

一、西洋馆译语之法、意、拉三版本概况

1. 编纂目的与基本方法

西洋馆译语的编纂与乾隆十三年（1748）的一则敕谕直接相关，据《高宗纯皇帝实录》卷三二四载：

---

① 会同馆始置于元至元十三年（1276），隶属礼部，专事口译。明成化五年（1469）设18馆。见陈远、于首奎、梅良模等主编《世界百科名著大辞典·社会和人文科学》第1084—1085页，山东教育出版社，1992年。

② 明朝对于各民族的进贡，规定奏文需有民族文字。为此，永乐五年（1407）置四夷馆，下设鞑靼、女真、西番（藏）、西天（印度）、回回（波斯）、百夷、高昌（维）、缅甸八馆。正德六年（1511）增八百（八百媳妇）馆。万历七年（1579）又增暹罗馆。清改称四译馆。见陈远、于首奎、梅良模等主编《世界百科名著大辞典·社会和人文科学》第1084—1085页。

③ 诸译语名称及下文所引词条中的汉语注音，原有大小，上下文区分，因排版困难，本文不保留此区分，特此说明。

④ 五种译语中，目前仅可确定德语版《额呼马尼雅语》的译者系德意志来华耶稣会士魏继晋（Florian Joseph Bahr），因其曾自陈：“除刘松龄、傅作霖、郎世宁、蒋友仁外，其他（耶稣会传教士）都在忙于把汉语翻成各种语言，变成一部增订本拉丁、法、意、葡、德语词典，我负责德语的翻译。”见聂大昕《〈暎咭唎国译语〉编纂流程考》，载《北方民族大学学报》（哲学社会科学版）2019年第1期。

朕阅四译馆所存外裔番字诸书，虽分类音译名物，朕所识者，西番一种已不无讹缺，因思象胥鞮译，职在周官；輶轩问奇，载于汉史。我朝声教四讫，文轨大同，既有成编，宜广为搜辑，加之核正，悉准重考西番书例，分门别类，汇为全书。所有西天及西洋各书，于咸安宫就近查办，其暹罗、百夷、缅甸、八百、回回、高昌等书，著交与该国附近省分之督抚，令其采集补正。此外，如海外诸夷并苗疆等处，有各成书体者，一并访录，亦照西番体例，将字音与字义用汉文注于本字之下，缮写进呈，交馆勘校，以昭同文盛治。著傅恒、陈大受、那延泰总理其事。①

由此可见，外国语言的翻译词典前已有之，但谬误颇多，故乾隆希望在此基础上进行扩充和修正。这些辞书的主要读者是中国人，因此是计划用汉文去注外文的本字，类似于如今外汉词典的功能。不过从成书来看，西洋馆译语五种所收汉语的词汇及顺序几乎一样，说明在编纂时是先选定了汉语词汇，再分别译成西方语言并对其注音的，可见其编纂方法更类似于如今的汉外词典。

2. 分类情况及收词数量

《弗喇安西雅语》（以下简称《弗》）系《乾隆年编华夷译语》第十四卷，共五册，一函。第一册分天文、地理、时令、采色四门（即类），收词425条；第二册分身体、人物、器用三门，收词390条；第三册分宫殿、饮食、衣服、方隅、经部、珍宝六门，收词375条；第四册分文史、鸟兽、数目、通用四门，收词428条；第五册分香药、花木、人事三门，收词428条。共计559页，收词2046条。

第十五卷《伊达礼雅语》（以下简称《伊》）的花木门末尾第四八一页有单独一个词“神鬼”，但没有释义和注音，第四八二页空白，此二者系法拉两版所无，其余数目与《弗》一致，偶有词汇位置不同、页码交错之处。② 第十八卷《拉氏诺语》（以下简称《拉》）第五册缺少“白芨”一词，而该词在法意两版中均有。总体而言，3种译语在编排、分类和收词数量上相

① 聂大昕《〈暎咭唎国译语〉编纂流程考》。

② 如《弗》的第一三一和一三三页与《伊》《拉》的此二页相反，一三二和一三四页也是；《弗》《拉》的第一九七和一九九页与《伊》相反，一九八和二〇〇页也是；《伊》《拉》第四册的“青鼠”一词与《弗》位置不同；第四一八页“替职”“袭职”两词位置交换等等。均不影响总体数量。

差甚微。[①]

3. 编纂体例与版本差异

《弗》《拉》《伊》3 种译语的编纂体例一致：每页共 4 组词语，分两列竖排。每一组中汉语单字或双字词汇[②]在中间、墨笔楷书、竖写、字体最大；外语译文在汉语原文的上方，从左至右书写；外语的汉语注音则在汉语原文的下方，从右至左横写，字体最小，部分辅助音素则以更小字体置于相应音节的上方或下方。

通过对《弗》书“天文门”的仔细梳理，笔者发现《弗》书编写印刷中的问题相对较多，如有错漏字数处[③]、冠词的使用较为随性[④]、偶有不同词使用同一翻译[⑤]、大小写规律不清晰等。而《伊》《拉》二书则较少出现以上问题。

二、西洋馆译语《弗》《拉》《伊》三版“天文门”之内容比较

受篇幅所限，本文仅对 3 种译语中“天文门”的内容进行分析和比较。该门系西洋馆译语中的第一门，共 39 页，收词 153 条，其中单字词 52 个，双字词 101 个，3 个版本完全一致。下文将从汉字注音准确度、外语翻译文本的异同及翻译准确度等方面对 3 个版本进行考察。

1. 外语的汉字注音

为满足中国人阅读外语（以及少数民族语言）的需求，《华夷译语》等多语词典一直有以汉语对其他语种进行注音的传统，形成了一套较为固定的注音体系，如以“勒”注“l”，以“额”注“e”等，在尚无国际音标体系

① 春花、李英、郭金芳《清乾隆年编〈华夷译语〉述论》一文统计词条数量与本文略有不同。

② 也有极少量三字词和四字词，如“礼拜寺”“金刚钻”“貂鼠皮袄”等，但单字和双字词占绝大部分。

③ 第九页“昝”汉字漏印；第一八页“天暖”的“暖”字写成“火+爰”（其他两版本都是“暖”）；第二二页 Ciel obscur（天暗）的“r”漏写或漏印等。

④ 第一六页 l'univers（乾坤），L'air du Ciel（天气），第二一页 l'aurore（天晓）等有定冠词，但第二五页 Soleil couvert（日遮），Lune ronde（圆月）却又没有。此种情况很常见。

⑤ 第三二页“刮风”与三四页“风吹”，都译成 Le vent souffle，第三六页“有雨”与三七页“下雨”，都译成 Il pleut，而意、拉语两版中的译法都是不同的。

的情况下，这种做法具有较强的可操作性。如“冰”字的法语译文 glace，汉语注音为“格拉斯”，每一个音素都得到了体现，而且通过字体大小和位置区别强调了“拉”这个音节为重读音节，“格”和“斯”则是辅助音素，比较科学易懂。不过《弗》书“天文门”中也有若干汉语注音并不准确之处，体现出注音者对法语的读音掌握尚有一些问题。

（1）法语版字母“r”的标注问题

法语中的“r”音素是小舌音，其发音与拉、意、葡诸语对应的大舌音完全不同，如要以汉语标注的话，约略可对应为“喝”或轻音“呼”之类。但《弗》书“天文门”中，所有的字母“r”均被标注为“哷”，与《拉》《伊》两书中对“r”的注音一样。这一现象可能是由于标注者确实是以类似于大舌音的方式去发小舌音的，也可能由于《华夷译语》有统一的编纂体例，对大部分字母的发音规定有明确对应的汉字。但无论出于哪种原因，这一注音注定无法直观反映出法语的小舌音特点。

与字母“r”相关的另一个问题在本书中也极为普遍，即第一组动词不定式末尾的“er”的发音问题。根据法语读音规则，此类“er”发音应为［e］，并不分开发音。但此书中，至少“天文门”中，将此类“er”都注成了“*哷”，即将“e”和“r”分开注音了。如第十页 Plier①（屈）注音为：伯礼叶哷，第十三页 Immerger（沉）注音为：英墨哷热哷，同页 Se dissiper（散）注音为：塞氏西伯哷，第十五页 diminuer（消）注音为：氏密女额哷，等等。在本书中也并无任何序言、注释等对此进行说明。

（2）法语版部分读音标注错误

法语的读音规则较为复杂，多数单词的读音并不是其所含字母读音的机械相加，但在《弗》书“天文门”的注音中，这一特点并未得到清晰体现，反而有不少反面例证。如第三页 Soleil（日），注音为：莎勒勒。该单词如今的国际音标为［sɔlɛj］，对应成汉语大概可以写作“梭勒耶”或者“梭来耶”。“莎”字在法语版注音中较为常见，一般对应发音“梭”，不算有问题；但“il”应发半元音［j］即“耶”，却被注为“勒”，不符合法语发音，会对读者造成误导。类似的还有第十二页 Scintiller（曜）（［sɛ̃tije］推荐注音：三

① 《弗》书中法语的大小写十分不规律。本文例子中的大小写及各种音符均遵照原文，不影响理解时不注现行拼写的音符。

氏耶）被注为“星氏勒勒呼”，法语的鼻化元音［ɛ̃］难以找到完全对应的汉语，标为“星”尚可理解，但“ll”被注为“勒勒”，明显不符合法语发音规则，而且暴露出注音者有通过单词的字母构成，而非音节构成来机械注音的倾向，有两个“l”就注了两个“勒”，说明注音者对法语的读音规则并没有系统掌握。这在《弗》书中也是一个普遍现象。

此外，法语大多数辅音字母在词尾不发音这一原则也常被忽略，本书中并非处处如此，但发生率很高。如第六页 Bruit de Ton[n]erre[①]（霆）注音为：伯哩俞伊特德多讷呼，bruit 中的“t”应是不发音的，这里却标了“特”；第十四页 Aller de haut en bas（临）注音为：阿勒呼德鄂德昂巴，除了 aller 的“r”不应发音外，haut 的“t”也是不发音的，然而这里都注了出来：“呼”和第二个“德”。

部分注音的不准确，还可能与注音者受方言的影响有关，例如第八页 Fumee（今 fumée，烟）注音为：弗俞墨，该单词最末一个音节应是［me］，与中文里“每”“梅”“妹”等字都比较接近，但“墨”在北方官话里发音与此相差较大，反而是在一些南方方言里发音类似于“妹”，更为接近法语发音。

（3）拉、意版注音情况

总体而言，由于拉、意两种语言的读音规则相对简单一些，因此这两版的汉语注音情况较好，硬伤少很多。不过法语版中常见的双辅音分别注音的情况也偶有出现，如《伊》书中第十二页 riflesso（映）注音为：哩弗勒斯莎，第十三页 alluminare（照）注音为：阿勒鲁密纳呼，分别将“ss”和“ll”都注成了两个音，而此类双辅音在意语中是不需分别发音的。但此种问题并不普遍，更多的双辅音还是作为单音素处理的，如第六页 ruggiada（露）：噜日阿达，nebbia（雾）：讷毕阿，第七页 moggio（斗）：莫若，ghiaccio（冰）：基阿卓等等。

《拉》书中也存在这一现象，部分双辅音分别注音了：第十三页 colligi（聚）被注为“郭勒里基”，但同页的 dissipari（散）却又没有（氏西巴哩）。造成《伊》《拉》两书中同类问题不同处理方案的原因，可能是前期注音规则未能细化到如此程度，也可能是后期校对忽略了这一问题。

---

① ［ ］表示原文无、而现代法语中有的字母。

综上所述，《伊》《拉》两书“天文门”中的注音准确率较高，应该主要是因为这两种语言的读音规则相对法语而言更简单。《弗》书中的汉语注音大部分比较细致、准确，但涉及法语特殊读音规则的部分则多数未能准确体现。究其原因，除去语言本身一直在发展、今音与古音并不完全一样的客观因素外；一方面可能是外语注音体系成型已久，操作者因循旧例，因而忽略了不同语言的特殊读音规律，或者没有想出对应的方法来体现；另一方面则与注音者的水平有关，目前学界普遍认为，《华夷译语》系由接受过正规外语教育的满汉学生负责译音①，从以上梳理结果来看，或可反映出当时法语教学中的语音教学部分仍有缺漏。而没有法语基础的读者直接按照注音拼读的话，要想与法语母语者对话恐怕难度很大。

2. 3 个版本的外语翻译之异同

从 5 种西洋馆译语的编纂时间、翻译者身份（来华传教士）、编纂过程等因素出发，曾有学者推测五种译语中系先译出了一种（可能是拉丁语或葡萄牙语版），其他 4 种再据此翻译，毕竟这样既统一，对于外语为母语的翻译者而言也更容易。然而经过文本比对，可发现这一推测并不完全符合事实。

（1）3 种外语译文在词义上常有差别

“天文门”的百余条词汇中，大部分是客观世界天文气象类的词汇，因此在外语中找到对应词汇并不难；而法、意语因与拉丁语关系密切，此类词汇多出同源，故而要想统一翻译更是易事。然而即使如此，这 3 个版本中却有诸多词汇选取了并不一致的翻译方法，表 1 选取差异较为典型的数例以供一窥。

表 1　三种译语中同一词汇的译文之词义差别举隅

汉语词	《弗》译文	《伊》译文	《拉》译文	页码
霞	*Couleurs dans les nuages*②	aurora	aurora	七

① 聂大昕《〈嘆咭唎国译语〉编纂流程考》。

② 表格中斜体字表示该词义与其他两种语言殊不相同，或三者互不相同。

续表

汉语词	《弗》译文	《伊》译文	《拉》译文	页码
相关中文意思①	云中的各种颜色	曙光、晨曦	同意（大利）语	
斗	*Boisseau celeste. nom d'etoile*	*moggio*	*ursa minor*	七
	天上的斗，星宿名	一种称量谷物的容器，近圆柱形	小熊（星座）	
载	*Contenir*	sostenere	sustenare	一一
	承载、装载、容纳	支撑、承受	同意语	
临	*Aller de haut en bas*	approssimarsi	imminere	一四
	从高处往低处去	接近、靠近	同意语	
飘	*Etre agité*	*agitato dal vento*	*agitari*	一四
	被晃动的、处于动荡状态（词性也与意、拉语不同）	被风晃动	被晃动	
击	*Frappé du Ton[n]erre*	ferire	ferire	一五
	遭雷打击	使受伤	同意语	
零	*Fraction*	minuzie	minutia	一五
	表示部分。法语有与意拉语翻译更对应的 minutie，但没有采用	零碎、细节（复数）	零碎、细节（单数）	
天气	L'air du Ciel	*aura*	coeli aura	一六
	天上的空气	多指微风、气氛；也有空气、天气之意	同法语	
天寒	Ciel froid	*tempo freddo*	coelum frigidum	一八
	寒冷的天空	冷天、寒冷的天气	同法语	

① 译语单词多不止一个意思，这里选取其与汉语原词意思最相近者略而述之。

续表

汉语词	《弗》译文	《伊》译文	《拉》译文	页码
高天	*Hauteur du Ciel*	alto cielo	altum coelum	一九
	天之高、天的高度	高高的天	同意语	
天亮	Clarté du Ciel	*giorno chiaro*	coelum clarum	二一
	天之光明	明朗的天气	同法语	
天黑	Ciel noir	*farsi notte*	coelum nigrum	二一
	黑色的天空	天黑、夜幕降临	同法语	
日红	le Soleil rouge	*alzato il sole*	sol ruber	二三
	红色的太阳	太阳升起了	同法语	
明月	*Clarté de la Lune*	la luna ventura	luna ventura	二五
	月之光明	将要来的月亮	同意语	
复原（復元）	*fin d'eclipse*	ritornare	redire	二八
	（日、月）食完毕、结束	回到、回来	同意语	
紫微星	*Etoiles du Pole*	stella polare	polaris stella	二八
	极地之星（复数）	极地之星（单数）	同意语	
明星	*Claires Etoiles*	stella chiara	clara stella	二九
	明亮的星（复数）	明亮的星（单数）	同意语	
东斗	*boisseau d'est* *Etoile à L'est*	*moggio orientale*	*constellatio ad ortum*	三十
	东方的斗星，东方的星	东方的“斗”	东方的星群	
北斗	*Boisseau du nord. la grande ourse*	*moggio boreale*	*ursa major*	三一
	北方的斗星，大熊（星座）	北方的“斗”	大熊（星座）	

续表

汉语词	《弗》译文	《伊》译文	《拉》译文	页码
霖雨	*Pluye continuelie*①	pioggia opportuna	opportuna pluvia	三八
	连绵不断的雨	甘霖、合适的雨	同意语	

总的来看，《伊》书和《拉》书在“天文门”翻译的词汇选择上更为接近，这与意大利语和拉丁语天然在“血缘”上最为相近有关。而翻译准确度相对略高的是《伊》书，多处法语和拉丁语翻译的错误，意大利语翻译并没有蹈其覆辙。当然，受译者汉语水平等因素的影响，《伊》书也有不少翻译失当之处，下文还有论述。

（2）3种外语译文在词性上有不统一

3种译语中，除外语词义、单复数等方面多处有明显差异外，词性有差异的也有数处，见表2：

表2　三种译语中同一词汇的译文之词性差别举隅

汉语词	《弗》译文	《伊》译文	《拉》译文	页码
成	*achevé*	perfet（t）ionare②	perficere	一一
词性	形容词（或动词过去分词）	动词	动词	
映	*Se reflechir*	riflesso	reflexio	一二
	代词式动词	名词（或形容词）	（动）名词	
聚	*Etre ensemble*	*radunare*	*colligi*	一三
	系动词短语	动词	动词（不定式被动态）	
日晒	*Le Soleil ardent*	il sole bruccia	sol urit	二四
	名词短语	句子	句子	

① 拼写有误，应为 continuelle。

② 括号里表示原文有，但现代语言里无此字母。

续表

汉语词	《弗》译文	《伊》译文	《拉》译文	页码
云高	*Les nuages Sont hauts*	nuvole alte	nubes altae	三五
	句子	名词短语	名词短语	
燥了	*Sec*	s'e siccato	est siccum	四一
	形容词	句子	句子	
湿了	*Humide*	e bagnato	est humidum	四一
	形容词	句子	句子	

当然，除表1和表2所示的明显有区别的翻译外，3种译语在多数词汇上的译法还是非常相近的，这一点毋庸置疑，这种相似性反映出各译语编译过程中具有参照关系。本文列举的三十余处较大差异占到“天文门”词条总量的两成以上，体现出5种译语的编辑“团队”在大体统一的基础上，每一种的翻译队伍又具有相当强的独立性与自主性，而译者也并不图省事，在参考其他译语的同时，比较坚决地反映出了本语言的特色，融入了个人的思考。

三、三版“天文门”译语中反映出的对汉语和中国文化的理解问题

《乾隆年编华夷译语》的“天文门”中除了天文气象类词汇外，还有少量具有中国传统特色的词汇。从上文分析中可以看出，这3种译语的翻译者主要是母语为外语者，其译文的选择可以清晰地反映出他们对中国相关文化的理解。

表3　三种译语中外汉语义差异举隅

汉语词	《弗》译文	《伊》译文	《拉》译文	页码
辰	*Ciel Sans Etoiles. Signes*	luogo senza stelle	locus sine stellis	四

续表

汉语词	《弗》译文	《伊》译文	《拉》译文	页码
译文大意及与汉语的差别	《伊》《拉》译为"没有星的地方"，《弗》指没有星的天空，或符号、标志、前兆。 古汉语里"辰"则是日月星的统称，或指时间。			
阴	*La Matiere En repos*	materia	materia	九
	《伊》《拉》译为"质、物质"，《弗》则译为"静的物质"			
阳	*La matiere en mouvement*	forma	forma	十
	《伊》《拉》译为"形、形式"，《弗》则译为"动的物质" 古汉语中的"阴"与"阳"被理解成了"质"与"形"或"静"与"动"。			
天明	Ciel clair	cielo chiaro	coelum lucidum	一七
	大意均是：明亮的天 三种译法都是将前文已译的"天"和"明"两个单字的翻译组合而成。			
虚空	Region de l'Ether	regione dell'aria	regio aëris	一九
	大意基本都是：天空、空气的空间 三本书中均是按物理层面来翻译的，有意无意地忽略了该词在汉语语境下的哲学意味、道家思想。			
法界	Terme de Loy	termine della legge	legis terminus	一九
	大意均是：法律、规则的终点、极限、界限			
日照	*Le Soleil Eclaire*	*il sole arriva*	*sol illuminat*	二四
	均译成了句子，用词略有不同：《弗》：太阳照亮；《伊》：太阳到了；《拉》：太阳照耀			
皎洁	*Lune bien nette*	luna pura	luna pura	二七
	将皎洁这个形容词都译为名词：纯洁明亮的月亮（形容词略有不同）			
薰风	Vent du Sud	*vento marino*	meridionalis ventus	三二
	《弗》《拉》译为"南风"，《伊》译为"海上来的风、海风" 汉语"薰风"一般指和暖的风，夏初的东南风。			

续表

汉语词	《弗》译文	《伊》译文	《拉》译文	页码
朔风	Vent du nord	*la tramont*[*a*]*na*	borealis ventus	三二
	《弗》《拉》译为“北风”，《伊》指“寒冷的北风” 汉语“朔风”一般指冬天的风、寒风、西北风。			
金风	Vent d'ouest	vento occidentale	occidentalis ventus	三二
	都译为“西风” 汉语“金风”一般指秋天的风。以上三种“风”，汉语更重季节，具有文学色彩，外文翻译则更重风向。			
黑霜	Noire gelée blanche	brina nera	nigra pruina	三九
	都译为“黑色的霜” 但实际上黑霜不是霜，没有冰晶，而是指受冻的作物，也称“杀霜”。			
火热	*Chaleur du feu*	il fuoco caldo	ignis calidus	四
	《伊》《拉》译为“热的火”，《弗》指“火的热度” 而汉语的“火热”一般是形容词，极言其热。			

由表3可见，3种译语的翻译者对于中国文化和汉语的掌握尚有进步的空间。除固有的世界观差异导致的理解难到位、与中国宗教绝不沾涉等情况（如“阴”“阳”“虚空”“法界”等）外，也有不求甚解（如“火热”“皎洁”“天明”等不算难的词汇）的态度问题，可能还有篇幅限制等因素造成的过度简化问题（如“薰风”等）。如果只有一种译本偶然出现这些情况，或可归结为译者的个人原因，然而三批人都犯了类似的错误，个中原因更值得深思。

结　语

本文从外语的汉字注音准确度、外语翻译文本的异同、翻译准确度、对汉语和中国文化的理解程度等方面对《乾隆年编华夷译语》“天文门”部分的法、意、拉3个版本进行了考察和比对，发现从版本完成度和严谨程度而言，《弗》书不及《伊》《拉》二书，法语版的注音者所接受的语音训练不足，且法语翻译者或誊抄者标准不统一，书写略显混乱，容易给读者造成困扰；而三者中译文准确度相对最高的是《伊》书。种种差异表明西洋馆译语的不同语种之间有借鉴参照，更不乏独立发挥的空间。

作为我国较早的官方组织编纂的重要辞书，《乾隆年编华夷译语》之西洋馆译语无疑具有重要的历史价值和语言学研究价值；然而从实用角度而言，该系列译语虽具有简洁明晰、收词量大等优点，但一词一般仅对应一个外语译法，不符合汉语一词多义、多音甚至多词性的特性，加上前文所述的种种局限性，因此大约只能满足最粗浅的学习或交流需要。当然，以上分析和结论主要来自于三版“天文门”中的150词，是否适用于五种西洋馆译语，还需要进一步的研究比对。

（全慧　北京外国语大学法语语言文化学院副研究馆员）

·中国艺术与民俗域外传播与研究·

西方艺术史家看中国画里的光影

——19至21世纪的相关学术观念走向*

施　錡

摘　要：本文整理并研究了自19世纪至当下的西方学界对中国画中光影这一问题的观感。根据不同时期西方学者的研究动态，将学术史的走向分为五个阶段：早期（20世纪初及以前）的感性认识、50年代前后对南宋画的重视、五六十年代的中西比较视野、70年代后的系统性论述与90年代后的多维度视角。着重论述了具有启发意义的西方学者之观点，比较与中国本土认识的差别。最后，根据前文的梳理总结了各路观点出现的原因，即与西方的视野、西方的收藏、早期的展览、中西的交流、日本的收藏及相关出版物的影响有着密切的关联。

关键词：中西比较　西方视野　光影　空间　时间　诗情

一位热衷于绘画的美国人史莱因（Leonard Shlain）曾言道："日本的传统绘画就从不表现阴影。没有阴影，观画者就无从断定画上反映的时间，也无从得知光照来自何处。"这段叙述同样适用于中国画，事实上，作者在很大程度上把东亚艺术看作一个整体，并以"东方"和"西方"作为一对范畴进行比较。那么中国画是否真的因为缺乏因光线而形成的阴影，因此将时间作为如禅宗或爱因斯坦理论中所谓的绝对静止的一贯状态来理解吗?① 画中光影似乎

* 本文为2020年上海市哲学社会科学规则一般课题"近代百年西方研究与鉴藏视野中的中日绘画"阶段成果（2020BWY024）。

① ［美］史莱因著，暴永宁、吴伯译《艺术与物理学：时空和光的艺术观和物理观》第189、165页，吉林人民出版社，2001年。

是纯粹的西方论述，西方画家从文艺复兴时期就开始表现表明物象结构的明暗，将自然界的光影作为绘画元素的主体，则大致在19世纪现实主义和印象主义风景画出现之时。相反，中国从古至今的画学著述，极少涉及对光影的讨论。就中国画的造型方式而言，也很少见到关于光源、高光、明部、明暗交界、暗部和投影的名谓。那么，究竟应该如何看待中国画中的光影问题，西方人的相关论述能够给予我们何种启示，这正是本文的议题。

一、早期西方学者的感性认识

就20世纪前期及更早的西方人而言，他们多持有一种从整体层面出发的笼统而直观的论断，即认为中国画中并无所谓“光影”的存在。如被认为对中国文化真正感兴趣的英国人约翰·巴罗爵士（Sir John Barrow）在1804年如是批评中国古代画家：“绘画，他们只能算糟糕的涂抹匠，既不能正确地勾勒许多物品的轮廓，也不能正确地描绘物品的明暗，赋予它们自然色彩。”① 19到20世纪之间的美国传教士兼汉学家福开森（John Calvin Ferguson）也曾言道：“中国人从未有意于引进高浮雕的效果。我们在中国画中也看不到光和影的痕迹——人物都处在中性的光线下，光线照亮他们，却没投下影子。”②，在早期基础研究颇为匮乏的情况下，以上两位人士得出类似的感想是情有可原的。

当20世纪前期，第一批西方学者开始研究中国画之后，他们仍然没有专门论及光影。但由于这个时期的西方学者在汉学上多处于起步阶段，对中国画的研究偏重画面分析，因此在他们的论著中，时常会出现对光影这一问题的直观感悟。

早期研究中国艺术颇有成就的瑞典学者喜龙仁（Osvald Sirén），在1931年出版的《斯德哥尔摩艺术博物馆所藏的中国、日本的雕塑与绘画》一书中对宋画中的山作了一番描述。他认为，宋代山水画中的山，若是缺乏了有活力的，光亮的，松软、沉重和昏暗的季节性变幻的云的衬托，是不能使人感受到它的全部美丽和

① ［英］约翰·巴罗著，李国庆等译《我看乾隆盛世》第231—232页，北京图书馆出版社，2007年。

② ［美］福开森著，张郁乎译《中国艺术讲演录》第153页，北京大学出版社，2015年。

内在的力量的。同时，山顶周围的云朵使得空气透视呈现出一种无限的深度，甚至可以说，时空都融化在无限之中。① 在此，光、空间和时间被联系在了一起。在喜龙仁 1956 年出版的著作《中国画：一流大师和准则》一书中，他又提及现藏于弗利尔美术馆的传米芾所作的《云起楼图》："层层山峦从淡灰色的雾气中显现出来，并无限延展着融合在深色的背景中，树像摇动的深色的羽毛一样露出顶端，色彩的效果由于岁月的侵蚀变得柔和了，但仍然能有着明暗之间和谐的层次感。"② 从这些充满感性的描述中，出现了光亮、阴影、雾气、时空等词汇，使读者感受到宋画中似乎是存在着对光影的描绘的。但喜龙仁并没有将此作为专门的议题进行讨论，也没有做出具有艺术史学整体意义的结论。

喜龙仁只是注意到了宋代山水画中的光影呈现，而英国学者劳伦斯·比尼恩（Laurence Binyon）则做出了具有比较意义的结论，他把时间范畴限定为南宋。比尼恩曾在一部出版于 1936 年的小书《远东艺术：中国与日本的绘画》中提到，宋代后期的画作相比前代，带有印象主义风格（impressionist style），而这种风格相比北宋的画作，更有助于表达画者的情感。③ 西方的印象主义画派属于现实主义的一个分支，它的显著特色在于以光影再现的方式，呈现真实的视觉效果。比尼恩的论断，从侧面已经说明了他认为南宋时代的中国画中有了光影的视效。而比尼恩与上述喜龙仁的关于南宋绘画中光影的论断，在西方学界一直延续了下来。这可能与 19 世纪末到 20 世纪初期，在西方艺术史界执牛耳的波士顿美术馆的领导者——费诺索萨（Ernest Francisco Fenollosa）和冈仓天心，以流传到日本的南宋画和禅宗画为中国画之正宗有关，可以说南宋画既是中国画史的高峰，又是西方学界接触中国画最初的敲门砖。

二、50 年代前后对南宋画的重视

在 20 世纪 50 年代前后，中国画研究的中心从欧洲逐渐扩展到了美国。

---

① OsvaldSirén, *Chinese and Japanese Sculptures and Paintings in the National Museum, Stockholm*. London: Edward Goldston Ltd., 1931. p. 24.

② OsvaldSirén, *Chinese Painting: leading masters and principles*. London: Lund Humphries, New York: The Ronald Press Company, 1956, Volume II, p. 31.

③ Laurence Binyon. *Art of the Far East: paintings from China and Japan*. London: Batsford, 1936. pp. 4-5.

这一阶段学界出版了较多的通史类著作，对中国画史有了更整体的认识，也更注重在艺术史的框架内提出观点，并作了一部分的中西比较研究。然而就光影这一范畴而言，学界着重描述的仍然是南宋时期的画作。

美国学者丹尼·卡特（Dagny Carter）在出版于1948年初版的著作《中国艺术四千年》一书中提到："在西方，最受重视的是南宋马远和夏珪的画作，画面中潮湿的水分和强劲的风创造了一种显著的非现实的大气效果。这一类的画者使他看到中国画家的灵魂和情感融入的自然，而西方画家则并非如此。"在他看来，就中西比较而言，绘画是否拥有透视或其他既定的技法并不重要，关键在于心灵与自然的关联，这一观点大大突破了早期西方人对中国画技法落后的怀疑。颇为有趣的是，他在随后又比较了北宋和南宋的绘画，把二者的区别归之为地域之别，认为北方干燥的气候和持续的日晒使人们并不乐于亲近自然，而南方，尤其是浙江省的风土，鼓励了人们以心灵接近自然，并开始在画中表达思绪和情感。① 从他的观点中可以见到对南宋绘画中对气候呈现的兴趣。

此外，20世纪四五十年代任密歇根州立大学教授的德国人雨果·芒斯特伯格（Hugo Munsterberg）在他出版于1949年的《中国艺术简史》中，提到印象派画家试图渲染出一个视觉的真实（render visual reality），但中国山水画家则是表达理想化山水中的灵魂和独特的真实，并使观者能进入一个美好而超然的现实，通过认识到自己与宇宙的和谐，寻找到新的力量和欢乐。他又提到藏于波士顿美术馆的传董源的《平林霁色图》，描述道："这件作品几乎是单色的，只有极为微弱的色彩。但画中的材质和纸张的色彩都表明了空气的效果，简约而熟练的笔触和唐代绘画中完整的图像描绘大为不同。"这里所指的完整的图像描绘，应是指带有轮廓线的对物象形状的描绘。值得注意的是，对于其后的元代绘画，雨果·芒斯特伯格论述的内容较少，只是简单地介绍到元代画家继承了宋代的传统，但失去了宋画大师手下的光辉和深度。② 他在1972年出版的《中国艺术》中再次做了宋元绘画的宏观比较："相比渗透着诗意和哲理的南宋山水画家，元代画家的卷轴画显得干涸而抽

---

① Dagny Carter. *Four Thousand Years of China Art*. New York: the Ronald Press Company, 1948. pp. 230, 232-235.

② Hugo Munsterberg. *A Short History of Chinese Art*. New York: the Philosophical Library, Inc, . 1949, pp. 164, 171, 201.

象，相比对自然之道的表达，元代表达的更多的是画家个人的气质和性情。"① 由此可以见到，西方学者往往将宋画作为艺术史的最高成就，并认为宋元绘画之间存在着较大的转折和差异。

雨果·芒斯特伯格的著述颇丰。在他1955年初版的著作《中国和日本的山水画》中，提到了西方学者受日本的影响颇深，且这种影响在很大程度上与南宋绘画有关。他大致指出了三点，首先，南宋的马夏传统在中国的文人画评中，受到了一定程度上的忽视，而日本人却欣然接受了类似的风格。再者，他认为日本人对艺术珍品保存的热情更甚于中国人，因此许多中国古画在日本得以保存，也在20世纪上叶到中叶流传到了美国收藏家的手中，使美国人逐渐了解中国艺术史。由于日本对南宋绘画的热衷，美国人也对南宋绘画产生了兴趣，并更为关注和欣赏。第三，早期的西方艺术史界对中国画的鉴赏，在很大程度上受到日本出版物的影响，其中对南宋画派的关注占了很大的篇幅，这也是为何南宋画在欧洲和美国大受追捧的原因。② 在其后的论述中，他对夏珪赋予了极高的评价，提到虽然有西方学者将夏珪与伦勃朗（Rembrandt Harmenszoon van Rijn）相提并论，但类似的荷兰画家却并未能如中国画家那样，对自然有如此丰富的觉悟和体验。③ 在这部著作中，他也颇为生动地阐释了对元代绘画的看法，认为元代画家并没有继承宋代的传统，这种转变正如西方19世纪末期和20世纪早期，塞尚（Paul Cézanne）和现代主义美术掀起的类似的革命，这一说法与他此前的观点一以贯之。在元代之前，画家对风景画中呈现的观念和情感更为重视，在元代以后，则被转换为对某种形式的追求。④ 他在出版于1968年的一部对中国画作简要介绍的手册《远东艺术》中再度评述道："中国人从不认为自己是自然的主人，而宁愿认为自己只是整个天地中无关紧要的部分。"又言道，"关键在于在展开山水画卷时，中国画家对雄伟的山峦、雾气弥漫的空气，深度与美丽空间的感知这些要点

① Hugo Munsterberg. *The Arts of China*. Tokyo: Charles E. Tuttle Company. 1972. pp. 131, 135, 158-167.

② Hugo Munsterberg. *The Landscape Painting of China and Japan*. Tokyo: Charles E. Tuttle Company of Rutland, 1960. p. 52.

③ *The Landscape Painting of China and Japan*. p. 55.

④ *The Landscape Painting of China and Japan*. pp. 59-60.

的强调”[①]。雨果·芒斯特伯格的观点虽然较为零散，但许多部分都卓有见解，且被后世的西方学者一再阐发。

与雨果·芒斯特伯格的观点类似，英国学者威廉·科恩（William Cohn）在出版于1951年的《中国画》一书中，也将南宋，而非北宋，作为中国山水画的黄金时代。他将南宋山水画描述为色彩简淡、墨色丰富的作品。在画中存在着暗示性的空旷空间，使得观者得以畅想。而上述所有的这些特征都出现在马远和夏珪的作品之中，他们的画作将前景逐渐融入远方，山川、水域、桥梁和船只都从雾气之中隐现出来。往往有隐士穿过，或坐落于亭中凝思，这是时间的过客，又是永恒的朝圣者。尤其是夏珪的画作中，尽情地表现了墨色的阴影，他的笔法雅致又流畅，很少出现单纯的线条或轮廓，画中的空旷恰恰强调了暗示的空间。与此同时，威廉·科恩认为纯粹意义上的水墨画就是在南宋时期，诞生在禅宗画家，如梁楷和牧溪等人的手中。[②]

在美国学者朱迪丝·伯林（Judith Buring）和阿瑟·哈特·伯林（Arther Hart Buring）合著，1953年出版的读物《中国艺术》一书中，也将南宋绘画提上了很高的地位，提到许多西方和日本的学者都认为马远和夏圭是中国山水画史中最重要的画者，但中国的画论却认为他们过于浪漫（romantic）而将其贬低。类似的评述，其实暗含以西方浪漫主义绘画的角度出发来理解宋画的意图，因为宋画相比元画传递了更多的情感和氛围。事实上，南宋末的画评恰恰认为夏珪缺乏士人的素养而显得粗鄙，如庄肃在成书于1298年的《画继补遗》卷下中所言：“夏珪，钱唐人，理宗朝画院祗候，画山水人物极俗恶。宋末世道凋丧，人心迁革，珪遂滥得时名，其实无可取，仅可知时代姓名而已。”[③] 就马远和夏圭本身的比较而言，朱迪丝等认为夏珪更为重要，因为他画中存在着简洁又雅致的笔调和粗放的阴影。马远则被称为是一名诗人，他的特点是将画中所有的物象都推到一角，并留下空间的余白。[④] 很明显，关于南宋画家的部分评判，如“过于浪漫”这一说法，并没有经过严密的论证

① Hugo Munsterberg. *Art of the Far East*. New York: Harry N. Abrams, Inc., 1968. pp. 145, 147.

② William Cohn. *Chinese Painting*. London: Phaidon Press Ltd., 1951. pp. 73, 75.

③（元）庄肃《画继补遗》，见于卢辅圣主编《中国书画全书》（第2册）第916页，上海书画出版社，1993年。

④ Judith and Arthur Hart Buring. *Chinese Art*. New York: Cornwall Press, Inc., 1953. p. 75.

和考据，而是根据作者的想象所得。

从上述几位西方学者的表述中可见，他们已经注意到中国画中有大气效果，也具备了表达光影的效果和技法。他们对关于画中光影的描绘较多地出现在宋画的观感中，尤其是南宋马夏的绘画中并大加赞赏。另外，他们一般将宋画和元画割裂开来看待，认为宋的成就要远高于元，或宋元之间存在着较大的转型，前者着重情感和氛围，后者着重形式和技法。

三、五六十年代的中西比较视野

20 世纪 50 年代之后，由于中外交流的逐渐频繁，如 1953 年美国的一批博物馆专家和学者赴台湾观看和甄选赴美展品，以及 1961 年的台北“故宫博物院”的赴美展等，使西方学者见识了更多的中国画。他们开始摆脱感受性质的评述，试图从艺术史学的层面上去评述光影这一范畴，体现了西方学界对此的学术性关注和系统性研究。

在中西绘画比较的领域，哈佛大学艺术史系教授本杰明·罗兰（Benjamin Rowland，Jr）曾著有《东西方的艺术：比较视野下的导读》一书，初版时间为 1954 年，这是为数不多的西方学者所著的中西绘画比较专题著作。其中的第二章讨论的是风景画（landscape），在此章的一开始，作者提出中国画使鉴赏者迷失在遥远的画境之中，相比西方同行对视觉和造型的追求，中国的山水画家更多追求的是对心绪和灵魂的诠释。他在这一章中，从多个方面出发作中西风景画的比较，包括“季节的全景”（Seasonal Panoramas）、“在林中”（in the forest）、“恶魔的丛林”（Demon Groves）、“自然中的人”（Man in Nature）、“回忆的情绪”（Emotion Recollected）、“人与月”（Men and the Moon）、“为艺术而艺术”（Art of Art's Sake）、“风景中的表现主义者”（Expressionists in Landscape）。从这些维度的选取来看，作者注意到了中西风景画的差异，颇多观点都基于西方艺术史中的既定命题，如“恶魔的丛林”，即将传北宋李成所画的寒林与德国画家马蒂亚斯·格吕内瓦尔德（Matthias Grünewald）的《圣安东尼的诱惑》（*Temptation of St. Anthony*）中的树木做了比较，认为西方画者较少地意识到自然本身，除非是将其作为具有寓意的物象进行呈现。但类似的观感，在笔者看来有两个局限性，首先停留在单件作品的比较上，第二则是在画史领域中作直接的中西比较时，过于庞杂的作品使之很难具有可比性。[①]

60年代之后西方艺术史家所发表的观点，相比50年代又有所深入。英国艺术史家苏利文（Michael Sullivan）所撰的《中国与日本艺术》一书，出版于1965年。他充分地意识到北宋和南宋山水画形式的转换，认为弗利尔美术馆的传米芾所作的《云起楼图》是宏大的纪念碑式的北宋风格向抒情而诗意的南宋风格的转变。从类似的论述中，可以见到苏利文试图以单件作品出发，定位艺术史的脉络和走向的史观。在讨论南宋绘画时，他描述波士顿美术馆所藏的马远的《柳岸远山图》，画的是傍晚空气中的湖岸，远树中蕴含着雾气。而在台北“故宫博物院”所藏的马麟的《芳春雨霁图》中，雾气造就了一种空间渐渐隐没的视觉效果。与此同时，夏珪的《溪山清远图》中的墨色带有一种不同寻常的光辉，表达出对高亮和暗部区域的强烈对比，同时指出南宋绘画中存在着一种诗意的光感。[②]

与上述观点一致的是，美国学者彼得·斯万（Peter C. Swann）在其出版于1963年的著作《中国、韩国和日本的艺术》一书中也曾讨论南宋时代的构图变化问题。他认为南宋最为杰出的画家就是马远和夏珪，他们画中的水境没入了画面的空白处，而山则处于云遮雾绕之中，类似的空白唤起了诗意的魅力。他随之提到，这种构图通过日本进入西方人眼中，并成为西方眼中的中国画的主要印象，夏珪的画作则尤其使他感受到“墨与白的交响乐”（a symphony of black and white）[③] 笔者以为或许是夏珪名下的部分作品画作笔法明快，对比强烈，接近西方人类似炭笔画的审美趣味。

但这个时期也有西方学者提出了较为负面的评价。如美国学者罗杰·格佩尔（Roger Goepper）认为，中国人满足于对自然中的色调仅仅作暗示的工作，并不反复调色，创作阴影，也不强调对比。对中国画家而言，重要的是整体构图中色调的结构性效果，但这种描绘并不完整。随后，他谈到中国画中的空白处，认为设色的物象，如人物、树木、岩石、山脉和云朵都浮动在未染色的空白绢和纸之上，这种空白可能用来书写题跋并产生一种美感，但

---

① Benjamin Rowland, Jr. *Art in East and West: An Introduction through Comparisons*. Boston: Harvard University Press, 1954. pp. 66, 75, 87, 91.

② Michael Sullivan. *Chinese and Japanese Art*. London: Grolier Incorporated, 1965. pp. 47, 53-55.

③ Peter C. Swann. *Art of China, Korea, and Japan*. New York: Frederick A. Praeger, Inc., Publishers, 1963. pp. 148-149.

毕竟留下了画作并非完成的印象。[①] 但随着研究的逐渐深入，类似的笼统判断逐渐变少，更多的西方学者试图从东亚或中国的文化范畴里解决这一问题。

四、70 年代后的系统性论述

此前的研究虽然已经逐渐深入，但西方学者对光影的认识，停留画面的形式和内容方面，这些都属于视觉感受，却并没有将光影作为一个明晰的概念提出。另外，光影背后所呈现的抽象意义，与画中其他寓意的联系，却还没有直接地被揭示出来，而 70 年代后的学者们则形成了更为系统性的思考。

这个时期的画中光影，常被用来表述艺术史发展中的某一节点或状况。时任克利夫兰艺术博物馆东方部主任的李雪曼（Sherman E. Lee）在出版于 1973 年的著作《远东艺术史》中，提出一个很有趣的观点，即认为在北宋时代的纪念碑式绘画中（Monumental Style），雾气（mist）成为一个解决空间问题，即近景（near），中景（middle）和远景（far ground）的要素。而没有雾气存在的空间描绘方案，直到 14 世纪才被解决，并由中国画家们以卓越的技能延续下去。他认为北宋的绘画常将绢的表面看作没有清晰形状的雾气，而后期的绘画则倾向于在绢上作画使雾气清晰可见，或用色彩暗示雾气的存在使之清晰可见，雾气因此变得具有体积和重量。因此，北宋画家笔下的雾气相比后世更为抽象。[②] 这一对雾气的观察将光影和空间的关系作了风格分期的论述，在思路上颇有创建。只是他将绢的表面被看作雾气限定在北宋时期这一观点，似乎难以使人信服。

70 年代初有两篇值得注意的文献，首先是当时在耶鲁大学执教的班宗华（Richard Barnhart）的论文《传巨然〈雪景图〉》。在文中，班宗华推翻了董其昌对该画的鉴定，即认为《雪景图》是巨然所作这一观点值得商榷，因为没有任何早期鉴定的记录。他通过《宣和画谱》的画题载录，和藏于北京故宫博物院的曹知白《山水图》做出比对，认为此画出于北宋的李成、郭熙和冯观一系的传派。进而根据墨染的方式，即“较干的笔触和渐淡的墨色”来

① Roger Goepper. *The Essence of Chinese Painting*. Boston: Boston Book and Art Shop, 1963. pp. 42-43.

② Sherman E. Lee. *A History of Far Eastern Art*. New York: Harry N. Abrams, Inc., 1973. p. 349.

判断，认为此种形式接近北宋末期之后传宋徽宗的《雪江归棹图》和李公年的《山水图》。[①]《宣和画谱》卷十二载李公年的画风："善画山水，运笔立意，风格不下于前辈。写四时之图……至于写朝暮景趣，作《长江日出》《疏林晚照》，真若物象出没于空旷有无之间，正合骚人诗客之赋咏，若'山明望松雪、寒日出雾迟'之类也。"[②] 由此班宗华认为，画中墨色对光影过渡的表现大致出现在两宋之间，并将此种现象作为画作断代的依据，提出巨然名下的《雪景图》很可能就是北宋晚期冯观的作品。

第二是埃斯特·梁（Esther J. Leong）1970 年的芝加哥大学艺术系的博士论文。这篇论文题为《十五、十六世纪中国山水画中的空间与时间》。顾名思义，该文讨论的是明代山水画中的时空关系。在第一章中，作者提到三个与时间有关的维度，首先是观看过程与空间之间的关系。"连续和清晰"（continuous and clear）的空间，会使观者的即时反应不被打搅；相反，模糊和裂变（blurred and unexpectedly interrupted）的空间，会使观者对时间的感知受到影响。而山水空间的连续与模糊与否，取决于墨法和笔法对景致的表现。其次，画中的物象、色调和笔法等，是否超越画中的空间，去向过去、未来和想象中的现实。例如离别的瞬间同时意味着历史和文化的范畴，再如仙境、梦境等都有类似的超越时空的意义。再次，对时间转换的感知。如唐宋时代的画家就常通过色彩、笔法的细节和柔和变幻的雪景、早春之境、夜景、日景中的烟雾来表现时间；但到了明代，这种表现则变得更为抽象，有时仅仅通过题跋的提示来体现。[③] 这一对画中时空的分析，在很大程度上涉及了画中的光影，如空间的呈现方式和画中的气候等，都需以光影为视觉媒介来呈现。即便今天来看，仍然对我们有所启发。从作者的论述意图来看，唐宋时代的画中时间，到明代及以后的画中时间，经历了视觉化到文字化的转型，亦即由画本身的观感到题跋诗文的提示的转型。

到了 80 年代初，第一位对中国画中的光影作了深入的分析，并与之与画中的时空结合起来论述的是美国学者罗樾（Max Loehr）。在他 1980 年出版的

---

① ［美］班宗华《传巨然〈雪景图〉》，见于班宗华著，白谦慎编，刘晞仪等译《行到水穷处：班宗华画史论集》第 3—24 页，三联书店，2018 年。

② 王群栗点校《宣和画谱》第 130 页，浙江人民美术出版社，2012 年。

③ Esther J. Leong, *Space and Time in Chinese Landscape Painting of the Fifteenth and Sixteenth*. Chicago: The University of Chicago, Department of Art, 1970. pp. 4, 7, 12.

《中国绘画大师》一书中，具体地论述了画中光影和时间的问题。

罗樾首先提到的是范宽的《溪山行旅图》，他认为在这件作品中，在峭壁下的岩石的剪影，与其背后的明亮的雾色形成对比。又分析了上海博物馆所藏的传五代董源（活动于10世纪）《夏山图》，其中有云雾缭绕，清朗与厚重的云层，深邃和阴沉的平原，以及非常粗野的笔触，并认为这些都属于印象主义的视觉效果，他大致把画中光影出现的年代提早到北宋时期，而非此前所一般认为的南宋。更重要的是，罗樾试图区分两宋之间画中光影的变化，他在分析郭熙的《早春图》时，认为这件作品是最后一件北宋的雄奇山水（heroic mountain images），但却起到了转折的作用，因为一些部分作了模糊并虚化的处理，而在更早期的作品中，画中的每一个部分都清晰可见，并分享同样的漫射光线，以至于整个山水世界显示为一种静止和永恒的状态，这与班宗华的观点有类似之处。

关于现藏于波士顿美术馆的赵令穰名下的《湖庄清夏图》，罗樾谈到环境中的气氛赋予画面的重要性。卷头处出现了浓厚的晨雾，使得画卷中部和后部的树林如同水岸一样，产生了忽远忽近的空间距离。罗樾由此提出了一个重要的观点，认为《湖庄清夏图》是中国画中第一次完全有意识地表现画中的时间——即一个雾气弥漫的早晨的静谧。在这件作品中，可以发现时间不只是一个维度，而是一个用于表现的因素。这种时间的存在，使得画面中发掘出一个更深层次的新内容——发现自然中的暂时瞬间。在此，罗樾揭示了光影与时间之间的关系，进一步来说，只有归结到某一气候的光影，如晨午昏夜（时间点），或雨雪风霜（瞬间性），才能与某一节点的时间有所联系。而漫无目的的光感，如北宋的山水，则起到了弱化时间的效果。而笔者以为，在北宋中前期的画作中，这是通过类似崔白《双喜图》中物象之间的互动，而非光影的呈现来完成的，呈现的是“永恒中的瞬间”。

罗樾的这些观察，无疑是极有洞察力地揭示了中国画在南北宋之间的转换，突破了只针对视觉形式的描述，揭示了光影的呈现方式和时间之间的关系，将具象的概念和抽象的概念综合起来。

五、90年代以后的多维度视角

由以上可见，在20世纪80年代，部分西方学者对中国画中的光影已经有了创建性的论述。在90年代之后，仍有一些学者就此范畴不断地产生新的认识，其中许多观点可以成为罗樾构建这一问题的补充。

苏利文是一位学术生命很长也很活跃的艺术史学者。与许多西方学者一样，他偏好将亚洲艺术作为一个整体进行观察。除了《中国与日本艺术》之外，在1991年出版的二卷著作《中国和东南亚艺术研究》中，他增加了另一个观察中国画中时令的维度，那就是鉴赏者的角度。他提到中国的收藏者可能会按照时令在展示画作，或是使用画作来抵御酷热和严寒。类似的观点应出自历代笔记小说和明代文震亨的《长物志》中的《悬画月令》，[①] 但体现了西方人对中国画理解的深入。他不仅仅局限于直接观感的画面分析和背后的寓意探寻，更多地开始探索文化内涵的因素。[②]

在2011年出版的纪念方闻的论文集《天国之桥》中，收录了班宗华的论文《宋代的拟真主义实践》。文中认为宋代的绘画是写实和幻觉的结合，可以用希腊的概念“拟真”（mimesis）来表达。他同时认为，宋画中空间、气氛和距离造就的幻觉是宋代艺术家的最关键目的。而造就这种目的的条件，是宋代画家在绢上，用透明的淡墨和浅设色代替了此前在壁画上用不透明的色彩和黑墨的绘画，正如西方画家在准备好的油画布上作画一样，而半透明和透明的油画效果，正是欧洲风景画发展的基本需要。从壁画到绢上水墨的转变，发生在晚唐到宋代早期，这可以使宋代画家创作丰富而微妙的空间与距离的自然幻觉。班宗华在提到几件个案，如北宋李公年的《冬景山水图》时也曾说到，无尽的空间，雾气和氛围，即空之境，是宋画对拟真和自然主义幻觉实践的独特成就。[③] 这里体现了经由光影的认识出发，对中国画媒介的关注，以及围绕这一点而作的中西比较。

与此同时，光影与诗情方面的关联也被学者们所关注。在加州大学伯克利分校教授高居翰（James Chill）的著作中，将对于光影和诗情之间的感受表述得最为清晰。他以藏于克利夫兰艺术博物馆的《月夜双舟图》扇面为例，

---

① （明）文震亨著，陈植校注《长物志校注》第231页，江苏科学技术出版社，1984年。

② Michael Sullivan. *Studies in the Art of China and South-East Asia*, Vol. I, London: The Pindar Press, 1991. p. 151.

③ Jerome Silbergeld, Dora C. Y. Ching, Judith G. Smith, and AlfredaMurck. *Bridges to Heaven: Essays on East Asian Art in Honor of Professor Wen C. Fong*. Vol 1. New Jersey: Princeton University Press, 2011. p70.

谈道："它表现了月夜景色，两只船并排停泊，岸边是垂柳，还有城墙和高大的建筑，可能是在有意描绘南京的秦淮河地区，或者是杭州的西湖。作为插图，这幅扇面最近在一篇讨论中国图像和语词关系的文章中发表，以说明'诗与画相互补益的例子'——装裱在其上方的册页题句为：'沉寥明月夜，淡泊早秋天。'文章作者评论道：'任何观者都不能不承认画出了以上四项内容，而且了无差错。'"[①] 若查阅该文献，实际来自启功先生所撰的《诗书画的关系》，而启功也认为，绝大多数的宋画，尤其是扇面和小幅的作品，都倾向于唤起观者的情感，使他们试图再多看一次。正如"佳人有一双会说话的眼睛"，这件扇面则是"景致言说和吟诵了诗句"。[②] 那么为何月夜之作拥有足以唤起人的情感的诗情，它的特质究竟为何呢？西方学者并没有给出明确的答案，这是经由 100 多年的不断讨论和思索之后，留给后人的探索空间。

结 语

经由上述分析可以得出以下四点结论。

第一，早期的西方学者认为中国画中没有光影，但这种观点在 20 世纪四五十年代很快得到了转变。这种转变的基础在于两个要点，首先是西方人在 20 世纪上半叶所能见到的中国画收藏，第二则是出自西方人天然而为之的"他者"比较视野，对光影这一范畴的兴趣即来自于此。

第二，西方学者对中国画中光影的认识是逐渐走向丰富和成熟的。从单纯的视觉分析，逐渐趋向有机的结构分析；经历了对光影的直接描述，光影与时空的分析，最后延展到光影与诗情的关联。其中四五十年代的雨果·芒斯特伯格，70 年代的艾瑞慈、罗樾，以及长期活跃在艺术史学界的苏利文都提供了创见。

第三，西方学者对南宋画中光影的关注，以及所列举的重要作品，在很大程度上取决于西方收藏的中国画、西方与日本交流这两方面的影响，如弗利尔美术馆的传米芾的《云起楼图》，波士顿美术馆的传董源的《平林霁色

① ［美］高居翰《诗之旅：中国与日本的诗意画》第 34 页，三联书店，2012 年。

② Alfreda Murck and Wen C. Fong. *Words and Images*: *Chinese Peorty*, *Calligraphy and Painting*. New York: The Metropolitan Museum of Art, 1991. pp. 16-18.

图》和马远的《柳岸远山图》，普林斯顿大学博物馆的李公年的《山水图》、台北“故宫博物院”的夏珪的《溪山清远图》等，都是西方学者熟悉的作品，在许多相关著述中被作为重要案例分析和使用。

第四，西方学者对宋画的认识在很大程度上受到日本的中国画收藏，及日本学者出版物的影响。因此日本对南宋禅画风格的欣赏在很大程度上影响了西方学者兴趣。同时，许多西方学者将印象主义、浪漫主义绘画与宋画进行了联系和比较，体现了从“他者”这一新的角度看待中国画所得出的全新观感。

（施錡　博士，华东师范大学美术学院教授）

唐代异域画家与丝路美术交流*

陈　晶

摘　要：唐代丝绸之路的海陆通道都颇具规模，形成了连接中国与亚洲、非洲、欧洲交通的庞大路网。大唐帝国通过丝绸之路与多个国家和地区进行交往，物质互通，文化互传，在交流借鉴中共同发展。其中，美术领域的交流也成就斐然。探讨尉迟乙僧、金刚智、圆仁等异域画家与中原画坛的互动，可揭示唐代中外美术交流的图景：来自西域、南亚、东亚等地的画家沿丝绸之路的海陆通道汇入中原，国际都市长安成为重要的艺术中心；异域题材和技法的输入为中国美术注入了新鲜血液，异域艺术与本土美术交相辉映；佛教美术东渐中国后，又与中国传统美术一同流播东亚。

关键词：唐代　丝绸之路　异域画家　美术　交流

唐代是中外文化交流的鼎盛时期，丝绸之路的海陆通道都颇具规模，形成了连接中国与亚洲、非洲、欧洲交通的庞大路网。通过丝绸之路，大唐帝国与罗马、希腊、印度、波斯、大食（今阿拉伯）、新罗（今朝鲜半岛）、日本等多个国家和地区进行交往，东西方物质互通，文化互传，文明互鉴，在交流借鉴中共同发展。丝绸之路上，官方使臣、职业军人、胡商蕃客、传教僧侣、艺坛圣手等纷至沓来，推动了唐代异域物品和精神文明的输入，美术领域的交流也揭开了新的篇章。在中外文明的互动中，考察唐代异域画家及美术交流，是认识丝绸之路文化交流的重要视角。本文探讨尉迟乙僧、金刚智、圆仁等异域画家与中原画坛的互动，试图揭示唐代中外美术交流的图景：

* 本成果受教育部人文社科研究青年项目“唐代丝绸之路上的外来绘画研究”（19YJCZH012）、北京市社会科学基金项目“唐代异域高僧与丝绸之路中外美术交流”（19JDYTB009）、中央高校基本科研业务费专项资金（21YJ150002）资助。

来自西域、南亚、东亚等地的画家沿丝绸之路的海陆通道汇入中原，国际都市长安（今陕西西安）成为重要的艺术中心；异域题材和技法的输入为中国美术注入了新鲜血液，异域艺术与本土美术交相辉映；佛教美术东渐中国后，又与中国传统美术一同流播东亚。

一、唐代入华的异域画家

唐代丝绸之路上人员频繁往来，文化交流也掀起高潮，出生于西域、印度、朝鲜、日本等国家和地区的异域画家穿越雪山沙漠、渡过惊涛骇浪来到古代中国，他们多活跃于国际都市长安，与中原画家一同铸就了唐代美术的繁荣局面。

尉迟乙僧是唐代画坛中最具盛名的异域画家，地位比肩阎立本。他出生自于阗（今新疆和田）①，因丹青奇妙，贞观初被于阗国王推荐到了长安，唐太宗授其宿卫官，袭封郡公。尉迟乙僧“善攻鬼神，当时之美也”②，除了绘制奇形异貌的鬼神，又“攻改四时花木”③，亦有花草植物画作品，似为唐代花鸟画兴起的先声。尉迟乙僧创作的特别之处在于专注异域题材，“凡画功德、人物、花鸟，皆是外国之物像，非中华之威仪”④。康萨陀“或云善陀”⑤，曾为振威校尉，善画花草画和禽兽画，所谓“初花晚叶，变态多端。异兽奇禽，千形万状”⑥。康姓为昭武九姓之一，是来自中亚粟特地区的胡人移民中较为著名的一支。从其姓名推测，应该出生于康国（今乌兹别克斯坦

---

① 《历代名画记》载尉迟乙僧为于阗人，《唐朝名画录》载其为土火罗国人，《宣和画谱》载其为吐火罗国胡人，说法不一。20世纪以来，学术界多持尉迟乙僧为于阗人之说，持此观点的学者主要有向达、张光福等，笔者亦赞同此说。详见向达《唐代长安与西域文明》第13页，商务印书馆，2015年；张光福《尉迟跋质那、尉迟乙僧史料钩稽》，载中国画研究院编《中国画研究（第二辑）》第90—95页，人民美术出版社，1982年。

② （唐）沙门彦悰《后画录》，载俞建华编著《中国历代画论大观（第一编）》第103页，江苏凤凰美术出版社，2015年。

③ 《后画录》，载《中国历代画论大观（第一编）》。

④ （唐）朱景玄著，吴企明校注《唐朝名画录校注》第50页，黄山书社，2016年。

⑤ （唐）张彦远《历代名画记》第173页，人民美术出版社，2016年。

⑥ 《历代名画记》第173页。

撒马尔罕附近)[1]。金忠义是新罗（今朝鲜半岛）人，曾任唐德宗朝的将军，于唐宪宗朝任少府监，掌管百工技巧诸务，和东夷人毛婆罗等皆“巧绝过人”“迹皆精妙”，但“格不甚高”[2]。

唐玄宗时传入中国的密宗十分重视图像，其修持的法门深奥隐秘，多要借图表现以帮助信众理解，故传法高僧多兼精艺术，能亲绘曼荼罗[3]。密宗创始人之一善无畏出生于东印度乌荼国（今印度奥里萨邦），经陆路于开元四年（716）到达中国，被唐玄宗礼奉为国师，活动于长安兴福寺、西明寺、洛阳福先寺、圣善寺等，传授以胎藏界为主的密法。善无畏“艺术伎能，悉闻精炼”[4]，曾“躬亲粉绘乎起圣众极图一卷、地契及手印图一卷、都集曼荼罗图一铺”[5]，还兼长工巧技艺，自制模型铸造了金灵铜塔[6]。另一位密宗大德南印度摩赖耶国[7]（今印度半岛西南之马拉巴尔一带）金刚智（金刚三藏）携弟子不空自海路来唐，开元七年（719）经南海、广州到达长安，也被唐玄宗尊为国师，活动于长安慈恩寺、资圣寺、荐福寺、洛阳广福寺等，广福寺木塔下的佛像，就是金刚智设计的。金刚智“尤工秘术，妙闲粉绘”[8]“善西域

---

① 桑原隲蔵「隋唐時代に支那に来住した西域人に就いて」、『桑原隲蔵全集（第 2 巻）』第 323 頁、東京：岩波書店、1968 年。

② 《历代名画记》第 177 页。

③ 周一良先生依《毗卢遮那经》指出阿阇梨能不依靠世俗画家亲绘曼荼罗。参见周一良著，钱文忠译《唐代密宗》第 44 页，上海远东出版社，2011 年。日本学者栂尾祥云也指出：“而密教之阿阁黎，其资格之一，即皆为能亲画曼荼罗之人，是故彼等至中国时，往往应时应机而画曼荼罗。此事可由善无畏三藏之《胎藏图像》曼荼罗，及金刚智三藏之荐福寺曼荼罗推知之”。参见［日］栂尾祥云著，吴信如主编《曼荼罗之研究》第 103 页，中国藏学出版社，2011 年。

④ （宋）赞宁撰，范祥雍点校《宋高僧传》第 18 页，上海古籍出版社，2014 年。

⑤ （唐）崔牧《大日经序》，载许明编著《中国佛教经论序跋记集（第一册）》第 376 页，上海辞书出版社，2002 年。

⑥ 《宋高僧传》第 18 页。

⑦ 据《开元释教录》卷九小传、《故金刚智三藏行记》《大唐东京大广福寺故金刚三藏塔铭并序》《唐洛阳广福寺金刚智传》，金刚三藏是中天竺国刹利王伊舍那韎摩的第三个儿子，在南天竺国米准那将军的陪同下来到中国，因此又被看作是南天竺国人。《历代名画记》载金刚三藏为狮子国人，金刚三藏事迹中云他是经过狮子国（师子国）后来到中国，可能张彦远据此误把金刚三藏写为了狮子国人。

⑧ （唐）混伦翁《大唐东京大广福寺故金刚三藏塔铭并序》，载陈尚君辑校《全唐文补编》第 427 页，中华书局，2005 年。

佛像"[①]，作画时"运笔持重，非常画可拟"[②]，所住寺院必建曼荼罗灌顶道场。出于传播金刚界曼荼罗法的需要，金刚智也绘制了一批曼荼罗配合信众修习，因此这些寺院中大概都有金刚智绘制的曼荼罗壁画或卷轴画，如"荐福寺金刚三藏手绘金泥曼陀罗白描一帧""金刚三藏手绘金刚界大曼陀罗一铺"[③]，后为圆仁所得，被请回日本。金刚智"躬绘七俱胝菩萨像"[④]求雨的神验事迹也广为流传，更彰显了他不凡的艺术才能。

当时强盛的大唐帝国作为东亚的典范，也吸引了日本遣使前来学习。遣唐使团中不但有兼备画才的僧人，更有专业画师。贞元二十年（804）入唐的日僧空海，就于长安青龙寺惠果处学习了胎藏界曼荼罗、金刚界曼荼罗。日僧圆仁开成三年（838）年入唐后寄居扬州开元寺，在日记中提到同年十二月二十三日"拟画两部曼荼罗"[⑤]，次年三月五日又提到"前画胎藏曼陀罗一铺五幅了，但未彩色耳"[⑥]，说明他一直在学习绘制曼荼罗。此外，圆仁开元五年（840）十月二十九日还在长安大兴善寺的翻经堂见到了壁上的金刚智和不空像，其后携归日本的金刚智三藏真影一纸（苗）和大广智不空三藏真影一纸（苗）[⑦]极有可能是这两幅壁画的临摹。和圆仁一同入唐的日本画师粟田家继先是在扬州开元寺临摹了阿弥陀佛、妙见菩萨及四天王像[⑧]，又到扬州龙兴寺法华院临摹了南岳大师像、天台大师像及高僧诵《法华经》产生的异象[⑨]，还在楚州开元寺画了妙见菩萨和四天王像[⑩]。

以上所列画家既有入朝为官的著名画家，也有兼善艺术的佛教高僧，更

① 《历代名画记》第 185 页。

② 《历代名画记》第 185 页。

③ 《诸阿阇梨真言密教部类总录》，载《大正藏》（卷 55）第 1131 页，台北：新文丰出版公司，1983 年。

④ 《宋高僧传》第 4 页。

⑤ ［日］圆仁著，顾承甫、何泉达点校《入唐求法巡礼行记》第 24 页，上海古籍出版社，1968 年。

⑥ 《入唐求法巡礼行记》第 35 页。

⑦ ［日］圆仁《入唐新求圣教目录》，载《大正藏》（卷 55）第 1084 页，台北：新文丰出版公司，1983 年。

⑧ 《入唐求法巡礼行记》第 84 页。

⑨ 《入唐求法巡礼行记》第 88 页。

⑩ 《入唐求法巡礼行记》第 122 页。

有国家往来的特派使臣，他们汇聚于国都长安，为这个国际都市增添了异域风情。长安发达的寺绘创作环境也为异域画家提供了施展才艺的沃土。虽然从实际来说以上画家仅是异域画家群体中的冰山一角，但仍可借此遥想异域画家汇入长安竞相显技，使得长安成为艺术中心的丝路美术交流盛况。

二、异域题材和技法对唐代美术的浸润

异域画家在其本国时已享有盛名，本国风物熟识于心，入唐后施展才艺，也多选择自己所熟悉的对象描摹，其所擅长的异域题材和异域技法给中原画坛带来了新的气象。

尉迟乙僧在其间尤为突出，与之相关的史料也最为丰富。尉迟乙僧的壁画创作主要集中在长安，在慈恩寺、光宅寺、兴唐寺、安国寺、奉恩寺留有画迹①，具体分布如表1：

表1 尉迟乙僧壁画分布表

寺名	壁画所在地	内容
慈恩寺（长安）	塔下南门	未知
慈恩寺（长安）	西壁	千钵文殊
慈恩寺（长安）	塔前（东侧）	千手眼观音
光宅寺（长安）	东菩提院内北壁东西偏	降魔变等
光宅寺（长安）	普贤堂东壁	佛、梵僧、藩客
光宅寺（长安）	普贤堂西壁	未知
光宅寺（长安）	七宝台上层窗下	未知
兴唐寺（长安）	中三门内东西偏两壁	未知
安国寺（长安）	东廊大法师院塔内	未知

① 关于尉迟乙僧画洛阳大云寺壁画众说不一，笔者认同张光福的观点，即大云寺壁画并非尉迟乙僧所画，而是其父尉迟跋质那所画。参见张光福《尉迟跋质那与大云寺壁画和〈外国宝树图〉》，《中央民族学院学报》1981年第1期。

续表

寺名	壁画所在地	内容
奉恩寺（长安）	中三门外西院北	本国王及诸亲族
奉恩寺（长安）	次塔下	未知

内容可考的有慈恩寺、光宅寺、奉恩寺三处，载于唐人著作《寺塔记》《唐朝名画录》《历代名画记》等。慈恩寺“塔西面画湿耳师子，仰攀盘龙，尉迟画。及花子钵曼殊，皆一时绝妙”[①]，朱景玄云：“慈恩寺塔前功德，又凹凸花面中间千手眼大悲精妙之状，不可名焉。”[②] 张彦远点明：“西壁千钵文殊”[③]，卢言曰：“慈恩塔前壁有湿耳狮子、趺心花，为时所重。”[④] 可知慈恩寺正门西壁画有千钵文殊菩萨骑狮图，画中狮子做仰攀盘龙状，东壁对出千手眼菩萨[⑤]，花面凹凸，具有立体感。这是文献所载中原最早的千钵文殊壁画。光宅寺的壁画为《降魔变》等，“千怪万状，实奇踪也”[⑥]，《寺塔记》载：

> 普贤堂，本天后梳洗堂，蒲萄垂实，则幸此堂。今堂中尉迟画，颇有奇处。四壁画像及脱皮白骨，匠意极崄。又变形三魔女，身若出壁。又佛圆光，均彩相错，乱目成讲。东壁佛座前，锦如断古标。又左右梵僧及诸蕃往奇，然不及西壁，西壁逼之摽摽然。[⑦]

《降魔变》中的释迦牟尼闭目苦修，筋骨暴露，匠意极险。壁画中的魔女

① （唐）段成式《寺塔记》第31—32页，人民美术出版社，2016年。

② 《唐朝名画录》原文作“光泽寺”。《太平广记》作“光宅寺”。吴企明据《历代名画记》光宅寺有尉迟乙僧画降魔等的记载，改为“光宅寺”。详见《唐朝名画录校注》第50页。

③ 《历代名画记》第50页。

④ （唐）卢言《卢氏杂说》，载（宋）李昉《太平广记》第1623页，中华书局，1961年。

⑤ 马新广、刘晓娜《尉迟乙僧创制慈恩寺千钵文殊壁画之蠡测》，《宝鸡文理学院学报》（社会科学版）2018年第1期。

⑥ 《唐朝名画录校注》第50页。

⑦ 《寺塔记》第19—20页。

更是栩栩如生，仿佛要跳出墙壁，人物的形体情态表现强烈。相比之下，东壁的梵僧和藩客则略为逊色，不及西壁壁画摄人心魄。光宅寺壁画同样具有凹凸效果，色彩厚重，明暗搭配巧妙。

奉恩寺画有于阗王及其亲族的画像，张彦远云奉恩寺是尉迟乙僧宅，向达先生根据韦述《两京新记》和《宋高僧传·智严传》奉恩寺为高僧智严旧宅的相关记载，认为尉迟跋质那、尉迟乙僧和智严（尉迟乐）可能是一家人，“由跋质那以至于乐，自隋末三世入居中国，先后以质子留宿卫京师”。[①] 尉迟乙僧来到长安之后，于阗王伏阇信和于阗王伏阇雄分别于贞观二十三年（649）和上元元年（674）入唐朝见天子，尉迟乙僧身为质子又长于绘画，很可能亲历了这两次重要的历史事件，于是在自己的住宅中画下本国国王及亲族的画像，成为于阗和唐朝友好往来的有力见证。

北宋《宣和画谱》载御府藏有八件尉迟乙僧作品：“《弥勒佛像》一、《佛铺图》、《佛从像》一、《外国佛从图》一、《大悲像》一、《明王像》二、《外国人物图》一”[②]，从题名来看，皆为异域佛像及人物，即所谓“衣冠物像，略无中都仪形”[③]。

尉迟乙僧的线描手法也为唐人所重视，窦蒙云：“澄思用笔，虽与中华道殊，然气正迹高，可与顾陆为友”[④]，指出这种别具一格的线描手法迥异于中华，但堪比顾恺之和陆探微的技法。张彦远说：“用笔紧劲，如屈铁盘丝。”[⑤] 这种均匀有力的线描手法能够表现出人体和物象分明的轮廓，对立体造型也有所助益。尉迟乙僧慈恩寺壁画“凹凸花面”[⑥] 和光宅寺变形三魔女魔女的“身若出壁”[⑦] 说明了其画作所具有的立体效果，所用的技法源自异域，为“凹凸法”。“凹凸法”又称“天竺遗法”，源自印度，南朝梁武帝时张僧繇曾用此法绘制了一乘寺门上的凹凸花，“朱及青绿所成，远望眼晕如凹

---

① 《唐代长安与西域文明》第 13 页。

② （宋）《宣和画谱》第 45 页，人民美术出版社，2016 年。

③ 《宣和画谱》第 45 页。

④ 《历代名画记》第 172 页。

⑤ 《历代名画记》第 172 页。

⑥ 《唐朝名画录校注》第 50 页。

⑦ 《寺塔记》第 20 页。

凸，就视即平”,[①] 时人故称一乘寺为“凹凸寺”。朱红和青绿是对比强烈的颜色，张僧繇可能借色相对比来划分出画面的层次。敦煌莫高窟、新疆克孜尔石窟、新疆库木吐拉石窟等石窟留存有用“凹凸法”绘制的壁画。李其琼考察敦煌壁画后指出，“唐代晕染技法变化甚丰，凹凸法在敦煌壁画中表现为‘叠染’‘晕染’两种不同的操作技巧”,[②] “叠染”是用不同颜色叠绘形成深浅有别的色阶，在高隆部位加绘白色表现高光。“晕染”是以水来晕开颜色，形成浓淡凹凸的效果，是唐人在“叠染”基础上的新创造。借此可知，凹凸效果主要是靠颜色的深浅和浓淡来实现。吴焯推测尉迟乙僧还带来了西域的矿物质颜料[③]，尉迟乙僧绘制的佛圆光“均彩相错”[④]，元代汤垕评价尉迟乙僧“用色沉着，堆起绢素，而不隐指”[⑤]，由此看来尉迟乙僧可能更偏重用厚重的颜色叠染来表现凹陷和凸起。

根据薛爱华的统计，唐代大约有一百七十多种外来动物输入中国[⑥]，康萨陀所绘“异兽奇禽，千形万状”[⑦]，当是异域动物在绘画中的表现。还有异域高僧所擅长的佛教绘画，题材多源自印度。金刚智“运笔持重，非常画可拟”[⑧]，也是用异域技法来绘制有力的线条。

异域题材和异域技法为唐代艺苑增添了活力，尉迟乙僧的屏风画受到时人追捧，“其杨契丹、田僧亮、郑法轮、乙僧、阎立德一扇，值金一万”[⑨]。中原画家也受其影响，陈庭是尉迟乙僧的弟子[⑩]。关于陈庭，有“乙僧外国，陈庭次之”[⑪] 的记载，可知陈庭应当对尉迟乙僧擅画外国题材的特点有所继

① （唐）许嵩撰，张忱石校《建康实录》第686页，中华书局，1986年。

② 季羡林主编《敦煌学大辞典》第223页，上海辞书出版社，1998年。

③ 吴焯《佛教东传与中国佛教艺术》第234页，浙江人民出版社，1996年。

④ 《寺塔记》第20页。

⑤ （元）汤垕《画鉴》第19页，人民美术出版社，2016年。

⑥ ［美］薛爱华著，吴玉贵译《撒马尔罕的金桃：唐代舶来品研究》第135—238页，社会科学文献出版社，2016年。

⑦ 《历代名画记》第173页。

⑧ 《历代名画记》第185页。

⑨ 《历代名画记》第31页。

⑩ 《历代名画记》原文为“陈廷师于乙僧”，据王敏考证，陈廷是陈庭的笔误。详见王敏《尉迟乙僧新考》，《艺术百家》2011年第3期。

⑪ 《历代名画记》第20页。

承。尉迟乙僧对吴道子的影响也为人所乐道①。吴道子所绘的《地狱变相图》呈现出“风云将逼人，鬼神如脱壁”② 的效果，北宋米芾云：“苏轼子瞻家收吴道子画佛及侍者誌公十余人……点不加墨，口深浅晕成，故最如活。王防字元规家二天王皆是吴之入神画，行笔磊落，挥霍如莼菜条，圆润折算，方圆凹凸，装色如新，与子瞻者一同。”③ 可见吴道子对“凹凸法”的运用和改进。尉迟乙僧的影响还辐射至朝鲜半岛和日本，“高丽国画观音像甚工。其源出于唐尉迟乙僧，笔意流而至于纤丽”④，日本法隆寺金堂的壁画，也受尉迟乙僧画风影响⑤。

三、唐代美术的海外流播

在唐代美术走向海外的过程中，异域画家也发挥了重要作用。他们在唐时不仅得到了中国传统美术的滋养，已成为唐代美术有机组成部分的异域艺术也对他们有所启发。他们积极投身唐代美术的海外传播，除了自己在唐摹写的图像，还搜集了不少艺术品带回本国。

佛教通过图像来展示神灵的真实容貌，解释经典，宣传教义，更为信众寄托情感提供了有效的途径。神灵的容貌不能杜撰，一般是按印度原本临摹复制，故入唐画家多有临摹佛像之举。如粟田家继要绘制妙见菩萨和四天王像，需要到扬州开元寺取样。在密宗的修法仪式中，仅观想心像，实为难事，故阿阇梨要依照经典择时择地设立一个坛场，按特定布局把佛、菩萨、明王、天王、鬼神、法器等安放在坛内加以供养，即形像曼荼罗。曼荼罗不仅以立体造像的形式表现，也以更为便携的图画形式传播。密宗的传法阿阇梨善无畏、金刚智、不空在唐所传的胎藏界曼荼罗和金刚界曼荼罗等，可能既有他们从印度赍来的原本，也有传法时按照原本仿制摹写的复制品，其后又为空海、圆仁摹写并传回本国。这表明了发轫于印度的佛教美术，在经过中亚到达唐代社会后，并未停下东渐的脚步，而是被接受保留后随着丝绸之路上的

① 《唐代长安与西域文明》第25页。

② 《寺塔记》第9页。

③ （宋）米芾《画史》第9—10页，中华书局，1985年。

④ 《画鉴》第61页。

⑤ 王镛主编《中外美术交流史》第61页，中国青年出版社，2013年。

文化交往到达日本。

异域画家摹写的不仅是源于印度的佛教图像，中原画家创作的人物画也备受重视。唐代人物画的发展已臻高峰，既能存形肖貌，也能表现出人物的精神世界。佛教高僧的形象也为画笔记录，供信众瞻仰流传。韩干虽以马画知名，但也“善写貌人物”①，扬州龙兴寺法华院壁上的南岳大师像就是他的作品。粟田家继摹写时，“容貌衣服之体也，一依韩干之样”②。法华院壁画的内容还有天台大师像、诸和尚诵《法华经》的感应异象等，也为粟田家继摹写。圆仁到了长安大兴善寺后，可能也摹写了翻经堂中的金刚智和不空像。

异域画家归国的行囊中，辛苦搜集的艺术品也占有一席之地。空海曾谈到其师惠果对图像的重视：“真言秘藏，经疏隐密，不假图画，不能相传”③。真言宗的经典深奥隐秘，需要借助形象、通俗的图像来解释。唐代著名画家李真是惠果的丹青供奉，惠果特意请李真等人绘制了胎藏金刚界等曼荼罗十一铺授予空海。空海也在《御请来目录》中强调了佛教图像的重要性：

> 法本无言，非言不显。真如绝色，待色乃悟。虽迷月指，提撕无极。不贵惊目之奇观，诚乃镇国利人之宝也。加以密藏深玄，翰墨难载。更假图画，开示不悟。种种威仪，种种印契。出自大悲，一睹成佛。经疏秘略，载之图像，密藏之要，实系乎兹。传法受法，弃此而谁矣。海会根源，斯乃当之也……④

可见空海把图像视为传法受法的必要手段，认为只有通过图像才能领悟深奥复杂的密宗法门。空海带回日本的佛、菩萨、金刚诸天等像和传法阿阇梨真影等共十种，阿阇梨付嘱物中的佛教造像共三种（表 2），相传阿阇梨付嘱物由金刚智从南天竺国带入长安，后传给不空，不空传给惠果，又被惠果

① 《历代名画记》第 185 页。

② 《入唐求法巡礼行记》第 88 页。

③ ［日］空海《御请来目录》，载《大正藏》（卷 55）第 1065 页，台北：新文丰出版公司，1983 年。

④ 《御请来目录》，载《大正藏》（卷 55）。

传给空海。

表 2 空海所获佛教艺术品统计表

长安获得的佛教图像	阿阇梨付嘱物中的佛教造像
大毗卢遮那大悲胎藏大曼荼罗一铺（七幅一丈六尺）	刻白檀佛菩萨金刚等像一龛
大悲胎藏法曼荼罗一铺	白绁大曼荼罗尊四百四十七尊
大悲胎藏三昧耶略曼荼罗一铺（三幅）	白绁金刚界三昧耶曼荼罗尊一百二十尊
金刚界九会曼荼罗一铺（七幅一丈六尺）	
金刚界八十一尊大曼荼罗一铺（三幅）	
金刚智阿阇梨影一铺（三幅）	
善无畏三藏影一铺（三幅）	
大广智阿阇梨影一铺（三幅）	
青龙寺惠果阿阇梨影一卷（三幅亲付法阿阇梨耶）	
一行禅师影一铺（三幅）	

圆仁归国时也带回了从长安获得的佛教图像、造像二十二种（表 3），从扬州获得的佛教图像二十种（表 4）。

表 3 圆仁于长安所获佛教艺术品统计表

佛教图像	佛教造像
大悲胎藏法曼荼罗一铺（三幅苗）	坛龛涅槃净土（一合）
大悲胎藏三昧耶略曼荼罗一铺（三幅苗）	坛龛西方净土（一合）
金刚界九界曼荼罗一铺（五幅苗）	坛龛僧伽誌公万回三圣像（一合）
金刚界大曼荼罗一铺（五幅苗）	鍮石印佛一面（一百佛）
普贤延命像一铺（三幅苗）	
释迦牟尼佛菩提树像一铺（一幅彩色）	

续表

佛教图像	佛教造像
佛顶尊胜坛像一铺（二幅苗）	
大自在天像一铺（一幅苗）	
大悲胎藏手契一卷	
金刚部诸尊图像仪轨一卷	
炽盛坛样一纸	
八大明王像一卷（碑本）	
佛迹并记一卷	
佛眼塔样并记一卷	
金刚智三藏真影一纸（苗）	
大广智不空三藏真影一纸（苗）	
无畏三藏真影一纸（苗）	
青龙寺义真和尚真影一铺（一幅彩色）	

表4　圆仁于扬州所获佛教艺术品统计表

大毗卢遮那大悲胎藏曼荼罗一铺（五幅苗）
金刚界大曼荼罗一铺（七幅彩色）
供养贤圣第七种坛样一卷
金刚界三十七尊种子曼荼罗样一张
金刚界八十一尊种子曼荼罗样一张
法华曼荼罗样一张
胎藏曼荼罗手印样一卷
南岳思大和尚示先生骨影一铺（三幅彩色）
天台大师感得圣像影一铺（三幅彩色）
阿兰若比丘见空中普贤影一张（苗）
法惠和上阎王前诵法花影一张（苗）

续表

山登禅师诵法华感金银殿影一张（苗）
惠斌禅师诵法华神人来拜影一张（苗）
映禅师诵法华善神来听经影一张（苗）
定禅师诵法华天童给事影一张（苗）
惠向禅师诵法花灭后墓上生莲花及墓里常有诵经声影一张（苗）
秦郡老僧教弟子感梦示宿因影一张（苗）
道超禅师诵法花感二世弟子生处影一张（苗）
法惠禅师诵法华口放光照室宇影一张（苗）
大圣僧伽和尚影一张（苗）

以上诸表显示，空海和圆仁带回日本的佛教艺术品以密宗佛像、曼荼罗和传法高僧像为主。关于密宗佛像，常晓曾总结道："凡正法之世，魔伴无威，所以佛化多住慈悲。像末之时，邪使竞兴，所以如来多形忿怒。佛力如是，实镇国利人之宝也"①。指出唐代正对应佛教的像法末期，"邪使竞兴"，② 因此佛像多呈忿怒之态。富有狂怪夸张色彩的密宗佛像与南北朝时异域传入中原的慈善安详之佛像大为迥异，于中原画坛而言是一种新的艺术风格，对日本僧人来说更是新鲜事物。空海创立的真言宗和圆仁所属的天台宗是日本平安时期最盛行的佛教宗派，他们携归的密宗佛像等保存在密宗僧院中，空海带回的兜跋毗沙门天王像，怒目切齿，威严无比，便是例证。密宗佛像随着他们的弘法活动广为流布，也使平安时代前期的日本美术呈现出以密宗美术为盛的转向。传法高僧像不仅能让信众明晰教派历史，也兼具艺术价值。从唐带回的传法高僧像亦滋养了日本美术。李真所绘的不空金刚像，不但精细刻画了不空眼窝深凹、颧骨高耸、鼻梁突出的异域面相，也生动反映了不空皱眉苦思的情态，足以让日本人领略唐画的形神兼备。

① ［日］常晓《常晓和尚请来目录》，载《大正藏》（卷 55）第 1071 页，台北：新文丰出版公司，1983 年。

② 《常晓和尚请来目录》，载《大正藏》（卷 55）。

结 语

丝绸之路在唐代的畅达与繁荣让世界成为联系更加紧密的整体，强盛的大唐帝国吸引了无数异域来客。开放包容的都城长安高度国际化，聚集了大量异域来客，成为了文化交融的中心。频繁的中外文化交流是唐代艺术臻至高峰的重要原因，活动于唐代的异域画家是唐代美术不可或缺的参与者，带来的异域题材为唐代画坛提供了新鲜素材，异域技法也丰富激发了中原画家的创作。结合异域画家入唐和归国的艺术活动，还可勾勒出佛教美术源于南亚、经于中亚、承于中原、流播东亚的传播路线。返归本国的异域画家在唐代美术的海外传播中发挥了重要的中介作用，其在唐摹写和搜集的艺术品在本国流传，为本国民众提供了深入接触中国文化的契机，更为异域美术吸收唐代艺术精髓提供了实物参考。唐代丝路文明呈现出中外美术交流的繁盛图景，异域画家功不可没。

（陈晶　北京语言大学中华文化研究院/首都国际文化研究基地）

近代俄罗斯汉语教学的兴起与发展

——从《泰晤士报》（1785—1911）说起*

施正宇　彭乐梅　韩澍芃

摘　要：创办于1785年的《泰晤士报》是英国著名的、具有国际视野的、百科全书式的新闻媒体，其中刊登了一些关于俄罗斯汉语教学的报道。本文拟从《泰晤士报》（1785—1911）所刊登的有关近代俄罗斯汉语教学的报道入手，梳理并探讨其汉语教学兴起与发展的相关信息，以期为学界同人可能的进一步探讨提供客观依据。

关键词：《泰晤士报》近代　俄罗斯　汉语教学

创刊于1785年1月1日的《泰晤士报》，是英国社会最具国际视野的、百科全书式的主流媒体，不仅报道了英国国内的汉语教学情况，还对俄罗斯的汉语教学给予了关注。笔者以“Gale《泰晤士报》数字典藏（1785—2012）数据库”① 为依据，采取关键词搜索的方法，查阅到1785—1911年期间《泰晤士报》所载俄罗斯汉语教学的一些文章。本文拟从该报刊登的这些文章入手，对俄罗斯汉语教学的兴起与发展进行初步的梳理与分析，希冀为学界同人可能的进一步考察提供真实而客观的依据。

1728年，中俄签订了《恰克图条约》，这是近代中外关系史上第一个将语言学习的条款加入其中的条约：

> 在京之俄馆，嗣后仅由来京之俄人居住……留京学习外文之四名学

* 国家社会科学基金项目“清代来华西方人汉语教育史研究”，编号13BZS100。

① https://go.gale.com/ps/start.do?p=TTDA&u=peking，2020年1月30日。

生……均置于俄馆，由俄皇皇室供其膳费，学成后，即允其如愿回国。①

《恰克图条约》是中俄双方在平等条件下签订的，它表明近代俄罗斯人的汉语学习，甫一开始就纳入了合法的渠道，这与其他西方国家通过战争的方式获取相关权益的做法是完全不同的。1727年条约草签过程中，首批俄罗斯官派学生来华，俄罗斯人中国语言学习的序幕就此拉开。鉴于语言人才培养的周期性，以及两国贸易及外交往来的紧迫性，自18世纪三四十年代起，俄罗斯政府多次设立满汉语言学校，试图培养满语和汉语人才（表1）。

表1　18世纪俄罗斯满汉语言学校列表

年代	名称	教师	学生
1739. 6. 13—1740年底	莫斯科外务委员会满汉语言学校	舒哥（？—1751）②	两名神职人员
1741. 8. 10—1751	圣彼得堡皇家科学院满汉语言学校	罗索欣（И. К. Россохин，1717—1761）	四名军人
1763. 5—？	莫斯科外务委员会满汉语言学校	列昂季耶夫（А. Л. Леонтьев，1716—1786）	四名教会学校学生
1798. 5—1801	莫斯科外务委员会满汉语言学校	弗拉德金（А. Г. Владыкин，1761—1811）	四名世俗人员

上述学校开设的时间都不太长，教师水平和教学效果参差不齐，学生人数较少，但作为满汉语言教学的最初实践，还是为19世纪俄罗斯中国语言教学的开展积累了初步经验。例如，圣彼得堡皇家科学院满汉语言学校汉语教师罗索欣翻译了《清义启蒙》《三字经》等作为汉语学习的课本，创制了俄罗斯历史上最早的用俄文字母转写汉字和满语词汇的拼音系统；弗拉德金的满汉语言教学已经具备了课堂教学的基本模式，其授课时间为周

① 王铁崖《中外旧约章汇编》（第1册）第88页，三联书店，1982年。

② 舒哥的俄文名有 Федор Чжога，Чжу Гэ，Джога 等，汉译有“扎加”“周戈”等。本文采用“舒哥”这一译法，详见阎国栋《俄国汉学史》第140—143页，人民出版社，2006年。

一至周六的上午 9 点至 12 点、下午 1 点到 5 点，其中周三和周六上半天课。大约用了一年时间，学生就掌握了近千个汉字，可进行简单的满、汉、俄三种语言互译。更为可喜的是，学生中有四人①因成绩突出而先后被吸收进东正教驻北京使团，其中舒哥的学生列昂季耶夫还成为俄罗斯历史上著名的汉学家，等等。

进入 19 世纪，俄罗斯的汉语教学取得了长足进步，并引起了《泰晤士报》的关注。

一、近代俄罗斯高等院校的汉语教学

1837 年，《泰晤士报》报道了俄国喀山大学设立汉语教席的消息：

> 圣彼得堡 6 月 3 日消息，经教育部长提议，沙皇要求喀山大学设立汉语教席。在北京学习汉语的……西维洛夫将成为该校汉语教授，薪水 4000 卢布。教育部部长还决定给予教授 5000 卢布来购置他收藏的汉语书籍和手稿，供大学使用。喀山大学的第一个汉语教席就此诞生。②

成立于 1804 年的喀山大学是俄罗斯历史上第一个设立汉语教席的高等学府，西维洛夫（Д. П. Сивиллов，1798—1871），教名丹尼尔（Даниил），又译作达尼尔，不仅是首任汉语教授，也是第一任汉语教研室主任。他 1821 年曾随东正教第十届驻北京使团来华，译有《道德经》等。1844 年第十届东正教使团医生沃伊采霍夫斯基（И. П. Войцеховский，1793—1850）接替西维洛夫，成为第二任汉语教研室主任及汉语教授。这一年俄罗斯第一次设立满语教研室，沃伊采霍夫斯基同时兼任满语教授。1851 年第十二届东正教使团学员王西里（В. П. Васильев，1818—1900，又译作“瓦西里耶夫”）成为第三任汉满语言教研室主任及汉语、满语教授。他们都对喀山大学的汉语教

① 列昂季耶夫（А. Л. Леонтьев，1716—1786），舒哥的学生，1743—1756 年第四届东正教驻北京传教使团学生；加纳耶夫（Андрей Канаев，1722—1752），舒哥的学生，1743—1752 年第四届传教使团学生；科尔金（Яков Коркин，1745—1779）列昂季耶夫的学生，第六届传教使团学生；西帕科夫（М. Д. Сипаков），弗拉德金的学生，1805 年第九届传教使团学生。

② *The Times*, Issue 16445, Jun 17, 1837, p. 5.

学做出了积极贡献。1858 年《泰晤士报》提到圣彼得堡大学东方语言系的课程，包括"汉语和满语语法、汉语文学和满族文学史、汉语作家和满语作家介绍"①。事实上，该校开设汉语课程是在 1855 年，依据的是 1854 年十月二十二日（公历 11 月 3 日）沙皇尼古拉一世签发的关于在圣彼得堡大学建立东方语言系的敕令，含汉语、蒙古语、满语等九个语种的教研室。随后，沙皇又下令将喀山大学汉满语言教研室整体迁至该系，由王西里教授主持，而喀山大学直到 1905 年才复建汉语教研室。尽管《泰晤士报》所言无多，圣彼得堡大学东方语言系实际是近代俄罗斯境内汉语教学的中心，无论是政府重视程度，还是教师聘用、课程设置、教材编写和汉籍典藏在俄罗斯境内都首屈一指。在此，笔者想强调的是与下文将要提到的符拉迪沃斯托克（海参崴）东方学院教学模式密切相关的问题，即圣彼得堡大学对母语教师的聘用（表 2）。

表 2　19 世纪末至 20 世纪初圣彼得堡大学东方学系母语教师一览表②

姓名	任教时间	简介	教学
阿布卡里莫夫（Абдекаримов Исмаил，1800—1865）	1856—1865	甘肃人，穆斯林，1855 年加入俄籍。1853—1856 年喀山一中高级教师、学监。1863 年任圣彼得堡大学编内讲师	汉语口语课
桂荣（Гуй Жун）	1884. 2. 8—1885	字冬卿，一作冬青，外交官。曾随波波夫（А. Ф. Попов，1828—1870）在同文馆学习俄语。1879 年任驻俄使馆翻译。1892 年仿京师同文馆建新疆俄文学院	汉语口语课 汉语书写课

① On the Study of the Languages of India，*The Times*，Issue 22884，Jan 07，1858，p. 10.

② 阎国栋《1917 年前俄国圣彼得堡大学华人汉文教师考略》，载《世界汉学》第 8 期，中国人民大学出版社，2011 年；https://bioslovhist.spbu.ru/person.html，圣彼得堡大学 1819—1917 年教师志，2020 年 2 月 2 日。

续表

姓名	任教时间	简介	教学
苏忠［Суахунов Сучжун（Су-Чжун），1831—？］	1885—1887	新疆东干人，清军军官，回民起义失败后归顺俄国。1885年4月22日俄国驻伊犁领事，后回乡探亲，未归	编内讲师，担任汉语口语课、汉字书写课。著有《口儿念心儿记》（1886）、《俗言话条札》（1887），为《文选》（王西里编）撰写中文课文
高音齐（Гао Инь-ци，？—1892）	1891.6.31—1892.9.17	天津静海人，出身商贾之家，秀才。曾在清军服役，后在俄国驻伊宁领事馆（伊宁翻译学校）教授汉语三年。王西里举荐其任教圣彼得堡大学东方系。后在圣彼得堡死于霍乱	汉语口语课 汉字书写课
邵恒浚（Шао Хэн-сюнь，1870—1951）	1897—1909	山东文登人，监生，毕业于京师同文馆，住馆学生，曾留学圣彼得堡师范学校。外交官，教育家	汉语口语课，1897—1907，汉语代课讲师；1907—1909，讲师
桂芳［Куэ（Гуй）Фан，1865—1934］	1898.9.15—1904.9.1	也作毕桂芳，字植忱，又作植承。北京大兴人，满族在旗，外交官。毕业于同文馆，后留学圣彼得堡师范学校。著有《外蒙交涉始末记》	汉语口语课、汉语语音课、《官话指南》课、编写《华语初阶》
孟锡绶（Мэн Си-шоу）	1904.11—1905.9	直隶人，银行家，外交官。曾在华俄道胜银行和中东铁路管理局教俄国人汉语两年	1905—1906，汉语口语课；1904—1905，汉满语教研室讲师

续表

姓名	任教时间	简介	教学
程耀臣［Чэн（Чэнг）］	1907.1—1909.7	安徽绩溪望族，毕业于北京东省铁路俄文学堂，华俄银行职员。民国时期著名俄语专家，编写多部俄语词典和教材。1906 年在俄国东方学会汉语班授课	汉语口语课
朱武（Чжу У）	1910—1912	北京人，由伊凤阁推荐任教圣彼得堡大学	汉语课
权世恩（Цюань Шиэнь）	1912—1913	直隶良乡人，毕业于京师大学堂译学馆，驻俄使馆官员	—
张英（Чжан Ин）	1913—1915	驻俄使馆官员	—

圣彼得堡大学在俄国教师之外聘请母语教师，显然是为了加强口语和书写教学，毕竟在口语、汉字教学上，母语教师有无法替代的优势。从履历看，这些母语教师的知识层次和社会地位较高，教学效果上乘。王西里曾说："正是由于有了阿布卡里莫夫的帮助，圣彼得堡大学汉语专业的学生才成为欧洲唯一可以讲这种语言的学生。"① 俄罗斯政府在桂芳离任多年以后，向他颁发了斯坦尼斯拉夫二级勋章，表彰其在圣彼得堡大学教学期间付出的"热情和辛劳"。② 这些母语教师中，评价最高的是高音齐："在频繁更换的中国教师中，高是最优秀的。他任教期间，曾试图出版汉语口语书，遗憾的是过早离世。他曾石印数篇学生使用的课文。"③ 圣彼得堡大学聘请母语教师的做法开创了本土教师和母语教师教学互补的双轨制，并为随后成立的符拉迪沃斯托克（海参崴）东方学院所继承。至今，圣彼得堡大学仍沿袭这一制度，成为该校汉语教学传统。但无论是聘请使馆官员、银行职员还是归

① 《1917 年前俄国圣彼得堡大学华人汉文教师考略》，载《世界汉学》。

② 《1917 年前俄国圣彼得堡大学华人汉文教师考略》，载《世界汉学》。

③ https://bioslovhist.spbu.ru/person/357-gao-in-tsi.html，2021 年 2 月 2 日。

顺人员，母语教师多为临时兼职，流动性较大，特别是在使馆工作的人员，可以“不受俄国的工作制度约束”①，使得母语教师的队伍极不稳定，不利于教学的持续发展与管理。

二、中俄边境地区语言学校的汉语教学

为了消除语言障碍，俄国在中俄边境地区陆续开设了三所语言学校。

（一）恰克图（Kiachta）汉语学校

1841年6月5日《泰晤士报》报道称：

> 1835年，恰克图建成了一所汉语学校，在那里学习的年轻人日后会被雇佣为翻译。1840年，首批7名学生完成学业，现有学生14人。②

恰克图位于俄罗斯与清朝政府交界的喀尔喀蒙古地区。1689年8月中俄两国签订《尼布楚条约》，恰克图以其优越的地理位置被定为与尼布楚、楚鲁海图并重的通商口岸之一。从那以后，恰克图口岸一直是清代中俄两国最为重要的贸易口岸。在这个商贾云集的城镇开设汉语学校，其意义值得探讨。

第一，恰克图汉语学校的开办，是中俄贸易中语言需求的产物。1831年5月，恰克图海关关长致信外交部亚洲司：

> 恰克图商人尼古拉·伊古姆诺夫建议设立一所教授汉语的学校，因为我们这些在恰克图经商的人，根本不懂汉语，而中国人却说着变了味的俄语方言，双方难以沟通，常因此而发生纠纷和误会。③

由此看来，中俄边境贸易的发展是开办汉语学校的直接原因。

第二，就性质而言，恰克图汉语学校是一所官办语言学校。

---

① ［俄］П. Е. 斯卡奇科夫著，［俄］В. С. 米亚斯尼科夫编，柳若梅译《俄罗斯汉学史》第348页，社会科学文献出版社，2011年。

② On the Trade between Russia and China, *The Time*, Issue 17689, Jun 05, 1841, p. 7.

③《俄罗斯汉学史》第153页。

1830年，沙皇尼古拉一世敕令希林格[①]率领科学考察团前往东西伯利亚。作为考察队的一员，比丘林[②]向外交部亚洲司提交了此行的计划：

（1）编写详细的汉语语法书；（2）在中国人的帮助下整理他分专题按汉字偏旁编纂的汉俄词典；（3）为《中国详志》收集补充资料；（4）对照俄国和中国地图查看俄国和清朝的边界；（5）收集蒙古语语言实践知识；（6）教授汉语。[③]

由此可见，编写汉语语法书，也即恰克图学校的教科书，编纂汉俄词典，教授汉语，是希林格科考东西伯利亚的内容之一。而当恰克图成为科考团的主要驻留地之后，在此建立汉语学校就在情理之中了。

同年1月10日，随着科考团的到来，恰克图海关关长批准了比丘林教授汉语的计划，“学生有十来个男孩，有的学得还不错”[④]。1832年11月28日，这所已存在一年多的学校正式开办，这时它已是一所经沙皇敕令开办、归财政部外贸司所属、由恰克图海关直接监管并由一等文官助手负责教学事务的官办语言学校。这一天学校公布了奖励制度，学习优异者可终身免除兵役和其他社会责任，至此，该校的“公立”性质再明显不过。1835年2月初，沙皇尼古拉一世正式任命比丘林和克雷姆斯基为该校汉语教师。5月18日，开课五年多的恰克图汉语学校举行了正式的开学仪式——这与《泰晤士报》的报道相吻合。因此，这所汉语学校的建立既满足了恰克图地区俄国人汉语学习的需求，也符合俄罗斯的国家利益，是沙皇俄国对华关系的重要一环。

第三，该校诞生了俄罗斯汉语教育史上第一份汉语教学大纲：

学校的学制设为四年。第一年，“通过对照俄语语法规则讲解汉语语

---

① 希林格（П. Л. Шиллинг），俄国科学院通讯院士、物理学家、东方学家，世界上第一台电磁电报机的设计者，发明汉文和满文石印术。

② 比丘林（Н. Я. Бичурин），1807—1822年任第九届东正教驻北京使团团长，俄罗斯汉语教学、汉学与东方学的奠基人，俄国科学院通讯院士。

③ 《俄罗斯汉学史》第150页。

④ 《俄罗斯汉学史》第150页。

法的使用规则，使学生了解汉语和俄语的差别所在”；第二年，继续学习语法，并按相关的贸易专题开始练习会话；第三年，“按照汉语语法规则通过分析翻译短文进行扩展对话练习”；第四年，除练习汉语会话外，还“教授常见汉语短语和一些形式的用法，特别是注意词在不同情况下的用法差别，最后学习分析汉语书面语，并练习翻译书面语”。①

这份由比丘林拟订的四年制教学计划，是俄罗斯第一份内容具体、由浅入深、层次分明的汉语教学大纲，它兼顾了汉语教学的理论性与实践性，因而具有较强的应用价值和可操作性，是恰克图学校的纲领性文件。

第四，该校诞生了俄罗斯历史上第一部汉语教科书，并具备了商务汉语教学的雏形。

1835 年，比丘林出版了专为该校编写的汉语教科书《汉文启蒙》（Хань-вынь ци-мын. Китайская грамматика）。这部教科书虽然是为恰克图汉语学校私人定制，却也是喀山大学和圣彼得堡大学的汉语教材。比丘林在大纲中要求学生“按相关的贸易专题开始练习会话”，为此，他依据当地的中俄贸易编写了实景对话。在写给外交部亚洲司的报告中，比丘林写道：

除了我已出版的汉语语法书外，我还针对这里的内容编了 18 组俄汉对话，把恰克图贸易中所有运进和运出的商品都译成了汉语（商品清单）。明年我将按俄文字母的顺序把这些词排列起来，以避免在汉语中找出这些词时的麻烦。②

比丘林结合贸易环境编写的专题会话练习，包括按俄文字母音序排列的词汇表，可视为后世“商务汉语”的滥觞。

第五，该校师资水平堪称一流。两位汉语老师比丘林和克雷姆斯基（К. Г. Крымский）都曾是东正教使团的成员，有着留学北京十年的傲人经历。比丘林还曾担任第九届东正教驻北京使团团长，是俄罗斯历史上著名的汉学家；1831 年回国途经此地的克雷姆斯基是第十届东正教驻北京使团的学生，

① 《俄罗斯汉学史》第 154 页。

② 《俄罗斯汉学史》第 155—156 页。

这种汉语学习背景在19世纪的西方世界显得十分“奢华”。

我们发现，汉字和语音并重、口语和书面语并重，是恰克图汉语学校的教学理念。比丘林撰写的教学大纲和汉语教科书都是以这一教学理念为宗旨的，恰克图汉语学校的教学实践也因此成为比丘林汉学思想的重要组成部分。1838年，比丘林离开后，该校的教学任务就由克雷姆斯基独自承担。克雷姆斯基在俄罗斯汉学史的地位虽然不及比丘林，他的教学法也招致了一些批评，例如让那些12~15岁的男孩子死记硬背汉语语法书，这种对中国孩童来说习以为常的学习方式不大容易被西方人所接受，但也确使学生获益。据记载，一名叫舍韦廖夫（М. Г. Шевелёв）的学生背下了这本“令人伤脑筋”的书，并于1863年以优异的成绩毕业。死记硬背是先难后易的学习方式，学生如果能突破“先难”的心理障碍，就会像舍韦廖夫那样，取得优异的学习成绩。不过，学生为其所困，无法逾越“先难”的障碍，学无所成或者中断学习的可能性也存在，这应该也是克雷姆斯基招致批评的原因。但从后世的评价看，克雷姆斯基的贡献是不容抹杀的：

> 克雷姆斯基在恰克图工作了近三十年。……克雷姆斯基在北京时汉语学得就很好，在比丘林的领导之下开始自己的教学生涯，比丘林从未对他稍有微词。克雷姆斯基在学校每年都培养出一些汉语翻译，这为巩固邻国间的贸易关系有很大的促进作用。①

第六，“口语问答+会话朗读+汉字书写”的考试模式。早在1831年，开课不到十个月的学生们就迎来了第一次大考：

> 在9月，即开课9个月后，希林格、从北京返回的东正教使团所有成员、当地的商人、官员，一同对学生进行了考试，结果非常好。学生们的回答很令人满意，他们用汉语读了一些贸易会话，考官们对他们写的汉字感到满意。②

① 《俄罗斯汉学史》第157页。

② 《俄罗斯汉学史》第153页。

这种由校外汉语专家、商人和官员组成的考官队伍主持的汉语考试是恰克图汉语学校的特色。到了1838年12月18日，该校又举行了一次公开考试：

> 考场上除了俄国公职人员和当地商人外还有10个中国商人。学生们回答中国商人们提出的问题，回答令人满意。……从此，这样的考试每年12月中旬都要举行。①

这种具有实战性质的考试制度，在中外汉语教育史上并不多见。

第七，关于该校的学生，据瓦西里统计，恰克图汉语学校平均每年招生30~50人，其中大部分是汉语专业的学生，也有少部分其他专业的学生。学习汉语的学生，年龄最小的7岁，最大的21岁，而以14~17岁为最多。他们大多来自商人和市民家庭，也有少部分来自哥萨克族、农民和军人家庭。②

1861年克雷姆斯基去世，学校没有了汉语老师。恰克图市长在当年的年度报告中指出：

> 随着我们同中国的关系的变化，这种变化使得有可能在中国更好地学习汉语和满语，所以没有必要再继续在恰克图办这所学校……③

所谓"同中国关系的变化"，指的是两次鸦片战争之后，清朝政府与西方列强签订的一系列条约，其中包括可以在中国自由贸易、传教以及不受任何约束地学习汉语汉字的条款。1867年恰克图汉语学校正式关闭，克雷姆斯基的去世以及中国国内学习环境的改善，当是主因。

（二）库伦和伊宁翻译学校的汉语教学

从1864年起，东正教驻北京使团就不再派学生来华学习汉语了。这样一来，俄罗斯汉语人才的培养就形成了圣彼得堡大学一枝独秀的局面。为此，1865年俄罗斯驻库伦（Urga）领事馆就开办了满语和蒙古语口译学校，主持

---

① 《俄罗斯汉学史》第156页。

② 瓦西里《19世纪俄罗斯恰克图汉语学校的教学情况调查》第24—31页，厦门大学硕士论文，2017年。

③ 《俄罗斯汉学史》第157页。

该校日常工作的是库伦领事、恰克图汉语学校的毕业生希什马廖夫。[①] 他在为该校制订的章程中明确指出："随着我们同中国在东、西西伯利亚的边境和东突厥边区关系的发展，急需翻译和口译，因而在库伦的领事馆开办了满语和蒙古语翻译口译学校。"[②]

俄罗斯枢密院下令在伊宁（Kuldja）仿照库伦的做法创办翻译学校，汉语教学正式纳入其中。1885 年《泰晤士报》对此进行了报道：

> 皇家颁布法令宣布（库伦和伊宁）建立两所东方语言学校，分别附属于俄国库伦领事馆和伊宁领事馆，旨在指导 16 岁以上的年轻人学习蒙古语、汉语、喀尔玛克语、鞑靼语和其他中亚语言，以便为俄国在大草原地区（Steppe）[③]、突厥斯坦（Turkestan）[④]、东西伯利亚地区（Eastern Siberia）和托木斯克（Tomsk）[⑤] 的政府机构提供翻译服务。[⑥]

库伦翻译学校虽然是满语和蒙古语学校，但学生可以"视情况"选学汉语，而所有的学生都学了汉语。

> 鲁布桑其乐（Лубсан Цэрэн）接任高级教师，他精通汉语。据俄国

---

① 希什马廖夫（Я. П. Шишмарёв，1833—1915），俄国外交官。1855 年就职恰克图市长办公室，在恰克图汉语学校随克雷姆斯基学习汉语和满语。1855 年参加中俄《瑷珲条约》谈判，曾赴北京参与中俄《北京条约》的签订。1861 年任俄国驻库伦领事馆领事翻译，后历任俄国驻库伦领事馆领事、俄国驻蒙古总领事，承担领事工作近 50 年。1864 年在其首倡下，建立库宁翻译学校。Единархова Н. Е. Я. П. Шишмарев —рус. консул в Монголии//Сиб. архив. —Иркутск，2000；http://encycl.chita.ru/encycl/person/?id = 3328，及 http://irkipedia.ru/content/yakov_parfenevich_shishmarev_russkiy_konsul_v_mongolii，2020 年 9 月 15 日。

② 《俄罗斯汉学史》第 350 页。

③ 大草原地区（Steppe）：指亚洲、东南欧和西伯利亚等地的干草原；也指俄罗斯大草原。陆谷孙《英汉大词典》（第 2 版）第 1975 页，上海译文出版社，2015 年。

④ 突厥斯坦（Turkestan）：也称土耳其斯坦，是对里海以东广大中亚地区的称呼。《英汉大词典》（第 2 版）第 2187 页。

⑤ 托木斯克（Tomsk）州位于俄罗斯的亚洲部分，西西伯利亚平原的东南部，中心城市为托木斯克。

⑥ Central Asia，*The Times*，Issue 31356，Jan 29，1885，p. 5.

> 边境专员介绍，“他是一个出类拔萃的蒙古人，聪明能干，掌握多种语言。”该校的汉语课由中国老师担任，由希什马廖夫从北京选拔。库伦学校的图书馆不大，藏有教材和字典。①

由于缺少经费和师资，该校只能教授汉语口语，而不教书面语和语法。该校的生源始终不是很理想，希什马廖夫主张招收中学毕业生，这与《泰晤士报》所言“只招收16岁以上的年轻人”相吻合。

> 1895年考试由总领事希什马廖夫，恰克图边境专员苏尔科夫斯基（П. Г. Сулковский），领事馆秘书、教务长柳巴（В. Ф. Люба）共同组织。1898年连顺（Лянь Шунь）将军出席考试，测验学生汉语、满语、蒙古语水平，并颁发证书。②

库伦学校前后共56年，一共培养了100多名满、蒙古、汉语翻译，他们当中的佼佼者还在俄罗斯驻吉林、哈尔滨、宽城子（长春）和汉口等地的领事馆就职，但平均一年培养2~3名翻译的业绩，还是无法令人满意。

伊宁学校在其领事乌斯宾斯基③的主持下，除了开设汉语、满语和维吾尔语教学外，还短期开设过简明地理教程、中国历史和俄中条约历史等课程。办学之初，由于缺乏本土教师，该校师资也首次全部聘请了母语教师，例如，汉语老师姓段，是一位来自甘肃的秀才，后来还请了一位名叫仲兵的汉语老师，圣彼得堡大学的母语教师高音齐也曾在此任教；满语老师是来自吉林的满族人，有十年的教学经验；教维吾尔语的是毛拉卡西姆阿訇。由于生源、

① История изучения китайского языка в Российской империи：Монография/В. Г. Дацышен；М-во образования Рос. Федерации. Краснояр. гос. ун-т. -Красноярск：Краснояр. гос. ун-та, 2000. -108，［2］с.；20 см.；ISBN 5-7638-0232-2.

② История изучения китайского языка в Российской империи：Монография/В. Г. Дацышен；М-во образования Рос. Федерации. Краснояр. гос. ун-т. -Красноярск：Краснояр. гос. ун-та, 2000. -108，［2］с.；20 см.；ISBN 5-7638-0232-2.

③ 乌斯宾斯基（В. М. Успенский），俄国外交官。1872—1873年，俄国驻北京使馆学生。1874—1875年，俄国驻天津领事馆秘书，1879—1884年，库宁领事馆秘书，1885—1896年，伊宁领事，1897—1901年，吐鲁番总领事。https://wikipedia24.ru/Успенский，_ Виктор_ Матвеевич，2020年9月15日。

经费与就业等问题的困扰，随着 1895 年最后一名学生的自杀，该校停办。

总体看来，恰克图、库伦和伊宁三所中等学校，在中国语言人才匮乏的年代，培养了一批翻译人才，在一定程度上弥补了东正教驻北京使团、喀山大学、圣彼得堡大学汉语人才培养周期长、人数少的不足。

三、符拉迪沃斯托克（海参崴）东方学院的汉语教学

1899 年，俄国建立了符拉迪沃斯托克（海参崴）东方学院（Russian Oriental Institute at Vladivostok），《泰晤士报》援引维也纳媒体的报道称：

> 俄国将在符拉迪沃斯托克（海参崴）建立东方学院，旨在培养打算前往远东做公职人员或商人的学生。学制四年，一年后学生将被分到四个学部，分别是日语部、朝鲜语部、满语部和蒙古语部。无论在哪个学部，都需要同时学习汉语，并且汉语将是最重要的课程，每周共 28 个学时。其他课程包括英语、地理、民俗学、政治经济学和商业理论。每逢假期，大部分优秀学生将在政府的资助下奔赴中国、日本和朝鲜进修所学语言。①

这段报道表明了该校的办学宗旨：培养远东地区的语言人才。1899 年颁布的《东方学院章程》及《章程细则》指出：

> 东方学院设立两种类型的汉语教师，一类是教授，另一类是由汉语母语教师担任的讲师。……讲师承担汉字书写、口语等课程，还负责高年级学生写作课，学习各种类型的汉语信函。②

1900 年 2 月 23 日，东方学院第一学年会议上讨论了汉语教学的方法：

> 教授和讲师须同时教授汉语课，教授讲解理论规则，讲师举例并单独示范、纠正学生发音，直到学生语调和发音正确为止。

---

① Russia, *The Times*, Issue 35872, Jul 04, 1899, p. 7.

② Известия Восточного института. Т. 1. Владивосток: Типография Сущинский и Ко, 1900, c. 81-92.

由俄罗斯教授负责讲解汉语的结构规则，由中国母语教师负责汉字书写、口语练习和书信写作，这种职责明确的分工方式源于圣彼得堡大学，而与"二战"时期哈佛大学 ASTP 项目[①]的教学方式几乎如出一辙。担任东方学院汉语老师的是鲁达科夫（А. В. Рудаков，1871—1949）和施密特（П. П. Шмидт，1869—1938），他们是圣彼得堡大学东方学系 1896 届毕业生，王西里的弟子，毕业之后被派往北京进修汉语和满语，施密特同时担任京师大学堂首任俄文教席。1899 年，施密特谢绝了京师大学堂的盛情挽留，与鲁达科夫一起来到东方学院担任汉语老师，施密特兼任满语老师。

1915 年，鲁达科夫在日记中写道：

> 学识不够的俄国老师，或者母语老师都无法胜任教学。因此，教学督导以及所有的教学重任都应该交给教授来做。母语教师只是教授们的"机器"，在其操控下，自动输出口语和语音知识。
>
> 这才是教授和母语教师的角色定位。我想强调的是，如果母语教师未接受专业的师范教育，最多只能承担学生的口语实践课，一定要慎重！教授们的课本质上也是实践课，在初期给学生提供方法，为汉语口语打下坚实的基础。之后的每节新课都能慢慢培养学生掌握新的语言知识的能力。
>
> 同时，也不能用上面提到的准则来低估母语教师的作用。学院需要充足的母语教师做讲师，以营造良好的语言环境。这样，学生在教授的指导下学到的系统的知识才能得以运用。学生和讲师之间需要建立紧密的联系。我觉得，无论是对于教学工作，还是为了提高学习成绩，学生和母语教师之间的关系应该像朋友，而不单是学习上的联系。走出教室后，好学生都会积极和母语老师做朋友，每天学习的时候，甚至休息娱乐的时候，都围着老师，时时刻刻练习汉语。
>
> 为此，我们学院应该聘用更多的母语老师。相当数量的外教才能帮学生全面掌握口语。

---

① ASTP 是英文 Army Special Training Program（军队特别训练计划）的缩写，是"二战"初期由美国陆军部长和海军部长联合启动的、旨在为美军培养即将奔赴东方战场的各类专门人才而设计的项目，语言培训是其主要内容。

鲁达科夫的日记既是对东方学院章程及其细则的解读，也是对该院教学过程的情景再现。首先，东方学院的汉语教学注重语言理论与口语实践的结合，母语教师务必将俄国老师讲解的理论规则落实到口语表达之中，才是一个完整的教学环节。从这个意义上说，俄国教授和母语教师是一种角色互补的关系。其次，母语教师并非可以随意播放的“录音机”，而是经过师范专业和语言培训的大学老师，这说明东方学院对母语教师的聘用有着很高的职业要求。再次，母语教师的作用还在于与学生建立一种亦师亦友的关系，营造轻松愉悦的语言环境，激发学生随时随地刻苦学习的欲望。1907 级学生巴拉诺夫（И. Г. Баранов，1886—1972）回忆上课的情景时写道：

> 我们刚开始学汉语的时候，用的是施密特教授的《汉语官话语法试编》，施密特教授和中国老师一起给我们上课。

关于中国老师的模样，巴拉诺夫提到：

> 一个又高又胖的中国人，像是个富商。他留的辫子表示效忠当时的清朝政府。他穿着传统服装：棉袄、马褂、棉裤，裹着长袜、靴子。很显然，他在教室里很热，再加上紧张害怕，额头直冒汗。他的任务是用粉笔在黑板上写汉字，和学生对话，纠正学生的病句和发音。①
>
> 瑞（Жуй）先生是一个热情外向的北京人，满族，发音很标准。他和军官学员拉什克维奇（А. Ф. Лашкевич）在课上聊到汉语中的笑话、双关语和同音词，惹得学生们哄堂大笑。②

从数量上看，母语教师不在少数：

> 母语教师（有两个）经常变换，从 1899—1909 年，相继有 13 位曾在东方学院授课。③

---

① 俄罗斯科学院东方研究员圣彼得堡分院档案，СПбФ ИВ РАН. Ф. 96. Оп. 1. Д. 83. Л. 76.

② 俄罗斯科学院东方研究员圣彼得堡分院档案，СПбФ ИВ РАН. Ф. 96. Оп. 1. Д. 83. Л. 78.

③ 《俄罗斯汉学史》第 365 页。

1899—1911 年在东方学院先后有 19 名中国老师，工作时间为 5—10 个月左右。①

这些母语教师中留下姓名的有王易之、齐山青、刘永真、余立成、方平厚、陈奎员、郭辉章、齐永庆、郭锦堂、傅锡增、蒋其伦、赵子元、锐英、周俊生、傅振生、恽名武、邛彬等②。他们平均工作时长较短，更换频繁。究其原因，每月 50 卢布的薪酬无法维持起码的体面和尊严。

上面提到的施密特《汉语官话语法试编》③ 出版于 1902 年，是该校和圣彼得堡大学的教科书，施密特还以此书通过了圣彼得堡大学满语汉语文学硕士学位答辩。学术界对这部教材有很高的评价：

> 在这部著作中，施密特从语言学的角度研究汉语，比较汉语同其他语言的异同，对以后俄国学者的汉语研究有着重要的启发意义，在教学中结束了近百年来由比丘林的《汉文启蒙》主导俄国汉语教学的历史，从而开始了俄国汉语教学的现代阶段。④

说到生源，符拉迪沃斯托克（海参崴）东方学院的建立，首先源于俄罗斯远东地区海军翻译人才的不足，所以自建院后的 1901 年，东方学院每年都要招收 10 名俄军军官学习汉语及其他东方语言。1902 年 12 月 30 日《泰晤士报》称：

> 俄国军部司令（Minister of War）下令，为了让驻扎在阿穆尔河（即黑龙江，笔者注）一带的士兵能够了解当地语言，现安排符拉迪沃斯托克（海参崴）东方学院培养 40 位军职人员，他们须接受汉语、日语、朝鲜语和蒙古语培训，同时还需学习法语和英语，课程为期四年。此外，阿穆尔军区总司令每年将选择 10 名军职人员来东方学院学习所需语言。

---

① Серов В. М. Становление Восточного института（1899-1909 гг.）//Известия Восточного института. 1994. №1. URL：https://cyberleninka.ru/article/n/stanovlenie-vostochnogo-instituta-1899-1909-gg，2021 年 1 月 28 日。

② 黄定天、彭传勇《论清末俄国东方学院的中国学教育及其影响》，载《黑河学院学报》2011 年第 2 卷第 6 期。

③ 中文名为译名，原书名称为“Опыт мандаринской грамматики с текстами для упражнений. Пособие к изучению разговорного китайского языка пекинского наречия”。

④ 柳若梅《19 世纪俄国在中俄边界地区组织的汉语教学》，载《国际汉学》2009 年 12 月。

> 该培养计划不设置选拔考试，入选该校学习的人员将获得诸多福利，比如每年120卢布的购书津贴、200卢布的交通补贴。若在假期为了加强语言学习去往国外，可以收到每月100卢布的生活补助。[①]

这一做法一直延续到1909年，“正式的说法是军官生在学院学习打断了其正常军事训练，但实际上这一结果是由军队中懂汉语和日语的军官过剩引起的”[②]。随着教学的不断完善，生源也呈现出多样化的趋势，不仅有贵族、官员、商人和神职人员，当汉语学习成为改变命运的金钥匙的时候，一些贫苦的农民、工人和市民也加入进来。[③]

结　语

俄罗斯境内及中俄边疆地区汉语教学的兴起与发展，首先源于中俄两国的地缘政治，以及两国之间商贸往来的日渐频繁。其次，上述学校的汉语教学，都是政府行为，沙皇中央政府以及地方政府都直接参与到了汉语课程的设置、教师的延聘、图书资料的购买等细节，并给予了资金支持。再次，这一时期俄罗斯境内及中俄边境地区汉语教学的发展还得益于东正教使团在北京的汉语学习，西维洛夫、沃伊采霍夫斯基、王西里、比丘林、克雷姆斯基等均为东正教使团成员，施密特和鲁达科夫则为王西里的弟子。当俄罗斯有了自己的汉语人才的时候，在国内开展汉语教学就成为历史发展的必然，他们所在的喀山大学、圣彼得堡大学、符拉迪沃斯托克（海参崴）东方学院亦即今天的远东联邦大学，经过几代人的薪火相传，均已成为俄罗斯汉语教育的重镇，不仅培养了数量可观的汉语人才，同时也为俄罗斯汉语教学与汉学研究的发展奠定了坚实的基础。最后，远在英国伦敦的《泰晤士报》对俄罗斯人汉语学习的关注，表明汉语能力的掌握已成为彼时西方世界最为关注的紧要大事，因为谁掌握了汉语，谁就拥有了对华关系的话语权和主动权。

（施正宇　北京大学中文系教授；
彭乐梅、韩澍芃　北京大学在读博士生）

---

① Russia, *The Times*, Issue 36964, Dec 30, 1902, p. 3.

② 《俄罗斯汉学史》第370页。

③ 《俄罗斯汉学史》第368页。

哈佛中文教学的拓荒者：赵元任、赵如兰父女*

——美国华裔女作家张凤的哈佛书写之二

李　婷

摘　要：戈鲲化去世之后，哈佛中文教学停滞了39年，直到1921年赵元任到哈佛大学担任中文讲师，才又重启了哈佛的汉语教学工作。1922年，赵元任出版了他的第一部语言教科书《国语留声片课本》，用留声片教中文，可谓是得风气之先。1941年7月，赵元任受哈佛大学远东语文系主任兼哈佛燕京学社社长叶理绥的邀请，到哈佛参加汉语词典的编写工作。太平洋战争爆发后，赵元任先生还曾在哈佛大学为美国军队特殊语言训练计划讲授中文，而当时他的助手就是后来大名鼎鼎的哈佛历史学家杨联陞教授。两人还合作编写过《国语字典》。赵如兰是赵元任夫妇的长女，同时也是杨联陞的学生。赵如兰从40年代起从事汉语教学，起初是协助父亲参加哈佛军队汉语培训班的工作，后来长期在哈佛东亚系为学生开设"口传文学""说唱艺术""初级、中级汉语"等课程。正是赵元任、杨联陞、赵如兰父女师徒的薪火相传，才共同开辟了美国中文教学的新天地，成为哈佛汉语教学的拓荒者。在美国华裔女作家张凤的哈佛书写中，有关哈佛中文教学的内容只是其中很少的一部分。但由于大都来自第一手资料的所见、所闻、所感，因此弥足珍贵，对于研究美国汉语教学具有重要的价值。

关键词：哈佛　汉语教学　赵元任　赵如兰　张凤

戈鲲化去世后的第39年（1921年），又有一位中国人来到哈佛任教讲授中文。这就是1918年在哈佛大学哲学系获得博士学位、后来被称为清华国学

* 本文为北京语言大学院级科研项目（中央高校基本科研业务专项资金资助）"中华文化要素在汉语教学中的实验与调查研究"（18YJ080207）的阶段性成果之一。

院“四大导师”之一的赵元任先生。张凤并没有见过赵元任，关于他的叙述大多是从赵元任的长女赵如兰教授那里得知的。1921 年，赵元任应邀从清华大学来到哈佛大学哲学系任哲学和中文讲师。1922 年 4 月 20 日，长女赵如兰出生于哈佛。后来父亲先后任教于清华大学、夏威夷大学和耶鲁大学，她也紧随左右，直到 1941 年才又回到哈佛大学。

关于赵元任先生是如何于 1921 年从清华来到哈佛教书的，张凤在《哈佛问学录》中并没有做过多的介绍。查考赵元任的生平，我们知道，赵元任 1892 年 11 月 3 日生于天津。父亲衡年中过举人，善吹笛。母亲冯莱荪善诗词及昆曲。1910 年 7 月，清廷游美学务处在北京招考，赵元任在招考录取的七十名考生中名列第二，同年 8 月赴美，入康奈尔大学学习数学，选修物理、音乐。1914 年获理学士学位。1915 年转入哈佛大学主修哲学并继续选修音乐。1918 年获哈佛大学哲学博士学位。1919 年，赵元任在康乃尔大学物理系任教，1920 年在清华大学教授物理、数学和心理学课程。1920 年冬天，英国著名哲学家罗素来华讲学，赵元任为其担任翻译。

1921 年 6 月 1 日，他与出身于皖南名门望族、在日本东京帝国大学获得医学博士学位的杨步伟结婚，8 月即来到哈佛任教职。起初，赵元任打算来哈佛大学哲学系研修学习，但由于经济上的原因，迫使他不得不考虑在哈佛代课教书，以贴补家用。在哈佛大学哲学系主任伍兹（Woods）教授的安排下，教起了中文。而之所以选择教中文，是因为“须有容易的课他才教，因为可以不占他的学习时间。”① 当时有三名学生跟他学中文，一个是伍兹教授本人，一个来自俄罗斯，还有一个是贾天纳（Charles S. Gardner）。这三位学生中只有贾天纳坚持下来，后来成了汉学家。1922 年，赵元任出版了他第一部语言教科书《国语留声片课本》，用留声片教中文，可谓是得风气之先。1923 年他离开哈佛，远赴英法等国游历，并于 1925 年回清华大学任教，与梁启超、王国维、陈寅恪一起被称为清华国学院“四大导师”。而赵元任离开哈佛后，其中文教学工作，则由梅光迪等人继任。据张凤所言：“继任者梅光迪于 20 世纪 30 年代在哈佛任教，1929 年时洪业、博晨光、伯希和等人开课授业。当时的哈佛大学只渴望研究中国古代学问，开的课程不持续。”② 说明此时的哈

① 杨步伟《杂忆赵家》第 205 页，中国文联出版社，1999 年。

② 张凤《哈佛问学录》第 285 页，重庆出版社，2015 年。

佛中文教学已从赵元任的注重现代汉学口语教学转向古代汉语以读写为主的教学了。

纵观赵元任一生，有三个时间段是在哈佛度过的。第一段是 1914 年至 1918 年在哈佛大学哲学系攻读博士学位，第二段是 1921 年至 1923 年在哈佛大学哲学系教中文和哲学，第三段是 1941 年至 1946 年在哈佛大学任教。后面的两段时间，赵元任虽然不是专门从事中文教学工作，但显然都与此有关。1941 年 7 月，赵元任接受哈佛大学远东语文系主任兼哈佛燕京学社社长叶理绥的邀请，来到哈佛参加汉语词典的编写工作。太平洋战争爆发后，赵元任先生还曾在哈佛大学为美国军队特殊语言训练计划讲授中文，而当时他的助手就是后来大名鼎鼎的哈佛历史学家杨联陞教授。两人还合作编写过《国语字典》。

关于赵元任开设中文培训班的这段历史，张凤有一段确实的记录："赵元任教授于 1942 年开授中国方言、粤语课程，并在 1943 年至 1944 年参与美国政府军队特殊训练计划，由陆军战略服务处委托大学开办中日语言训练班，每年派遣一百多个官兵，来哈佛接受为期十个月的中国话（北京话和粤语）速成训练。当时还是学生的赵如兰及杨联陞、卞学璜、周一良等，都曾兼任训练班助理教授。"①

在哈佛的汉学以及汉语教学史中，杨联陞是一个举足轻重的人物。张凤的《哈佛问学录》的开篇《一杯孤月映清流：汉学名师杨联陞》便详细记叙了杨联陞的生平志趣及学术贡献。

杨联陞 1914 年生于河北清苑，毕业于保定志存中学。1933 年入清华大学经济系学习，在陈寅恪的指导下，1937 年完成毕业论文《租佣调到两税法》。"后随史学专家贾天纳到哈佛学习，当时尚有与他共同被称为陈寅恪门下最聪明的学生周一良先生。"②

根据周一良在《纪念杨联陞教授》一文中的回忆，1937 年，周一良经时任燕京大学历史教授的洪煨莲先生的介绍，协助当时来北平从事研究工作的哈佛大学贾天纳博士收集资料。1939 年，周一良申请到哈佛燕京奖学金，赴美学习，便推荐杨联陞接替他协助贾天纳从事科研的工作，由此杨联陞与贾

① 《哈佛问学录》第 285 页。

② 《哈佛问学录》第 6 页。

天纳结识。1940年，贾天纳回到哈佛后，继续自己出资，聘请杨联陞赴美协助研究工作。当时，杨联陞就住在贾家，从学业到生活都得到贾天纳很大的帮助。以后，杨联陞在哈佛立足，以及后半生的学术和人生道路，都与贾天纳最初聘请赴美密不可分。珍珠港事件爆发后，周一良与杨联陞又都一起参与了哈佛大学陆军语言训练班的工作。周一良协助叶理绥主持日语班的培训工作，而杨联陞则是协助赵元任主持汉语班的工作。[①]

关于这段历史，杨联陞本人在《杨联陞自传》中也有交代，基本上与周一良的回忆是一致的。他在自传中还提到，他在完成哈佛特训班之后，曾到耶鲁教过汉语短期进修班，到1945年日本投降后，回到哈佛完成博士论文《晋书食货志译注》，并于1946年2月获得博士学位。当时，他已接受北京大学和中央研究院的聘任打算回国，正值联合国秘书处新成立，需要语文研究专员一名，经友人介绍，遂向北大请假一年，前往纽约联合国总部赴任。那里的工作待遇是非常优厚的，年薪七千，无所得税，尚有其他福利。但工作了近一年，觉得工作无聊，便回到哈佛担任助理教授。[②]

张凤将哈佛燕京图书馆珍藏的《胡适秘藏书信选》中的一封杨联陞写给胡适的信公布于众，使我们得见杨联陞当时在联合国语言组中文教学的情况：

> 联合国又在裁人，这次据说裁一百至三百，若裁三百就要去十分之一。我们这个语文研究组，好像还可以苟延，只是组长马高奇（G. Margoulies）已经免职，改去做传译，组务由语文处副处长鲍思齐（Le Bosquey）兼理。鲍不懂中文，诸事由我。我一个人也做不出什么事来。现在正写一篇文章，讲英文被动句的译法，是有感于传译、翻译诸君之滥用“被”字。如“这个通知，将要被分送给各国代表团”，我看了实在难过。“就要分送”四个字岂不又自然又清楚。中国语文对于“格”（Voice）本来是不大在意的，他们这种“谋害中文”（这也是外国话，一笑）的行为，我实在不能坐视！[③]

① 周一良《纪念杨联陞教授》，载《中国文化》1992年第6期。

② 杨联陞《杨联陞自传》，载蒋力编《哈佛遗墨——杨联陞诗文简》，商务印书馆，2004年。

③ 《哈佛问学录》第9页。

信的落款是“学生杨联陞”，时间是1947年3月16日。在《杨联陞自传》中，他自谓在联合国工作无聊，这从他给胡适的信中可见一斑。汉语教学工作之所以让他感到无聊，是因为需要大量重复练习，非常单调，但这种工作的意义无疑是重大的。联合国总部的中文教学一直延续至今，杨联陞可谓有开拓之功。2012年9月，笔者曾赴联合国语言部中文组讲授汉语，对杨联陞这位前辈在汉语教学过程中付出的艰辛感同身受，对其开拓之功，不禁油然而生敬意。

杨联陞于1947年回哈佛东亚系后，1951年升任副教授，1958年升任教授，1965年荣任哈佛燕京讲座教授，张凤称“为哈佛讲座教授华裔第一人”。[①] 杨联陞涉猎极广，在中国史的相关研究领域做出了许多开创性贡献，被誉为“中国文化的海外媒介”“汉学警察”，主要著作有《中国制度史》《中国货币信用小史》《汉学散策》《国史探微》等。

张凤于1982年随丈夫、著名核磁专家黄绍光教授来到哈佛时，杨联陞已经退休。但由于他经常来燕京图书馆查书，张凤得以近距离接触。后来，“因与赵如兰、张光直、杜维明、陆惠风诸师友时有聚首的机会，从他们的谈话中，我对这位太老师辈的国学通儒，有了更深入的认识。”[②]

相比赵元任、杨联陞两位前辈，张凤对赵如兰更为熟悉，两人曾有长时间的交往。赵如兰是赵元任夫妇的长女，同时也是杨联陞的学生。赵如兰曾向张凤讲述过她与杨联陞的师生情谊：

> 杨先生是我的导师。早年他是我们家的常客。我读博士班，研究中国音乐，就是杨先生提议的，父母对此倒无所谓。那时，我刚结婚没几年，学鐄[③]还在麻省理工学院念博士，女儿出生了，我在东亚系教中文。有一天杨先生就对我说：“你念了音乐，在东亚系教中文，空的时间还多

① 《哈佛问学录》第6页。

② 《哈佛问学录》第6页。

③ 卞学鐄（Theodore Hsueh-Huang Pian，1919—2009）天津人，生于上海。1948年在美国麻省理工学院取得航空博士学位，麻省理工学院终身教授，航空航天学专家，著名流体力学专家，美国阿波罗登月计划权威专家，国际著名计算力学权威，美国工程科学院院士，美国科学院院士。受聘于世界数十所大学的名誉教授。杂交有限元学派创始人。1945年与赵如兰结婚，2009年6月20日在美国逝世，享年90岁。

> 得很，为什么不研究中国音乐，一半在音乐系修，一半在东亚系，我愿做你的导师！”听他这么一说，我就认真起来了，规规矩矩地在系里把原来不行的中国历史（因为一直在国外）、文言文，以及如何运用参考数据等，在他指点下全都修完了，研究起中国音乐来。①

杨联陞亲自给她布置阅读书目，曾要求赵如兰翻译日本学者1937年写的《敦煌琵琶谱》，还教她如何做卡片。1960年，赵如兰以《宋代音乐文献及其诠释》获得哈佛大学音乐学博士学位，此论文还在美国音乐学会得到了金克代（Kinkeldy）学术奖。

应该说，赵如兰后来成为哈佛大学东亚系和音乐系两系同聘的哈佛历史上首位华裔女教授，跟杨联陞的指点是分不开的。赵如兰精通中西方音乐，创立了“中国演唱文艺研究会”，在哈佛音乐系开设“民族音乐学介绍”“中国音乐概论”“京剧的音乐结构”等课程，对中国音乐在海外的传播做出了很大的贡献。为了能更好地研究中国音乐，她不辞辛劳多次赴各地采风，1958年到日本跟宫廷里出来的乐师学雅乐，1964年去大鹏剧团录京剧，1985年深入到甘肃兰州南边180千米的莲花山录“花儿”会的实况。也许是她在音乐方面成就太突出了，以至于我们今天一提起赵如兰，首先想到的是她在音乐方面的成就，却忘记了她在哈佛中文教学方面的贡献。也多亏张凤的描写，才使我们认识到一个全面、丰满、真实、生动的赵如兰的形象。

作为赵元任的女儿，她继承了父亲身上对语言和音乐的天赋，但也在父亲的光环下倍感压力。赵元任博学多才，涉猎广泛，在语言、音乐、数学、物理、哲学方面皆有造诣，从事教育四十多年，桃李满天下，著名的语言学家王力、朱德熙、吕叔湘等人都是他的学生。赵元任是中国现代语言学先驱，被誉为“中国现代语言学之父”，同时也是中国现代音乐学之先驱，曾任美国语言学会（LSA）会长、美国艺术与科学院（AAAS）院士、美国东方学会（AOS）会长等。有这样一位父亲，赵如兰感到更多的不是荣耀，而是压力和鞭策。她曾感叹：“在中国社会一介绍就说我是名人之后，赵元任的女儿，可是外国人不在乎你的家庭怎么样，他们听了就会起疑心，那你自己有什么能

---

① 《哈佛同学录》第7页。

力呢？所以中国式的介绍常常给我压力。”①

尽管赵如兰后来长期从事语言与音乐工作，但与父亲还是有区别的。对此，张凤曾做过很精辟的分析。张凤说，“赵元任先生在语言方面是进行学术性的分析研究，在音乐上主要是艺术性的创作，而她则是致力于音乐方面的学术性研究，在语言工作上，只是关心实用的教练问题。赵元任先生编过一本着重实用的中文教科书叫《国语入门》，内容非常丰富，而她没有正式学过语言学，只是修一两门课程而已，但是相信她比一般教中文的老师，对《国语入门》这本书下的功夫要多些，之后她还编了一些附带的补充练习材料。”②

张凤在这里提到的中文教科书《国语入门》，是赵元任先生专门给外国人学习汉语用的教材，于1948年由哈佛大学出版，此时赵元任先生已经离开哈佛，但这本书的起因则是源于赵元任先生在哈佛教中文时的教材。1942年赵元任先生在哈佛暑期学校教粤语，编写了一本教材《粤语入门》，而《国语入门》很多课都是从《粤语入门》中翻过来的。《国语入门》一共由三部分组成，第一部分是绪论，包括汉语介绍、发音和罗马字化、语法、汉字、学习方法；第二部分是汉语入门，主要阐述汉语的语音系统，包括汉语声调、发音难点、语音拼写和音变；第三部分是课文，共有二十四课；最后是附录，包括词汇索引、术语缩写符号、声调标记一览表。这本书出版后，美国许多大学都用作教材，可以说在汉语国际教育史中是一本重要的汉语教材。而这份教材也浸透着赵如兰的心血。1955年，赵元任与赵如兰共同为《国语入门》录制了录音带，录音大多是在赵如兰的家中完成的，有时父女两人连续工作13个小时。该录音带，英文名叫 *Mandarin Primer Records Folkways Records No FP 8002*（*Chinese Pronunciation*），作为《国语入门》附带补充材料于1956年出版。

赵如兰从20世纪40年代起就从事汉语教学，起初是协助父亲参加哈佛军队汉语培训班的工作，后来长期在哈佛东亚系为学生开设“口传文学”“说唱艺术”“初级、中级汉语”等课程。她的学生有许多都成了美国著名的汉学家，如思想史家史华慈、社会学家傅高义、费正清东亚研究中心主任马若得、

① 《哈佛问学录》第15页。

② 《哈佛问学录》第15—16页。

普林斯顿大学的林培瑞、耶鲁大学的何尔，这些有声望的美国汉学家学中文都是由她启蒙鞭策教导的。[①] 应该是，正是赵元任、杨联陞、赵如兰父女师徒的薪火相传，才共同开辟了美国中文教学的一片新天地，成为戈鲲化之后一度中断的哈佛汉语教学的拓荒者。

在张凤的哈佛书写中，有关哈佛中文教学的内容只是其中很少的一部分。但由于大都来自第一手资料的所见、所闻、所感，因此弥足珍贵，对于研究美国汉语教学具有重要的价值。

仔细阅读张凤的作品，首先让你感动的是她对历史事实的求真精神和一丝不苟的态度。例如，她对戈鲲化的档案材料的反复查询，她对杨联陞教授与胡适往来信件的仔细追踪，都充分体现出她尊重历史事实的严谨品格。正是由于这一点，我们读她的书，对于历史事实部分的记叙，感觉很放心，完全可以作为信史来对待。

当然，张凤对哈佛华裔学者的描述，对哈佛汉学的历史叙述，最鲜明、最突出的特点，在于她将自己的感情与思考浸入到她所描写的对象之中，因而散发出文学意味和诗性芬芳。杜维明教授对张凤的《哈佛问学录》曾有过这样的描述："这本文集所采的笔法，既非扣紧文本的学术批评，也不是浮光掠影的品题人物，而是通过和每人进行面对面的沟通，逐字逐句地阅读有关文献，再加上'寻觅根苗'的思索，让心影渐有雏形才勾勒成章的。"[②] 张凤因地利人和之便，得以长时间亲炙赵如兰、张光直、杜维明、李欧梵、王德威、孙康宜、叶嘉莹、夏志清、鹿桥等多位汉学名师，在风景优美的哈佛校园中倾听这些大师畅谈人生、点评学术雅事。她用独具慧眼的气魄与创见，翔实地叙述了哈佛华人学者这一特殊群体的人生经历、内心世界、学术成就，着力呈现这些大师个人经历中富有人情味的片段，见证了他们在异国他乡播散汉学种子的努力和对中国文化深沉而庄严的爱。由于她的视角独到，经历特别，使我们能够了解到正史中无法了解到的故事，获得在一般学术著作中无法获得的独特体验。

凡是接触过张凤的人，无不会为她的真诚和热情所打动。孙康宜教授称

① 张凤《哈佛缘》第121页，广西师范大学出版社，2004年。

② 杜维明《〈哈佛问学录〉序一》，载《哈佛问学录》第1页。

张凤“既是一位努力认真的作者，也是一个处处体贴他人和深得大家喜爱的朋友”。[①] 张凤曾任职哈佛燕京图书馆二十五年，工作之余，她还承担了许多海外华人社团工作。从 1983 年起，她就是赵如兰和陆惠风教授组织的剑桥新语社的积极参与者，每月最后一个周五晚上，交替在赵如兰家和陆惠风家举行非正式的讨论会。从 1989 年开始，她更是主动承担起了联络者的工作。这个活动后来逐渐演变发展成哈佛中国文化工作坊，先是由李欧梵教授主持，后来由王德威、张凤召集主持。2000 年后，由于参加的人数太多，就改在了由她向哈佛燕京学社借订的哈佛燕京聚会厅举行，参加者除了哈佛、麻省理工学院的教授外，还增加了哈佛大学的中国访问学者，一直延续至今。另外，她还担任北美华人作家协会纽英伦分会会长，海外华人女作家协会执行长、副会长，北美华文作家协会副会长，主持过百余场文学学术会议，作品入选《世界华人学者散文大系》，还曾多次在中国各地的大学演讲。她既为中华文化的传承和传播做出了不懈的努力，也赢得了朋友们真诚的爱戴。

（李婷　北京语言大学汉语进修学院讲师）

① 孙康宜《我所知道的张凤》，载《哈佛缘》第 7 页。

·书评与信息·

中英文学关系展现的历史语境与侨易空间

——读叶向阳《英国17、18世纪旅华游记研究》

叶　隽

作为双边文学关系的中英文学交流史，其实源远流长，早年中国学者在此领域里真是开拓不少，陈受颐（1899—1978）、方重（1902—1991）、范存忠（1903—1987）、钱锺书（1910—1998）等在此领域均有开拓之功，他们都在英美完成了学位论文，且日后都以中文出版著作，颇有影响。即陈受颐《18世纪英国文化中的中国影响》（芝加哥大学博士论文，20世纪20年代）、方重《18世纪英国文学中的中国》（斯坦福大学、加州大学伯克莱分校硕士论文，1927年）、范存忠《中国文化在英国：从威廉·坦普尔到奥列佛·哥尔斯密斯》（哈佛大学博士论文，1931年）、钱锺书《17、18世纪英国文学中的中国》（牛津大学学士论文，1937年）[①]。此后这个领域相对沉寂，在中英文学关系领域，葛桂录教授从《雾外的远音：英国作家与中国文化》开始，有《他者的眼光：中英文学关系论稿》《中英文学关系编年史》《中外文学交流史——中国-英国卷》等著作问世。而叶向阳兄此部《英国17、18世纪旅华游记研究》，可谓在专题研究领域出手不凡，啃了一个硬骨头，讨论了20部此期的英国旅华游记文本，给我们展现出一个专题领域的系统图景。

---

① 现在可以参考的中文本，可参见方重《英国诗文研究集》（其中第一章《十八世纪的英国文学与中国》），商务印书馆，1939年。陈受颐《中欧文化交流史事论丛》，台北：台湾商务印书馆，1970年。钱锺书《钱锺书英文文集》，外语教学与研究出版社，2005年。范存忠《中国文化在启蒙时期的英国》，上海外语教育出版社，1991年。关于钱锺书，可参见一组专题文章“钱锺书先生的《17、18世纪英国文学中的中国》”，包括张隆溪《〈17、18世纪英国文学中的中国〉中译本序》、冉利华《钱锺书的〈17、18世纪英国文学中的中国〉简介》、冉利华《论17、18世纪英国对中国之接受》，载任继愈主编《国际汉学》（第11辑）第93—118页，大象出版社，2004年。

此书讨论17世纪中期到18世纪末（1637—1794）的英人旅华游记，以比较文学形象学为方法，又聚焦于其中国形象，显然既有跨度，又有自己的关注点，是典型的专题性研究。曾留英的储安平（1909—1966）曾说过："英人不重视抽象的理论，很少幻想，不尚辞令及一切浮面的虚文。政治家策划国家大事，曾不稍涉遐思，他们密切注视现实。"① 这种民族性的总结，显然是出于比较性的思维方式，相比较以抽象思维、理论体系构建见长的德国人，英国人显然更加脚踏实地，是务实的民族。这从他们做事情的连贯性也可看出来，马嘎尔尼使团是学界关注的热点，因此事不但涉及中英关系，更牵连到文明史的整体进程，从派遣使团到鸦片战争爆发是有其内在逻辑关联的。故此题在目前颇热的全球史视域中也可以被视作一个核心环节，各方研究者都多少会涉猎于此。本书虽以游记为中心，但也用一章篇幅讨论，这就使此书有了重大的选题意识，可以连接到一个更加开阔与立体的历史背景中来审视。其实对于这样一种研究的意义，或许也正是大格局中才更能看得清楚。康士林（Nicholas Koss）教授的序言给我们做了很好的指引："在19世纪英国统治了整个世界。到19世纪末，世界人口的近20%在其控制之下。也正是在这个世纪，发生了1841年与1856年的两次鸦片战争，英国陷入了与中国的军事对抗。通过战争，英国迫使中国认可其向中国输入鸦片，以此来解决英国在印度贸易中遭遇的困境。像英国这样一个有原则的国家怎么会把其无原则的意志强加给中国呢？其中部分的答案可以在鸦片战争前英国的中国形象里找到。"② 作者本人也对此加以了深化理解："具体到17、18世纪英国旅华游记里的中国形象研究，其重要性不仅是因为这些游记是早期中英文化交流的产物，更重要的是，通过对它们的研究，我们不仅能洞察形象塑造的主体，即这些17、18世纪的英国人在中国这个异质文化的刺激下所表现出来的所思、所求及其与所处的社会历史文化语境的关系，还能通过它们的眼光（尤其像马嘎尔尼这样具有世界眼光的中国观察家）来审视作为被注视者的自我形象，恰如当代理论家哈贝马斯提出的'互为主观'，以此来突破我们容易陷

① 储安平《中国人与英国人》，载本书编委会编《中国留学生文学大系·近现代散文纪实文学卷》第575页，上海文艺出版社，2000年。

② 康士林《序二》，载叶向阳《英国17、18世纪旅华游记研究》第vii页，外语教学与研究出版社，2013年。

入的认识的封闭体系，成为自身发展进步的前提。”①

如果说历史语境的宏观可以让我们获得一个整体性维度，那么侨易空间的呈现则可以是提供令人感兴趣的学术话题，作者曾这样宏观比较了几个世纪间中国形象的变化过程：

> 法国学者德弥尼（Louis Dermigny）在其《中国与西方：18世纪的广州贸易》（*La Chine et l'Occident Le Commerce a Canton au XVIIIe Siecle* ，3 vols.，1964）一书中指出，欧洲在18世纪初的亲华与18世纪末的排华之间其实是有连续性的。因此，我们也可以说，英国的中国形象在17、18世纪与19世纪之间也是一个连续不断的完整的历史过程，只是在批评的量上有快速上升的趋势，并最终导致了质变。②

这个比较饶有意味，因为不仅是空间上的欧洲与英国的相互比照，而且还可以勾连出时间上的一个持续性的历史进程图来，但作者显然没有到此为止，他继续将其与20世纪的情况做比较，引用了罗素的《中国问题》和昂纳（Hugh Honour）的《中国风尚：契丹印象》的文字：“我去中国时，我是去讲学。但我待在那里的每一天，关于我得教他们什么，我想得越来越少，想得更多的是我必须从他们那里学到什么。在长期生活在中国的欧洲人中，我发现这种态度极为普遍。”③ 罗素的这段自述很有参考价值，以一代大哲的专家身份却自承对中国文化的学习态度，而且是具有普遍性意义的一种演绎关系。而昂纳则说：“我小时候对中国是什么样的印象非常清晰。我们每日必用的餐盘上的柳枝图案为我们生动地展现了中国风景，不久我又听说了两位恋人被一位愤怒的父亲追赶着跑过了拱桥，化作了餐盘上端在云中飞翔的鸟儿。我对中国服饰同样熟悉，因为我也像许多小孩那样穿着刺绣的丝绸官服、草鞋，背后挂着长辫、粘上八字须去参加化装晚会……直到今天，那些形象还历历在目。”④ 当然我们不能仅凭这些就能说明20世纪的英国的中国形象就是回到原点了，这个太简单了些。在我看来，依照叶向阳在这里提供的一个简略的

① 《英国17、18世纪旅华游记研究》第8页。

② 《英国17、18世纪旅华游记研究》第475页。

③ 《英国17、18世纪旅华游记研究》第475页。

④ 《英国17、18世纪旅华游记研究》第475—476页。

17—20 世纪英国的中国形象图景，我们会发觉一个很有意思的文化侨易现象，即经过漫长的时间演变，中国形象似乎转了一个循环圈，仿佛回到最初的原点上去了，作者说："他们心目中的中国形象似乎又回归到了 17 世纪或 18 世纪上半叶的英国乃至整个欧洲的主流中国形象。"① 真的是这么简单吗？我觉得上述情况至少有几点值得关注：一是肯定-否定之间并非截然的二元对立，而是有其中的历史延续性；二是量变与质变的关系究竟应该把握一个怎样的尺度；三是观念的回旋往复，从本质上来说即二元三维的基本结构是有规定性意义的。罗素等人的中国观的变化，似乎近于 18 世纪前期的欧洲中国观，但绝不是简单地重复，而是有过实地考察之后的"亲密认知"，是 20 世纪的新事物。同时我们要意识到，事物的原初镜像，即其结构性特征必然是有限的，就如同二元三维结构所呈现的，无非是积极的、消极的这样的基本二元。罗素等的中国观再认知，确实有其规定性的必然因子在内，由此我们也可以看到有侨必易的图景，变与常的维度是相互为体的，说到底万变不离其宗。

略觉遗憾者，此书的问题意识略嫌疏阔，这或许与向阳兄更注重和推崇历史文献的扎实功夫有关，若能对理论更加关注，其所得当可百尺竿头更进一步。当然这并非是说全书就没有理论深度，譬如这段结尾处的话，就很有理论自觉并且意味深长："任何形象一旦被塑造出来并成为历史记忆，它就成为一笔精神遗产，在后来的历史长河中，总会或隐或显地再现。事实上，异国形象一旦形成并进入到社会集体想象之中，它就会有很强的生命力，总会以各种各样的形态顽强地表现自己。②

这段确实是妙论，文学形象学奠基者卡雷（Jean-Marie Carré）就强调形象研究是"各民族间的、各种游记、想象间的相互诠释"③，其名著《法国作家与德国幻象 1800—1940》（*Les écrivains français et le mirage allemande 1800-1940*，1947）就是借探讨法国作家对于德国形象的描摹而如何体现法国主体性的，有着深刻的理论思考，也正可给向阳兄的这个论断提供一个印证。

① 《英国 17、18 世纪旅华游记研究》第 476 页。

② 《英国 17、18 世纪旅华游记研究》第 476 页。

③ Jean-Marie Carré, Avant-propos a la *Litterature compareé*, Guyard, PUF, 1951. p. 6. 转引自莫哈《试论文学形象学的研究史及方法论》，载孟华主编《比较文学形象学》第 19 页，北京大学出版社，2001 年。

此外，对于那个时代的中英历史文化状况以及相关的“知识场”若能有更全面深刻的了解，其在思想上的发覆当不可以道理计。向阳兄深研中英文学关系多年，对学术史有着深切的体验，我曾见过他就《中外文学交流史——中国-英国卷》的精彩书评①，其中结合着学术史细读提出了非常精辟的见解，显然是有着自家很独到的理念和抱负的。当然，如果深入彼时的知识场域之中，则自然就接触到更为阔大的知识史背景和思想史命题，也就是说，17—18 世纪的英国身处整个启蒙之后的欧洲语境，乃是人类史上不可回避的“关键时刻”。这样，我们自然不得不提及范存忠那部赫赫有名的《中国文化在启蒙时期的英国》，作为一代学人，范存忠是有着自己深刻的方法论思考的：“对关系和影响可以做更全面、更深入的研究。这里有三个问题值得注意：一是什么？二是怎样？三是为什么？譬如谈关系，不光是谈什么关系，也要谈关系是怎样发生的，以及为什么有这样或那样的关系。只有这样，才能把所研究的东西讲得深透些。”②

他接着举了个自己的具体研究事例，正是此著中颇见精彩的关于《赵氏孤儿》的研究。他这样阐述说：“元曲《赵氏孤儿》杂剧与欧洲戏剧的关系是一个比较熟悉的题目，而且已有一些专门论著。那么，能不能再做些工作呢？我说，不妨试试。我于是就《赵氏孤儿》怎样传入英国，传入英国后引起怎样的批评，经过怎样的改编，改编本子怎样上演以及上演后取得怎样效果的问题，增补了一些材料。这些是‘怎样’的问题，此外，还有‘为什么’的问题。我于是结合当时的历史条件和思想倾向，指出上述种种事例的意义，从而具体说明这本中国戏剧在启蒙时期英国的影响。”③

在此著中，关于《赵氏孤儿》的研究题为“中国的戏剧”，分上、下两部分占两章内容，约为全书五分之一④。根据范氏自述，他首先对学术史比较清楚，他的贡献在于：一、在材料上有新发现，所谓“增补”；二、注意翻译

① 叶向阳《评葛桂录著〈中外文学交流史——中国-英国卷〉(2016)——兼论英国作家中国题材创作的阐释模式以及中英文学交流史的写法》，载《国际汉学》2017 年第 4 期。

② 范存忠《比较文学和民族自豪感》，载王守仁、侯焕镠编《雪林樵夫论中西——英语语言文学教育家范存忠》第 29 页，南京：南京大学出版社，2002 年。

③ 《比较文学和民族自豪感》，载王守仁、侯焕镠编《雪林樵夫论中西——英语语言文学教育家范存忠》第 29 页。

④ 范存忠《中国文化在启蒙时期的英国》第 104—146 页，上海外语教育出版社，1991 年。

史与文化交流史的必然关联，他不仅考察法译本，还考察多个英译本；三、以英国启蒙时代为中心，但同时注意到欧洲语境的文化互动性，如法国作为耶稣会集散地的重要性。

如果将这个命题延展开去的话，我们或许就可以更深刻地认识到，这也不仅仅是一个英国问题，而具有多边关系意义，因为伏尔泰也曾写过《中国孤儿》，歌德也曾创作过《埃尔佩诺》，都可以在《赵氏孤儿》这个母题下找到共性元素，如此中国元素就是一个欧洲启蒙时代所享有的共同命题，是参与了人类文明整体进程的“中国要素”。设若如此，中英文学关系虽然是一个具体双边国别的文学关系史问题，但勾连出的却可以是延及多边的整体风景，可展现出更为阔大的历史语境。至于侨易空间的展开，则更为有意思，即《赵氏孤儿》这个个案，其实体现了多重侨易现象，既有具体的文本转移，又有复杂的文学形象的产出，如中国孤儿与埃尔佩诺，后面当然是不可回避的诗人巨像，正是像伏尔泰、歌德这样一些大诗人的参与，使得这样一个本来只是“本土风景”的孤儿形象而具有了世界文学史的意义。或许，这才可以当得“世界文学”的说法，一种本来属于民族-国家文学的东西，在经过物质位移之后而成为各民族文学可以共享并加以发挥的共同精神财富，这才是一种真正意义上的世界文学。而能够产生这样一种具备世界文学意义的素材的民族文学，也才是世界文学史上那些具有中坚意义的民族文学，它们可以构成世界文学的核心区文学。而在这个过程中，侨易学的因子是可以充分发挥出来的，正是因为流动和迁变的发展过程，才展现出双边、多边、全球化的文化交流与转移的复杂性，需要更合适的理论去进行阐释。所以说，文学史从来就并非简单的作家创作史，它必然是包含了和更多的场域延绵共生、彼此激荡而产生的读者接受史，甚至是连接起更多的精英分子的“侨易共同体史”。从这个意义上来说，向阳兄研究的旅华游记，其实贡献给知识界的则不仅是一种具有交流史史实意义上的重新梳理之功，更是兼具了理论意义上的反思之作，譬如他对异国形象塑造中的主体与客体关系问题就颇有阐发。一方面他引述巴柔（Daniel-Henri Pageaux）和莫哈（Jean-Marc Moura）等理论建构者的说法，强调对形象塑造者主体的重视，甚至引张隆溪语：“中国被用作一种目的，其与中国本身显然无关，只是与在西方语境里自我认识有关”“东方几乎就是欧洲人的发明”“形象的演变调整，与当时（形象塑造主体）

的社会、政治气候息息相关。”① 并尖锐地指出：“这些话语在第一章（‘他者的神话’）里反复出现，与西方学者的相关观点完全一致，有些就是引用了他们的观点。”② 这种批评并非空穴来风，乃是源自于他的理论自觉，即他所强调的另一面，也应该重视作为参考系的客体作用。这点我在考察德国精神进入现代中国语境时也深有感触，一方面确实受者起到看似相对重要的作用，因为所谓“文学中的影响关键往往不在前者而在后者。授者提供选择，受者自身才决定取舍。”③ 这诚然有理，但我们不应忽略的是，授者亦即我所谓的“诗人巨像”，他本身也具有强大的规定性，因为如果没有“授者”，那么受者又何从受起？必须是有给予，才能有取舍。所以特别强调了德诗东渐对受者主体的规定性④。此意可与向阳兄此处对主客体之间关系的思考相互发覆，说到底也就是一个“二元三维”的基本思维模式问题，必须在一个融通的维度中来考虑问题，而非仅是简单的非此即彼。我觉得此一发覆对研究“形象史”而言意义甚大，如此则我们可能避免以往单一地落入“主体地位”的无穷夸大的窠臼之中。这种建立在史实考订基础上的理论反思无疑显得更有分量，或许也正是此书的学术价值所在。

（叶隽　同济大学特聘教授，人文学院文化史与文化哲学博士生导师）

① Zhang Longxi, *Mighty Opposites*. California: Stanford University Press, 1998, pp. 31, 26, 39. 转引自《英国17、18世纪旅华游记研究》第461页。

② 《英国17、18世纪旅华游记研究》第461页，注2。

③ 卫茂平《中国对德国文学影响史述》引言第1页，上海外语教育出版社，1996年。

④ 叶隽《德国精神的向度变型——以尼采、歌德、席勒的现代中国接受为中心》，中央编译出版社，2015年。

《英语世界的〈易经〉研究》评介*

李海军

摘　要：《英语世界的〈易经〉研究》全面系统考察了《易经》在英语世界的研究、译介和接受情况，重点梳理和分析了《易经》在英语世界的接受史以及对西方文学的影响。该书填补了一些学术空白、学术视野开阔、文献梳理扎实、关注国家现实需求，能够代表近年来《易经》英译研究的水平。

关键词：《英语世界的〈易经〉研究》　译介　接受　影响

自16世纪以降，《易经》凭借自身独有的魅力吸引了西方的注意。从明末耶稣会士基于传教目的的《易经》研究和译介，到20和21世纪西方学界对《易经》的多重阐释和译介，《易经》西传已历时400余年。其中，《易经》在英语世界的研究和译介成果最丰，影响最大。但是，国内学界对《易经》西传的研究力度不够。迄今为止，还没有人全面系统考察《易经》在英语世界的研究、译介和接受情况。李伟荣教授的专著《英语世界的〈易经〉研究》（下文统称“该书”）填补了学界这一空白。

一、内容简介

该书是根据作者2012年完成的博士论文撰写而成，是曹顺庆教授主编的《英语世界中国文学的译介与研究》丛书中的一种。该丛书选取一些代表性作品，系统探讨了中国典籍、古代文学和现当代文学在英语世界的传播和接受，既具有重要的理论学术价值，又对中国文化“走出去”战略具有现实借鉴

* 本文受到湖南省教育厅科研重点项目（20A051）资助。

意义。

该书由七部分组成，除了《绪论》和《结语》，正文分为五章。

绪论部分论述了选题缘起和学术价值，综述了国内外该课题的研究现状，厘定了研究对象，介绍了研究方法。国内典籍英译研究，多数关注“如何译”和“译如何”。但作者不落窠臼，指出国内学界“对海外易学的研究主要集中在《易经》的翻译上”，而“对《易经》在英语文化中的接受研究得不多”，[①] 因此该书的重点不是“讨论《易经》译文的对错与好坏问题，而是梳理和分析《易经》在英语世界的接受史以及对西方文学的影响”[②]。其最终目的是通过分析《易经》在英语世界的诠释、融合和变异，重新认识《易经》等中国典籍的现代世界性意义。

第一章：中西初识与《易经》在欧洲的早期传播。介绍了16—18世纪耶稣会士基于传教目的的“中学西传”活动（主要是研究和译介中国典籍），以及利玛窦和金尼阁等传教士对《易经》的译介，探讨了柏应理、白晋、傅圣泽、马若瑟、刘应等法国传教士在早期《易经》传入欧洲过程中发挥的重要作用，通过分析白晋与莱布尼茨、《易经》与二进制之间的关系，论述了《易经》传入欧洲后产生的重要影响。

第二章：《易经》英译的发轫期——从雷孝思到麦丽芝。首先探讨了法国传教士雷孝思的拉丁文《易经》译本，重点介绍了该译本的体例，认为该译本是西方世界第一部完整的《易经》译本，虽然译文简洁精炼，但也因征引参考文献不当存在一些严重的问题。然后分析了英国传教士麦丽芝的英文《易经》译本，介绍了该译本的体例，指出了该译本存在译文不可靠，歪解《易经》的性质和起源等问题，肯定了该译本在《易经》英译史上的开拓价值。最后简单介绍了英国汉学家拉古贝里、比利时汉学家哈雷兹、法国汉学家霍道生、耶稣会士晁德莅、英国新教传教士艾约瑟等人的《易经》翻译和研究，认为这些传教士和汉学家的《易经》翻译工作十分重要，为《易经》在西方进一步传播奠定了坚实的基础。

第三章：以理雅各为代表的《易经》英译发展期——兼论卫礼贤—贝恩斯《易经》译本。首先，从理雅各英译《易经》的学术准备、理雅各英译

---

① 李伟荣《英语世界的〈易经〉研究》第2页，中国社会科学出版社，2018年。

② 《英语世界的〈易经〉研究》第7页。

《中国经典》的动机、理雅各英译《易经》的底本，其他参考书和翻译体例、理雅各《易经》英译评析、理雅各英译《易经》的特点及其易学思想等五个方面系统考察了理雅各的《易经》英译本，认为“在《易经》西传史上，理雅各的《易经》英译本和研究是里程碑式的，在多方面启示着后来从事典籍研究和翻译的中外学者”①。然后，分析了德国汉学家卫礼贤德文《易经》译本和贝恩斯根据该译本转译的英文《易经》译本，分析了卫礼贤译本产生的巨大影响及其原因。最后总结出，有两点对于理雅各和卫礼贤—贝恩斯《易经》译本的成功至关重要：借助中国学者的帮助，选用《御纂周易折中》为底本。

第四章：《易经》英译的成熟期——从20世纪中期到21世纪。主要探讨了蒲乐道、林理彰、孔理霭、夏含夷四位汉学家的《易经》英译本，重点分析了这些译本的翻译体例，所体现的易学思想，并通过具体翻译例证总结它们的翻译特点。此外，还简单介绍了舒茨基、柯汤姆、利策玛、裴松梅、傅惠生、沈仲涛等人的《易经》英译本。作者认为，蒲乐道的《易经》译本具有原创性，尽管没有严格的学术性，但较为忠实；孔理霭的《易经》译本充分借鉴了古今中外相关著作，区分了组成《易经》的不同层面，深受疑古派思潮的影响；林理彰的《易经》译本深受王弼易学思想的影响，翻译时尽可能忠于《易经》的字面意义，译文忠实；夏含夷的《易经》译本以马王堆帛书《易经》为底本，地位极为特殊。

第五章：《易经》与英语文学。首先梳理了英语世界孔理霭、宇文所安、刘若愚、余宝琳、张隆溪、顾明栋等学者对“言-象-意”和“《易》无达占”的阐述，指出英语世界不仅注意到了从《易经》衍生出的“言-象-意”对文学的影响，而且注意到了《易经》对中国叙述结构的影响。然后以浦安迪和林顺夫为例，讨论了英语世界的学者如何用《易经》中的观念来解读中国文学作品的叙述结构。最后采用比较文学变异学视角，以罗森菲尔德的《死与易经》为个案，分析了《易经》在英语文学创作中的接受和变异，以及《易经》对英语世界文学创作的影响。指出《死与易经》的整体结构和情节表明，该小说的创作紧紧以《易经》为中心而结撰。

结语部分总结了英语世界《易经》研究和翻译四个时期的特征。作者在

① 《英语世界的〈易经〉研究》第85页。

此部分指出，研究的最终落脚点是让以《易经》为代表的中国典籍翻译获得当代意义，即在世界全球化越来越严重的今天，超越“文明冲突”，而臻至“文明和谐”。而要做到这一点，“中西之间要共同维护文化生态的多元性和平衡性，积极进行沟通与对话。唯其如此，中西文明才能在相互理解，融合和互动中得以涅槃而重生。中国典籍的外译在这一历史性命题中获得其当代意义。”①

二、简　评

该书作者李伟荣教授近年来一直从事中国典籍翻译研究和中国典籍英译实践。出版过中国典籍翻译方面的专著、发表过中国典籍翻译研究系列论文、翻译并审校过《大中华文库》中的《徐霞客游记》、审校过《大中华文库》中的《尚书》。作者尤其是在《易经》英译研究方面浸淫颇深。该书是作者近年来从事《易经》英译研究的一个总结，能够代表近年来《易经》英译研究的水平。通读全书，笔者有以下体会。

（一）作者具有学术创新意识

创新是学术研究的生命，但要在学术研究中创新却难度不小。作者的学术创新主要体现在两个方面。第一，能够填补一些学术空白。例如，作者在广览文献的基础上发现，“英语世界展开了对《易经》的多方面研究，但是国内对这方面的研究仅限于翻译学，语音学或哲学等单学科背景下的比较和评价。迄今为止，国内还无专门研究对其进行系统而深入的总结。”② 作者在该书中系统考察了英语世界的《易经》研究，译介和影响，填补了国内易学研究的这一项空白。再如，该书第五章“《易经》与英语文学”也填补了一些学术空白：首次系统梳理了英语世界一些学者论述《易经》与文学之关系；首次从结构、情节、小说人物对《易经》的态度三个方面详尽分析了小说《死与易经》，论述了《易经》对英语世界文学创作的影响。第二，能够在前人研究的基础上提出自己的看法。例如，作者在成中英和林金水等人研究的基础上，结合自己的分析，重新确定了《易经》英译的分期，将《易经》英

① 《英语世界的〈易经〉研究》第 277 页。

② 《英语世界的〈易经〉研究》第 15 页。

译分为史前期、发轫期、发展期和成熟期，尤其是史前期的提法令人耳目一新。

（二）作者学术视野开阔

主要体现在两个方面。第一，该书主要研究《易经》在英语世界的研究、译介和影响。但是，作者的视野并不仅仅局限于英语世界的《易经》，还是将1876年麦丽芝《易经》英译本出现前的200多年的《易经》西传史纳入的该书的研究范围，专门用一章多的篇幅讨论这段《易经》英译“史前期”中耶稣会士对《易经》的诠释和译介，以及《易经》在欧洲的传播和影响。第二，该书重点虽然是论述英语世界对《易经》的研究，但作者在论述过程中能够旁征博引从古至今国内学者对《易经》的不同诠释和观点，这点殊为不易。作者这种融通古今中外的开阔学术视野得益于读博期间随师“读古籍，背原典”的经历。

（三）作者文献梳理功夫扎实

从本质上说，《英语世界的〈易经〉研究》属于译介史研究。任何历史研究中至关重要的工作是相关文献的梳理，这是历史研究的根基所在。该书正文后的附录达100余页，包括“《易经》西译表解”“国内外易学研究刊物”“易学书目”。尤其是“易学书目”近100页。包括西方易学一手资料（《易经》英译本、单篇论文、学位论文专著、受《易经》影响而创作的英语著作），西方易学二手资料，中文易学书目（专著、学位论文）。几乎囊括了英语世界易学研究的所有文献资料。个人认为，该书的一大重要学术贡献体现在这份近100页的易学书目的梳理，它能够为后来研究英语世界《易经》传播的学者提供一盏指路明灯。

（四）作者虽是从事理论研究，却能关注国家现实需求

作者此前曾发表长篇宏文，论述了中国文化“走出去”的外部路径，以及中国文化的国际影响力①，这点即是关注国家现实需求的明证。随着中国综合国力的增强和在国际事务中的影响力越来越大，中国文化“走出去”已上升为一项国家战略，其目的是增强中国文化在国际上的软实力。要达此目的，一项重要举措是将优秀的中华文化译介到世界上其他国家。本书虽然是研究

① 李伟荣《中国文化“走出去”的外部路径研究——兼论中国文化国际影响力》，载《中国文化研究》2015年第3期。

《易经》在英语世界的研究和译介，其目的之一却是“为今后国家对外文化战略提供历史经验”①。诚如作者所言，“通过《易经》在域外传播和影响的研究，我们可以总结出中国文化向海外传播的基本规律，基本经验，基本方法，为国家制定全球文化战略和宏观政策做好前期的学术准备和学术论证”。②

笔者认为，书中尚有以下几处可商榷之处。一是，结尾部分讨论《易经》为代表的中国典籍翻译的当代意义稍显单薄。这是本书研究的最终落脚点，作者可以结合已有历史经验和当代现实，进行更加深入的论述。最好是像作者自己所言，“总结出中国文化向海外传播的基本规律，基本经验，基本方法”。二是，该书的第四章“《易经》英译的成熟期——从 20 世纪中期到 21 世纪”，前四节分别讨论了蒲乐道、孔理霾、林理彰、夏含夷四人的《易经》代表性译本，第五节却专门探讨了“元亨利贞”的内涵和翻译，和前面四节在内容上显得逻辑不合，似可删除或另作安排。三是，该书以作者的博士论文为基础，博士论文完成于 2012 年，距今已经有 7 年时间。这段时间内，又出现了不少相关研究文献，但这些文献没能在书中体现，文献更新稍显不足。但是，总的来说，瑕不掩瑜，该书是《易经》英译研究方面一部学术含量很足的专著。不过作者为人谦虚，在书中说，“本书当然还只是起步阶段，而如果要将这一研究继续深入的话，无疑还有很多事情要做。”我们衷心希望并期待作者在不久的将来能够为学界奉献最新的《易经》英译研究方面的成果。

（李海军　博士，长沙学院外国语学院教授）

① 《英语世界的〈易经〉研究》第 3 页。

② 《英语世界的〈易经〉研究》第 3—4 页。

“让《聊斋志异》走出去”

——评《英美聊斋学研究》

陈嘉艺

蒲松龄的《聊斋志异》作为文言小说的集大成者，自清代以来风行至今，不仅受到海内外文学史家的广泛关注，也通过翻译、影视改编等方式广为传播。任增强教授的近著《英美聊斋学研究》（中国社会科学出版社，2020 年）一书独辟蹊径，从接受史的角度出发，综合细读、考证、访谈等多种研究方法，聚焦《聊斋》在英美、澳洲等国家传播过程中的利弊得失，并以此提出反思，强调中国学者应与海外汉学家、译者积极互动，参与《聊斋》的海外推广。

作者在开篇即指出，“‘英美聊斋学’涵摄多方面内容：聊斋翻译、聊斋评介、聊斋研究，以及聊斋以电影、纪念币、烟卡等图像形式为载体的传播。”全书在这一研究范围的指导下，丰富了既有研究中对《聊斋》译本的关注，将视野进一步拓宽。具体而言，第一章分析英国翟理思（Herbert Allen Giles）、美国梅丹理（Denis Mair）和梅维恒（Victor Mair）以及英国闵福德（John Minford）等人的英文译作，对比《聊斋志异》原文并思考各版本的长处与不足。第二章讨论华裔译者邝如丝（Rose Maud Quong）、张心沧（H. C. Chang）的相关译本，关注译者自身在跨文化背景下对《聊斋》译介所做的贡献。在前两章的基础上，第三章进一步提出“英美聊斋学中的问题域”一说，一方面为汉学家在译介和研究《聊斋》中所遇到的难点，另一方面也指涉国内学者关于《聊斋》海外传播史的研究争议。第四章以访谈的形式，与海外《聊斋》研究者蔡九迪（Judith T. Zeitlin）与宋贤德（Sidney L. Sondergard）进行对话，了解其在北美学界如何研究和翻译《聊斋》，以及他们对《聊斋》海外传播方式的具体看法。最后一章转向《聊斋》以电影、图像为媒介在英语世界的大众传播，其实例包括电影《侠女》与《倩女幽魂》系列，以及饰以聊斋相关图像的纪念币和烟卡等。此外，在该书的附录中，作者将蔡九迪《异史氏：蒲松龄与中国文言小说》（*Historian of the Strange*：*Pu Songling and the Chinese Classical Tale*）的部分章节与宋贤德《聊斋志异》英译本序言译成中文，各附以导言，以此形式将海外《聊斋》的研究方法与成果介绍给中文读者，颇具参考价值。

本书涉猎材料丰富、思考深入，反映出作者在翻译、中文文学以及海外汉学研究等多方面的扎实功底。通过"英美聊斋学"这一视角，作者着眼于此前鲜少论及的邝如丝、张心沧等人的相关译著，关注译者自身的文化背景，及此对译作行文风格、内容选择等方面的影响。同时，作者的双语功力也体现在对翟理思等人译本优劣的讨论之中，此类分析只有通过对原著与译文的双向比较才能实现。值得注意的是，本书并未停留在介绍《聊斋》在英语世界的传播及其得失，而是站在中国的海外汉学研究这一学科立场上，思考中国学者在《聊斋》"走出去"的过程中所应当承担的责任，强调中国学界与海外学者对话的必要性。换言之，在作者看来，"英美聊斋学"虽然放眼海外，但是归根结底也是为了自我审视，透过"他者"而反观"我者"，以此保留所长而改善不足。

本书也为读者提供了进一步思考的空间，笔者在此略论三点：

第一，关于"问题域"的讨论。作者认为，所谓"英美聊斋学问题域"作为中介点，为中国学者提供了中国学者与海外《聊斋》研究者交流的空间，这一论点颇具启发。然而，需要指出的是，如关于海外汉学家译介方面难点的探讨，作者所论及的翻译问题（包括爱欲书写的省略和典故的不可传递性等）与第一、二章中的内容略有重复。此外，尽管作者对早期西方传教士参与推广《聊斋》的考证相当细致，但是这些考证的根本意图为何，特别是它们如何纳入第三章"问题域"的讨论，仍然不甚明确。那么，这些翻译和研究过程中所形成的相关问题如何能够推动海内外学者的互动？学者之间又应当采取怎样的模式进行互动？这些有价值的问题，仍需我们进一步加以思考。

第二，《聊斋》与其视觉呈现的相互关联。该书将视角扩展到各类视觉文本，并着重分析了《侠女》与《倩女幽魂》系列，以及纪念币、烟卡在英美地区的接受。尽管这些视觉材料拓宽了现有的研究视野，但是它们如何成为《聊斋》传播与接受的一部分仍然值得深思。例如，虽然改编自《聊斋志异》，但是《侠女》这部电影本身却主要作为武侠电影而广受欢迎。除了个别影评人指出故事出自蒲松龄，《侠女》中武打、京剧、禅意等元素更接近观众广为认可的“中国元素”，是“中国电影走出去”的例证，却与《聊斋》关系不甚密切。由此，《侠女》有多大程度上作为《聊斋》故事被海外观众熟知？它是否可被纳入“英美聊斋学”的一部分？同样地，虽然大洋洲纪念币与英美烟草公司的烟卡将《聊斋》图像纳入其设计元素之中，但是需要注意的是，相较影视等大众传媒而言，纪念币和烟卡本身的接受程度要小许多。那么，这些图像材料有多大程度上可以成为《聊斋》“在英语世界乃至全世界传播”的佐证，或许仍然有待商榷。

第三，关于“英美聊斋学”的研究范围及意义。在第二点中，笔者已经指出有些改编自《聊斋》的电影可能是以具有中国特色的电影被广为认知，尽管这可能对“英美聊斋学”现有的定义产生些许质疑，然而，有趣的是，这些材料反映了《聊斋》在海外传播过程中的一个现象，即其作为中国文化的一部分被翻译、研究与接受。这不仅体现在电影等大众传播的层面，亦反映在学界对《聊斋》的研究之中：《聊斋》中所书的各类介于现实与超现实之间的精彩故事，以及后人的评点、注释、插图等，均成为各领域探究清代文学、思想、文化、历史等不同方面的重要一手资料。而闵福德、翟理思等人的译注也成为海外中国文学与文化史乃至世界文学史课堂中的必读材料，被更多学生和一般大众所熟知。

因此，笔者认为，划定“英美聊斋学”的研究范围、关注《聊斋》在海外的传播形态本身固然重要，但是国内学者，尤其是海外汉学研究者，也可以尝试思考《聊斋》及其在各类媒材中的改编与呈现是以怎样的方式被海外学者与大众接受，它们又往往指涉海外对中国文化关心的那些话题。一方面，对这些问题的关注或将有利于国内学者重新反思《聊斋》的研究方法。另一方面，这或许亦能拓宽已有的“问题域”，在一些更大的文化、历史问题处着眼，从《聊斋》出发，促进中外学者之间的互动。由此，《英美聊斋学研究》在上述诸领域迈出了探索性的一步，也必将引发我们进一步的思考。

（陈嘉艺　芝加哥大学东亚语言与文明系博士候选人）

“理论与方法：海外中国学论坛（2020）”会议综述

张承姣　刘涵之

2020年12月5日，由湖南省海外中国学研究基地和湖南大学中国语言文学学院共同举办的“理论与方法：海外中国学论坛（2020）”在湖南大学举行。本次论坛以“理论与方法”为主题，跨全球多个时区，以在线视频通话的形式连线了加拿大、韩国、日本等地的多名专家学者。来自北京大学、北京语言大学、中山大学、湖南大学、东京大学、多伦多大学、韩国外国语大学、韩国汉阳大学等国内外名校的海外中国学研究领域的专家和学者在网络会议室“齐聚一堂”。本次会议的论题涉及中外文化交流史、戏曲研究、日本汉文训读、汉籍文献传播、鲁迅研究、语文学研究、电影理论等领域。

一、汉学的前世与今生

东西文化交流与碰撞古已有之，因此海外学者研究“中国”的传统也由来已久，“汉学”正是在东西方交流的过程中产生，并不断发展壮大的。“汉学”按地域可分为东亚汉学、北美汉学、欧洲汉学等。

北京语言大学阎纯德教授分四个阶段总结了汉学的起源和发展。第一，最早从5世纪前，埃及人到印度和中国开始，已经有西方人开始寻找东方；第二，东西方的真正交流得益于西方一些冒险家和探险家开始远航来到中国，撰写了一批介绍中国的游记，例如：威廉·吕布吕基思的《远东游记》、雅各布·德安克纳的《光明城》。其中，影响最深远的是马可·波罗的《东方见闻录》，书中对元朝政治、经济、人口、物产、生活等方面的描述，激起了西方人对东方的向往和热爱；第三，文艺复兴之后，西方人的思想智慧大开，整个社会文化发生了巨变。之后，西方社会进入加速发展时期。明末清初前，传教士来到中国，但他们没有造成西学东渐和东学西渐的交流局面；第四，明末清初的传教士创造了汉学发展的重要契机。这一时期宗教文化活动对于东方和西方而言都进入了一个新的历史时期。大批传教士来华，融入中华，以传教的名义，埋首于文化的耕耘之中，为中西文化交流做出了贡献。1585年，门多萨的《中华大帝国史》，对中国政治、历史、教育、物产资源、风俗习惯等做了详尽的百科全书式的介绍，波兰传教士卜弥格向西方介绍了《黄帝内经》《中国植物学志》等书。罗明坚和利玛窦发现儒释道精神与西方基督教精神有许多相似之处，他们以儒传教，学习中国文化，开始了对中国文化的全面开垦，为东西方文化交流做出了极大的贡献。阎纯德教授还强调，学习汉语是汉学孕育和诞生的重要文化基因，来到中国的传教士依靠着良好的汉语基础对中国进行深入了解。同时，由于特殊的文化联系，以朝鲜半岛、日本和越南为代表的东亚汉学也很值得研究。

从两汉开始，中国成为一个向周边地区辐射的文化源地，东亚的朝鲜半岛、日本列岛和东南亚的越南都把中国作为一个文化母国，共同形成了汉字文化圈，这也是东亚汉学形成的重要基础。北京大学刘玉才教授以“东亚汉籍的文献传播意义”为题发言。他提到，汉籍的流传过程，也是一个接纳吸收的过程。汉籍传播到海外以后，产生了一些衍生体。首先，一些古写本、宋元本和明清本流传之后衍变成了传抄本、翻刻本、安南本的形式。其次，通过传抄、翻刻来扩大中国文化的辐射，然后用于著书、训解等使汉籍内容融入当地文化中。最后，接受了汉籍熏陶的海外文人，仿作或创作出汉文作品。一直以来，学界都非常关注海外汉籍的艺术价值，近年来，关于汉籍文献价值的研究重点有所转变。第一，主要做古逸书的调查。尤其是日本从唐到宋元版的古逸书的调查，用来补充国内的一些佚书；第二，补充一些固存的佚本。这指的是这本书还存在，但是这个版本在国内不保存，却在海外保存了下来。另外，通过朝鲜半岛、日本列岛等地保留的翻刻版本和残卷等，对于了解佚本面貌和编撰样式等信息，价值也很大。近年来对于东亚汉籍传播的研究，取得了一些新成果。第一，对文献实地调查，文本的校勘，开始关注当地的翻刻本，借助翻刻本可以复原早期版本的面貌；第二，帮助调查书籍的流传轨迹；第三，借助文献调查，版本的校勘以及书籍的引用，做一些极易复原，复原部分内容。通过考察东亚汉籍文献的流传、变化和刊印形式的集中发展，可以探究中华文明传播的广度和深度。

中山大学黄仕忠教授在发言中以王国维中国戏曲研究和日本中国戏曲研究的互动，为中日学术文化相互影响提供了典型案例。黄仕忠教授指出，当王国维1907年前后把主要精力集中在中国戏曲研究的时候，日本明治时期的学者已经对中国戏曲研究做了大量工作。例如：日本中国戏曲研究的开创者森槐南就曾在《中国文学》上连载《西厢记读法》，他的遗稿《词曲概论》是第一部中国词曲史。此外，王国维早年学习日文和选择戏曲作为他的研究对象，也受到了日本学者的影响。通过系统梳理明治时期日本学者对中国戏曲研究情况，比较王国维在《宋元戏曲史》中的一些表达，可以看出王国维的一些观点和说法是有来源的。例如：通过考察“戏曲”一词的来龙去脉时发现，元代已经有少数人用“戏曲”来指代“南戏”，严格来讲“戏曲”这个词是从日本引进的，明治时期的日本学者用“戏曲”一词对应西方“戏剧”。王国维用“宋元戏曲史”之后，国内学者用“戏曲”这个概念来完整地指代中国传统的戏曲，其实这也受到了日本学者的影响。同时，王国维专门为“戏曲”做史，是学习了日本学者效仿西方学术研究范式，用诗歌、小说、戏曲、散文四部分来梳理中国文学史的做法，把戏曲放到了文学史的框架内。因此，戏曲就是中国近代的学术研究受日本近代的学术研究影响的一个明显例子。同时，学术的影响是双向的，王国维的《宋元戏曲史》完成之后，对于日本学术界产生了很大的影响。戏曲本身涉及政治经济文化等众多领域，因此，近代中国和日本学术研究的交互影响是一个值得深入展开的课题。

湖南大学李群教授分享了他在研究中关于引入东方学的必要性的思考。他发现，近代欧洲的中国文学史研究属于西方的国别文学研究，是汉学（中国学）研究的一部分，研究者也多从汉学角度进行欧洲的中国文学史研究。这让李群教授产生了困惑和疑问：近代欧洲撰写中国文学史的缘由？为什么西方会关注中国以戏曲、小说为代表的俗文学而不是经史之学？20世纪初的日本为何出现撰写中国文学史的热潮，以及其与近代欧洲的中国文学史书写的关系？这些问题，如果单纯从汉学的角度进行研究无法得到满意的答案，而早期西方中国文学史写作的特点促使李群教授进入对东方学的研究。他认为，晚于西方东方学诞生的西方汉学属于西方东方学的一个分支，西方中国文学史家是汉学家也是东方学家，他们的中国文学史研究是西方东方学研究成果的一部分。可以说，近代欧洲的中国文学史研究是超越国别文学（汉学或中国学）进行的东方区域文学研究。同时，这些学者沿袭早期东方学的历史比较语言学、比较宗教学和人类学等研究方法和实证批判精神，探讨中西文明的关联性，考察中国历史典籍文献的真伪并质疑中国历史和文化的悠久性，他们站立在“东方与西方”的二分论立场看待中国文学和文化。所以，近代欧洲的中国文学史研究的方法和思维方式与早期东方学的研究方式和思维模式是一致的，晚于东方学诞生的汉学，继承和沿袭了东方学的研究方法和思维方法，并体现在中国文学史的撰写中。可见，近代欧洲的中国文学史撰写与西方早期东方学有密切关系。因此，我们有必要突破汉学视角，将其置于东方学的视野下进行考察。

二、东亚汉学的发展与新视域

东亚汉学作为世界汉学的重要组成部分，有着深厚的历史传统，但随着当代新兴理论的发展，其研究理念和视域也发生了很大变化。东亚汉学在坚持传统研究模式的同时，将遗传学、类型学等新兴理论和方法融入汉学研究中，拓宽了海外中国学研究的界域。

东京大学谷口洋教授在发言中介绍了日本汉文训读法。他指出，汉文训读法是日本人理解汉文的方法，“汉文”指中国传统的文言文，以及用文言文写作的诗词著作等材料。汉文训读法是一种高度模式化的直译法，首先将中文的各个字（词）用日语读（翻成日文），再将各个词按照日语的词序排列。因此，汉文训读法还具有四个特点：第一，它是以古代日语为基础的一种特色文体；第二，它比现代日语简短得多；第三，原汉文的实词全部保留；第四，虚词用固定的模式转换成日语。汉文训读法有悠久的历史，在日本奈良、平安时代（唐代）已经存在，当时是一种翻译的手段，指向自然的日语；至江户时代中期（清代雍正、乾隆时期），训读趋于简化，向高度模式化发展；到明治时代，完成了向现代化的转变。汉文训读法在传播汉文化，帮助日本知识分子学习汉语方面产生过重要作用，但由于模式性太强，不能翻译成完美的日文，再加上训读文脱离现代日语，现代人已不能直接理解等缺点，部分日本学者反对使用训读法。但汉文训读法能让研究者注意到日中词序的不同，有利于他们掌握语法结构，而且它比一般的翻译简单，能节约阅读时间，因此它在学术研究上依然具有较高的应用价值。总之，训读是一种模式化、简化的翻译，它介于母语和外语之间。日本人自古以来通过训读接受大量的汉籍，同时注意到原文的措辞与结构，这对形成日本汉学“一字也不忽略”的严谨学风发挥了重要作用。

现代科学的进步和理论方法的革新为海外中国学的研究注入了新活力。韩国汉阳大学严翼相教授从遗传学、类型学以及核心词比较法角度对韩语和汉语亲属关系的判定做了举例说明。他指出，韩语中极少数的固有词跟汉字中对应的上古音很相似，因此学者们开始探讨韩语跟汉语是不是有亲属关系？韩国学者吴世畯和中国学者潘悟云都收集了相应的例子支持这种观点，但严翼相教授对这种看法提出了疑问：第一，很多韩汉语中的例子是否是同源词值得商榷；第二，韩语是否属于阿尔泰语系没有定论；第三，汉语是否跟阿尔泰语系和南岛语系有关也有待研究。从遗传学来看，韩国人的阿尔泰基因和壮侗基因比例相近，南岛基因最少。在过去的1.2万年里，韩国人的平均长相经历了从接近亚洲南方人，到更像亚洲北方人，再到两者混合体的变化。根据推测，100年后韩国人的平均长相会更偏向亚洲南方人的相貌。但这期间韩语不会有很大的变化，更不会变成跟亚洲南部语言一样，因此遗传学理论跟语言的亲属关系联系不大。从类型学来看，韩语和汉语的类型特点有三分之一是相似的，在语序特征上，现代韩语和现代汉语有三分之二的类型特点相似。但这种相似度不一定跟亲属关系有关，因为类型学上的相似度也可能是语言接触的结果。从核心词比较法看，陈保亚的核心词比较法（Swadesh），是将200个核心词拆成2套100个核心词目录，再从这两套核心词目录中找到两种语言类似词的数量。假如第二个核心词目录里两种语言类似词的数量比第一个核心词目录里的多，那么这两种语言有接触、相邻的关系；反之，则这两种语言有亲属关系。如果两套核心词中，两种语言的相似词数量相同，那么这两种语言的同源词数量多的话则它们有亲属关系，数量少就是接触关系。通过以上分析，严翼相教授认为遗传学和类型学与语言系属学无关。

东亚汉学除了在汉语研究上取得的丰硕成果，在中国文学研究方面也有不少成就。韩国外国语大学朴宰雨教授跳出对鲁迅研究的单一视角，以韩国最近十年为例，阐释了海外接受鲁迅的六种维度。他首先简述了韩国接受鲁迅的历史，然后详细说明了这些维度，主要有：第一，作品翻译。鲁迅作品在海外的翻译出版，是从1927年8月出版的《狂人日记》韩文本开始的。现在鲁迅的主要作品的韩译版有50种以上，最近10年来出版的鲁迅作品更是不计其数，这对鲁迅作品在韩国的普及起到了很大作用。第二，历史书写与理论建树。这一维度是指韩国鲁迅接受史上对个别资料的挖掘和东亚视角下韩国本土性的总体历史叙述和理论建构。如：洪昔杓的《鲁迅与近代韩国：为东亚共存的想象》（2017）和崔珍豪的《被想象的鲁迅与现代中国》（2019）。第三，鲁迅实践性的继承和应用。韩国的一些知识分子喜欢将鲁迅作品中有吸引力的部分和生活场景移植到自己日常生活中当作反观、反思的资源，或者出版有实践性感悟的内容，现实性和独创性都很强。第四，为韩国读者重新撰写鲁迅传记。韩国一些学者站在韩国本土立场上撰写了具有韩国特色的鲁迅传记。第五，出版对鲁迅作品的细读成果。韩国学者以与众不同的眼光重新细读了鲁迅作品。例如：高点福的《鲁迅的〈阿Q正传〉阅读》（2014）和李珠鲁的《鲁迅的〈狂人日记〉，食人与狂气》（2019）。第六，海外鲁迅专著陆续韩译出版。海外鲁迅专著的韩译出版增加了韩国鲁迅作品阅读和学术研究资源。

三、北美汉学的新动向

近年来，中国的社会现实发生了很大变化。海外汉学研究也与时俱进，推动理论与现实结合，观照当下的变化与需要，尤其是北美汉学将研究触角伸向了生态人文、语文学、电影理论等新领域。

多伦多大学孟悦教授阐释了气候变迁危机与生态人文研究兴起的关系以及人类中心的起源。她表示，简单地说，生态人文批评就是以地球和生态为出发点和判断准则来研究文学和文化的一种理念。气候变迁是生态人文研究的切入点之一。众所周知，要遏制气候变迁首要任务就是控制温室气体排放，由于大部分温室气体来自畜牧业，所以减少畜牧养殖的数量和规模将是扭转气候变迁的关键。但这种做法将导致人类被合法化的口腹之欲得不到满足，违背人类中心和道德，所以气候变迁虽然很紧迫，却很少有人采取真正的行动。实际上，人文主义的建立和现在的气候变迁也有密切关系。关于“什么是人”是20世纪以来非常重要的文化主题，人的概念是基于对动物的定义。现代化促使人和动物分野，古代动物有很多名字，但直到现代“动物”一词的出现才将人类之外的鸟类、野兽等生物归为一类，彻底与人类对立。此外，人类中心的全球文化历史和科学文化历史更值得研究。达尔文主义中达尔文、赫胥黎暗黑的动物观，导致了这种人文传统的出现，这也是现代人的概念出现的前提之一。有学者批判，中国并没有建立人文主义传统，中国传统观念中认为人远非宇宙的中心，天地万物左右着人。在20世纪的中国，即使没有健全的人文主义，但人相对于其他动物依然被认为是有判断、有道德、有智慧、有分析能力、有感受的主体，在这一点上与达尔文主义的认识是一致的。孟悦教授认为，这样一种没有人文主义理论的人类中心文化史很值得研究。

多伦多大学钟雨柔副教授以"语文学的复兴"为主题介绍了北美中国学研究中的语文学研究。她指出，语文学（philology）的研究是北美中国学研究中现当代文学研究的重要部分。在过去200年中以英国、法国和美国为代表的语言学势力兴起，而以德国为代表的语文学传统在式微。在这一范式下，语言学被认为是更重要的学术。新世纪以来，这一趋势出现了些许变化，新的重磅研究陆续出现，举论文集 *World Philology*（2015）为例，钟雨柔提倡把语文学当成人文学科的根本，认为语文学应该回到人文学科的前沿。学者们对于语文学的新关注，既希望能够扬弃旧的殖民主义和欧洲中心主义倾向，同时能够探索人文学科的出路。北美语文学的复兴是对于语言学的平衡。在中国的人文传统当中，唐兰先生在《文字学要成为一门独立的科学》（1956）中呼吁文字学重新成为一门独立的科学，这是唐兰先生作为现代古文字学创始人期望语文学回归的心声。在19世纪的研究框架下看，海外中国学的现当代文学研究，也呈现重语言轻文字的语音中心主义的症候。加州大学洛杉矶分校的胡志德（Theodore Hunters）在《重新思考中国近代"文"的简单化》一文中说道："在过去的四十多年里，在批评理论界好像有一种对写作和文本问题的密切关注的退避。"起而代之的是各种研究。这些症候要重新回到文字问题上才能得到纠正，把文字问题纳入民族国家文学自我建构的历史中来，给文字学传统发声的机会是非常重要的。最后，钟雨柔副教授介绍了她的著作 *Chinese Grammatology: Script Revolution and Literary Modernity, 1916—1958*（暂译《汉字革命与文学现代性，1916—1958》），认为20世纪上半叶风起云涌的废汉字运动重新定义了中文文学现代性，汉字与拉丁罗马字母的碰撞带来了文字和文学的双生革命，并对后结构主义批判语音中心主义有重要理论贡献。

随着中国电影产业和影视文化的蓬勃发展，海外汉学学者越来越关注对中国电影领域的研究，其中，海外汉学学者张英进对中国国族电影理论探索做出了重要贡献。湖南大学陈伟华教授在发言中从中国国族电影起源论、中国国族电影的本体论和中国国族电影研究的方法论等角度对张英进的中国国族电影理论进行了梳理。认为，第一，张英进结合世界电影探讨中国国族电影的起源，认为各国国族电影在构建国族认同上的策略大同小异；第二，张英进倡导以“人文指称”代替“地理指称”和“大国族”电影观，明确了中国国族电影的中英文指称和具体内涵，同时主张中国国族电影模式的多元多类性；第三，张英进还致力于探索研究中国国族电影的多元方法，他研究中国国族电影的方法主要有文化研究法、知识考古学研究法、比较电影研究法和人文地理学研究法。陈伟华教授还总结了探讨中国国族电影理论的意义：首先，它有助于指导中国电影生产和彰显中国国族电影的地位，进而有助于借助电影加强中国以及海外华人的“中国国族”意识，鼓励海内外华人学者参与中国主体性的构建；其次，它有助于统一海内外中国国族电影史研究界的思想和完善中国国族电影史的建构；最后，它有利于更好地对中国电影文本进行具体个案分析和研究。

本次论坛主要关注海外汉学的研究视角、研究转向的现实考量、理论话语更新、新科技时代海外汉学研究的反思等议题。当然，当今时代是纷繁多元的，汉学研究与政治、经济、科技的深度融合是基本现实，同时我们也坚信，面对复杂多变的社会与文化语境，海外汉学将更具生命力。跨越异质文化和文明，融入异域智慧才是海外汉学研究的未来。

（张承姣　湖南大学中国语言文学学院2019级博士研究生，
刘涵之　湖南大学中国语言文学学院教授）